beck^lsche
reihe

W0172859

b^{sr}

Eike Christian Hirsch, geb. 1937, hat Theologie und Philosophie studiert und war Redakteur im Hörfunk des NDR. Einem breiten Leserkreis ist er bekannt geworden durch sein „Deutsch für Besserwisser", Bücher über Glaubensfragen und seine Leibniz-Biographie. Bei C. H. Beck erschien außerdem von ihm: „Der Witzableiter" (^{3}2005) und „Gnadenlos gut. Ausflüge in das neue Deutsch" (^{3}2007).

Eike Christian Hirsch

DER
BERÜHMTE
HERR LEIBNIZ

Eine Biographie

Verlag C. H. Beck

Mit 60 Abbildungen

Die ersten beiden Auflagen
dieses Buches erschienen in gebundener Form
in den Jahren 2000 und 2001.

Erste Auflage in der Beck'schen Reihe. 2007

© Verlag C. H. Beck oHG, München 2000
Druck und Bindung: Druckerei C. H. Beck, Nördlingen
Umschlaggestaltung: + malsy, Willich
Umschlagabbildung: Gemälde nach einem Original von Scheits,
1703, Gottfried Wilhelm Leibniz Bibliothek, Hannover
Gedruckt auf säurefreiem, alterungsbeständigem Papier
(hergestellt aus chlorfrei gebleichtem Zellstoff)
Printed in Germany
ISBN 978 3 406 54794 2

www.beck.de

Der Enzyklopädist Denis Diderot (1713–1784):

„Wenn man zu sich selbst zurückkehrt, und die Talente, die man empfing, mit denen eines Leibniz vergleicht, ist man versucht, die Bücher von sich zu werfen und in irgendeinem versteckten Winkel der Welt ruhig sterben zu gehen."

Inhalt

Auf Wunsch des Autors wird in diesem Buch ß durchgängig als ss
gedruckt.

Seinem Helden nahekommen

Genies haben einen guten Charakter und sind in allem gross! Diesem üblichen Vorurteil verfällt leicht, wer das Leben eines bedeutenden Menschen beschreiben will. Auch ich wollte ursprünglich meinen Helden vorbildlich und stark sehen. Als ich mehr von Leibniz erfuhr, schien er mir hingegen allzu menschlich, und ich habe mich an ihm gerieben. Denn manchmal wirkte er auf mich grosssprecherisch, mal recht kleinlich, dann schien er mir von Ehrgeiz getrieben oder gar geld- und titelsüchtig zu sein. Ausserdem war mir sein Bild verdunkelt, weil er vom Pech verfolgt wurde und zeitweise im Chaos seiner Pläne zu versinken drohte.

Leibniz hat wohl nie einen anderen in sein Herz blicken lassen, und ihn zu verstehen wird immer schwer bleiben. Doch je näher ich ihm kam, desto mehr mochte ich diesen Mann, und ich fand seine Schwächen nicht mehr störend und seine Niederlagen nicht mehr peinlich. Im Gegenteil. Zugleich glaubte ich, seine Grösse immer besser zu erkennen. Für mich wurde er zu einem Visionär der Wahrheit.

Dieser schüchterne, wohl auch linkische Mann mit dem grossen Kopf hatte zeitlebens etwas von einem Wunderkind, das in die Welt geraten ist, um sie ganz allein zu verstehen. Und nicht nur zu verstehen! Der Hochbegabte wollte sie umgestalten, zum Besten der Menschheit. Ein Programm zu haben, wie Staat und Gesellschaft voranzubringen wären, das war natürlich tollkühn, und eigentlich müsste man von Grössenwahn sprechen – wenn es nicht um diesen sonderbar klugen Leibniz ginge.

Seine theoretischen Entwürfe zur Deutung der Welt – etwa der Versuch, Atom und Seele zur ‚Monade‘ zu verbinden – fesseln noch heute die Nachdenklichen. Andererseits mag man den Kopf schütteln über seine Ungeschicklichkeit in praktischen Fragen. Obwohl es ihm an Urteil fehlte, wollte er in die Politik, und das hiess, an die Höfe, wo er die Herrscher beraten, sogar regelrecht anleiten wollte. Es trieb ihn überall hin, so suchte er ebenso die Nähe von Erfindern, Abenteurern und Goldmachern, wie er in Konkurrenz trat zu den grössten Gelehrten seiner Zeit.

Dieses Buch über sein randvolles Leben wurde angeregt und gefördert von der Landschaftlichen Brandkasse Hannover, die ihre Gründung im Jahre 1750 auf einen frühen Vorschlag von Gottfried Wilhelm Leibniz zurückführt. Zu ihrem Jubiläum ehrt die Brandkasse – heute das Mutterunternehmen der Versicherungsgruppe Hannover (VGH) – ihren Anreger auch damit, dass sie seine Schriften zum Versicherungswesen hat herausgeben lassen.

Meine Darstellung seines Lebens beruht auf Ergebnissen der Leibnizforschung, trägt die Fakten aber, wo es geht, auch gern im Erzählton vor. Um reine Fiktion geht es dabei nie, denn selbst wo Leibniz im Dialog zu reden beginnt, habe ich mich eng an seine überlieferten Ansichten gehalten. Kleine Szenen, wörtliche Rede – dieses Zugeständnis an die Lesbarkeit soll helfen, den unvergleichlichen Leibniz vielen Menschen nahezubringen. Ich wünschte mir, dass dabei auch seine überragend kluge Lösung der alten Menschheitsrätsel verständlich würde.

Hannover, im Januar 2000   Eike Christian Hirsch

1   Ein neues Leben

Nächtliche Begegnung   In einem Frankfurter Gasthof blickt die Wirtin die Treppe hinauf, es dämmert spät an diesem Morgen Ende Oktober 1667. Sie sieht, wie eine schwarze Perücke, darunter ein Milchgesicht, herabschwebt, das ist der junge Herr Doktor Leibniz; lautlos und verlegen tritt er auf die Stufen, ein stiller Mensch. Unten hält er nach der Frau Wirtin Ausschau, und als er sie mit seinen kurzsichtigen Augen erspäht, reckt er sich, so dass er nicht mehr so gebeugt wirkt, und blickt sie nach einem kurzen Gruss fragend an. Sie schüttelt den Kopf, nein, noch immer keine Botschaft für den wohlgeborenen Herrn Doktor. Er trägt den hergebrachten schwarzen Talar der Gelehrten, auf dem der breite weisse Kragen liegt. Die Perücke sticht dagegen ab, sie ist schon fast lächerlich modisch, denkt die Wirtin. Der Hausknecht hat ihr allerdings erzählt, der Gast sei fast kahl, das Haar muss ihm ausgefallen sein, auch soll er eine Beule, fast so gross wie ein Ei, auf seinem Kopf tragen, das hat der Knecht selbst gesehen. Vor einer Woche ist der junge Jurist hier abgestiegen, aus Nürnberg kommend, ohne Diener übrigens. Er studiert die ganze Zeit auf seinem Zimmer und wartet darauf, Nachricht zu bekommen, wo er sich einfinden soll. Am Wirtshaustisch gibt er wenig aus, hat eine schwere Zunge, auch menschenscheu ist er, denkt die Wirtin, und sieht den Gast wieder nach oben gehen.

Dort hütet er seinen Schatz, ein Empfehlungsschreiben, gerichtet an eine der bedeutendsten politischen Gestalten seiner Zeit, Johann Christian Freiherrn von Boineburg. Seit Tagen wartet Gottfried Wilhelm Leibniz darauf, von ihm gerufen zu werden, obwohl er weiss: Der, auf den er wartet, ist ein gefallener Stern. Das Schreiben, das in seinem Zimmer liegt, stammt von dem Mann, der die Aufsicht über die Nürnberger Universität in Altdorf führt, dem betagten Pastor Dilherr. Der ist ein guter Freund Boineburgs und war ursprünglich einmal sein akademischer Lehrer. Ja, der wohlmeinende Dilherr. Er hatte ihn, Leibniz, bei der Promotion gehört und gleich für eine Professur in Altdorf gewinnen wollen. Doch der junge, blendende Jurist war entschlossen, in die

Politik zu gehen. Hier in Frankfurt suchte er seinen Meister in dieser Kunst. Der Freiherr von Boineburg, längst entmachtet, kannte noch alle Fährten und Finten, alle Schliche und Strategien. Auch jetzt war er geschickt genug, sich unsichtbar zu machen, und schien doch irgendwo hier in der freien Reichsstadt Frankfurt zugegen. Ein guter Lehrer für einen, der einmal aufsteigen wollte zum Ratgeber der Fürsten. Er hatte Leibniz, ohne eine eigene Adresse zu nennen, Anweisung gegeben, in welchem Gasthaus er sich aufhalten solle, der junge Mann werde dann gerufen. Das Warten ging schon Tage.

Da klopft es, die Wirtin ist selbst gekommen, sie hat eine Meldung zu überbringen. Am Abend wird den hochgelehrten Herrn jemand holen kommen. „Ein Diener. Er hat nicht gesagt, welcher Herr ihn schickt. Ihr wüsstet es ..." Nun muss Leibniz die Stunden bis dahin noch überstehen, macht sich wieder Notizen, nimmt sich vor, was er sagen wird. Gegen sieben kommt ein Mann, er trägt keine Livree. Es dunkelt schon. Mit einer Fackel geht er voran, durch winklige Gassen. Leibniz weiss nicht mehr, wo er ist. Er denkt mit Bangen an den hohen Herrn, dem er jetzt begegnen wird. Den Freiherrn von Boineburg kannte man im ganzen Reich, er sollte, sagte man, eine ebenso eindrucksvolle Persönlichkeit sein, wie er ein intriganter Politiker gewesen war. Elf Jahre hatte er dem Mainzer Kurfürsten Johann Philipp von Schönborn gedient und damit die deutsche Politik nach dem Dreissigjährigen Krieg stark beeinflusst, trug der Mainzer Bischof und Kurfürst doch immer den Titel Kanzler des deutschen Reiches, und dieser Inhaber des Amtes, Johann Philipp, hatte etwas daraus gemacht. Sein Obermarschall Boineburg, den sein Kurfürst im Sommer 1663 entlassen hatte, war den Franzosen jedoch nicht nur ein Freund, sondern auch, so munkelte man, ihr heimlich bezahlter Helfer gewesen. Nun, vier Jahre später, 1667, war er immer noch verstossen und streckte seine Fühler überallhin aus.

Der Diener geht durch ein Tor, man betritt ein Haus durch den Hintereingang, es geht eine steile Treppe hinauf. Dann heisst es noch einmal warten, bis ein leutseliger Herr erscheint, etwa Mitte vierzig, und den jungen Mann einzutreten bittet – es ist tatsächlich der grosse Boineburg selbst. Ein Tisch ist gedeckt. Man setzt sich und spricht vom guten alten Pastor zu Nürnberg. „Ich habe manches von meinem Freund Dilherr darüber erfahren", sagt der Freiherr, „wie es zugegangen ist, jetzt vor einem halben Jahr zu Altdorf, als man Euch promoviert hat zum Doctor iuris. Über die Lösung schwieriger Rechtsfälle, kein einfaches Thema. Und dann diese glänzende Verteidigung Eurer Thesen. Es hat Aufsehen erregt!" Bei Leibniz, der anfangs immer befangen ist, löst sich allmählich die Starre, er fühlt sich anerkannt, ja aufgenommen. Dann geht es mit dem Reden schon besser. Ja, sagt er, gedruckt worden sei schon einiges von ihm, auch etwas über die Kunst der Kombinatorik, ebenfalls seine juristische Dissertation über unlösbare Rechtsfälle.

Er hat sich auch später gern an seine Promotionsfeier erinnert: „Als ich zwei (lateinische) Reden hielt, die eine in Prosa, die andere in Versen", erzählt er, „trug ich die erste so fliessend vor, dass ich den Eindruck erweckte, als läse ich sie ab. Doch als ich danach die Verse zu rezitieren begann, musste ich – wegen meiner Kurzsichtigkeit – das Blatt so nahe an die Augen halten, dass die Zuhörer bald erkannten, dass ich das Vorangegangene frei gesprochen hatte. Sie glaubten daher, ich hätte die Rede in Prosa auswendig gelernt, wunderten sich aber, warum ich dies nicht lieber mit den Versen getan hätte, weil das leichter sei. Ich erwiderte, sie befänden sich im Irrtum, ich hätte die Rede in Prosa gar nicht auswendig gelernt, sondern aus dem Stegreif gehalten." Doch habe er damit keinen Glauben gefunden. „Der Vortrag", sagte er fast entschuldigend, „fliesst bei mir im Lateinischen mit der gleichen Leichtigkeit wie bei anderen im Deutschen; jetzt aber zog ich das Papier mit meiner Rede hervor, worauf sie sich überzeugten, dass es ganz andere Worte enthielt als die, die ich vorgetragen hatte. Dieser Umstand erwarb mir bei den Männern von Nürnberg grossen Beifall." Der Gast ist jetzt guter Dinge, und der Gastgeber nickt behaglich, die Geschichte hat auch ihm gefallen.

Während er sich den nächsten Gang vorlegen lässt, sagt Freiherr von Boineburg: „Dann hat mein Freund Dilherr Euch alsbald eine Professur angeboten. Die habt Ihr ausgeschlagen. Es drängt Euch in die hohe Politik." Und im stillen fragt er sich beim Anblick dieses jungen, fast verlegenen Mannes, der sich gebeugt hält und nicht weiss, wohin mit seinen langen Händen: „Ist das ein Mann der Staatsaffären? Hat er die Statur zum Gesandten?" Leibniz sagt leise, aber entschlossen: „Ich möchte den Fürsten nur Rat geben, will die Pläne für das Staatswesen entwerfen, weil ich zu wissen meine, was richtig ist und not tut." Denn die Vernunft zeige – und nur sie! – , was einem hohen Herrn zu tun frommt.

Der Gastgeber erwidert: „Vielleicht sollte ich Euch abraten. Es ist ein blutiges Handwerk, das Staatsgeschäft. Jedenfalls – unterbringen kann ich Euch nicht, ich habe keine Macht mehr, schon gar nicht beim kurfürstlichen Hof zu Mainz, beim Kanzler des Reiches. Aber ich kann Euch sagen, wie Ihr es anstellen müsst, dorthin zu gelangen. Und mir liegt, wenn ich offen sprechen darf, daran, Euch zugleich als Helfer zu gewinnen für meine hiesige Bibliothek. Ich habe auch sonst genug für Euch zu tun. Und es wird, wenn Ihr dort am Hof zu Mainz unterkommt, kein Nachteil für mich sein, in dieser Festung einen Vertrauten zu haben. Ja, geht an den Hof zu Mainz! Es braucht dabei ja niemand zu wissen, dass wir uns kennen, solange ich im Reich noch eine ‚persona non grata' bin. Alle Welt glaubt, ich wäre mit der Familie nach Köln gezogen, weit weg, an einen anderen kurfürstlichen Hof. Aber wie Ihr seht, habe ich hier zu Frankfurt noch eine verschwiegene Behausung, incognito, bis ich wieder in Gnaden angenommen bin. Das scheint nicht unmöglich. Dann werde ich mich offen zu Euch bekennen können. Und werde Euch bei meinem Nachfolger empfehlen, dem neuen Mainzer Obermarschall."

Leibniz soll von seiner Kindheit und Jugend sprechen und erzählt, wie er den Vater schon mit sechs verloren, die Mutter auch vor nun schon vier Jahren, und dass er sich das meiste selbst beigebracht habe. Sonderbar, er verwendet das ganz ungebräuchliche Wort Autodidakt dafür. Ein Mann zu sein, den kein Lehrer prägte, ein Mann des eigenen Nachdenkens und Erfindens, auf diesen Eindruck kommt es ihm an. Boineburg fragt, warum er denn von der Universität Leipzig für die Doktorprüfung zur Nürnberger Universität nach Altdorf gezogen sei? „Eine lächerliche Sache", sagt Leibniz. Er habe sich im Hause des Dekans der Juristenfakultät zu Leipzig seiner Promotion wegen vorstellen wollen. „Ich habe an die Stube gepocht, darauf ist die Frau Dekanin herausgekommen und hat mich gefragt, was ich bei ihrem Mann wolle. Da hab ich nun geantwortet, wie ich gesonnen sei, mich zum Doktorat anzugeben; darauf hat jene versetzt: Ich solle mir erst den Bart wachsen lassen. Das hat mich dergestalt verdrossen, dass ich sogleich fortgegangen und nicht wiedergekommen bin."

Dieser Begabte, denkt Boineburg, fühlt sich leicht zurückgesetzt, und versichert: „In Mainz am Hofe des Kurfürsten sollt Ihr nicht abgewiesen werden, es gibt geschickte Wege, dort auf Anhieb zu reüssieren." – „Ganz ohne Fürsprache?" fragt Leibniz und bekommt zur Antwort: „Ihr werdet eine gelehrte Ausarbeitung schreiben, die praktischen Nutzen hat, lasst sie drucken und zwar mit einer gross prangenden Widmung an seine kurfürstlichen Gnaden, den Bischof zu Mainz. Damit begehrt Ihr vorgelassen zu werden, und man wird Euch vorlassen! Wie der Kurfürst dann zu nehmen ist, das sage ich Euch, wenn wir soweit gekommen sind." – „Hohen Herren muss man mit einer Widmung schmeicheln, das ist ein guter Rat", sagt Leibniz, „aber was dann, was folgt?" – „Wir gehen noch einen anderen Weg", beruhigt ihn Freiherr von Boineburg, „da gibt es am Hof einen Juristen namens Lasser, der arbeitet für den Kurfürsten daran, das römische Recht neu zu ordnen. Dort könnt Ihr Euch ebenfalls bewerben. Er sucht einen Helfer. Und damit ist auch klar, wovon Eure Schrift mit der Widmung zu handeln hat: Von der Reform des Rechts! Unfehlbar werdet Ihr binnen sechs Monaten ein Bediensteter des Hofes sein." Der Gastgeber erhebt noch einmal das Glas und meint, die Arbeit in seinen privaten Diensten könne gleich beginnen. „Das Salär wird darin bestehen, dass Ihr meine Protektion und meinen guten Rat habt, das wird genügen." Beim Abschied geloben sich beide Verschwiegenheit, dann erscheint wieder der Diener mit der Fackel und führt Leibniz zurück durch die Nacht.

Ob sich die Begegnung genau so abgespielt hat, weiss man nicht, denn die Zeit, die Leibniz in Frankfurt war, liegt im dunkeln. Getroffen haben sich beide gewiss, doch sie haben später mit gutem Grund geschwiegen über den Beginn dieses Paktes, durch den Boineburg einen Vertrauten in Mainz einschleuste und Leibniz frei blieb von dem Geruch, Gefolgsmann eines Verstossenen zu sein. So konnte er mit gewissem Recht später beteuern, in Mainz ohne Protektion angenommen worden zu sein.

Er tat, wie es vereinbart war. Bald schrieb er die Schrift ‚Nova Methodus ...' (Eine neue Art, Jura zu lernen und zu lehren), liess sie mit grosser Widmung drucken, überreichte sie dem Kurfürsten, und die Rechnung ging auf: Er bekam eine Anstellung bei der Arbeitsstelle zur Neuordnung des Rechts. Glück kam hinzu. Überraschend schnell versöhnte sich der Kurfürst mit dem verstossenen Boineburg, denn des Kurfürsten Neffe, Melchior Friedrich von Schönborn, wünschte ausgerechnet Boineburgs Tochter Sophie zu heiraten. Nun können sich auch Leibniz und Boineburg zueinander bekennen. Am Ende dieses für uns dunklen halben Jahres, im April 1668, sendet Boineburg an einen der bekanntesten Juristen der Zeit, Hermann Conring, die Schrift von Leibniz mit der wirksamen Widmung und schreibt: „Ich kenne den Autor sehr genau ... Auf meine Anregung schickt er sich an, die Grundlagen des Rechts sorgfältiger, als es gewöhnlich geschieht, aufzubereiten. Er ist bestimmt ein Mann von grosser Gelehrsamkeit, treffsicherem Urteil und erheblicher Arbeitskraft. Er wohnt jetzt in Mainz, nicht ohne meine Fürsprache."

Nach mehr als zwei Jahren wurde Leibniz im Rang eines Hofrats zum Richter am obersten Gericht des Kurfürsten ernannt. Nebenbei jedoch blieb er Boineburgs vertraute Hilfskraft, lebte teilweise in Frankfurt, ordnete weiter die Bibliothek seines Herrn und beriet ihn juristisch. Er verfasste, genau nach Anweisungen, politische Denkschriften, die als Boineburgs eigene galten, wurde von ihm in die grosse Politik hineingezogen und lernte die damals üblichen Schliche, Intrigen und Verstellungen kennen. Ja, es scheint im Nachhinein, als habe er sich mit diesen Künsten nur allzu willig vertraut gemacht. Boineburg, der immer noch heimlich in Frankreichs Sold stand, warb mit einigen dieser Denkschriften, die Leibniz zu schreiben hatte, weiterhin für eine Beschwichtigungspolitik gegenüber Ludwig XIV., obwohl der die Reichsgrenzen immer heftiger bedrohte.

In einem dieser Memoranden, die Leibniz schreiben musste, hat er im Jahre 1670 einen eigenen Gedanken geäussert: Es wäre doch ratsam, dass Ludwig XIV. im Nahen Osten Eroberungen machte. „Wenn der König von Frankreich Konstantinopel und Kairo hätte, würde das ganze türkische Reich zugleich erobert sein." (Konstantinopel, heute Istanbul, war die Hauptstadt des türkischen Reiches, zu dem auch Ägypten gehörte.) Die Idee, Frankreichs Aggression, die gegen das Reich gerichtet war, auf den Nahen Osten zu lenken, sollte drei Ländern Vorteile bringen. Frankreich hätte ein neues Einflussgebiet am Mittelmeer gewonnen, Österreich wäre die Türkenheere, die auf sein Gebiet drängten, los, und das von Frankreich als erstes bedrohte Holland könnte zunächst einmal aufatmen. Die Idee muss Leibniz selbst so überzeugend erschienen sein, dass er sich wunderte, wieso noch niemand darauf gekommen war. Gleich beginnt er, seinen Einfall dem französischen König in einem Brief darzulegen. Der Richter am Hof eines deutschen Kurfürsten wendet sich persönlich an den Sonnenkönig – so etwas schien diesem jungen Mann offenbar naheliegend. Er hat den Brief allerdings nicht vollendet.

Als ein Jahr später, Ende 1671, die geheime Nachricht aus Frankreich nach Mainz gelangt, der König plane einen Überfall auf Holland, will Leibniz handeln und legt den Gedanken, jetzt ausgebildet zu einem Plan, seinem Gönner und Meister Boineburg vor, der gleich begeistert zustimmt. Beide überlegen, ob ein Brief oder ein mündlicher Vortrag in Versailles besser wäre. In Boineburgs Kopf verbindet sich dabei der Plan mit eigenen Interessen. Er möchte nämlich schon lange nach Paris, um dafür zu sorgen, dass endlich die Gelder wieder fliessen, die ihm von Frankreich auf Lebenszeit zugesagt worden waren. Doch so sehr es Boineburg nach Paris zieht, er kann nicht fahren, denn gerade bewirbt er sich beim Kaiser in Wien um einen neuen Posten. Da müsste es Anstoss erregen, wenn er in jenes Land reiste, von dem das Reich militärisch bedroht wird. Ebensowenig würde ihm sein misstrauischer Kurfürst die Reise erlauben. So schreibt Boineburg, der immer noch glaubt, in Frankreich hohes Ansehen zu geniessen, am 20. Januar 1672 direkt an den französischen König und deutet einen grossen militärischen Plan an, den er gern vortragen wolle und der allen Seiten nur Vorteile bringe. Erreichen will Boineburg damit eine persönliche Einladung durch Seine Majestät, weil in solch einem Fall selbst sein Kurfürst einsehen würde, dass man reisen muss.

Auch Leibniz zieht es nach Paris, nämlich zu den führenden Gelehrten dort. An die Pariser Akademie der Wissenschaften hat er sogar schon eine physikalische Arbeit geschickt, die dort tatsächlich diskutiert worden ist; er hat den Plan zu einer Rechenmaschine im Kopf, könnte ebenso mit Lösungen zu philosophischen Streitfragen aufwarten und hat auch schon Briefe an bedeutende Gelehrte geschrieben, denen er sich nun auch persönlich bekannt machen möchte. Also beschliessen Boineburg und Leibniz, sie sollten gemeinsam fahren. Wenn nur bald eine Einladung vorläge!

Zur gleichen Zeit beginnt Leibniz, von Boineburg gedrängt, den Text auszuarbeiten, den man in Versailles vortragen und überreichen will. Er tut sich damit schwer, denn er möchte einen Stil entwickeln, der sofort Neugier weckt. Nebenbei soll Gelegenheit sein, viel Scharfsinn und Gelehrsamkeit auszubreiten, weil er den Sonnenkönig nicht nur für den Plan, sondern auch für seine Person gewinnen will. Endlich wählt er als Form einen Roman, der hundert Jahre später spielt und in dem rückblickend von einer glücklichen Expedition nach Ägypten berichtet wird. Leibniz gibt den Versuch auf und wagt einen neuen Anlauf, diesmal wählt er eine Form, bei der alle seine Behauptungen logisch aus Begriffen abgeleitet werden, etwa der empfohlene Feldzug aus dem Volkscharakter der Franzosen. So sonderbar diese Logik heute wirkt – mit Staunen liest man, wie Leibniz dabei vorschlägt, einen Kanal zu bauen, der das Mittelmeer mit dem Roten Meer verbindet. Und schon hätte man, schreibt er, den Handelsweg nach Asien in der Hand. Die Holländer, diese Monopolisten des Welthandels, wären mit ihrem Weg über das Kap der Guten Hoffnung weit abgeschlagen, und Russland mit seinem überlangen Landweg, der Seidenstrasse, keine Konkurrenz mehr. Damit bricht auch dieser Entwurf ab.

Boineburg ist immer noch ohne Post aus Paris, doch die Zeit drängt, denn der Ausbruch des Krieges gegen die Niederlande wird allgemein erwartet, und so schreibt er nochmals an den König. Endlich kommt Antwort von Aussenminister Pomponne. Dem König habe er über die Briefe soeben Bericht erstattet und könne melden, Seine Majestät werde den Autor des Plans (er war ungenannt geblieben) gern empfangen. Von einer Einladung an Boineburg stand nichts da, was ihn sehr enttäuscht haben muss. Nun soll Leibniz also allein reisen, doch er wehrt den Gedanken ab. Alles sei ihm unbekannt: die Menschen, die Sprache und die Art, in der man solche Verhandlungen zu führen pflege. Es fehle ihm an Ansehen und Vertrauenswürdigkeit. Deshalb erwägt Leibniz, Boineburg und er könnten beide, ohne dass der Kurfürst es erfahren müsste, heimlich nach Paris reisen.

Doch dann wird Leibniz ganz entschieden: Wenn alle anderen Wege nicht gangbar seien, müsse er eben alle Last und alle Gefahren auf sich nehmen und allein fahren. Das gebiete das religiöse Gewissen, das Wohl des Vaterlandes und ganz Europas, schliesslich auch der eigene Nutzen. Und die Aussichten schienen sogar wieder günstig, redet er Boineburg und sich selbst ein: Der König wird Einsicht genug haben, dem Plan zuzustimmen, und dann wird er seine Grossherzigkeit und Dankbarkeit dadurch beweisen, dass er den Urhebern des Planes auch einen Teil der Durchführung überträgt. Glorreiche Taten, Ruhm, Ehre und Wohlstand müssen Leibniz in diesem Augenblick zum Greifen nahe erschienen sein.

Am 4. März (1672) schreibt Boineburg in grosser Hast an Pomponne, der Autor des Planes werde allein kommen. Damit blieben Leibniz gerade zwei Wochen, die endgültige Fassung niederzuschreiben. Uns kann die Breite nur wundern, die das Werk annimmt, bis auch dieser fünfte Versuch aufgegeben wird. Die Zeit drängt nun immer mehr. Im letzten Augenblick ist dann doch die endgültige Fassung des ‚Ägyptischen Plans‘ entstanden. Obwohl man sich gut vorstellen kann, wie der erfahrene Boineburg hie und da noch kürzend eingegriffen hat, ist der Umfang fast so gross wie der aller bisherigen Entwürfe zusammen. Boineburgs Sekretär Münch wird beauftragt, die Reinschrift anzufertigen, doch sehr weit ist er damit nicht gekommen, den Rest gibt es nur in Leibnizens flüchtiger Handschrift. Alles ist schwer lesbar, die Stoffmassen sind ungebändigt, es fehlen Einleitungen oder Überschriften. Das Ganze hatte Leibniz, der kaum Französisch konnte, notgedrungen auch noch auf Latein abgefasst, nicht gerade die Sprache der Diplomaten und Könige. In diesem Zustand hätte er den Plan niemandem offiziell übergeben können. Wahrscheinlich nahm ihn der junge Reisende sowieso nur in der Hoffnung mit, alles mündlich vortragen zu dürfen. Aber es waren schier unendlich viele Blätter, weit über hundert! An eine Wirkung war nicht zu denken.

Der Krieg begann, schon hatte England, Frankreichs Verbündeter, die Niederlande zur See angegriffen. Leibniz musste, wollte er die Pläne des Sonnenkönigs noch ändern, sofort abreisen, obwohl noch immer keine Einladung aus Versailles vorlag. Boineburg schrieb für ihn am 18. März (1672) eine Empfehlung: Er sei ein Mann, der trotz seines unscheinbaren Äusseren imstande sein werde, sehr wohl das zu leisten, was er verspreche. Bedenken gegen den Plan könne er widerlegen. Der Autor reise allein, nur von seinem Diener begleitet, und sei nicht in der Lage, die Kosten seines Aufenthaltes selbst zu bestreiten. Deshalb habe er, Boineburg, sie ihm vorgeschossen und er dürfe wohl darum bitten, dass sie ihm ersetzt würden. Ausserdem gab Boineburg seinem Mitarbeiter eine Vollmacht mit, weil der sich um die heimliche ‚Rente‘ bemühen sollte, die nicht mehr gezahlt worden war. Am 19. März reiste Leibniz, der bei seinem Kurfürsten unbezahlten Urlaub genommen hatte, von einem Diener begleitet, ab in die Hauptstadt der modernen Welt.

Ein Rückblick auf seine Jugend Während Leibniz zum ersten Mal seine deutsche Heimat verlässt, ist Gelegenheit, einen Blick zurück auf seine frühen Jahre zu werfen. Geboren ist er in Leipzig am 21. Juni 1646, wenn man den alten Kalender zugrunde legt, der damals in protestantischen Ländern noch gültig war; nach moderner Rechnung war es der 1. Juli. Sein Vater, ein Notar der Universität Leipzig und Professor der Moral, war schon betagt und sprach bald so ungeniert von einer grossen Zukunft seines Kindes, „dass er sich dadurch oft den Spott seiner Freunde zuzog", erinnerte sich der Sohn später. Seine Mutter war 24 Jahre jünger als ihr Mann, eine Professorentochter, von der Leibniz später recht wenig gesprochen hat. Aus der ersten Ehe seines Vaters hatte er einen Halbbruder, Johann Friedrich, aus der zweiten eine jüngere Schwester, Anna Catharina.

Schon auf der Schule fiel seine Begabung auf, so konnte er etwa in wenigen Stunden ein lateinisches Gedicht von dreihundert Hexametern verfassen und verblüffte seine Lehrer auch, als er scheinbar mühelos die gängigen Lehrsätze der Logik erweiterte. Recht früh, schon mit 14 Jahren, besuchte er die Universität in Leipzig und wählte Jura; das Studium begann damals jedoch immer mit geisteswissenschaftlichen Fächern. Am ehesten verbunden fühlte er sich dem Nachfolger seines Vaters, dem Moralphilosophen Jacob Thomasius, dessen Sohn Christian später berühmt werden sollte als ein anderer grosser Erneuerer in Deutschland neben Leibniz. Nur ein Semester hat er woanders studiert, in Jena, wo er bei dem eigenwilligen Denker Erhard Weigel in die Mathematik und die neue Philosophie eingeführt wurde. Als er seinen Doktor an der Nürnberger Universität Altdorf machte, war er gerade noch zwanzig Jahre alt und damit auffallend jung.

Über seine Jugend- und Studienzeit weiss man allzu wenig, es ist, als hätte er über sie geschwiegen und sie vergessen machen wollen. Unter seinen Gleichaltrigen hatte er keine Freunde oder jedenfalls keine, die ihm geblieben wären, und seine Heimatstadt bedeutete ihm später ebenso wenig wie seine Verwandtschaft. Man weiss aber auch deshalb nur so schlecht über seine frühen Jahre Bescheid, weil kaum Briefe und Aufzeichnungen aus dieser Zeit erhalten geblieben sind. Mit dem Beginn der Berufsjahre aber hat er sich allmählich angewöhnt, Abschriften seiner Briefe ebenso aufzubewahren wie alle seine Notizzettel – und nur dieser Nach-lass ist es, der uns heute sein Leben anschaulich macht. Aus diesen Dokumenten entsteht er vor uns als ein schon Fertiger, der aus eigenem Geist lebt, als habe er sich selbst geschaffen.

Gern erzählte er, wie er sich mit sieben Jahren Latein beige-bracht habe, indem er in Büchern las, die sein Vater ihm hinterlassen hatte. Schon mit fünfzehn Jahren wollte er sich klar werden, welche Richtung in der Philosophie er einleuchtender fände, wobei die Scholastik zur Wahl stand und das neue Denken von René Descartes. Er erinnerte sich, die Entscheidung habe er ganz allein getroffen auf einem Spaziergang im Rosental, einem Wäldchen bei Leipzig. Dabei wählte er die moderne Richtung, doch später lag ihm alles daran, das Alte und das Neue zusammenzuführen. Es wurde für ihn zur Lebensaufgabe.

Die Arbeit, mit der er seine philosophischen Studien abgeschlossen hat, behandelte die Kombinatorik, eine alte Lehre über die Möglichkeiten, Zahlen und andere Grössen zu kombinieren. Diese Kunst wurde von ihm erweitert und veranschaulicht am Orgelregister, an Farbkombinationen und anderen Beispielen. Er glaubte, dass er damit die Mathematik kenne, aber man war in Deutschland nur noch nicht auf dem Stand anderer Länder. Diese Schrift ist gleich gedruckt worden, erregte Aufsehen und konnte nach Jahren, wenn auch nicht wegen ihrer Mathematik, selbst vor den Augen des alten Leibniz bestehen. Auch seine juristische Doktorarbeit über fast unlösbare Rechtsfälle wurde bestaunt und ist noch nach Jahrzehnten neu gedruckt worden.

Als junger Doktor der Rechte wusste er zwar, dass er als Berater von Fürsten in den Staatsdienst wollte, hat aber in Nürnberg noch ein halbes Jahr einer Alchemistischen Gesellschaft als Sekretär gedient. Die Alchemie war halb eine Wissenschaft, und damit eine Vorläuferin der Chemie, halb eine Geheimwissenschaft, die den ‚Stein der Weisen' suchte oder ein Rezept, Gold zu machen. Später schrieb er über seinen kurzen Versuch, zu den Eingeweihten zu gehören: „Es reut mich nicht, in der Jugend gelernt zu haben, was mich als Mann vorsichtig werden liess. Denn später bin ich oft zu derartigen Studien gedrängt worden. Ich habe gesehen, wie andere Leute Schiffbruch erlitten, während sie mit dem günstigen Winde ihrer Alchemistenträume zu segeln glaubten." Doch hat ihn die Idee vom Goldmachen immer mächtig gereizt, und auf dem Totenbett noch wird er davon in einem Tagtraum erzählen.

Dann geriet er, und das ist schon erzählt worden, auf irgendwelchen Wegen vertraulich an den Freiherrn von Boineburg, dessen Anleitung ihn wiederum an den Mainzer Hof und zum Titel eines Rats führte. Jetzt ist er, nach weiteren vier Jahren, wirklich ein Mann der Politik geworden, wie er es wollte, sogar betraut mit einer geheimen Mission.

Die Weltstadt Paris mit ihrem Prunk und ihrem Wohlstand muss auf
Leibniz einen tiefen Eindruck gemacht haben. Hier war er im Zentrum von
Wissenschaft und Wirtschaft, von Macht und Kultur.

Kein leichter Anfang   Ende März 1672 trifft er in Paris ein. Doch
um den Aussenminister aufzusuchen – oder auch nur einen Beamten –, dazu fehlt ihm zunächst der Mut. Lieber will er erst einmal
unter die Leute, um die Landessprache besser zu lernen und die
eigene Unsicherheit zu überwinden. Man kann sich denken, dass
er sodann zu den Menschen gegangen ist, für die er Empfehlungsschreiben hatte. Bevor wir ihn dabei begleiten, soll aber noch
erzählt werden, wie sich der Geheimplan weiter entwickelte. Boineburg schreibt ihm bald, niemand in Mainz wisse, wo er sei und
was er treibe. Zwei Monate später entschliesst sich der Freiherr
doch noch, seinen Kurfürsten wenigstens halbwegs in den Plan
einzuweihen, der bislang hinter dessen Rücken betrieben worden
war, und sagt im Gespräch, am besten wäre es, wenn man Frankreich dazu bringen könnte, jenseits des Mittelmeers gegen die Türken zu kämpfen. Dazu besitze er, lässt er durchblicken, einen detail-
lierten Plan.

Von dieser Idee geradezu erregt, bat der Kurfürst und deutsche
Kanzler den französischen Gesandten am 4. Juni (1672) zu sich und
eröffnete ihm den höchst christlich gemeinten Vorschlag, einen
Krieg gegen die Ungläubigen zu beginnen. Das Stichwort ‚Ägypten‘ fiel nicht, der Kurfürst erwähnte aber seinerseits den angeblich
fertigen Plan. Dessen Verfasser im fernen Paris, der viel mit seinem
Gönner korrespondiert, erfährt durch Boineburg immerhin auch

ein wenig vom Fortgang der Sache. Der schreibt ihm, der Kurfürst kenne den Plan nun in Umrissen und habe die Sache beifällig aufgenommen. Vielleicht hat Leibniz die Nachricht mit Erleichterung gehört, weil er damit von der drückenden Last befreit schien, den Plan auf seinen schmalen Schultern allein zu tragen. Soll sich, mag er gedacht haben, nun das amtliche Mainz offiziell an Versailles wenden!

Doch wie hatte sich der Plan, der von Leibniz politisch gemeint gewesen war und eigentlich nur den Holländern (und auf weite Sicht dem Reich) helfen sollte, verändert! Der französische Gesandte, durchaus selbst entflammt, berichtete seinem König und überhöhte dabei den Plan des Kurfürsten zu einem „Heiligen Krieg". Dieser Bericht aus Mainz wurde dem Sonnenkönig nachgesandt, der in den Niederlanden der vorrückenden Front mit seinem ganzen Hofstaat gefolgt war, um glanzvolle Siegesfeste zu feiern. Bei ihm weilte sein Aussenminister, der von dort am 21. Juni (1672) seinem Gesandten nach Mainz zurückschrieb, er habe dem König Bericht erstattet. Ohne von Seiner Majestät zu einer Antwort beauftragt zu sein, könne er selbst nur feststellen, dass „Heilige Kriege" seit Ludwig dem Heiligen aufgehört hätten, Mode zu sein.

Das war ein spöttisches, ein hartes Wort, aber es galt nicht dem Plan, den Leibniz entwickelt hatte. Andererseits ist es fraglich, ob dessen Ideen, wären sie der französischen Regierung bekannt geworden, anders beurteilt worden wären. Am selben Tag schrieb Pomponne auch an Boineburg nach Mainz, versicherte ihm jedoch nur, der König sei voller Huld gegen ihn, er dürfe sich Hoffnungen auf eine günstige Regelung seiner finanziellen Angelegenheiten machen. Das war alles. Über die verlockend angedeuteten Pläne, die ein gewisser „Autor" überbringen sollte, stand da kein Wort. Trotz dieses beredten Schweigens hoffte Boineburg weiterhin auf eine Aufforderung durch Aussenminister Pomponne, den eigentlichen Plan vorzulegen. Aber es kam kein weiterer Brief in Mainz an, und in Paris traute sich Leibniz noch immer keinen Vorstoss beim Aussenministerium zu.

Es gab hier schliesslich noch anderes zu tun, und Leibniz hatte es gut vorbereitet. Pierre de Carcavy, der Direktor der königlichen Bibliothek, war dabei seine erste Adresse gewesen. Schon von Mainz aus hatte er sich an ihn empfehlen lassen und dem hohen Herrn etwas hochtrabend mitgeteilt, er habe eine neue Rechenmaschine entwickelt, die vielleicht auch den königlichen Minister Colbert (er war, wie man heute sagen würde, Wirtschafts- und Wissenschaftsminister) interessieren könne. Carcavy hatte im Juni 1671 geantwortet: Wenn Leibniz seine Maschine, die wahrscheinlich interessant und nützlich sei, nach Paris schicken wolle, so würde er sich darum bemühen, dass Minister Colbert sie in Augenschein nehme.

Diese Aussichten hatten Leibniz beflügelt, und er versicherte anderen, er sei bereits durch den königlichen Bibliothekar an den mächtigen Minister Colbert empfohlen worden, und dieser habe ihn mit dem Bau einer Rechenmaschine beauftragt. Leibniz wagte es daher, mehr zu erbitten, und übersandte Carcavy den Vorschlag, Colbert solle ihm die Stellung eines Korrespondenten der Akademie der Wissenschaften bewilligen, denn er sei bereit, aus Deutschland über neueste Ergebnisse zu berichten. Man erkennt daran gut, wie treuherzig Leibniz mit dem Wohlwollen seiner Mitmenschen rechnete. Carcavy hatte ihn in einer recht unverblümten Antwort vor solchen Hoffnungen gewarnt. Aber Leibniz glaubte Erfindungen zu besitzen, mit denen er sich in Paris beweisen werde: seine Rechenmaschine, optische Entdeckungen und seine philosophisch-physikalischen Gedanken darüber, wie die neuerdings von einigen Wissenschaftlern bestrittene Eucharistie (die Wandlung der Hostie und des Weins) doch noch erklärt werden könnte. Gerade von diesem Nachweis versprach sich Leibniz viel Aufsehen und Anerkennung in Paris. Als er abreiste, glaubte er wohl, den erstrebten Posten eigentlich nur noch antreten zu müssen. Indem er allen erzählte, er werde sich in Paris den grossen Gelehrten vorstellen, wollte er zugleich verdecken, dass er auch einen Geheimplan vortragen sollte.

Die Rechenmaschine, die er überall erwähnt hatte, als sei sie fertig, brachte er nur in Umrissen mit. Leibniz beschreibt in Paris einmal, wie er auf diesen Plan gekommen war: „Als ich vor einigen Jahren zum ersten Male ein Instrument sah, mit dem man seine eigenen Schritte, ohne zu denken, zählen kann, kam mir sogleich der Gedanke, es liesse sich die ganze Arithmetik durch eine ähnliche Art von Werkzeugen fördern …" Eben durch eine Maschine, die weit mehr als nur zählen kann. Dabei glaubte er, so etwas habe es noch nie gegeben, denn von den Vorgängern (Wilhelm Schickard oder Blaise Pascal) wusste er zunächst nichts. Noch in Mainz hatte er die ersten Notizen über eine „lebendige Rechenbank" niedergeschrieben.

Der Gedanke war folgender: Man dreht mit einer Kurbel einen Stift, den Leibniz gewöhnlich einen „Zylinder" nennt. Dieser Zylinder trägt Zähne, die zusammen ein Zahnrad bilden. Dreht man nun z. B. einen Zylinder mit 7 Zähnen, so wird die Zahl 7 addiert. Setzt man den Zylinder an anderer Stelle in der Maschine ein, so können seine 7 Zähne auch für die Zahl 70 oder für 700 stehen. Das jedenfalls ist der Gedanke: Die Anzahl der Zähne steht für die entsprechende Ziffer und sie wird durch Drehen auf andere Zahnräder übertragen. Das Prinzip ist einfach, doch wie so oft ergaben sich bei der Ausführung entmutigende Schwierigkeiten.

Seine Maschine brauchte als Zubehör sehr viele solcher Zylinder, die jeweils passend zur Rechenaufgabe einzubauen waren – es waren 162! Bis die richtigen davon ausgewählt und gesteckt wären, hätte man das Ergebnis auch im Kopf oder auf Papier errechnen können. Um diese Umständlichkeit zu vermeiden, machte Leibniz eine geniale Erfindung, er konstruierte nämlich einen Zylinder, der verschiedene Zahnkränze hintereinander trägt. Nun konnte man diesen Zylinder tiefer in die Maschine hineinschieben oder etwas herausziehen, je nachdem, welcher Zahnkranz wirksam werden sollte. Weil solch ein Zylinder gleichsam „gestaffelt" hintereinander unterschiedliche Zahnkränze trägt, nennt man ihn auch „Staffelwalze". Diese Erfindung war so bedeutend, dass sie sich über Jahrhunderte gehalten hat und in den meisten mechanischen Rechenmaschinen verwendet worden ist – bis zum Siegeszug der elektronischen Rechner.

Mehr Mühe hat Leibniz mit der sogenannten ‚Zehnerübertragung' gehabt. Es ist nämlich schwer zu erreichen, dass eine mechanische Maschine auch nur das Ergebnis von 9 + 1 anzeigt, weil dabei im Resultat-Werk eine Zehnerübertragung fällig wird. Noch lange musste sich Leibniz damit plagen, seine Maschine so zu konstruieren, dass sie beispielsweise zur gegebenen Zahl 999.999 die 1 sicher hinzuzählen konnte. Es ergab sich gewöhnlich nur 999.100 oder etwas ähnlich Falsches. Aber diese Schwierigkeiten waren noch nicht erkannt, als Leibniz nach Paris kam. Er hatte nur sein Prinzip im Kopf und glaubte, es werde sich schnell in die Tat umsetzen lassen, sobald er erst einen guten Mechaniker gefunden hätte. Wenn er seine Erfindung dennoch gleich propagiert hatte, so war das nicht so sehr Leichtfertigkeit oder gar Hochstapelei, nein, hier zeigte sich eine Eigentümlichkeit seines Denkens, der wir noch oft begegnen werden. Was er logisch

entwickelt hatte, das hielt er für leicht ausführbar, weil er voraus-
setzte, die Welt selbst sei logisch aufgebaut und alle logischen
Ideen würden sich daher leicht in die Wirklichkeit einfügen lassen.

So trat er mit fast leeren Händen vor Pierre de Carcavy, den
königlichen Bibliothekar, dem er von Mainz aus die fertige
Maschine angekündigt hatte. Wir wissen nicht, wie peinlich dem
Ankommenden sein Offenbarungseid war, aber Carcavy scheint
bald bereit gewesen zu sein, ihm das Innere der Pascalschen
Rechenmaschine zu zeigen, die er hütete und von der Leibniz bislang nur wenig gehört hatte. Diese Maschine des grossen Mathematikers und christlichen Denkers Blaise Pascal, der schon Jahre
zuvor gestorben war, hatte kaum eine Verwendung gefunden. Leibniz hat, als er das Instrument sehen durfte, auf das er ausserordentlich gespannt gewesen sein muss, den Aufbau hastig skizziert. Er
notierte vieles, auch die Art der Zehnerübertragung, und erkannte,
dass sein eigener Entwurf noch nicht gut genug war. Zwar liess
sich Leibniz von der Art, wie Pascal die Zehnerübertragung hatte
lösen wollen, anregen, hat anschliessend aber um so länger
gebraucht, bis er von dem allzu komplizierten Vorbild wieder los-
kam. Auch bei anderen Details stützte er sich von da ab auf das Pas-
calsche Modell.

So bessern sich seine eigenen Entwürfe in Paris schnell. Schon
nach einem Monat glaubt er den Durchbruch geschafft zu haben
und beginnt mit zwei Handwerkern, ein hölzernes Modell zu
bauen. Einem Pariser Gelehrten schreibt er, wohl schon im Sommer (1672): „Sollten Sie morgen oder ein andermal in die Akademie gehen, so bitte ich Sie, mich bei Herrn de Carcavy zu ent-
schuldigen, dass ich mich fast einen Monat – es kommt mir wie
ein Jahrhundert vor – nicht habe bei ihm sehen lassen. Ich habe es
mir aus eigenem Entschluss, wenn auch ungern, versagt, den
Umgang und die Unterhaltung der vielen Gelehrten zu geniessen,
mit denen Paris gesegnet ist. Ich habe mir ein selbstgewähltes Ein-
siedlerdasein auferlegt, ja, ich spreche, obwohl ich mitten unter so
vielen bedeutenden Männern weile, kaum mit jemandem ausser
zwei Handwerkern. Ist das nicht wie das Schicksal des Tantalus?
Doch meine Aufgabe verlangt den ganzen Menschen, und da ich
ohne Hilfe bin und jeden Tag auf tausend Kleinigkeiten achtgeben
muss, von denen eine einzige alles zunichte machen kann und
mich zwingen würde, die ganze Arbeit von neuem zu beginnen,
weiss ich mir keinen anderen Rat. Man gibt sich nämlich nicht mit

einem überzeugenden Beweis, an dem sich nichts auszusetzen findet, zufrieden, sondern will die Anwendung an einem Modell sehen. Wir sind bald damit zu Ende, und ich hoffe, dass Herr de Carcavy im Falle des Erfolges, an den wir mit den besten Gründen glauben dürfen, der Sache zur verdienten Achtung verhilft und dafür sorgt, dass das Geheimnis gewahrt bleibt. Ich bitte Sie herzlich, ihm all das ans Herz zu legen und mit niemandem darüber zu sprechen."

Warum wollte er diese Erfindung überhaupt machen? Natürlich, die Sache schien nützlich und sie versprach Ruhm. Doch wollte Leibniz auch zeigen, dass der menschliche Geist mechanisierbar ist – eine aufregende Hypothese. Und noch etwas: Er konnte durchaus selbst Hilfe beim Rechnen brauchen, denn er machte oft Flüchtigkeitsfehler, vielleicht weil er die Mathematik nicht von Jugend auf gewohnt war.

Das Wohlwollen steigt Von den Pariser Gelehrten hatte Leibniz geschrieben, dass deren Unterhaltungen ihm fehlten. In diese Kreise hineinzukommen war ihm nicht leichtgefallen. Die Gelehrten sprachen hier nicht mehr wie in Deutschland untereinander sein geliebtes Latein, sondern redeten französisch, und das konnte er noch nicht gut. Überhaupt war er gehemmt. Der erste Eindruck, den die Leute von ihm hätten, so klagte er einmal, sei ungünstig, weil es ihm an sicherem Auftreten fehle. Hier war es nämlich selbst in Gelehrtenkreisen Mode, sich als kraftvoller Geniesser zu geben oder als Aristokrat, der Hoheit und Ruhe ausstrahlt. Beides konnte Gottfried Wilhelm Leibniz nur schlecht imitieren.

Hinzu kam, dass er mit seinen neuen Ideen weit weniger Aufmerksamkeit erregte, als gehofft. Man war hier verwöhnt. Doch erste Anerkennung fand er bei Henri Justel, einem Rat und Sekretär des Königs. Dieser weltoffene Protestant – damals durfte man in Paris noch Protestant sein – lud Leibniz zu seinen Zusammenkünften ein, wo er andere ungewöhnliche Geister traf. Justel hatte Verbindungen zu den bedeutendsten Gelehrten Europas und wurde mit seiner Korrespondenz alsbald für Leibniz zum Vorbild. Diesen Alleswisser vor Augen, entwickelte er damals die Idee, man müsse nur eine laufende Chronik schreiben, in der alles Wissenswerte über Sitten, Gebräuche, Entdeckungen, Geldwesen, Handel, Handwerk, Luxus, Laster und Krankheiten notiert wäre, und schon würde sich ein getreues Bild der Zeit ergeben. Bald entstünde daraus sogar ein wahres Abbild der Weltgeschichte. In diesem Plan erkennen wir schon früh eine Idee, von der Leibniz sein Leben lang gefesselt sein sollte: Man müsste eigentlich ständig das Wissenswerte sammeln und auswerten, denn wer ein solches Archiv besässe, wüsste alles.

Sinn für den umständlichen, schnell verlegenen Deutschen hatte früh auch der schrullige Priester Pierre Daniel Huet, dem Leibniz bei Justel begegnet war. Er schrieb und sprach immer noch am liebsten Latein, weswegen er sich wohl auch mit Leibniz sofort gut verstand, und lebte mit Büchern. Davon hatte er so viele um sich gestapelt, dass einmal sein Haus darunter zusammenbrach. Pierre Daniel Huet spielte eine Rolle bei der Erziehung des französischen Kronprinzen Louis, des Dauphins, und war im besonderen zuständig für dessen lateinische Lektüre. Dazu wollte Huet antike Werke für den Prinzen – „ad usum delphini", in einer für den Dauphin bereinigten Fassung – herausgeben und zog alsbald Leibniz hinzu, zweifellos ein Zeichen für dessen wachsendes Ansehen. Doch musste Leibniz die Mitarbeit aufkündigen, wegen zu vieler anderer Dinge, die ihn beschäftigten.

Besuch bei Christiaan Huygens   Im Herbst (1672) strebte Leibniz dem Gebäude der Königlichen Bibliothek zu, das er schon gut kannte, doch diesmal hatte er ein wenig Herzklopfen, denn er wollte nicht zu den Büchern. In diesem Gebäude wohnte und arbeitete auch der bedeutendste Mathematiker und Physiker seiner Zeit, der Holländer Christiaan Huygens. Der wollte ihn empfangen – ihn, den Dilettanten aus dem rückständigen Deutschland, ihn wollte ein Huygens, das wichtigste Mitglied der neuen Pariser Königlichen Akademie, vor sich treten lassen! Leibniz muss die Autorität des grossen Forschers gefürchtet haben, hatte andererseits aber eine mathematische Entdeckung gemacht, die er vorlegen wollte und für die er Anerkennung erhoffen durfte, er hatte nämlich eine Regel gefunden, mit der sich die Summe unendlicher Zahlenreihen bestimmen liess.

Als ihm ein Diener die privaten Räume, die zugleich Werkstatt und Laboratorium des grossen Mannes waren, geöffnet hatte, wird Leibniz nach den viel bestaunten Uhren Ausschau gehalten haben, denn Huygens hatte fünfzehn Jahre zuvor die Pendeluhr erfunden, die inzwischen in den Häusern der Vornehmen heimisch geworden war, und arbeitete an ihrer Verbesserung. Leibniz sah ein

Heinrich Oldenburg (links), ein gebürtiger Bremer, führte die Geschäfte der Royal Society in London und förderte seinen Landsmann Leibniz, auch wenn ihn das in Verlegenheit brachte. – Der Niederländer Christiaan Huygens (rechts) war der bedeutendste Mathematiker seiner Zeit, er ist auch der Erfinder der Pendeluhr. Dass Leibniz an diesen gütigen Mann geriet, ist vielleicht das grösste Glück seines Lebens gewesen.

Exemplar, es hatte, wie damals noch üblich, als Pendel nur einen starken Faden, an dem ein Gewicht hing. Trotzdem hatte sich die Genauigkeit der Zeitmessung mit dieser Erfindung, vielleicht der wirksamsten des Jahrhunderts, fast verhundertfacht. Huygens war es schon in seiner Jugend gelungen, das Fernrohr zu verbessern, so dass er als erster Mensch den Ring um den Saturn hatte erkennen können. Auch Linsen und andere optische Instrumente wird Leibniz, als er sich umblickte und soweit seine kurzsichtigen Augen etwas zu erfassen vermochten, gesehen haben, ebenso Kugeln aus Holz oder Eisen, mit denen Experimente für den sogenannten elastischen Stoss ausgeführt werden konnten. Hier war er, der Bewunderer dieser neuen Wissenschaften, also endlich im Allerheiligsten angelangt.

Huygens trat ihm mit grosser Freundlichkeit entgegen. Er war ein Mann von 43 Jahren, etwas rundlich, hatte ein weiches, fast weibliches Gesicht und dunkle, leuchtende Augen, die viel Sanftheit und Wohlwollen ausstrahlten. Man darf vermuten, dass Huygens dem jungen Fremden gleich versichert hat, ihn zu kennen. Nicht nur, weil Leibniz ein Jahr zuvor, wie erwähnt, der Pariser

Königlichen Akademie eine kleine Abhandlung physikalisch-philo-
sophischen Inhalts eingereicht hatte, die durchaus im Kreise der
Mitglieder diskutiert worden war; sondern auch weil der Sekretär
der Londoner Schwestergründung, der Royal Society, Heinrich
Oldenburg, eine Empfehlung nach Paris geschickt hatte, in der es
von Leibniz hiess: „Er scheint kein gewöhnlicher Geist zu sein.“

Huygens mag mit ein paar wohlwollenden Bemerkungen auf
die im Jahr zuvor eingereichte Arbeit von Leibniz zu sprechen
gekommen sein, denn sie hatte sich ausdrücklich mit den von
Huygens soeben veröffentlichten Gesetzen des elastischen Stosses
beschäftigt. Diese Gesetze hatte Leibniz keineswegs in Frage stellen wollen. Er hatte nur einen Einwand vorgebracht, der ein wenig
an den Widerspruch eines hochbegabten Kindes erinnert: Die
Gesetze seien zwar richtig, aber noch nicht bewiesen, jedenfalls
nicht streng logisch abgeleitet. Ob Huygens für diese Gründlichkeit mehr als sein menschenfreundliches Lächeln übrig hatte, weiss
man nicht.

Er sah einen jüngeren Mann vor sich, der etwas ungeschickt
wirkte. Sein Gast war zwar gross, stand aber gebeugt, und seine langen Arme hingen herab, als wüsste er nicht, wohin damit. Er hatte
erwähnt, im Auftrag seines Kurfürsten in Paris zu sein, doch eine
diplomatische Mission passte wenig zu seiner Erscheinung. Kein
Mann, der reiten und fechten konnte, der trinkfest und stimmge-
waltig schien. Nur gekleidet war er recht elegant, trug dazu diese
modische Perücke. Ehrgeizig wirkte er, aber auch vertrauensvoll,
also nicht unsympathisch. Sein Lächeln war sogar gewinnend
freundlich.

Noch hatte Leibniz seinen Zettel mit dem mathematischen
Kunststück in der Tasche und wird darauf gebrannt haben, es vorzuführen. Aber vielleicht hat Huygens den Juristen aus dem deutschen Mainz zuvor gefragt, was ihn denn nach Paris geführt habe.
Richter am obersten Gerichtshof des Kurfürstentums Mainz sei er?
Das musste den Holländer Huygens stutzig machen. Denn fast auf
den Tag genau, als Leibniz − doch offenbar als Abgesandter dieses
deutschen Kanzlers und Kurfürsten − in Paris eingetroffen war,
hatte Frankreich seiner Heimat, den Niederlanden, den Krieg
erklärt. Das kleine Land, in Wissenschaft und Kunst führend, überaus wohlhabend, aber militärisch schwach, war von allen deutschen
Nachbarn im Stich gelassen worden. Hatte der Kanzler seinen
Leibniz nach Paris gesandt, um ein weiteres Stillhalten des Reiches

zu versprechen? Dem Holländer Christiaan Huygens war seine Heimat keineswegs gleichgültig. Während er, vom französischen König bezahlt, wie in einem goldenen Käfig lebte, gehörten sein Vater, ein bedeutender Dichter und politischer Vordenker der Niederlande, und sein Bruder zu den Männern, die den Widerstand gegen die französische Invasion zu organisieren suchten.

Und was hatte Leibniz wirklich nach Paris gelockt? Sollte Huygens ihn das gefragt haben, so hätte Leibniz vielleicht mit Sätzen geantwortet, die er in einem Memorandum zwei Jahre zuvor niedergeschrieben hatte, Worte der Bewunderung für den zentral regierten, mächtigsten Staat der Welt: „Wie sehr sich nun Frankreich bisher gestärkt, können auch Blinde sehen. Dass es die anderen Länder alle mit ihren eigenen Waffen zwinge, die besten Köpfe an sich ziehe und endlich überall Meister werde." War nicht Christiaan Huygens selbst das deutlichste Beispiel für diese Politik, von überall das Beste zu holen? Und war es nicht verständlich, dass ihn, Leibniz, den höchst selbstbewussten Gelehrten aus Mainz, der Ehrgeiz ebenfalls hierhergetrieben hatte? Das würde gerade ein Huygens verstehen müssen.

Doch nun wurde es Zeit, die eigene mathematische Erfindung vorzutragen. Es ging um unendlich viele Brüche, die addiert werden. Solche Reihen, deren Glieder immer kleiner werden, waren in der Mathematik verbreitet, bekannt etwa war diese:

$\frac{1}{2} + \frac{1}{4} + \frac{1}{8} + \frac{1}{16} + \dots$ und so weiter.

Die Summe davon ist Eins. Leibniz aber glaubte, ein Prinzip gefunden zu haben, um die Summe auch weit komplizierterer Reihen angeben zu können. Das behauptete er jedenfalls und schränkte nur ein: „Vorausgesetzt, dass die auftretende Summe überhaupt gegen einen endlichen Wert strebt." Das Kunststück, solche Reihen zu summieren, begann Leibniz gleich vorzuführen, aber Huygens entschuldigte sich, in der Reihenlehre sei er nicht sehr bewandert, doch die Behauptung mache ihn neugierig. Schon dieses Eingeständnis muss für Leibniz eine unerwartete Bestätigung gewesen sein.

Huygens entsann sich jedoch an eine eigene Erfahrung, und wir können uns vorstellen, dass er zu seinem Besucher sagte: „Vor etwa sieben Jahren bin ich selbst einmal auf solch eine Reihe gestossen, als ich mit meinem Freund Jan Hudde über die Frage disputiert habe, wie es eigentlich mit der Wahrscheinlichkeit bei Glücksspielen steht. Es ging dabei um die Summe der unendlichen Reihe der

reziproken Dreieckszahlen." Huygens schrieb sie auf und überreichte den Zettel seinem Besucher, als sei das nun eine Hausauf-
gabe, die er ihm mitgeben wollte:

$$\tfrac{1}{1} + \tfrac{1}{3} + \tfrac{1}{6} + \tfrac{1}{10} + \dots$$

Es war nicht zu erwarten, dass Leibniz die Aufgabe gleich lösen
konnte, obwohl sich vermuten liess, dass die Summe 2 ist, aber das
wäre ja erst einmal zu beweisen gewesen. Leibniz versprach, an der
Sache nach Kräften zu arbeiten. Christiaan Huygens, dem die
Begabung des Mainzer Juristen wohl nicht mehr zweifelhaft war,
bat ihn, nur ja bald wiederzukommen, und nannte ihm, da er
gemerkt hatte, dass Leibniz ein Autodidakt war, ein paar Mathematikbücher, die sich mit solchen Reihen beschäftigten. Dann
geleitete er seinen Gast zur Tür. Eins dieser Bücher, das ‚Opus geo-
metricum' des Gregorius a S. Vincentio, hat Leibniz denn auch
gleich aus der Pariser Königlichen Bibliothek – sie war ja in demselben Gebäude untergebracht – entliehen, um sich Auszüge daraus zu machen. Er hat es dann allerdings (das weiss man, weil seine
Notizen erhalten sind) nur flüchtig angesehen, denn ihm schmeck-
te die Umständlichkeit nicht, mit der dort alles erklärt wurde. Auch
schien es ihm unbefriedigend, wie Gregorius die Summen besagter Reihen bloss aus Zeichnungen ableitete. Nach kurzem Grübeln
erkannte er, wie man die geometrisch gegebenen Strecken auch als
Zahlen schreiben und ihre Summe elegant berechnen konnte. Das
war typisch für ihn. Er konnte Lehrbücher nur eilig ansehen, ihm
fehlte eben die Geduld. Hatte er jedoch etwas verstanden, so überbot er seine Vorlage manchmal ebenso schnell, wie er sie gelesen
hatte.

Mit seiner neuen, allgemeinen Methode war die gestellte Aufgabe leicht zu lösen. Er hatte sie sich (in einem ersten Schritt)
dadurch vereinfacht, dass er nur halb so grosse Zahlen einsetzte, die
dann – wie man plötzlich erkennt – nach einem einfachen Muster
als Multiplikation geschrieben werden können:

$$\frac{1}{1\cdot 2} + \frac{1}{2\cdot 3} + \frac{1}{3\cdot 4} + \frac{1}{4\cdot 5} + \dots = 1$$

Die Lösung erreichte man durch Verdoppelung, also war die
gesuchte Summe 2. Mit diesem Ergebnis ging Leibniz gleich in der
ersten Begeisterung, diesmal wohl unangemeldet, zu Huygens und
mag ihm vor Aufregung, sobald es die Höflichkeit zuliess, erklärt
haben, dass er fertiggeworden sei und wie er zu seiner Lösung
gefunden habe. Huygens muss höchst erstaunt gewesen sein und

war selbstlos genug, sich mit Leibniz über das Ergebnis und die neue Methode einfach nur zu freuen. Solch eine Offenheit, ja neidlose Mitfreude war zu jener Zeit unter Wissenschaftlern noch weniger üblich als heute. Huygens, dieser herzensgute Mensch, hat dem Gast ausserdem noch, als wollte er ihn als den besseren Mathematiker ehren, seine eigene frühere Lösung vorgeführt, die weit umständlicher war.

Es war ein einziges Glück für Leibniz, an diesen noblen Mann geraten zu sein. Schon als der seinem Besucher die Aufgabe gestellt hatte, war er taktvoll vorgegangen. Wäre das Problem nur ein wenig schwieriger ausgefallen und Leibniz unlösbar erschienen, hätte Huygens ihm die Lust auf eine Fortsetzung seiner Studien genommen. So aber erlebte Leibniz in diesen Tagen seine wahre Geburt als Wissenschaftler. Vielleicht hat er die Bedeutung dieser Wende selbst gespürt, denn es ergriff ihn fortan eine ungeheure Begeisterung. Seine Stärken, die er hier am Anfang gezeigt hatte, blieben ihm dabei erhalten. Er konnte in dem, was andere Mathematiker halbwegs aufgehellt hatten, das Allgemeingültige erkennen, er fand den einfachen Grundgedanken und brachte zu methodischer Eleganz, was zuvor nur mühsam erreicht worden war.

In den folgenden Wochen verfasste Leibniz, zu Recht stolz auf seine Entdeckung, eine Abhandlung für die bedeutendste wissenschaftliche Zeitschrift, das ‚Journal des Sçavans‘, in der aber der Aufsatz nicht mehr erscheinen konnte, denn sie stellte gerade ihr Erscheinen vorübergehend ein. Das Manuskript seiner Abhandlung ist jedoch erhalten, daher weiss man, dass Leibniz seine Ergebnisse nur angedeutet hat und den Beweis schon gar nicht nennen wollte. Damit betrieb auch er von jetzt ab die Geheimniskrämerei, die damals unter Mathematikern üblich war. Niemand wollte sich in die Karten sehen lassen. Man fürchtete, ein vorgelegter Beweis könnte als unzureichend belächelt werden, oder gedachte mit seiner neuen Methode weitere hübsche Ergebnisse zu erzielen, bevor man das Werkzeug auch anderen in die Hand drückte. Und noch etwas fällt an dem unveröffentlichten Aufsatz auf. Leibniz beginnt mit einer grundsätzlichen Debatte über das Unendlichkleine und über das Unendliche. Das sind zwei Themen, denen er noch lange treu bleiben sollte.

Beim viel bedrängten Arnauld   An einem Abend in diesem Herbst 1672 sass Gottfried Wilhelm Leibniz als Gast in einem Kreis von

Männern, der sich wie gewöhnlich im Faubourg S. Jacques versammelt hatte, und lauschte den Worten von Antoine Arnauld. Dieser recht einflussreiche Priester, Logiker und Mathematiker war in letzter Zeit zu höchstem Ansehen gelangt und wurde fast täglich von vielen mit Wünschen bedrängt – von Künstlern, die seine Empfehlung wollten, von Gelehrten, die seinen Rat, oder von Protestanten, die einen Weg zum Übertritt in die alte Kirche suchten. Auch der junge Deutsche hatte sich schon mehrfach bemüht, einen Termin zu bekommen. Der gnädige Herr sei verreist, hatte es geheissen. Tatsächlich zog sich Arnauld oft wochenlang in eine klösterliche Einsamkeit zurück, teils um zu meditieren, teils um seinen Forschungen nachzugehen. Nun hatte jemand Leibniz mitgenommen in diesen Zirkel von Anhängern. Dabei war er dem Vielverehrten wohl vorgestellt worden, mag auch gemurmelt haben, dass er schon die Ehre gehabt habe, mit ihm von Mainz aus zu korrespondieren, wird damit aber kaum Aufmerksamkeit erregt haben. Arnauld schien vom Ruhm überrollt und überfordert.

Der Sechzigjährige war seit langem Vordenker und Aushängeschild einer radikal frommen Gruppierung innerhalb der katholischen Kirche, die man ‚Jansenisten' nannte und deren berühmtester Anhänger der vor Jahren verstorbene Blaise Pascal gewesen war. Die Jansenisten hatten ihren Namen von dem flämischen Bischof Cornelius Jansen, der ein Buch über Augustinus geschrieben hatte, das 1640 herausgekommen war. Sie forderten, Christen müssten ihr Leben ändern, anders sei die Gnade Gottes nicht zu erlangen. Leibniz fühlte sich, wie viele Protestanten, von dieser Entschiedenheit angezogen. Kirche und Staat hatten nach langer Unterdrückung den Jansenismus vier Jahre zuvor anerkannt. Damit war gleichzeitig das Ansehen Antoine Arnaulds gestiegen, noch mehr seit sein Neffe Pomponne Aussenminister geworden war. Leibniz sass nicht zuletzt hier unter den Gästen, um eine Empfehlung an diesen Neffen zu bekommen, denn sein Auftrag aus Mainz lautete schliesslich, zum Aussenminister vorzudringen.

Obwohl ein Neuling in diesem Zirkel, hatte Leibniz doch den starken Wunsch, eigene Ideen vortragen zu dürfen, vor allem darüber, wie der christliche Glaube verteidigt werden könnte gegen den modernen Atheismus. Doch muss er Mühe gehabt haben, auch nur der Diskussion, die auf Französisch geführt wurde, zu folgen, und konnte kaum den Versuch machen, sich zu beteiligen. Später, sehr viel später, wird Arnauld über Leibniz einmal sagen, er habe

Antoine Arnauld (links), Vordenker der Jansenisten, einer strengen Richtung innerhalb des Katholizismus, konnte in dem jungen Leibniz nur den Mathematiker erkennen. – Den Metaphysiker und Priester Nicolas Malebranche (rechts) wird Leibniz erst später kennenlernen. Er war ein so blendender Debattenredner, dass Leibniz sich neben ihm nicht entfalten konnte.

ihn in diesen Pariser Jahren nur als sehr kundigen Mathematiker wahrgenommen. Und dabei hatte ihm Leibniz doch schon vor jetzt fast einem dreiviertel Jahr, im November 1671, aus Mainz einen langen Brief geschrieben, der für ihn und seine Ideen werben sollte – ein völliger Fehlschlag, wie es nun schien. Antoine Arnauld hatte damals nicht geantwortet und jetzt bei der Begrüssung nichts dazu gesagt. „Habe ich etwas falsch gemacht?" wird Leibniz sich gefragt haben. War von ihm in diesem Brief nicht gleich zu Beginn schon eine neue Deutung der Wandlung bei der Eucharistie (der katholischen Messe) angeboten worden? Mit dem Verständnis der Materie, das er entwickelt habe, sei es möglich, hatte er geschrieben, diese Verwandlung gegen die moderne Wissenschaft zu verteidigen. Solch ein Beweis musste doch einem Arnauld höchst willkommen gewesen sein!

Wenn in Leibniz nun einige Zweifel aufgestiegen sein sollten, so kann ihm jeder heutige Leser des Briefes nur zustimmen. Schon das Angebot, die Eucharistie gegen die moderne Wissenschaft zu verteidigen, hatte Leibniz in einem sonderbaren Ton vorgetragen. Er wischte zunächst einmal die ganze Autorität von René Descartes hinweg, des damals noch immer einflussreichsten Denkers, der

fünfzig Jahre vorher gelebt hatte. Kühn und entschieden, wie es
nur ein junger Mensch fertigbringt, hatte er hingeschrieben, die
Philosophie von Descartes sei mit der Theologie der römischen
Kirche unvereinbar. Dabei hatte er nicht bedacht, dass Antoine
Arnauld ein Anhänger von Descartes war und deshalb diesen Satz
als Anmassung empfinden musste. Schmeichelnd hatte er sodann
versucht, den Adressaten Arnauld von Descartes wegzuziehen,
indem er lockte: Es gibt zwei Sorten von Menschen, die einen lassen sich von einer Autorität leiten, die anderen wollen selbst nachdenken ...

Darauf stellt der Briefschreiber sich und seine bisherigen Leistungen vor und bittet vorsorglich um Nachsicht wegen der grossen Länge des Briefes. Sein ganzes bisheriges Leben und Denken,
versichert er, sei darauf abgestellt gewesen, solide Kenntnisse zu
erwerben und sich nicht mit einem Fürwahrhalten zu begnügen.
Über viele Seiten breitet er aus, was er auf den Gebieten Physik,
Jura, Moral und Theologie schon erreicht hat – um all seine
Erkenntnisse sodann scheinbar ehrerbietig dem Urteil Arnaulds zu
unterwerfen.

Doch er weiss, dass er erst einmal Arnaulds Vertrauen erringen
muss. So fügt er noch einiges über den besonderen Eifer hinzu,
den er gerade bei religiösen Untersuchungen an den Tag zu legen
pflege. Zu dieser Sorgfalt gehört für ihn, dass er viel gelesen hat
– es folgt daher eine Liste der Werke, die er gut kennt, wobei er
deutlich macht, dass er sich auch die gefährlichen Freigeister
durchaus zugemutet hat. Die Fülle der Buchtitel ist erdrückend,
aber sie leitet nur über zu einer Aufzählung seiner übrigen For-
schungsgebiete, etwa Chemie, Medizin und Optik. Nun strömt es
erst recht aus seiner Feder ... Er will endlich aufhören, doch muss
er noch rasch anmerken, dass er ein Verfahren ersonnen habe, die
Luft – gering veranschlagt – über hundertmal so stark zusam-
menzupressen, wie es bislang gelungen sei. Man könne, meint er,
sich vorstellen, welche enorme elastische Kraft so zu gewinnen
sei.

Viele, allzu viele Seiten hat er schon gefüllt. Doch Leibniz ist
überzeugt, Arnauld werde wissen, dass nicht alle Menschen, die
vieles auf einmal bringen, eitel und unbedacht sind. Sein Ton ist
ihm allmählich immer vertrauter geraten, so schliesst er in der
Hoffnung, bald mit Arnauld alles bereden zu können, bittet ihn
jedoch, besonders die Ausführungen über die Eucharistie mit sei-

nen Freunden zu beraten und überhaupt diesen Brief in viele Hände zu geben, denn das erspare ihm, Leibniz, manche weitere Korrespondenz ...

Der Brief muss auf Arnauld höchst sonderbar gewirkt haben. Heute könnte man sogar vermuten, solche weitschweifigen Ausführungen werde niemand zu Ende lesen. Arnauld muss in jedem Fall die Stirn gerunzelt haben. Leicht erkennt man in diesem Erguss manche Schwäche des noch recht jungen Leibniz. Wie viele schüchterne Menschen hat er Schwierigkeiten mit der richtigen Distanz: Er leidet, solange er unerkannt draussen steht und lautstark auf sich aufmerksam machen muss, wähnt sich dann aber allzu schnell im Kreis von Gleichgestellten und wird vertraulich. Zugleich fällt es ihm schwer, sich richtig einzuordnen: Er empfindet andere zunächst als dominant, doch wenn er sich eingewöhnt hat, fühlt er sich schnell als Primus und glaubt, die anderen seien inzwischen ganz Ohr, weil er viel zu sagen hat.

Während Leibniz, wie wir vermuten, besorgt an seinen langen Brief zurückdachte, sass er also im Kreis der Anhänger Arnaulds und war, als er den Debatten wieder folgte, froh, wenigstens nicht Opfer des manchmal arg jähzornigen Gastgebers geworden zu sein. Er brannte darauf, seine Ideen zur Wiedervereinigung der Kirchen vorzutragen, und hätte als Protestant ein erstaunliches Angebot unterbreiten können. Aber dem strengen Arnauld lag, das spürte Leibniz bald, nichts an einer Vereinigung, sondern er erwartete von jedem Protestanten einfach den Übertritt zur wahren Kirche. Und er hatte viele für diesen Schritt gewonnen, darunter Johann Christian von Boineburg und den hannoverschen Herzog Johann Friedrich, in dessen Dienste Leibniz einmal treten wird.

Auch wenn der Gastgeber seinen Gast kaum wahrnahm, als guter Mathematiker konnte Arnauld sich doch für dessen entstehende Rechenmaschine erwärmen, hatte sein verstorbener Mitstreiter Pascal doch auch eine gebaut. Er war bereit, mit Leibniz einen Mechaniker aufzusuchen, der gerade damit beschäftigt war, die Maschine Pascals zu verbessern. Sonst blieben die Beziehungen kühl. Immerhin hat sich Leibniz einmal getraut, den Vielbeschäftigten um ein Empfehlungsschreiben an Aussenminister Pomponne zu bitten. Er war dazu bereit, aber als er die Zeilen schrieb, scheint ihm nicht einmal der Name des Bittstellers Leibniz gegenwärtig gewesen zu sein. Solch einen Zettel brauchte man gar nicht erst vorzulegen, Leibniz hat es auch nicht getan.

Als Diplomat nach London   Sich an die geheime Sache, den Ägyptischen Plan, zu erinnern wurde unausweichlich, als Leibniz am 21. November (1672) erfuhr, dass eine diplomatische Abordnung seines Mainzer Kurfürsten sich seit fünf Tagen in Paris aufhielt. Ihr Leiter war Obermarschall v. Schönborn, der Neffe des Kurfürsten und Schwiegersohn Boineburgs. Er sollte dem französischen König zu Friedensverhandlungen mit den Niederlanden raten. Seit fünf Tagen war er hier, und der Obermarschall hatte nicht nach ihm schicken lassen! Das konnte nichts Gutes bedeuten. Leibniz wird sein schrecklich schlechtes Gewissen wieder gespürt haben. Ein halbes Jahr lebte er schon in Paris, und nichts, gar nichts hatte er in dieser geheimen Angelegenheit unternommen.

Doch schon bald verabredete sich Melchior Friedrich von Schönborn mit Leibniz und berichtete ihm, er habe vom Kurfürsten nicht ausdrücklich den Auftrag bekommen, dem König den (echten) Ägyptischen Plan, soweit er ihn kannte, vorzutragen, doch sei ihm das freigestellt. Man kann sich gut vorstellen, wie dem verhinderten Laien-Diplomaten Leibniz ein Stein vom Herzen gefallen sein muss. Nun sollte also ein anderer, der besser mit Ämtern und Würden ausgestattet war, den Auftrag übernehmen. Als der Obermarschall von weiteren Gesprächen in Versailles erzählte, war Leibniz aber recht unzufrieden. In der Note, die Schönborn zu überreichen hatte, war doch ausdrücklich gefordert worden, dass die Christen gegen die Türken zusammenstehen! Daraus hätte der Überbringer, meint Leibniz, weit mehr machen können.

Nun, wo er selbst den Ägyptischen Plan nicht mehr betreiben muss, wird er mutig, setzt sich hin und entwirft auf Französisch eine Rede, die der Obermarschall das nächste Mal doch bitte vor dem König halten soll. Er müsse, steht da, vor allem auf den unaussprechlichen Nutzen hinweisen, der sich ergäbe, wenn Frankreich die Waffen anderswohin wenden wollte als gegen Holland. Die jetzigen Unternehmungen des Königs seien gefährlich, höchste Ehre sei so nicht zu erlangen. Wer die Grenzen seines Landes zu erweitern trachte, werde im Verdacht stehen, nicht der Ruhm, sondern kleine Begehrlichkeiten seien der Antrieb seines Handelns. Damit werde sich der König ganz Europa zum Feind machen. Auch der Kurfürst von Mainz werde es nicht mehr verhindern können, dass sich die Fürsten des Reiches gegen Frankreich verbündeten, wenn der König wirklich die militärischen Schlüsselstellungen Deutschlands in seine Gewalt bekommen wolle.

Von diesen guten Ratschlägen hat der Obermarschall wohl doch lieber keinen Gebrauch gemacht. Beide verband aber etwas anderes. Schönborn hatte seinen jungen Schwager mitgebracht, den Sohn Boineburgs, der, so war es mit dessen Vater verabredet, bald in Leibnizens Obhut übergeben wurde, um unter dessen Aufsicht hier in Paris zu studieren.

Ende Dezember (1672) erfuhr Leibniz durch Melchior Friedrich von Schönborn, dass die Friedensmission gescheitert war. Der König hatte Bedingungen gestellt, die nicht zu erfüllen waren, unter anderem, dass zunächst das deutsche Reich abzurüsten habe. Am folgenden Tag erhielt Leibniz eine noch schlimmere Nachricht: Eine Woche zuvor war sein Mentor und Förderer Boineburg, erst fünfzigjährig, gestorben. Ein hoher französischer Diplomat, der gerade in Mainz war, hatte den Tod Boineburgs für so wichtig gehalten, dass er ihn durch Sonderkurier seinem Aussenministerium hatte melden lassen. Pomponne seinerseits unterrichtete sofort den Schwiegersohn des Verstorbenen, Obermarschall von Schönborn. Von ihm hörte Leibniz die traurige Nachricht und schrieb gleich, noch vom ersten Schmerz ergriffen, an die Witwe. Der Brief zeigt, wie gross seine Verehrung für den – trotz aller Fehler und Schwächen – gewiss eindrucksvollen Mann gewesen ist. Auch jetzt wollten in Mainz die Gerüchte nicht verstummen, Boineburg habe im Dienst der Franzosen gestanden. Der französische Botschafter sah sich genötigt, der Witwe den Schutz seines Landes anzubieten.

Der Mainzer Kurfürst wies seinen Obermarschall an, nach England zu fahren, um dort für den Frieden mit Holland zu werben. Als Leibniz davon hörte, bat er, mitkommen zu dürfen, wollte er doch schon lange die Royal Society besuchen, um sich den dortigen Gelehrten persönlich vorzustellen. Ausserdem war er vom verstorbenen Boineburg darin früh bestärkt worden, denn der hatte sich gewünscht, sein Adlatus sollte auch in London für ihn Geldforderungen eintreiben. Schönborn kannte diesen alten Wunsch seines Schwiegervaters, und so nahm er offiziell den Mainzer Hofrat Gottfried Wilhelm Leibniz als seinen diplomatischen Ratgeber mit nach London.

Es traf sich gut, dass kurz vor dem Aufbruch nach England das hölzerne Modell der Rechenmaschine so weit gediehen war, dass man schon seine Funktion erkennen konnte. Zurückblickend auf die erste Zeit in Paris stöhnte Leibniz nun, er habe „das Modell wohl 100 mal verändert, und wohl dreiviertel Jahr daran gearbeitet". Tatsächlich hatte er in der Werkstätte selbst oft mit Hand angelegt, wie es vor ihm auch Pascal bei seiner Maschine getan hatte, und das war auch nötig gewesen, weil Zeichnungen damals nicht üblich waren und man seine Anweisungen mündlich erteilen musste. Durch Augenschein hatte er dabei gelernt, wieviel vorteilhafter es war, sich zunächst auf dreistellige Zahlen zu beschränken. Von der Staffelwalze, die er erfunden hatte, um die Anzahl der Zähne veränderlich zu halten, gab es nur eine vorläufige Form.

Die Maschine wurde mit einer Handkurbel angetrieben, die Leibniz nun scherzhaft als ‚Tournebroche', als Bratenwender, bezeichnete. Ein Mechanismus lief mit und zählte dessen Umdrehungen. Das war auch nötig, denn das Multiplizieren musste noch umgangen und ersetzt werden durch häufiges Addieren. Das gängige Beispiel bei Proben war „24 x 365". Diese Multiplikation erreichte man, indem man die 365 einfach 23 mal hinzuzählte (also den Bratenwender ebenso oft drehte). Theoretisch hätte man auf die gleiche Weise auch dividieren können, indem man die Kurbel einfach andersherum drehte, das wollte aber noch nicht gehen. Christiaan Huygens war trotzdem schon recht beeindruckt. Am 14. Januar 1673 hat er seinem Schützling eine Art Empfehlungsschreiben ausgestellt, in dem er die Rechenmaschine ein aussichtsreiches Projekt nannte. Leibniz konnte hoffen, auch in London damit Eindruck zu machen.

Aber er reiste ja auch als Diplomat. Natürlich hat er sich, wie es seine Gewohnheit war, auf diese Aufgabe schriftlich vorbereitet. Diesmal sind die (deutsch verfassten) Stichworte allerdings recht kurz: Man könne England, notierte er, klarmachen, dass es Grund habe, deutsche Friedensvermittlungen zu fördern, schon weil ihm am Handel mit Deutschland gelegen sein müsse. Um den Warenaustausch zu beleben, sollen Verträge über die Einfuhr von Kolonialwaren (etwa Zucker) und englischen Stoffen angestrebt werden („so ist Tuch eine der besten Waren, so England giebt, wegen seiner guthen Wolle"). Im Gegenzug will er England mit deutschen Weinen versorgt wissen, damit Frankreich aus dem Geschäft gedrängt wird. Gedacht ist ebenfalls an den Export von Eisen und Getreide oder „Augsburger und Nurnberger Waren, und anderen Manufacturen, dazu die Engländer zu faul seyn, und sich der Franzosen bedienen". England und Deutschland ergänzten sich, meint Leibniz, und könnten erreichen, dass „Franckreich, so die ganze Welt bannen will, die Flügel beschnitten werden".

Mitten im Januar reiste die kleine Delegation ab. Das kostbarste Gut, das Modell zu einer Rechenmaschine, war gewiss besonders sorgfältig verpackt worden. In Calais mussten die Reisenden vor der Überfahrt drei Tage darauf warten, dass sich ein Sturm legte. Am 24. Januar (1673) kamen sie in Dover an, drei Tage später in London. Die diplomatischen Pflichten gingen vor, doch sobald Leibniz es einrichten konnte, meldete er sich beim Sekretär der Royal Society, Heinrich Oldenburg, einem gebürtigen Bremer. Vor bald zwei Jahren hatte Leibniz zwei Aufsätze, die miteinander zusammenhingen, verfasst und den ersten nach Paris, den zweiten nach London geschickt. Diese zweite Schrift ‚Hypothesis physica nova ...' hatte im April 1671 in einer Sitzung der Royal Society zu Auseinandersetzungen geführt. Das Echo war somit durchaus noch lebhafter gewesen als das der anderen Schrift, die nach Paris gegangen war. Man hatte hier in London sogar die Einsetzung eines Ausschusses beschlossen. Der bedeutende Mathematiker John Wallis hatte sich recht wohlwollend geäussert, wohingegen Robert Hooke die Leibnizsche Schrift mit grosser Empörung abgelehnt hatte. Eine Sammlung der Gutachten, verfasst von mehreren Mitgliedern, hatte Oldenburg Anfang August 1671 an Leibniz geschickt. Dass die Schrift umstritten war, zeigte nur ihre Bedeutung, daher hatte Oldenburg seinem Landsmann die Ehre erwiesen, sie in London noch einmal drucken zu lassen.

Endlich betrat Leibniz nun die Räume der Royal Society. Oldenburg begrüsste ihn hoch erfreut und lud den Gast gleich zur nächsten routinemässigen Zusammenkunft der in London ansässigen Mitglieder ein, die schon eine Woche später, am 1. Februar (1673), stattfinden sollte. Leibniz brauchte nur zu erwähnen, was er mitgebracht hatte, da forderte ihn der Sekretär auf, doch bitte schon auf dieser nächsten Sitzung seine Maschine vorzuführen. Der Erfinder wird gewusst haben, dass an diesem Abend viel auf dem Spiel stand. Den versammelten Herren erklärte er das Modell auf lateinisch, und es gelang ihm offenbar, seine Ideen sehr anschaulich vorzustellen. Das Protokoll vermerkt, Leibniz habe das Angekündigte anschliessend „durch eine Probe bestätigt", aber eingeräumt, das Instrument sei noch unvollkommen.

Die hochgelehrten Herren hatten es nicht an Aufmerksamkeit, ja Neugier fehlen lassen, aber wie üblich war es der Mathematiker und Physiker Robert Hooke, der, als die Vorführung vorüber war, am lebhaftesten sprach, und zwar gegen Leibniz. Er war ja auch schon vor bald zwei Jahren voll scharfer Ablehnung gegen seine Ideen gewesen – doch so kannte man ihn. Meist konnte er es schlecht ertragen, wenn andere eine Erfindung gemacht hatten, und behauptete dann, selbst schon Ähnliches oder gar Besseres entwickelt zu haben. Immerhin war seine Wissbegier gross genug, das Modell von allen Seiten noch einmal zu besehen, und am liebsten hätte er es Teil für Teil auseinandergenommen, wie Leibniz sich noch im Alter gern erinnerte. Im Protokoll steht abschliessend: Leibniz habe angekündigt, er werde seinem Mechaniker in Paris den Auftrag geben, ein vollständiges Exemplar für die Societät anzufertigen. Die Mitglieder bedankten sich und nahmen dieses Versprechen als ein Zeichen des Respekts und der Grosszügigkeit ihres jungen Gastes.

Man ging zum nächsten Tagesordnungspunkt über, Thema war das Spiegelteleskop, das Isaac Newton, Professor in Cambridge, erfunden hatte. Newton war nicht anwesend, war auch noch nicht Mitglied der Royal Society, hatte sogar noch nie an einer Sitzung teilgenommen (darin war ihm Leibniz, obwohl etwas jünger, nun voraus), aber er war der aufgehende Stern am Himmel der Wissenschaft. Wieder war es Robert Hooke, der sprach, und er trug – wie immer – eine starke Polemik gegen die neue Erfindung vor.

Auch an der nächsten Zusammenkunft der Londoner Mitglieder, die wie üblich eine Woche später, am 8. Februar, stattfand, durfte Leibniz teilnehmen. Und bald widerfuhr ihm, wieder durch Oldenburgs Vermittlung, die Ehre, bei dem ersten Chemiker des Landes, Robert Boyle, eingeladen zu sein, einem Privatgelehrten von 45 Jahren, der zu den Gründern der Royal Society gehörte. Er war der Sohn eines Grafen, der sich zum reichsten Mann im Vereinigten Königreich gemacht hatte, lehnte für sich selbst aber alle Ehrungen ab und war das einzige Mitglied der Familie, das kein Amt ausübte und nicht geadelt worden war. Mit Boyles Gedanken hatte sich Leibniz, auf mehrfaches Drängen von Oldenburg hin, schon 1671 beschäftigt, und er wusste daher, dass Boyle ungeheuer viele Arbeiten veröffentlicht hatte, in denen es meist etwas ungeordnet zuging. Noch mehr als das Schreiben aber liebte er die Experimente in seinem Labor, in dem er freilich wegen seiner schwachen Augen andere für sich arbeiten lassen musste. Die erste Pumpe etwa, mit der er berühmt geworden war, hatte der jetzt so griesgrämige Robert Hooke, den er als bezahlten Gehilfen angenommen hatte, für ihn gebaut. Boyle hatte auch als erster die Luft wiegen lassen, und er hatte entdeckt, dass Flüssigkeiten unter Vakuum früher sieden.

Als Leibniz, wohl zusammen mit Oldenburg und anderen Gästen, aus London auf das Landgut des Grossgrundbesitzers hinausfuhr, wird er besonders gespannt gewesen sein auf das dortige chemische Laboratorium. Durch seine äusserst vielseitigen Experimente galt Robert Boyle als der Begründer der wissenschaftlichen Chemie. Im Jahre 1661 war sein Hauptwerk ‚The Sceptical Chymist' erschienen, in dem er berichtete, wie er alte Behauptungen aus der Chemie oder Alchemie im Experiment überprüft und das meiste ausgeschieden hatte. Nun war die Kutsche auf dem Gut angekommen, und der Hausherr trat seinen Gästen entgegen, ein Mann von grosser Gestalt, mager, das Gesicht bleich und knochig. Man bemerkte gleich sein Augenleiden, das ihn zwang, sogar beim Schreiben und Lesen oft die Hilfe anderer in Anspruch zu nehmen. Er zeigte, so können wir uns denken, seinen Gästen dennoch das ausgedehnte Anwesen und erwies sich dabei als spleeniger Landadliger, der erzählte, wie er mit seinem Spaniel gern die Wiesen und Felder durchstreifte, angeln ging oder sich nur dem Philosophieren und Träumen hingab. Dieser Junggeselle regelte alles recht genau, er lebte nach einer ausgeklügelten Diät und stimmte seine Kleidung nach strengen Prinzipien auf die Wärme des Raumes und seines Körpers ab, die er beide ständig mit Thermometern überprüfte.

Wie erhofft, zeigte Boyle seinen Gästen auch das Labor, er blieb aber recht wortkarg, wenn Leibniz oder andere eine Frage hatten, und mochte die meisten seiner Versuche nicht näher erläutern. Ein Gehilfe von ihm namens Schloer erwies sich als Deutscher, und Leibniz suchte mit diesem Landsmann näher ins Gespräch zu kommen, um vielleicht durch ihn mehr zu erfahren, aber der gab sich sehr beschäftigt und erwies sich am Ende als ebenso verschwiegen wie sein Herr.

An der anschliessenden Abendunterhaltung nahm auch der bedeutende Mathematiker John Pell teil, damals bereits leberleidend, von Natur aus ein verschlossener Charakter und nur schwer zu Andeutungen über seine eigenen Methoden zu bewegen. Leibniz ergriff, als man ihn gefragt hatte, woran er gerade arbeite, gern die Gelegenheit, nun – nach dem Erfolg mit der Rechenmaschine – sein anderes Renommierstück vorzuführen, nämlich die neue Formel zur Berechnung von Reihen, mit der er schon Christiaan Huygens verblüfft hatte. Er sprach mit ein wenig Stolz, ja mit Eifer, und er konnte durchaus, wenn er selbst begeistert war, andere Menschen für sich und sein Thema gewinnen. Nach dem kleinen Vortrag entstand eine Pause. Besonders kritisch zugehört hatte ihm offenbar John Pell, der auch an diesem Abend kränklich und misstrauisch wirkte. Er konnte seine Sachen nicht so gut vortragen, war jedoch ein vorzüglicher Kenner der ganzen einschlägigen Literatur. Dem grämlichen und beinahe schwermütigen Sechzigjährigen war der junge, lebhafte Deutsche offenbar nicht ganz sympathisch.

Pell sagte: Dass Leibniz, der schliesslich in Paris lebe, die englischen Arbeiten nicht kenne, wolle er ihm nicht vorwerfen, aber was er da soeben über Reihen vorgetragen habe, das sei doch auch für jemanden nichts Neues, der nur die französische Literatur kenne, denn François Regnauld in Lyon habe das erfunden und Mouton habe es mitgeteilt in seinem Buch über den scheinbaren Durchmesser von Sonne und Mond. Wieder entstand eine Pause. Zwar wussten alle Anwesenden, dass Pell leicht zur Stelle war mit abfälligen Äusserungen, aber die Peinlichkeit war dennoch gross. Dieser Tadel hatte so geklungen, als wollte John Pell dem Gast damit unterstellen, seine Quelle nicht genannt und anderer Leute Entdeckung für die eigene ausgegeben zu haben. Leibniz konnte nicht viel erwidern, denn er hatte keine Handhabe, sich zu verteidigen, und mochte sich schon gar nicht auf Christiaan Huygens und dessen Bewunderung berufen, um ihn nicht mit hineinzuziehen. Sollte er offen sagen, dass er ein Anfänger war? Er kannte die erwähnte Arbeit wirklich nicht, aber diese Unkenntnis war kaum zu beweisen. Und selbst wenn man sie ihm glauben würde, war er in Verlegenheit, denn in jedem Fall hatte er sich leichtfertig und voreilig als Entdecker gefühlt.

Heinrich Oldenburg, als dessen Schützling Leibniz hier sass, war sehr unglücklich. Es mag sein, dass der Hausherr Robert Boyle zum Guten geredet hat, immerhin war er ein menschenfreundlicher, toleranter Herr. Vielleicht hat Leibniz an diesem Abend auch schon die religiösen Gedanken des grossen Chemikers kennengelernt, die er jedenfalls drei Jahre später ausführlich studieren und als ihm verwandt empfinden wird. Boyle ging es um die schlichte

Liebe zu Gott und um die Abwehr einer bloss mechanistischen Deutung der Welt. Er war durchaus fromm, suchte Gott aber in der Natur und lehnte religiöse Spitzfindigkeiten und Streitereien ab. In Robert Boyle ist Leibniz also an diesem Abend ein wahrhaft gleichgesinnter Geist begegnet.

Am folgenden Tag ging Leibniz, immer noch bedrückt und erschüttert, gleich in die Bibliothek der Royal Society und sah in Moutons Buch nach. John Pell hatte recht. In seiner Not besprach er sich mit Heinrich Oldenburg und bekam den Rat, über den Vorfall eine schriftliche Ehrenerklärung in eigener Sache abzugeben und sie bei der Royal Society zu hinterlegen. Verfasst hat Leibniz sie in Eile und ohne in seinen schriftlichen Unterlagen nachzusehen. Entweder konnte er die Aufzeichnungen über seine Arbeiten im Gepäck nicht finden, oder er hatte sie doch in Paris gelassen. Als er beschreiben wollte, was er auch jetzt noch als eigene Entdeckung ansah, verliess er sich jedenfalls auf sein Gedächtnis, und das war in mathematischen Dingen nicht gut. In seiner Erklärung nennt er daher ein Reihen-Bildungsgesetz, von dem er beteuert, dass es sich weder bei Regnauld noch bei Blaise Pascal finde, weswegen er es als eigene Leistung in Anspruch nehmen dürfe. Als das Schriftstück fertig war, wurde es von Heinrich Oldenburg durchgesehen, für ausreichend befunden und zu den Akten gelegt.

Zwar war mit dieser Erklärung der Fauxpas zunächst ausgeräumt, aber drei Jahrzehnte später, als die Engländer Leibniz vorwarfen, seine grösste mathematische Entdeckung heimlich bei Isaac Newton abgeschrieben zu haben, hat man auch seine frühere Ehrenerklärung hervorgeholt und entdeckt, dass Leibniz hier eine falsche Angabe gemacht hatte. In Wirklichkeit ist bei beiden französischen Autoren, auf die Leibniz verwies, das bereits zu finden, was er als eigene Entdeckung beanspruchte. Daraus war nun leicht der Vorwurf zu begründen, Leibniz habe die Engländer schon früher täuschen wollen. Als alter Mann hat er nur zu entgegnen gewusst, man könne an diesem Fehler eben sehen, wie wenig er damals von Mathematik verstanden habe; selbst die Quellen, auf deren Kenntnis er sich ausdrücklich berufen habe, seien von ihm wohl weniger studiert als überflogen worden.

Auch wenn Heinrich Oldenburg den Vorfall für beigelegt hielt, fand er es doch besser, Leibniz zur nächsten Sitzung der Royal Society, die eine Woche später, am 15. Februar (1673), stattfand,

nicht wieder einzuladen. Während der Sitzung äusserte sich der
ewige Nörgler Robert Hooke noch einmal über das Leibnizsche
Modell einer Rechenmaschine, wertete es erneut ab und stellte
eine eigene Konzeption in Aussicht. Immerhin scheint er damit so
viel Eindruck gemacht zu haben, dass Oldenburg seinem Schützling, den er gleich über den Verlauf der Sitzung unterrichtete, dringend riet, bald ein funktionstüchtiges Modell nach London zu
schicken, um wenigstens auf diesem Gebiet die Erwartungen zu
erfüllen und seine Gegner zu widerlegen. Das hat Leibniz auch fest
versprochen. Trotz aller Niederlagen wagte er die Frage, ob er sich
um die Aufnahme in die Royal Society bewerben dürfe. Offenbar
hat Oldenburg zugestimmt, ihn vielleicht sogar ermuntert, jedenfalls war er zugegen, als Leibniz am 20. Februar das Aufnahme-
gesuch entwarf.

Zu den politischen Pflichten, die Leibniz in London zu erfüllen
hatte, scheint es gehört zu haben, sich einem alten Studienkolle-
gen, dem Wirtschaftsagenten Wilhelm Freiherr von Schroeder
(auch Schroetter oder Schröter geschrieben), zu nähern, von dem
bekannt war, dass er für den österreichischen Geheimdienst arbeitete. Da man in Mainz glaubte, er werde nach Wien auch über
Schönborn berichten, und die eigene Politik in schlechtes Licht
gerückt sah, sollte Leibniz diese Berichte verhindern oder zum
Guten beeinflussen. Erreicht hat er bei Schroeder leider nichts,
vielmehr stellte dieser Agent in seinen Meldungen nach Wien tatsächlich die Mainzer Delegation als eine Gefahr und Schande für
das Reich hin. Schönborn sei, berichtete er, durch französische
Geschenke bestochen und rede ständig von der Überlegenheit
Frankreichs. Diese Behauptungen waren für Mainz gefährlich,
denn sie beschädigten das Ansehen des Kurfürsten.

Es ist zu vermuten, dass Schroeder sich mit diesen Alarmnach-
richten in Wien unentbehrlich machen wollte, denn je aufregen-
der seine Meldungen klangen, desto mehr durfte er auf gutes
Honorar rechnen. Er war eine undurchsichtige Person und hatte
sich dem englischen König auch schon als Goldmacher angedient.
Leibniz, dem es im direkten Gespräch nicht gelungen war, den
Agenten zu beeinflussen oder gar umzudrehen, wandte sich an
dessen Gehilfen Georg Karl Briegell, der sich in London angeblich
als Student aufhielt. Er war, vermutlich gegen gutes Geld, bereit,
seinerseits als Agent zu arbeiten und wiederum seinen Herrn zu
bespitzeln. Eine Zeitlang hat er Leibniz mit Abschriften der

Geheimberichte Schroeders versehen, und diese verschwiegene Post lief auch noch weiter, als Leibniz schon wieder in Paris lebte. Immerhin war man nun in Mainz über das Treiben Schroeders gut im Bilde. Ob Leibniz einen Auftrag dazu hatte oder von sich aus auf die Idee gekommen ist, gegen Geld einen Spitzel anzuwerben, ist nicht klar. Ohne Zweifel hatte er jedoch in Mainz gelernt, wie man so etwas macht, denn gerade an einem kleinen Hof wie diesem war jede Kabale oder Intrige üblich, gehörten Käuflichkeit und Bestechung zum Alltag.

Hingegen ganz auf eigene Faust hat Leibniz in London versucht, den Deutschen Schloer, besagten Gehilfen des Chemikers Boyle, schriftlich anzuzapfen, um hintenherum Einzelheiten über Boyles Experimente zu erfahren. Es sollte auch hier Geld fliessen, doch bei diesem Gehilfen blieb Leibniz ohne Erfolg. Schloer gab kein Laborgeheimnis preis.

Der Obermarschall hatte Audienz bei König Carl II., doch der lehnte den Friedensplan aus Mainz ebenso ab wie es sein Verbündeter, der französische König, getant hatte. Ratlos debattieren Schönborn und Leibniz, ob sie nach Paris zurückfahren oder sich besser ins schwer bedrängte Holland begeben sollen. Da trifft überraschend aus Paris der Hofmeister des Studenten Boineburg bei ihnen ein und überbringt die Nachricht, dass der Mainzer Kurfürst Johann Philipp von Schönborn gestorben ist. Damit sind nach damaliger Praxis alle Verträge gelöst und alle Aufgaben erledigt, es bleibt nur die Abreise. Für Leibniz war der Tod des Kurfürsten ein empfindlicher Verlust, auch weil er dessen Weitblick bewundert hatte, ebenso seine Entschlossenheit, immer den Frieden zu erhalten. Melchior Friedrich v. Schönborn trauerte um seinen Onkel, und beide wussten, dass sie vom künftigen Kurfürsten wohl nicht übernommen werden würden. Heinrich Oldenburg, der vom Aufbruch gehört hatte, wollte noch einen Besuch bei Leibniz machen, traf ihn aber nicht an und hinterliess für Huygens einen Brief und die neueste Ausgabe einer wissenschaftlichen Zeitschrift sowie einen Abschiedsgruss. Das alles hat Leibniz noch erhalten. Ende Februar (1673) fuhren Obermarschall von Schönborn, der kurfürstliche Rat Leibniz, der Hofmeister des jungen Boineburg und die Dienerschaft wieder nach Paris.

Lebensstellung gesucht Nach der Rückkehr wurde dem nun doppelt verwaisten Leibniz deutlich, dass sein Geld zu Ende ging, obwohl er sparsam gelebt und im „wirthshauß eine mitelmäßige Kammer" genommen hatte. Etwas kühn stellte er in Mainz den Antrag, der neue Kurfürst möge ihm sein Gehalt für die vergangenen zwei Jahre nachzahlen. Das war natürlich vergebens, hatte er doch unbezahlten Urlaub genommen. Durch Schönborns Empfehlung erhielt er im Mai (1673) wenigstens die Erlaubnis, sich noch „ein weill" in Paris aufzuhalten, „ohne gefahr deß dienst", also mit der Zusage, danach zurückkehren zu können. Er versuchte, der neue Mainzer Gesandte in Paris zu werden, aber der Posten war schon vergeben. In seiner Verlegenheit bot Leibniz dem Mainzer Hof an, er könne von Paris aus als eine Art wissenschaftlicher Korrespondent tätig sein. So etwas war jedoch nicht vorgesehen, und nur ein einziges Mal durfte er für Honorar einen Bericht über den Stand der Wissenschaften in Frankreich verfassen.

Ihm blieb bloss die Hoffnung, seine Arbeit als Erzieher des Studenten Philipp Wilhelm v. Boineburg werde ihm eine Aufwandsentschädigung einbringen. Der Siebzehnjährige, nur zehn Jahre jünger als sein Lehrer, bezog im November mit Leibniz eine Wohnung in der Rue Garantière im Faubourg St. Germain, Quartier de Luxembourg. Der Mentor stellte einen Stundenplan auf, der den Studenten von morgens um sechs bis abends um zehn zur Arbeit verpflichtete. Alles wurde von der Mutter gebilligt, doch enttäuscht klagte Leibniz bald, ihr Sohn zeige keine Lust zu studieren. Es wurde eine schwierige Beziehung, der Student fühlte sich beaufsichtigt, und Leibniz sah sich überfordert. Um so erfreulicher war die Verbindung zu dessen Schwager, dem Obermarschall, der leider in Mainz seinen Einfluss zu verlieren begann. Leibniz und er schrieben sich Briefe im Ton ungetrübter Achtung und Herzlichkeit.

Ihm berichtet Leibniz auch, wie er durch Verhandlungen mit dem Finanzministerium versucht habe, die französischen Gelder für die Familie Boineburg freizubekommen, wie er es auch in London schon versucht hatte. Er tat also weiterhin so manches für die Boineburgs, ihm selbst aber drohte am Ende dieses Jahres 1673 das Geld vollständig auszugehen. Daher richtete er an die Witwe Boineburgs Forderungen. Er bat um die Rückzahlung von 50 Talern, ebenso um die Erstattung seiner Auslagen als Erzieher und um „ein jährliches meiner person anständiges Salarium". Er sei schliesslich schon in den Mainzer Jahren von Boineburg für all seine Dienste nicht bezahlt worden und habe als Lohn nur „die reputation gehabt, in eines so großen Mannes aestim (Wertschät-

zung) zu seyn". Doch die Witwe erwies sich als genauso knauserig, wie es ihr Mann gewesen war.

In dieser Zeit der Bedrängnis musste es Leibniz locken, sich
nach einer Anstellung an einem deutschen Hof umzusehen. Der
hannoversche Herzog Johann Friedrich war vor Jahren auf ihn aufmerksam gemacht worden, beide hatten sich auch persönlich kennengelernt und Leibniz hatte ihm gelegentlich geschrieben. Nun
nahm er mit dem Wunsch, in hannoversche Dienste zu treten,
erneut Verbindung auf. Der Herzog antwortete ohne Verzug mit
einer überaus gnädigen Einladung, doch dem nun plötzlich
Umworbenen erschien dieser kleine Hof nur als Rettung für den
Fall der äussersten Not. Er konnte sich zu keiner Zusage entschliessen.

Auch Christian Habbeus, ein alter Bewunderer von Leibniz,
Beamter in wechselnden Diensten, der ihn schon vor Jahren mehrfach vermitteln wollte, hat sich wieder gemeldet. Diesmal schlägt
er Leibniz vor, Sekretär des ersten Ministers in Dänemark, Güldenlöw, zu werden. Doch der Gefragte zögert, ja er stellt ganz
unannehmbare Bedingungen und verrät dabei – was sehr selten
vorkommt – etwas über sich selbst: „Sie kennen mein Naturell",
schreibt er, „das nicht darin besteht, so viel Geld wie möglich
anzuhäufen, noch mich den üblichen Vergnügungen hinzugeben,
sondern meinen Geist zufriedenzustellen, indem ich etwas Greifbares und Nützliches für das allgemeine Wohl leiste. Wenn Sie also
glauben, dass Herr von Güldenlöw einen gefestigten Charakter hat
und bereit ist, meine Unternehmungen, die erkennbar nutzbrin-
gend und leicht auszuführen sein werden, mit seiner Autorität zu
unterstützen, und wenn ich auf sein völliges Vertrauen hoffen kann,
da ich nicht gewohnt bin, mich den politischen Launen grosser
Herren zu unterwerfen ...", dann wäre Leibniz bereit, das Angebot
zu erwägen. Doch er warnt zugleich davor, „dass ich einen Fehler
habe, der in der Welt als schwerwiegend gilt: nämlich häufig gegen
das Zeremoniell zu verstossen und bei der ersten Begegnung keinen allzu grossen Eindruck zu machen. Wenn man auf diese Dinge
Gewicht legt, was ich nicht glaube, und wenn man trinken muss,
um etwas zu gelten, so wissen Sie selbst, dass ich dann fehl am
Platze bin." Kein Wunder, dass der treue Habbeus hier schon wieder nichts hat anbahnen können.

Sehr viel lieber als für Hannover oder Kopenhagen wollte Leibniz für Wien tätig werden – für den Kaiser. Schon von Mainz aus

hatte er sich mehrfach um einen Posten beim höchsten Herrn des Abendlandes beworben. Nun schrieb er im Juni 1673 an Hofrat Johann Lincker, den er aus Mainz kannte und der Einfluss in Wien hatte, und bot dem Kaiser seine spitze Feder als Publizist und Satiriker an. Zu jener Zeit waren anonyme Flugblätter ein beliebtes Instrument der Propaganda, und Leibniz hat im Laufe seines Lebens noch manchen dieser aggressiven Texte verfasst. Eine Probe, die er gerade angefertigt hatte, legte Leibniz der Bewerbung bei. Darin verteidigt er scheinbar das Recht des Sonnenkönigs, die Niederlande anzugreifen. Der König habe mit diesem Krieg, heisst es ironisch, doch nur die Entscheidung des Himmels angerufen, denn über ihm gebe es nun mal nur Gott, und der habe hier eben der Richter sein sollen! Spöttisch gerühmt werden die Milde des Königs, seine Strenge gegenüber der eigenen Soldateska oder seine persönliche Disziplin ... Die Töne, die Leibniz hier anschlägt, waren gewiss im Sinne des Kaisers, auffällig ist nur, wie sehr er selbst inzwischen gegen Frankreich Partei ergriffen hat.

In seiner Antwort lobt Hofrat Lincker aus Wien diese Talentprobe und stellt den Flugblatt-Satiriker Leibniz sogar auf eine Stufe mit dem begabtesten Propagandisten des Kaisers, Hofrat Lisola. Doch verfasse auch der Bibliothekar des Kaisers, Lambeck, solche Sachen, und der verteidige eifersüchtig sein Vorrecht, daher werde es mit einer Anstellung in Wien so leicht nichts werden. Bei seinem Wunsch jedoch muss Leibniz nicht unbedingt an eine Übersiedlung nach Wien gedacht haben. Zunächst hielt ihn nämlich noch so manches in Paris fest. Wahrscheinlich wollte er nur aus der Ferne, als besoldeter Korrespondent, zum einfallsreichen Anreger und Ratgeber des Kaisers werden. Einfluss auf den Kaiser zu gewinnen, dieser Wunsch war sein Lebenstraum. Dem Höchsten zu dienen, um selbst den grössten Wirkungskreis zu haben – wir werden dieser Sehnsucht, diesem Grundmotiv seines Lebens noch oft begegnen.

Aus London gefüttert und getadelt   Es war vor allem die Mathematik, seine neue Leidenschaft, die ihn an Paris band. Gleich nach der Rückkehr aus London hatte er bei der Royal Society angefragt, ob sich der Streit um seine Behauptungen zu den mathematischen Reihen gelegt habe. Erst antwortete Heinrich Oldenburg kurz und beruhigend, dann gab der Bibliothekar und Hilfssekretär John Collins, den Leibniz in London nicht kennengelernt hatte, eine

längere Auskunft. In seinen Händen lag der Briefwechsel mit auswärtigen Mathematikern, wenn er dabei auch streng nach Weisung
zu verfahren hatte. Er war kein selbständiger Kopf und ursprünglich nur ein Mann der Praxis (ein ‚Rechenmeister'), interessierte
sich aber brennend für die neuen Ergebnisse der Forschung. Der
Umgang mit Mathematikern schmeichelte seinem Ehrgeiz ebenso
wie die Vertrauensstellung bei Heinrich Oldenburg, der sich auf
Mathematik kaum verstand. Allerdings suchte John Collins vor lauter Nationalstolz die englischen Leistungen einseitig herauszustreichen, während er gegen die Franzosen ziemlich voreingenommen
war, auch gegen Huygens.

Im April 1673 bekam Leibniz diesen ersten Brief aus London,
von John Collins verfasst und von Oldenburg unterschrieben, in
dem der neueste Stand der englischen Reihenforschung skizziert
war, aber so, dass wieder nur Ergebnisse mitgeteilt wurden, keine
Wege. Noch meinte Leibniz, als er den Brief las, ihm bleibe ein
winziger Vorsprung, doch dann erkannte er: In England war man
weiter, er konnte allenfalls hoffen, die interessantere Methode entwickelt zu haben.

Man darf vermuten, dass er sich die Niederlage bei den Engländern, die er im Hause Boyles erlitten hatte, zu Herzen genommen
hat. Es war die erste in seinem Leben, die auf Leichtfertigkeit
beruhte – und blieb die letzte. Er machte das Beste aus ihr, indem
er daraus lernte. Zur Fülle seiner Ideen trat nun die Strenge des
Denkens, sogar Vorsicht, fast Bescheidenheit. Vorbei ist es daher
auch mit dem voreiligen Aufschreiben und Herumschicken eigener Ansichten, auch der prahlende Unterton wird seltener. Es ist,
als sei aus dem hochbegabten Kind, das gewohnt war, überall leicht
zu siegen, ein junger, selbstkritischer Erwachsener geworden. Allerdings zieht Leibniz noch eine andere Konsequenz. Er macht sich
als Wissenschaftler fortan unangreifbar, als scheute er jede weitere
Blamage. Er stellt sich von nun an nicht mehr der Konkurrenz
unter Kollegen. Auch wenn er – in der anderen grossen Rolle seines Lebens – einen Fürsten berät, wird er das nie innerhalb einer
Debatte mit anderen Ratgebern tun, sondern exklusiv unter vier
Augen. Ein Leibniz macht sich nicht gemein, begibt sich nicht in
die Arena. Nein, er wird sich verhalten, als wäre er der einzige Vertraute des Herrschers, der allwissende, neben dem es keines anderen Ratgebers bedarf. Der Lieblingssohn, der Erstgeborene, so gibt
er sich.

Zurück zum Brief aus der Royal Society. Er sollte Leibniz wohl auch einschüchtern, zugleich jedoch wurde er damit für würdig befunden, einen grossen Überblick über den Stand der englischen Mathematik entgegenzunehmen, der nicht nur von Reihen, sondern ebenso von Kegelschnitten und Gleichungen höheren Grades handelt. Auch hier wird markiert, was man in England schon kann, Geheimnisse werden nicht verraten. Auffallend ist immerhin, dass nun Isaac Newton zweimal erwähnt wird, von dem es heisst, er habe eine Methode entwickelt, mit der er „den Inhalt krummlinig begrenzter Flächen" angeben und auch die entsprechenden Bögen „ausstrecken", also ihre Länge berechnen könne. Newton beherrschte damit genau das, was viele suchten und was die später von Leibniz entwickelte Integralrechnung ebenfalls leisten wird. Doch Leibniz war zunächst noch zu ungeschult, um den aufregenden Inhalt des Gebotenen würdigen zu können. Erst zwei Jahre später, als er weit genug in der Mathematik fortgeschritten war, hat er die Bedeutung dieses Briefes erkannt.

Warum hatte Heinrich Oldenburg seinen Mitarbeiter John Collins diesen Lagebericht verfassen lassen? Offenbar sollte Leibniz von der Royal Society zu einem Korrespondenten in Frankreich aufgebaut werden, der nicht nur den Ruhm der Engländer verbreiten, sondern auch das Neueste aus Frankreich nach London berichten sollte. Heute können wir uns diese Vermittlung von Nachrichten kaum mehr vorstellen. Auf solch einen Berichterstatter war man angewiesen, weil Mathematikbücher damals kaum gedruckt wurden (ihre Herstellung war zu teuer) und Zeitschriften sich nur mühsam etablierten. Also mussten Briefe den Engländern ihre Prioritäten sichern. Und weil die Londoner niemanden anders in Frankreich hatten, drängten sie Leibniz in diese Rolle, obwohl sie nicht besonders viel von ihm hielten. Nicht einmal Oldenburg glaubte noch an ihn, er fand ihn unbedeutend, allenfalls sympathisch, hielt ihn für einen Diplomaten mit naturwissenschaftlichen Interessen und für einen Erfinder, der sich um den Bau von Instrumenten wie die Rechenmaschine kümmerte. Für John Collins, der Leibniz ja nicht persönlich kannte, scheint er nur ein interessanter Schwadroneur gewesen zu sein, den man kurzhalten musste und von dem man nicht viel zu befürchten hatte. Tatsächlich war der Neuling als Korrespondent überfordert. Nicht nur, dass er selbst zu wenig informiert war, das Gelände war zudem mit Fallstricken versehen, die er nicht bemerkte. Bald wird er in die

Auseinandersetzungen zwischen den französischen und den englischen Gelehrten hineingeraten, will vermittelnd eingreifen und gefährdet sich dabei nur selbst.

Den Lorbeerkranz eines Entdeckers auf dem Gebiet der Reihen hatte Leibniz fürs erste ablegen müssen, um so mehr sah Heinrich Oldenburg sich veranlasst, seinen Landsmann, inzwischen sein Sorgenkind, im Frühjahr und Sommer (1673) alle paar Wochen daran zu erinnern, dass er versprochen habe, bald ein funktionstüchtiges Modell seiner Rechenmaschine zu schicken. Noch ist Leibniz zuversichtlich und jubelt Dritten gegenüber, er habe in England dafür Anerkennung gefunden, „ob man zwar nichts, als ein ungeschlachtes unvollkommenes Modell davon gesehen". Er nimmt sich vor: „Diese in einem unausgearbeiteten Modell probierte Maschine wird jetzt in Messing vollkommentlich ausgemacht."

Den drängenden Oldenburg vertröstet er zugleich damit, er habe sich entschlossen, die Konzeption der Maschine erheblich zu verbessern, und brauche deshalb noch etwas Zeit. Darüber war Oldenburg recht ungehalten, denn inzwischen hatte sogar der ewige Querulant Robert Hooke ein Modell vorgeführt, das freilich auch noch nicht dividieren konnte. Trotz aller Enttäuschung hat die Royal Society Leibniz am 19. April (1673) in ihre Reihen aufgenommen – recht rasch also und sogar einstimmig. Mit ein paar Zeilen wollte sich Leibniz postwendend bei Oldenburg dafür bedanken, doch der machte ihn darauf aufmerksam, dass es nicht bei diesen flüchtigen Worten an den Sekretär bleiben könne, es müsse schon ein offizielles Dankschreiben sein, adressiert an die Society als Ganze. Es hat Leibniz, den diplomatisch erfahrenen Juristen, wohl arg gewurmt, dass er sich nun auch noch in Fragen von Takt und Etikette so sehr vertan hatte. Jedenfalls brauchte er lange, bis er sich am 1. Juli (1673) zu dem verlangten offiziellen Dank aufraffen konnte. Der ist dem geübten lateinischen Stilisten offenbar schwer gefallen, die Worte klingen merkwürdig steif und gedrechselt.

Oldenburg drängte weiter, Leibniz solle sein Modell schicken. Als es aber immer noch nicht kam, sah sich Oldenburg blamiert. Er machte noch mehr Druck bei Leibniz, jedoch nur mit dem Ergebnis, dass sich der Unglückliche auf den letzten Brief vom 5. Juli (1673) vor lauter Verlegenheit nicht mehr rührte. Er schwieg, zog sich zum Nachdenken und Lernen zurück und knüpfte erst ein volles Jahr später, im Sommer 1674 – als ein inzwischen ande-

rer, als ein mathematischer Könner – die Beziehungen zur Royal
Society wieder an. Während dieser Zeit nahm er die Gefahr in
Kauf, dass die Engländer ihn nicht mehr ernst nahmen und seine
Aufnahme schon bedauerten.

Als er gerade aus England zurück war, also Monate früher, im
März (1673), wird Leibniz erneut bei Huygens Besuch gemacht
haben, um ihm den Brief Oldenburgs auszuhändigen. Dabei sprach
Huygens wohl von seinem neuesten Werk über die Pendeluhr und
schenkte seinem Gast ein Exemplar. Fast zwanzig Jahre später wird
sich Leibniz erinnern: „Ich bekenne, dass ich – nach Galilei und
Descartes – vor allem diesem Mann das meiste verdanke. Als ich
sein Buch ‚De Horologio Oscillatorio' (Über die Pendeluhr) las
und Pascals Lettres und das Werk des Gregorius a S. Vincentio
ebenfalls durcharbeitete, da ging mir plötzlich ein Licht auf, das für
mich und andere, die mich als Anfänger kannten, unerwartet kam.
So erschloss sich mir eine ungeheure Zahl von Theoremen." Dazu
zählte Pascals ‚charakteristisches Dreieck', auf das ihn Huygens
hingewiesen hatte. Es ist ein Dreieck, das sich bei der Konstruktion
von Kurven ergibt und helfen kann, deren Steigung zu berechnen.
Leibniz erkannte schnell, dass dieses Dreieck mehr erlaubte, als
Pascal bemerkt hatte, und so etwas zu sehen, nämlich das Allgemeine im Besonderen, das war seine Stärke. Er muss Huygens wohl
im Sommer 1673 davon erzählt haben. So wurde er von diesem
bedeutenden Mann angeregt und machte doch auf eigene Faust
Entdeckungen, blieb also im wesentlichen Autodidakt. Das hatte
einen enormen Vorteil für ihn: Seine eigene Methode war, wenn
auch damals noch für niemanden erkennbar, so ungewöhnlich, dass
sie ihn weit bringen konnte.

Worum ging es? Als Leibniz an die Mathematik geriet, war es
bereits üblich, Kurven in ein Koordinatenkreuz zu zeichnen. Diese
Kurven sind nur sichtbar gemachte Gleichungen, mit denen man
schon viele jener Gesetze der Physik ausdrücken konnte, bei denen
es um Bewegungen ging, die des Pendels etwa oder der Planeten-
bahnen. Indem man die Gleichung als Kurve abbildete, konnte
man ihre Eigenschaften sichtbar machen, etwa welche Steigung sie
in einem bestimmten Punkt hat, oder wie gross die Fläche ist, die
von ihr eingeschlossen wird. Diese Eigenschaften einer Kurve
brauchte man dringend, nicht nur in der Physik. Bislang behalfen
sich viele damit, diese Eigenschaften der Gleichungen an ihren
sichtbar gemachten Kurven – mit dem Lineal und allerlei Hilfs-

konstruktionen – zu messen. Gesucht wurde aber eine Methode, diese Eigenschaften rein rechnerisch, also direkt aus der Gleichung selbst zu bestimmen. Das war inzwischen sogar schon in manchem Einzelfall geglückt, es fehlte aber eine allgemeingültige Methode, die immer anwendbar war. Niemand hatte den Überblick, keiner sah den Zusammenhang all der vielen kleinen Lösungen, und viele suchten ihn.

Bald wusste Leibniz, welche Ansätze bereitstanden, um exakte Zahlenwerte zu berechnen, und auch er wollte sie zu einem einfachen Rechenweg verbinden, den man geradezu schematisch anwenden könnte. Darüber geriet er in einen Fieberrausch des Suchens und Erkennens, wie er nur ganz wenigen Menschen einmal im Leben zuteil wird.

Leibniz wollte politisch wirken   Der Ägyptische Plan lag nun hinter ihm, er war aber niemals zu einer ausgereiften Niederschrift gediehen und ist weder dem König noch einem anderen Franzosen berichtet oder gar vorgelegt worden. Nachdem ihn nicht einmal Obermarschall Schönborn hatte vortragen können, hat auch Leibniz nie mehr daran gerührt. Doch kam es 130 Jahre später, 1803, zu einem sonderbaren Nachspiel. Da erschien eine englische Flugschrift, genannt ,Zusammenfassender Bericht über eine Denkschrift von Leibniz für Ludwig XIV.'. Jetzt, fünf Jahre nachdem Napoleon Ägypten erobert hatte, wollten die Engländer nämlich die von ihnen gehaltene Insel Malta nicht herausrücken, obwohl es ein Friedensvertrag so verlangte. Die Insel sei viel zu wertvoll für die Verbindung in den nahen Orient, hiess es, und dafür berief man sich auf das Urteil von Leibniz.

Das war nur möglich, weil einige Forscher, Kenner des Leibnizschen Nachlasses, diesen Plan inzwischen wiederentdeckt und darüber berichtet hatten. Für besagte politische Propaganda hatte die englische Regierung in ihrem Kurfürstentum Hannover (man war in Personalunion verbunden) Abschriften vom ,Ägyptischen Plan' machen lassen. Die englische Flugschrift behauptete nun, um Frankreichs Streben nach der Weltherrschaft anzuprangern, Napoleon sei durch Leibnizens Denkschrift, die er in Pariser Archiven aufgefunden habe, zu seiner ägyptischen Expedition angeregt worden. Noch im Jahr der Flugschrift, 1803, besetzte jedoch Frankreich, als es in Deutschland vorrückte, auch die Stadt Hannover. Marschall Mortier liess aus dem Leibniz-Nachlass seinerseits den

Plan holen und abschreiben. Er schickte die Kopie am 30. Juli 1803
an Napoleon, der dafür sorgte, dass Leibniz in dem amtlichen
Bericht über den Feldzug gegen Ägypten mit sehr anerkennenden
Worten erwähnt wurde. Danach ist in der Öffentlichkeit vermutet
worden, Napoleon habe sich tatsächlich durch Leibniz anregen lassen. Aber das wollte Napoleon nicht behaupten, und es wäre auch
gar nicht möglich gewesen, denn in keinem Pariser Archiv war
eine Aufzeichnung über diesen Plan abgelegt, hatte er doch das
amtliche Frankreich nie erreicht.

Dennoch stieg im 19. Jahrhundert das Ansehen von Leibniz und
seinem politischen Urteil stark an, weil man in ihm einen Vordenker Napoleons sah. Dieser Ruhm steigerte sich noch, als der Suez-
Kanal gebaut wurde. Da schrieb zum Beispiel der Historiker
Lavisse in seiner ‚Geschichte Frankreichs', der Sonnenkönig hätte
besser getan, statt Holland und Deutschland anzugreifen, Ägypten
zu besetzen und den Kanal zu bauen, „wie Leibniz es empfohlen
hat".

Damit kehren wir zurück in das Paris von 1673, bleiben aber
beim politischen Leibniz. Der hat damals in seinen Briefen nach
Deutschland den Krieg in Holland und am Rhein oft kommentiert. Es kann den heutigen Betrachter erstaunen, wie offen Leib-
niz jedes Gerücht und allerlei Nachrichten aus der Hauptstadt des
Gegners nach Deutschland schicken konnte. Im Sommer 1672 war
Frankreich Sieger in Holland gewesen, dann wuchs im Herbst und
Winter dort der Widerstand, Anfang 1673 griffen die Brandenbur-
ger und Österreicher ein. Frankreich gab die Eroberungen in den
Niederlanden bis auf wenige Festungen auf, beherrschte jedoch
weiterhin die deutschen Gebiete links des Rheins. Der Strom war
Frontlinie.

Eindrücke aus diesem Kriegsjahr 1673 spiegeln sich in einem
Dialog, den Leibniz im November auf Latein verfasst hat, genannt
‚Der Glaube eines Bauern'. Darin erzählt er, wie eine kleine Reisegesellschaft – zwei Jahre zuvor, als noch Frieden ist – in Strassburg ein Schiff besteigt und den Rhein hinabfährt. Wahrscheinlich
verwendet Leibniz eigene Erinnerungen, weil er wohl selbst im
Herbst 1671 in Strassburg gewesen und zu Schiff nach Mainz
zurückgefahren ist. Wie nie sonst bei ihm wird in dieser Erzählung
die Schönheit der Natur, besonders der Flusslandschaft, geschildert.
Sie wird zum Ausdruck der Sehnsucht nach Frieden. Der Strom in
seiner sicheren, majestätischen Ruhe, die beiden Gebirge zu den

Seiten – ein Symbol des Friedens. Es war, schreibt Leibniz, als ob sich selbst die Hügel vor ausgelassener Freude im Tanze wiegten, während die Nymphen des Waldgebirges im Osten den singenden Reigen anführten. Wörtlich: „Es schien, als wollte Deutschland noch in vollen Zügen einen Frieden geniessen, den es bald würde verlieren müssen, und der Rhein, der König der Ströme, freute sich, gleich als sei er sich des kommenden Schicksals bewusst, dass seine Freiheit nicht mehr lange währen sollte. Denn jetzt gedenkt der unglückselige Fluss, der bald von mächtigen Heeren umdrängte, bald an seinen Furten entweihte, bald durch fremde Schiffszüge belastete, bald durch Brückenschlag unterjochte in lautem Weh seines einstigen Glücks."

Doch es geht in diesem Dialog zugleich noch um einen anderen Frieden, um den zwischen den Konfessionen. Auf dem Schiff nämlich diskutiert ein eifriger Katholik über den Glauben mit einem einfachen Bauern, der Calvinist ist und viel gesunden Menschenverstand zeigt. Leibniz lässt sich alsbald zum Schiedsrichter machen und fühlt sich „vom Eifer der Parteien frei". Das Fragment bricht zwar bald ab, aber es deutet sich an, dass alle Beteiligten eine einigende Formel für die religiösen Gegensätze suchen. Besonders schön deutlich wird dabei, welche Rolle Leibniz selbst am liebsten spielt: die des Mannes, der das letzte Wort spricht, der urteilt, aber auch versöhnt, der eben der anerkannte Schiedsrichter ist. Gerecht gesinnt und geistig überlegen, will er Harmonie stiften – so sah er sich.

In diesen Monaten hat Leibniz noch einen weiteren Dialog verfasst, eine Schrift mit dem verlockenden Titel ‚Confessio philosophi‘ (Bekenntnis eines Philosophen). Erstaunlich war schon der gesamte Plan, denn es sollte ein dreiteiliges Werk werden (dies war als Mittelstück gedacht), das zur Wiedervereinigung der Kirchen führt. Die anderen Christen hätten nur noch kleine Änderungen anzubringen gehabt – und schon hätte man sich zusammenschliessen können. Eine gewisse Selbstüberschätzung – und damit ein Rückfall in alte Zeiten – ist erkennbar. Den ersten Teil sollten übrigens Gedanken bilden, die er schon in Mainz verfasst hatte unter dem Titel ‚Bekenntnis der Natur gegen die Atheisten‘. Den dritten Teil, zu dem es nicht mehr kam, wollte er ‚Bekenntnis eines Theologen‘ nennen.

Was in diesem Mittelstück, ‚Bekenntnis eines Philosophen‘, geschrieben steht, erweckt Bedenken. Leibniz hatte sich vorgenommen, eine leidige alte Frage der Theologen zu klären, damit in Zukunft hier kein Streit mehr sei. Es geht um die ewigen Höllenstrafen. Sind die nicht schrecklich ungerecht? Immer schon hatten einige Christen bestritten, dass Gott so straft. Nein, sagt Leibniz, die ewige Qual ist völlig in Ordnung. Die Sünder hätten ja einen freien Willen gehabt (auch wenn Gott alles vorherbestimmt) und leiden zu Recht. Die Pein werde von den Sündern sogar selbst gesucht, die darin geradezu einen Genuss fänden, weil die Strafe ihnen Gelegenheit gebe, anschliessend ihre Anklagen gegen Gott zu verdoppeln. So verlängerten die Sünder ihre Strafe schliesslich selbst. Kein Verdammter könne sich also beklagen.

Offenbar durchlebt Leibniz gerade eine autoritäre Phase, er ist radikal und konsequent, wie das bei jungen Menschen zeitweise vorkommt. Seine Grundthese ist: Die Wurzel aller Sünde ist die Auflehnung gegen die bestehende, gute Ordnung Gottes und des Staates. Rebellisch sein heisst für ihn, feindselig sein, und so etwas verdient Strafe. Man darf nämlich, meint er, keinen grundsätzlichen Hass gegen den Staat haben (Reformen seien allerdings nötig). Der junge Leibniz sah daher – wieder durchaus konsequent – in Anarchie und Atheismus die grössten Gefahren der Menschheit, denn er erkannte im ewigen Verneinen etwas Zerstörerisches und damit Sündiges, eine wahre „Tollheit der Vernunft".

Dieser Genius, der sich zur selben Zeit anschickt, der neuen Naturwissenschaft eine mathematische Ordnung zu geben, verlangt auch von sich selbst vollständige Disziplin: Man muss sich, lehrt er, ständig unter Kontrolle halten und sich ermahnen: „Bedenke das Ende!" Die Unterdrückung der eigenen Wünsche gehörte offenbar zu seinem ganz persönlichen Programm. Etwas Zwanghaftes kommt hier zum Vorschein. Als müsste Leibniz die Anarchie und das Chaos in sich selbst bändigen, beschwört er die Gesetze des Staates und die Gebote Gottes, die genau diese Unterwerfung angeblich verlangen. Alsbald hat Leibniz seine Schrift dem Jansenisten Arnauld vorgelegt, der sie wohl kaum gelesen haben wird. Doch hätte sie ihm gefallen können, denn die Jansenisten kannten schwere Bussübungen, die sie sich selbst auferlegten.

Das ‚Bekenntnis eines Philosophen' hatte Vorgänger, denn schon in seinen Mainzer Jahren, genauer zwischen 1669 und 1671, hatte Leibniz in einigen Texten, die er für sich behielt, Ideen niedergeschrieben über eine kommende Gesellschaft, in der die Vernunft die Macht ergreift. Einer dieser Entwürfe, ‚Societas Philadelphica'

(Brüderliche Gesellschaft), malt aus, wie eine verschworene Gemeinschaft von vernünftigen Menschen allmählich zur Weltherrschaft gelangt, ohne dass es zunächst jemand merkt. Vorbild sind die holländischen Handelskompagnien, mit deren Tüchtigkeit man Reichtum gewinnen, und der Jesuitenorden, mit dessen Methoden man die Menschen beherrschen kann. Diese verschwiegene Elite, halb Handelsgesellschaft, halb Orden, macht sich den Erdkreis untertan und gewährt am Ende Wohlstand und Frieden für jeden. Der Plan war ernst gemeint, und man muss vermuten, dass sich Leibniz eine zentrale Rolle darin ausmalte. Denn eines ist sicher, er war überzeugt, dass es die Wahrheit gibt und dass, wer sie besitzt, anderen Menschen das Nötige vorschreiben sollte.

Utopien waren damals im Schwange und hatten eine lange Tradition, seit Plato davon geträumt hatte, dass die Philosophen die Macht übernähmen. Im jungen Leibniz der Mainzer Zeit kamen zwei Strömungen des Jahrhunderts zusammen. Erstens dachten viele im Zeitalter des beginnenden Absolutismus, einer müsse als guter Tyrann die Macht haben. Zum anderen glaubte man an die Vernunft, die Ratio. Da lag es nahe, beide Gedanken miteinander zu verbinden: Die Vernunft an die Macht! Nun verstehen wir auch besser, welche Rolle Leibniz für sich selbst sah. Er gehörte im absolutistischen Staat zu denen, die als Bürgerliche keine Macht hatten. In einem der erwähnten utopischen Entwürfe notierte er sich: „Ist der Verstand grösser als die Macht, so ist, wer ihn hat, für unterdrückt zu achten." Zu diesen unterdrückten Vernünftigen gehörte er selbst. Zugleich hat er seine Lebensaufgabe umrissen: Menschen, die „mit Verstand, doch ohne Macht von Gott versehen, denen gebühret, zu raten, gleichwie denen, so die Macht gegeben, gebühret, gütig Gehör zu geben". Deshalb wollte er die Mächtigen beraten. Und das sollte, wie aus einer weiteren Schrift des Jahres 1671 hervorgeht, streng nach den Regeln der Wissenschaft geschehen, die weiss, was richtig ist. Die Handwerker sollen in Arbeitshäusern zusammengefasst werden und dort meist Saures zu essen bekommen, damit sie sich das Trinken abgewöhnen. Die Kinder muss man von ihren Eltern trennen und in Waisenhäusern aufziehen. So werden alle Menschen – vernünftig geleitet – alsbald tugendhaft und glücklich sein.

Nun, zwei Jahre später (1673), hat Leibniz diese Radikalität wohl abgestreift. Aber er traut sich im ‚Bekenntnis eines Philosophen' immer noch zu, für die künftige Einheitskirche die religiöse

Grundlage zu verfassen. Auch diese Kühnheit hat er überwunden. Geblieben ist ihm jedoch die Überzeugung, er könne die Kirchen miteinander versöhnen und den Glauben vor dem Atheismus retten, denn er, Gottfried Wilhelm Leibniz, wäre, so hat er gemeint, ein guter Lehrer der Menschheit.

2 Pariser Ernte

Das Geheimnis der Zahl Pi Schon recht lange war Leibniz nicht bei seinem Mentor und Förderer zu Besuch gewesen, als er sich, wohlangemeldet und im Sonntagsstaat, am vorletzten Tag des Jahres 1673 auf den Weg zur Königlichen Bibliothek begab, um dem verehrten Christiaan Huygens in dessen Wohnung seine Aufwartung zu machen und zum bevorstehenden neuen Jahre den Segen des Himmels und gute Gesundheit zu wünschen. Diesmal hat er keine neue mathematische Entdeckung in der Tasche, aber während man so zusammensteht, sich nach dem werten Befinden erkundigt und sich gegenseitig Komplimente macht, lässt Leibniz die Bemerkung fallen, er sei im Besitz einer Formel, die den Inhalt einer Kreisfläche exakt angebe. Christiaan Huygens war sofort wie elektrisiert. Die Berechnung der Kreisfläche, auch die ‚Kreisquadratur‘ genannt, weil es seit langem um die Aufgabe ging, die Kreisfläche zu einem Quadrat umzurechnen, dies Problem beschäftigte ihn wie kaum ein anderes. Man vermochte die Zahl Pi schon auf viele Stellen hinter dem Komma zu berechnen, wusste aber nicht, ob sie eine endliche Zahl sei.

In der Hoffnung, nun doch jemanden gefunden zu haben, der ihm das beweisen konnte, riet Huygens dem Besucher, sich mathematische Bücher zu leihen, und wies ihn besonders auf ein Werk des bedeutenden Schotten James Gregory hin, seines alten Gegners. Die britischen Mathematiker hielten Pi für eine Zahl, die sich nicht als Wurzel oder Bruch ausdrücken lässt. Über diese Frage war Huygens fünf Jahre zuvor (1668) mit Gregory in Streit geraten. Seine Einwände hatte der cholerische Schotte dem Holländer nicht verzeihen können, und das hiess damals, dass sich Huygens gleich alle Briten zu Gegnern gemacht hatte. Leibniz ahnte, er werde, wenn er zu der Frage Stellung nähme, selbst zwischen die Fronten geraten. Trotzdem hat er sich in den folgenden Wochen, wie er sollte, eingehend mit den Ansichten von Gregory befasst. Seinem Mentor konnte er nach langen Mühen immerhin den Gefallen tun zu zeigen, dass der Beweis von Gregory (gegen die Möglichkeit einer algebraischen Kreisquadratur) einen Fehler enthielt. Insgesamt aber war dessen Ansicht und Beweis richtig, und Huygens' Hoffnung trog.

Bald hatte Leibniz jedoch Huygens etwas Aufregendes vorzulegen, als er ihm eine (in sehr deutlicher und schöner Handschrift angefertigte) Zusammenstellung eigener geometrischer Entdekkungen schickte, darunter tatsächlich eine Reihe für Pi, die er ein Jahr zuvor entdeckt hatte. Doch nicht einmal dem vertrauten Huygens mochte er dazu eine Ableitung liefern, sie blieb dem Meister daher unverständlich, und er musste erst um einen Beweis bitten. Den reichte Leibniz im Oktober (1674) nach. Die Reihe ist, so empfinden es viele Mathematiker, von ungewöhnlicher Schönheit. Doch auch Huygens erwies sich als Meister. Die von Leibniz nun endlich vorgelegte Ableitung konnte im November durch ihn, den grössten lebenden Mathematiker, mit kleinen Bleistiftnotizen noch verbessert werden, ehe er sie dem Verfasser zurückgab.

Es ist eine Entdeckung, die auch auf den Aussenstehenden viel Eindruck macht und noch heute ‚Leibniz-Reihe' genannt wird. Mit ihr gelang es Leibniz, die unheimliche und unfassbare Zahl Pi scheinbar ganz einfach anzugeben, indem er zeigte, dass sie, wenn man sie zunächst einmal durch vier teilt, einer verblüffend einfach gebauten Summe entspricht:

$$\pi/4 = 1/1 - 1/3 + 1/5 - 1/7 + 1/9 - \dots \text{ und so weiter.}$$

Bis ins Unendliche. Erkennbar ist, dass nur die Vorzeichen immer wechseln und die Nenner der Brüche als ungerade Zahlen aufsteigen. Das Muster ist so einfach, dass man sich wundert, wieso sich Pi, teilt man es nur durch vier, als so regelmässig erweist. Noch erstaunlicher ist, wieso das jemand aufdecken und dann auch noch beweisen konnte. Leibniz hatte die Reihe abgeleitet aus seinem neuen ‚Transmutationssatz', mit dem sich generell Flächen bestimmen liessen. Er musste dabei den Vorgang nicht mehr mit Worten oder gezeichneten Strecken beschreiben, sondern rechnete mit Buchstaben-Bezeichnungen. Die Überlegungen seiner Vorgänger waren schwerfällig und starr; erst durch die Leibnizsche Kunst der Bezeichnung sind die Schritte leicht zu erfassen und flüssig darstellbar. Das genau ist der Fortschritt beim Übergang von der ‚geometrischen' Methode der älteren Schule zur ‚analytischen' Darstellungsweise bei Leibniz. Der gleiche Vorteil wird sich alsbald auch bei der neuen Mathematik der Kurven und Flächen zeigen.

Huygens hat sich in den Transmutationssatz, den Leibniz ihm vorgelegt hatte, vertieft, war auch noch in der Lage, ihn zu verstehen, und billigte ihn, aber die weitreichende Bedeutung dieser neuen Schreibweise konnte er nicht mehr erkennen. Zum ersten Mal zeigte sich bei ihm eine Hemmung gegenüber den eleganten Neuerungen, die Leibniz vorschlug. Der 45-jährige Huygens war nicht mehr beweglich genug, um den Fortschritt zu sehen, den die neue Methode eröffnete.

Die Leibniz-Reihe ist heute noch so verblüffend wie damals. Nach dreihundert Jahren erscheint die Entdeckung sogar erstaunlicher denn je und gilt als eine der grössten in der Geschichte der Mathematik. Die Zahl Pi hat sich seitdem jeder weiteren Deutung unzugänglich gezeigt. Zwei Zahlentheoretiker haben 1991 die geheimnisvolle Zahl mit Hilfe grosser Computer auf eine unvorstellbare Länge ausgerechnet, auf zwei Milliarden Stellen, aber dabei haben sie kein Muster in der Abfolge der Ziffern erkennen können. Diese rätselhafte Grösse Pi hat ihr Geheimnis nur einmal preisgegeben, nur dem jungen Juristen in Paris vor mehr als drei Jahrhunderten, Gottfried Wilhelm Leibniz. Seitdem schweigt sie.

Ein Erfinder wird bestaunt Es war ein mühsamer Weg zur Rechenmaschine. Alle Handwerker, die Leibniz in Paris beschäftigte und aus seinen geringen Ersparnissen bezahlen musste, hatten die Lust verloren, doch dann fand Leibniz in dem Mechaniker Olivier einen ungewöhnlichen Könner, der die revolutionäre Maschine herzustellen wusste. Im Sommer 1674 ist das neue Modell endlich einigermassen funktionsfähig. Nun hat der stolze Erfinder das Stück gern in seiner Nähe, er führt es, ohne sich lange bitten zu lassen, anderen Leuten vor, und sein Ruhm als Erfinder verbreitet sich unter Pariser Wissenschaftlern. Wie seine Erfindung im Inneren aussieht, hat Leibniz jedoch nie verraten. Da diese Maschine später verloren ging, wüsste man es auch heute nicht, wenn er sich nicht Einzelheiten auf Zetteln notiert hätte, die er so wenig wegwerfen konnte wie alle seine Papiere und Notizen.

Mit der Rechenmaschine sozusagen unter dem Arm, traut sich Leibniz am 15. Juli (1674), endlich – nach fast einem Jahr des Schweigens – wieder an Oldenburg zu schreiben. Das Instrument errege Aufsehen, und er hoffe, der Royal Society die Maschine bald vorführen zu können. Er wisse noch nicht, wann er kommen könne, denn seine Zeit sei sehr ausgefüllt mit Aufträgen von hochgestellten Persönlichkeiten. Dabei beschreibt er die Maschine: Alles sei leicht auszuführen, ohne dass man den Geist anstrengen müsse.

Im gleichen Brief an Oldenburg heisst es: In der Mathematik habe er einiges gefunden, und zwar „mehr durch glückliche Eingebung als durch langwieriges Studium". Natürlich erwähnt er gern sein Prunkstück, die Reihe für Pi, doch die Engländer bekommen, wie damals üblich, nur Andeutungen. Oldenburg antwortet erst am 18. Dezember (1674), und er schreibt recht zurückhaltend. Die Rechenmaschine, mit deren wohlwollender Bewertung sich Oldenburg in London einmal blamiert hat, begrüsst er zwar, nennt sie aber nun „das Instrumentchen". Von der Kreisquadratur meint er ganz allgemein, Newton und Gregory hätten da umfassende Methoden. Leibniz soll offenbar ebenfalls nichts Näheres erfahren und deutet sich die Mitteilung so, die Engländer seien überhaupt noch nicht in der Lage, solche Flächen zu berechnen. Der Brief, der den Empfänger wohl eher ernüchtern oder zurückstufen sollte, erzielte damit genau die gegenteilige Wirkung und wurde für ihn zu einem mächtigen Antrieb. Er fühlte sich bestärkt in der Auffassung, er bewege sich auf unbetretenem Gebiet.

Die Maschine wird in Paris zum Tagesgespräch. Am meisten gefreut hat sich Leibniz darüber, dass bald auch der älteste Neffe und Nachlassverwalter des Mathematikers Blaise Pascal das Instrument sehen wollte, schliesslich hatte sein Onkel auch eine Rechenmaschine entwickelt. Selbst der erfolgreiche Mechaniker Olivier wird damit so bekannt, dass Minister Colbert ihm am 18. Dezember (1674) die Summe von 300 Livres für ein weiteres Exemplar vorschiessen liess. Doch es dauerte noch weitere zwei Monate, bis das Modell soweit nachgebessert war (Januar 1675), dass Leibniz es in der Académie des sciences vorführen konnte. Dort kommt es nicht zu der erhofften Bestellung mehrerer Exemplare durch den Minister; Leibniz wird nur aufgefordert, einen Kostenvoranschlag zu machen. Er veranschlagt für drei Maschinen mit 12 Stellen im Resultatwerk je 200 Louisdor. Je eine soll nach seinem Wunsch für den König, für die Akademie (oder die Sternwarte) und für ihn, den Erfinder, bestimmt sein, der sich das Recht ausbedingt, dass nur er das Wunderwerk dem König übergeben darf. Der Bau der Maschinen kommt jedoch nicht zustande. Man weiss nicht weswegen, doch gewiss wird Leibniz die erhebliche Entwicklungsarbeit unterschätzt haben, die es noch zu leisten galt, um von 4 Stellen im Prototyp auf eine Serie von 12-stelligen Maschinen zu kommen. Denn er erörtert, obwohl die Feinmechanik damals wenig genau und schnell überfordert war, die Probleme kaum, die sich aus der vermehrten Reibung oder dem Spiel zwischen den Zahnrädern ergeben würden. Die blosse Ausführung scheint ihm – wo er doch alles konzipiert hat! – ein Kinderspiel. In einem Vertragsentwurf hat er den armen Mechaniker Olivier sogar verpflichtet, eine 12-stellige Maschine möglichst in drei Wochen herzustellen.

Zur gleichen Zeit macht Leibniz eine doppelte Erfahrung, nämlich dass Huygens der noch grössere Erfinder ist und dass er, Leibniz, mehr und mehr in den Streit zwischen ,den Engländern' und ,den Franzosen' hineingezogen und als Partei gesehen wird. Dreimal war der an sich gutmütige und sanfte Christiaan Huygens schon mit englischen Gelehrten aneinandergeraten. Vom Streit mit Gregory wurde schon berichtet (es ging um die Quadratur des Kreises). Im Sommer 1673 hatte Huygens die nächste Unvorsichtigkeit begangen, als er in einer Veröffentlichung eine frühere mathematische Entdeckung eher dem Niederländer Heuraet als dem Engländer Neil zuschreiben wollte. Damit provozierte er scharfen Protest in England und eine Ehrenerklärung für den Landsmann Neil, veröffentlicht und unterzeichnet von drei Engländern. So etwas konnte dem feinfühligen Huygens ziemlich zusetzen.

Zum dritten Streit kam es mit Isaac Newton. Dessen Lehre vom Licht hatte Huygens, wenn auch wohlwollend, kritisiert, denn er selbst hatte eine andere Auffassung. Heute würde man den Unterschied beider Forscher so deuten: für Newton bestand das Licht aus Partikeln, für Huygens aus Wellen (inzwischen weiss man, dass beide Ansichten richtig sind). Newton schrieb ihm einen ausführlichen Brief, aber Huygens wollte die Auseinandersetzung mit den Engländern, die ihm lästig wurde, nicht fortsetzen und schwieg.

Dennoch kam es jetzt zum vierten Streit – diesmal mit Hooke, dessen Behauptungen, er habe eine Erfindung schon lange gemacht, bereits Leibniz, Newton und viele andere hatten erdulden müssen. Huygens, der einst das Pendel in den Uhrenbau eingeführt hatte, erfand jetzt auch noch das Gegenstück dazu für Taschenuhren, die Unruh, also jenes schwingende Rädchen mit Feder, das erst die Ganggenauigkeit erbringt. Diese Erfindung gab er am 22. Januar 1675 dem Pariser Uhrmacher Thuret mit dem streng geheimen Auftrag, eine Taschenuhr anzufertigen. Am gleichen Tag hat Huygens übrigens auch mit Leibniz, der ihn wohl zufällig gerade besuchte, voller Freude über seine Entdeckung geredet.

Der mächtigste Förderer der Wissenschaft, der französische Minister Jean Baptiste Colbert, sollte von Huygens dafür gewonnen werden, ihm ein Patent zu erteilen. Dabei stellte sich heraus, dass Uhrmacher Thuret schon drei Wochen vorher zu Minister Colbert geeilt war und die Uhr mit der Unruh als eigene Erfindung angemeldet hatte. Es herrschten die Sitten von Goldgräbern. Huygens verständigte sich jedoch mit Thuret, als der sich schriftlich entschuldigt hatte, und gab ihm weitere Aufträge, weil er besser arbeitete als andere Pariser Uhrmacher, die inzwischen von der Erfindung gehört hatten und das Patent mit eigenen Modellen umgingen.

Die Pariser Akademie wurde von Huygens bald informiert, ebenso die Royal Society, wo die Darstellung der neuen Uhr am 28. Februar verlesen wurde, auf der ersten Sitzung, an der Isaac Newton teilnahm. Es verwundert einen nicht, dass der ewig gereizte und missgünstige Robert Hooke erklärte, diese Erfindung habe er schon lange gemacht. Zuzutrauen war ihm so ein Einfall durchaus, denn er hatte bereits die Pendeluhr verbessert. Bald darauf liess Hooke tatsächlich eine Taschenuhr anfertigen, die dem englischen König überreicht wurde und sich, wie Oldenburg später (im September 1675) an Huygens schreiben wird, auch sonst gut bewährte. Ihre Konstruktion aber verriet Hooke nicht, er liess auch das Innere der Uhr niemanden sehen, so dass es nicht klar ist, ob er nur dem Patent von Huygens gefolgt war.

Zuvor erbat Oldenburg, wohl um zu schlichten und zur Sachlichkeit zurückkehren zu können, im Mai (1675) bei Huygens ein Exemplar seiner Uhr. Als es überbracht worden war, musste Oldenburg leider schon im Juli dem Erfinder melden, dieses Exemplar sei offenbar nicht in Ordnung, es bleibe regelmässig gegen 12 Uhr stehen. Er bat um ein neues. Der geplagte Huygens, von dessen Uhr auch der Statthalter der Niederlande, Wilhelm von Oranien, und König Ludwig XIV. wunderbare Exemplare besassen, fand die Konkurrenz grässlich. Noch schlimmer aber war für ihn, dass der Engländer Hooke nun öffentlich behauptete, Huygens habe die Erfindung bei ihm, der sie schon lange gemacht habe, gestohlen.

Die Sache gipfelte darin, dass Robert Hooke sich nun auch noch gegen Heinrich Oldenburg wandte und behauptete, der habe das Geheimnis seiner Erfindung an Huygens verraten und sei nichts als ein Spitzel der Franzosen. Immerhin endete dieser Streit damit, dass sich die anderen Mitglieder der Royal Society hinter ihren Sekretär stellten und eine Erklärung veröffentlichten. All diese Streitigkeiten zeigen, in welchem Klima der Mathematiker Leibniz jetzt arbeitete. Sosehr er das alles verfolgte, er wird nicht gedacht haben, dass auch er einmal das Opfer solch eines Plagiatsvorwurfs werden könnte.

Angeregt durch die Unruh seines Förderers Christiaan Huygens, erinnerte er sich an eine eigene Idee und liess eine Uhr mit einer Unruh bauen, die mit ursprünglich sechs, später nur zwei schwingenden Rädern arbeitete. Das Modell wurde von Huygens ebenso wohlwollend aufgenommen wie der kleine Aufsatz, in dem Leibniz alles beschrieben hatte und der auch gedruckt wurde. Praktisch anwendbar ist diese Erfindung allerdings nicht gewesen. Doch auch sie fand viel Aufmerksamkeit, nach Jahren noch hat sich Antoine Arnauld bei Leibniz nach dessen ‚horloge portatif‘ erkundigt.

Heinrich Oldenburg war in London rehabilitiert, doch es blieb dabei, dass Christiaan Huygens den Engländern als Gegner erschien. In neuem Licht sah man von London aus auch Leibniz, diesen Schützling von Huygens (der er zu dieser Zeit in Wahrheit schon nicht mehr war), der sich mit seinem Aufsatz über die eigene Unruh auf die Seite des Holländers gestellt zu haben schien. In London wurden einige Akademiemitglieder nervös, weil sie meinten, Leibniz könne von Huygens vorgeschickt sein, um sie auszuhorchen. Jedenfalls musste Leibniz von nun an mit doppeltem Misstrauen rechnen. Das ahnte er nicht, er spürte auch nicht, dass er als Franzose gesehen wurde, und damit als zur gegnerischen Partei gehörig.

Geldnot, Beschäftigung, Stellensuche Im Juli 1674, als er Heinrich Oldenburg von der Rechenmaschine berichten konnte, hatte Leibniz geklagt: „Auf mir lasten viele recht verschiedene Arbeiten, die zum Teil Fürsten, zum Teil Freunde von mir fordern. Daher bleibt mir nicht die nötige Zeit, die ich gern der Erforschung der Natur und mathematischen Überlegungen widmen würde. Ich stehle mich jedoch, so gut es geht, davon und will lieber meinen Geist befriedigen, den es zu diesen Dingen zieht, als auf meinen Vorteil bedacht sein.“ Trotzdem musste er jetzt Geld verdienen. Nebenbei war er noch Erzieher des jungen Boineburg, wenn das auch kein Einkommen, sondern nur eine Aufwandsentschädigung einbrachte. Die Anforderungen, die er an den Studenten stellte, blieben recht hoch. Von Leibniz wurden die eigenen pädagogischen Grundsätze so nachdrücklich vertreten, wie das aus seinen utopischen Schriften bekannt ist: Niemand soll einfach tun dürfen, was er will! So scheint es verständlich, wenn Philipp Wilhelm auszubrechen suchte und eine Obstruktion betrieb, die nun wiederum Leibniz erregte.

Lange war auch die Mutter, genau wie Leibniz, besorgt um ihren einzigen Sohn, doch dann schlug sie sich auf dessen Seite und erklärte, keine Geldmittel mehr zu haben. So wurde Leibniz im September (1674) aus seinen Pflichten entlassen. Das war eine spürbare Einbusse, auch wenn ihm wenig mehr als die freie Kost verlorenging. Jedenfalls sah er sich gezwungen, noch einmal (wie schon ein halbes Jahr vorher) Nachforderungen für längst vergangene Dienste zu stellen. Frühere Zusagen seines alten Gönners, meinte er, berechtigten ihn dazu. Es war kein erfreulicher Brief, so sehr man seine Bitterkeit verstehen möchte. Er fühlte sich seit sieben Jahren ausgenutzt, ausserdem stand ihm das Wasser bis zum Hals. Erreicht hat er jedoch nichts und brauchte nun dringend eine Beschäftigung. So versuchte es der Jurist noch im gleichen Monat mit einem Mandat als Rechtsbeistand.

In diesem Jahr (1674) war der Bischof von Strassburg, Franz E. v. Fürstenberg, nach Paris geflohen. Ihm wollte Leibniz seine juristischen Dienste anbieten, um dessen Bruder aus Wien freizubekommen. Der war Domherr und Minister im Kurfürstentum Köln gewesen, hatte als Anhänger der Franzosen den Überfall auf die Niederlande gedeckt und galt seitdem bei vielen als Reichsfeind. Ihn hatten im Februar kaiserliche Reiter in Köln aufgegriffen und als Verräter nach Wien verschleppt. Der Strassburger Bischof Franz musste also etwas für seinen gefangenen Bruder tun. Leibniz, der noch kein Mandat besass, hat dazu einen recht vielgestaltigen Plan entwickelt, der einen Friedenskongress vorsah, auf dem Frankreich einen Landstrich zurückzugeben hatte, um den gefangenen Domherrn freizukaufen. Vielleicht sah Leibniz für sich dabei eine grosse Rolle als ehrlicher Makler am Kaiserhof, jedenfalls fällt ein ziemlich kühner Ton auf, mit dem er seinen künftigen Mandanten, den Bischof, auffordert, Argumente zur Verteidigung seines Bruders anzugeben. Es scheint aber, als hätte Leibniz keinen Auftrag erhalten.

In seiner Not musste ihm also das alte Angebot, nach Hannover zu gehen, um so verlockender erscheinen. Im Januar 1675 trifft

Leibniz tatsächlich – wenn auch noch schwankend und halbherzig – die Entscheidung, in die Dienste des hannoverschen Herzogs
Johann Friedrich zu treten. Jedenfalls schreibt er ihm das, aber der
Brief klingt zugleich wie eine Flucht vor dieser Aussicht. Noch
versuchte er seine Freiheit zu wahren, berichtete von der nun fertiggestellten Rechenmaschine, von der Jean Baptiste Colbert ein
Exemplar für die Sternwarte, ein anderes für die Finanzverwaltung
herstellen lassen wolle. Wünsche etwa auch der Herzog ein Modell
zu besitzen? Und wäre es nicht angemessen, wenn Leibniz für seinen neuen Herrn auf die Jagd nach seltenen Büchern und Handschriften, aber auch nach Erfindungen und Kuriositäten ginge?
Leibniz durfte hoffen, das alles sei im Sinne seines möglichen künftigen Dienstherrn. Denn der hatte, knapp zwei Jahre zuvor, im
April 1673, als er dem sechsundzwanzigjährigen Leibniz anbot, als
Rat nach Hannover zu kommen, betont, daß er dem jungen
Gelehrten damit zugleich eine Fortsetzung seiner Studien ermög-
lichen wolle, an denen er, der Herzog, selber grösstes Interesse
habe. Zugleich hatte er hervorgehoben, dass Leibniz auch Gelegenheit bekommen solle, seine gelehrte Korrespondenz zu pflegen.
Besser wäre es gewesen, mag Leibniz gedacht haben, Einfluss zu
bekommen bei einem wirklich grossen Herrn – aber als Gelehrter, als Unterhalter und Paradiesvogel am hannoverschen Hof zu
leben, das klang doch annehmbar.

Malebranche, ein mystischer Rationalist   Noch scheint Leibniz daran
gedacht zu haben, von Beruf ,Korrespondent' eines deutschen
Fürsten zu werden, also jemand, der über neueste Fortschritte des
Wissens und von politischen Veränderungen berichtet. Auch
darum sucht er die Bekanntschaft von Nicolas Malebranche, denn
eine Verbindung zu solch einem Geist wäre eine grosse Auszeichnung und Empfehlung für einen Korrespondenten gewesen. Dieser bedeutende Gelehrte, jetzt Mitte dreissig, nur acht Jahre älter als
Leibniz, war mit einem mehrbändigen Werk, ,Recherche de la
Vérité' (Erforschung der Wahrheit), beschäftigt und hatte die
ersten Bände gerade 1674 herausgebracht. Alle riefen: Der unvergleichliche Nicolas Malebranche! Es war plötzlich eine Aura, ein
leuchtender Ruhm über ihn gekommen, während er in seiner
Zelle im ,Oratorium', einer frommen Stiftung in der Rue Saint-
Honoré sass und schrieb. Er war zart, fast zerbrechlich, enthaltsam,
voller Angst vor der Welt und lebte für den letzten Versuch einer

freien, christlichen Philosophie. Aus reichem Hause stammend, hatte er sein Erbe verschenkt, zeigte die Tugenden eines wahren Christen und war doch beides zugleich, treuherzig und gewieft.

Seine geistige Heimat waren die Weiten des Unendlichen. Alle Aufklärung überbot er durch Frömmigkeit und verkündete: Die Religion ist die wahre Philosophie! Malebranche war Cartesianer (Anhänger von Descartes), also in diesem Sinne ganz modern, andererseits von einer altmodischen Innigkeit des Glaubens erfüllt. In ihm verschmolzen der Kult der Vernunft und die Mystik. Als entschiedener Rationalist entwickelte er ein vornehmes Bild von Gott. Der mischt sich nicht ständig in den Weltlauf ein, er kümmert sich nicht um jedes Haar auf unserem Kopf, sondern er hat längst alles geregelt – Naturgesetze hingegen gibt es nicht, alles geschieht nach dem Willen Gottes. Trotzdem haben einige Zeitgenossen diesem extrem modernen Heiligen vorgeworfen, er ordne den Glauben der Philosophie unter, ja, er sei Pantheist, schlimmer noch: ein christlicher Spinoza.

Einmal ist es dem jungen Deutschen, den man wegen seiner Rechenmaschine kannte, gelungen, diesen berühmten Mann, dessen Stern damals jeden Tag heller strahlte, aufzusuchen. Wann das war und wo, weiss man nicht – entweder Herbst 1674 oder erst Sommer 1675. Denken könnte man sich, dass diese Begegnung im Oratorium in der Rue Saint-Honoré stattfand. Malebranche könnte Leibniz vorgeschlagen haben, ihn zu besuchen, weil er den deutschen Mathematiker mit seinem Schüler Jean Prestet bekannt zu machen wünschte, dessen Arbeiten so vielversprechend waren, dass Oldenburg in London davon gehört und sich im April 1675 bei Leibniz danach erkundigt hatte. Wenn man sich fragt, woher Malebranche Leibniz kennen mochte, so fällt einem beim Versuch einer Antwort auf, wie vielfältig Leibniz schon in Paris eingeführt war. Begegnet sein konnte man sich etwa in dem Kreis um Antoine Arnauld. Zweimal hatte Leibniz auch in der Académie des sciences vortragen dürfen (und Malebranche war natürlich Mitglied), einmal hatte er in der Zeitschrift der Académie veröffentlicht (über seine Unruh), und als den Mann mit der Rechenmaschine kannte man ihn sowieso.

Als sich Leibniz zum Oratorium aufmachte, um seinen Besuch abzustatten, wusste er vom Denker Malebranche so gut wie nichts, er hatte keine Zeit gehabt, die ‚Recherche‘ zu lesen, sondern kannte nur eine der zahlreichen Gegenschriften, nämlich die von

Simon Foucher aus Dijon, mit dem er Briefe wechselte und dem er mehr zuneigte, weil dieser Autor weniger von Descartes abhängig war. Auch Malebranche war nicht vorbereitet und erwartete als Gast einen Mathematiker und technischen Erfinder, während Leibniz diesmal das Gespräch als Philosoph suchte.

Es begegneten sich zwei ganz unterschiedliche Menschen. Malebranche war nicht nur ein Meister der französischen Sprache, sondern auch ein blendender Redner, der selbst im Gespräch alle Mittel der Rhetorik erblühen liess. Diese Leichtigkeit und Bevorzugung des Wirksamen mochte Leibniz nicht. Dieses Aufgreifen rascher Visionen und Eingebungen war ihm zuwider, schon weil er nicht mithalten konnte und sich überfahren fühlte. Er brauchte am Anfang eines jeden Gesprächs lange, bis er überhaupt seine Befangenheit überwinden konnte. Auch danach sprach er bedächtig, besonders im Französischen, das er noch nicht fliessend beherrschte. Wir können uns denken, wie der Gastgeber intuitiv, elegant, ja brillant loslegte, während es der Gast, wenn er überhaupt zu Wort kam, umständlich mit logischen Herleitungen versuchte, also in dem abgelebten Stil der deutschen Schulphilosophie. Dies logische Argumentieren, das Malebranche in der Schule hassen gelernt hatte, konnte er auch bei Leibniz nicht leiden, dieses „unter der Voraussetzung, dass ...“ und „daraus folgt erstens ...“. Kurzum, die beiden Männer werden sich nur mühsam ertragen haben.

Die Stimmung des Gesprächs spiegelt sich in dem Brief, mit dem Leibniz die Debatte alsbald schriftlich fortsetzen wollte. Er bat darin, Malebranche möge in ihm doch auch den Philosophen sehen, er suche Belehrung und werde nicht anstehen, eine Überlegenheit seines Gegenübers offen zuzugeben, wenn er ihn wirklich überzeugt habe; er möge ihn als seinen Schüler betrachten. Malebranche zog sich jedoch zurück, war allerdings Jahrzehnte später bereit, von Leibniz in Fragen der Physik und Mathematik zu lernen und das auch offen zu bekennen.

Die unglückliche Begegnung hatte eine Art Nachspiel. Von Malebranches Kritiker Simon Foucher aus Dijon, mit dem Leibniz korrespondierte, war schon die Rede. Auf einem Zettel hat Leibniz eine Notiz aus dieser Zeit bewahrt, die hier im deutschen Original (mit nur wenigen Modernisierungen) wiedergegeben werden soll: „Ich kam zu Paris in einen Buchladen, der die ‚Critique de la recherche de la vérité‘ (von Foucher) verlegt. Ich fieng an ohngefehr von dieser materie zu reden, aber da war dem buchführer (Buchhändler) und der da befindtlichen Gesellschaft nichts recht. Ja, der buchführer lachte mich aus, als ich ohngefähr sagte, es sey ein Thema der Metaphysik, und ein anderer, so dabey stand, fragte, ob ich denn so gar den Unterschied zwischen Logik und Metaphysik nicht wüßte. Ich mußte selbst mit lachen, weil ich bey mir stillschweigend bedachte, wie lächerlich die menschen ratiocinieren (urteilen), und wie sie auf nichtige Externa (Äusserlichkeiten) gehen, die ihnen das gemüth einnehmen und selbst die Vernunfft anstecken.

Indem wir nun also reden, komt der autor des obgedachten buchs in den laden; der kannte mich vor längst, machte mir ein großmächtig compliment, nante mich einen illustre (eine Berühmtheit) und sagte in einem athem so viel dings von meinen qualitäten, daß der buchführer mit den beystehenden maul und nasen auffsperrten. Da hätte man gesehen, was sie mir alle für complementen schnitten (machten), was ich sagte war recht und applaudiert, und habe ich niemals noch so sichtbarlich gemercket, was bey den Menschen das Vorurteil und das ansehn vermögen."

Geld verdienen, zu einer Stellung kommen Was Leibniz wirklich erfüllt und begeistert, ist weiterhin die Mathematik. Die Engländer halten ihn im Frühjahr 1675 – nach zwei Jahren Pause – wieder für würdig, eine lange Darstellung ihrer Fortschritte zu bekommen. Auch diesmal hat er den Eindruck, man sei in England nicht weiter als er, selbst wenn er noch nicht alle Andeutungen verstehen kann. Durch diese Vorstellung, in einem Wettlauf begriffen zu sein, fühlt er sich wieder sehr angespornt. Und doch muss er an seinen Lebensunterhalt denken und wendet sich deshalb einem zweiten juristischen Fall zu.

Herzog Christian von Mecklenburg lebte am Hof zu Versailles, von wo aus er sein Land regierte, und wollte sich von seiner zweiten Frau scheiden lassen. Leibniz hat, wohl im Frühjahr 1675, den Auftrag bekommen – wie es dazu kam, weiss man nicht – , für ihn ein juristisches Gutachten auszuarbeiten. Der fünfzigjährige Fürst galt am französischen Hof als schlichte Natur, bei manchen sogar als aufgeblasener Hohlkopf, jedenfalls war er so unleidlich und jähzornig, dass er wohl selbst wusste, er tue gut daran, auch deshalb sein Land aus der Ferne zu regieren. Sein Verlangen nach einer Scheidung hatte eine interessante Vorgeschichte. Als Prinz hatte er eine Cousine geheiratet, um an ihren Teil von Mecklenburg zu

kommen, aber wegen seiner Gewalttätigkeit floh sie alsbald zu Verwandten. Auf den Thron gekommen, berief er ein Gericht, das von
ihm so lange bedroht wurde, bis es die Scheidung aussprach. Dann
verliess er das Land, ging nach Frankreich und wurde katholisch;
sein Pate dabei war der König selbst, deshalb nannte er sich von
nun an auch ,Louis' von Mecklenburg. Am Hof suchte er eine
standesgemässe, vor allem reiche Braut. Seine deutsche Scheidung
wurde in Frankreich zwar zunächst nicht anerkannt, dann aber
bestätigte ein Kardinal im Namen des Papstes dem Konvertiten die
Ehescheidung mit der Begründung, für diese (rein evangelische)
Ehe habe keine Erlaubnis des Papstes vorgelegen, obwohl sie nötig
gewesen wäre, weil die Eheleute eng miteinander verwandt waren.

Christian Louis fand auch bald eine Braut, Isabelle Angelique,
eine junge Witwe aus dem höchsten französischen Adel. Zu deren
Eheschliessung musste (wegen der hohen Stellung der Braut) die
Genehmigung des französischen Königs vorliegen, und die gab
Ludwig XIV. nicht, weil die deutschen Verwandten der ersten Ehefrau bei ihm protestiert hatten. Nach einem halben Jahr heiratete
das neue Paar 1664 auf eigene Faust, und der König war ergrimmt.
Gut zwei Jahre später starb aber die erste Ehefrau, der Herzog war
nun Witwer, und der König nahm das neue Paar in Ehren auf,
bestand aber auf einer erneuten Trauung, die 1666 vollzogen
wurde. Isabelle Angelique war eine Frau von ungemessenen
Ansprüchen, starken Reizen und einem hemmungslosen Charakter, die genau wusste, was sie wollte, nämlich am Hof zu Versailles
von den Mecklenburger Einkünften und dem eigenen Erbe leben,
in geachtetem Rang, verheiratet mit einem hohen Reichsfürsten.
Doch ihr Mann strebte zurück nach Mecklenburg. Der Kaiser
mahnte ihn, die Schweriner Räte drängten, so ging er schliesslich
allein.

Dann zog das Paar im März 1672 doch noch gemeinsam feierlich in Schwerin ein. Als der Herzog bald nach Paris zurückging,
blieb seine Gattin und regierte, gedolmetscht und wohl auch
umgarnt von einem Kammerjunker, Andreas Gottlieb von Bernstorff, der noch eine grosse Karriere vor sich haben sollte und am
Ende zu Leibnizens Vorgesetztem und Gegner geworden ist. Sie
nahm ihre Regentschaftspflichten zur Verblüffung aller erstaunlich
ernst und knüpfte gute Beziehungen zu den Verwandten ihres
Mannes und damit auch zu denen ihrer verstorbenen Vorgängerin
an. Derweil versuchte ihr Gatte von Paris aus, seinen Räten, aber

auch ihr Anweisungen zu geben. Beide stritten sich heftig, sie nannte ihn „cher grondeur" (lieber Zänker). Der Streit wurde immer böser, schliesslich liess der König den Herzog in Arrest setzen und hob dessen Befehle gegen seine Gattin auf. Das war, als Leibniz seinen Auftrag bekam, erst zwei Jahre her. Die Gattin kam nach Versailles, beide versöhnten sich scheinbar und verklagten sich alsbald vor verschiedenen Gerichten. Der Herzog dachte nunmehr ernsthaft an eine Scheidung. Er wollte wieder nach Mecklenburg, obwohl ihm bei seinen Schulden (für die bislang die Verwandten seiner Frau gebürgt hatten) sogar das Geld für eine standesgemässe Heimreise fehlte.

Leibniz hatte die Aufgabe herauszufinden, ob eine Scheidung auch dieser Ehe nach kirchlichem und zivilem Recht möglich wäre. Zunächst machte er dem Herzog Mitteilung darüber, wie er vorgehen wollte; nach gut zwei Wochen schon war er, gestützt auf seine staunenswerte Belesenheit und ausdauernde Arbeitskraft, zu einem Ergebnis gekommen und legte es vor. Die Erörterung ist umfangreich und kompliziert, scheint aber dem heutigen Leser schnell zusammengeschrieben zu sein. Vielleicht war Leibniz in Eile, weil der Herzog auch noch andere Ratgeber beschäftigte, die Leibniz nicht den Rang ablaufen sollten. Sein Ziel musste es sein zu zeigen, dass die erste Ehe gültig geblieben war, obwohl die katholische Kirche sie für ungültig erklärt hatte. Wäre die erste Ehe bei der zweiten Eheschliessung noch gültig gewesen, wäre diese zweite nichtig – und das sollte ja erwiesen werden. Dazu musste Leibniz zeigen, dass eine rein evangelische Ehe keine Genehmigung vom Papst brauchte, ja dass die katholische Kirche hier überhaupt nicht mitzureden hatte. Er kommt auch wunschgemäss zu diesem Schluss: Die erste Ehe blieb gültig, die zweite war daher nichtig.

Das Gutachten zeigte jedoch einen Schönheitsfehler: Leibniz hatte nur erwiesen, dass die erste Trauung dieser zweiten Ehe (1664) ungültig war. Nun hatte der Herzog ja, nachdem seine erste Frau gestorben war, die Eheschliessung 1666 feierlich erneut vollzogen, diesmal mit anschliessender Audienz beim König. Diese Ehe eines Witwers musste also gültig sein! Es sieht so aus, als habe er diese erneute Heirat schlicht übersehen. Er selbst zeigt sich mit seiner Arbeit zufrieden; der Herzog hat allerdings das vereinbarte Honorar auf weniger als die Hälfte herabgesetzt, wogegen der Gutachter Leibniz vergeblich protestierte. Der Herzog hat die Scheidung nicht weiter betrieben.

Leibniz hatte kein Geld, vielleicht sogar Schulden, und auch seine Zukunft war in diesem Herbst 1675 immer noch ungeklärt. Die Verhandlungen mit Hannover stockten, auch weil Leibniz bessere Bedingungen haben wollte. Am liebsten wäre er in Paris geblieben. Es könnte sein, dass er hoffte, sich hier eine berufliche Stellung kaufen zu können, und solch ein Ämterkauf war damals nicht selten. Jedenfalls beschloss er, sich bei seinen Verwandten in der Heimat Sachsen Geld zu leihen. Viel Familie hatte er nicht mehr, seine einzige Schwester Anna Catharina, verehelichte Löffler, war vor kurzem auch gestorben und hatte nur einen Stiefsohn hinterlassen, den ihr Mann mit in die Ehe gebracht hatte. Dieser Neffe wird einmal der Erbe von Leibniz sein.

Es lebte aber noch sein Halbbruder Johann Friedrich aus der ersten Ehe des Vaters, ein Lehrer an der Thomasschule in Leipzig. Der fromme Mann sah mit Unbehagen auf das Treiben der Welt und stand allem Fremden mit Misstrauen gegenüber. Voll Sorge hatte er im Januar 1674 nach Paris geschrieben: „Mich betrübet nicht wenig, daß sogar die natürlich eingepflanzete libe bey dir soll verloschen seyn, weil du deinen hinterlaßenen Freunden nunmehr fast in Jahr und tag keinen buchstaben von deinen zustand wissen lassen, ob du lebendig, gesund oder kranck, ich geschweige daß du soltest ein verlangen getragen haben, den ort zu sehen, welcher die asche deiner Eltern undt geschwister heget." Leibniz hatte sich beeilt zu antworten, seine Briefe müssten verloren gegangen sein.

Ein entfernter Verwandter, Christian Freiesleben, verwaltete das kleine Vermögen der Familie, eine Beamtenseele, korrekt in seinem Kanzleistil bis zum Zusatz, den er immer seiner Unterschrift hinzufügt: ‚Manu propria‘ (mit eigener Hand). Leibniz schreibt am 21. Oktober (1675) an diesen Verwalter: „Einige fürnehme Personen, die mich sonderlich begünstigen, (haben) mir ein gewißes amt oder charge vorgeschlagen, so zu erkauffen, das bis auff 800 thl. austrägt, ja in friedenszeiten auff die 1000 thl. jährliches ein bringen wird." Ihm, schreibt er, „mangeln auch nichts als etlich 100 thl.", um die Stelle zu bezahlen. Am 20. November folgt ein Brief, der die Summe mit fünfhundert Talern genauer bezeichnet, wieder drei Wochen später ist Leibniz auch mit dreihundert Talern zufrieden.

Vielleicht war das mit der Käuflichkeit einer Stelle nur vorgeschoben; er hatte wohl einfach kein Geld mehr fürs tägliche Leben, aber Verwandte leihen nun mal lieber für einen angeblichen Kauf als zum Ausgleich von Schulden. Jedenfalls ist nicht bekannt, dass sich Leibniz um eine Stelle beworben hätte, die man sich erkaufen musste. Wie dem auch sei – die Verwandten halfen, jedenfalls ein wenig. Am Ende werden den umsichtigen Freiesleben die guten Zinsen, zu denen sich Leibniz bereit erklärt hatte, bewogen haben, das Geld über eine Pariser Bank tatsächlich anzuweisen.

Leibniz hoffte, den Platz in der Académie des sciences einzunehmen, den noch der Mathematiker G. Personne de Roberval inne hatte, der aber im Sterben lag. Im September (1675) schlugen angesehene Mitglieder der Akademie vor, auch den Deutschen Leibniz anzustellen – neben den drei anderen ausländischen Gelehrten, dem Niederländer Huygens (seit 1666), dem Italiener Cassini (seit 1669) und dem Dänen Römer (seit 1672). Daran zeigte sich: Er hatte Fürsprecher unter den einflussreichen Männern, galt etwas als Mathematiker und Erfinder und gehörte irgendwie dazu.

Frei wurden ausserdem die mathematische Professur am College Royal und die Raméesche Stiftungsprofessur, um die sich Leibniz ebenfalls zu bewerben gedachte – ein Lehrauftrag, der jeweils für drei Jahre dem tüchtigsten Bewerber gegeben werden sollte. In aller Eile bemühte er sich daher, seine wissenschaftlichen Ergebnisse in Abhandlungen darzustellen. Er verfasste auch, um sich als Anreger zu empfehlen, geistvolle Schriften wie die Beschreibung einer ‚Kolonie in der anderen Welt‘, ein Utopia der Gelehrten. Im September entwickelte er die heitere Idee zu ‚Drôle de pensée ...‘. Dabei geht es um eine ‚Akademie der Spiele‘, eine populäre Ausstellung mit Varietés, durch die die Besucher zu eigenen Erfindungen angespornt werden sollten – von der Kriegstechnik bis zum Taschenspielertrick. Bekanntgemacht werden sollten unter anderem die Verdienste Christiaan Huygens', dessen wissenschaftliche Untersuchungen immerhin zur Erfindung von zwei Uhren geführt hatten. Auch eine solche Uhr möchte Leibniz natürlich in diesem Erlebnispark der Öffentlichkeit als Beispiel für die Fruchtbarkeit exakten Forschens vorgeführt sehen. Der ebenso lustige wie weise Erfinder dieser Dauerausstellung schreibt dazu: „Man muss die Welt bei ihren Schwächen nehmen und sie täuschen, um sie zu heilen."

Den Posten bei der Akademie vergab höchstpersönlich Minister Jean Baptiste Colbert, der so mächtig war, dass man sich nicht direkt an ihn wenden konnte. Seit 1670 lag fast alles in seinen Händen, ausser Kriegswesen und Aussenpolitik. Er leitete die Finanzen,

die Bauten, Künste und Manufakturen, die Wissenschaft, die
Marine und die Bergwerke. Immerhin kannte Leibniz den Mathematiklehrer von Colberts Sohn (es war sein Freund Tschirnhaus,
der bald noch auftreten wird), und er kannte ausserdem noch den
Abbé Gallois, einen hochgebildeten Liebhaber der Mathematik,
der wiederum mit dem Schwiegersohn von Colbert, dem Herzog
von Chevreuse, gut bekannt war. So durfte Leibniz am 30. Oktober
1675 diesem Schwiegersohn seine Rechenmaschine vorführen,
und er war mit dem Eindruck, den er hinterlassen hatte, offenbar
zufrieden.

Später erinnerte sich Leibniz, wie er bei anderer Gelegenheit
den Konkurrenzkampf in der Hofgesellschaft erlebt hat. „Als ich
einmal den Herzog von Chevreuse zu einem Empfang bei Colbert
begleitete, traf ich dort auch Gallois, der es darauf anlegte, uns
durch Albernheiten zum Lachen zu bringen. Ich habe mich nicht
wenig gewundert, dass ein so berühmter Mann um die Gunst der
Grossen mit ziemlich geistlosen Witzen buhlte." Nun musste Leibniz selbst um die Gunst des grossen Colbert werben.

Am 11. Januar 1676 brachte sich Leibniz bei ihm in Erinnerung
durch ein sehr höfliches, vor lauter Bescheidenheit geradezu
nichtssagendes Schreiben. Mitgefühl und Verlegenheit mischen sich
bei dem, der heute liest, wie schmeichelnd ergeben dieser Brief
abgefasst wurde. Nichts wagt Leibniz, der soeben das Problem der
Infinitesimalrechnung methodisch bewältigt hat, darin zu fordern.
Er, das Mitglied der Royal Society, will nur erwähnen, dass er sich
der Pflicht, zum Fortschritt der Wissenschaft etwas beizutragen,
nicht verschlossen habe. Am selben Tag verfasste Leibniz auch
Neujahrsgrüsse an den Herzog in Hannover. Während er schrieb,
erhielt er aus Hannover die Aufforderung, die Stelle als Rat anzunehmen. Er schloss seinen Brief mit der Feststellung, er nehme das
Angebot an. So gehen also die Bitte an den Minister und die
Zusage an den Herzog zur gleichen Stunde zur Post. Man kann
sich denken, wie Leibniz nun darauf gewartet hat, dass er die
Zusage nicht einhalten muss. Das Billet an Colbert blieb quälend
lange ohne Antwort. Bei ihm lag die Entscheidung, doch sie fiel
nicht.

Seit dem Herbst 1675, in dem seine grösste Entdeckung ihren
Anfang nahm, lasteten auf ihm erhebliche Sorgen um den weiteren Lebensweg. Sie hätten einen anderen Menschen wohl abgelenkt, ihm gar alle Konzentration genommen. Leibniz jedoch

scheint eher zum Äussersten angespornt worden zu sein durch das Gefühl, seine Zeit der grossen Freiheit laufe bald ab.

Ehrenfried Walter von Tschirnhaus kommt Seit dem Herbst 1674 wohnte Leibniz in einem Gasthaus in der Rue St. Marguerite, das den Namen ‚Hotel des Romains‘ trug, obwohl es unter Herbergsvater Schütz eine Art deutscher Kolonie gewesen sein muss. Ein paar junge Leute scheinen da, wie man aus Briefen weiss, recht fröhlich miteinander gelebt zu haben, so dass Leibniz nun als geselliger, ja höchst beliebter Mensch erscheint, von gewinnendem Charme und nimmermüder Freude am Gespräch. In dieser Zeit schrieb ihm aus Deutschland Johann Lincker, seine eigene Vorstellung vom grössten Glück sei es, mit Leibniz zu reden und dabei beides zu finden, Belehrung und Heiterkeit des Gemüts. Ein wunderbares Lob. Bewegte er sich in einem vertrauten geselligen Kreis, so blühte er wohl auf und debattierte anregend, wohlwollend und mit ansteckendem Optimismus. Anders, als er in seinen Gesprächen gewirkt haben muss, erscheint er uns in seinen Briefen, nämlich zumeist würdevoll und steif.

In diese Gruppe kam im Herbst 1675 auch der junge sächsische Edelmann Ehrenfried Walter von Tschirnhaus, der einen starken Eindruck auf den fünf Jahre älteren Leibniz machte, weil er in der Algebra, die er in Leiden studiert hatte, begabter schien als fast alle seine Zeitgenossen. Leibniz bewunderte den Neuen auch deshalb, weil Tschirnhaus die Bekanntschaft des damals schon legendären jüdischen Denkers und Rebellen Baruch Spinoza gemacht und mit ihm in Den Haag heftig diskutiert hatte. Viel Zündstoff zu dieser Debatte musste sich allein schon daraus ergeben haben, dass Tschirnhaus eigentlich ein leidenschaftlicher Anhänger von Descartes war.

Mit einem Empfehlungsschreiben von Spinoza war Tschirnhaus nach London gegangen und hatte dort den Mathematikern weit mehr imponiert als seinerzeit Leibniz. Der Eindruck, den er machte, war so stark, dass Pell (das war der Mann, der Leibniz blossgestellt hatte) es ablehnte, sich mit ihm über wissenschaftliche Fragen zu unterhalten, weil er nicht später in den Verdacht kommen wollte, er habe etwas von dem Deutschen gelernt. Kaum war Tschirnhaus abgereist, urteilte John Collins gegenüber James Gregory, der sächsische Edelmann sei zusammen mit Gregory und Newton einer der bedeutendsten Algebraiker der Gegenwart. Nur

Ehrenfried Walter von Tschirnhaus (links) machte auf den etwas älteren Leibniz tiefen Eindruck als hochbegabter Mathematiker und weil er Spinoza persönlich kannte. – Baruch Spinoza (rechts) war der am meisten umstrittene Denker seiner Zeit, dessen Hauptwerk allerdings noch geheim war. Leibniz wird ihn in Den Haag aufsuchen.

eins sei ihm vorzuwerfen, dass er nämlich sklavisch an den Lehren von Descartes hänge und sogar behaupte, auch die Fortschritte der Engländer gründeten sich unbewusst auf dessen Methoden. Darüber erheitert sich John Collins in einem amüsanten Vergleich, mit dem er einen der schönsten Irrtümer des Aristoteles aufgreift: Die Ansichten von Tschirnhaus über die Bedeutung von Descartes wirkten etwa so, als wollte man sagen, die Behauptung des Aristoteles, vom Grund einer Zisterne aus könne man auch am Tage die Sterne sehen, enthalte schon die Entdeckungen, die Galilei mit dem Fernrohr gemacht habe.

Der elegante junge Mathematiker, dem ein solcher Ruf vorausging, war wegen seiner adligen Herkunft auch der richtige Privatlehrer für den Sohn von Minister Colbert. Dass er kein Französisch konnte, war dem Vater nur recht, denn Mathematikunterricht auf lateinisch, das sollte doppelt nützen. Wie erwähnt, hat Leibniz diese Beziehung zu Colbert über den Hauslehrer Tschirnhaus zu nutzen versucht, um in Paris eine Anstellung zu finden. Die beiden Freunde Leibniz und Tschirnhaus haben auch gemeinsame Studien unternommen, vor allem suchten sie Methoden zur Lösung von Gleichungen. Und hier zeigte sich, dass Tschirnhaus nicht einfach immer der Bessere war. Leibniz hat mit schnellem Blick manchen Mangel erkannt und seinen phantasievollen, aber nicht immer selbstkritischen Freund von der Weitergabe einiger Ergebnisse zurückgehalten.

Es muss eine lebhafte, angeregte Zeit gewesen sein, das sieht man auch aus einem Brief, den Leibniz Ende des Jahres 1675 an Oldenburg schrieb. Da umriss er sein neues Lieblingsprojekt, die Mathematisierung des Denkens, genannt ‚Characteristica universalis‘. Seinen Freund Tschirnhaus allerdings hatte er damit keineswegs überzeugen können. Es sollte eine neue Art, Gedanken und Argumente zu notieren, sein, mit der er das Denken zu einem fast mechanischen Vorgang zu machen hoffte. Man werde in dieser neuen Symbolsprache nicht mehr irren können, schwärmte er.

Tschirnhaus weckt seinerseits, ohne es zu wissen, in Leibniz die Kräfte zu einem eigenen grossen philosophischen System, das weitgehend ein Gegenentwurf zu Descartes und Spinoza sein wird, den beiden Leitsternen des neuen Hausbewohners. Hier, im Disput mit Tschirnhaus, hat Leibniz seine Ansichten deutlicher ausgebildet. Er habe, wie er sich später entsann, „gepredigt" gegen die „Vorurteile", die sich Tschirnhaus bei Descartes und Spinoza angelesen hatte. Zunächst einmal musste aber Leibniz den Denker Descartes überhaupt kennenlernen, von dem er (das ist recht typisch für ihn) nur einige Grundsätze kannte, die er zumeist für falsch hielt. Gelegenheit zum Lernen ergab sich, als Tschirnhaus die Erlaubnis bekam, nachgelassene Schriften von Descartes anzusehen, und Leibniz mitnahm. Das war ein wahrlich privilegiertes Elementarstudium, Werke gleich im Original lesen zu dürfen.

Tschirnhaus besass eine Rarität, um die ihn Leibniz beneiden musste, nämlich jene Schrift in Auszügen und Abschriften, die als das grösste Geheimnis der damaligen Philosophie galt, die ‚Ethik‘, das bislang unveröffentlichte Hauptwerk Spinozas, das, anders als der Titel nahelegte, nicht nur die Moral enthalten sollte, sondern die ganze philosophische Lehre des höchst verdächtigen Denkers. Jedermann rätselte darüber und brannte auf Einzelheiten.

Allerdings hatte Tschirnhaus den Auszug nur unter der Auflage vom Verfasser erhalten, dass er ihn niemandem zeige und auch den Inhalt nicht verrate. Von Leibniz mit Fragen bestürmt, hat sich Tschirnhaus jedoch gelegentlich verplaudert, und Leibniz konnte sich manches notieren. Diese Notizen zeigen, dass Tschirnhaus nicht alle Gedankengänge, die er preisgab, richtig verstanden hatte.

Gewiss wird Leibniz ihm erzählt haben, auch er habe schon in Beziehungen zu Spinoza gestanden, nachdem er im Jahre 1670, als alle Welt sich über eine anonym erschienene Schrift erregte, sie ebenfalls gelesen hatte. Es war der ‚Tractatus theologico-politicus' (Theologisch-politischer Traktat), der gegen die heiligsten Regeln der Religion verstiess. Manchmal hätte Leibniz sogar fast zustimmen können, etwa bei diesen Forderungen des Verfassers: Meinungsfreiheit, unbefangene Suche nach der Wahrheit, selbständiges Denken oder bei der These, die blosse Nächstenliebe sei das Ende allen konfessionellen Haders. Fragwürdig jedoch war für ihn damals gewesen, dass an die Stelle der Moral plötzlich die Gewissensfreiheit treten sollte und dass die heilige Offenbarung abgewertet wurde zugunsten einer blossen Vernunftreligion. Alle seine Bekannten, erzählte Leibniz nun seinem Freund, seien damals empört gewesen und hätten das Buch eine Pest genannt, doch er selbst habe immerhin die hohe Kultur der Gedanken bewundert, allerdings auch von einer „bis zur Unerträglichkeit frechen Schrift" gesprochen.

Bald wussten damals alle, wer der anonyme Verfasser war, dieser jüdische Theoretiker und Praktiker der Optik, Baruch Spinoza, den seine Gemeinde früh als einen Ungläubigen aus der Synagoge verbannt hatte. Jetzt mag sich Leibniz mit einem selbstironischen Lächeln eingestanden haben, dass er nun mal mit allen berühmten Leuten in Briefwechsel stehen müsse. Jedenfalls habe er, erzählte er Tschirnhaus, sofort an den umstrittenen grossen Denker geschrieben. Übrigens einen Brief voller Respekt, wie sich das gehöre, ja auch mit Bewunderung. Als Vorwand und Anknüpfungspunkt habe er dem anerkannten Fachmann eine eigene kleine Arbeit über optische Linsen mitgeschickt. Spinoza habe diese Entdeckung höflich und sanft bezweifelt, aber angeboten, ihm seinen neuen Traktat, also die Schrift, die alle Religion erschütterte, zuzuschicken, worauf er dankend eingegangen sei, obwohl er den Traktat schon gründlich in der Bibliothek seines damaligen Mentors Boineburg studiert und glossiert hatte. Doch, leider, leider, gedankt habe er für die Zusendung nicht mehr, denn er sei damals so sehr damit beschäftigt gewesen, den Ägyptischen Plan auszuarbeiten und endlich damit nach Paris aufzubrechen, dass er an niemanden mehr habe schreiben können.

Aus diesem Rückblick ging deutlich hervor, dass Leibniz darauf drängte, die Beziehung wieder anzuknüpfen. Am liebsten wollte er die Erlaubnis haben, die geheimen Schriften anzusehen, die der Freund ihm verbergen musste. Tschirnhaus versprach Hilfe. Man wende sich am besten nicht unmittelbar an Spinoza, sagte er, die Verbindung gehe über den Mediziner Schuller in Amsterdam, der ihn selbst auch an Baruch Spinoza vermittelt habe. Bald schrieb Tschirnhaus, er habe in Paris einen Mann von ausgezeichneter Gelehrsamkeit getroffen, in verschiedenen Wissenschaften bewandert und frei von den gewöhnlichen Vorurteilen der Theologie, mit dem er vertrauten Umgang pflege, der sei nie leidenschaftlich und aufgeregt, sondern immer vernünftig. Dieser Leibniz scheine auf allen Gebieten beschlagen und durchaus würdig, dass ihm die vertraulichen Schriften übergeben würden; er schätze den theologisch-politischen Traktat hoch und habe Spinoza darüber früher einen Brief geschrieben, wenn er sich dessen erinnern wolle.

Bald, Ende November (1675), kam Antwort, doch sie zeugte vom verbreiteten Misstrauen im militärisch bedrängten Holland gegen jemanden, den es nach Paris gezogen hatte: „Leibniz kennt mich, wie ich glaube, aus Briefen, aber weshalb er, der kurfürstlicher Rat in Frankfurt war, nach Frankreich übergesiedelt ist, weiss ich nicht. Soweit ich aus seinen Briefen ersehen konnte, schien er mir ein Mann von freiem Geiste und in jeder Wissenschaft bewandert. Ihm aber so rasch meine Schriften anzuvertrauen, halte ich nicht für ratsam. Zuvor möchte ich wissen, was er in Frankreich treibt ..." Tschirnhaus solle, so endete der Brief, sich gedulden, bis er Leibnizens „Charakter kennengelernt" habe, und dann nochmal berichten. Immerhin! Die beiden Freunde sagten sich, es bestehe Hoffnung.

Die Erfindung der Infinitesimalrechnung Noch immer suchte Leibniz nach einer allgemeinen Methode, um Eigenschaften einer Kurve (wie die Fläche, die sie einschliesst, Tangenten oder Länge) zu berechnen. Dieses schöpferische Suchen, Finden und Erfinden darf man sich nicht so vorstellen, als habe Leibniz eines Tages die Lösung gehabt. Es war ein allmählicher Prozess, der zur Infinitesimalrechnung (zusammenfassende Bezeichnung für Integral- und Differentialrechnung) geführt hat. Die Entdeckung hatte eine lange Vorgeschichte, das dann Erreichte war nicht ganz neu, und es war zunächst noch nicht ausgereift. Im einzelnen:

Erstens waren Mathematiker auf diesem Gebiet schon seit Jahrzehnten vorangekommen, man musste diese Vorarbeiten nur verstehen und kombinieren. Es handelte sich also zunächst keineswegs um eine bewusste Neuschöpfung, sondern nur um eine zweckmässige Abkürzung, durch die sich einzelne Schritte der Rechnung leichter ausdrücken liessen.

Zweitens war es einigen wenigen Mathematikern durchaus schon möglich, einzelne einfache Aufgaben auf diesem Gebiet rechnerisch zu lösen, nur gab es keine Methode auf höherer Abstraktionsstufe. Stellten Forscher die eigenen Arbeitsschritte für andere dar, so drückten sie sich umständlich mit Worten aus statt mit Zahlen oder Symbolen. Es gab also keine Sprache für diese Mathematik.

Drittens war es nur ein Anfang, als Leibniz seine elegante Schreibweise für den ‚Calculus‘, wie er ihn nannte, gefunden hatte. Nun begann der Ausbau, also der Versuch, mit der neuen Symbolsprache auch schwierigere Aufgaben zu lösen. Deshalb hat der Entdecker mit der Veröffentlichung noch neun Jahre gewartet. Es mangelte noch an manchem, aber Leibniz wusste, dass sich das Fehlende ebenso werde ergänzen lassen wie bei der Rechenmaschine und dass der Weg in neues Land nun geebnet war.

Das ist die eine Seite, die bescheidene Seite der grossen Entdeckung. Das Neue scheint dann „nichts weiter" als eine Zusammenfassung von Vorarbeiten, „nichts anderes" als eine neue Sprache, „nichts" als ein Anfang zu sein. Andererseits ist das, was Leibniz erfand und entdeckte, revolutionär. Das zeigte sich allein schon daran, dass es zunächst nicht verstanden wurde, nicht einmal von Tschirnhaus, dem begabten Freund und unmittelbaren Zeugen dieser Geburt einer neuen Mathematik. Leibniz entsann sich an die Enttäuschung später so: Er habe ihm die Sache eingehend auseinandersetzen wollen, aber Tschirnhaus habe in den neuen Symbolen nur unnütze Zeichen gesehen, die bestenfalls dazu dienen könnten, den Gegenstand zu verdunkeln; nicht einmal ein Beispiel habe er sich vorführen lassen wollen.

Das Unverständnis vieler Mathematiker hatte vor allem zwei Gründe. Erstens sahen sie nicht ein, dass die neue Schreibweise mehr war als eine hübsche Vereinfachung. Christiaan Huygens hatte ja schon bei dem Transmutationssatz gemeint, die Symbolik, die er zeigt, sei unnötig. Er sah auch im Calculus eine Spielerei, die das freie Denken zu beschränken drohte und die ihm daher unsympathisch war. Er war allerdings auch der einzige Mathematiker, der ihn zunächst nicht brauchte. Er konnte jedoch nicht

erkennen, dass diese Symbolik zwar bei leichteren Aufgaben nur
eine Vereinfachung war, dass sie aber bald der Schlüssel sein würde
zur Lösung von Problemen, die bislang unlösbar schienen. Man
kann es auch so sagen: Leibniz hatte den Weg nur deshalb verein-
fachen können, weil er ihn als erster wirklich verstanden hatte.
Und er hatte ihn anhand einfacher Probleme so gut verstanden,
dass mit den gewonnenen Symbolen bald auch Aufgaben von
ungeahnter Schwierigkeit bewältigt werden konnten.

Zweitens war wohl manches an der neuen Mathematik unge-
wohnt, es gab auch Widerspruch, und erst mehr als hundert Jahre
später gelang der Nachweis, dass die einzelnen Schritte mathematisch berechtigt sind, vor allem der scheinbare Trick, während des
Rechnens einen Wert gegen Null gehen zu lassen und dann ganz
zu vernachlässigen. Nur das Ergebnis war immer richtig, das war
unbestreitbar. Ein Mathematiker hat im 19. Jahrhundert das
Unbehagen, das jemand hat, der bis dahin nur die Grundrechen-
arten kannte, humorvoll so beschrieben: „Es widerstrebt mir, in
den Formeln Zeichen zu haben für Grössen, die sich, sobald ich
die Formeln ansehe, in Bewegung setzen und der Null zueilen.
Diese Null aber dürfen sie auch erst am Schluss der Rechnung
erreichen."

Seine Entdeckung machte Leibniz, wie gesagt, in einem konti-
nuierlichen Prozess. Es gibt jedoch Daten, die man benennen
kann. Am 29. Oktober 1675 verwendete er zum ersten Mal statt des
Wortes „summa" das lange S, das allen Gymnasiasten aus der Integralrechnung vertraut ist: das $\int$. Und keine zwei Wochen später, am
11. November, schrieb er zum ersten Mal ,dx', ebenfalls ein vertrauter Standardausdruck. Seine Symbole waren so gut gewählt,
dass sie nie mehr geändert werden mussten.

Man hat Leibniz immer dafür gerühmt, dass er eine einfache
Schreibweise erfunden hat – im Gegensatz zu Isaac Newton etwa,
der mit schwerfälligen Symbolen arbeitete, mit denen nur er selbst
zurechtkam. Leibniz hatte die besondere Begabung, das Einfache
zu sehen. Das hat seiner Lösung eine herrliche Eleganz gegeben.
Er bot knappe und eindeutige Symbolbezeichnungen, ja Opera-
tionsbefehle, mit denen sich ebenso rechnen liess wie mit denen
der Algebra. Ihr Formalismus scheint gleichsam von selber zu rechnen; daran wird sich mancher, der auf der Schule diese Mathematik gelernt hat, entsinnen: Verstanden hatte man im Grunde nicht
viel, aber um so leichter liess sich die Anweisung ausführen. Wer

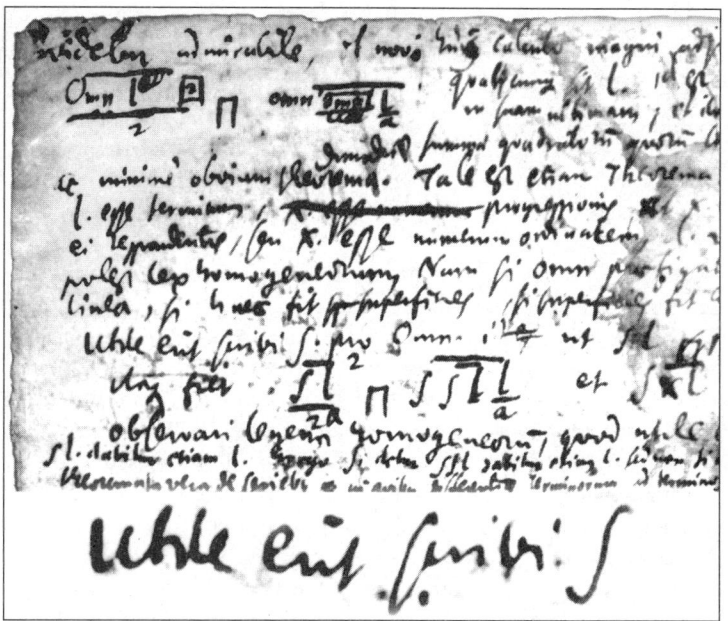

Während Leibniz sich am 29. Oktober 1675 diese mathematischen Notizen machte, von denen der obere Teil der Abbildung einen Ausschnitt bietet, schrieb er zum ersten Mal das Integralzeichen ∫, das bis heute üblich ist. Der Satz, in dem es auftaucht, heisst auf lateinisch „utile erit scribi ∫" (es wird nützlich sein, ∫ zu schreiben). Diese Worte, die sich am Zeilenanfang unterhalb der Bildmitte finden, sind vergrössert noch ein zweites Mal wiedergegeben.

immer diese Erleichterung geniesst, sollte Leibniz dankbar sein. Er hat uns das tiefere Verstehen erlassen, indem er auf geniale Weise für uns gedacht hat – sehr tief nachgedacht hat.

Wenn er diese Vorgänge besser verstehen konnte als andere, dann auch, weil sie seinem Weltbild entsprachen. Drei Parallelen sind offenkundig. Erstens: Für ihn war alles in Bewegung, selbst die Ruhe war eine minimale Bewegung mit dem Wert null. Die Gleichungen und Kurven, die er als erster wirklich verstand, dienen genau dazu, Bewegung verständlich zu machen. Zweitens: Er war vielleicht der erste Denker, der sich den Kosmos als ein einziges System vorstellte, denn für ihn ist alles von allem abhängig. Jede Grösse ist die Funktion vieler anderer, und Leibniz hat den Begriff Funktion erst eingeführt. Die neue Mathematik erlaubte es, solche

Abhängigkeiten exakt zu beschreiben. Drittens: Die Wirklichkeit
vollzieht sich für ihn als stetige Veränderung in kleinsten Schritten.
Auf gleiche Weise sind in seiner neuen Mathematik das ‚Kontinuum' und das ‚unendlich Kleine' entscheidende Begriffe. Schon
diese drei Parallelen zeigen: Die neue Mathematik hat Leibniz nur
erschaffen können, weil er bereits in ihren revolutionären Vorstellungen dachte.

Es ist kein Bleiben   Leibniz hat trotz der dringenden Aufforderungen aus Hannover noch immer darauf gewartet, dass Colbert sich
für ihn entschied. Im Januar 1676 war der Brief an den allmächtigen Minister geschrieben worden. Kurze Zeit später, also vielleicht
im Februar, dürfte es zu der schicksalsschweren Zusammenkunft
gekommen sein, in deren Verlauf sich Leibniz das Wohlwollen seines wichtigsten Fürsprechers, des Abbé Gallois, verscherzte. So
jedenfalls hat sich Leibniz sehr viel später erinnert: Gallois hielt
einen langweiligen Vortrag über den kommenden Frieden nach
der Beendigung des holländischen Krieges. Leibniz konnte sich
eines Lächelns nicht erwehren, was von Gallois bemerkt und sehr
übel aufgenommen wurde. Das ist die eine Vermutung von Leibniz. Es gibt noch die andere, Gallois habe es schon übelgenommen,
dass Leibniz am 2. November 1675 seinen Besuch bei diesem
erhofften Fürsprecher wegen einer Erkältung absagen musste. Der
Abbé war wohl sehr empfindlich, jedenfalls zog er – aus welchem
Grund auch immer – seine schützende Hand von Leibniz zurück.
Auch der Versuch, ihn durch Huygens' Vermittlung im letzten
Augenblick (wohl Mitte Juni 1676) noch umzustimmen, scheiterte.
   Oder hatte der Kandidat nur die falsche Nationalität? Drei Jahre
später wird Leibniz nämlich für sein Scheitern, das ihn wohl noch
lange quälte, einen weiteren Grund nennen. Der Herzog von
Chevreuse habe ihm damals auseinandergesetzt, er müsse doch Verständnis dafür aufbringen, dass man als Nachfolger Robervals keinen Ausländer nehmen könne; es habe schon genug Eifersüchteleien gegeben wegen der Berufung des Holländers Huygens und
des Italieners Cassini. Jedenfalls hat Leibniz resigniert. Unter diesen
Umständen schien es keinen Sinn zu haben, sich im Frühjahr 1676
noch um die Raméesche Stiftungsprofessur zu bewerben. Er hat
sich wohl gar nicht erst am Wettbewerb beteiligt. Sie fiel an einen
Mathematiker Hébert, von dem man heute nicht viel mehr als den
Namen weiss.

Trotz allem wollte Leibniz am liebsten in Paris bleiben, und wenn er sich ein Leben in Deutschland vorstellen konnte, dann als Wanderer zwischen beiden Ländern. Er schrieb am 14. Februar (1676) an Christian Habbeus, der ihm schon oft einen Posten hatte empfehlen wollen: „Was mich angeht, glaube ich, dass ich ein amphibisches Wesen sein werde, das bald in Deutschland, bald in Frankreich lebt, wobei ich Gott sei Dank hier wie dort etwas habe, was mich eine Zeitlang festhält, bis ich Gelegenheit finde, mich vorteilhaft niederzulassen." Ähnlich äussert er sich am selben Tag gegenüber dem Privatsekretär seines künftigen Dienstherrn, J. C. Kahm, er habe dem Herzog von Hannover gesagt, dass er sich nicht „zu einer steten residenz" bereit erklären könne, also keiner Anwesenheitspflicht unterworfen sein wollte. Kahm musste ihn nachdrücklich eines anderen belehren: diese Freiheit bestand nicht.

Bei alten Bekannten in Mainz und Wien hat sich Leibniz jetzt wieder gemeldet, als suchte er noch einen besseren Posten. Zu Beginn des Jahres 1676 nimmt er auch mit dem neuen Kurfürsten in Mainz, von der Leyen, Verbindung auf. Er bittet ihn um die Erlaubnis, nach Hannover gehen zu dürfen, ohne dabei seinen Mainzer Rang zu verlieren. Er wollte, das wird deutlich, nicht für immer nach Hannover. Ein französischer Diplomat, Abbé de Gravel, forderte Leibniz im Frühjahr 1676 auf, ihn zu einer internationalen Konferenz zu begleiten. Das schrieb Leibniz, durchaus etwas geschmeichelt, seinem künftigen Herrn Johann Friedrich, der ihm aber durch Privatsekretär Kahm mitteilen liess, dass er auch diese Reise nicht erlauben könne.

Im Mai 1676 stand Leibniz wirklich unter erheblichem Druck. Seit Beginn des Jahres bekam er sein Gehalt als hannoverscher Hofbeamter, aber trat seinen Dienst nicht an. Hannover drängte, eine letzte Frist war ihm bis Pfingsten, das war der 24. Mai, gesetzt, aber er rührte sich nicht. Von seiner Not hat er wohl niemandem erzählt, schon gar nicht seinen englischen Kollegen. An Heinrich Oldenburg schrieb er am 12. Mai, ohne viel von seinen eigenen Arbeiten anzudeuten, er habe bei dem durchreisenden dänischen Mathematiker Mohr schöne Reihen gesehen, die ihm in London übergeben worden seien, und er frage an, wie wohl deren Beweise aussähen. Der Brief wurde auf einer Sitzung der Royal Society verlesen. Es war sein Pech, dass es genau die Reihen gewesen waren, die man auch ihm schon ein Jahr zuvor geschickt hatte und auf die er nicht eingegangen war. Nun musste jedem klar sein, dass

er sie nicht verstanden hatte, da er sie nicht einmal wiedererkennen konnte. Kurzum, die Verdachtsmomente verstärkten sich, hier
horche jemand andere aus, ohne selbst etwas bieten zu können.
Doch der Sekretär Oldenburg entschied, dass sein Korrespondent
in Paris eine Antwort bekommen sollte und mehr als das. Er forderte John Collins auf, für Leibniz alles Wichtige zusammenzustellen, und er bat sogar Isaac Newton in Cambridge, an Leibniz zu
schreiben.

Was war in Oldenburg gefahren, warum wollten die Engländer
nun mehr denn je preisgeben? Der Grund war vor allem, dass mit
Tschirnhaus besagter Streit darüber entbrannt war, ob die Mathematik noch immer von Descartes abhängig sei. Deshalb ging der
Bericht auch zugleich an Tschirnhaus. Oldenburg wollte zeigen,
dass die Engländer weit über die Ergebnisse von Descartes hinaus-
gekommen waren.

Hilfssekretär John Collins, der einzige Vertraute des schwierigen
James Gregory und im Besitz fast aller seiner Papiere, hatte noch
ein eigenes Motiv, er wollte die wichtigsten Ergebnisse seines
schottischen Freundes festhalten und ihm so die Ehre seiner Erfindungen sichern. Auch über Newton war in Collins' Bericht nur zu
lesen, was er jetzt erreicht hatte, ohne Erklärung. Doch hatte Newton selbst einen Brief für die Pariser verfasst, der beigelegt werden
sollte. Darin gibt er zu erkennen, dass er einiges von dem angesehen hatte, was bislang von Leibniz bei der Royal Society eingetroffen war. Als Newton den Brief schrieb, mag er von Leibniz
gemeint haben, er habe viel versprochen und wenig gehalten.
Misstrauen schwang mit, aber auch die Anerkennung, dass der
Deutsche nicht ungeschickt war; wer so kluge Worte über das
Wesen der neuen Wissenschaft zu sagen wusste, dem blieb wohl
zuzutrauen, dass er auf anderem Wege zu Gleichwertigem vorgedrungen war. Deshalb mag Newton sich entschlossen haben, diesen Brief zu schreiben. Doch hat er darin nur mitgeteilt, was
irgendwie schon bekannt war. Und wenn er Erfolge andeutete, so
behandelte er seinen schottischen Konkurrenten James Gregory
schlecht, dessen Leistungen er gern verschwieg. Woran man
erkennt, dass er nicht nur Leibniz gegenüber auf eine Alleinstellung
erpicht war.

Newtons Brief – dessen Stationen und Daten noch wichtig
werden, wenn es dreissig Jahre später zum Streit der Engländer mit
Leibniz kommt – traf am 23. Juni 1676 bei Oldenburg ein, wurde

abgeschrieben und in der (leicht fehlerhaften) Abschrift erst über einen Monat später, am 5. August, an Leibniz abgesandt. Oldenburg legte einen Gruss auch an Tschirnhaus bei und bat um baldige Antwort.

Fast drei Wochen danach, am 24. August, kommt Gottfried Wilhelm Leibniz zu seinem deutschen Apotheker in Paris, um sich eine Arznei anfertigen zu lassen. Bei dieser Gelegenheit erinnert sich der freundliche Mann, dass da vor mehr als zwei Wochen etwas für den Herrn Doktor abgegeben worden sei, und holt den dicken Umschlag, der aus London stammt, hervor. Leibniz sieht das Siegel der Royal Society, erbricht es und erkennt, dass das Begleitschreiben vom 5. August 1676 stammt, der Brief also fast drei Wochen alt ist. Verwirrt fragt er den Apotheker, von wem er das Konvolut habe. Der entsinnt sich, ein gemeinsamer Landsmann, der Breslauer Mathematiker König, habe den Brief in London erhalten und hier in der Apotheke abgegeben, weil er bei Leibniz zu Hause niemanden angetroffen habe. Man kann sich denken, dass der Apotheker, als er Leibniz erbleichen sah, vorbrachte, er habe nicht ahnen können, dass der Brief so eilig gewesen sei.

Leibniz läuft nach Hause und überfliegt den Inhalt. Sogar ein Brief des grossen Newton an ihn selbst – wenngleich über Mittelsleute und nur in Abschrift. Aber Leibniz weiss auch sofort, was das Schreiben bedeutet. Hier werden Andeutungen gemacht über Sachen, die er auch schon gefunden hat. Das ist ja sein Calculus! Schlimm, dass er den Engländern seinen Fund noch nicht mitgeteilt hat. Doch was das Schlimmste ist, seine einzige Rettung hätte darin bestanden, auf diesen Brief postwendend zu antworten und damit zu beweisen, dass er ebenfalls schon so weit ist. Aber postwendend, das geht bei dieser Sendung, die so lange gelegen hat, nicht mehr. Niemand wird ihm glauben, dass er, wenn er jetzt antwortet, nicht wochenlang über den erhaltenen Andeutungen gebrütet und sie benutzt hat, um sich fortzubilden und dann laut auszurufen, so weit sei er auch schon!

Um den Verdacht noch abzuschütteln, antwortet er, ohne die Londoner Ausführungen richtig gelesen zu haben, am selben Tag aus dem Stegreif und schreibt, er wolle seinen Brief der Post am übernächsten Tag, Mittwoch, den 26. August 1676, nach London mitgeben. Dann ist er jedoch mit dieser ersten Ausführung nicht zufrieden, es ergibt sich eine neue Kladde, die noch weiter anwächst. Auch sollte Tschirnhaus die Sache noch sehen. So verzögert sich alles, erst am dritten Tag nach dem Empfang kann Leibniz den Brief zur Post bringen. Die Bemerkung aus dem ersten Entwurf, er habe den Brief aus London „gestern erhalten", blieb jedoch stehen, eine kleine Mogelei, die man dem Verzweifelten nachsehen wird, zumal sie recht ungeschickt ist. Der Empfänger musste es merken: So schnell, an einem Tag, hätte niemand antworten und die umfangreiche, wenn auch bewusst knappe Darstellung der eigenen Ergebnisse verfassen können. Jahrzehnte später werden die Engländer um Newton behaupten, der Deutsche habe sogar mehr als sechs Wochen Zeit gehabt, sich vom Dargebotenen überhaupt erst zu Eigenem anregen zu lassen.

Leibniz hatte also geantwortet, flüchtig, aber auch ehrerbietig. Newtons angedeutete Lösung wird von ihm höflich gerühmt: Das sei des Autors der Farbenlehre und des Erfinders des Spiegelteleskops durchaus würdig! Erstaunlich sei nur, wie verschieden sein eigener Weg und der Newtonsche doch seien. John Collins war recht angetan von Leibniz, wohl zum ersten Mal. Newton wollte nur Auszüge aus den Briefen sehen, also Stellen, die ihn selbst beträfen. Den Konkurrenten Leibniz empfand er danach wohl als einen geschickten Autor, der immerhin mit seiner Integral-Transformation einen interessanten Gedanken beigesteuert, aber im wesentlichen nichts Neues vorgebracht habe.

Die zweite Reise nach London   Jetzt muss Leibniz unbedingt nach Hannover aufbrechen, will jedoch vorher – auf dem Weg dorthin – noch nach London. Am 26. Juli (1676) hatte ihn Oldenburg auf lateinisch gemahnt: „Erlaubt, dass ich Euch an Euer Versprechen erinnere, wodurch Ihr Euch der Royal Society verpflichtet habt, Eure arithmetische Maschine zu schicken. Ich wünschte wahrhaftig, Ihr möchtet als Deutscher und besagter Gesellschaft Mitglied Euer gegebenes Wort einlösen und mich von diesem Kummer, der mich im Namen meiner Kollegen nicht wenig bedrückt, je eher desto lieber befreien." Das war hart und hatte die Reise nach London noch dringender gemacht als die nach Hannover. An einem Sonntagmorgen, es ist der 4. Oktober, bricht er auf und fährt mit der Postkutsche Richtung Calais, wo er nach knapp einer Woche ankommt. Dort habe er, teilt er später mit, fünf Tage warten müssen, „bis das Paquetbot", das durch Sturm und Gegenwind gehindert war, habe „fortgehen können". Man landete in Dover, wo Leibniz übernachtete, bevor es mit der Kutsche weiterging. Am 18.

Oktober kam er in London an. Die Royal Society hatte noch Sommerferien, nur John Collins und Oldenburg standen zur Verfügung. Endlich kann Leibniz seine Rechenmaschine vorführen, die Oldenburg sehr eindrucksvoll fand. Er hatte dem Landsmann etwas abzubitten.

Der Gast ist hingegen weit mehr erfüllt von einer anderen Sache, seinem Projekt einer ‚Characteristica universalis'. Eine neue Sprache soll das, wie berichtet, werden, in der alle Begriffe durch Symbole oder Zeichen (französisch: caractères) vertreten sind. Sie stehen in so genau definierter Beziehung zueinander, dass jeder bisher in einer Sprache geschriebene ‚Satz' zur mathematischen ‚Formel' wird. Statt zu denken, braucht man dann nur noch zu rechnen. Das schönste sei, meint Leibniz: Alle Ergebnisse werden eindeutig sein, es wird keinen Streit mehr geben. Der Gast ist so begeistert, dass er kaum versteht, warum Heinrich Oldenburg noch zögert zuzustimmen. Das Unverständnis könne, meint er, nur daran liegen, dass die anderen eben seine neue Mathematik noch nicht kennen. Da funktioniert es ja bereits! Der Calculus bietet schon eine unfehlbare Regel, die das, was dem Denken fast unmöglich ist, zum automatischen Ablauf macht. Auch da stehen Charactere, also Zeichen, für ganze Begriffe oder Anweisungen, etwa ‚dx'. Diese noch geheime Methode, mit Zeichen zu arbeiten, muss er nur noch auf das Denken ausdehnen. In der neuen Sprache wird dann kein Mensch mehr etwas missverstehen können, denn der Formalismus denkt für ihn.

Als Gegengabe für das, was Leibniz an eigenen Studien überreicht hatte, zeigte John Collins ihm nicht nur Arbeiten von Gregory, sondern sogar einige Papiere von Newton, ohne dass freilich eine eindeutige Erlaubnis dazu vorlag. Leibniz machte sich eifrig Notizen. Eigentlich hätte er wissen müssen, dass er sich damit jedem Verdacht aussetzte, handelte es sich doch um Manuskripte, die John Collins zu treuen Händen übergeben worden waren. Dass der Hilfssekretär sich bereit gefunden hatte, Einsicht zu gewähren, konnte an sich schon als ein schwerer Vertrauensbruch angesehen werden. Es gibt aber für die beiden, die hier – vielleicht von gegenseitiger Sympathie getragen – zu weit gingen, auch eine Entschuldigung. Collins hatte gewiss vor, die Manuskripte drucken zu lassen, er wollte Leibniz als Leser also nur einen kleinen Vorsprung gewähren. Und Leibniz hat sich kaum etwas aus dem Gebiet notiert, das er Calculus nannte, und auf dem ihm später Plagiat vorgeworfen wurde. Wahrscheinlich wollte er nur – wie ein Historiker der Wissenschaft – erkennen, auf welchen Wegen die Mathematik fortschreitet.

Als er abreiste, war Leibniz glücklich. Jetzt hatte er einen lebendigen Eindruck von den neuesten mathematischen Studien der Engländer und konnte hoffen, dass von ihren Arbeiten nichts an seinen Calculus heranreichte. Nur eins hat Leibniz bedauern müssen: dass er Newton nicht hatte begegnen können. Der hat übrigens an John Collins noch offen seinen Eindruck vom Inhalt des Leibnizschen Briefes mitgeteilt. Er fand nur zwei Dinge annehmbar und hatte nichts gefunden, was er selbst nicht ebenso gut oder besser konnte. In seiner Antwort vermied es Collins natürlich peinlich zu erwähnen, dass er dem Besucher, der angeregten Stimmung erliegend, einige Papiere von Isaac Newton und James Gregory gezeigt hatte.

Trotz seines Verdachts gegen Leibniz, er wolle ihn aushorchen, hat Newton noch einmal geantwortet. Als er den Brief schrieb, hielt sich Leibniz noch in London auf, wohl ohne dass es Newton in Cambridge wusste. An dem Tag, an dem er den Brief abschloss, am 3. November, war Leibniz gerade wieder abgereist, und die Post erreichte ihn erst ein halbes Jahr später, Ende Juni 1677 in Hannover. Der grosse Engländer geht auf die Reihe ein, die Pi definiert, und gibt eine eigene Umformung, als wollte er damit sagen, so etwas erfinde er leicht. Methoden, so fährt er fort, pflege er nach ihrem Nutzen zu beurteilen, und da sei seine eigene Formel für Pi entschieden vorzuziehen, denn mit der Leibnizschen Reihe müsse man, um Pi auf 20 Stellen zu bestimmen, volle fünf Milliarden Glieder addieren. Man darf aber einwenden, dass die elegante Leibniz-Reihe auch nicht zu einer Umrechnung in Dezimalstellen dienen sollte.

Isaac Newton war in dieser Zeit schon zu einem empfindlichen und vereinsamten Menschen geworden, im Alter nahmen Bitterkeit und quälende Ängste noch zu. Jetzt, für einen Moment milde gestimmt, hatte er den ersten Entwurf seines Briefes noch mit einiger Anerkennung für Leibniz begonnen, die er später wegliess. Beim Schreiben verdüsterte sich seine Stimmung, die Worte klingen gereizt und abweisend. Der Brief endet grusslos, eine Fortsetzung der Korrespondenz war ihm also nicht erwünscht. Als Leibniz diesen Brief las, merkte er, dass Newton damit beabsichtigte, sich die Priorität der Infinitesimalrechnung (von Leibniz Calculus, von Newton ‚Fluxionsrechnung' genannt) zu sichern. Da Leibniz die verschlüsselten Andeutungen, die unverständlich hatten sein sollen, sofort verstand, konnte er postwendend antworten und legte – nun endlich – in aller Offenheit seine eigene Methode dar. Jetzt musste Newton merken, dass ihm in Leibniz ein ebenbürtiger Rivale erwachsen war. Nur hatte er inzwischen herausbekommen, was Collins seinem Besucher in London alles gezeigt hatte. Dass Leibniz diese Dinge nicht erwähnt hatte, erweckte vielleicht das alte Misstrauen, jedenfalls beantwortete Newton das Schreiben nicht mehr. Aber damit haben wir weit vorgegriffen.

In London bestieg Leibniz am 30. Oktober (1676) ein Fracht-schiff und fuhr die Themse hinunter. Das Warten auf die Ladung in Gravesend und heftige Stürme vor der Mündung hielten das Schiff fest. Erst war er ungeduldig „wegen verdrießlichen Zeit verlusts", dann sagte er sich aber, besser „im strohm liegen als in der see her-umb schweben", und versuchte zu schreiben, trotz „schlechter gelegenheit auffm schiff". Er dachte sich eine Abhandlung im Stil eines platonischen Dialogs aus, ‚Pacidius Philatethi' genannt. Darin wird das alte philosophische Problem erörtert, was Bewegung ist. Wie Bewegung sich mathematisch darstellen lässt, hatte er ja gerade entwickelt.

Der weise Held in diesem Gespräch, sozusagen der Sokrates, heisst Pacidius (‚Friedensstifter'), und in ihm beschreibt sich zwei-fellos Leibniz selbst. Denken könnte man ihn sich bei geselligen Zusammenkünften gelehrter Männer in Paris. Doch Pacidius hat, anders als das Vorbild Sokrates, eine derart überlegene Rolle, dass man kaum glauben kann, Leibniz habe sie in solchen Zirkeln wirk-lich gespielt, viel eher, dass er sie gerne hat spielen wollen. Er lässt sich jedenfalls mit hochgegriffenen Worten anerkennen und be-wundern, auch gegen Ende, als man in lauter Ausweglosigkeiten geraten war und durch ihn zu einer allseits überzeugenden Lösung geführt wird. Selbst im Triumph wahrt Pacidius/Leibniz edle Bescheidenheit und gesteht, auch er sei bei vielen Fragen noch nicht über Einfälle hinaus.

Einer der Anwesenden droht ihm nun, er werde mit Gewalt an sein Schubfach gehen, wenn er seine Gedanken nicht jetzt gleich preisgebe. Er antwortet: „Ihr würdet dort, wie man zu sagen pflegt, statt eines Schatzes nur Kohlen finden; statt ausgearbeiteter Werke zerstreute Notizen und flüchtig aufgeschriebene Bruchstücke plötzlicher Gedanken, die manchmal nur zur Erinnerung aufgeho-

ben wurden. Wenn ihr also etwas von mir erwartet, was eurer würdig ist, so wird der Zeitpunkt schon von niemandem als von mir
selbst zu bestimmen sein." Wer wird da nicht Leibniz wiedererkennen, den Freund der Notizzettel und den Mann, der überzeugt
war, er habe der Welt noch viel zu sagen?

Endlich konnte die Schiffsreise beginnen, die am 12. November
(1676) in Rotterdam endete.

3 Berufen zum Berater

Zwei Genies aus der Nähe   Ein vornehmer Herr im besten Alter –
mit wallender dunkler Perücke, auch sonst nach neuer französischer Mode gekleidet, in langer, gestickter Jacke, dazu Kniebund-
hosen und weisse Seidenstrümpfe – näherte sich im November des
Jahres 1676 dem Rathaus der holländischen Stadt Delft und fragte
nach dem Angestellten der Stadt, dem ‚Büttel‘ Mijnheer Antonie
van Leeuwenhoek. Der Fremde wurde weitergeschickt, Herr
Antonius sei zu Hause und arbeite. Die ganze Welt wisse doch, dass
dieser Mann an seinen Mikroskopen sitze.

Endlich stand Leibniz vor dem Wohnhaus des Forschers und
liess ausrichten, er sei Mitglied der Königlichen Gesellschaft zu
London. So können wir uns diese Szene denken, denn Näheres
weiss man nicht über diese Begegnung mit dem Niederländer van
Leeuwenhoek, damals schon 44 Jahre alt, der seit fünf Jahren
Mikroskope baute wie kein anderer. Man schickte also nach dem
Hausherrn, und der vielbestaunte Forscher, ein vorsichtiger Mann,
stellte erst schwer verständliche Fragen und liess den Besucher
dann doch eintreten. „Ich spreche nur holländisch", sagte Antonie
van Leeuwenhoek entschuldigend und führte Leibniz in die Werkstatt, wo, sorgfältig in Kästen verschlossen, die Mikroskope standen.
„Ihr also seid Monsieur Leibniz? Ich habe aus Amsterdam, von
Bürgermeister Hudde, über Euch gehört." Der Besucher sah
bewundernd auf diesen begnadeten ‚Mechanicus‘ , der das Mikroskop so verfeinert hatte, dass man mit ihm, wie er bereits in Paris
durch Tschirnhaus erfahren hatte, das Wachsen der Pflanzen beobachten konnte. „Einen Blick lasse ich Sie werfen", knurrte er, „aber
ich möchte nicht, dass man mich ausspioniert." Leibniz blinzelte
durchs Rohr. „Halt! Ihr werdet Geduld brauchen, das Auge muss
sich erst daran gewöhnen ..."

Er rückte ein Gerät besser ins Licht der Abendsonne und liess
den Gast hindurchblicken. Dem Auge bot sich nie Gesehenes: Einmal war der Stachel einer Biene riesengross zu sehen, das andere
Mal die schuppige Oberfläche eines Schmetterlingsflügels. Der
Besucher staunte. „Das wahre Leben", meinte der Erfinder dieser

Kunstwerke, „seht Ihr aber nur mit meinen besten Apparaten, die
ich sonst niemandem zeige. Vor zwei Jahren habe ich entdeckt, dass
Blut aus kleinsten Lebewesen besteht. Wusstet Ihr das? Hier! Das
Innere eines Regentropfens, ich lasse Euch gleich hindurchsehen."
Der Besucher, der in der Zeitschrift der Royal Society einige
Berichte darüber gesehen hatte, musste sich gedulden. „Das Leben
besteht", sagte er feierlich, „je mehr man eindringt, aus immer
neuem Leben, habt Ihr nach London geschrieben. Ist das wirklich
lebendig, was da zu sehen ist?" – „Das Grosse besteht aus dem
wimmelnden Kleinen, das zeigt mir jeder Wassertropfen. Oder
Blutstropfen! Eine neue Welt von kleinsten Lebewesen. Denn alles,
was sich bewegt, muss auch lebendig sein ..." Leibniz fühlte sich
durch die Worte bestätigt. Schon in Mainz hatte er von diesen
neuen Welten gehört und sich gesagt, es müsse einen Mikrokosmos
geben, ja, er hatte diese Idee vom winzig Kleinen zur Grundlage
seiner Deutung der Welt gemacht. Der bedächtige Holländer, der
endlich mit der Drehung des Messingzylinders und mit dem Licht-
einfall zufrieden schien, liess seinen Besucher durch die Linsen
blicken. Leibniz schwieg. Er sah ein Dickicht mit Edelsteinen,
einen Zauberwald. Dann blickte er auf und sagte: „Alle Bewegung
kann nur von Lebendigem kommen – so habt Ihr es gesagt. Ja, was
wir hier sehen, muss lebendig sein, weil es sich bewegt." Später
wird Leibniz die Frage, woraus die Dinge bestehen, so beantworten: „Jeder Materieabschnitt kann als ein Garten voll von Pflanzen
verstanden werden; und als ein Teich voll von Fischen."
　　Aufgewühlt und doch bestärkt in der Überzeugung, dass es nur
– bis ins Kleinste – selbständige Einzelwesen, also Individuen gebe,
fuhr er von Delft nach Den Haag, um den umstrittensten Denker
seiner Zeit, Baruch Spinoza, aufzusuchen. Der war jetzt bereit, ihn
zu empfangen, das hatte Georg Hermann Schuller, der Agent des
Denkers, den Leibniz in Amsterdam gesprochen hatte, inzwischen
erfahren. Vorbereitet auf den Denker war der Besucher Leibniz
kaum, er wusste jedoch das Entscheidende und es faszinierte ihn:
Für Spinoza war alles, was es überhaupt im Kosmos gibt, letztlich
ein Einziges, gleichsam Gott-Natur-Mensch-Seele, alles eine einzige Substanz, allerdings mit unterschiedlichen Eigenschaften. Und
auch das wusste Leibniz: Zumindest in diesem Punkt konnte der
Gegensatz zwischen seiner eigenen Auffassung und der Spinozas
kaum krasser sein. Für ihn gab es, und das hatte ihm das Mikroskop
bestätigt, nur Individuen.

Man führte ihn in das ruhigste Quartier der Stadt, neben das ‚Heilig Geest Hofje' mit den Häusern der alten Frauen. Von da ging er schräg hinüber in die Paviljoensgracht zum Haus eines Malers van der Spyk und bediente den Türklopfer. Eine Mutter, die kleinen Kinder an den Rockzipfeln, machte auf. Er fragte mit grösster Höflichkeit, ob er den berühmten Herrn Spinoza sprechen könne und nannte seinen Namen. Er sei angemeldet. Sie bat ihn hinein in die Diele und ging die Treppe hinauf in die kleine Wohnung ihres Mieters, des Glasschleifers Baruch, nach dem wohl Fremde gelegentlich neugierig oder verehrungsvoll fragten, während er für viele Einheimische eher ein berüchtigter Mann war. Aber sanft war er und der Familie des Malers längst zum Freund geworden.

Leibniz wartet, ist gespannt auf diesen Zauberer, Revolutionär und Gottseibeiuns der gelehrten Welt. Vor ziemlich genau einem Jahr, am 18. November 1675, hatte Spinoza geschrieben: „Zuvor möchte ich wissen, was er in Frankreich treibt ..." Tschirnhaus sollte ihm nochmal berichten. Das war nicht geschehen, doch lag das Plazet ja inzwischen vor. Frau van der Spyk kam die Treppe hinunter und richtete aus, Mijnheer Baruch sei bereit, und Leibniz möge sich doch nach oben bequemen. Der Denker stand dort an der Tür seines vorderen Zimmers. Er trug die etwas abgeschabte Arbeitskleidung eines Handwerkers, sein Teint hatte wenig vom Dunkel der portugiesischen Juden, sondern war fahl, er sah krank aus. Die Augen waren übergross, ruhig und eindrucksvoll, seine Brauen kräftig und schön geschwungen, die Stirn hoch. Leibniz verneigte sich, durchaus innerlich bewegt, überbrachte Grüsse von Tschirnhaus und Schuller und wurde hereingebeten. Sie sprachen lateinisch miteinander.

Spinoza rückte einen Stuhl heran, man setzte sich. Der Gastgeber betrachtete diskret den Gast mit seinen seidenen Strümpfen, silbernen Schnallen auf den Schuhen, der schwarzen Perücke und dem prächtigen Rock, der in Paris gerade Mode geworden war. Und das, dachte er, ist nur das Reisehabit! Was Leibniz sah, war ärmlicher Hausrat, ein Bücherregal aus Fichtenholz stand da, ein kleiner Schreibtisch, an dem die umstürzenden Werke entstanden sein mussten. Es roch nach Glasstaub wie bei van Leeuwenhoek. Im Nebenzimmer musste man wohl die Maschine dieses Linsenschleifers vermuten. Doch so verschieden waren beider Lebensumstände auch wieder nicht. Spinoza war kein blosser Rebell, der lieber mit seinen Händen Geld verdiente, als abhängig zu sein; er bezog durchaus Zuwendungen, unter anderem eine Pension von 200 Gulden, die ihm einst der jüngst ermordete Politiker Jan de Witt ausgesetzt hatte und die von dessen Familie weiterhin ausbezahlt wurde. Leibniz wiederum fühlte sich nicht so sehr als Höfling, wie seine Kleidung vermuten liess.

„Sie hatten gewiss Grund, mir zu misstrauen", mag Leibniz nach den ersten Komplimenten gesagt haben, und Spinoza machte dann wohl keine Anstalten, das zu leugnen oder sich zu rechtfertigen. Leibniz kannte den Verdacht, ein Franzosenfreund zu sein, aber der liess sich ausräumen. Spinoza kam auch noch auf einen anderen verdächtigen Umstand, nämlich auf den Tod seines verehrten Lehrers Frans van den Ende, zu sprechen. Merkwürdig, Leibniz war ihm, dem geflüchteten Holländer, in Paris beim grossen Arnauld begegnet. Kurz darauf wurde van den Ende durch die Franzosen verhaftet und als holländischer Patriot hingerichtet. Ein neuer Verdacht. Leibniz bestätigte, dass er van den Ende gekannt und ihn sogar in seinem Haus besucht hatte. Immer noch tief erschüttert, sagte er, es hätten ihn wenige Nachrichten so entsetzt wie die von seiner Hinrichtung als angeblicher holländischer Geheimagent und Hochverräter. Spinoza fasste allmählich Vertrauen zu seinem Gast.

Bald muss Spinoza über das gesprochen haben, was in den bürgerkriegsähnlichen Unruhen, die in den Niederlanden zu Beginn des französischen Angriffs ausgebrochen waren, mit seinem Gönner, dem untadligen Anführer der republikanischen Partei, Jan de Witt, geschehen war. Diesem Politiker hatte man vorgeworfen, den Kampf gegen die eindringenden Franzosen nicht energisch genug zu führen. Der übelste Teil seiner Gegner, monarchistischer Pöbel, hatte erst seinen Bruder als angeblichen Vaterlandsverräter totgeschlagen, dann auch ihn gelyncht. Das war nun über vier Jahre her. Baruch Spinoza hatte beiden Brüdern politisch nahegestanden und war über die Schandtat so erregt, dass er noch am selben Tag ein Schild gemalt hatte, auf dem die Mörder als „die niedrigsten Barbaren" bezeichnet waren. Nur sein Freund und Vermieter, der Maler van der Spyk, konnte ihn davon zurückhalten, zum Tatort zu eilen und das Plakat auszustellen. Man hätte wohl auch ihn totgeprügelt.

Was mag in Leibniz, als er das hörte, vorgegangen sein? Hier begegnete er einem mutigen Mann, der nie eine äusserliche

Sicherheit gesucht, aber seine innere Gewissheit gefunden hatte. Er sah in ein Gesicht, das Leidenschaft und zugleich Gelassenheit zeigte, und mag den Unterschied gespürt haben. Er selbst strebte schon lange nach einer guten Position, suchte Einfluss und vor allem die Zustimmung der anderen, ja er sehnte sich nach Harmonie. Spinoza schien ein Mann, der einsam sein konnte, der es ertrug, ausgestossen zu sein, sogar verfolgt zu werden. Und der mit rasendem Eifer aufbegehren konnte. Mit einem Wort, dieser Spinoza war ganz anders und ihm fremd, vollkommen fremd. Um so lebhafter waren die Diskussionen.

Im ganzen ist Leibniz wohl vier oder fünf Tage in Den Haag geblieben und hat den Philosophen, von ihm dazu freundlich ermuntert, mehrfach aufgesucht. Einmal muss der Gast dabei zu Papier und Tinte gegriffen und ein Argument spontan aufgeschrieben haben. Es ging um einen der altbekannten Gottesbeweise (von Leibniz gegenüber der Tradition nur leicht variiert). Leibniz wollte zeigen, dass ein ‚vollkommenstes Wesen' existiere, weil der Begriff eines solchen Wesens notwendig auch seine Existenz enthält. Die kleine Szene hat Leibniz sich später notiert. Zunächst habe er diesen Gedanken mündlich vorgebracht. Als Spinoza „dagegen Einspruch erhob, habe ich die Beweisführung zu Papier gebracht und ihm den Zettel vorgelesen". Man glaubt das vor sich zu sehen, wie Leibniz, kaum war er fertig, das beschriebene Blatt an die kurzsichtigen Augen hält, um es dem freundlichen Weisen, der daneben steht und nickt, vorzulesen. So mag es gewesen sein, doch sicher weiss man nur, dass sich Leibniz, offenbar sehr befriedigt, später notiert hat, Spinoza habe den Beweis schliesslich „für überzeugend" gehalten.

War der Gastgeber wirklich überzeugt? Das kann man kaum glauben, es sei denn, dass dieser kluge Mensch nachsichtig zugestimmt hat mit dem Vorbehalt, dass man – unter den Voraussetzungen, die der junge Mathematiker machte – zweifellos zu solch einem Schluss kommen müsse. Gerade in der Gottesfrage konnte es eigentlich keine Verständigung geben. Der Gott Spinozas war die mechanisch funktionierende Natur. Leibniz hingegen konnte sich keinen Gott denken, der nicht Verstand und einen gerechten Willen hat. Doch mag der junge Philosoph sich damals so überschätzt haben, dass ihm in seinem Eifer verborgen blieb, wie wenig der Ältere ihm folgen mochte. Schon eher denkbar ist es, dass Leibniz die Zustimmung seines Gastgebers fand, als er die Auffassung von Descartes darüber, was eine Bewegung ist, kritisierte. Das mag dem Denker Spinoza, der als Mathematiker bis dahin ein Descartes-Schüler geblieben war, nun doch plötzlich eingeleuchtet haben.

Irgendwann hat Spinoza wohl auch den Herzenswunsch des Angereisten erfüllt und eine Schublade geöffnet, in der er das Manuskript seiner ‚Ethik' verwahrte. Er wird es dem Besucher, den er nun als seinen Gast empfand, entweder zum Lesen gegeben haben, während er selbst vielleicht an einer Linse weiterarbeitete, oder er hat Leibniz daraus vorgelesen. Dass der Zuhörer gespannt jedes Wort aufnahm und sogleich verstand, dass er tief von der ungeheuren, geradezu automatischen Folgerichtigkeit der Konzeption beeindruckt war, darf man vermuten. Ebenso ist jedoch sicher, dass ihm dieses aus einem Punkt konstruierte System, in dem jedes Paradox in Kauf genommen wird, geradezu unheimlich gewesen sein muss. Diese Gedanken liefen wirklich (wie die darin beschriebene Natur auch) mechanisch ab, unerbittlich, ohne Rücksicht auf die Folgen. Er selbst aber, insofern doch ein geborener Ratgeber am Fürstenhofe, sah lieber alles nach guten Zwecken geordnet und vermied persönlich jede Einseitigkeit.

Als sich beide getrennt hatten, war Leibniz mehr als je beeindruckt von den Gedanken seines Gastgebers. Doch der Abschied war endgültig, Spinoza starb schon vier Monate später an seiner schweren inneren Auszehrung. Aber auch in einem anderen Sinn war der Abschied endgültig. Leibniz hat alsbald diese Begegnung mit dem oft verdächtigten Mann, die ihn hätte kompromittieren können, als bedeutungslos heruntergespielt. Er hat sich von ihm, wie fast alle seine Zeitgenossen auch, gründlich distanziert, bis zur Verleugnung. Das geschah sicher, weil man, kaum stand man im Verdacht, ein ‚Spinozist' zu sein, als ‚Atheist' verschrien und aus der Gemeinschaft der Philosophen ausgeschlossen wurde. Isoliert zu sein aber, das wäre das letzte gewesen, was Leibniz sich hätte antun wollen.

Beide standen allerdings (je auf ihre Weise) gegen Descartes, bei dem, vereinfacht gesagt, die Welt aus zweierlei bestand, der Materie und dem Geist. Gelernt hat Leibniz vielleicht erst in diesen Gesprächen mit Spinoza, dass alles, was es überhaupt gibt, tatsächlich nur „das Eine" sein kann. Das ganze Universum ist letztlich ein einziges Individuum, das als Ganzes unverändert bleibt, dessen Teil-Individuen aber mannigfach wechseln und sich neu zusammensetzen. Für Spinoza war das einzige, was es gibt, wie erwähnt, diese merkwürdige Verbindung und Gleichsetzung ‚Gott/Natur'. Leibniz wählte später als seine Einheit den Begriff der Monade. Alles ist Monade, auch Gott ist eine Monade, wenn auch eine besondere. In diesem Begriff hat Leibniz auf seine Weise die Einheit zu benennen versucht und damit die Vorgabe von Spinoza erfüllt. Zugleich rettete er damit seine eigene Idee, alles bestehe aus Individualitäten und nichts gleiche dem anderen. Denn es gibt unendlich viele Monaden.

Fragen muss man sich allerdings, ob der junge Leibniz überhaupt etwas von anderen lernen konnte oder wollte – er, der stolz war, ein Autodidakt zu sein. Eher kam es ihm darauf an, den grossen Gelehrten seiner Zeit die eigenen Einsichten vorzutragen. Er wollte sie damit überraschen und erwartete, sie würden staunen, wären sie nur bereit, ihn anzuhören. In diesem Sinn glaubte er ja sogar, Spinoza mit einem Gottesbeweis, der so gar nicht zu dessen Auffassungen passte, überzeugt zu haben. Er sah sich eben als ein Ebenbürtiger, und deshalb näherte er sich seit seiner Jugend gern bedeutenden Geistern. So hat er selbst, indem er von sich Grosses erwartete, auch Grosses geleistet.

Nun kehrte er nach Amsterdam zurück. Dabei reiste er auf Binnenschiffen, wie er berichtete, „um der Nacht mich zu bedienen und Zeit zu gewinnen", doch bekam ihm die nasskalte Luft und die Kost nicht, so dass er sich in Amsterdam „ganz ohne appetit und nicht ohne einige hize und mattigkeit befunden, habe mich darauff vor etliche tage eingesperret, warm gehalten, und durch diaet wieder fast zu recht gebracht".

Die Ankunft   In den letzten Novembertagen (1676) bestieg er den Postwagen, um jener Stadt zuzustreben, die er sich nicht ausgesucht hatte. Es ist kalt, keine angenehme Zeit zum Reisen. Auch die Mitfahrenden frösteln, man schweigt. Durchgeschüttelt rekapituliert er seine Beziehung zu Johann Friedrich, dem Fürsten, dem er sich per Vertrag ausgeliefert hat, und macht sich Sorgen. Der Herr hatte unverhohlen um ihn geworben. Im Dezember 1669, also vor sieben Jahren, hatte er die erste herzogliche Aufforderung, nach Hannover zu kommen, abgelehnt. Später verfasste er für den frommen Konvertiten Johann Friedrich sogar eigens eine Abhandlung über Unsterblichkeit und Auferstehung. Geantwortet hatte der Herzog nicht, er zeigte sich aber mit einem Geschenk von 50 Talern erkenntlich. Man hat sich nie ganz aus den Augen verloren.

Hannover hatte am Ende gedrängt. Die Umstände, die ihn erwarteten, sollten ihm liegen: vertrauter Umgang mit hohen Herren, das Ohr des Herrschenden, galante und gelehrte Konversation. Er versuchte sich darauf zu freuen.

Doch Leibniz wusste auch, wie ungemütlich dieser Welfe war. Sein Vater hatte vier Söhne gehabt, Johann Friedrich sollte nichts erben. Die zwei älteren hatten Celle und Hannover bekommen, der Jüngste erhielt immerhin noch das unsichere Bistum Osnabrück, das im Westfälischen Frieden ein merkwürdiges Statut bekommen hatte, es wurde nämlich fortan im Wechsel – jeweils auf Lebenszeit – von einem katholischen Bischof und von einem Welfenprinzen regiert. Johann Friedrich, Leibnizens neuer Herr, schmollte damals als der einzige Bruder, der leer ausgegangen war. Er war früh geneckt worden, weil er so unförmig war. Selbst seine Mutter hatte gemeint: „Abscheulich dick, darbey viell kortzer als die anderen." Der tief Gekränkte hatte doppelt abseits gestanden, seit er mit 26 Jahren, aus Liebe zu Italien und zum altgläubigen Gottesdienst, katholisch geworden war. Auch war er unverheiratet und galt schon deshalb als nicht etabliert. Doch wusste er sich für all die Schmach zu rächen. Vor nun elf Jahren war der älteste der vier Brüder, der in Celle regiert hatte, gestorben. Auf diesen Fall hatte sich Johann Friedrich heimlich vorbereitet. Obwohl schon wieder nicht erbberechtigt, hatte er (schon zu Lebzeiten des Bruders) die hohen Beamten dort im stillen für sich gewonnen und beim Tod des Herzogs mit einem Staatsstreich in Celle die Macht übernommen. Ein Krieg mit seinem hannoverschen Bruder konnte gerade noch abgewendet werden. Man einigte sich. Johann Friedrich durfte zwar herrschen, aber nicht in Celle, sondern musste sich mit dem weniger wertvollen Hannover zufrieden geben. Der hannoversche Bruder, er hiess Georg Wilhelm, zog in den doppelt so grossen Landesteil Celle.

Kein ganz offener Charakter, Leibnizens künftiger Herr. Er hatte sich vor acht Jahren (1668) mit Frankreich, dem Hauptfeind des Kaisers, verbündet und bezog von dort enorme Geldmittel, sogenannte Subsidien, die manchem Deutschen als Lohn für Landesverrat erschienen. Aus Frankreich kam jährlich mehr Geld, als alle übrigen Staatseinnahmen zusammen ausmachten. Damit unterhielt Johann Friedrich eine berühmt gut geführte Truppe von zehntausend Mann, die er Frankreich im Kriegsfall zur Verfügung stellen musste – auch gegen andere deutsche Länder.

Wer mit der Postkutsche, von Westen kommend, nach Hannover gelangen wollte, musste sich entscheiden, ob er nördlich oder südlich daran vorbeifahren wollte. Tatsächlich, kein Weg führte von Westen nach Hannover. Daran zeigte sich schon: Es war keine alte Residenz. Hildesheim, Braunschweig und Celle lagen im Wegenetz und waren auch seit je viel gewichtiger. Leibniz konnte von Minden gut nach Celle kommen, nördlich an Hannover vorbei (dieser Weg führte weiter in die Altmark). Oder er wählte den Weg der brandenburgischen Post vom Rhein nach Berlin, doch der führte südlich an Hannover vorbei über Hildesheim, wo man die Post zu wechseln hatte, um auf noch schlechteren Wegen nach Hannover zu kommen. Die Kutschen waren damals ungefedert, die Wege holperig, steinig und voller Löcher. Jetzt im späten Herbst fuhr man durch Schlamm und Pfützen. Reisen war immer eine Strapaze. Der Blick aus dem Kutschenfenster zeigte lichten Wald und karges Bauernland, kleine Höfe, an denen die Schäden des Grossen Krieges noch vielfach zu erkennen waren. Hausierer und Bettler waren zu Fuss unterwegs, man sah Bauern und Weiber neben den Wegen gehen, auch fahrende Schüler und Handwerksgesellen. Eine Kutsche war nicht einmal viel schneller als sie, am Tag schaffte die Post etwa drei oder vier grosse Meilen (vierzig Kilometer). Es hielt auch auf, dass ständig ein Schlagbaum auftauchte und man nach Zollwaren gefragt wurde, weil das Land von lauter Grenzen durchschnitten war. Kein Ort des Fürstentums, sagte man, liege hier mehr als zwei Meilen von der nächsten Grenze entfernt.

Mitte Dezember kam die Kutsche an einem Nachmittag in Hannover an, es dämmerte schon. Wintertage sind kurz, und man fuhr nicht im Dunkeln. Leibniz ging ins Gasthaus. Der Wirt, so können wir uns denken, wusste wohl, dass der Herzog einen Gelehrten und Bibliothekar erwartete, und war erfreut über den hohen Besuch. Wie klein Hannover ist! Keine zehntausend Einwohner. Das ganze Land hat etwa 150 000 Bewohner, das sind weniger Menschen, als allein in Paris leben. Und Frankreich hat weit mehr als hundertmal so viele Bewohner wie dieses winzige Herzogtum, nämlich 19 Millionen. Kein Wunder daher, dass die Stadt Hannover keine Pracht zeigt. Nur Fachwerkhäuser, nicht alle Strassen sind gepflastert. Am Abend wirkt die Stadt dunkel und abweisend. Wo ist er gelandet! Der Wirt, so denken wir uns, mag stolz gewesen sein, dass Hannover seit vierzig Jahren Residenz ist.

„Es gibt allerdings kein prächtiges Schloss", räumt er ein, „Euer Exzellenz werden es sehen, es ist nur das alte Minoriten-Kloster in der Leinstrasse, das sich die Herren hergerichtet haben, zu mehr hat es bislang nicht gereicht." Seufzend setzt er hinzu: „Und jetzt ist es wieder zu einem Kloster geworden. Durchlaucht haben ja die Kapuziner geholt, meist Fremde. Beim Gottesdienst ist nun alles italienisch."

Am anderen Morgen ging Leibniz zum Schloss. Man kam leicht an den Wachen vorbei, denn durch den Schlosshof führte ein öffentlicher Weg zur Neustadt. Das wirkte fast ländlich. Am Portal des früheren Klosters stellte er sich vor und fragte nach dem „Kammerdiener Kahm", heute würde man ihn einen Privatsekretär oder persönlichen Referenten nennen. Er wurde zu ihm geführt. Die Herren kannten sich nicht nur durch die gewechselten Briefe, Johann Carl Kahm hatte schon in Mainz bei Kurfürst Johann Philipp diesen Vertrauensposten innegehabt. Verbeugungen, Komplimente, Leibniz musste sich jetzt wieder wie damals in Mainz nach der höfischen Etikette verhalten. Es gab dickleibige Bücher, die Anweisungen enthielten für all diejenigen, die ihr Glück an den Höfen suchen wollten. Der Leser lernte, an Kleinigkeiten genau zu erkennen, wie hoch die Autorität eines anderen Hofmannes war. Kahm entschuldigte sich, dass er den Angekommenen gleich in die Bibliothek und zu dem dort mit bitterer Miene wartenden Vorgänger Tobias Fleischer bringen müsse, der seit Wochen abreisen wolle, da er am 1. September eine Stelle als Rat beim dänischen König in Kopenhagen hatte antreten wollen und auf die Übergabe wartete.

In der Bibliothek war es eng, drei Räume, die unmittelbar an die Speisesäle und die Konditorei stiessen, so dass der Herzog sie bequem erreichen konnte. Fleischer empfängt den Neuen ungeduldig, er zeigt die Schätze, die über dreitausend Bände und 158 Handschriften umfassen, doch sei das nichts im Vergleich mit der Bibliothek der anderen Welfen in Wolfenbüttel, der Bibliotheca Augusta, mit ihren 28 000 Bänden, sagt er. Die Bücher sind nur fürs Auge schön aufgestellt, nur geordnet nach Theologie, Jurisprudenz, Philosophie, auch Mathematik, das sieht Leibniz gleich. Hier hängen rote Gardinen am Fenster, Globen gibt es, ,illuminierte Stadtansichten', auch Tische und Stühle, vielleicht sitzt der Herzog hier gern. Es gibt auch eine Bettstelle. Ist sie am Ende für den Herzog? Oder sollte der Bibliothekar dem Herzog jederzeit zur Verfü-

So sah Leibniz von der Leinstrasse aus, als er sich zum Dienst meldete, in den Hof des hannoverschen Schlosses. Man kann gut erkennen, dass es ein umgebautes Kloster war. Links die Schlosskirche, im Hintergrund der Kammerflügel mit der Justizkanzlei, in der Leibniz nebenher arbeiten musste.

gung stehen, falls dieser Lust verspürte, sich zu unterhalten oder sich von ihm politisch beraten zu lassen?

Die beiden sind allein. Wir stellen uns vor, wie Fleischer seinen Nachfolger einführt: Die Bibliothek sei immer noch beengt, weil es keinen Platz im Schloss gebe, seit die hohe Familie anwuchs, vier Töchter sind geboren. Der Vater war 43 Jahre, als er die erst achtzehnjährige Benedicta Henriette aus Paris mitgebracht hatte und überraschend doch noch heiratete. Sie sei sehr französisch, sehr katholisch, aber eine gute Ehefrau, still und bescheiden, habe das beste Gemüt von der Welt. „Nun ist es wohl mit dem Schrecken in Osnabrück vorbei", sagte Fleischer, und Leibniz tat, als verstünde er nicht. „Ja, der Osnabrücker Bruder des Herzogs, der Bischof, darf doch Hannover erben, falls unser Herzog keinen Sohn hat. Und den wird er wohl nicht mehr bekommen." Die Mutter könne noch, sie sei erst 26, aber der Vater! Der sehe ständig so aus, als wäre er hochschwanger. Ausserdem sei er jetzt zu alt, vor allem zu dick. „Kann sich schwer bewegen", sagte der Bibliothekar, „hält sich kaum auf den Beinen. Geht aber zur Jagd, jeden Herbst bricht er auf, schwer gestützt, ins Jagdschloss Linsburg bei Nienburg. Durchlaucht reisen überhaupt gern. Seine Sänfte wird dann geschleppt von sechs Lakaien, alles kräftige Bauernburschen." Fleischer sprach jetzt

sehr leise. Der allergnädigste Herr trage ein Bruchband, das
werde Leibniz noch bemerken.

Kahm erschien wieder. „Ich bringe den hochgelahrten Herrn
Collega jetzt zu Rettberg, der das weitere disponieren wird." Auf
dem Weg meinte er: „Kammersekretär Rettberg, der die Verbindung des Fürsten zu den Geheimen Räten hält, wird Euch dem
Herrscher vorstellen. Der Monarch tagt regelmässig mit seinem
‚Conseil', also den Geheimen Räten, meist nicht mehr als drei
Herren. Er entscheidet allein." Der Vertraute des Herrschers, Rettberg, stand bald vor ihnen, Verneigung und Kniebeuge waren hier
angebracht. Er nahm Leibniz entgegen wie ein Paket. „Macht bitte
keine Anstalten, Durchlaucht um einen grösseren Etat für die
Bibliothek anzugehen", sagte er im Weitergehen. „Wir haben kein
Geld. Die französischen Mittel versiegen, die Armee ist kostspielig,
die Gelder aus der Privatschatulle sind geschmolzen. Herzogliche
Gnaden sind weit weniger ein Büchernarr und Freund der Künste, als man glaubt. Die Truppe ist es, die sein Herz erfüllt. Und dieses Herz blutet bei dem Gedanken, dass er so viele Kerls bald einmal wird entlassen müssen." Jede Ausgabe über fünfzig Taler
genehmige Durchlaucht höchst selbst. Nichts geschehe ohne des
Herzogs „Vorwissen und gnädige Ratifikation", sagte der Kammersekretär.

Diesen Rettberg musste er hofieren, denn Ansehen gewann man
durch die Nähe, die man zum Herrscher hatte, und Rettberg hatte
sie. Jeder Herrscher zog einige Favoriten zu sich, womit er diejenigen Adligen, die eigentlich das Privileg der Nähe und des
Zugangs hatten, zurückstufte und sie um so mehr veranlasste, seine
Huld zu erstreben. Leibniz wusste, wem er Reverenz zu erweisen
und welche Formen des Verbeugens oder des Schweigens er zu
wählen hatte. Er folgte dem Sekretär, jeden Schritt aufs genaueste
abmessend, denn man durfte nicht geschwinder schreiten, als es
dem Herkommen gemäss war und es einem zustand, aber auch
nicht zurückbleiben.

So kamen beide, es war nun mittags um eins, zur Besprechung
am Bett des Herzogs an. Es ist das ‚Audienzbett', in das er sich
morgens gegen acht zu begeben pflegt. Der hohe Herr streckt seinen entblössten Arm vor. Leibniz beugt sich über die Hand, macht
einen Kratzfuss von vollendeter Eleganz und zeigt überhaupt, dass
er aus Mainzer Tagen weiss, wie man sich verhält, sich erst nach
einer gnädigen Aufforderung hinsetzt, den Kopf beim Reden

beugt und sofort verstummt, wenn der Herrscher die Lippen öffnet. Dennoch fühlt sich Leibniz ermuntert vorzutragen, und er ist randvoll mit Ideen, schlägt vor, einen neuen Gerichtshof einzurichten, hat dazu auch etwas ausgearbeitet, will es vorlegen, beruft sich auf Erfahrungen in Mainz. Doch der Herrscher ist schwer zu entflammen und sagt bald, dass die Sache umständlich sei. Er wirkt müde. „Einigerlei hindert daran", so sein Einwand, den er ständig vorbringt. Und drohend fällt nun sein Vorschlag, Leibniz nebenbei als Richter zu beschäftigen, was dieser nicht gerade hat provozieren wollen. Schnell kommt Leibniz auf ein Thema zurück, zu dem er den Herzog schon einmal angeregt hatte, die Unsterblichkeit, darüber hat er auch gerade etwas ausgearbeitet, könnte es vorlegen ... Er kramt in seinen Papieren. Doch der Herzog ist deutlich verschlossener und unwirscher, als ihn sich Leibniz gedacht hat. Deshalb erwähnt er nur noch, dass der grosse Antoine Arnauld ihm kurz vor seiner Abreise aus Paris ein Empfehlungsschreiben an die Kapuzinerpatres des hiesigen Hofes mitgegeben habe. Der Herzog wird neugierig, will das Schreiben sehen und fordert Rettberg auf: „Öffnen, vorlesen!" Der erbricht das Siegel, Leibniz wagt einen Einwand, der Brief sei an die Patres adressiert. Der Herzog wegwerfend: „Alles meine Leute. In meinen Landen bin ich Kaiser!" das pflegte er von der Kirche immer zu sagen, und der Überbringer hört, was Rettberg vorliest: Es fehle Leibniz „nichts als die wahre Religion, um in Wahrheit einer der grossen Männer dieses Jahrhunderts zu sein". Der Herzog schweigt, er ist von dem Zeugnis des bedeutenden Theologen, seines alten Seelenführers, offenbar beeindruckt. Dann sagt er doch ein wenig amüsiert, er erlasse dem Angekommenen die Konversion zur wahren Religion, das Bekehren sei nicht die Manier an seinem Hof. Er nimmt das Empfehlungsschreiben noch einmal ehrfürchtig vor die Augen und reicht es zurück. Leibniz murmelt, hätte er gewusst, was in dem Brief stünde, hätte er ihn nicht erwähnt. Nun scheint der Herzog etwas wohlgelaunter, dennoch wirkt er gar nicht wie der Mann, der so lange um ihn, den jungen Gelehrten, als einen sprühenden Anreger geworben hatte. Eine erste Enttäuschung kommt auf.

Wie hoch waren doch seine Hoffnungen geflogen! In einem Brief aus Paris hatte Leibniz beschrieben, was er von Hannover erwartete, dass er dort nämlich die nötige Musse („von andern sorgen befreyet") für die stille Arbeit des Forschens und Denkens finden werde. Er hatte geglaubt, wenn er selbst einfach tue, was ihm

Spass macht, werde er zugleich den Herzog erfreuen und „einzig und allein zu dero gloire und vergnügung arbeiten". Das hiess, er musste und wollte dem Herzog nicht dienen, sondern der sollte sich einfach an ihm erfreuen. Leibniz wurde in diesem Brief sogar noch deutlicher. Er schrieb offen, er habe schon fertige eigene Projekte und suche nur noch einen mächtigen Herrn, der sie ausführen lässt. Wörtlich: „... so ist aller mein wundsch gewesen eine hohe Person zu finden", durch deren Hilfe er seinen eigenen „nützlichen gedancken einen nachdruck geben köndte". Wir erkennen hier eine wahre Umkehrung der sozialen Verhältnisse. Nicht Leibniz will ausführen, was ihm gesagt wird; nein, er sucht einen Herrn, der ausführt, was er, Leibniz, erdacht hat. Zu diesen Hoffnungen hatte zunächst der Wunsch des Herzogs wenigstens zur Hälfte gepasst, er wolle einen Gelehrten an seinen Hof ziehen, mit dem er nach der Tagesarbeit geistreiche Konversation pflegen könnte. Erst im letzten Brief, der aus Hannover nach Paris gegangen war, wurde die „Bibliothecarius Stelle" genannt, weil Fleischer gekündigt hatte. Das schon war eine Herabsetzung gewesen. Und nun sollte er nebenbei auch in die Justizkanzlei.

Noch in diesem Dezember (1676) lernt Leibniz die Geheimen Räte kennen, also die Minister, wie man heute sagen würde. Allerdings empfand Leibniz sie nicht als Vorgesetzte, weil er sich dem Herrscher unmittelbar zugeordnet sah. Dennoch waren Antrittsbesuche vorgeschrieben, mitsamt den obligatorischen Komplimenten, die Münzen glichen, mit denen man dem Rang des anderen den gebührenden Tribut entrichtete. Jedes Kompliment begann mit einer Schmeichelei, der ‚Insinuation', und schloss mit einem angenehmen Wunsch, dem ‚Votum'. Der erste Besuch gilt dem Geheimen und Kammerrat Otto Grote, zehn Jahre älter als Leibniz, also jetzt vierzig. Er ist gross gewachsen, das Auge blitzt, auch er zeigt vollendete Höflichkeit, er schmeichelt, doch er hat für Leibniz kaum Zeit. Der hat ihn aber bald gehörig zu schätzen gelernt. Natürlich wusste Leibniz, dass es sich bei ihm nicht um einen Schicksalsgefährten, also um einen aufgestiegenen Bürgerlichen, sondern um einen Herrn aus jenen alten niedersächsischen Adelsfamilien handelte, die kein ‚von' nötig hatten. Grote wäre der Premierminister gewesen, hätte es diese Position gegeben. Er war der Vertraute des Herzogs, fast so verschlagen und verschlossen wie er, nur zäher und noch bedenkenloser. Aber jemand, der auch selbst ein offenes Wort anzuhören verstand und der die Leistung anderer nicht fürchtete, sondern zu nutzen wusste. Er hat Leibniz alsbald wie einen Gleichen behandelt.

Der einzige Nichtadlige im Geheimen Rat war Ludolf Hugo. Er hatte es noch geschafft, doch die Zeiten waren nun vorbei, wo es der Adel zuliess, dass bürgerliche Rechtsgelehrte in die Regierung aufstiegen. Die jungen Adligen des Landes hatten sich das Studieren angewöhnt und die Macht in den Kanzleien übernommen. Auch vor Hugo entbot Leibniz jene mit einer wohlanständigen Miene oder Reverence verknüpfte Rede, mit der man damals Ehrerbietung und Hochachtung gegen den andern an den Tag zu legen hatte. Doch Hugo blieb kühl. Leibniz wusste, wenn er in der Justizkanzlei nebenher mitzuwirken hatte, so würde dieser sachliche Mann sein Vorgesetzter sein. Formell gehörten dem Geheimen Rat noch Freiherr von Eltz an und Hieronymus von Witzendorf, mit denen es Leibniz später im Harz zu tun bekommen sollte, als er dort seine Windmühlen baute.

Eingewöhnen　Inzwischen ist Leibniz in das Schloss eingezogen, er hat eine eigene Kammer, doch überall riecht es noch nach dem Vorgänger Fleischer und nach den alten Schwarten. Aufzuräumen oder zu katalogisieren gäbe es genug, Leibniz tut es aber kaum. Beim Anschaffen zeigt er weit mehr Eifer. Schon im Januar (1677) weist er den Herzog in einem Memoire auf Neuerscheinungen hin und hofft, ihm wenigstens jede Woche eine interessante Anschaffung vorzeigen zu können. Er bezog bald Bücher aus vielen Quellen, bestellte auch in Paris. Der hannoversche Resident dort, Christophe Brosseau, hatte Bezahlung und Versand zu besorgen. Die Bücher wurden dann gewöhnlich in Koffer verpackt und nach Rouen geschickt. Von dort kamen sie per Schiff nach Hamburg, anschliessend übernahm die Post den Versand nach Hannover. Andere kamen, wie damals üblich, in Fässern an, immer ungebunden, so dass sie alle noch zum Buchbinder mussten.

Der Herzog wurde von Zeitgenossen als verschlagen, misstrauisch und undurchdringlich beschrieben. Doch der neue Bibliothekar wandte sich recht unbefangen an den Fürsten, so als sei der sein unmittelbarer Vorgesetzter oder seine Zuflucht. Auch Eingaben richtete er gleich an ihn. Alles, was ihn bewegte, wollte er dem Herzog selber sagen, und der hat ihn darin bestärkt. Auch eine förmliche Eingabe begleitet er in der Regel mit einem persönlichen Schreiben, das oft die eher vertrauliche Anrede ‚Monsei-

gneur' oder ‚Gnädiger Herr' verwendet, sonst auch ‚Eure Hochfürstliche Durchlaucht'. Es ist, als lebte er nicht im Kreis von Kollegen, sondern eher in feindseliger Umgebung und könne nur
bestehen, wenn er die Rolle eines Vertrauten, ja Favoriten des Herzogs, die Stellung eines unentbehrlichen Gesprächspartners und
Ratgebers inne hätte. Ist er in Not, so kann nur der Herzog helfen. Und Leibniz ist bedrängt. Er muss um sein Gehalt kämpfen
oder sich anderer Herren erwehren, denn so sind die Verhältnisse
an einem kleinen Hof.

Einst war der kleine Gottfried Wilhelm Leibniz von seinem
Vater geradezu bewundert und umhegt worden, bevor das Kind
den Vater mit sechs Jahren verlor. Diese frühe Phase mag ihn
geprägt haben, jedenfalls suchte er später die Nähe, den Schutz und
die Macht eines Fürsten. Dabei wollte er den Herrscher anleiten
und sich zugleich dessen Autorität ausborgen. Ein hochintelligen-
ter Knabe, sich seine eigene Welt bauend und überzeugt, es
bedürfte nur der Macht eines Vaters, um sie zu verwirklichen, denn
ohne Zweifel glaubte Leibniz, ein Fürst sei allmächtig und könne
mit einem Federstrich, mit einer einzigen Handbewegung entstehen lassen, was als richtig erkannt worden war. Die blosse Ausführung aller Ratschläge, die Leibniz gegeben hatte, sollte die Sache
anderer sein, denn der Streit des Alltags war seine Sache nicht.

Schon im Februar (1677) schlägt er seinem Herzog vor, dass er,
der Bibliothekar, „auch zu einigen wirklichen Verrichtungen als
Rat gebraucht werde". Darüber hinaus bittet er darum, öffentlich
als Hofrat eingeführt zu werden. Das begründet er mit dem Hinweis, er sei schon vor zehn Jahren promoviert worden und habe
„anständige" Berufungen ausgeschlagen, auch hätte die Tätigkeit
eines Bibliothekars ihm „besser im zwanzigsten Jahr meines Alters
als jetzt angestanden". Er wolle sich auch nicht schämen müssen,
schreibt er, vor „denen, die vor Jahren mir nicht gleich gewesen,
jetzt aber zu gleichen Stellungen gelangt sind". Und dann spricht
er den Kummer des Standes aus, dem er jetzt angehört: „So wissen
auch Eure Hochfürstliche Durchlaucht, dass diejenigen, die bloss
und allein mit Büchern umgehen, wenig geachtet sind und
gewöhnlich für Leute gehalten werden, die zu anderen Dingen
untüchtig sind." Das schade ihm, Leibniz, um so mehr, als man von
ihm zuvor eine andere Meinung gehabt habe. Daher suche er
etwas „Beständiges". Er will in die Politik. Doch die war damals,
noch mehr als heute, Aussenpolitik – genauer gesagt militante

Machtpolitik. War er dafür geschaffen? Das einzige Ziel jedes Kleinstaates war, in Koalitionen hineinzukommen, die jeden denkbaren Gegner umfassten, und dadurch alle Gefahren aufzuheben, also keine Feinde zu haben. Dazu wechselten alle Staaten ständig die Bündnisse. Es galt, im Rudel mitzulaufen, sich nicht erwischen zu lassen und vielleicht doch eine kleine Beute zu machen, immer darauf schielend, das eigene Territorium zu erweitern um Grafschaften, feste Orte, Ämter, Gerichtsbarkeiten, Rechte und Stifte. War das ein Metier für den Gelehrten Leibniz?

Sehen wir uns an, in welche Händel sich Leibniz mischen wollte. Herzog Johann Friedrich hatte sich ein Jahr zuvor daran beteiligt, den Schweden ihre Bremer Besitzungen wegzunehmen. Das war zwar im wesentlichen seinem Bruder in Celle gelungen, aber Johann Friedrich wollte auch etwas abhaben von den neu gewonnenen Herzogtümern. Man muss sich klarmachen, dass der hannoversche Herzog der Verbündete der Schweden war, zugleich der Vasall Frankreichs, das wiederum mit Schweden eine Koalition bildete. Wenn man gleichzeitig Bundesgenosse und Räuber sein will, braucht man wirklich die ganze Erfahrung, List und Doppelzüngigkeit des Herzogs und seines leitenden Ministers Grote.

Wirklich bedrängt in jenen Monaten war der Herzog aber, weil er sich die Kühnheit erlaubt hatte, seine Truppen ‚in fremde Quartiere zu legen'. Sie sollten sich in Nachbarländern selbst verpflegen, weil er ihren Unterhalt nicht mehr bezahlen konnte. Das war üblich, aber solche Truppen wirkten wie eine Besatzung, mit der Absicht verlegt, sich diese Gebiete irgendwann einzuverleiben. Das konnte sich etwa der Brandenburger Grosse Kurfürst nicht gefallen lassen und drohte mit Krieg. So hart ging es meist zu. Für Verhandlungen brauchte man bei Hofe also den Typ des barocken Kraftmenschen. Und der war Leibniz nicht, auch nicht seinem Selbstbild nach.

Damals, als er gerade in Hannover angekommen war, hat er seine körperliche Verfassung beschrieben, wohl um damit einen Arzt zu konsultieren. Die Beschreibung ist in der dritten Person abgefasst, als wollte Leibniz verbergen, wen er hier vorstellt. Liest man die Aufzeichnungen heute, so schämt man sich fast des indiskreten Blicks. Ein paar Zitate: „Sitzt zu lange zu Nacht und steht später auf. Bewegt sich nicht viel. Fähret doch bissweilen ausser der Stadt und kann auch einen guten Weg ohne Müd- und Mattigkeit gehen, und er hat einen starcken Gang. Liegt im Schlafe still. Ist von mittelmässiger Grösse, mager, bleich von Gesicht. Hat meistentheils kalte Hände, hat lange Füsse und Finger, und ganz dürre. Seine Augen sind von Jugend auf blöde (d. h. unfähig) gewesen in die Ferne zu sehen. Seine Stimme ist dünn, aber mehr hell und klar als kräftig, weil er seine Lungen als schwach angibt. Sie ist biegsam, aber nicht ausreichend geschult. Die Kehllaute und das K, wie ich bemerkt habe, hat er Mühe auszusprechen. Seine Lebensgeister sind ausserordentlich tätig, ich fürchte deshalb, dass er wegen seiner unermüdlichen Studien, seines übermässigen Nachdenkens und der Zartheit seines Körpers irgendwann einmal an irgendeiner hitzigen Krankheit stirbt." So sah er sich, mit den Augen eines Arztes. Ein so feinsinniger, verletzlicher Mann war damals bei Hofe kaum vorzeigbar, geschweige denn, dass man Staat mit ihm hätte machen können.

Dennoch darf er Ende Mai (1677), als der Hof ins Sommerquartier umzieht, mit ins Jagdschloss Linsburg kommen. Was wird der Herzog mit ihm vorhaben? Auch hier wird grosse Politik gemacht, und er bekommt davon etwas mit: Der Herzog verhandelt mit Frankreich über neue Subsidien, doch der Sonnenkönig hat wenig geboten. Da schlägt der Herzog dem deutschen Reich, also der kaiserlichen Gegenkoalition, bestehend aus Österreich, Holland und Spanien, vor, statt dessen könnten diese Mächte ihn in Zukunft bezahlen. Bei den Verhandlungen mit den Kaiserlichen, die Grote und Hugo führen, will sich Hannover also an den Meistbietenden verkaufen.

Leibniz wird aufgeatmet haben. Sein Herr wird reichstreu! Nun darf er sich gewiss auch selbst in Wien bewerben! Von Linsburg aus bittet er in diesen Junitagen (1677) einen Freund, eine Verbindung zum Kaiserlichen Gesandten Cristobal de Rojas y Spinola anzuknüpfen. Der wiederum soll ihn Kaiser Leopold empfehlen. Der Kaiserhof, das war sein Ziel seit Jugendtagen, und jetzt scheint erneut Gelegenheit, es zu erreichen. Das muss nicht heissen, er hätte schon jetzt unbedingt aus Hannover weggehen wollen, vielleicht wünschte er zunächst nur, nebenbei auch für den Kaiser arbeiten zu dürfen, aus der Ferne. Er lässt vortragen, er sei bereit, die bestehenden Gesetze des Reiches zu ordnen und neu zu formulieren; an einem ähnlichen Projekt hatte er ja schon Jahre zuvor in Mainz mitgearbeitet. Es solle, schlägt er vor, ein verbessertes Reichsgesetzbuch werden, und ein Name ist auch schon gefunden, der dem Kaiser schmeicheln muss, ‚Codex Leopoldinus'.

Mehr als die meisten seiner Zeitgenossen träumte Leibniz von einer Herrlichkeit des Reiches und einer Macht des Kaisers, wie es sie längst nicht mehr gab. Auf diese Verehrung für das Oberhaupt des Reiches, der Christenheit, ja der Menschheit war Leibniz festgelegt. Es ist, als hätte er sein ganzes Leben darauf gewartet, dem Höchsten dienen zu dürfen und damit selbst erhoben zu sein. Zwei Jahre später, in einer deutsch verfassten Schrift, wird er vom Kaiser schwärmen: „Er ist das weltliche Haupt der Christenheit und der allgemeinen Kirche Vorsteher. So gross nun des Kaisers Majestät, so gelind und süss ist seine Regierung." Wo der Kaiser ist, meint Leibniz, da habe „sowohl die deutsche Macht als (auch) Weisheit ihren Hauptsitz". Dorthin wollte auch er.

Im genannten Brief vom 3. Juni 1677 gibt Leibniz seinem Freund Hinweise, wie er beim Kaiser beschrieben werden wollte: Als jemand, der „den kaiserlichen und den Reichsinteressen" mit alleruntertänigster Ergebenheit und innigsten Gefühlen zugetan sei. Sein Freund hat dieses Schreiben richtig bestellt und alsbald melden können, der Hofkanzler und der Kaiser selbst hätten die Idee eines Codex Leopoldinus entschieden gebilligt. Aber den ersehnten Auftrag hat Leibniz nicht erhalten. Auch mit seinem Landesherrn Herzog Johann Friedrich wurde der Kaiser nicht einig. Er bot dem Hannoveraner viel zu wenig, nur 25 000 Taler, und der schloss daher keine sechs Wochen später wieder mit Frankreich ab.

Doch weswegen hatte der Herzog seinen Leibniz mit nach Linsburg genommen? Es ging um eine andere Sorge des Herrschers. Im niederländischen Nimwegen tagte schon seit mehr als einem Jahr ein Kongress, der Frieden zwischen Frankreich und den Niederlanden bringen sollte. Die vier Welfenhäuser drangen dort mit ihrem grössten Wunsch nicht durch, anerkannt zu sein als grosse Staaten. Nun sollte Leibniz als Staatsrechtler helfen.

Die Diplomatie war damals zuerst eine Frage der Etikette, heute würde man sagen, des Protokolls. Wenn zwei Herrscher oder deren Vertreter zusammentrafen, ging es vor allem darum: Wer hat das Vorrecht vor dem anderen? Wer geht wem wie weit entgegen, wer macht die französische Reverenz (halbe Verbeugung), wer die spanische (tiefe Verbeugung), wer sitzt beim Mahl auf dem vornehmeren Sessel? Das wurde alles im voraus festgelegt. Ein Nachgeben im Zeremoniell wäre einem Fürsten als Schwäche gedeutet worden, was schlimme Folgen haben konnte für sein Ansehen, auch vor den eigenen Untertanen. Die welfischen Höfe traten nun gemeinsam mit der Forderung auf, bei diesem Kongress nicht durch einfache Gesandte, sondern wie die Kurfürsten durch Botschafter (ambassadeurs, ‚hohe Gesandte‘) vertreten zu sein. Das ‚Haus Braunschweig‘ hatte sich, zumal wenn es vereint auftrat, schon lange als das erste Haus nach den kurfürstlichen Häusern gesehen, nun wollte man endlich gleichgestellt sein mit diesen „sieben Kerlen, denen man die Nägel beschneiden muss", wie man gern sagte. Doch der Kaiser wollte niemanden aufgewertet sehen.

Gerade als der Hof im Juni 1677 in Linsburg weilte, schien es jedoch so, als eröffne sich den Welfen eine Aussicht auf Erfolg. Hofrat Jakob Heinrich Block wurde deshalb mit der Führung der hannoverschen Ambassade beauftragt, musste allerdings zunächst noch mit der Abreise warten. In diesen Tagen bekam Leibniz vom Herzog den Auftrag, die Rangansprüche der Welfen gründlich darzulegen. Es war die erste politische Aufgabe, die ihm gestellt wurde, doch sie brachte ihn auch in eine Zwickmühle, denn eben hatte er sich noch dem Kaiser empfehlen lassen. Nun sollte er gegen die Privilegien der Kurfürsten argumentieren, auf deren Macht sich der Kaiser stützte. Um seine eigene Neutralität in der Sache zu erweisen, wählte er ein Pseudonym, in dem der Kaiser (Caesar) und die Fürsten vorkommen: Caesarinus Fürstenerius. Das sollte ankündigen, der Verfasser sei, obwohl er die Rechte deutscher Fürsten verfechte, doch ebenso ein Anhänger und Verehrer des kaiserlichen Ansehens.

In seiner Schrift ‚De jure suprematus ...‘ (so der Anfang des Titels) heisst es, nach dem Wortlaut des Westfälischen Friedens hätten auch die grösseren Fürstenhäuser, nicht nur die Kurfürsten, das Recht, Krieg zu führen, Bündnisse zu schliessen und Diplomaten zu entsenden. Daher seien sie auch berechtigt, an Friedensverhandlungen teilzunehmen. Nachdem das klar war, galt es noch die Forderung herzuleiten, ‚hohe Gesandte‘ zu entsenden. Was den Welfen vorschwebte, war die Anerkennung ihrer Vertreter als ambassadeurs (legati) mit allen Vorrechten, dem Titel ‚Exzellenz‘ und den hundert grossen und kleinen Äusserlichkeiten der Zeit. Dazu gehörten die Zeremonien der Begrüssung, das Reichen der Hand und das Lüften des Hutes, das Fahren mit vier, sechs oder acht Pferden, das Sitzen und Gehen, ja sogar die Form und Farbe der Sessel und die Grösse der Löffel, Becher und Messer bei Tisch. Vom König von Frankreich insbesondere verlangten die welfischen

Herzöge – nicht ohne einen Anflug von Grössenwahn – fortan die Anrede ‚Mein Bruder', wie sie den Kurfürsten zustand, statt bloss ‚Mein Vetter'.

Leibniz schreibt als Caesarinus Fürstenerius von Juni bis Oktober (1677) an diesem Auftrag. Das Besondere an seiner Ausarbeitung ist, dass er – sozusagen auf eigene Faust – neben allen Forderungen auch die Macht des Kaisers stärken und das Reich erhalten will. Ja, er kämpft für eine Erneuerung jenes mittelalterlichen Kosmos des Heiligen Römischen Reiches, über dem, in seinen Augen, die Gottesherrschaft schwebt. So finden in Leibnizens neuem System alle Kräfte ausgewogen zur Harmonie. Nur als Kampf- und Streitschrift war seine ausgeglichene Darstellung nicht mehr sehr geeignet. Nachdem der Hof den Entwurf geprüft hatte, war der dominierende Geheime Rat Otto Grote der Meinung, die Vorrechte der Kurfürsten seien immer noch zu sehr hervorgehoben. Aber der Herzog stellte sich auf Leibnizens Seite und fand es gut, dass er die Dinge „eher gemildert als gespannt" habe. Später, als Hannover selbst nach der Kurwürde strebte, hat Leibniz, so erzählte er gern, Grote gefragt, ob es nicht ein Vorteil sei, „dass man das Werk gelassen, wie es war", und da habe Grote gebilligt, was vorher seine Bedenken erregt hatte.

Das Werk erschien in Amsterdam noch im gleichen Jahre 1677. Der Anspruch der Welfen rief bei einigen Kurfürsten Proteste hervor, vor allem bei Brandenburg, doch die erhoffte öffentliche Wirkung blieb aus. Dazu war das Werk zu gemässigt. Die Umständlichkeit der Argumentation kam ebenso hinzu wie das Latein, das damals nicht mehr die Sprache der Politik war. Die Arbeit wurde daher nur auf Universitäten stark diskutiert. Leibniz verfasste, als der Erfolg ausblieb, eine zweite kürzere Schrift auf französisch, ein immerhin einigermassen lebendiges Pamphlet, das ebenfalls in Nimwegen verteilt wurde.

Der Friedenskongress tagte mehr als ein Jahr später noch immer, als der Herzog seinen Hofrat Block, der ständig hatte warten müssen, nun doch Ende November (1678) nach Nimwegen entsandte. Man hatte ihm hohe Ziele mitgegeben, erreichen konnte er am Ende nichts. Das brach dem treuen Mann das Herz, er starb vor Aufregung und Kummer. Das Schicksal von Block veranschaulicht wohl, wie wenig auch der zarte Leibniz ein Mann für solche groben Aufträge gewesen wäre. Tatsächlich ist er auch später in der hohen Politik nie verwendet worden. Man übertrug ihm keine

Mission wie anderen Hofräten, liess ihn allenfalls mal ein Gutachten erarbeiten.

Am 15. Dezember (1677) wird Leibniz, nachdem er es ein Jahr dringlich gefordert hatte, als Hofrat vereidigt. Wenige Tage später setzte er sich im Glanz der neuen Würde beim Weihnachtsgottesdienst in der Hofkirche in die Reihe, die für diesen Stand reserviert war. Ob er es ahnte oder nicht, auf diesem Platz pflegte einer der Leibärzte des Herzogs zu sitzen, Jacob Franz Kotzebue. Als er kam, empörte er sich und vertrieb den Eindringling, obwohl er selbst kein Hofrat und deshalb nur um so mehr auf Ehre bedacht war. Der Streit erregte Aufsehen. Leibniz ging seitdem in die Marktkirche, obwohl das nicht standesgemäss war, aber sie war immerhin seine Gemeindekirche. Er schrieb bald eine lange Erklärung über diesen peinlichen Vorfall an den Herzog – wie an einen Vater, der helfen soll – und schlug, da der Herzog untätig blieb, schliesslich selbst einen Kompromiss vor.

Wenigstens nach aussen hin zeigte sich Leibniz aber sehr zufrieden mit dem erreichten Stand. Seinem Freund aus Pariser Tagen, Ehrenfried Walter von Tschirnhaus, schrieb er kurz nach dem Zwischenfall, es gebe viele Vorteile, die das Leben am hannoverschen Hof mit sich bringe: Man lebe dort in vernünftiger Freiheit, ohne Ausschweifungen und Trinkgelage, und abgesehen davon, dass auf gute Kleidung Wert gelegt werde, habe man keine grossen Ausgaben. Ähnlich befriedigt gibt sich Leibniz zur gleichen Zeit in einem Schreiben an den Abbé Jean Gallois, der einst in Paris seine Anstellung nicht mehr unterstützt hatte: Sein Gehalt sei höher als das in Paris gebotene. Ausserdem geniesse er den Vorteil, „oft in der Nähe eines Fürsten zu weilen, der ein unglaubliches Mass an Urteil besitzt und viel Güte für mich zeigt. Darüber hinaus wäre ich, wenn ich diese Chance nicht ergriffen hätte, Gefahr gelaufen, das Sichere zu verlieren und das Ungewisse dafür einzuhandeln."

Dem bedeutenden Staatsrechtler Hermann Conring, Professor in Helmstedt, um dessen Gunst er warb, schrieb Leibniz einige Monate später (wohl im Juni 1678): „Ich muss Gerichtsakten studieren, Urteile fällen und gelegentlich auch auf Anordnung des Fürsten politische Gutachten abgeben. Dennoch verlangt der hochherzige Fürst nicht, dass ich meine Zeit vollständig den Staatsgeschäften widme, sondern hat es mir freigestellt, den Sitzungen fernzubleiben. Da der Fürst überdies gelegentlich private Aufträge für mich hat, mir die Leitung der Bibliothek obliegt und ich stän-

Gerhard Wolter Molanus (links) war der oberste Geistliche des Landes, ein verlässlicher Verbündeter von Leibniz während seiner vierzig Jahre in Hannover. Das Bildnis stammt vom Entwurf zu einer Gedenkmünze. – Herzog Johann Friedrich (rechts) hat Leibniz zu seiner Unterhaltung nach Hannover verpflichtet. Er war so beleibt, dass er sich kaum bewegen konnte.

digen Briefwechsel mit Gelehrten pflegen soll, ist es zweifellos berechtigt, wenn ich Anspruch auf eine grosszügigere Behandlung erhebe. Tatsächlich möchte ich nicht verurteilt sein, einzig und allein die Sisyphusarbeit der Gerichtsgeschäfte wie einen Felsblock wälzen zu müssen, und wenn mir dafür auch der grösste Reichtum und die höchsten Ehren versprochen würden." Im stillen allerdings wollte er mehr. Er wollte das Ohr des Herrschers, wollte ihm eingeben, was im Staat zu tun sei. Diesen Stand ersehnte er, obwohl er wusste, dass ein Ratgeber nie etwas selbständig tun durfte und oft resignieren musste, wenn alle seine Reformvorschläge abgelehnt wurden. „Bloss keine Intrigen anzetteln", notiert er sich, als schriebe er sich das selbst ins Stammbuch. Er leidet an der Ohnmacht der gebildeten Bürgerlichen im Fürstenstaat. Nur etwas sagen zu dürfen, ohne etwas zu sagen zu haben – das wurde zur tragischen Seite seiner Existenz.

Die Reihe der Anregungen   Der Neue, immer noch ganz auf den Herzog angewiesen, durfte inzwischen auf weitere Gesprächspartner hoffen. Schon im Frühjahr 1677 hatte er den neuen leitenden Geistlichen des Landes, Gerhard Wolter Molanus (eigentlich van der Muelen), kennengelernt, der um diese Zeit sein Amt antrat.

Leibniz gewann einen Mitstreiter in allen Fragen der Kirchenpolitik, auf den er sich bis zu seinem Tode (Molanus überlebte ihn um sechs Jahre) verlassen konnte. Den Titel ‚Abt‘ trug er als Leiter des Klosters Loccum, obwohl die ehemalige Abtei längst evangelisch geworden war und es dort keine Mönche mehr gab. Zugleich leitete Molanus in Hannover die Kirchenbehörde – ein Machtmensch, aber auch ein Mathematiker, ein Kauz und Junggeselle, ein mild gestimmter Christ und ein Büchernarr. Genug Gemeinsamkeiten verbanden ihn also mit Leibniz.

Ein halbes Jahr später, Anfang November (1677), war ein bekannter Gelehrter in Hannover eingetroffen, allerdings ein ehemaliger, der konvertierte Däne Niels Stensen (lateinisch: Steno), jetzt Priester, früher ein bedeutender Anatom und ein Pionier der Geologie. Auf Wunsch des Herzogs war er vom Papst zum Apostolischen Vikar des Nordens mit Sitz in Hannover ernannt worden und stand zugleich an der Spitze der kleinen katholischen Hofgemeinde. Er wohnte wahrscheinlich im Kapuzinerhospiz, nur wenige Schritte von Leibniz entfernt, und zunächst schien es denkbar, dass sich Steno als Konvertit für die Wiedervereinigung der getrennten Konfessionen erwärmen würde, über die Leibniz mit dem Herzog gelegentlich beratschlagte. Aber er blieb skeptisch, in Glaubensfragen haben Leibniz und er nicht zueinander gefunden.

Bald nach seiner Konversion hatte er die Brücken zur Naturwissenschaft abgebrochen und war nicht bereit, sie jetzt neu zu schlagen. Immerhin wird berichtet, dass er im Jahre 1680 anlässlich einer religiösen Diskussion in Celle noch einmal zum Skalpell gegriffen habe, um einen Kalbskopf zu sezieren und daran die wunderbare Schöpfungskraft Gottes zu erweisen. Später hat Leibniz jedoch enttäuscht festgestellt: „Er war ein grosser Anatom und in der Naturwissenschaft sehr bewandert, leider gab er seine Studien auf und so wurde aus einem grossen Naturforscher ein mittelmässiger Theologe. Er wollte kaum noch von den Wundern der Natur reden hören, und es würde eines ausdrücklichen päpstlichen Befehls bedurft haben, hätte man frühere Forschungsergebnisse von ihm erhalten wollen.“ Da spürt man viel Enttäuschung. Es ist interessant, Stenos Urteil über Leibniz dagegenzuhalten: „Nusquam est qui ubique est“ (Nirgends ist, wer überall ist). Ja, Leibniz war nicht radikal, nicht entschieden, er wollte alles und er wollte überall sein.

Der Herzog will unterhalten sein, von neuen Erfindungen hört er gern. So lässt er Leibniz von dessen Rechenmaschine sprechen, von einer Chiffriermaschine, einem wunderbaren Wagen oder von vollkommenen Uhren. Im Sinne des Herzogs sucht Leibniz den Unternehmer Johann Daniel Crafft an den Hof zu ziehen, der angeblich volkswirtschaftliche Wunder vollbringen kann und den er aus Mainzer Tagen kennt. Gegenwärtig ist er als sächsischer Kommerzienrat mit dem Aufbau einer Wollmanufaktur mehr als beschäftigt, kommt jedoch kurz zu Besuch nach Hannover. Er ist eine starke Persönlichkeit von grosser Faszination, und Leibniz betrachtet den 22 Jahre älteren als einen väterlichen Freund. Von Hause aus Arzt und Chemiker, ist er zum wandernden Projektemacher geworden, der an den Höfen seine Erfindungen anpreist und verwirklichen will. Ein offener, warmherziger Mann, dem man alles Gute zutrauen möchte, wenn er eindrucksvoll von seinen Plänen spricht, und den doch die Tragik des ständigen Misserfolgs umgibt. Einen Ruf nach Hannover lehnt Crafft ab. Geheimnisvoll erzählt er von einer neuen, fast unheimlichen Substanz, die vor kurzem erfunden und Phosphor genannt worden sei, eine gelb-weissliche, wachsweiche Masse, die im Dunkeln leuchte und aus Urin gewonnen werde. Leibniz schreibt alles auf. Nur wenige Monate später, im August (1677), hält er die Zeitschrift der französischen Akademie in Händen, in der sein Artikel gedruckt worden ist, der erste von ihm, seit er aus Paris wegging: ‚Le phosphore de M. Crafft ...'

Erst später, bei einem weiteren Gespräch mit seinem Vertrauten Crafft, erfuhr er den Namen des eigentlichen Entdeckers, es war Heinrich Brand in Hamburg. Der hatte ein oder zwei Jahre zuvor das befolgt, was in einem alchemistischen Buch beschrieben war, und eine Flüssigkeit aus dem Harn destilliert, die Silber in Gold verwandeln sollte. Das Geheimnis der neuen Substanz, die versehentlich entstanden war, hatte er an Johann Daniel Crafft verkauft. Ein Jahr danach, im Sommer 1678, ist Leibniz in Hamburg, um für den Herzog eine nachgelassene Bibliothek aufzukaufen, und besucht auch Brand, von dem man noch so manche Erfindung erhoffen kann. Der bekommt deshalb einen Vertrag, den Leibniz im Namen des Herzogs aufsetzt und der ihm 120 Taler im Jahr einbringen soll, wenn er ständig berichtet, wie er die Herstellung des Phosphors verbessert und was sich sonst noch aus seinen alchemistischen Versuchen ergibt.

Bei Heinrich Brand verkehrte auch eine umstrittene Berühmtheit jener Zeit, es ist der Erfinder und Unternehmer Johann Jo-

achim Becher, den Leibniz ebenfalls aus Mainz kannte, genauso
lange wie seinen Freund Crafft. Der hochbegabte Mann, im Alter
zwischen Crafft und Leibniz, wurde schon mit 26 Jahren Professor
der Medizin in Mainz und machte sich einen Namen durch seine
Experimente. Der dortige Kurfürst war sogar bereit, Bechers Plan
zu einem Rhein-Donau-Kanal in die Tat umzusetzen, doch als sein
‚Perpetuum mobile‘ stehenblieb, glaubte er an Sabotage und verliess die Stadt Mainz im Zorn. Schon der junge Leibniz hatte
Schriften von Becher studiert und in seinen Arbeiten zitiert, darunter Werke über Physik, Politik und eine künftige Kunstsprache.
So manches hatte der zu vielem begabte, unstete Becher seitdem
unternommen, sogar eine ostindische Handels-Kompagnie gegründet, aber weniges war gelungen. Er hatte wie Crafft Anfeindungen zu erdulden gehabt, und auch er zog, so schien es, das
Unglück auf sich.

Von Holland aus, wo er den Sand am Meer chemisch behandelte in der Hoffnung, ein wenig Gold gewinnen zu können, hatte
er sich nach Hannover gewandt, doch seine Absicht, hier Fuss zu
fassen, hatte Leibniz vereitelt, denn er mochte diesen genialischen
Mann nicht, der undurchschaubar und heftig schien. Ebensowenig
geheuer war ihm seine Art, als Ratgeber an Fürstenhöfen waghal-
sige Projekte vorzuschlagen, und auch nicht sein satirischer, scharfer Intellekt. In manchem war Becher ihm selbst wohl zu ähnlich.
Nun traf Leibniz den in Hannover Abgewimmelten unfreiwillig in
Hamburg bei Brand, um den auch Becher zu werben schien, weil
er hoffte, Brand könne ihm mit seinem chemischen Wissen am
Strand bei der Behandlung der Sandkörner, seinem ‚ewigen Bergwerk‘, helfen. Dafür wollte Becher, selbst am Ende seiner Kräfte
und seiner Finanzen, dem ebenso verarmten Erfinder Brand eine
Pension auf Lebenszeit mit zehn Talern in der Woche anbieten.

Leibniz fürchtete eine Konkurrenz für den Vertrag mit Hannover und liess sich, um den Mitbewerber Becher auszuschalten, zu
einer unerlaubten Handlung hinreissen. Er nahm in der Wohnung
Brands zwei Briefe, die Becher an Brand geschrieben und die
Brand noch nicht gelesen hatte, schnell an sich. Nicht genug damit,
horchte Leibniz den gemeinsamen Freund Johann Daniel Crafft
auch noch über das Geheimnis des ‚ewigen Bergwerks‘ aus. Becher
ging nach Holland zurück, aber seine Rache dafür, dass Leibniz die
Briefe an sich genommen hatte, blieb nicht aus, wie wir noch
sehen werden.

Der Entdecker Brand ist im Juli des nächsten Jahres (1679) nach Hannover gekommen, um seinen Phosphor auch hier herzustellen. Man hatte auf Leibnizens Betreiben für diese Versuche wegen der Feuergefahr einen Platz ausserhalb der Stadt beim Dorf Ricklingen gefunden. Der Harn von Soldaten einer nahegelegenen Kaserne wurde in Fässern gesammelt, verdampft und destilliert. Leibniz bezeugte, dass Brand die Einzelheiten seines Geheimnisses ehrlich mitgeteilt hatte, denn alles konnte der Hofrat mit seinen Helfern in einem anderen Laboratorium wiederholen, um das chemische Element vor den Augen des Herzogs leuchten zu lassen. Im September (1679) sandte Leibniz ein Stück Phosphor auch an Christiaan Huygens und versprach ihm, mehr zu schicken, falls er es wünsche. Die Entdeckung Brands, die überall Aufsehen erregte, nannte Leibniz gern eine der schönsten des Jahrhunderts. Sein Erfinder aber wird zwanzig Jahre später immer noch ein bettelarmer Mann sein, dessen Behauptungen zudem kaum mehr Glauben finden. Auch Leibniz konnte ihm nicht mehr helfen.

Verlockende neue Ämter Kurze Billets des Kammerdieners rufen Leibniz immer wieder zu Audienzen bei seinem Herzog. Er wird zum Anreger, zum beliebten Umgang seines Herrn, zu einem Trost und zu einer Ablenkung von der Mühsal des Tages. Er ist nun wirklich ein Ratgeber, gehört zum Küchenkabinett, hat Einfluss. Dazu kommen die lebhaften Gespräche über Themen des Glaubens, über philosophische Streitfragen und andere gelehrte Gegenstände. Leibniz brauchte diesen Zugang zum Mächtigen. Er hat auch später kaum den Dienstweg gekannt, obwohl er bei Hofe nur ein kenntnisreicher Kopf im Hintergrund blieb und nie zu einem selbständig handelnden Beamten wurde. Zum Herrscher, als dessen persönlichen Bekannten er sich betrachtete, ging er dennoch wie selbstverständlich unmittelbar, selbst wenn er später oft nicht erhört, ja kaum beachtet wurde. Mit dieser persönlichen Grossartigkeit hat er manchen Minister gegen sich aufgebracht.

Von Reformen der Verwaltung ist auch gelegentlich die Rede. Der Hofrat ohne Geschäftsbereich bangt um seine Zukunft. Er möchte den Herzog bewegen, ihm die Aufsicht über die eingezogenen Kirchengüter zu übertragen, also über die spätere ‚Klosterkammer'. Oder Durchlaucht sollen für ihn das neue Amt eines General-Archiv-Direktors schaffen. Dabei geht es nicht um die Verwaltung des Bestehenden, nein, das Wissen muss erst aktenmässig erhoben werden, denn alle Vorgänge der Verwaltung sollen, meint Leibniz, unbedingt zugänglich sein. Ein Riesenprogramm. Die neue Organisation soll eine Reihe von Handbüchern zusammenstellen, in denen die Beamten sofort fast alles nachschlagen könnten. Beispielsweise sollte ein Band mit sämtlichen Amts- und Forstordnungen auf dem Tisch der Kanzlei ausliegen. Andere Bände sollen ein vollständiges Verzeichnis aller Briefe und Akten in der Kanzlei und ein Verzeichnis der Gerichtsverfahren, der Schenkungen und der Privilegien aller Stände enthalten. Gigantischer Sammeleifer zeigt sich hier, mit den damals üblichen Mitteln der Verwaltung gar nicht zu schaffen. Am Schluss seiner Denkschrift merkt Leibniz mit ironischer Bescheidenheit an, er zweifele nicht, dass es andere, geeignetere Personen als ihn für diese Stellung gebe, er sei jedoch überzeugt, dass niemand den Pflichten dieses Amtes gewissenhafter nachkommen würde als er.

Klosterkammer, Dokumentationszentrale − es zeichnete sich noch ein drittes Projekt ab. Leibniz wollte eine Art Technischer Direktor für den Harz werden, also im Bergbaugebiet, wo das Geld verdient wurde. Er war überzeugt, dass er die dortige Technik gründlich erneuern könnte. Doch immer, wenn er darüber mit dem Herzog sprach, klang an, dass er selbst nur soweit Geld aus dieser technischen Revolution ziehen wollte, wie er es für ein wissenschaftliches Unternehmen benötigte, an dem ihm alles zu liegen schien. Deshalb sollten wir uns zunächst ansehen, wofür er das Geld zu verwenden gedachte.

Es geht jetzt wieder um die ‚Characteristica universalis‘, von der Leibniz schon dem Sekretär der Royal Society in London, Heinrich Oldenburg, vorgeschwärmt hatte. Um dieses Riesenprojekt wahr zu machen, brauchte man viele Gelehrte, die bezahlt sein wollten, einen richtigen Wissenschaftsbetrieb. Und da eine solche ‚Akademie‘ Unsummen kosten würde, die der Herzog und die Staatskasse nicht hergaben, wünschte er, das Geld selbst zu verdienen. Das legte er im Frühjahr 1679 in einigen Denkschriften fest.

Die Universal-Charakteristik, diese neue logische Formelsprache, sollte nicht nur eine weitere Wissenschaft begründen, sondern aller künftigen Wissenschaft, allem Erfinden, allem Denken erst die wahre Grundlage liefern − eine unfehlbare. Worum es ging, haben wir schon angedeutet. Die Idee beginnt beim Staunen darüber, dass sich mit den wenigen Buchstaben des Alphabets jedes Wort bilden und jeder Gedanke niederschreiben lässt. Ein System wie das Alphabet aus 24 Elementen kann man fast endlos kombinieren. Welche Fülle, welche Exaktheit! Analog dazu vermutete Leibniz, dass alle unsere Wörter auf Grundbegriffe zurückgeführt werden könnten, aus denen sie zusammengesetzt seien. Nun müsste man nur diese Grundbegriffe finden, müsste sie mit einem Symbol (das kann ein Buchstabe oder eine Zahl sein) bezeichnen, und schon könnte man alle Wörter, die es gibt, mit diesen Symbolen ausdrücken. Unsere Gedanken bekämen damit die Gestalt mathematischer Formeln. Dann hätte man eine Sprache, die so unfehlbar wäre wie die Mathematik.

In Zukunft würden sich dann zwei Menschen, die sich über eine Sachfrage streiten, nur zurufen: „Rechnen wir!" und bald würden sie die Lösung haben. Diesen Fortschritt hatte schon der englische Denker Thomas Hobbes kommen sehen. Ähnliche Ideen waren von Descartes oder Bacon entwickelt worden, aber Leibniz meinte, nun alles zusammenfassen zu können. Auch wollte er die gute alte Logik, die damals in keinem hohen Ansehen mehr stand, wiederbeleben und ausbauen. Beabsichtigt war mit all dem nicht weniger als die Mathematisierung, ja Automatisierung des Denkens. Ein Projekt, ebenso gross wie das, was man heute ‚Künstliche Intelligenz' nennt.

Wie verlockend dieser Versuch sein musste, können wir uns an einem Beispiel klarmachen, das Leibniz freilich noch nicht zur Verfügung stand. Die Chemie kennt bekanntlich etwa hundert Elemente, die alle mit einem Symbol bezeichnet sind. Jede Materie ist wiederum aus einem oder mehreren dieser Elemente zusammengesetzt und kann in einer Symbolsprache beschrieben werden. Auch chemische Prozesse lassen sich fast anschaulich niederschreiben. Insofern ist die Chemie eine gute Entsprechung dessen, was Leibniz als universelle Symbolsprache des Denkens vorschwebte. Die Sache hatte in Leibnizens Augen nur eine Schwierigkeit, man brauchte eben wenigstens ein Dutzend erstklassiger Gelehrter, die gemeinsam alle Begriffe, die es gibt, definieren und dabei auch die angenommenen Grundbegriffe finden, aus denen dann wieder alle anderen Wörter zusammengesetzt werden könnten.

Immer wieder hatte Leibniz seinem Herzog die Sache erläutert, hatte Geld gefordert, vergeblich. Nun, im Februar 1679, eilt er im Stadtschloss zu Hannover die grosse Treppe hinauf und nimmt vor den Gemächern des Herzogs Platz. Er ist gerufen worden. Drinnen ruht Johann Friedrich auf seinem Audienzbett, es ist früher Nachmittag, die Staatsgeschäfte können jetzt ruhen, darum winkt er dem Kammerlakaien, der geht zur Flügeltür und flüstert: „Soll reinkommen!" Der Diener draussen in seiner blitzenden Uniform geht zwei Schritte auf Hofrat Leibniz zu, der alles mitbekommen, sich aber noch nicht erhoben hat. „Herzogliche Gnaden geruhen, Eure Exzellenz bitten zu lassen." Leibniz steht auf, der Lakai reisst die Tür ganz auf, nimmt Haltung an, der Hofrat betritt den Raum, sieht den Herrscher gegen das fahle Licht von der Seite, macht eine tiefe Verbeugung, nähert sich, verbeugt sich wieder und richtet sich erst auf, als er mit „Mein Guter, mein Besonderer, wir sind erfreut, ihn zu sehen" begrüsst wird.

Leibniz entschuldigt sich untertänigst, dass er neulich die ihm bereits gütigst gewährte Audienz hat absagen müssen wegen einer starken Erkältung. Der Herzog erkundigt sich, leutselig wie selten, nach der werten Gesundheit. Der Hofrat darf Platz nehmen, gleich an der Seite des Bettes. Ihm wird eine Tasse Schokolade angeboten, aber er zieht es aus Bescheidenheit vor, sie abzulehnen, und beginnt statt dessen gleich: „Ihre hochfürstliche Durchlaucht erlauben gütigst zu wissen, welch ein Unternehmen zum allgemeinen Besten ..." Doch er verstummt auf einen Blick des Herzogs, denn der lässt durch einen Lakaien erst einmal seinen schweren Leib etwas in die Höhe ziehen und trinkt genussvoll aus seiner Tasse. Dann sagt er, er habe Lust, ein wenig Konversation zu machen, die gemeinsamen Gedanken wieder aufzunehmen, von neuen Erfindungen zu hören und über all dem die Sorgen des Regierens zu vergessen. Er lächelt seinen neuen Intimus an: „Wozu haben Wir Ihn sonst erworben wie einen Edelstein, sind Jahre um Ihn herumgeschlichen wie ein Brautwerber, um nun darauf zu verzichten, Seinen Geist sprühen zu sehen."

„Euer herzogliche Gnaden wissen", sagt Leibniz, „auf Erfindungen darf man nicht warten. Man kann auch nicht hoffen, von ihnen zu erfahren, obwohl meine Person auf dero Gnaden Geheiss mit Gelehrten in vieler Herren Ländern korrespondiert. Erfindungen muss man, mit Verlaub, systematisch herbeiführen. Die Methode dazu ist geschaffen, das werden Hoheit dem Erbauer der Rechenmaschine zu glauben geruhen. Oder hätte ich sonst gleich auch eine neue Mathematik entdecken können? Zuförderst braucht man die ‚Characteristica universalis'. So unglaublich es klingt, man kann Erfindungen herbeiführen, aber das gelingt nicht einem einzelnen Kopf." Der Hofrat hält inne und sieht nach der Wirkung, die seine Worte gemacht haben. Nun meint er, dem Herzog versichern zu können, diese ‚Characteristica universalis' werde in höchstens drei Jahren für den gewöhnlichen Gebrauch fertiggestellt sein, wenn ihm einige Gelehrte als gleichgesinnte Werkgenossen bewilligt würden.

Johann Friedrich hebt ein wenig den Zeigefinger: „Wir kennen die Neigung unseres Bibliothekars, eine ganze Schar von teuren Gelehrten um sich zu versammeln, die wie Kärrner auszuführen haben, was der Baumeister der ‚Characteristica universalis' sich erdacht hat. Lasst Euch nur weiter hören, aber – das mit der Akademie wird nichts, dazu ist das Land zu arm. Wir können uns nur leisten, einen einzigen Kopf zu bezahlen, in welchem allerdings die erträumte Republik der Gelehrten samt der künftigen Enzyklopädie schon versammelt ist."

„Vergebung, Ihre Durchlaucht denken, ich wollte nur das Wissen der Zeit sammeln. Es geht mir nicht um das Alte, sondern um das Neue ..."

Es ist schwer, den Herzog von dieser Idee zu begeistern. Über neue Erfindungen will er ständig etwas hören, nur die Mutter aller Erfindungen, wie Leibniz sagt („mater aller inventionen"), die künftige Universalsprache, will er nicht einmal zur Kenntnis nehmen. „Was gibt es Neues von unserem Phosphor, was schreiben die Pariser Journale?" wirft der Herzog ein, „und habt Ihr Eure neuen Kutschfahrzeuge endlich, wie Ihr wolltet, entworfen?" Der Landesherr möchte offenbar lieber unterhalten sein. Leibniz ist also mit Berichten zu Diensten, versucht dem Herrscher zu gefallen. Dann naht das Ende auch dieser allergnädigst gewährten Audienz.

„Und denkt daran, mir nicht weiterhin Pläne zu entfalten, die etwas kosten. Ihr sollt mich zerstreuen und nicht ausplündern." Durchlaucht lächelt huldreich und streckt von seiner Lagerstätte aus dem einzigen Gelehrten unter seinen Bediensteten die Hand entgegen, der sie mit den Fingerspitzen berührt, sich darüberbeugt fast wie zum Handkuss und sich dann ganz erhebt. Rückwärtsschreitend, unter artigsten Kratzfüssen, verlässt er den, der ihn als Freund empfand und ihn doch, wie Leibniz glaubte, nicht verstehen wollte. Als er über die Schwelle gegangen war, blieb er in der offenen Tür noch gebeugt stehen, bis der Kammerlakai ihm das Holz gegen die Stirn drückte.

Heil und Unheil aus dem Westen   Verbunden sind der Herzog und
sein Hofrat Leibniz in diesem Jahr 1679 auch darin, dass ihnen
Frankreich mal als Hoffnung, mal als Bedrohung erscheint. Der
Sonnenkönig stand auf der Höhe seiner Macht, Hannover war mit
diesem Land, das man zugleich fürchtete, verbündet – und zwar,
um den als bedrohlich empfundenen Nachbarn im Osten, Brandenburg, in Schach zu halten. Die Franzosen umwarben auch
Celle, hatten Wolfenbüttel gewonnen und stellten ihren Verbündeten den Besitz zweier brandenburgischer Städte in Aussicht, Minden und Halberstadt, die abgetrennt vom übrigen Brandenburger
Besitz lagen und auf die die Welfen begehrlich blickten. Die Brandenburger, militärisch unter dem Grossen Kurfürsten mächtig, hatten entlegene Besitzungen am Rhein und waren darauf angewiesen, dass die Welfen ihre Truppen durch ihr Land liessen. Das
verweigerten sie, obwohl die Brandenburger mehr als zehnmal so
gross und stark waren. Aber man hatte ja Frankreich! Am 1. Mai
(1679) tagte in Hannover der Geheime Rat, und er war gesonnen,
mit französischer Hilfe Brandenburg anzugreifen, den Nachbarn
also „zum Frieden zu nötigen". Otto Grote führte das grosse Wort,
und selten hat er sich so geirrt: „Wenn Serenissimus die Waffen
ergriffe, würde er Gottes Segen für sich haben und nicht viel
Gefahr laufen." Es sollten neben den beiden Städten noch andere
Gebiete, auf die man Anspruch erhob, eingestrichen werden. In
den Tagen darauf ging Herzog Johann Friedrich allerdings erst einmal auf eine Badereise, zur Kur nach Bad Ems.

Auch Leibniz fühlt sich in diesem Jahr dem König der Franzosen mehr denn je verbunden. Er schreibt ihm und bietet seine
Dienste an, denn er möchte die Wissenschaft in Frankreich neu
organisieren. Was Leibniz sich zutraut, ist erstaunlich. Ein Brief an
den grössten Herrscher der Welt! Man muss sich auch dann wundern, wenn man weiss, dass Leibniz in Paris Mittelsmänner hatte,
etwa den hannoverschen Residenten Brosseau oder den königlichen Sekretär Henri Justel, dem er sich noch immer verbunden
fühlte und der vielleicht bereit war, die Post zu übergeben. In seinem Brief macht es Leibniz rhetorisch spannend. Zunächst malt er
allgemein einen Niedergang der Wissenschaft an die Wand und ruft
nach einem starken Fürsten, der ein neues System des Wissens
errichten lässt. Darauf heisst es pathetisch: Diesen grossen Fürsten
gibt es schon! Vielleicht habe an dessen Hof „längst jemand auf seinen Befehl einen allgemeinen Plan für die Beförderung der Wis-

senschaften aufgesetzt, würdig dieses Königs und weit über den Entwurf hinaus, den ich machen kann. Aber wenn ich glücklich genug sein sollte, als erster darüber zu schreiben, so bin ich überzeugt, ich könnte ..." und so weiter. Es folgen schöne Worte über die grosse Aufgabe, doch verrät Leibniz mit keiner Silbe, was er anzubieten hat. Gewiss denkt er an seine ,Characteristica universalis', doch man sieht nicht, wieso irgend jemand in Versailles auf das unklare Angebot hätte eingehen sollen. Offenbar will Leibniz die Rolle, die er in Hannover nicht spielen kann, nämlich die Wissenschaft für die Politik aufzubereiten, nun in der Hauptstadt Europas übernehmen. Eine Antwort ist nicht bekannt.

Auch der hannoversche Herzog hatte mit Frankreich, seinem Verbündeten, wenig Glück. Die französischen Truppen gingen, ohne dass es abgesprochen war, in diesem Jahr (1679) von Westfalen aus ostwärts vor und nahmen Brandenburg einige Orte weg. In berechtigter Sorge kehrte Johann Friedrich aus der Badekur eilends nach Hannover zurück und liess gegen die bedrohlich nahenden Freunde seine westlichen Grenzen kennzeichnen, mit Pfählen, die einen Strohwisch trugen. In der Grafschaft Schaumburg wurden hannoversche Vorposten im Juli dennoch von den Franzosen beschossen und eine Feldwache bis aufs Hemd ausgeplündert. Nun erkannten alle: Das hannoversche Fürstentum war nur Aufmarschgebiet, und falls die Brandenburger geschlagen wären, hätten die Welfen keine Beute zu erhoffen. Frankreich schloss allerdings mit Brandenburg sofort Frieden, und der Sonnenkönig liess dem hannoverschen Herzog noch im gleichen Monat ausrichten, die Subsidien würden nicht mehr gezahlt, er könne seine Truppe auflösen. Johann Friedrich war gekränkt, ja verbittert.

Es mag Zufall sein oder nicht, genau in diesem Jahr verfasste Leibniz eine wahrhaft national gesinnte Schrift, die er, dem Thema gemäss, auf deutsch schrieb, das war etwas Neues. Er will seinen Landsleuten gegen die ganze welsche Art den Rücken stärken: „Beßer ist ein Original von einem Teutschen, als eine Copey von einem Franzosen seyn", heisst es da. Die gute alte deutsche Art, selbst die deutsche Trunksucht, wird gegen das, was aus dem Westen kommt, herausgestrichen: „Eines wäre zu loben, wenn die französische Mode das übermässige Saufen abbringen könnte, doch sorge ich, man werde den Teufel mit Beelzebub vertreiben und ich bin fast der Meinung, dass weiland ein trunkener alter

Teutscher in Reden und Schreiben mehr Verstand hat spüren lassen als jetzt ein nüchterner französischer Affe tun wird." Der Text trägt die Überschrift ‚Ermahnung an die Teutsche, ihren verstand und sprache besser zu üben‘, und er ist im 19. Jahrhundert mit nationaler Begeisterung wiederentdeckt und im Ersten Weltkrieg nochmals bejubelt worden, als man 1916 den zweihundertsten Todestag von Leibniz feierte.

Es zeigte sich aber auch eine sympathische Liebe zum eigenen Land. „Wachsen bey uns die Oranienäpfel nicht von sich selbsten, so haben wir auch keine Scorpionen zu fürchten", lesen wir. Und besonders eindringlich, auch sprachlich fast modern: „Ich will wohl glauben, daß unsere vorfahren kein chocolate gekennet, und das, was vom The abgekocht, vor ein Kreuterbad gehalten haben würden, daß sie weder aus silber noch aus porcellan gegeßen noch die Zimmer mit Tapezereyen bekleidet; noch trachtenpuppen aus Paris kommen laßen. Aber daß ihrem Verstand etwas dahehr abgangen, damit bin ich nicht einig."

Im Untertitel wird deutlich, worum es Leibniz ging, um den „vorschlag einer Teutsch gesinten Gesellschaft". Damals gab es längst sogenannte Sprachgesellschaften, die sich um die Besserung des Deutschen bemühten. Doch Leibniz wollte mehr, er wollte eine Gesellschaft gegründet wissen, die die Sprache auch erforscht, zum Beispiel Wörterbücher herausgibt. Erwünscht war besonders ein edler Fürst, der das Geld geben sollte, und, neben den Männern, das „liebreiche Frauenzimmer". Während andere Sprachverbesserer damals vor allem die Fremdwörter ausmerzen und durch deutsche Neubildungen ersetzen wollten, war Leibniz grosszügig: „Irren dahehr die jenigen sehr, welche sich einbilden, daß die wiederbringung der Teutschen Beredsamkeit nur allein in ausmusterung ausländischer wörther beruhe. Ich halte dieses vor das geringste, und will keinem über ein fremd worth, so wohl zu paßen komt, den proceß machen." Noch heute liest sich dieser Aufruf leicht, die Sprache ist lebendiger als vieles, was sonst damals auf Deutsch erschien. Und es findet sich so mancher pointierte Satz, etwa dieser: „Auch ein starcker arm kan eine feder so weit nicht werfen, als einen stein."

Zur Rettung des Harzes   Die Kutsche rollt auf die Passhöhe zu, im Dunst eines Septembertages liegt Clausthal vor dem Reisenden, und Leibniz lässt seinen Kutscher anhalten. Bald ist also das Zentrum des Oberharzer Bergbaugebietes erreicht, der Sitz des herzoglichen Bergamtes. Dem dreiunddreissigjährigen Hofrat muss bei diesem Anblick etwas bang zumute gewesen sein. Nun ist er schon drei Jahre in hannoverschen Diensten und hat auf dem Weg hierher doch zum ersten Mal die Schatzkammer des Landes, zugleich die grösste deutsche Industrielandschaft gesehen, diese Teiche, künstlichen Wasserläufe und mächtigen Wasserräder, dazu von ferne die Gruben, Pochhämmer und Hüttenbetriebe. Eine ganz fremde Welt. Aber er hat sich hierher gedrängt und die Stirn gehabt vorzuschlagen, man solle ihn zum technischen Erneuerer der Bergwerke ernennen, auf dass er sie aus ihrer Krise führe. Er wollte der Retter sein und kam als Neuling. Allerdings hatte er sich aus fachlichen Schriften auch vorbereitet und wusste, wie die Maschinen unter und über Tage mit riesiger Kraft angetrieben werden mussten. Man gewann diese Energie bisher ausschliesslich mit Hilfe von Mühlrädern, doch es gab nicht genug Wasser.

Vor sechs Wochen, als er diese Reise in das Bergwerksgebiet plante, hatte er noch vorgehabt, incognito zu kommen, um sich erstmal in Ruhe umsehen und einen tüchtigen Zimmermann finden zu können, der ihm die ‚Windkunst‘ bauen sollte, die er sich zur Rettung der Bergwerke ausgedacht hatte. Aber aus dieser Verschwiegenheit war nichts geworden. Er war jetzt dem hohen Bergamt angekündigt, und man wusste dort, dass er von seiner Regierung gestützt wurde, ja ein Protegé des Herzogs war. Man würde ihn deshalb, so war zu fürchten, nicht gerade mit offenen Armen empfangen.

Er liess sich aus der Kutsche helfen und betrachtete die Stadt. Gegenüber, auf der Bremer Höhe, thronte die grosse Windmühle, ihre Flügel drehten sich wie ihm zum Hohn. Natürlich wusste man auch hier von der Kraft des Windes, er brachte also nichts Neues! Aber war die Mühle nicht auch ein Beweis, der für ihn sprach, dass man hier oben nämlich ebenso mit dem Wind arbeiten konnte wie bislang nur mit der Kraft des Wassers? Während der vergangenen Stunden war ihm aufgefallen, wie künstlich man den ganzen Oberharz mit fast ebenen Wassergräben und mit dunklen Teichen so angelegt hatte, dass jeder Tropfen Quell- und Regenwasser mehrfach Arbeit leisten musste und immer wieder über ein nächstes Wasserrad geführt wurde. Aber die Wasserkraft reichte nicht, deshalb brauchte man ihn, den Erfinder neuer Windkünste.

Aus dem Häusergewirr ragte die Kirche empor, sie war erst vor gut dreissig Jahren erbaut worden, die ganze Stadt war jung, ebenso die Schwester Zellerfeld. Der grössere Teil des Bergbaugebietes mit dem Zentrum Clausthal gehörte zu Hannover, den anderen Teil mit dem Verwaltungssitz Zellerfeld nannte man den ‚Communionharz', weil er von Hannover und Wolfenbüttel gemeinsam verwaltet wurde. Die einzelnen Gruben gehörten Genossenschaften, sogenannten Gewerken, doch der Staat hatte in beiden Teilen des Harzes mit je einem Bergamt die Aufsicht und bekam einen Teil der Einnahmen. Ein harter Menschenschlag war hier ansässig geworden, und die Herren vom Bergamt traten wie Könige auf, selbst gegenüber der herzoglichen Kammer, der Regierung. Das würden wohl schwierige Verhandlungen werden.

Leibniz liess weiterfahren. Noch hatte er keinen Vertrag in der Tasche, nur zwei Erfindungen im Kopf – und würde sich doch durchsetzen. Die Vorbereitungen waren getroffen. Der Herzog hatte, wenn er ihm schon nicht Vollmacht erteilen wollte, einem Beamten Auftrag gegeben, ihn beim Bergamt schriftlich einzuführen. Ja, zugegeben, Leibniz hatte sich im vergangenen Dezember (1678) selbst ins Gespräch gebracht, indem er grosse Erfindungen angedeutet hatte, die den Bergbau retten könnten. Denn die trockenen Sommer der letzten Jahre hatten den Ertrag der Gruben stark beeinträchtigt.

Als der Herzog ihn daraufhin empfing, war natürlich die Zeit gekommen, Einzelheiten zu nennen. Er hatte dem Herrscher von der Windenergie vorgeschwärmt. Auch ein Modell seiner Windkunst hatte er dem Herzog alsbald gezeigt. Doch dann galt es, einen Konkurrenten auszustechen, denn der stellvertretende Berghauptmann, der in Japan geborene Holländer Peter Hartzingk, hatte bereits eine Windmühle erprobt, um die Pumpen damit anzutreiben. Leibniz hatte dem Herzog jedoch versprochen, weit bessere Mühlen und Pumpen zu bauen, die ohne allzu grosse Reibungsverluste arbeiten würden. Dieses grossartige Versprechen war wiederum Hartzingk zu Ohren gekommen und hatte böses Blut gemacht. Der stellvertretende Berghauptmann wusste inzwischen auch, dass er ausgebootet worden war, ebenso wie ein anderer Fachmann.

Denn gleichzeitig befasste sich auch der Zellerfelder Oberbergmeister Daniel Flach mit dem Bau und der Erprobung einer Windkunst. Da sich Leibniz inzwischen ausbedungen hatte, während seiner eigenen Proben dürfe nirgendwo sonst eine Windkunst errichtet werden, würde Flach ganz auf eigene Kosten vorzugehen haben. Das duldete der Herzog gerade noch, der im übrigen das Bergamt angewiesen hatte, Leibniz in jeder Weise zur Hand zu gehen. Jetzt gerade vor gut einer Woche hatte sich Berghauptmann Casimir zu Eltz noch darüber zu beschweren gewagt, dass er, Leibniz, bislang nicht einmal die Örtlichkeiten angesehen, aber verlangt habe, der Vertrag müsse unterschrieben werden, bevor die Arbeiten beginnen sollten. Der Herzog hatte ihm darauf die passende Antwort erteilt und vor vier oder fünf Tagen befohlen, einen derartigen Vertrag abzuschliessen. Dazu war er nun unterwegs, in die Höhle des Löwen.

Leibniz schickte seinen Diener in die ,Crone' um Quartier. Ihn bedrückte die Sorge, dass er Peter Hartzingk bald werde Rede und Antwort stehen müssen. Denn in seiner Denkschrift im Dezember hatte er sich über ein anderes Projekt des Herrn stellvertretenden Berghauptmanns spöttisch geäussert, über den Plan nämlich, die neue Windkraft ebenfalls dazu zu verwenden, das schon von Wasserrädern genutzte Wasser mit Windkraft zurückzupumpen in die höheren Teiche und es erneut über die Räder laufen zu lassen. Dieser Kreislauf des Wassers werde nicht funktionieren, hatte er vor dem Herzog argumentiert, weil dabei zu viel Wasser versickern und verdunsten würde. In dieser Frage waren dem Hofrat jetzt bei seiner ersten Besichtigung des Industriegebiets Oberharz Zweifel gekommen. Wenn es gelingen könnte, das kostbare Wasser auf dem Berg zu halten, indem man es einfach wieder hochpumpte, wäre einiges gewonnen. ,Sparteiche', das könnte doch eine gute Idee sein.

Am anderen Morgen machte Leibniz eine Fahrt durch Zellerfeld, er sah, die Stadt stösst mit Clausthal so hart aneinander, dass beide nur durch den Zellbach und ein Tor getrennt sind. Sie haben beide keine Mauern, aber weite Strassen und hin und wieder schöne Gebäude, darunter besonders das prächtige Amtshaus in Clausthal. Dort liess Leibniz halten und sich anmelden. Der Berghauptmann Friedrich Casimir zu Eltz, den Leibniz vom Hof in Hannover gut kannte, erschien auf der Treppe vor dem Portal, und drinnen wurde dem Gast vorgeschlagen, am anderen Tag noch ein Bergwerk zu besichtigen, bevor die Konferenz zusammengerufen werden konnte.

Ein wenig Zeit blieb dem Retter ohne Erfahrungen noch, sich zu den Gruben fahren zu lassen und verschwiegen durchs Kutschenfenster die Wasserräder zu besichtigen. ‚Kunsträder' hiessen sie, deren drehende Bewegung durch einen ‚krummen Zapfen' über eine Pleuelstange in eine waagerechte Bewegung umgesetzt wurde. Diese Hin- und Herbewegung übertrug man auf weiten Strecken mit einer ‚Stangenkunst' bis in den Schacht. Leibniz, vom Anblick tief beeindruckt, seufzte. Warum hatte er sich in diese Lage gebracht? Hatte er sich vielleicht – immer noch im Überschwang der Erfahrung von Paris, dass ihm jedes Gebiet offenstand, in das er sich einarbeitete – ein wenig überschätzt? Sein einziger Trost war der Gedanke, dass alles sehr schnell gehen werde. Zehn Monate vielleicht.

Am nächsten Morgen galt es also, eine Grube zu besichtigen. Er hatte sich nicht getraut, das zu verweigern, obwohl ihm der Gedanke an die Tiefe und Enge des Schachtes Beklemmungen verursachte. Um halb sieben holte ihn ein ‚Geschworener', einer der höchsten Beamten, ab und fuhr ihn zu dem Bergwerk, das die ‚Englische Treu' hiess, eine Viertelstunde vor der Stadt gelegen. Erste Anweisungen, Umkleiden in einer Koje, ein mulmiges Gefühl. Nachdem er die Bergkleider angetan hatte, fuhren sie zu dritt mit einem Steiger, der mit der Lampe zwischen ihnen ging, ein in den Schacht. Sie „fuhren in die Grube", das fühlte Leibniz, und stiegen dabei sogenannte ‚Fahrten', das sind Leitern mit weit voneinander stehenden Sprossen, hinunter, im ganzen 32 solche Leitern, bis auf eine Tiefe von über hundert Lachtern (ein Lachter sind sieben Schuh, also knapp zwei Meter). Dann ging es durch einen langen, niedrigen Stollen, den man gebückt durchkriechen musste. Am Ende, vor Ort, blinkte Erz. Zu fragen, ob es Silber, Blei oder Kupfer sei, wagte er nicht. Man sah zur Linken, dass ein Schacht wieder aufgeräumt wurde, der offenbar zuvor eingefallen war, allerdings, wie man versicherte, ohne dass er jemanden beschädigt hatte. Die Hölzer waren eingeknickt. Steine und Erz hatten dabei die dicksten Baumstämme zerborsten und zerschlagen, als seien es Strohhalme. Noch mehr aber befremdete es Leibniz, dass die Leute ohne Furcht alles wieder wegräumten.

Sie sahen dem Bohren eine Zeitlang zu. Wenn man eine Ader gefunden hat, erfuhr Leibniz, wird ein Stück, drei oder vier Ellen rings herum, losgehauen. Danach kommen die ‚Bohrer' dran, eigentlich Meissel, eiserne Stangen, die in eine Spitze auslaufen, die vier scharfe Ecken hat. Mit ihrer Hilfe wird ein Loch gemacht, etwa zwei Ellen tief. Der ‚Bohrer' oder Meissel wurde dabei von einem Mann gehalten und von einem anderen mit einem schweren Hammer durch unzählige starke Schläge hineingetrieben. Das dauerte, erfuhr er, etwa dreizehn Stunden. Ausnahmsweise wurde an diesem Morgen für den hohen Gast auch gleich gesprengt, was sonst erst um die Mittagszeit geschah.

Als das Loch fertig war, machten die Bergleute von Papier eine Röhre, füllten sie mit etwa einem halben Pfund Pulver, und steckten sie ganz hinein in den Fels. Auf die Röhre von Papier folgte eine eiserne Röhre, die in der Mitte einen eisernen, beweglichen Stab hatte, mit dem ein Bergknappe wie mit einem Ladestock am Gewehr etwas Pulver bis an die papierene Hülse trieb. An die Röhre wurde vorn ein Stück Schwefel gehängt. Alle wurden gebeten, in sichere Entfernung zurückzuweichen. Dieses Schwefelstück musste einer mit dem Licht seiner Lampe anzünden und schnell ebenfalls an die Seite treten, da es dann mit einem ziemlichen Geprassel losging und eine grosse Menge Steine und Erz losschlug. Es war unheimlich. Der Steiger winkte zum Gehen. Also stiegen oder ‚fuhren‘ die drei mit nicht geringer Mühe nach und nach wieder hinauf, bis sie endlich, wie Leibniz spürte, mit grossem Verlangen auf die Jakobsleiter, das ist die letzte, bevor man die Sonne wiedersieht, gelangten und mit einem glücklichen „Gott sei Dank!“ alle drei wieder über Tage waren.

Folgenden Tags sass man sich im Amtshaus, dem Dienstsitz des Berghauptmanns, am grossen Eichentisch gegenüber, so weit auseinander, dass man fast schreien musste, und hielt sich doch an die Spielregeln der Höflichkeit. Auffallend war, dass auch der Kollege Bergrat Hartzingk teilnahm, obwohl er dem anderen Harzteil, dem Communionharz, vorstand. Ein paar entscheidende Fragen könnte Friedrich Casimir zu Eltz nach der feierlichen Begrüssung im Namen des Collegiums dem Gast gestellt haben. Etwa, in welcher Eigenschaft er gekommen sei. Darauf wird Leibniz geantwortet haben, er sei teils Beauftragter des Herzogs und für das Vorhaben freigestellt, teils insofern Privatmann, als er sich mit eigenem Geld an der Verwirklichung seiner Erfindungen beteiligen wolle.

Die nächste Frage wird gewesen sein, welche Erfindungen er denn zu machen gedenke. Der Gast deutete geheimnisvoll sowohl eine neuartige Windkunst an wie auch eine neuartige Pumpe, die beide fast ohne Reibungsverluste arbeiteten. Aber so sehr die Herren auch nachfragten, die Neuerungen sollten nicht einmal hier im

Bergamt benannt werden. So blieb nur der Plan auf dem Tisch, herkömmliche Windwerke aufzustellen.

Also gewöhnliche Windmühlen! Man wird sich denken können, dass Friedrich Casimir zu Eltz, der Berghauptmann, erst einmal grundsätzlich wurde: „Windkraft gibt es im Bergbau längst, wenn auch vielleicht nicht genug und nicht erfolgreich genug! Es bedurfte, mit Verlaub, nicht eines Juristen, um uns mit dieser Idee zu erfreuen. Seit mehr als hundert Jahren hat man hier Versuche unternommen." Nun referierte Peter Hartzingk, der Holländer, ausführlich die Erfahrungen und endete sarkastisch: „Sie werden das alles studiert haben ..." Danach ergriff Berghauptmann zu Eltz wieder das Wort: „Mein Kollege Hartzingk hat vor Jahren auch selbst Versuche unternommen, um die Windkraft zu nutzen – alles, bevor Sie, Herr Hofrat, Ihre Ideen unserem gnädigsten Herrn schriftlich vorgelegt haben." – „Ich möchte hinzufügen", sagte Hartzingk, „dass unser tüchtiger Oberbergmeister Daniel Flach eine Windkunst auf dem Schacht der Grube ‚Morgenröthe' errichten wird. Wir sind also mit allem versehen."

So oder so ähnlich frostig muss das Gespräch verlaufen sein. Leibniz wird seine ganze höfische Erfahrung ausgespielt und seine gewinnende Art eingesetzt haben, um manches zu retten, hatte er doch längst verstanden, dass er eine Eule nach Athen trug und den Experten nichts Greifbares voraus hatte. Nach zwei Wochen, am 30. September, wurde dennoch ein Vertrag aufgesetzt. Darin verpflichtet sich Leibniz, hier ganz privater Unternehmer im Nebenberuf, die Pumpen der ‚Dorothea Landeskron' durch eine Windkunst so anzutreiben, dass die Grube ‚zu Sumpf gehalten' (also vom Grubenwasser befreit) wird. Er tut es auf eigene Kosten, so wird festgehalten, aber das war nicht schmerzlich, denn das Gehalt als Justizrat lief ja weiter, er war von seinen Aufgaben bei Hofe weitgehend freigestellt und konnte zudem, wenn er im Harz war, auf ‚Kostgeld' auch für Pferde und Diener hoffen.

Was aber das beste war – es winkte hoher Gewinn: Sollte die Windkunst ein Jahr lang befriedigend arbeiten, hiess es im Vertragstext, so werden dem Erfinder und Erbauer bis an sein Lebensende jährlich 1 200 Taler ausgezahlt, eine Summe, die von den Bergwerken und dem Herzog gemeinsam aufgebracht würde. Das war eine fürstliche Pension, und doch ein vernünftiger Vertrag, denn beide Seiten setzen darin auf das, was sie erwarten. Das Bergamt glaubt nicht an den Erfolg und wird deshalb kein Geld durch eine Pension verlieren. Leibniz rechnet damit, dass er ein Jahr Zeit und 300 Taler für die Mühle aufbringen muss, dann aber ein reicher Mann – und ein Mäzen der eigenen Wissenschaft – sein werde. Auch sonst konnte er zufrieden sein, denn entgegenkommend war es auch, dass man ihm als Ort der Bewährung die Grube Dorothea Landeskron zugewiesen hatte. Sie lag für den Wind günstig auf einer Anhöhe und hatte nur sechs Pumpensätze, die bewegt werden mussten. Das sollte mit der neuen Windkraft zu bewältigen sein.

Der Vertrag war gerade paraphiert, da liess der Herzog am 2. Oktober (1679) mit reitendem Boten seinen Hofrat nach Hannover rufen. Das konnte nichts Gutes bedeuten. Leibniz eilt, man konferiert sofort, es geht tatsächlich um das Harzprojekt. Wie sich herausstellt, hat der Hof Bedenken bekommen. Merkwürdigerweise besteht aber nicht die Sorge, es könne mit Leibniz' Maschinen nichts werden, sondern man fürchtet einen zu grossen Erfolg seiner technischen Revolution. Was werde man, so lautet die bange Frage, allein an neuen Verarbeitungsanlagen zum Verhütten brauchen, wenn plötzlich so viel mehr Erz gefördert wird? Leibniz erwidert, dafür zu sorgen sei nicht seine Aufgabe, er habe sich nur zur Steigerung der Erzförderung verpflichtet und sei nicht für die Aufbereitung zuständig. Neue Maschinen jedoch zur Weiterverarbeitung werde man ohnehin anschaffen müssen.

Zunächst konnte er aufatmen, aber was ihn doch kränken musste, war, dass Ratschläge von Hofbeamten vorlagen, er solle seine Erfindungen zuvor noch Fachleuten, die in der Mechanik bewandert seien, zur Begutachtung vorlegen. Dagegen verwahrte er sich während einer Audienz beim Herzog. Er sei doch sehr erstaunt und bezweifele, dass Fachleute seine Pläne bewerten könnten. Das vereinbarte Probejahr sei zudem Prüfung genug.

Abschied vom Herzog Im Oktober (1679) war Johann Friedrich, der schon lange an seinen Pflichten gelitten hatte, endgültig amtsmüde. Er klagte dem französischen Gesandten Rousseau seinen ‚desgoust des affaires‘, seinen Verdruss an den Staatsgeschäften, die ihn seit zehn Jahren nicht in Ruhe gelassen, aber die Menschen kennen gelehrt hätten. Von dem so sorgfältig gepflegten Heer, das er immer davor bewahrt hatte, in den Kampf geführt zu werden, musste er sich trennen, nur 4 000 Mann blieben ihm. Im Herbst fasste er den Entschluss, sich durch eine lange Reise den Händeln

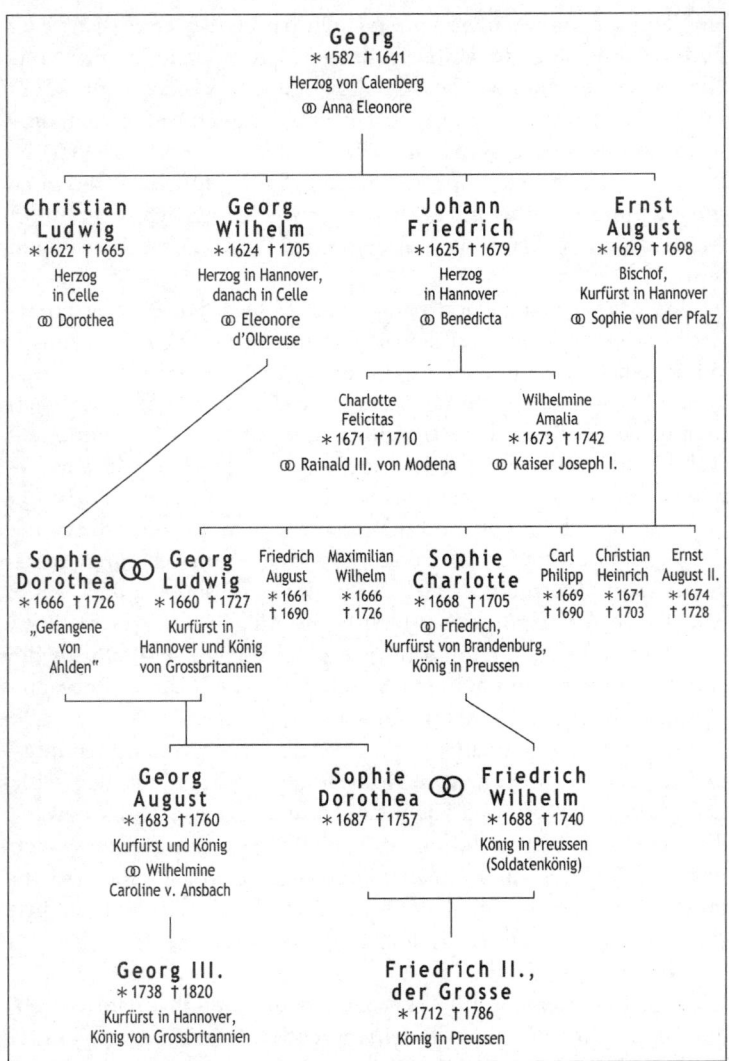

Stammbaum der Hannoverschen und Celler Welfen. Die Wolfenbütteler Welfen waren nicht nahe mit ihnen verwandt. Ein Blick auf diese Tafel kann zeigen, dass zweimal Vetter und Cousine geheiratet haben, nämlich Sophie Dorothea und Georg Ludwig, sowie deren Tochter Sophie Dorothea und Friedrich Wilhelm, der sogenannte Soldatenkönig.

dieser Welt zu entziehen, und dazu hatte man in Venedig den Palazzo Foscari gemietet, zunächst für ein Jahr. Es wurde umständlich gepackt, der französische Botschafter schloss aus diesen Vorbereitungen, der Herzog werde Jahre fortbleiben. Mitgeführt werden sollten Betten, Teppiche und Tapeten, allein sieben Kisten mit Briefschaften, zwei Bücherschränke und das Tafelsilber für einen ganzen Hofstaat.

Eine Abdankung aber war nicht beabsichtigt, der Herzog hatte sich vorbehalten, alles Wichtige von Venedig aus zu entscheiden. Die Depeschen der Gesandten wollte er ebenso sehen wie Todesurteile oder die Anordnung der Folter. Am 19. November (1679) konnte Johann Friedrich die Fahrt nach Süden antreten. Von seinem späteren Erben, dem jüngeren Bruder, der im Bistum Osnabrück regierte, hatte er sich schon persönlich verabschiedet. Im Schlosshof stand die Reisegesellschaft abfahrbereit. Der Herzog reichte jedem, der zurückblieb, so auch dem Hofrat Leibniz, die Hand zum Abschied. Allen, wirklich allen, die angetreten waren, am Ende selbst dem geringsten Bedienten, schenkte er diese Huld. Dann liess er sich in die Kutsche helfen. Es waren so viele Wagen, dass über hundert Pferde vorgespannt werden mussten. Das Gefolge umfasste mehr als neunzig Personen, darunter waren der Hofmarschall von Moltke, der Hofmeister Otto Arthur von Ditfurth, der Kammersekretär Hattorf, dazu allerhand Schreiber und Diener, Musikanten, Köche, Zwerge und viele andere. Während die Gesellschaft davonfuhr, muss Leibniz gespürt haben, dass Johann Friedrich weniger sein Herr als sein Gönner gewesen und es nun ungewiss war, wie es in seiner Abwesenheit weitergehen würde. Er hoffte wohl, dem Herzog bald als Berater in Fragen einer Reunion der Kirchen nachreisen zu können.

Einen Monat später, gegen Ende Dezember (1679), fuhr Leibniz nach Herford zur schwerkranken Pfalzgräfin Elisabeth, die dort eine katholische Äbtissin war und sich eine Schülerin von René Descartes nennen durfte. Die Äbtissin und Leibniz waren sich am hannoverschen Hof schon begegnet, hatten auch miteinander korrespondiert, und nun war es dem Hofrat eine Ehre, die sehr religiöse, wissbegierige Dame zu besuchen. Dort begegnete er ihrer Schwester Sophie, die mit dem jüngsten Welfenbruder Ernst August verheiratet war und offiziell als ,Frau Bischöfin' bezeichnet wurde, weil ihr Mann als Protestant das Bistum Osnabrück regierte. Der Titel Bischöfin wirkte sonderbar, fast wie Spott, wenn man diese welterfahrene, geistreiche Frau neben ihrer Schwester, der wahrhaft religiösen konvertierten Äbtissin erlebte.

Leibniz begegnete damit, ohne es wissen zu können, seiner späteren Gönnerin, von der ihm jedoch damals schon sehr wohl bewusst war, dass sie jederzeit zu seiner Herrin werden konnte, weil ihr Mann das Fürstentum Hannover erben sollte. Sie war schon nahe den fünfzig und 22 Jahre mit Ernst August verheiratet; das Paar hatte sieben Kinder, eine Tochter und sechs Söhne. Ahnenstolz war Sophie, denn sie vergass niemals, dass sie eine Königstochter und mütterlicherseits die Enkelin eines englischen Königs war. Sie galt als eine kluge, nüchterne Frau, beherrscht und beherrschend, von hellem Verstand und scharfem Witz.

Hier in Herford stand sie am 4. Januar 1680 unvermittelt am Bett ihrer Schwester Elisabeth, gefasst und ruhig, aber doch sichtbar bewegt und sagte nur: „Herzog Johann Friedrich, mein lieber Schwager, ist gestorben, ich habe es gerade erfahren." Leibniz wird es auch sofort gehört haben und war erschüttert. Er hatte einen Wohltäter, mehr noch, seinen Halt verloren. Später hörte er, dass sein Herzog Johann Friedrich noch auf der Reise nach Venedig in Augsburg einer Krankheit erlegen war. Damit war der Erbfall eingetreten. Die Frau Bischöfin hatte nicht nur als Schwägerin, sondern auch als die künftige Herzogin von Hannover gesprochen. Konnte er erkennen, ob sie bewegt war? Hatte sie ihren Schwager gemocht? Oder war ihr jetzt allein bewusst, dass ihr Mann und sie die Erben des Fürstentums Hannover waren, weil der alte Herzog keinen Sohn hinterliess? Ihre sieben Kinder würden nun endlich, das wusste sie, versorgt sein.

Man erfuhr zunächst noch nicht viel über den Tod des Herzogs, später wurde das Bild klarer: Am 5. Dezember hatte die Reisegesellschaft in Augsburg Quartier bezogen, wo man mehrere Wochen bleiben wollte. Seiner Durchlaucht war in diesen Tagen nicht wohl, doch behalf er sich, seiner Gewohnheit gemäss, mit selbstverordneten Pillen und Salzen. Erst am 23. Dezember wurde der Hofbarbier Larose ins Vertrauen gezogen, vier Tage später dann auch der Leibarzt Dr. Konerding, der mit einem Tross nachgekommen war. In der Morgenfrühe des 28. Dezember fand der Kammerdiener seinen Herrn leblos im Bett liegen.

Die Leiche des Herzogs wurde nach Herrenhausen gebracht und erst vier Monate später – das war damals üblich – mit einem feierlichen Leichenzug in die hannoversche Schlosskirche überführt, wo man inzwischen eine Gruft unter dem Chor gemauert hatte. Die solenne Leichenfeier am 30. April übertraf alles, was das Fürstenhaus bis dahin erlebt hatte. Im Trauerzug gehen die Schüler, die Geistlichkeit und die Abgeordneten der Städte, dahinter wird die fürstliche Leiche geführt, es folgt hoch zu Ross der neue Herzog Ernst August zwischen den Marschällen. Dann ziehen vorüber die Prinzen, die Geheimen Räte und die Offiziere, schliesslich der ganze Hofstaat.

Die Feier fand in der Schlosskirche statt, die deswegen noch immer katholisch belassen war und erst im Juli wieder evangelisch genutzt wurde. Die Predigt hielt ein italienischer Mönch. Der neue Herzog hatte die Kapuziner ausdrücklich noch so lange im Lande behalten, bis sie ihrem verstorbenen Herrn diese letzte Ehre erweisen konnten. Am folgenden Sonntag setzte man in der Hofkirche die Trauer, nun aber im evangelischen Gottesdienst, fort. Dabei wurden vom Oberhofprediger Hermann Barkhausen (dieses Amt gab es auch wieder) nach der Leichenpredigt von der Kanzel die ‚Personalia‘ verlesen. Das war ein Brauch, bei dem ursprünglich in christlicher Offenheit der Charakter des Verstorbenen wie in einer Beichte vor Gott dargestellt wurde, oft schonungslos. Diese harten Zeiten waren zwar vorbei, aber eine klare Deutung des Charakters wurde dennoch erwartet. Man hatte Leibniz beauftragt, diese Personalia zu verfassen. In seinem Text blitzt auf, wie er seine eigene Rolle am Hofe dieses Herrschers sah: „Der hochselige Fürst hat dieses Lob in der Welt erhalten, dass er die Personen trefflich unterschieden, und einen jeden, wozu er geeignet, hat brauchen können; auch dass er berühmte, gelehrte und in allerhand Professionen verdiente Leute sowohl in seinen Landen, als auch an weit entlegenen Orten gesuchet, herfür gezogen, beschenket, und nach Gelegenheit zu Aufnehmen gebracht, und in Stand gesetzet, dass sie ihr gutes Vorhaben werkstelligen können."

4   In den Wind geschrieben

Der neue Herrscher   Im Vorzimmer der Macht ist ein Kommen und Gehen. Auf den Fluren des Schlosses zu Osnabrück hat Hofrat Leibniz adlige Hofleute gesehen, stolze Offiziere und ausländische Gesandte, auch Bedienstete und Bittsteller, Scharlatane und Wichtigtuer. Sie sind in die Stadt gekommen, um im Schloss vorgelassen zu werden. Es ist Mitte Februar 1680, und seit sechs Wochen ist Fürstbischof Ernst August zugleich auch der Herzog von Hannover. Von Osnabrück aus bereitet er sich auf den feierlichen Einzug in seine neue Residenz vor, wählt seinen Hofstaat und stellt die Regierung zusammen. Abenteurer, Alchemisten und Phantasten aus aller Welt umschwärmen den neuen Herrn. Halb Hannover scheint hier zu sein. Auch Leibniz hat einen Termin bekommen und muss sich vorstellen, aber seine grösste Sorge ist schon verflogen, denn jemand hat ihm zugeraunt, dass er übernommen werden soll.

Hier im fürstbischöflichen Schloss durfte er bereits der neuen Herzogin Sophie seine Aufwartung machen und kann hoffen, dass sie bei ihrem Gemahl ein gutes Wort für ihn eingelegt hat. Er glaubte, sie habe eine gespannte Erwartung angesichts der neuen Herrschaft gezeigt, auch hatte sie lebhaft darüber geklagt, dass sie die prächtigen Gärten des soeben fertiggestellten Osnabrücker Palastes mit dem Leineschloss ihres Schwagers vertauschen sollte, dem verbauten, rauchigen, in unschöne Umgebung eingezwängten ehemaligen Kloster.

Vor einigen Wochen schon hat sich Leibniz in Hannover mit schriftlichen Eingaben an den kommenden starken Mann gewandt, den langjährigen Osnabrücker Premierminister Franz Ernst von Platen, der gewiss auch in Hannover die rechte Hand des Herzogs sein wird. Hofrat Leibniz braucht nämlich ein neues Aufgabengebiet, und vorgeschlagen hat er deshalb wieder, was er auch dem alten Herzog schon angetragen hatte: Er könne Archivdirektor werden, oder man solle die Bibliothek erweitern um eine herzogliche Druckerei, die sogar Geld einbringen würde. Zu denken wäre auch an ein technisches Museum, eine sogenannte Kunstkammer. Aber der Premier hatte noch nichts entschieden.

Es herrschten Aufbruchsstimmung und Angst – wie vor jedem Regierungswechsel. Viele der bisherigen Beamten und Offiziere bangten, ob ihre Bestallungen bestätigt würden. Hingegen hatte es sich Leibniz, beruhigt durch die vorläufige Zusage, leisten können, schon ein paar Tage zuvor ein Angebot aus Oldenburg, dort die Stelle eines Rats anzunehmen, dankend auszuschlagen. Er war voller Erwartungen und hatte soeben an Christiaan Huygens geschrieben: „Ich habe einen grossen Verlust durch den Tod meines verstorbenen Herrn erlitten, der zweifellos einer der grössten Männer war, die ich gekannt habe", aber der neue habe „schon jetzt zu erkennen gegeben, dass Tugend und Edelmut gewissermassen in diesem Hause erblich sind".

„Exzellenz Leibniz!" wird von einem Lakaien ausgerufen und der Hofrat ins Kabinett des Herrschers geführt. Nach seinen vielen Verbeugungen sieht er den Herzog thronen, eine würdige Gestalt, ein geborener Fürst. Neben ihm, das ist gewiss der künftige Hofmarschall von Platen, auch er stattlich, elegant. Der ergreift das Wort, er tut es äusserst verbindlich, zugleich hoheitsvoll und gemessen. Ein Schreiber führt Protokoll. Viel hat sich Leibniz vorgenommen zu sagen, er sucht das Vertrauen, das ihm Johann Friedrich gewährt hatte, auch bei seinem neuen Herrn zu gewinnen und lässt durchblicken, er wünsche ihm auf allen Gebieten als persönlicher Berater zu dienen. Ebenso wiederholt er seine Anträge, man solle ihm die Leitung der Archive und die Verwaltung der Klostergüter übertragen, sieht neben der Bibliothek eine Kunstkammer entstehen, die alle neuen Maschinen sowie die im Harz zu findenden Erze, Mineralien und Metalle bergen könnte. Auch seine Rechenmaschine und andere Erfindungen sollten vollendet werden. Er rät dazu, sämtliche Gesetze und Ordnungen des Landes in einem Corpus zusammenzustellen. Doch von Platen scheint abzuwinken. Ach, es gäbe, denkt Leibniz, noch so viel vorzuschlagen: Eine Topographie des Landes wäre endlich aufzunehmen, die Adels-Akademie in Göttingen zu erweitern, eine kurze, aber genaue Geschichte des Welfenhauses zu verfassen. Ihm schwebt vor, als Generalinspekteur aller Bibliotheken und hohen Schulen des Landes zu fungieren. Das passe gut zusammen, hatte er sich notiert, und würde „gleichsam ein gewisses Officium formieren". Dazu möchte er die Bücherzensur übernehmen, die nötig sei, „inmaßen offtmahls allerhand ungereimte Dinge herauskommen". Doch der Hofmarschall will nichts mehr hören und wendet sich dem Herrscher zu, sie flüstern. Es geht offenbar um das Projekt im Harz. Die Szene wird bedrohlich.

Der schier allmächtige von Platen ist zwei Jahre jünger als der Herzog und steht schon seit zwanzig Jahren in seinem Dienst. Die Gattin des Hofmarschalls, Clara Elisabeth, geborene von Meysenburg, ist, was jeder ahnt und mit Ehrfurcht zu würdigen weiss, die Mätresse des Herzogs. Auch dem Kandidaten Leibniz erscheint dieser Ehemann, auf den er blickt, durch die Rolle seiner Frau geradezu erhoben, denn was ein Herrscher durch seine Gunst geehrt hat, ist geweiht. Die Kleider, die er getragen hat, werden unberührbar für jeden Sterblichen oder sie werden an hohe Gäste wie Orden verliehen. So war es zuerst in Spanien gewesen, dann in Versailles, nun an allen Höfen Europas. Ein Pferd, das der König von Frankreich geritten hatte, durfte von niemandem mehr bestiegen werden; war eine Frau seine Geliebte gewesen, so ging sie für den Rest ihres Lebens ins Kloster. Es musste auch für den Hofbeamten Platen vor zwanzig Jahren eine grosse Ehre gewesen sein, dass der Fürst seine Frau zur Maitresse erhob, und eine noch höhere Ehre war es, dass der Herr ihr die Treue hielt, bis heute.

Nun wandte sich Platen huldvoll, fast liebenswürdig an Leibniz mit dem endgültigen Bescheid: Er werde übernommen, seine Aufgaben würden noch bestimmt, über sein ‚Windmühlenprivileg‘ sei noch zu sprechen, Durchlaucht wolle sich in dieser Frage nicht übereilen und zuvor nochmals die Bedenken der Bergbedienten anhören. Damit war der Hofrat gnädig beschieden und wurde hinauskomplimentiert. Draussen auf der Treppe dachte er, hinter diesen unschönen Bedenken gegen die Windkunst könne nur der Vertrauensmann des Herzogs unter den hannoverschen Räten, der Geheime Rat v. Witzendorff, stecken. So war es auch.

In Hannover, wo man den feierlichen Einzug des Herrschers vorbereitete, musste sich Leibniz weiter in Geduld üben. Franz Ernst von Platen betrieb als erfahrener Hofmann die Herrichtung des Schlosses für die neue Herrschaft und nahm den Treueschwur der Generäle und ihrer Regimenter sowie die Diensteide der leitenden Beamten entgegen. Auch Leibniz schwor ihm. Doch Kammerpräsident Otto Grote weigerte sich, die Dienstgeschäfte zu teilen oder gar Platen gegenüber den Eid abzulegen, denn das tue er nur vor dem Herzog selbst. Der führende Kopf im alten Geheimen Rat war eben nicht der Mann, sich kampflos mit dem zweiten Platz zu begnügen. Man schob ihn daher alsbald ab ins abgetrennte Fürsten-

tum Grubenhagen, auf den Posten eines ‚Landdrosten', heute würde
man sagen eines Regierungspräsidenten. Grotes Geschäftskenntnis
und Arbeitskraft war allerdings im Ministerium auf die Dauer nicht
zu entbehren, und Platen war nobel genug, den Konkurrenten zwei
Jahre später zurückzurufen und neben sich zu dulden. Hofrat Leibniz hatte auch in der neuen Verwaltung kein Aufgabengebiet und
blieb eine Randfigur. Den Abstand zu den wirklich einflussreichen
Herren kann man schon daran ermessen, dass Leibniz ein Salär von
400 bis 600 Talern im Jahr bezog, Platen aber 3 000, wobei fast das
Zehnfache durch das hinzukam, was er von auswärtigen Mächten
erhielt, ganz offiziell in Form von Bestechungsgeldern oder Ge-
schenken. Und Grote hatte bald kaum weniger.

Ein neuer Herrscher pflegte damals seinen Besitz als Triumpha-
tor zu übernehmen, und Ernst August wusste, was Prachtentfaltung
war und wie sich Macht darstellen liess. Am 13. März 1680 zog er
als der neue Landesherr feierlich in Hannover ein, wobei ihm das
Volk und alle Stände in tiefer Ergebenheit huldigten. Das Regi-
ment ergriff er mit geübter und fester Hand, er war nun fünfzig
Jahre alt und im Regieren längst erfahren. Unter seinen Brüdern
der jüngste und begabteste, war er, geprägt von Sinnenlust und
Herrschsucht, der geborene Fürst, aber auch ein guter Soldat und
Jäger, eleganter Weltmann und Kavalier. Als ein Staatsmann mit
eigenem Urteil und grosser Härte war er der wirkliche Lenker seiner Aussenpolitik und ein Souverän von unnahbarer Würde.

Seine Frau Sophie, eine der klügsten Fürstinnen ihrer Zeit, war
das dreizehnte Kind des Kurfürsten von der Pfalz aus Heidelberg,
der sich leichtfertig zum König von Böhmen hatte ausrufen lassen.
Damit aber war er nur der „Winterkönig" geworden, gleich zu
Beginn des Dreissigjährigen Krieges verjagt und ohne Land, ein
Emigrant mit Phantom-Titel, dessen Kinder in der Fremde und
fast ärmlich aufwachsen mussten. Da ihre Mutter eine britische
Stuart gewesen war, gehörte Herzogin Sophie theoretisch in die
Reihe der englischen Thronerben. Ihr Bruder hatte das Erbe des
verjagten Vaters wieder antreten dürfen und war Kurfürst von der
Pfalz. Dessen Tochter Elisabeth Charlotte, genannt Liselotte, war
mit einem Bruder des Sonnenkönigs verheiratet und die erklärte
Lieblingsnichte der neuen Herzogin von Hannover. Beide schrieben sich fast jede Woche einen Brief.

Die erste Sorge des neuen Herrschers war es, sein verbrieftes
Recht zu sichern, der Erbe des Celler Fürstentums zu sein, womit

dann der grösste Teil der welfischen Lande wieder in einer Hand vereint wäre. Bei dieser Gelegenheit sei etwas zur geographischen Bezeichnung bemerkt. Wenn man Osnabrück nicht mitzählt, gab es drei welfische Fürstentümer, die alle zusammen das „Herzogtum Braunschweig-Lüneburg" bildeten. Gemeinsamkeiten gab es kaum, aber das ,Gesamthaus' unterhielt etwa die Universität Helmstedt. Um die Teile voneinander zu unterscheiden, nennt man sie am besten nach ihren Residenzen: Hannover, Celle und Wolfenbüttel. (Offizielle Bezeichnungen waren: Calenberg für Hannover, Lüneburg für Celle und Braunschweig für Wolfenbüttel.) Während die Fürstentümer Hannover und Celle von Brüdern regiert wurden, war die Wolfenbütteler Linie nur entfernt mit den anderen verwandt.

Ernst August hatte, wie erwähnt, Aussichten auf Celle. Dieses Erbrecht ging auf eine sonderbare Familiengeschichte zurück. Zwei Jahrzehnte zuvor war nämlich sein Bruder Georg Wilhelm mit Sophie von der Pfalz verlobt gewesen, wollte sie dann aber doch nicht heiraten. In seiner Not wandte er sich an seinen jüngsten Bruder Ernst August mit der Bitte, die Pflicht zur Ehe zu übernehmen. Dafür wollte er ihn als Erben einsetzen und selbst auf jede Ehe und damit auf einen Erben verzichten. Der Grund, weshalb er Sophie nicht heiraten wollte, war keine Abneigung, sondern es waren seine Zweifel, ob er zur ehelichen Treue fähig wäre, denn er schien dem Liebesleben verfallen, vor allem dem in Venedig zur Zeit des Karnevals.

Ernst August nahm das Angebot an, und auch die Pfälzer Prinzessin willigte in den Tausch ein, obwohl sie offenbar den Ersterwählten, Georg Wilhelm, wirklich liebte und obwohl die neue Partie viel schlechter war. Ihr neuer Bräutigam Ernst August konnte nämlich nur ein sonderbares ,Bistum' als Besitz vorweisen, in dem ihre gemeinsamen Kinder einmal nichts würden erben können, weil das Land nach dem Tode ihres künftigen Gemahls von einem katholischen Bischof regiert werden würde. Sie willigte aber ein, weil sie sonst als sitzengelassene Verlobte zu einer unmöglichen Partie geworden wäre, zumal sie keine Mitgift hatte und schon bald 28 Jahre alt war, für eine hochadlige Braut zehn Jahre zu alt.

Georg Wilhelm hat wohl nie erwogen, den Vertrag mit seinem Bruder Ernst August zu brechen, aber gerade weil er ein anständiger, grossherziger Mensch war, mochte er, als er sich in die huge-

nottische Landadlige Eleonore d'Olbreuse verliebt hatte und sie
ein Kind von ihm bekam, diese Frau nicht verleugnen und kränken. Er setzte seinen Bruder nochmals feierlich zum Alleinerben
ein, bevor er seine nicht standesgemässe Geliebte in einer Gewis-
sens-Ehe zur Frau nahm. Es entstand in Celle eine Familienidylle,
der galante Abenteurer Georg Wilhelm wurde ein treuer Ehemann, Eleonore besass Schönheit und Tugend, und die Tochter
Sophie Dorothea galt bald als ungewöhnlich hübsch. Im Jahre
1679, noch bevor Ernst August Hannover erbte, war sein Celler
Bruder einen weiteren Schritt auf ihn zugegangen und hatte angeregt, dass seine Tochter Sophie Dorothea, sie war da erst 13 Jahre
alt, aber schon eine junge Dame, den ältesten Sohn von Ernst
August, den Erbprinzen Georg Ludwig, heiraten könnte. Daran
musste Ernst August gelegen sein, denn so wäre sein Erbanspruch
auf die Celler Lande doppelt gesichert gewesen. Aber seine Frau,
die ‚Bischöfin', sträubte sich und meinte, dem frühreifen „Frailen
Sophie" würden schon allerlei galante Tändeleien mit Kavalieren
des Celler Hofes nachgesagt. Ihrem Vater Georg Wilhelm ging es
darum, dass seine schöne Tochter, die einst unehelich und unstan-
desgemäss geboren war, sich nun in eines der grossen Fürstenhäuser emporheiratete. Ernst August betrieb die Sache inzwischen vor
allem, um vom reichen Celler Bruder (gleichsam als Vorgriff auf
sein Erbe) eine gewaltige Mitgift zu bekommen. Die Grafschaft
Diepholz hatte er sich bereits geben lassen, nun sollte noch ein Teil
der Grafschaft Hoya folgen.

Doch alles zog sich hin. Wir blicken ein wenig in die Zukunft,
um die Geschichte weiterzuerzählen: Sophie und Ernst August
lebten zwei Jahre in Hannover, als sie endlich die Verhandlungen
zum Abschluss bringen wollten. Die Celler wurden im August
1682 nach Hannover eingeladen, und hier setzten ihnen Ernst
August und Sophie mit unglaublicher Wärme zu; Ernst August
plagte seinen Bruder wohl fünf bis sechs Stunden am Tag mit der
Sache, und Sophie, jetzt offenbar die treibende Kraft, erhob sich in
einer Nacht dreimal, um mit Eleonore zu sprechen. Bislang hatte
sie die unstandesgemässe Schwägerin, die als blosse Landadlige in
ihre königlichen Kreise aufgestiegen war, als „Mausdreck im Pfef-
fer" bezeichnet, aber nun sollte deren Tochter in die Familie aufgenommen werden. Man einigte sich, und im Dezember 1682 war
die Hochzeit. Es wurde eine Ehe, deren dramatisches Ende Stoff
für einige Romane hergegeben hat.

Drei Mühlen und ein neues Konzept Seit Hofrat Leibniz in Osnabrück bestätigt worden war, wartete er auf eine Entscheidung über
den Harz. Nun fallen zwei Daten günstig zusammen. Zum einen
stehen Ende April (1680) die Begräbnisfeierlichkeiten für den verstorbenen Herzog bevor – erst jetzt, denn der neue Herrscher
musste zuvor feierlich in seine Residenz eingezogen sein. Leibniz
verfasste für das Begräbnis nicht nur die Personalien, sondern auch
ein Abschiedsgedicht, das aber zugleich dem neuen Herzog eine
grosse Zukunft voraussagte. Die Verse wurden am 19. April fertig
und bald dem Herrscher überreicht, der sie – so begeistert war er
davon – immer wieder lesen musste. Zum anderen ist jetzt, nur
wenige Tage später, am 24. April, der Tag gekommen, an dem über
die Windmühlen entschieden werden soll. Der Herzog ist also
wahrlich gut eingestimmt worden. Alle Beteiligten sassen zusammen, man beratschlagte wohlwollend und beschloss, die Probe der
Windkunst solle nicht auf der Zeche ,Dorothea Landeskron', sondern auf der ,Catharina' stattfinden.

Der Grund war, dass die ,Dorothea Landeskron' keine Wasser-
not mehr litt, denn ein unterirdischer Abfluss war überraschend
früh fertig geworden, ein ,Wasserlösungsstollen'. Hier brauchte
man also keine zusätzliche Energie mehr für die Pumpen. Der
neue Standort, die Grube St. Catharina, war für Leibniz allerdings
eine sehr schwere Aufgabe, denn sie hatte eine grössere ,Teufe'
(von 200 statt 120 Metern) und besass daher wesentlich mehr
Pumpensätze. Um sie anzutreiben, sollte Leibniz daher drei Mühlen bauen. Die Kosten jedoch wurden – und das war für Leibniz
wiederum günstig – zu je einem Drittel vom Herzog, dem Claus-
thaler Bergamt und von ihm selbst getragen. Also ergaben sich für
Leibniz gleiche Aussichten bei gleichem Einsatz, nämlich den
Kosten für nur eine Mühle. Vorteilhaft für ihn war ausserdem, dass
nun das Bergamt, auf dessen Hilfe er angewiesen war, eigenes
Geld hineinsteckte und damit eigentlich ein Interesse am Erfolg
haben musste.

Die Dinge standen offenbar gut. Leibniz hat im Sommer (1680)
auch einen erfahrenen Zimmermann und Mühlenbauer gefunden,
Hans Linsen, einen Mann, der in Walbeck in der Nähe von Helmstedt für die damals viel bewunderten Wasserspiele gearbeitet hatte
und mit Leibniz in den Harz kommen wollte. Den Bau der Mühlen glaubte Leibniz damit in guten Händen, er reiste deshalb unbesorgt in Erbschaftsangelegenheiten in seine Heimatstadt Leipzig

und im Juli weiter nach Freiberg in Sachsen, wo er mit dem sächsischen Bergkommissar Benjamin Olitsch über seine Pläne sprach.

In einem Brief an einen Vertrauten am kaiserlichen Hof in Wien gibt er bald darauf seine eigene, etwas prunkende Version: „Gestern begab ich mich auf Befehl meines Fürsten nach den Gruben im Harze. Sie wundern sich vielleicht, was ich, als Mann vom Staatsfache, mit den Gruben gemein habe? Aber ich bin lange schon der Ansicht, dass die Staatswirtschaft der bei weitem wichtigste Teil der Staatswissenschaft ist, und dass Deutschland an seiner Unwissenheit oder Gleichgültigkeit darüber zu Grunde gehen muss. Die Gruben aber machen einen grossen Teil unserer Einkünfte aus ..." Sodann berichtet Leibniz, der Fürst habe ihm im Fall des Erfolges „eine jährliche Belohnung von zweitausend Talern" ausgesetzt (das war übertrieben, es waren nur 1 200 Taler). Das Unternehmen sei schon weit gediehen gewesen und nur durch den Tod des Fürsten zurückgeworfen worden: „Ich musste die Sache von Neuem beginnen, und hatte dabei viel zu kämpfen mit neidischen, in dergleichen Dingen unwissenden Menschen. Jetzt bin ich unter dem Beifall der Kenner, welche sich von dem guten Fortgang selbst überzeugen, an der Arbeit und hoffe in wenigen Monaten damit zu Stande gekommen zu sein."

Von Neid und Unwissenheit hatte Leibniz geschrieben, und tatsächlich gab es Streit. Im Hochsommer war der Hofrat wieder im Oberharz, und er unterbreitete Anfang August (1680) dem Bergamt in Clausthal einen veränderten Vorschlag, der entstanden war, nachdem er die ganze Gegend gründlich abgegangen war und alles studiert hatte, die Teiche und ihre Widerwaagen, die Kunstgräben, Wasserläufe und Bäche. Nun entwickelt er dem Bergamt seine neue Absicht, die Windkünste nicht mehr zum Abpumpen der Grubenwässer zu verwenden. Er will statt dessen das Wasser, das über die Räder gegangen ist, in einem Teich auffangen und von dort mit der Windkraft auf die alte Höhe zurückbringen, um es von neuem die Räder antreiben zu lassen. Umgestalten will er damit ein Gebiet von über drei Kilometer Länge mit 20 Meter Höhendifferenz, in dem sich der Kreislauf ständig wiederholen soll.

Leibniz legt dar, welche entscheidenden Vorzüge diese neue ‚Kombination' von Wind und Wasser bietet. Das Bergamt erklärt sogleich, dass von solchen Dingen im Vertrag nichts stehe und niemals die Rede gewesen sei, sondern immer nur von Windmühlen, die die Pumpen in den Gruben bewegen sollten, und dass man nur sie brauchen könne. In der Tat hatte Leibniz, wir erinnern uns, anderthalb Jahre zuvor diesen Gedanken Hartzingks bekämpft, bis er jetzt die Berge etwas besser kennengelernt hatte. Zufällig traf es sich, dass Bergingenieur Peter Hartzingk, der Stellvertreter von Friedrich Casimir zu Eltz, sechs Wochen zuvor gestorben und gerade mit hohen Ehren in der Osteroder Schlosskirche beigesetzt worden war.

In Leibnizens Vertrag steht wirklich nichts vom Zurückpumpen, aber er beharrt darauf, der Wortlaut lasse diese Möglichkeit offen. Dass er seinen neuen Plan sogar in die Akten hineinlesen will, das macht ihm im Bergamt keine Freunde; man nennt ihn einen „gefährlichen Mann, mit dem übel zu tractieren" sei. Es ist Leibniz aber zuzubilligen, dass wenigstens die Dimension seines Planes neu war, wollte er doch die Wasserwirtschaft eines ganzen Gebietes in einen Kreislauf bringen. Die streitenden Parteien können sich in diesem Punkt tatsächlich nicht einigen, man ruft die Regierung an, es wird eine Kommission gebildet, und ihr sitzt der (gerade aus Hannover abgeschobene) Otto Grote, Landdrost von Grubenhagen, vor. Ende September (1680) tagt die Kommission. Die Gegenseite bilden: der Berghauptmann Friedrich Casimir zu Eltz, der Hof- und Bergrat Christian Berwardt, Leibniz' ärgster Widersacher, und dessen Bruder, der Bergschreiber August Matthias Berwardt, dazu der Schichtmeister Johann Arend Hentze, der die Rechnung über die Windmühlen führt. Auf der anderen Seite Leibniz und seine Leute, die ihm die Windmühlen bauen und warten sollen: der Zimmermeister Hans Linsen und die beiden Kunststeiger Hans Heinrich Gottschalck und Christoph Köhler.

Schon die regelrechten Streitschriften, die bislang zwischen Leibniz und dem Bergamt von Clausthal hin- und hergegangen waren, boten im Grunde nur Rede und Gegenrede vor einem gedachten Tribunal des Herzogs. Alle Argumente und Vorwürfe werden jetzt noch einmal vorgetragen. Otto Grote, der hier den Herzog vertritt, findet den Plan mit den Sparteichen jedoch so verlockend, dass er – trotz aller Anerkennung für den verstorbenen Hartzingk und sein Urheberrecht – am 2. Oktober zu einem Kompromiss drängt, der besagt, dass Leibniz beide Möglichkeiten erproben soll: Die Windkunst bei der Zeche Catharina, die schon im Bau steht, soll weiterhin der unmittelbaren Hebung der Grubenwasser durch Pumpen dienen, die beiden anderen Maschinen

soll Leibniz, wie er neuerdings vorhat, an den Zellbach setzen,
damit sie das ‚Aufschlagwasser' (das also schon Mühlräder angetrieben hat) in Sparteiche zurückführen. Das war eigentlich ein
Sieg für Leibniz, auch wenn sein grosser Plan, in einem ganzen
Gebiet den Wasserkreislauf einzuführen, nicht angenommen worden war. Es gab noch eine andere wichtige Veränderung des Ver-
trages. Für den Fall des Erfolgs wurde Leibniz nicht mehr die hohe
Pension auf Lebenszeit zugesprochen, die teilweise das Bergamt
hätte zahlen müssen, sondern die Art der Belohnung war jetzt
allein dem späteren Urteil des Herzogs überlassen. Leibniz hat diesem Punkt keine besondere Beachtung geschenkt, aber das Bergamt hat heimlich über die Neuregelung gejubelt.

Ein Hofrat ohne Amt macht spontane Vorschläge   Wenn Leibniz nicht
auf dem Harz war, arbeitete er in Hannover. Aber den Dienst in der
Justizkanzlei (wo er Gerichtsurteile vorzubereiten gehabt hatte)
scheint man jetzt nicht mehr von ihm zu verlangen. Andere Aufträge werden ihm immer nur von Fall zu Fall erteilt. Er hat etwa
die historischen Manuskripte und Materialien zur Geschichte des
Welfenhauses zu inventarisieren, die der Kammermeister Johann
Heinrich Hoffmann hinterlassen hat. Oder er hat bei Übersetzun-
gen und Entwürfen mit seinem Französisch zu helfen. Wenn ver-
schlüsselte diplomatische Post eingegangen ist, muss er gelegentlich
helfen, die Chiffre aufzulösen. Im Auftrag des Vizekanzlers Ludolf
Hugo hat Leibniz etwas über die Geschichte der Grafschaften
Blankenburg und Regenstein zu verfassen, auf die Welfen und
Brandenburger gleichermassen Ansprüche erheben.

Doch solche Gelegenheitsarbeit war ihm zu wenig, daher empfiehlt er sich dem neuen Herrscher mit vielen Denkschriften. Es
geht dabei um Leinenherstellung, um die Bergwerke oder eine
Medizinal-Behörde. Er will Erze aus Sumatra verhütten und gegen
Leinwand tauschen. Er führt – noch ohne Auftrag – Gespräche
über eine Woll-, Seiden- und Eisenindustrie, und wenn er etwas
Wertvolles vermutet, wie bei dem ‚rauchenden Wasser' eines Ita-
lieners, hält er keinen Preis für zu hoch. Er empfiehlt sogar einen
Versuch mit einem Goldmacher, dem Rittmeister Vierort. Im
Herbst 1681 lädt Leibniz ihn zur Vorführung am hannoverschen
Hof ein, zuvor hat er allerdings bei Freunden gründliche Erkundi-
gungen über diesen Alchemisten eingezogen. Jedenfalls verlangte
Leibniz schliesslich, dass Vierort beim Experiment nicht selbst

Der neue Landesherr Ernst
August, bislang Bischof von
Osnabrück, nun Herzog von
Hannover, später Kurfürst,
war der geborene Herrscher, ein
Kavalier und Genussmensch,
willensstark und von natürlicher
Autorität. Hier ist er allerdings
etwas unpersönlich dargestellt
wie ein Modepuppe. Doch man
erkennt daran, dass er auf Wirkung bedacht war.

anwesend sei. Da der Rittmeister diese Bedingung ablehnte, ist es
wahrscheinlich nicht zu der geplanten Vorführung vor Herzog
Ernst August gekommen. Statt dessen hat Leibniz viele weitere
Ideen, er ist so unermüdlich wie ein reisender Projektemacher.
Verwirklicht worden ist davon jedoch kaum etwas, eigentlich gar
nichts. Der Hofrat und Mühlenbauer wird immer mehr zu einem
Aussenseiter bei Hofe, schon wegen seiner langen Abwesenheiten,
wenn er auf dem Harz ist.

Im Sommer 1680 versucht er wieder, sich in Wien zu bewerben.
Er verabredet mit seinem väterlichen Freund, dem sächsischen
Kommerzienrat Crafft – der, wie erwähnt, ein umstrittener Mann,
aber auch ein Pionier des deutschen Manufakturwesens ist – einen
genauen Plan, wie dieser ihm den Weg zum Kaiser bahnen soll.
Leibniz wirft gleich die ganze Fülle politischer und wirtschaftlicher
Vorschläge auf das Papier, die er dem Kaiser liefern will. Dafür
erwartet er eine Stelle im Reichshofrat, einem Beratergremium, in
dem auch Protestanten arbeiten konnten. Kaum erfährt er zwei
Wochen später vom Tod des kaiserlichen Bibliothekars, macht er
sich Hoffnung auch auf dessen Nachfolgeschaft. Er schreibt seine
Bewerbung aus dem Harz so, als wollte er die Mühlen sofort aufgeben. In diesem Brief, den sein alter Vertrauter Johann Lincker in

Wien vorlegen soll, rückt er seinen Weitblick und seine Tatkraft ins rechte Licht und fordert viel: „Da ich in der Tat schon im Rate meines Fürsten sitze, werden Sie wohl verstehen, dass ich von dieser Stufe nicht gern herabsteige. Dies wäre aber der Fall, wenn ich das blosse Amt eines Bibliothekars und Historiographen übernähme und auf diese Weise von dem Glanz der Geschäfte in das Dunkel zurückträte. Wenn mich aber der Kaiser in den Kreis seiner Hofräte aufnähme und damit das Amt und die Einkünfte eines Bibliothekars verbände, wie es auch unser Herzog Johann Friedrich hier getan hat, hätte ich Gelegenheit zur Entfaltung meiner Tatkraft." Freund Johann Daniel Crafft ermuntert Leibniz zu dieser Bewerbung, denn habe dieser erst mal Zugang zum Kaiser, so werde das auch die Verwirklichung der von Crafft und Leibniz gemeinsam geplanten Manufakturen erleichtern. Bald muss Crafft jedoch mitteilen, dass die Stelle des kaiserlichen Bibliothekars bereits vergeben ist. Zum Dank für Craffts gute Dienste verfasst Leibniz eine Denkschrift über die Vorteile der Textilindustrie, die Crafft dem Kurfürsten von Brandenburg vorlegen möchte.

Überhaupt schreibt Leibniz in diesen Jahren ungezählte Briefe an seinen Freund Crafft und an dessen Partner, den Kaufmann Elers in Berlin. Wir lernen beim Nachlesen die Mentalität der barocken Erfinder und Fabrikanten kennen, die an den Höfen ihr Glück suchen. Leibniz nimmt daran so eifrig teil, als gehörte er dazu. Die drei Partner vertragen sich manchmal, es gibt aber auch Intrigen, und Briefe verschwinden oder werden heimlich geöffnet. Besondere Hoffnungen setzt Crafft auf seine neuen Maschinen für die Textilherstellung. Er veranschlagt den Nutzen der neuen ‚Mühlstühle' so hoch, dass er sie selbst im fortschrittlichen Holland glaubt anbieten zu können, und bittet Leibniz, sich in dieser Angelegenheit an den Amsterdamer Mathematiker Jan Hudde zu wenden. Oder Crafft übersendet eine Stoffprobe und empfiehlt Leibniz, das Urteil eines Bortenwirkers einzuholen. Allerdings muss Crafft auch berichten, „daß meine drey Instrumenta, mit welchen ich zum wenigsten 3 thlr täglich hette gewinnen könnnen, nun stille stehen, dieweilen die mode derselben, wider alles Vermuthen, plötzlich gefallen".

Kollege Elers bemüht sich derweil am Hof zu Celle, eine neue Stadt bei Harburg gründen zu dürfen, in der Hugenotten angesiedelt werden sollen. Dem Berliner Hof schlägt er vor, die brandenburgisch-afrikanische Handels-Kompagnie solle eine grosse Zahl

von ‚Negern' ins Land bringen, die der Kurfürst den Bauern gegen
Entgelt als Knechte überlassen könnte. Wenn die Schwarzen einmal in der Woche an den Waffen geübt würden, so hätte der Kurfürst an ihnen ebenso billige wie gute Soldaten, „weiln dieselbe
von natur hardi (tapfer) und starck". Crafft urteilt, dass Elers von
diesem Vorschlag „mehr Schimpf alß Ehre haben" werde. Also
wechselt Elers die Pläne, nun will er im Weserbergland grosse
Brenngläser herstellen, und in Berlin empfiehlt er dem Hof einen
anderen Erfinder, der angekündigt hat, „die schiffe vom untergeh-
en zu bewahren". Mehrere Monate lang bemüht sich Elers um
ein Projekt, „das einen unfelbaren nutzen geben" soll: Er will Sei-
denstoffe, die mit Gold und Silber bedruckt sind, als Tapeten verkaufen. Leibniz kann sich durchaus für diese Idee erwärmen und
bittet um Einzelheiten.

Aus Kopenhagen meldet Leibnizens Helfer Brandshagen derweil von neuer Militärtechnik – dabei geht es um Brandkugeln
gegen Schiffe, um Gewehre, die automatisch das Pulver auf die
Pfanne bringen, oder um Mörser aus harter Pappe. Immerhin
bekommt Brandshagen die Erlaubnis, eine grössere Menge Phosphor herzustellen. Um die Wirkung im Dunkeln vor dem dänischen König zu erhöhen, rieb Brandshagen sich das Gesicht damit
ein, „welches mir aber sehr übel bekam, ich fühlete gantz nichts als
ichs unterm gesichte hatte, aber des andern morgens war mein
gesichte über undt über lauter eiterblattern".

Auch Leibniz ist auf der Suche nach einträglichen Verfahren. Er
möchte aus England wissen, ob die Royal Society eine flüssige
Goldfarbe herstellen könne, mit der sich die Kleidung färben liesse.
Für die Herstellung des Rubinglases interessieren sich Leibniz und
der englische Wissenschaftler Robert Hooke gleichermassen. Elers
und Crafft bemühen sich um die Vervollkommnung von Perlen
und glauben sogar, von einem ersten Erfolg berichten zu können.
Vor allem aber geht es immer wieder um die neuesten chemischen
Prozesse zur Herstellung von Gold und Silber. So will Elers Silber
aus Zinnober unter Anwendung von Schwefel und Blei gewinnen.
Leibniz ist etwas zurückhaltend, doch nimmt er – wie immer bei
alchemistischen Fragen – regen Anteil. Mit Crafft verfolgt er aufmerksam die Bemühungen verschiedener Dresdener Chemiker,
aus Kupfer und Quecksilber oder aus Silber Gold zu erhalten. Elers
verkauft ein Rezept zur Goldgewinnung, das Leibniz ihm über-
mittelt hatte, für 8 000 Reichstaler an einen Berliner Chemiker –

allerdings scheint er das Geld, von dem ein Teil für Leibniz bestimmt war, nicht bekommen zu haben. Für möglich hält man in diesen Kreisen fast jedes Wunder. Crafft notiert: „Ich werde in meiner opinion täglich in mehr und mehr gestärkt, daß alles muglich und in die natur gelegt, wenn darin nur fleißig gesucht wirdt."

Eine Versicherung Es waren vierzig Denkschriften, Eingaben und Vorschläge, die Leibniz allein in den ersten Jahren nach dem Regierungsantritt Ernst Augusts seinem Herrn vorlegte. Unermüdlich war sein Eifer, später wurde er vorsichtiger. Wegen Aussichtslosigkeit machte er einen seiner sinnvollsten Vorschläge allerdings nicht dem Herzog, sondern dem Kaiser, denn mit der Anregung zu einer Feuer-Assekuranz war er schon bei Johann Friedrich gescheitert. Wir holen bei dieser Gelegenheit nach, was zwei Jahre zuvor von Leibniz aufgegriffen und angemerkt worden war. Er empfahl 1678, zwei Jahre nachdem er in Hannover angefangen hatte, in einem Vorschlag an seinen Herzog eine „Assecurations-Casse samt dazu gehöriger Feuer- und Wasser-Ordnung, vermittelst deren allen Untertanen" der Verlust bei Unglücksfällen erstattet werden könne. Dafür sollen die Bürger „jährlich ein gewisses nach ihren Mitteln in die Assecurations-Casse zu legen schuldig" sein. Noch muss Leibniz die damals neue Idee erklären. Er selbst hat die Anregung von der zwei Jahre zuvor (1676) gegründeten Feuerversicherung in Hamburg. Es handele sich, verdeutlicht er nun, um „Reserve-Gelder", die im Notfall gleich ausgezahlt werden. „Ein jeder Bürger soll etwas nach seinem Vermögen in diese Reserve-Casse tragen, seiner Witwe und Kindern zu Trost." Doch selbst sein erster Herzog Johann Friedrich hat diesen Vorschlag, so scheint es, nicht aufgreifen wollen, obwohl er einen Segen für das Land und einen grossen sozialen Fortschritt gebracht hätte.

Nun, im Juli 1680, als er sich um eine Stelle als Ratgeber des Kaisers bemüht, notiert er wieder etwas über eine „Assecurations-Compagnie oder Casse" und wirbt eindringlich für die noch weitgehend unbekannte Idee: „Gleich wie die natürlichen Sozietäten mit sich bringen, dass Eltern und Kinder, Mann und Weib ... Lieb und Leid miteinander ausstehen müssen", so erfordere es auch die Gesellschaft, dass Unglücksfälle, „dadurch ein Glied vor dem anderen nach Schickung Gottes beladen wird, gleichsam gemein gemacht werden und einer dem andern sie tragen helfe". Denn es sei „unbillig, dass dies Unglück nur etliche wenige treffen, die andern aber frei ausgehen sollen".

Leibniz hat offenbar sehr wohl erkannt, wie wirksam eine Versicherung ist. Er wirbt für den revolutionären Gedanken mit Wärme und erheblichem Pathos: „ ...warum soll denn in dieser grossen Gesellschaft, so aus soviel Tausenden besteht, und nicht nur auf einen geringen Gewinn sondern allgemeine Wohlfahrt gerichtet, einer des andern Schaden ohne Bewegung und Empfindlichkeit sehen, da doch einer von dem andern Nutzen hat?"

Weil der Gedanke eines Versicherungsschutzes noch so neu ist, muss Leibniz erklären, dass er an Beiträge denkt: „... es sei allhier die Meinung nicht, dass die Republik umsonst und ohne Entgelt eines jeden Unglück tragen solle". Und es sei, meint Leibniz, natürlich nicht richtig, dass Beiträge nur von denen bezahlt werden, die schon Schaden erlitten haben. Deshalb müssen „alle insgemein, weil man nicht weiss, wen es treffen wird, ... der Glückliche sowohl als der Unglückliche zu der Assecurations-Casse beitragen helffen". Nun kann Leibniz hoffen, dass man auch in Wien die Bedeutung des Gedankens verstanden hat, und schliesst: „Solche Assecurations-Casse würde ein sehr herrlich Werk und dem Lande in viele Wege nützlich sein." Es geht ihm dabei vor allem um „Feuer und Wasserschaden", er erwähnt aber auch Teuerung und „ander Unglück". Die Obrigkeit kann ihre Untertanen „durch gute Anstalt etlichermassen gegen Feuer, Wasser und andere äusserliche, von der Natur selbst herrührende Gewalt schützen".

Diese Konzeption weist schon voraus auf das, was siebzig Jahre später im Kurfürstentum Hannover wahr werden sollte, die Gründung von Brandkassen, denn schon Leibniz will einerseits, dass die Obrigkeit tätig wird, dass sie der Kasse aber andererseits volle Selbständigkeit lässt und dass – dies ist vielleicht das wichtigste – der Beitritt freiwillig sein soll, jedenfalls für die gehobenen Stände. Dafür kann er auf das Beispiel verweisen „der Feuer-Compagnie, so zu Hamburg angestellet", und er rühmt sie: „Denn ein jeder Verständige gern, nur allein um das Gemüt in Ruhe zu stellen, sich darein begeben würde, wenn es auch ihm freigegeben wäre, solches zu tun oder nicht." Ob Leibniz diesen grossartigen Text auch wirklich nach Wien geschickt hat, ist unbekannt. Eine Antwort liegt jedenfalls nicht vor.

Wenn er auch die Gründung einer öffentlichen Anstalt nicht durchsetzen konnte, so hat er doch als Mathematiker Grundlagen des Versicherungswesens und der Betriebswirtschaft (etwa der heutigen Investitionstheorie) formuliert. Obwohl er leider nicht alles veröffentlicht hat, muss man ihn zu den bahnbrechenden Pionieren auch der Wirtschaftswissenschaft zählen.

Wie soll man eine Neuerung an einem abweisenden Hof durchsetzen? Als Leibniz wieder einmal von einer Erfindung gehört hatte und sie erprobt sehen wollte, inszenierte er einen werbewirksamen Spass. Sein getreuer Helfer Hansen, der ihn mit Nachrichten aus London versah, hatte im August 1680 berichtet: Herr Papin sei in London und besitze das Geheimnis, Knochen weich zu kochen. Er selbst habe schon zwei Täubchen, die nach der neuen Art zubereitet waren, von ihm zu kosten bekommen. Gemeint ist der französische Forscher und Erfinder Denis Papin, den Leibniz aus Paris kennt. Sein Dampfkochtopf mit Sicherheitsventil, der viel Brennmaterial sparen soll, macht überall Furore und hat ihm die Mitgliedschaft der Royal Society eingebracht. Doch wie kann man den hannoverschen Herzog veranlassen, den Topf anzuschaffen, immerhin kostet er die beträchtliche Summe von 4 bis 5 Pfund Sterling? Leibniz traute blossen Appellen nicht mehr und legte seinem Vorschlag deshalb eine satirische Bittschrift bei, die den Topf zum Gespräch bei Hofe machen sollte und die wir hier, aus dem Französischen übersetzt, in Auszügen zitieren:

„Gesuch der Hunde, gerichtet an den Herrn Generalbevollmächtigten der französischen Küche. Wir − die unterzeichneten Doggen, Sankt-Hubertus-Hunde, Windhunde, Spürhunde, Grosse Wachhunde von Boulogne und andere grosse und kleine Hunde − bitten Eure Hoheit untertänig, unsere Gründe für eine wichtige Beschwerde anhören zu wollen. Denn wir haben erfahren, dass ein gewisser Jemand vorgibt, die Knochen weich und für Menschen geniessbar machen zu können, ohne dass das Fleisch irgendwie beschädigt wird, und dass er sogar seine Kochtöpfe und sein ganzes Zubehör an den hannoverschen Hof senden will. Abgesehen davon, dass dieses neue Fressen böse Wirkungen unter den Menschen hervorrufen kann, überlassen wir es Ihrer Klugheit zu entscheiden, ob es sich für die Menschen lohnt, derartig mit den Hunden zu brechen. Die Kunst der fürstlichen Vorschneider wird unnütz sein, wenn man das Fleisch ungeachtet der Knochen schneiden kann wie Butter. Aus diesen Gründen wird Eure Hoheit demütig gebeten, diesen Neuerer mit all seinem Zubehör sehr weit wegschicken zu lassen und ihm den Zutritt zu allen Küchen zu verbieten."

Leibniz wusste offenbar, dass ein guter Ratgeber zugleich belehren und unterhalten muss. Doch ist zu fürchten, dass er trotzdem auch mit diesem Vorschlag bei Hofe nicht hat durchdringen können.

So sehr er um den Herzog warb, seine Rolle war nun anders als bei Johann Friedrich. Er war nicht mehr der Liebling, sondern einer unter vielen Hofbediensteten. Das musste ihn am meisten schmerzen, denn er brauchte und ersehnte das Vorrecht, sich der Vatergestalt des Herrschers frei nähern zu dürfen, ohne alle Konkurrenten. Wohl hat er auch Ernst August gelegentlich gesehen und gesprochen, doch nur aus dienstlichem Anlass. Der Herzog hatte keinen Sinn für die Themen, die Leibniz anbieten konnte, er schätzte nur, was greifbar Macht und Glanz seines Hauses erhöhte. Auch der Bibliothekar hatte nichts mehr zu tun. Für vier Jahre, von 1680 bis 1684, war die Bibliothek nicht einmal zugänglich, weil das Schloss umgebaut wurde und die Bücher gestapelt in einem abgelegenen Raum lagerten.

Sorgenkind Catharina Ein Jahr ist im Harz vergangen, ohne dass Fortschritte bei den drei Windwerken so recht erkennbar sind. Mitte September 1681, kaum aus Clausthal nach Hannover zurückgekehrt, schreibt Leibniz ein Memorial für seinen Herzog über den Stand der Arbeiten, denn eigentlich hätte er längst fertig sein wollen. Es klingt nach professionellem Optimismus, wenn Leibniz noch um etwas Geduld bitten muss: „Und zwar so hoffe (ich) das neue Mühlenwerck aufm Harz, davon man schohn etwas effect gesehen, bald ... in solchen stand zu bringen, dass an dem völligen success nicht mehr zu zweifeln. Und daher habe (ich) mit Herrn Landdrost von Groten abgeredet, dass ich noch wohl etliche wochen bis zu gnugsamer einrichtung der Haupt-Probe aufm Harz verbleiben könne." Er stellt in diesem Lagebericht dem Herzog auch wieder in Aussicht, dass sich die Erträge im Harzer Bergbau durch seine Windmühlen bedeutend steigern würden. Darauf hoffen viele, denn auch der letzte Sommer (1680) war wieder sehr trocken gewesen. In solchen Jahren standen die Wasserräder oft still, und der Ertrag der Bergwerke sank auf fast die Hälfte gegenüber einem sehr guten Jahr. Das zeigten schmerzlich auch die Zahlen des Rechnungsjahres 1680/81, die soeben vorlagen. Der Staats-

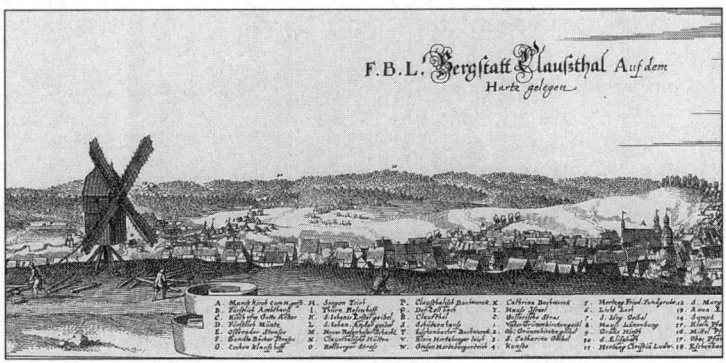

Clausthal auf dem Oberharz war zusammen mit der Schwesterstadt Zellerfeld über Jahre für Leibniz die zweite Heimat. Die Kornmühle auf der Bremer Höhe, im Vordergrund des Stichs von Caspar Merian zu sehen, war für ihn Ansporn und Ärgernis, weil sie sich oft auch dann drehte, wenn seine Windräder stillstanden.

haushalt aber war auf diese Erträge angewiesen. Man kann sich denken, wie gross daher die Erwartung des Herzogs war, Leibniz werde mit seiner Windkraft die Finanzen künftig vor solchen Einbrüchen retten. Ernst August zeigte daher tatsächlich die von Leibniz erbetene Geduld.

Doch der Streit mit den Leuten vom Bergamt nimmt an Schärfe zu. Leibniz wehrt sich und schreibt, er weise die Verleumdung zurück, dass er nur seinen eigenen Vorteil und nicht den der Bergwerke im Auge habe. Oder er verteidigt sich: Er verschwende keine Zeit, sondern habe sich weder durch eigene Kosten noch durch die Beschwerlichkeiten des strengen Winters davon abhalten lassen, in den Harz zu kommen. Das Sorgenkind ist die Catharina. Der Bau der beiden Windmühlen am unteren Eschenbacher Teich, die das Wasser in einen Kreislauf hochpumpen sollen, ist noch nicht weit gediehen.

Immer mehr verschlingt diese Mühle, die das Wasser unmittelbar aus der Grube Catharina schaffen soll, alle Kräfte und Mittel. Ein seltsames Unglück verfolgt sie. Im Juli 1680 war sie begonnen, im August oder September gerichtet worden, und nachdem ein harter und langer Winter alle Arbeit verhindert hatte, werden im Laufe des neuen Jahres die Windkunst samt der Feldkunst (dem komplizierten Gestänge, das die Kraft zu den Pumpen übertragen soll) fertig. Aber schon für den September 1681 heisst es in Leibniz' Aufzeichnungen: „Anfangen ändern zu lassen." Es zeigt sich, dass man bei diesem Bau nur aus der Erfahrung lernen kann, zu vieles war falsch berechnet. Die Flügel der Mühle sind zu schwach, man muss ihnen stärkere Bäume geben. Das Getriebe geht zu schnell, dann wieder zu langsam, und erst beim dritten Neubau findet man das rechte Verhältnis. Zur Vermittlung zwischen Wind- und Feldkunst dienen einstweilen hölzerne Leitarme und Däumlinge, bis man, weil sie brachen, doch zum eisernen ‚krummen Zapfen' greifen muss. Da aber der Hochofen für längere Zeit ausser Betrieb war, kann erst im August 1682 dieser krumme Zapfen mit einem Gewicht von etwa 13 Zentnern eingebaut werden. Ein andermal erfahren wir, dass für den Transport einer eisernen Welle im bergigen Gelände 16 Pferde erforderlich sind.

Sinnreiche Verbesserungen, die Leibniz ersinnt, werden eingebaut, damit die Flügel sich öffnen, wenn der Druck zu stark wird, damit die Mühle sich selbst in den Wind stellt, oder damit sie vor allem auch bei Sturm ruhig geht. Doch bis Ende des Jahres 1682 bringt man es nur dann und wann auf eine Stunde Betrieb, ohne rechte Wirkung, und fast jedesmal endet die Erprobung mit dem Bruch der Flügel oder eines anderen Stückes der Mühle. Denkbar ist, so scheint es heute, dass Leibniz bei der Konstruktion doch einige Übersetzungsgetriebe vorzusehen vergass, durch die starke Beanspruchungen hätten vermieden werden können.

Es wundert uns nicht, dass sich der Konstrukteur in dieser Zeit auch theoretisch mit dem Thema ‚Bruchfestigkeit' beschäftigt, angeregt auch durch einen Kollegen, den berühmten Physiker Edme Mariotte, den er schon elf Jahre zuvor in Paris kennengelernt hatte und der jetzt vor ähnlichen technischen Problemen steht. Mariotte war durch Untersuchungen über Wasserleitungen (für die königlichen Wasserkünste) auf das Problem der Bruchfestigkeit gestossen. Das Argument, jedem Zerreissen gehe eine elastische Spannung voraus, ist der Grundgedanke, der von Leibniz und Edme Mariotte im Briefwechsel gemeinsam zur Theorie der Bruchfestigkeit entwickelt wird. Während Galilei den Körper als absolut starr voraussetzt und einen ruckartigen Bruch annimmt, geht Mariotte, für Leibniz der interessanteste Gesprächspartner in Fragen der Physik, davon aus, dass der Körper aus elastischen Fasern besteht, die sich zunächst dehnen, bevor es zu einem Bruch kommt. Es geht endlich beiden noch um ein physikalisches Mass

(‚Proportionalitätsfaktor'), und sie einigen sich auf ⅓. Ein Resultat, das von Leibniz 1684 in den ‚Acta Eruditorum' und unter dem Namen Mariottes, der im gleichen Jahr starb, postum veröffentlicht worden ist. Es ging als ‚Leibniz-Mariottesche Theorie der Bruchfestigkeit' in die Physik ein.

Ebenfalls auf Anregung von Mariotte beschäftigt sich Leibniz mit dem Gebiet der Akustik. Zuvor hatte ihn schon der Helmstedter Mediziner Schelhammer danach gefragt, wie der Schall zustande komme und wieso man ihn hören könne. Leider hat Leibniz seine akustischen Überlegungen, die zu den überzeugendsten Teilen seiner physikalischen Arbeiten gehören, nicht veröffentlicht. Die bis dahin bekannten Theorien hatten die „Elastizität der Luft", wie Leibniz erkennt, vernachlässigt. Nur durch sie lässt sich erklären, wie die Tonhöhe so exakt fortgepflanzt werden kann. Elastizität der Luft − auch hier können wir uns denken, dass die Windkunst reichlich Anschauung dazu geboten hat.

Zum Frankfurter Deputationstag geladen   Nun kommt doch noch die grosse Politik auf Leibniz zu. Seit einiger Zeit war Frankreich dabei, durch sogenannte ‚Reunionskammern' sich selbst historische Rechte auf Gebiete im Südwesten des Reiches zuzusprechen. Auf die Festungen Luxemburg und Strassburg hatte es Ludwig XIV. besonders abgesehen. Überraschend bot Frankreich in diesem Sommer 1681 aber an, mit Kaiser und Reich in Frankfurt am Main über seine Politik der Reunionen zu verhandeln. Unter denen, die dort die deutschen Fürsten repräsentieren durften, war das Haus Braunschweig-Lüneburg, deren drei Länder sich geeinigt hatten, Hannover solle die gemeinsame Delegation stellen, und die konnte von niemand anderem angeführt werden als von dem erfahrenen Aussenpolitiker Grote, jetzt Landdrost in Grubenhagen.

Er werde mit Otto Grote zur Konferenz nach Frankfurt reisen, teilt Leibniz vertraulich in einem Brief am 11. August 1681 einem Dritten mit. Bald fährt er aus dem Harz nach Hannover zu Besprechungen und hört, er sei als Grotes Stellvertreter vorgesehen. Über eine Konferenz, auf der Frankreich gezähmt werden soll, muss sich Leibniz besonders gefreut haben, doch er bittet um Aufschub seiner Verpflichtung, weil er die Windmühlen kurz vor dem Erfolg sieht und ausserdem nicht so recht glauben kann, es gebe für ihn eine juristische Aufgabe in Frankfurt. Die ehrenvolle Berufung wird ihm Glück genug gewesen sein. Doch dann widerruft man seine Ernennung und legt in der Instruktion für Grote nur fest, dass er den Hofrat Leibniz bei Bedarf zu seinem Vertreter bestellen könne. Grote reist am 17. September (1681) also allein nach Frankfurt. Dort gibt er sich als Bedienter des Herrn Abgesandten Grote aus, um erst einmal das Gelände erkunden zu können.

Gleich ihm schlichen auch die übrigen Delegierten inkognito umher, um das Verhalten der übrigen zu beobachten, aber nachts warfen sie die Masken ab und besuchten sich heimlich in ihren Quartieren. Diese Reichsversammlung im Römer kam auch später nicht voran, während sich Frankreich immer neue Dörfer, Schlösser, Städte, Grafschaften und ganze Länder aneignete. Es ging ständig um interne deutsche Rangansprüche, auch Grote hatte einen Sack voller ‚Prätentionen‘ mitgebracht. Die Braunschweiger setzten, immer in der Hoffnung, den Kurfürsten etwas abjagen zu können, auf die „runde Tafel“, die kein Oben und Unten, also keine Rangfolge kennt. Bei einem Bankett ging Grote einmal zum Platz des kaiserlichen Botschafters und setzte sich für einen Augenblick neben ihn auf einen freien Stuhl. Da kam der Vertreter des Kurfürstentums Sachsen vom Abtritt zurück, fand seinen Platz besetzt und schlug Krach. Seine Standesgenossen, die Vertreter der Kurfürsten, berieten die Sache und wiesen ihren Kollegen an, „seinen Vorrang hinfürder besser in acht zu nehmen“. Grote schliesst seinen Bericht mit einer medizinischen Überlegung: „Etliche fürchten jedoch, wenn er in dergleichen Gelagen nicht von Tische aufstehen soll, dass er leichtsam darüber crepiren könne.“

Neben diesen Händeln fiel es fast nicht auf, dass Grote auch noch einen wichtigen Auftrag hatte, nämlich sich tapfer gegen die Reunionen zu stellen und darauf zu beharren, dass die Franzosen den Friedensschluss von Nimwegen einhielten. Zwar fand Grote keinen Anlass, seinen möglichen Stellvertreter Leibniz nach Frankfurt zu rufen, doch erwuchs ein gründlicher Briefwechsel zwischen den beiden Männern, die sich weiter achten lernten. In dieses Frankfurter Theater der Eitelkeiten traf am 30. September (1681) die Nachricht, Frankreich habe sich Strassburg angeeignet. Nun versuchte es die deutsche Seite wenigstens mit einer gemeinsamen Resolution.

Über den Fall Strassburgs war Ernst August so aufgebracht, dass es hiess, er habe vor Grimm nicht essen wollen. Er suchte Gleichgesinnte, zuerst den Grossen Kurfürsten. Der war zwar Frankreichs Verbündeter, aber man glaubte in Hannover zu wissen, dass er sich aus Erregung über den Raub Strassburgs „die Nägel von den Fingern gebissen" habe. Ernst August fand nun immerhin den Weg ins kaiserliche Lager und bot dem Reich Truppen an (die er selbst führen wollte), dazu ein Bündnis und einen Feldzugsplan. Allerdings war ein wenig Erpressung auch dabei, denn er verlangte vom Kaiser ausser Geld auch die Gleichstellung seiner Gesandten mit denen der Kurfürsten. Bald schloss Ernst August mit dem Kaiser wirklich den ‚Wiener Allianzvertrag'. Während er noch Truppen für den Kaiser anwarb, sorgte Frankreich dafür, dass Ernst Augusts Land von Feinden eingekreist wurde: von Dänemark, dem Kurfürstentum Köln und von Brandenburg, die alle mit Frankreich verbündet waren und sich jetzt zum ‚Konzert' gegen das aufsässige Haus Braunschweig zusammentaten.

Leibniz kann an diesen politischen Ereignissen nur teilnehmen, soweit er davon etwas durch die Briefe von Grote erfährt. Er ist mit anderem beschäftigt, denn im Harz gehen die Streitigkeiten weiter, die technischen Schwierigkeiten auch. Den ganzen Herbst (1681), ja auch den folgenden Winter bleibt Leibniz meist draussen im Bergbaugebiet, und als er einmal, weil das Wetter zu schlecht war, in Hannover ist, klagt er dem Herzog, man verweigere ihm die versprochene Hilfe und der Fortgang werde oft aus nichtigem Grund unterbrochen. Tatsächlich hatten die Beamten sein Werk dadurch behindert, dass sie mit Lügen und Drohungen ihre Leute davon abhielten, die Arbeit fortzusetzen. Man zankte sich über vieles; so warfen etwa die Leute vom Bergamt Leibniz vor, seine Mühlen seien zu teuer und gingen leicht zu Bruch, während er entgegnete, sie würden nur schlecht bedient, auch seien seine Mühlen nicht teuer, wohl aber die Vorrichtungen, mit denen sie ihre Kraft zum Bergwerk brächten, und für die sei er nicht verantwortlich. Dennoch fühlt sich Leibniz in diesen Dingen inzwischen so bewandert, dass er sich dem Herzog ernsthaft als Aufseher auf dem Harz andient. Er könne beispielsweise derjenige sein, der alle technischen Details sammelt und koordiniert.

Das Bergamt verfolgt mit grimmiger Schadenfreude, wie Leibniz sich abmüht, gerade die tiefste Grube, die man ihm auf dem Burgstädter Zuge nennen konnte, die Catharina, ‚zu Sumpf zu bringen', also trockenzupumpen. Man denkt nicht daran, das Werk mit Rat und Tat zu fördern oder unter Aufsicht zu nehmen. Nur auf genaue Rechnung wird gesehen: Bleibt einmal Leibniz mit seinem Drittel der Kosten im Rückstand, so werden Lieferungen und

Löhnungen eingestellt. Vor allem wird fleissig nach Hannover berichtet, einseitig und gehässig. Darüber beschwert sich Leibniz. Er wieder geht sicher viel zu weit, wenn er dem Bergamt Rückständigkeit, Pflichtvergessenheit, Vetternwirtschaft und Schlimmeres vorwirft. Der Streit wogt hin und her, doch vom Hof wird Leibniz nicht fallengelassen. Er muss es allerdings geahnt haben, dass ihm höchstens noch ein Jahr zugestanden werden würde.

Sein Ansehen in Hannover und anderswo   Derweil schwindet der Einfluss des Hofrats Leibniz am Hof. Selbst der ihm gut bekannte welfische Resident Christophe Brosseau in Paris weigert sich nun, für ihn Pakete zu packen oder Briefe zu befördern, wenn nicht eine Anordnung des Herzogs erkennbar ist. Leibniz bekommt daher auch das Journal des Savants nur noch unregelmässig. Er hätte gern auch in London einen ständigen Korrespondenten und schreibt zu dem Zweck an den Agenten seines Hofes in London, Johann von Gloxin. Dieser lehnt, offenbar im Bilde, wie der Wind weht, auffallend unhöflich ab. Genauso unfreundlich ist Brosseau, als Leibniz ihn in einer ganz leidigen Affäre um Hilfe bittet. Ein dortiger Erfinder, Douceur, der ein Verfahren für Gusseisen entwickelt hatte, bekommt noch Geld aus einem Vertrag, den Leibniz einst unter Herzog Johann Friedrich abgeschlossen hat, aber der neue Herzog weigert sich zu zahlen. Brosseau kann auch nicht helfen, schliesslich muss Leibniz grollend mit eigenem Geld einspringen. Es ist für ihn bitter, so allein gelassen zu werden.

Ganz anders war sein Ansehen in der Wissenschaft. Im September 1679 hatte er versucht, in die Pariser Académie aufgenommen zu werden. Nun berichtet ihm Christiaan Huygens Anfang 1680 von einem Gespräch mit Gallois, der die erneute Bewerbung sehr unterstützen wolle. Doch die Sache verläuft sich. Mit beachtlicher Uneigennützigkeit fördert Leibniz 1682 wiederum die Kandidatur seines Freundes Tschirnhaus für eine Anstellung bei der Académie des sciences. In einem Schreiben an Gallois rühmt er Tschirnhaus' wissenschaftliche Leistungen und bittet um Unterstützung. Darüber hinaus stellt Leibniz dem Freunde das Verfahren der Phosphor-Herstellung zur Verfügung, das bisher nur wenigen Personen bekannt ist, damit er es der Académie mitteilen kann. Tschirnhaus bestätigt ihm erfreut, „daß nichts höher zuschätzen, als Ein gutter Freund darauff Man sich verlaßen kan". Tatsächlich bewirbt sich Tschirnhaus, doch es gelingt ihm nur die Mitgliedschaft, er bekommt nicht die Anstellung (Pension), weil einer der Juroren ihm einen mathematischen Fehler nachweisen konnte. Durch diesen halben Erfolg des Freundes ermutigt, bewirbt sich auch Leibniz Ende Oktober 1682 um die Rolle eines auswärtigen Mitglieds mit dem besonderen Aufgabenbereich geologischer Forschungen im Harz. Doch man will keinen weiteren Ausländer ohne ständige Anwesenheit haben. Trotzdem ist Leibniz jetzt erkennbar ein Gelehrter, der stark beachtet wird.

Bei seinen Briefpartnern in England findet er besondere Aufgeschlossenheit für das Projekt der ‚Characteristica universalis', und es ist gewiss kein Zufall, dass sich dieselben Korrespondenten auch nach Fortschritten beim Bau der Rechenmaschine erkundigen, denn ihnen erscheint die Maschine – wie die Characteristica universalis auch – als Teil einer allgemeinen Mechanisierung des Denkens. Leibniz schreibt über die Charakteristik nach England: „Ich bezweifle, dass man der Menschheit auf dem Gebiet der Wissenschaft etwas Nützlicheres schenken kann." Robert Hooke, der gewöhnlich behauptete, jede Erfindung schon lange zu besitzen, meinte immerhin: „It has been long my Judgment that this Language would be of much greater use then the world has conceived."

Zwei Leipziger Professoren wollten die erste deutsche wissenschaftliche Zeitschrift gründen, Otto Mencke und Christoph Pfautz, mit denen Leibniz einst studiert hatte. Rechtzeitig hat Mencke, Professor für Moral und Recht, Leibniz in Hannover aufgesucht, um ihn als Mitarbeiter zu gewinnen, denn ein solches Projekt schien ohne einen Leibniz nicht mehr denkbar. Es ging um die ‚Acta Eruditorum' (der Titel heisst auf deutsch etwa: Zeitung der Fachleute, frei übersetzt vielleicht auch: Berichte aus der Forschung). Als er aufgefordert wurde, das erste Heft der Zeitschrift mit einem Beitrag zu beehren, wollte er etwas Besonderes vorlegen, nämlich seine Leibniz-Reihe. Der Aufsatz erscheint freilich erst im zweiten Heft, Februar 1682, weil das Manuskript etwas spät in Leipzig eingetroffen war. Die wunderbare Umformung von Pi zu einer vollkommen einfachen, unendlichen Reihe bleibt ohne Beweis, aber auch so musste die Veröffentlichung Staunen erregen und den Namen des Entdeckers erstrahlen lassen.

In diesem Jahr sah sich Leibniz zugleich öffentlich verspottet, was jedoch auch nur seinen Ruhm beweist. Wir entsinnen uns: Er hatte Johann Joachim Becher, den Gelehrten und abenteuerlichen Unternehmer, in Hamburg getroffen und zwei seiner Briefe entwendet. Nun folgte die Rache. Im Jahre 1682 erschien in Frankfurt das sonderbare kleine Buch ‚Doct. Joh. Joachim Bechers Närrische Weißheit und Weise Narrheit‘. Es bietet lauter Erfindungen, im ersten Teil angeblich taugliche, im zweiten verfehlte, die bestimmten Zeitgenossen nachgesagt werden. Die meisten Stücke sind sehr kurz, und der Ton ist polemisch, oft gehässig. Bechers Konkurrenten, die anderen Kameralisten, kommen meist schlecht weg. Von Wilhelm von Schroeder (den wir als unredlichen Agenten aus London kennen) heisst es: „Dieser Wilhelm Schröder ... mischt sich in allerhand Dinge, die er nicht versteht ...“, und von Johann Daniel Crafft, er habe in Bayern ein Hopfen-Monopol erstrebt „und ist lange mit derselbigen Hopffenstange gelauffen, biß sie zu nichts worden“. Der Text Nr. 28 im zweiten Teil ist überschrieben „Leibnitzens Postwagen von Hannover nach Ambsterdam in 6 Stunden zu fahren“ und lautet: „Dieser Leibnitz ist durch seine Literatur bekand, ein sehr gelehrter Mann, hat das Corpus Juris wollen reformiren, hat eine eigene Philosophie und andere Dinge mehr geschrieben, aber ich weiß nicht, wer ihn auff diesen Postwagen gesetzet, darvon er doch nicht absteigen will, ohneracht er schon etlich Jahr darauff sitzt, ohneracht er siehet, daß der Wagen nicht fortgehen will, man müste dann deß Weigeli Professoris zu Jena höltzerne Pferd davor spannen, oder meine Invention gebrauchen eines Wagens, sonder Langwied, da der Kobel, sursum, deorsum, retrorsum, antrorsum, dextrorsum, sinistrorsum gehet.“

Auf die heikle Veröffentlichung angesprochen, gibt Leibniz einem Briefpartner ausführlich Bericht über Becher: „Dieser Mann ist genugsam bekannt durch seine Übertreibungen, die mit schwarzer Bosheit vermischt sind. Man braucht nur seine Bücher zu lesen, um sich davon zu überzeugen ... Er war gegen mich aufgebracht, weil ich eine gewisse alchemistische Gaunerei, die er vor hatte, verhindert habe. Was er von den sechs Stunden Weges sagt, in denen dieser Wagen von Hannover nach Amsterdam fahren sollte, gehört zu seiner Erfindung. Denn man müsste den Verstand verloren haben, um auch nur daran zu denken.“ Wer mochte Becher erzählt haben, dass Leibniz sich mit der Erfindung eines schnellen Wagens befasste? Leibniz scheint es sich gedacht zu haben, jedenfalls bekennt Freund Crafft, danach befragt, reumütig: „Wenn es kein Mensch außer mir gewust, mus ich es freylich gethan haben.“

Die Sache zeigt, dass Leibniz einige Prominenz besass. Tatsächlich pflegen fremde Gelehrte sich nun geradezu bewundernd an ihn zu wenden. „Euer Ruhm erblüht schon lange auf der ganzen Welt", schreiben sie, oder: „Sie gehören zu denen, die die Wissenschaft zu neuen Gipfeln erheben". Man drängt ihn, mehr von seiner Mathematik zu veröffentlichen und sich ganz der Rechenmaschine zu widmen. Er weiss von sich, wie er schreibt, dass ihm wahrlich nicht die Einfälle fehlen („wir haben Überfluss an ausgezeichneten Ideen"), beklagt aber, dass ihm die Musse fehle, sie auszuführen.

Auf dem Harz allerdings stehen die Dinge nicht gut, die Mühseligkeiten nehmen dramatisch zu. Auch die Wintermonate über bleibt Leibniz da, und das Jahr 1683 verbringt er sogar fast vollständig bei der Catharina. Von der Entwicklung alarmiert, zog man im Bergamt Bilanz: Die Mühle treibe die Pumpensätze zu selten an, weil „die windkunst zehn biß 15 oder mehr sätze in einem quarthal kaum 8 tage über heben könte". Von der versprochenen Leistung heisst es: „Undt were deß Bergamts einhellige meinung, daß man selbige von dem werck nicht verhoffen könte."

Versöhnliche Religions-Gespräche   Der herzogliche Hof zu Hannover erwartete im Januar des Jahres 1683 hohen Besuch. Aus Wien kam im kaiserlichen Auftrag Bischof Cristobal de Rojas y Spinola, damals 57 Jahre alt, der im Namen des Kaisers einen Plan zur Wiedervereinigung der Evangelischen mit der katholischen Kirche betrieb. Der hannoversche Herzog Ernst August unterstützte die Pläne des Kaisers schon deshalb, weil er ihn sich geneigt machen wollte, erstrebte er doch für sich die Kurfürstenwürde. Und der Kaiser brauchte die Protestanten, weil er eine Versöhnung seiner katholischen Kirche mit den evangelischen Christen wünschte, vor allem in seinen ungarischen Landen, die vereint gegen den Feind stehen sollten. Denn 1683 war das Jahr, in dem die Türken bis nach Wien zogen, weswegen auch die Protestanten für die Verteidigung des christlichen Abendlandes gebraucht wurden. Sein Emissär, Cristobal de Rojas y Spinola, als Spanier in den Niederlanden geboren, war, anders als viele seiner Landsleute, kein konfessioneller Scharfmacher, im Gegenteil, er war als wahrer Franziskaner ein ‚Ireniker', wie man damals die konfessionell friedlich gestimmten Theologen beider Seiten nannte.

Für die Gespräche mit dem hohen Abgesandten hatte der Hannoversche Herzog vier Theologen bestimmt: seinen Hofprediger, zwei Theologieprofessoren aus der Landesuniversität Helmstedt und natürlich den obersten Geistlichen des Landes, Gerhard Wolter Molanus. Leider nicht in die Verhandlungskommission berufen hatte der Herzog seinen Hofrat Leibniz, obwohl der grossen Anteil an den Versöhnungsbemühungen nahm und in seiner Mainzer Zeit selbst schon Pläne für die Vereinigung der Kirchen entworfen hatte. Er wandte sich deshalb aus dem Harz schriftlich an den Unterhändler.

Rojas y Spinola wollte den Protestanten als erste Stufe den vorläufigen Wiedereintritt in die Kirche möglich machen, indem Rom evangelische Besonderheiten tolerierte. Nach dieser Phase der Annäherung sollte ein allgemeines christliches Konzil stattfinden, dessen Ergebnissen sich beide Seiten vorab unterwerfen sollten. Bischof de Rojas y Spinola reiste umher, um an verschiedenen evangelischen Fürstenhöfen zu erkunden, welche Form ein solches Konzil haben müsste, damit es von beiden Seiten als rechtmässig angesehen würde.

Diese in Aussicht gestellte Versammlung war eine bedeutende Konzession, denn ein Konzil hatte es, als Antwort auf die Reformation, längst gegeben, schon 130 Jahre zuvor, nämlich das sogenannte Tridentinum, genannt nach seinem norditalienischen Tagungsort Trient. Die Ergebnisse dieses durchaus parteiischen Konzils sollten nun, so schien es, ausgesetzt werden, damit den Protestanten ein Neuanfang eröffnet würde. Leibniz selbst hatte in früheren Jahren nur gefordert, den Protestanten solle das Recht zugestanden werden, das Tridentinum auf ihre Weise auszulegen. Nun bot Rojas viel mehr an. Und nicht nur der Kaiser stand hinter ihm, sondern er hatte auch das Wohlwollen des Papstes, wenn auch leider noch nicht einen ausdrücklichen Auftrag von ihm erlangt. Papst Innozenz XI. war ein Mann von asketischer Haltung, korrekt und wohlmeinend. Er suchte wirklich die Verständigung.

Die Unterredungen der Theologen in Hannover mit dem kaiserlichen Unterhändler Rojas y Spinola dauerten bis in den Sommer (1683), also fast ein halbes Jahr, und sie verliefen sehr zufriedenstellend. Beide Seiten verfassten Denkschriften darüber. Auf seinen vielen Reisen hatte Rojas y Spinola an keinem anderen evangelischen Fürstenhof so viel freundliche Zustimmung gefunden, ganz zu schweigen von den Anfeindungen, denen er unter katholischen Eiferern ausgesetzt war, vor allem in Frankreich.

Auf Anregung von Leibniz wurde über die hannoverschen Ergebnisse auch der damals einflussreichste Theologe der katholischen Kirche, der französische Bischof Jacques Bénigne Bossuet, unterrichtet, der das Ohr des Sonnenkönigs hatte und zeitweise Prinzenerzieher in Versailles gewesen war. Bossuet zu gewinnen schien Leibniz entscheidend für einen Erfolg, doch der Bischof antwortete nicht. Auch die deutschen evangelischen Fürstentümer, die man von Hannover aus über die eigenen Ergebnisse unterrichtete, blieben reserviert. Der idealistische Unterhändler Rojas y Spinola zog sich deshalb, so schien es, enttäuscht zurück auf seine neuen Aufgaben als Bischof von Wiener Neustadt, einer Diözese, die acht Postmeilen (sechzig Kilometer) südlich von Wien liegt.

Nun endlich müssen wir auch erwähnen, dass Leibniz mit einem anderen ungewöhnlichen Mann in Verbindung stand, dem religiöse Fragen ebenfalls am Herzen lagen und der ihm bald zum vertrautesten Briefpartner wurde, Landgraf Ernst von Hessen-Rheinfels. Er war ein Kleinfürst aus einer hessischen Nebenlinie, der zum Katholizismus konvertiert war. Seit langem wusste Leibniz von ihm, denn er war ein eifriger Kirchenpolitiker und Schriftsteller, vor allem aber ein Gesinnungsfreund der beiden anderen grossen Konvertiten, denen Leibniz nahegestanden hatte, Boineburg und Herzog Johann Friedrich. So ist es symbolisch zu nehmen, dass Leibniz dem Landgrafen seinen ersten Brief genau an dem Tag geschrieben hatte, an dem Johann Friedrich beerdigt wurde. Denn damit eröffnete sich ihm die Aussicht auf einen anderen fürstlichen Gönner, sozusagen einen Nachfolger des Herzogs.

Landgraf Ernst hatte seine alte bedeutende Festung Rheinfels bei St. Goar mit einem Kostenaufwand von zwei Millionen Talern neu befestigt – als linksrheinisches Bollwerk gegen die andrängenden Franzosen. Er selbst lebte dort recht bescheiden und schrieb an Hoch und Niedrig lange Briefe, die er auch drucken liess. Alles formuliert in seinem eigenen Französisch, bei dem die deutsche Wortstellung galt und immer neue Sätze eingefügt und angehängt wurden, bis sogar der Autor den Zusammenhang verlor. Ein grosser Wunsch erfüllt ihn dabei: das Wiedererstehen der allgemeinen Kirche. Dazu sollte sich Rom zunächst unter grossen Opfern reformieren, und die einzelnen Protestanten würden dann gern wieder beitreten – wie er es selbst ja auch getan hatte.

Leibniz wirbt, nachdem Rojas 1683 in Hannover gewesen war, überall für dessen Reunionspläne und berichtet auch dem Landgrafen. Der ist nicht einverstanden. Zwar fordert er schon in den ersten Briefen an Leibniz, die katholische Kirche solle alles aufgeben, was einen wahren Christen verletzt, schon gar von Unfehlbarkeit und unbefleckter Empfängnis will der Landgraf nichts mehr wissen. Rojas aber ist ihm verdächtig, weil der das Tridentinum preisgeben und mit den protestantischen Konfessionen von gleich zu gleich verhandeln will.

Um so mehr Gefallen gefunden hat Landgraf Ernst jedoch an seinem neuen Briefpartner Leibniz. Das ist wohl auch ein Zeichen dafür, wie bedeutend Leibniz (auch als Briefschreiber) jetzt schon einigen Zeitgenossen erschien. Der Landgraf versucht ihn durch einen Appell zum römischen Glauben zu bekehren, der diesmal – ganz im Geiste Roms – auf Italienisch abgefasst ist:,Suegliarino al mio tanto carissimo quanto capacissimo Signore Leibnitz' (Busswecker für meinen ebenso teuren wie fähigen Herrn Leibniz). Der Angeschriebene scheint sich die Sache überlegt zu haben. Endlich, im Januar des nächsten Jahres (1684) antwortet er von Zellerfeld aus. Das entscheidende Hindernis für einen Übertritt sieht er nicht in theologischen Streitfragen, sondern darin, dass die römische Kirche immer noch das kopernikanische Weltbild (und einige andere Neuerungen) ablehnt und damit ihren Gläubigen die Wahrheit verbietet. Wenn er durch Geburt zur katholischen Kirche gehörte, schreibt Leibniz, wäre er Katholik geblieben, es sei denn, man hätte ihn exkommuniziert. Doch so wäre es nicht ehrenhaft, einer Gemeinschaft beizutreten, die sich gegen philosophische und wissenschaftliche Behauptungen gestellt hat, die er für wahr und wichtig hält. Zum Schluss schreibt er aber versöhnlich: „Ich bekenne Ihnen sehr gern, dass ich um jeden möglichen Preis in der Gemeinschaft der römischen Kirche sein wollte, wenn ich es nur mit einer wahren Ruhe des Geistes und mit diesem Frieden des Gewissens könnte, den ich gegenwärtig geniesse."

Politischer Beobachter in der Einsamkeit   Es ist ein bewegendes Jahr. Der Kaiser, mit dem Hannover verbündet war, schrieb im August 1683 an Ernst August, die „Türkenflut" sei in seine Erblande „mit grossem Schwall eingerissen". Die Not ist gross, und Leibniz nimmt aus dem abgeschiedenen Harz lebhaft Anteil. In diesem Sommer notiert er einige „Bedencken wegen der unglücklichen

Retirade der Kayserl. Hauptarmee in Ungarn". Darin schreibt er sich seine Besorgnis über das Vordringen der Türken von der Seele. Anfang Juli erschienen die Truppen Kara Mustaphas sogar vor Wien, und der kaiserliche Hof floh erst nach Linz, dann nach Passau. Zur Befreiung des heldenhaft verteidigten Wien rückten allerlei Truppen heran aus Polen, Sachsen, Bayern und Hannover. Doch die Welfen, selbst eingekreist von Verbündeten Frankreichs, konnten nicht viele Soldaten abgeben. Immerhin hatte Ernst August auch seine beiden ältesten Söhne gesandt, die als Freiwillige noch rechtzeitig eintrafen, um im September an der Befreiungsschlacht am Kahlenberg teilzunehmen – mit „der gewohnten welfischen Tapferkeit", wie später vermerkt wurde.

Zehn Tage nach dem „Wunder von Wien" war die gute Nachricht in Hannover. Ein Kurier, der Lakai Nikolaus Gerd Uden, hatte sie in rasendem zehntägigem Ritt überbracht und war danach, wie einst der Läufer aus Marathon, tot zusammengebrochen. Man hat ihn in der Hofkirche feierlich bestattet und mit einer Grabplatte geehrt, auf der seine Tat in Verse gesetzt ist: „Hier tat ich Reis' und Ritt ohn Säumnis und Verweilen, / Ich brachte gute Post als fürstlicher Kurier …" Die Inschrift ist noch heute zu sehen. Leibniz, immer auf Nachrichten aus, liest später die Berichte des hannoverschen Gesandten Falkenhain über die Schlacht um Wien und macht sich Aufzeichnungen. Er lebt in diesen Jahren ziemlich isoliert im Harz, weit weg von den politischen Vorgängen an seinem Fürstenhof, so dass er auf eindringliche Anfragen des Landgrafen Ernst von Hessen-Rheinfels zur hannoverschen Politik selten eine Auskunft geben kann. Mit keinem der Minister, nicht einmal mit Otto Grote steht er noch in Verbindung.

Im Westen des Reiches aber war die Gefahr nicht gebannt. Zwar hatte sich Ludwig XIV. im Juli 1683 zu einem Waffenstillstand bereit erklärt, mit dem er zwanzig Jahre lang auf weitere Eroberungen im Reich verzichten wollte, doch hatte es den Anschein, als wollte er damit nur seinen Vormarsch in den Niederlanden decken. Leibniz glaubte, jetzt, wo sein Landesherr im kaiserlichen Lager stehe, müsse er seine patriotischen Gefühle nicht länger verleugnen, und plante eine Flugschrift gegen den Sonnenkönig. Doch sein Herzog begann gerade, von Frankreich bedroht, sich wieder dem verhassten Sonnenkönig zuzuwenden, umstellten ihn doch die französischen Alliierten Holstein (also Dänemark), Brandenburg, Hildesheim, Minden, Münster und Oldenburg. Der Welfe fühlte sich „gleichsam enclavieret und von aller Hilfe abgeschnitten". Ausserdem war der Staat fast bankrott, weil allein die Truppen des Landes monatlich 60 000 Taler kosteten, was nicht mehr zu bezahlen war. Und Frankreich neigte zum Angriff. Leibniz hat jedoch in seiner freiwilligen Harzer Verbannung die Schwenkung Hannovers zur französischen Partei, die sich endgültig zwei Jahre später (1685) vollzog, nicht kommen sehen.

Besorgt über das Vordringen der Türken nach Wien und die bedrohliche Rolle Ludwigs XIV., schreibt er im August 1683 eine glänzende Satire auf diesen Herrscher, ‚Mars christianissimus' (Der allerchristlichste Kriegsgott). Mit dem Titel spielt Leibniz darauf an, dass der französische König offiziell als besonders christlich, ja als Beschützer der Christenheit bezeichnet wurde, wozu der heidnische Gott Mars wenig passte. Zu der Spottschrift angeregt worden war Leibniz im November des Vorjahres (1682) von Ernst von Hessen-Rheinfels, der bedrückt war von den Eroberungsgelüsten der Franzosen, gegen die er seine Festung Rheinfels aufgerüstet hatte. Den Text schickte ihm Leibniz, ohne sich als Autor zu nennen.

Der Landgraf war begeistert und besorgte den Druck. Diese Flugschrift, mit Ironie und Sarkasmus geschrieben, ist die einzige von Leibniz, die auch veröffentlicht wurde. Ursprünglich war sie auf Latein verfasst, doch hat Leibniz sie auch ins Französische übersetzt, um ihr mehr Wirkung zu verschaffen. Erstaunlich bleibt, dass sich auch diese Fassung nur wenig verbreitete, dagegen scheint eine deutsche Übersetzung, die kaum Leibniz selbst veranlasst haben kann, ziemlich viel gelesen worden zu sein.

Das Werk gibt sich als eine übertrieben rühmende Verteidigungsschrift, daher heisst es zu Beginn, dass „die mächtigste Person in der Welt, ausgenommen der Teufel, ohne Zweifel seine allerchristlichste Majestät ist". Zwar seien gewöhnliche Menschen durch Verträge und moralische Skrupel gebunden, aber für Ludwig XIV. gelte dies nicht. Im Schlussabschnitt stellt Leibniz die Frage, warum der König seine schönen Pläne nicht mit der Vertreibung der Türken beginne und statt dessen die armen Christen heimsuche. Die Antwort ist: Eins nach dem anderen! Es sind eben die Deutschen und Flamen, die an Frankreichs Grenzen stossen. Deswegen muss Ludwig erst die Christen besiegen und sich einen sicheren Übergang verschaffen, um eines Tages endlich die Ungläubigen zu erreichen.

Das Harzer Krisenjahr geht zu Ende Nicht nur für Wien und
Europa wurde 1683 zum Schicksalsjahr, sondern auch für die
Windkünste. Im November kommen die Geheimen Räte aus
Hannover zu der üblichen Bergrechnung auf den Harz. Die
Windmühle bei der Grube Catharina kann ihnen nicht vorgeführt
werden, weil es gerade mal wieder keinen geeigneten Wind gibt.
Um so eindringlicher wird ihnen von den Fachleuten der Bergwerke die aufgeheizte Stimmung geschildert, und nach der Rückkehr der Minister richtet Ernst August am 6. Dezember an Leibniz
einen Befehl, der ihm eine neue Untersuchung und Entscheidung
ankündigt und bis auf weiteres die Zahlungen sperrt, die bislang
vom Herzog und den Bergwerken zu leisten waren. Was zu
befürchten gewesen war, ist eingetreten. Die Zeit, die man Leibniz
einräumen wollte, ist nun – nach vier Jahren der Erprobung –
abgelaufen.

Mit einer Antwort an den Herzog lässt sich der Erfinder im ver-
schneiten Harz Zeit. Eines muss ihm gleich klar gewesen sein, als
er den Brief mit der bitteren Nachricht aus Hannover erhielt: An
ein Aufgeben war, so kurz vor dem Ziel, nicht zu denken. Schon
zuvor hatte er an Johann Daniel Crafft geschrieben: „Ich hette es
wohl 100 mal liegen laßen, wenn ich nicht zeigen wollen, daß
Mein humor (meine Art) seye, nicht nachzulaßen, biß ich außge-
führet, waß ich angefangen." Tatsächlich ist die Hartnäckigkeit, die
Leibniz hier beweist, bemerkenswert. Freilich ging es nicht nur allgemein um den Nachweis der Ausführbarkeit eines theoretischen
Gedankens, sondern auch sehr konkret um Leibniz' Ansehen am
Hofe und damit um die Voraussetzung für seinen künftigen Einfluss beim Herzog.

Nach sechs Wochen antwortet Leibniz den Geheimen Räten in
Hannover und erkennt die Entscheidung des Herzogs an. Was hätte
auch ein Protest erreichen können, der Landesherr war allmächtig.
Und doch gab es einen Ausweg, nämlich selbständig weiterzuma-
chen. Daher will er die Versuche mit den drei Windwerken auf
eigene Kosten noch ein Jahr, bis Ende 1684, fortführen und regelt
gleich, dass seine Mitarbeiter unter Anleitung seines Sekretärs
Brandshagen, trotz der Winterstürme und des Schnees, die Versuche mit den Windwerken fortsetzen. Sie müssen Protokoll führen
und schnell, wenn einmal alles besonders gut läuft, einen Beamten
herbeiholen, der über den Erfolg einen offiziellen Bericht anfertigen soll. Das bedeutet, dass der Kampf weitergeht, wieder wird es

„Proben" vor den Augen der Fachleute geben und wahrscheinlich wieder Zank. Nur dass nun alles allein aus der Tasche des Erfinders bezahlt werden muss.

In diesen Tagen reift in Leibniz noch ein weiterer dramatischer Entschluss, der weit über die Fortführung der bisherigen Arbeiten hinausgeht. Er will noch einmal vor seinen Herzog treten, mit einer ganz neuen Idee. Aber zunächst fragt er sich, woher er das Geld nehmen soll, wenn er nun für die Mühlen allein aufkommen muss. Die Ersparnisse sind nicht erheblich. Dabei hatte er in diesem Jahr noch Glück: Die Herzoglich Sächsische Steuerverwaltung in Altenburg zahlte ihm seinen Anteil an dem dort stehenden Guthaben der Familie seiner Mutter aus, und da auch einige andere Forderungen geregelt wurden, so empfing er zusammengerechnet 761 Taler. Das reichte aber gerade für das von ihm selbst gezahlte Drittel der Summe, die der Windmühlenbau bis Mitte 1683 verschlungen hatte.

Es kommen auch noch Forderungen auf ihn zu. Die Witwe seines Verwandten Christian Freiesleben, der über Jahre sein Geld verwaltet, ihm aber auch Kredit gewährt hat, will nun endlich die Beträge zurückerhalten, die an ihn nach Paris geflossen waren, und dabei soll ihr auch das lästige Pfand, das er dafür gegeben hatte, seine grosse Bibliothek, aus dem Hause kommen, die Bücher seines Vaters und andere, die er geerbt hatte. Zugleich glaubt er seinerseits noch Guthaben bei der Familie zu haben. Doch weil die Papiere auf keiner Seite in Ordnung sind, streitet man sich vergeblich herum.

Statt des verstorbenen Freiesleben sorgt jetzt sein Halbbruder Johann Friedrich Leibniz für seine Vermögensangelegenheiten. Alter und Krankheit erschweren ihm die Arbeit, aber als frommer Mann hält er es für seine Pflicht, seinem Bruder zu helfen. Leibniz ist ihm dankbar und schreibt für ihn zu Karfreitag 1684 das Gedicht ‚Jesus am Kreuze', eines der wenigen Zeugnisse, in denen ein persönliches Bekenntnis anzuklingen scheint. Hier wird es sogar zum innigen Gefühl, obwohl sein Verfasser sonst eher ein Verstandeschrist war. Das Gedicht ist damit ebenso pietistisch wie der Empfänger, in den sich Leibniz vielleicht mehr, als man erwarten kann, hineingefühlt hat. Er verschickt es mit den (lateinischen) Worten: „Du lachst vielleicht über mich deutschen Dichter, aber im stillen hoffe ich, Du lachst nicht." Es sind fünf Strophen, die erste und die letzten beiden lauten in moderner Schreibweise:

Jesus am Kreuze

Jesu, dessen Tod und Leiden
Unsre Freud und Leben ist,
Der Du abgeschieden bist,
Auf dass wir nicht von Dir scheiden,
Sondern durch des Todes Tür
Zu dem Leben folgen Dir.

Als sich, Herr, Dein Haupt geneiget,
War es um zu küssen mich,
Da der Geist schon leget sich,
Noch sich Deine Liebe zeiget.
Selig wer auch Zeichen gibt,
Daß er bis in' Tod Dich liebt.

Lass die matte Seel empfinden
Deiner Liebe süssen Saft.
Wem nicht Deines Leidens Kraft
Kann sein kaltes Herz entzünden,
Jesu, der muss wie ein Stein
Ohne Lieb und Leben sein.

Sein Bruder Johann Friedrich war gerührt. Er sortierte die vielen Bücher, stellte mühselig einen 84-seitigen Auktionskatalog zusammen und liess alles, wie er sollte, im September 1685 versteigern. Der Erlös von 238 Talern genügte jedoch nicht einmal, um den Anspruch der Witwe Freiesleben zu befriedigen. Leibniz blieb mit einigen hundert Talern in der Schuld seiner Verwandten. Deshalb setzte er alles daran, um eine weitere, seit Jahren schwebende Erbschaftsforderung bei der Steuerverwaltung einzutreiben, doch die Geldnöte wollten so schnell nicht enden.

Diese Sorgen hatten ihn noch einmal an die alte Familie verwiesen, aber in Gedanken lebte Leibniz in einer anderen, der herzoglichen, so wie es damals nicht selten war, dass in einem grossen Haushalt einige aus dem Gesinde, zumal die Unverheirateten, starken Anteil am Familienleben der Herrschaft nahmen. Zum neuen Jahre 1684 schrieb er nicht nur an den Herzog und bat um Audienz, sondern verfasste auch einen Brief an Herzogin Sophie, auf deren Wohlwollen er vielleicht hoffte. Es ist nur ein Glückwunsch zum Jahreswechsel, und doch der Beginn eines regen Austauschs von Briefen und Gedanken über drei Jahrzehnte.

5   Ein Ende und drei Anfänge

Eine neue Windkunst   Aus dem winterlichen Zellerfeld reist Leibniz am 29. Januar 1684 nach Hannover zum Herzog, bei dem er eine Audienz erwirkt hat. Er will sich gegen den Baustop stemmen und hat vor, dem Landesherrn einen entscheidenden neuen Vorschlag zu machen: Nun soll seine Erfindung, die er seit fünf Jahren im Kopf hat, die bislang geheime „Horizontal-Windkunst", doch gebaut werden. Bewogen dazu hat ihn wohl die Erkenntnis, die herkömmlichen Mühlen seien am Wind, der nicht oft und nicht gleichmässig genug wehe, gescheitert. Seiner eigenen neuartigen Erfindung aber hatte er immer nachgerühmt, dass sie schon auf jeden Luftzug reagieren werde. Das musste jetzt der Ausweg aus der Not sein.

Ihm schwebt eine Mühle vor, wie die Welt sie noch nicht gesehen, deren Flügel, so würde man heute sagen, wie eine Drehtür funktionieren sollten. Die Achse steht also senkrecht, und um sie drehen sich die vier Flügel, gross wie Scheunentore. Nun muss man dem Wind nur noch den richtigen Zugang verschaffen, damit er weiss, wie er durch die Drehtür, sie antreibend, hindurchzugehen hat. Das soll durch acht starre Schirme geschehen, die die Drehflügel lückenhaft umstehen und dafür sorgen, dass der Wind allein auf den jeweils linken Flügel gelenkt wird. Weil die horizontale Windkunst von allen Seiten gleichermassen zugänglich ist, wird sie von jedem Wind, aus welcher Richtung er auch kommt, angetrieben.

Der Herzog hat ihn hereinrufen lassen. Nun steht er dem Mann gegenüber, der seine Arbeit gerade endgültig abgelehnt hat. Jetzt zu sprechen ist nicht leicht. Der Affront, die Sperrung der Gelder, sitzt ihm wie ein Kloss im Hals. Doch bald redet er sich in Begeisterung. Wahrscheinlich hat er wie vor gut fünf Jahren, als er mit dieser Idee den damaligen Herzog überzeugte, gesagt, dass die neuartige Windkunst viele Vorzüge haben werde. Sie koste wenig, „nicht über 200 thaler", ein Viertel nur von einer herkömmlichen Mühle. Das gefällt dem Herzog. Sie komme mit geringem Wind aus – und an dem fehle es doch im Harz! Daher gebe sie mehr Kraft als alle anderen bislang bekannten Windwerke. Das überrascht den Herzog, doch es wird von Leibniz damit begründet, dass die Windkunst ohne Zahnräder auskommen und kaum Reibungsverluste kennen werde. Dieses Argument hatte vor mehr als fünf Jahren den Herzog Johann Friedrich auch am meisten überzeugt.

Und noch etwas, vielleicht das wichtigste in den Augen von Leibniz: sie werde mit Wind aus allen Richtungen angetrieben, so dass sie nicht erst in den Wind gedreht zu werden brauche. Bei den herkömmlichen Windmühlen muss ja das halbe Gebäude immer so gewendet werden, dass der Wind von vorn auf die Flügel trifft. Die Horizontalwindkunst aber bleibe wie ein Turm in der Landschaft stehen, denn ihr sei jeder Wind recht. Wegen der vielen Vorteile, die dieses neue Windwerk biete, werde es bald überall nachgebaut werden.

So mag er argumentiert haben, der Herzog begeisterte sich jedenfalls, am Ende hatte er sogar das Gefühl, etwas Grosses zu erleben, dem Keimen einer Sensation beizuwohnen. Darum hat er nicht skeptisch gefragt: „Wenn der Plan angeblich so gut ist, warum wurde er dann nicht gleich zu Beginn schon in Angriff genommen?" Sondern er hat eher voller Eifer ausgerufen: „Warum erst jetzt, mein bester Leibniz, diese wunderbare Lösung – warum so spät?" Der Erfinder muss diesen kühlen, willensstarken Herrscher völlig für sich gewonnen haben, denn er übernahm kurzerhand die Kosten der erstaunlichen Windkunst, die ganzen angegebenen 200 Taler – und nicht nur wie bislang ein Drittel. Das war weit mehr, als Leibniz erbeten, wohl überhaupt zu denken gewagt hatte. Aus diesem Vorgang lässt sich gut erschliessen, welche Macht Leibniz über Menschen gewinnen konnte. Sehr viele Zeugnisse für diese Begabung, andere für sich zu begeistern, haben wir nicht. Diese Stunde beim Herzog aber ist ein deutlicher Beleg.

Leibniz ging tief gebeugt, unter Komplimenten und Danksagungen, rückwärts hinaus. Das war ein Triumph über alle seine Feinde im Bergamt und in den Gruben! Nun begann er also noch einmal von vorne, mit dem Segen des Herrschers. Und doch kann man sich fragen, ob er denn selbst an seine neue Maschine glauben konnte. Und wenn, warum hatte er sie seit fünf Jahren nie mehr erwähnt, geschweige denn ausprobiert? Vielleicht hatte er doch nur in seiner Bedrängnis eine unerprobte Idee hervorgeholt, die es zuliess, noch einmal Hoffnung zu schöpfen.

Er stürzte sich gleich in die Arbeit, machte sich Notizen zu seinem technischen Wunderwerk und liess für die Handwerker ein hölzernes Modell bauen mit genauen Angaben über das Material, das man brauchen würde (Modelle statt Zeichnungen waren damals üblich). Aber war er auch der Erfinder? Erhalten geblieben sind in seinem Nachlass Notizen, die zu beweisen scheinen, dass er von dem holländischen China-Reisenden Joan Nieuhof wusste, der solche Windmühlen zwanzig Jahre zuvor beschrieben hatte. Es gab auch in Europa zwei Formen einer solchen Windkunst, von denen Leibniz gehört haben könnte, sie dienten aber nur der Belüftung von Schächten. Fest steht jedenfalls: Er hielt sich für den Erfinder und hat die Konstruktion von Grund auf entwickelt, wie Skizzen aus seinem Nachlass zeigen.

Mit der neuen Windkunst will Leibniz die beiden vernachlässigten Mühlenbauten am Eschenbacher Teich ersetzen, die das Wasser in den höheren Teich pumpen sollten. An dem alten Sorgenkind, der Mühle an der Grube Catharina, wird ebenfalls weitergearbeitet, denn Leibniz ist grimmig entschlossen, sich auch hier durchzusetzen. Nach wie vor können die Sachverständigen vorwurfsvoll darauf hinweisen, dass die alte Kornmühle des Müllers auf der Bremer Höhe über Clausthal regelmässig umlaufe, während die Leibnizsche Windkunst nur schubweise oder überhaupt nicht gehe. Weil beide Seiten wussten, dass finanzielle Argumente auf den Herzog Eindruck machen, kommt es in diesem Sommer (1684) auch zu einer fast kuriosen Auseinandersetzung über künftige Gewinne oder Verluste mit der herkömmlichen Windkunst. Das Bergamt erwartet nach seiner Hochrechnung für die kommenden zwölf Jahre einen Verlust von 128 100 Talern, während Leibniz einen künftigen Gewinn von exakt 115 509 Talern und 12 Groschen berechnete.

Wenigstens das Wetter stellt sich ganz auf die Seite von Leibniz. Der Sommer 1684 war wieder extrem trocken, der Herbst brachte immer noch nicht den lang ersehnten Regen. Tatsächlich sank der Ertrag in diesem Rechnungsjahr erneut bedrohlich. Vielleicht hätte man sich gar nicht so lange mit Leibnizens Plänen und Versuchen aufgehalten, wenn es nicht in kurzer Folge drei sehr trockene Jahre gegeben hätte.

Seit dem frühen Sommer (1684) gab es also am Unteren Eschenbacher Teich noch eine vierte Baustelle des Hofrats aus Hannover zu besichtigen. Sie lag gleich neben den Bauplätzen für

die beiden herkömmlichen Mühlen, die das Wasser ebenfalls in den
‚Sparteich‘ hatten hochbringen sollen. Das Ungetüm, die neuartige
Horizontal-Windkunst, erweckte grosse Erwartungen, Neugierige
kamen und bestaunten sie schon ihrer Ausmasse wegen. Ja, es war
ein riesiges Ding, über elf Meter hoch und knapp 15 Meter im
Durchmesser. Ein eindrucksvolles Bauwerk. Allerdings wird es
Winter, bis die Testläufe beginnen können. Am 21. November
schreibt Brandshagen nach Hannover, man habe die Flügel umlau-
fen lassen. Obwohl der Wind kaum die Blätter an den Bäumen
bewegte, habe die Mühle gut gearbeitet. Als man sie anhalten
wollte, seien fünf kräftige Männer dazu nötig gewesen. Das muss
für alle Beteiligten ein Triumph gewesen sein. Jedoch war es noch
eine Probe ohne Last gewesen, denn die Mühle musste vorläufig
nur sich selbst bewegen. Sie sollte das Wasser heben, indem sie eine
schräg liegende hölzerne Spindel drehte, eine ‚Schnecke‘, die
immerhin 45 Schuh lang war, das sind 13 Meter. Diese Konstruktion war schwer und musste doch ständig gedreht werden, damit in
ihren Windungen das Wasser nach oben floss.

Obwohl Leibniz die Versuche, dem kalten Wetter trotzend, nun
selbst leitete, waren die Erfolge mässig. Er meldete aber dem Minister Albrecht Philipp von dem Bussche, es gebe nur noch eine
kleine Verzögerung, weil der Zimmermann die Leitschirme so
gebaut habe, dass die Flügel dagegen schlügen. Das sei bald beho-
ben, und er hoffe, die neue Windmühle werde noch vor Mitte
Dezember (1684) das Wasser hinaufbefördern.

Brandenburg wird gewonnen   Frankreich hat den deutschen Reichs-
ständen, die immer noch in Frankfurt versammelt sind, einen Waffenstillstand angeboten, der heftig diskutiert wird. Leibniz verfolgt
die Debatte leidenschaftlich wie immer und schreibt in der zweiten Hälfte des März (1684) eine Studie ‚Raisons touchant la guerre
ou l'accomodement avec la France‘ (Vernunftgründe, betreffend
Krieg oder Verständigung mit Frankreich). Es soll eine Flugschrift
werden und er hat lange daran gefeilt, fünf Fassungen sind erhalten. Man erkennt, wie sehr der von der politischen Bühne, ja von
allen Nachrichten Abgeschnittene sich doch immer noch zum
politischen Publizisten und Ratgeber berufen fühlt. Nachdem er
das Für und Wider eines Waffenstillstandes abgewogen hat, rät er
schweren Herzens dem Reich, den Vertrag mit Frankreich abzuschliessen. Die Schrift wurde nicht gedruckt, weil die in Frankfurt

versammelte Konferenz von sich aus bereits dem Waffenstillstand zuneigte. Das schien schon deshalb ratsam, weil die militärische Kraft des Reiches zu schwach war. Selbst das Kurfürstentum Brandenburg stand im Bündnis mit Frankreich.

Und prompt liess der grosse Nachbar das reichstreue Hannover angreifen. Die Städte Höxter und Mölln wurden, genau in den Tagen, als Leibniz seine Flugschrift verfasste, von Verbündeten Brandenburgs überfallen. Weil aus dieser Brandenburger Aggression seltsamerweise eine dauernde Verbindung Hannovers mit Brandenburg erwuchs, die für das Leben von Leibniz noch entscheidend werden sollte, muss die Sache hier erzählt werden. Schon im Vorjahr hatte das Fürstentum Hannover in seiner Furcht vor Brandenburg den Gedanken ins Spiel gebracht, die beiden fürstlichen Häuser könnten sich dadurch verbinden, dass der brandenburgische Kurprinz Friedrich die hannoversche Prinzessin Sophie Charlotte heiratete, die jetzt 16 Jahre alt war.

Eigentlich hatte ihre Mutter Sophie, die sich mit Nachdruck die Tochter eines Königs nannte, als höchstes Ziel auch für ihr Kind eine Königskrone vor Augen gehabt. Um der Prinzessin alle Partien offenzuhalten, hatte man ihr keine bestimmte konfessionelle Erziehung zuteil werden lassen. Nichts zeigt deutlicher die religiöse Bindungslosigkeit dieses Elternpaares. „Es wird meiner Tochter nicht an Bewerbern fehlen", hatte die stolze Mutter einmal geschrieben, „und wir werden sehen, ob der Papst, ob Calvin oder ob Luther die Oberhand behält." Man hatte sogar eine Zeitlang an keinen Geringeren als den Dauphin (den Kronprinzen von Frankreich) gedacht und die Verbindung energisch betrieben. Doch als im Juli 1683 die junge Gemahlin des Kurprinzen von Brandenburg gestorben war, erfasste Herzogin Sophie gleich die Lage. In ihrem Beileidsschreiben lud sie den jungen Witwer nach Hannover ein, um ihm „die traurigen Gedanken zu vertreiben" – ein allzu deutlicher Wink, den der Kurprinz höflich abwies: Seine Traurigkeit sei noch zu gross.

Kammerpräsident Grote persönlich reiste jetzt – unter dem Eindruck des Überfalls auf Höxter und Mölln – nach Berlin. Er fand den Grossen Kurfürsten abwartend gestimmt, den Kurprinzen aber „hitzig verliebt" in die hannoversche Prinzessin, so dass Grote glaubte, der junge Witwer werde den Frieden zwischen Berlin und Hannover zu befördern suchen. Der Grosse Kurfürst verlangte, dass sich die Welfen Frankreich unterordnen sollten.

Nach einem Monat Verhandeln war Grote auf dem toten Punkt, denn keine Seite wollte nachgeben. Der französische Botschafter in Berlin wünschte den Angriff auf Hannover, musste aber zu seinem Kummer melden, der Kurprinz sei bis zum Wahnsinn verliebt und sehe seinen Ehetraum schwinden. In Tränen aufgelöst, schickte der Prinz den getreuen Danckelman, seinen früheren Erzieher, zu Grote und warf ihm die Unnachgiebigkeit der Hannoveraner vor; man habe dabei gar nicht an ihn gedacht. Frankreich wollte weiterhin den Krieg, Grote brach die Berliner Verhandlungen ab und wurde zurückgerufen, man war in Hannover zum letzten Mut gegen seine Gegner entschlossen, da kam der Umschwung.

Am 26. Mai (1684) gaben die Welfen nach und unterwarfen sich Frankreich, das gerade die Festung Luxemburg eroberte, und dessen Verbündeten. Als im Juni der unermüdliche Kammerpräsident Otto Grote wieder in Berlin ankam, waren die Hannoveraner wohlgelitten. Er meldete: „Ich bin ein lieber Sohn bey Brandenburg", und unterschrieb einen Bündnisvertrag, der auch Artikel über die Eheschliessung des Kurprinzen mit der hannoverschen Prinzessin Sophie Charlotte enthielt.

Die erst sechzehnjährige Braut führte sich in Briefen artig bei ihrem Schwiegervater, dem Grossen Kurfürsten, ein. Der französische Botschafter in Berlin rühmte, die Prinzessin sei sehr schön, neige jedoch zur Fülle, habe aber „das liebenswürdigste Wesen der Welt". Damit hatte er sie freilich etwas zu harmlos dargestellt, Leibniz wird noch andere Seiten an ihr kennenlernen. Ihr Bräutigam war weniger eindrucksvoll: ein körperlich unscheinbarer, geistig wenig begabter, kränklicher Mann, an dem nichts gross war als sein Hang zum Prunk und der unbändige Ehrgeiz, eine Rolle in der Welt zu spielen. Die Prinzessin sollte später, an der Seite ihres Gemahls gelangweilt, ihr anspruchsvolles Gegenüber in Gottfried Wilhelm Leibniz finden.

Geheiratet hat das junge Paar in kleinstem Kreise zu Herrenhausen schon am 8. Oktober desselben Jahres. Dazu verfasste Leibniz ein offizielles Hochzeitsgedicht und entwarf die Inschriften für die Gedenkmünzen. So etwas anzufertigen sollte künftig zu seinen Aufgaben gehören. Die Herzogin gab ihrer Tochter zwei Wünsche mit auf den Weg in jenes Berlin, mit dem Hannover in den letzten Jahren mehr als einmal beinahe Krieg gehabt hätte: dass die Tochter es schaffe, den Leuten in Berlin abzugewöhnen, aus jedem „Furtz einen Donnerschlag" zu machen und dass dort die „hannoversche Mode" in Umlauf käme, „da man von keinen Intriguen weiss".

Ein Mathematiker offenbart sich   Im Harz hat Leibniz nicht nur an der Windkunst gearbeitet, auch Schriften hat er dort verfasst wie 1683 den ‚Mars christianissimus'. Die Prinzipien des Differential-kalküls wurden ebenfalls in den Bergen niedergeschrieben, als es dazu einen wichtigen Anlass gab. Ehrenfried Walter v. Tschirnhaus, sein Freund aus Pariser Tagen, dem er 1682 selbstlos dabei gehol-fen hatte, Mitglied der Pariser Akademie zu werden, hatte ein Jahr später, im Oktober 1683, in Leibnizens Hauszeitschrift, den ‚Acta eruditorum' (wenn auch nur unter einem Namenskürzel) einen Beitrag veröffentlicht, der mit der Differentialrechnung arbeitete, ohne dass erkennbar war, auf wessen Entdeckung der Autor fusste. Leibniz fühlte sich übergangen. Tschirnhaus hatte dabei auch noch einen Fehler gemacht, nämlich angenommen, dass ein Sonderfall, von dem er ausging, sich verallgemeinern lasse. Leibniz rückte ein halbes Jahr später, im Mai 1684, in derselben Zeitschrift eine Notiz ein. Ohne den Freund durch Namensnennung blosszustellen, ver-wies er auf die vertraulichen Mitteilungen der Pariser Jahre 1675/76 und machte auf die begangenen Fehlschlüsse aufmerksam, indem er ein gut gewähltes Gegenbeispiel vorlegte.

Nun war also schon ein anderer mit seiner grössten mathemati-schen Leistung an die Öffentlichkeit getreten! Es zeigte sich die Gefahr, dass seine Leistung ihm irgendwann nicht mehr zuge-schrieben werden würde, und deshalb entschloss er sich, eine kurze Darstellung der Differentialrechnung in Druck zu geben und machte so einen neuen Anfang als Mathematiker. Weil es sich um einen Meilenstein in der Geschichte der Wissenschaft handelt, seien Titel und Fundort genannt: ‚Nova methodus pro maximis et minimis', erschienen zu Leipzig in den ‚Acta eruditorum', Heft zehn, vom Oktober 1684. Allerdings – zu viel verraten wollte Leib-niz auch wieder nicht, um dieses methodische Instrument nicht ganz aus der Hand zu geben. Seine Erfindung sollte nur soweit umrissen werden, dass sie ihm niemand mehr streitig machen konnte. Darum war die Darstellung so knapp gefasst, dass eigent-lich kein Leser zu dem neuen Symbolismus vordringen konnte. Wer das schaffen wollte, musste auch noch dahinterkommen, dass die Darstellung durch Druckfehler entstellt war. Das konnte nur ein Genie, und Jacob Bernoulli aus Basel war eins. Er hatte sich

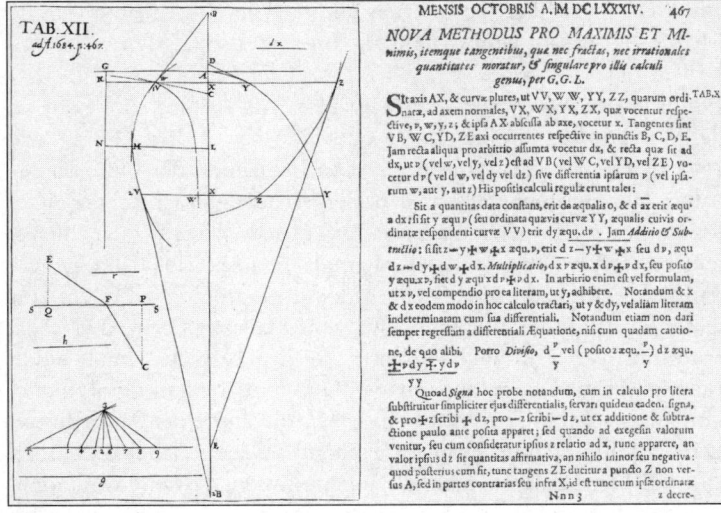

Acht Jahre nachdem er die Differential-Rechnung entwickelt hatte, veröffentlichte Leibniz sie im Oktober 1684 in der ihm vertrauten Leipziger Zeitschrift ‚Acta eruditorum‘ unter dem Titel ‚Nova methodus ...‘. Die Darstellung war bewusst knapp, fast unverständlich gehalten.

selbständig schon so weit in dieses Gebiet eingearbeitet, dass er durch wochenlanges Grübeln herausfand, was der Verfasser hatte andeuten wollen. So schwer hatte Leibniz sich das wohl nicht vorgestellt, er war jedenfalls enttäuscht, dass ein Echo auf seine Veröffentlichung zunächst ausblieb. In diesem Aufsatz, das sei am Rande erwähnt, taucht auch zum ersten Mal ein Symbol auf, das uns allen vertraut ist: Als Divisionszeichen wird, statt des bis dahin üblichen Bruchstrichs, der Doppelpunkt benutzt; auch eine Schreibweise, die Leibniz erfunden und durchgesetzt hat

Die Gründe, warum er mit der ersten Veröffentlichung seiner neuen Mathematik so lange gewartet hatte, sind schon anlässlich der Entdeckungen in Paris genannt worden: Er wusste, dass noch manches zu verbessern war, und er fürchtete sich vor einem öffentlichen Widerspruch, der logische Einwände erheben könnte. Sie wurden tatsächlich auch vorgebracht. Aber die neue Methode war ein so vorzügliches Instrument, dass sie sich allmählich durchsetzte. Davon wird bald zu berichten sein.

Diese Horizontalwindkunst hat Leibniz erfunden, um auch schwachen Wind nutzen zu können. Im Inneren bewegten sich die Flügel wie eine Drehtür. Die Zeichnung, die Hans-Jürgen Boyke nach der Rekonstruktion von Jürgen Gottschalk angefertigt hat, zeigt, wie die Windkunst eine Schnecke antreiben sollte, um Wasser von einem Teich in einen höheren zu fördern.

Scheitern und noch ein Anfang   Wir kehren zu den Windmühlen auf den Harz zurück, zum letzten Mal. Davon zu berichten wird einem schwer. Es ist bitter, sich den Mann, der soeben eine der wichtigsten mathematischen Arbeiten des Jahrhunderts veröffentlicht hat, vorzustellen, wie er nun im Januar neben der herkömmlichen Windmühle bei der Grube Catharina steht, das Wetter erträgt, an den Misserfolgen verzweifelt, dennoch seine Anweisungen gibt, ratlos ist und die Schuld bei seinen Gegnern sucht. Welch unbändiger Kampfeswille muss ihn angetrieben und ihm das Durchhalten auferlegt haben. Am 4. Februar 1685 ist schon wieder ein entscheidender Tag gekommen. Es findet eine neue Probe statt, wieder vor den missgünstigen Blicken zahlreicher Bergleute. Nun ist auch Leibniz zermürbt und dringt alsbald darauf, mit der Vorführung Schluss zu machen, zumal „bey gegenwärtigem stillen Wetter die vorgeschriebene Dauerprobe von vierzehn Tagen nicht durchgeführt werden kann". Das Bergamt ist mit der Leistung ebenfalls nicht zufrieden. Noch einmal gibt es eine Konferenz, und noch einmal verfasst Leibniz, heftig entschlossen, eine Verteidigungsschrift. Er schiebt beiseite, was ihm nicht passt, und versteift sich auf Einzelheiten. Doch es hilft ihm nichts. In einem Schreiben der Regierung vom 15. März (1685), das Otto Grote unterzeichnet hat, wird die Geldsperre für die Windkunstbauten als endgültig bezeichnet.

Und was ist mit der Revolution, der horizontal drehenden Mühle, die breit und gewaltig neben der Dammkrone des Unteren Eschenbacher Teiches steht? Immerhin, sie dreht sich. Allerdings nur im Leerlauf, sie ist auch jetzt noch nicht so weit, die eigentliche Probe bestehen zu können und Wasser zu heben. Der Versuch wäre wohl auch aussichtslos gewesen, ihre Kraft war dafür zu klein. Hätte man die 13 m lange Schnecke angehängt, wäre das eine Überforderung gewesen, schon weil deren Reibung viel zu gross sein musste. Was Leibniz damals kaum wissen konnte, ist inzwischen berechnet worden: Eine Horizontalwindkunst erbringt nur einen Bruchteil der Leistung einer herkömmlichen Windmühle. Die Schwäche ergibt sich schon daraus, dass die Flügel vor dem Wind zurückweichen, die Umlaufgeschwindigkeit wird also nie grösser als die Windgeschwindigkeit. Weiter vermindert wird die Kraft dadurch, dass immer nur eine Hälfte des Flügeldurchmessers Arbeit leisten kann, nämlich die, auf die der Wind trifft (und die andere Hälfte muss sich sogar gegen den Wind bewegen, wenn auch von einem Schirm geschützt).

Am 23. März (1685) kommt der endgültige Schlussstrich für alle Mühlen. Herzog Ernst August verfügt von Venedig aus, wohin er sich zum Karneval zurückgezogen hat, die Einstellung aller Arbeiten im Harz; auch auf eigene Kosten soll nichts mehr geschehen. Leibniz, inzwischen wieder in Hannover, erfährt von dem Befehl offiziell drei Wochen später. Zur Begründung heisst es, das Projekt sei „so bald zu keiner realität und effect zu bringen".

Doch Leibniz fühlt sich keineswegs widerlegt, im Gegenteil. Den Herzog lässt er kurz nach der Entscheidung wissen, die Bergbeamten würden eines Tages die Nützlichkeit seines Projektes erkennen, besonders den Vorteil der neuen horizontalen Windmühle, den er deutlich bewiesen habe. Am 22. Mai schreibt er selbstbewusst in einem Antrag, dass ihm für das Erreichte eigentlich ein Gehalt bis ans Lebensende zustehe. Denn im Harz sei ihm vieles gelungen: „So habe ich auch praestiret (erreicht) ein mehreres als man davon verhoffet." Schliesslich habe ihm das „Bergamt auch auf gewiße maße 400 thl. deswegen ad dies vitae (lebenslang) offeriret". Es klingt so, als hätte er den Vertrag erfüllt. Das kann er aber selbst wohl nicht glauben. Jedenfalls beschränkt er sich im folgenden darauf zu bitten, die 600 Taler, die er als Hofrats-Besoldung bislang bekam, sollten ihm nun einfach lebenslang zugesichert werden „wegen guter Erfindungen sowohl im Harz wie auch für andere Arbeiten, die dem Hochfürstlichen Hause zur Ehre gereichen". Was er in Zukunft für den Hof zu leisten gedenkt, bleibt unklar. Möglich ist, dass er ein freier Mann sein will, der trotzdem wegen seiner Verdienste ein festes Einkommen bezieht. Aber es wird sich dann doch eine neue Aufgabe finden.

Der Herzog weilte, wie erwähnt, mit einem Teil seines Hofstaates wieder in Venedig. Ernst August war dort zu Hause, er hatte den Palazzo Foscari am Canal Grande, der von einem deutschen Arzt für ihn verwaltet wurde, auf Dauer gemietet. Ebenso behielt der hannoversche Hof in einer ganzen Reihe von Theatern Logen in Dauermiete, um jederzeit über die Plätze verfügen zu können. Hier in Italien wird der Herzog jetzt für seinen glücklosen Hofrat Leibniz eine glückliche Entscheidung treffen.

Venedig galt als Stadt der Lustbarkeiten und wurde vor allem während des Karnevals zum Tummelplatz von Welt und Halbwelt. Die drei welfischen Herrscher-Brüder waren alle früh Italien verfallen; in den sechziger Jahren hatten Ernst August und Georg Wilhelm dort uneheliche Kinder gezeugt. In diesem Venusberg gab es Kurtisanen für alle Stände, Schmeichler, Gaukler und Betrüger. Es war ein Fest für die Augen und alle anderen Sinne. Die Herrscher Europas gaben dort leichthin Unsummen aus, der armen Bauern „sauerlich beibringendes Geld", wie ein Zeitgenosse dem Herzog vorhielt, und tatsächlich waren die Bauern fast die einzigen, die die Staatsgelder aufbringen mussten. Doch seit neuestem hatte der Herzog eine neue sprudelnde Geldquelle: Er hatte einen Teil seiner Truppen an Venedig verpachtet, das die Soldaten in Griechenland einsetzte, wo die Türken vertrieben werden sollten. Tausende Hannoveraner sind dabei fern der Heimat gefallen. Die Truppen für Venedig brachten, so sagte man, 76 000 Taler im Jahr, genug Geld war also da für Saus und Braus. Dennoch, als der Herzog im Januar aufgebrochen war, geschah das gegen den Willen der Geheimen Räte und zum grossen Missfallen der Landstände, die die Gefahren und Kosten der Italienfahrten des Landesherrn als bedrückend empfanden. In seinen Briefen an den Landgrafen verurteilt auch Leibniz es, dass sein Herzog die hannoverschen Truppen lieber teuer an Venedig vermietet, als sie Kaiser und Reich zur Verfügung zu stellen. Leibniz ist über diese egoistische Aufopferung von Menschen empört.

In Venedigs buntem Treiben hatte sich der Abt eines Klosters, ein Holländer, der sich Teodore Damaideno nannte, an den herzoglichen Hofstaat gewandt und eine selbstverfasste Chronik der Fürstenfamilie Este überreicht, in der auch die Welfen dargestellt worden waren. Ein zweifelhaftes Werk, in dem behauptet wurde, man könne die Familie 2436 Jahre zurückverfolgen und sie stamme von Helden des Altertums ab. Solche Phantasterei entsprach dem Geschmack manches Herrschers, und auch Ernst August, obwohl er höhere Ansprüche stellte, sah seine Neugier geweckt. Er besprach sich mit seinem Hofpoeten, dem Italiener Ortensio Mauro, und forderte ihn auf, Hofrat Leibniz mit einer Prüfung des Manuskripts zu beauftragen.

Nun kann man grübeln, ob es Zufall war, dass diese Anordnung, formuliert vom Hofkavalier Mauro, genau zwei Tage früher abgefasst worden ist als der Befehl, Leibniz müsse mit der Windkunst aufhören, der ebenfalls in Venedig unterschrieben wurde. War hier so etwas wie Fürsorge für den Angestellten Leibniz im Spiel? Wollte der Herrscher ihm eine Perspektive eröffnen, bevor man ihn zum Gescheiterten erklärte? Wahrscheinlich arrangierte alles bloss der Zufall, und es war ja auch nur eine Anfrage, kein grosser Auftrag. Doch als Leibniz sie in Händen hielt, muss er – das Ende des Wind-Abenteuers vor Augen – gespürt haben, dass sich daraus etwas machen liesse. Ihm war nur allzu bewusst, wie sehr er dem Hof entfremdet war und an Ansehen verloren hatte, auch war ihm keine Aufgabe mehr geblieben ausser der Bibliothek. Eigentlich hätte er gehen müssen.

Gleich verfasst er ein Gutachten über die Geschichten des Abtes Damaideno, das wohl schon im April fertig ist und natürlich niederschmetternd ausfällt. Es gerät ihm zum Manifest der neuen historisch-kritischen Methode: Man müsse, schreibt er, die überlieferten Quellen streng befragen wie ein Richter die Zeugen. Um nun aus dem kleinen Auftrag eine neue Beschäftigung zu machen, entwickelt er ein Projekt, das er Grote, auf den er sich verlassen kann, vorschlägt. Am 28. Mai (1685) teilt dieser dem Herzog mit, Leibniz sei bereit, eine Hausgeschichte auszuarbeiten. Damit ist eine Weiche gestellt, sein Leben wird sich nun ändern, obwohl es ihm noch kein grosser Wandel zu sein scheint, denn das Thema ist für ihn nicht neu, er war der Geschichtsschreibung vielmehr seit Jugendtagen zugeneigt, und er nahm an, er werde die Welfengeschichte in kurzer Zeit vollenden, um sich dann wieder anderen Gebieten zuwenden zu können.

Sein Angebot hat Leibniz aber nicht als Bittsteller gemacht, sondern er hatte sich so viel Selbstbewusstsein bewahrt, dass er eine Bedingung nannte: Sein bisheriges Einkommen solle ihm auf Lebenszeit zugesagt werden. Am 10. August erhält er den Auftrag, und wie verlangt wird sein Gehalt in eine ‚pension ad vitam‘ verwandelt. Auch der Titel eines Hofrates wird ihm auf Lebenszeit garantiert. Ferner gewährt ihm der Herzog einen Schreiber und die Vergütung von Reisekosten. Auch wird Leibniz von den gewöhnlichen Kanzleiarbeiten befreit. Huldvolle Bedingungen! Der Herrscher sorgt jedoch, indem er Leibniz verpflichtet, zuerst für sich selbst und seinen Hof, denn er weiss, wie wertvoll ein Gelehrter mit reichem Wissen und schriftstellerischer Gewandtheit ist, der zum Ruhm und Glanz seines Hauses wirken kann. Er erkennt die Bedeutung des Forschers und Publizisten und sieht die Achtung, die dem gelehrten Hofrat entgegengebracht wird. Mit dem wohlklingenden Titel ‚Hofhistoriograph‘, wie ihn andere Fürsten vergaben, wird Leibniz nicht versehen, vielleicht auf eigenen Wunsch. Auch ‚Bibliothekar‘ hatte er ja nie heissen wollen.

Es soll auch beileibe keine Lebensaufgabe werden. Und doch wurde es eine. Nicht ganz unschuldig daran, dass Leibniz mit dem Werk so lange nicht fertig wurde, ist vielleicht der Vertrag, den man ihm gab. Der bot ein Einkommen auf Lebenszeit, ohne dass geklärt war, was er dafür zu leisten hatte. Ein Abgabetermin stand nicht drin. Eigentlich musste es Leibniz so vorkommen, als habe er einen See von Zeit vor sich und könne es sich leisten, die Geschichte der Welfen nebenbei zu betreiben und sich im übrigen für einen freien Mann zu halten. Dem Vertrag nach hatte er – umgekehrt – sogar Grund, lange nichts Fertiges abzugeben, weil er fürchten musste, danach die guten Bedingungen, unter denen er nun lebte, zu verlieren – etwa indem man ihn zwingen würde, wieder in der Justizkanzlei zu arbeiten. Jedenfalls hat Gottfried Wilhelm Leibniz in den kommenden dreissig Jahren unverändert mit diesem Vertrag gelebt. Zunächst wusste er wirklich dessen angenehme Seiten zu nutzen, um am Ende um so mehr an ihm zu leiden.

Gleich stürzte er sich in die neue Aufgabe. Der Alleswisser kannte sich auch in der Welfengeschichte gut aus, zumal er schon des öfteren darüber etwas zu verfassen hatte. Der berühmteste Welfe war Heinrich der Löwe (1129–1195) gewesen, der viel gewonnen und alles verloren hatte. Um den sollte es aber nicht gehen, sondern vor allem um die Anfänge des Welfengeschlechts, denn damals galt eine Familie als um so vornehmer, je älter sie war (daher auch die phantasiereichen Herleitungen von antiken Helden). Es gehörte also zu Leibnizens Aufgaben, ein hohes Alter nachzuweisen; das schien klar und musste nicht ausgesprochen werden. Man vermutete eine frühe Verwandtschaft der Welfen mit der Fürstenfamilie Este, selbst das aber war ungesichert. Erhofft wurde, dass die Welfen von den Este abstammten, denn italienische Vorfahren liessen erwarten, dass die Familie in Zeiten zurückverfolgt werden könnte, in denen es nördlich der Alpen noch keine Urkunden gegeben hatte.

Und so wird das Ergebnis auch aussehen, auf das Leibniz schliesslich traf: Die Welfen waren einst in der männlichen Linie ausgestorben. Als letzte Erbin brachte Kunigunde (gest. 1097) den Anspruch auf das Welfenland ihrem norditalienischen Gatten, einem Este, mit in die Ehe; die Welfen waren seitdem Este und damit eines der ältesten regierenden Häuser überhaupt.

Für Herzog Ernst August hat Leibniz bereits im Winter 1685/86 seine Gedanken in Form einer Einleitung zum künftigen Werk niedergelegt. Er will die Geschichte des Landes zwischen Elbe und Weser und des Geschlechts der Welfen darstellen. Alles soll knapp, aber gut lesbar sein und sowohl die Wissbegierde der auswärtigen Gelehrten als auch den Nutzen der Auftraggeber berücksichtigen. Mit dem Herzog einig ist sich Leibniz darin, dass fiktive Ruhmeserzählungen weggelassen werden müssen, denn so etwas haben die Welfen nicht nötig. Ausserdem seien bei der Aufgeklärtheit des jetzigen Jahrhunderts bereits zahlreiche Lügen aufgedeckt worden; bestehen könne in Zukunft also nur, wer sich der Wahrheit verpflichtet fühle.

Das neue Welfenbewusstsein zeigt sich auch bei den Schlossumbauten. Ernst August erteilte 1685 seinem Architekten den Auftrag, den Rittersaal zu einem stattlichen Repräsentationsraum für Festlichkeiten und Empfänge ausländischer Besucher umzugestalten.

Und Leibniz soll historische Vorlagen beschaffen, damit die Porträts der hervorragenden Welfenfürsten an den Wänden und an der Decke prangen können.

Alles für einen Kurhut In diesem Sommer 1685 sitzt Leibniz auch an einer Auftragsarbeit, zu der ihn Otto Grote im Namen des Herzogs aufgefordert hat. Bis zum Herbst soll er in einer Denkschrift begründen, weswegen es eine weitere, eine neunte Kurfürstenwürde im Reich geben müsse. Ja, Ernst August will die Kurwürde! Lange hat man sich ja damit begnügt, nur mit den Kurfürsten gleichgestellt zu sein, nun möchte man selbst dazugehören. Erst einmal schien das unmöglich. Seit dem Mittelalter hatte es immer nur sieben Kurfürsten gegeben, nach einigen Wirren war eine achte Kur für Bayern hinzugekommen. Aber eine neunte? Und doch gab es einen Anlass zu dieser Forderung. Im Frühjahr (1685) war das evangelische Kurfürstentum Pfalz an einen katholischen Erben gefallen. Nun gab es nur noch zwei evangelische Kurfürstentümer, Sachsen und Brandenburg, und das war für den Proporz viel zu wenig. Hier liess sich ansetzen, indem man „eine dritte evangelische Kur" forderte, die natürlich an Hannover fallen musste, denn die dortigen Welfen überragten sogar einige Kurfürsten, was Selbstbewusstsein, Heeresstärke und politisches Geschick betraf. Gefördert wurde der Plan allerdings allein vom Brandenburger Grossen Kurfürsten, dem es um den Bestand des evangelischen Glaubens ging.

Nun hatte Grote Leibniz beauftragt, die Gründe für das Verlangen nach der Kurwürde zusammenzustellen. Leibniz nannte: das Alter der Familie (das war ja sein neues Thema), die grosse Vergangenheit und die gegenwärtige Macht der Welfen, das Interesse des Protestantismus im Reich an einer dritten Kur, die Notwendigkeit, den vier schwachen rheinischen Kurfürsten, die von Frankreich bedroht oder abhängig waren, im Kurkolleg eine starke neue Kurmacht an die Seite zu stellen, die zugleich dem Kaiser nicht gefährlich werden könne. Schliesslich erwähnte er noch die Verdienste der Welfen um das Reich.

Das hat Leibniz alles ordentlich ausgeführt, ein origineller Gedanke jedoch war nicht dabei, konnte es wohl auch nicht sein. Immerhin machte er auch Vorschläge, wie man vorgehen sollte. So hielt er es für besser, zunächst nur allgemein eine protestantische Kur zu fordern, und dann erst zu zeigen, an wen man dabei dachte.

Auch riet er, den Antrag nicht vor dem Reichstag in Regensburg zu stellen, wo man alles auf die lange Bank schob, sondern zunächst beim Kaiser, dann bei einzelnen katholischen Kurfürsten. Es ist heute schwer zu sagen, wieweit er auch damit nur notierte, was im Geheimen Rat allgemein schon für richtig gehalten wurde. Überhaupt darf man den Auftrag zu solch einer Denkschrift nicht zu hoch bewerten, Leibniz schrieb sie als anonymer Referent, als zuarbeitender Gelehrter. An der Politik war er damit nicht beteiligt, denn nicht mit Argumenten, nur mit den üblichen politischen Machtmitteln war hier etwas zu bewegen. Daher hatte sich Ernst August im stillen vorgenommen, den Kaiser unter Druck zu setzen. Aber der Kaiser entschied nicht allein über die Kurwürde, die Kurfürsten mussten zustimmen – und weshalb sollten sie? Allenfalls konnte man hoffen, dass sie das ewige Drängeln Hannovers einmal leid sein oder es ungerecht finden würden, dass nur zwei von ihnen evangelisch waren. Diesem Gedanken öffnete sich bald sogar der neue katholische Kurfürst von der Pfalz.

Die Protestanten im Reich waren besorgt, denn dieses Jahr 1685 schien wahrlich die Katholiken zu begünstigen. Im Februar starb der englische König, ihm folgte sein katholisch gewordener Bruder. Im Mai starb, wie gesagt, der Kurfürst von der Pfalz, ihn beerbte ein katholischer Verwandter. Im Oktober beendete der französische König die Tolerierung der Protestanten, das heisst, er hob das Edikt von Nantes auf, das den Hugenotten Schutz gewährt hatte. Es setzten grausame Verfolgungen ein; wer noch konnte, floh ins Ausland. Im protestantischen Lager erwartete man nun einen gewaltigen Vorstoss der Gegenreformation. Auch Leibniz war tief besorgt und hoffte, wenigstens im Kurkollegium werde die katholische Überzahl nicht allzu viel Macht gewinnen.

Um sein Land auf die erstrebte Würde vorzubereiten, wollte Herzog Ernst August die unselige Tradition beenden, dass alle Söhne etwas erbten und das Fürstentum dadurch immer wieder geteilt wurde. Nur sein ältester Sohn Georg Ludwig sollte sein Erbe sein. Ernst August setzte dieses Erstgeburtsrecht (die sogenannte Primogenitur) auch durch und stellte sich damit – sozusagen im Vorgriff – den Kurfürsten gleich, deren Länder nach Reichsgesetz unteilbar waren. Die Art, wie er seinen Plan – zunächst ganz verschwiegen – ausführte, zeigt ihn als einen wahren Herrscher, unbeschwert von allen Rücksichten, als einen kühlen Rechner, unnahbar und meist wenig liebenswert. Der Zweitgebo-

Leibniz war vielleicht Mitte dreissig, als ihn ein Maler, über den man nichts weiss, dargestellt hat, dann wäre das Bild um 1680 entstanden. Es ist 1945 verschollen. Nach einer schwarz-weissen Fotografie hat der Grafiker Broder Brodersen die alten Farben mit der Paintbox neu erstehen lassen, wie er auch alle anderen farbigen Porträts in diesem Buch restauriert hat.

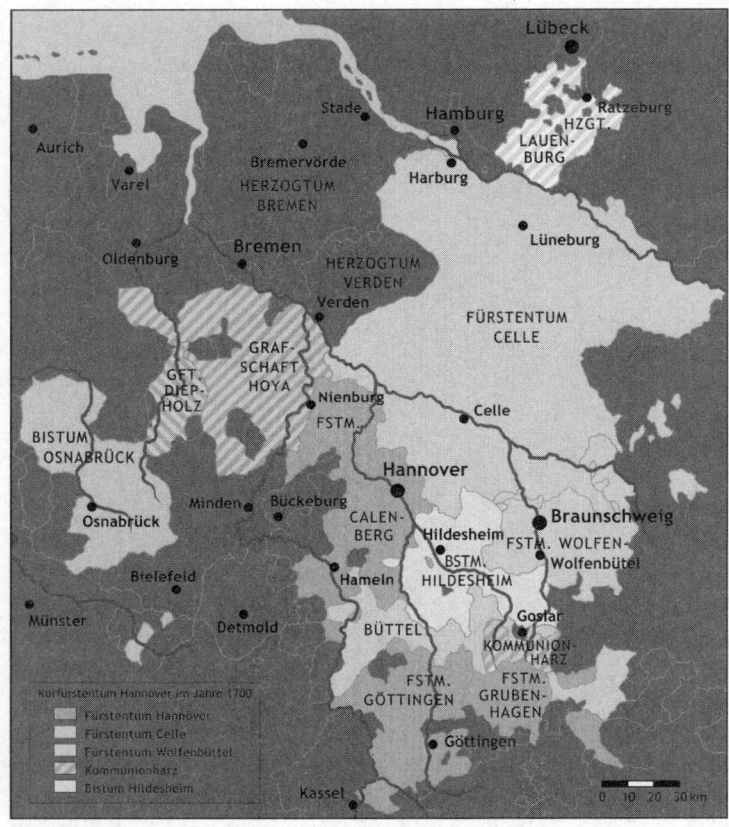

Kurfürstentum Hannover im Jahre 1700
- Fürstentum Hannover
- Fürstentum Celle
- Fürstentum Wolfenbüttel
- Kommunionharz
- Bistum Hildesheim

Unglaublich zerrissen waren damals alle Länder, zusammen ein Flickenteppich. Auch das Fürstentum Hannover zerfiel in Landesteile ohne Zusammenhang. Im Fürstentum Wolfenbüttel lag wiederum das Bistum Hildesheim. Gebiete, die zu Leibnizens Zeiten den Besitzer wechselten, sind schraffiert dargestellt. – Grafik: Martin Ishak

Der etwa fünfzigjährige Leibniz, wohl im Auftrag des Wolfenbüttler Herzogs Anton Ulrich gemalt vom dortigen Hofmaler Christoph Bernhard Francke. Der Dargestellte blickt warm und offen, wirkt vornehm und lebhaft zugleich. Als Mann des Hofes erweist ihn der üppig gemalte Samt und der Hintergrund, der das Innere eines Schlosses andeutet.

Das Bild ist datiert auf 1703, Leibniz war also 56 oder 57 Jahre alt. Gemalt wurde er im Auftrag der Kurfürstin-Witwe Sophie vom hannoverschen Hofmaler Andreas Scheits, der in Holland das Hell-Dunkel lieben gelernt hatte und eine skizzenhafte Pinselführung bevorzugte. Leibniz blickt nachdenklich, fast verschlossen. Das wundervoll gemalte Halstuch zieht die Blicke auf sich, als wollte es dem Gesicht Konkurrenz machen.

rene, Friedrich August, werde, das ahnte man, die Entscheidung keineswegs hinnehmen. Er war jetzt 23 Jahre alt, eine strahlende Erscheinung, willensstark, durchaus begabt, aber gefährlich impulsiv. In ihm zeigte sich das wilde Temperament der Stuarts, das auch seine Mutter kannte, während sein älterer Bruder Georg Ludwig etwas dröge und schwerfällig war, dazu muffelig und verschlossen, so dass seine Mutter ihn zu einem typischen Braunschweiger erklärt hatte. Sie konnte es kaum ertragen, ihren Zweitgeborenen, der ihr so ähnlich war, um „sein Recht" gebracht zu sehen.

Das neue Hausgesetz in Form eines Testaments, vom Kaiser gebilligt, verheimlichte Ernst August zunächst selbst seinen Söhnen, bis die aussenpolitischen Stürme der Jahre 1683 und 1684 vorüber waren. Doch kurz bevor er nach Venedig aufbrechen wollte, schickte der Herzog seine leitenden Minister Platen und Grote vor, sie mussten dem Prinzen Friedrich August die letztwillige Verfügung eröffnen. Am 5. Januar 1685 unterzogen sich beide im Gemach des ahnungslosen Prinzen der undankbaren Pflicht. Lange Begründungen wurden dem jungen Herrn vorgelesen, ihm wurde ein Jahreseinkommen von 60 000 Talern und ein eigener Landstrich als souveränes Gebiet in Aussicht gestellt. Prinz Friedrich August, wie immer kühn und hochfahrend, wollte den lesenden Grote mehrfach unterbrechen, doch der las weiter: Der Vater liebe alle seine Kinder gleichermassen, müsse aber Gefühle zurückstellen, weil es um den Staat gehe. Friedrich August solle die neue Ordnung beschwören. Man werde ihn zwar nicht dazu zwingen, das Testament aber auch ohne seine Zustimmung in Kraft setzen.

Der Prinz wirkte jetzt bleich und verstört. Diese Zurücksetzung habe er nicht verdient, stammelte er, alle Welt werde denken, er sei enterbt worden wegen schlechten Charakters. Schliesslich beharrte Friedrich August nach vielem Hin und Her: Man möge die Primogenitur in Zukunft irgendwann einmal einführen, aber nicht jetzt mit seiner Person zu seiner höchsten Beschimpfung und Mortifikation! So trennten sich die drei Männer ohne Ergebnis. Auffällig schien, dass einige Tage später der Prinz seine gute rechtliche Stellung genau kannte, als hätte ihn jemand beraten. Er sagte, alte Abmachungen des Hauses stünden der neuen Regelung entgegen (und alte Rechte waren damals mehr wert als neue Verträge). Auch seine Mutter vermochte ihn nicht umzustimmen, weil sie selbst das Testament nicht für gerecht hielt. Ihr Gemahl Ernst

August wollte seine Italienreise aber nicht mehr verschieben und fuhr ab, ohne dass sich der Sohn unterworfen hatte.

Leibniz wurde in den Streit hineingezogen, als er den Wolfenbütteler Herzog Anton Ulrich besuchte, um dessen Gunst er seit zwei Jahren warb. Die hannoverschen Welfen hatten diese Beziehungen ihres Angestellten zum ungeliebten Vetter geduldet, weil man in diesen Jahren mit den Wolfenbüttelern gerade einigermassen gut stand. Herzog Anton Ulrich war der jüngere Bruder von Rudolf August, der eigentlich das welfische Land Wolfenbüttel geerbt hatte. Dem jüngeren war es aber gelungen, seinen älteren Bruder, der etwas untätig, aber fromm und gutmütig war, dazu zu bringen, ihn zum Mitregenten zu erklären. Seitdem hatte Anton Ulrich, ein machtbewusster Mann, der sich mit Finten und Intrigen auskannte, die Zügel fest in der Hand. Den Familienstreit in Hannover muss Anton Ulrich mit besonderen Gefühlen verfolgt haben, war er doch selbst einst der zurückgesetzte jüngere Bruder gewesen, der sich erst ein Stück Macht hatte erobern müssen. Aber er nahm noch aus einem anderen Grunde Anteil: Er wusste, dass die Primogenitur, käme sie durch, die hannoverschen Vettern und Konkurrenten bald erdrückend stark machen würde. Man hatte sich in Wolfenbüttel zwar damit abgefunden, dass der mächtige Hannoveraner einmal von seinem Bruder das Land Celle erben werde. Um so grösser aber war die Hoffnung, dass diese Machtfülle am Ende wieder unter die Söhne geteilt werden würde.

Am 23. August 1685 erzählte Herzog Anton Ulrich seinem Gast Leibniz offen, dass der rebellierende Prinz ihn, den Oheim, Anfang März besucht habe; und er gab zu, er habe dem Prinzen nicht dazu raten können, seinem Recht auf ein Erbe abzuschwören. Das war eine erstaunliche Mitteilung, denn offiziell hatte Herzog Anton Ulrich bislang behauptet, er habe den Prinzen nicht in seiner Ansicht bestätigt, ihn nicht „verhalsstörrigt", sondern ihm den Rat gegeben, sich zu unterwerfen. Dennoch war bekannt geworden, dass der Wolfenbütteler Onkel mit dem Prinzen nach Celle gefahren war, wo beide mit Herzog Georg Wilhelm geredet hatten. Der Prinz war bei seiner Ablehnung der Erbregelung geblieben und hatte kurz darauf an seinen Vater geschrieben, er solle bitte nichts übereilen. Der Vater schrieb aus Italien zurück: Er sei entschlossen, an der Primogenitur festzuhalten, lieber werde er Friedrich August als verlorenen Sohn und faules Glied seines Hauses betrachten und behandeln, als seinen Narrheiten nachzugeben. Der Prinz beharrte nochmals auf seinem Recht und zog in den gefährlichen Türken-krieg – vielleicht, wie es in Briefen an seine Mutter anklingt, um dort den Tod zu suchen.

Zu Leibniz sprach Anton Ulrich nun also ganz anders. Dabei war nicht klar, ob er seinen gelehrten Besucher nur auf seine Seite ziehen oder ob er ihn auch stillschweigend beauftragen wollte, die Wolfenbütteler Ansichten in Hannover vorzutragen. Jedenfalls sagte der Herzog zu dem Mann, der mit der Geschichte der Wel-fen befasst war, sein Vetter Ernst August sei offenbar „dieser Lande histori und Gelegenheit wenig kundig". Der Prinz dürfe die Ver-ordnung gar nicht beschwören, weil historische Rechte dagegen stünden. Das Motiv des Wolfenbüttelers war klar, und er sagte sei-nem vertrauten Besucher Leibniz auch ganz offen: Blieben Celle und Hannover dauernd zusammen, so würde Wolfenbüttel künftig von seinen hannoverschen Vettern das Gesetz empfangen und von „der mächtigeren Linie Gnade leben". Würden aber Celle und Hannover wieder durch Erbteilung getrennt, „so wäre doch etwas mehr Proportion" unter den Welfenhäusern.

Leibniz stand vor einem Dilemma. Er wusste, dass er seinem Arbeitgeber irgendwie Bericht erstatten musste, ohne als Zuträger zu erscheinen. Darum verfasste er einfach ein höchst lebendiges Protokoll. So scheint er das Kunststück fertiggebracht zu haben, neutral zu sein, denn es blieb für den Leser offen, ob er seinem hannoverschen Herrn pflichtschuldigst aus dem Lager eines bösen Feindes Meldung machte, oder ob er, wie es Anton Ulrich wohl gehofft hatte, die Wolfenbütteler Ansichten – gut begründet, anschaulich und wirksam – in Hannover vortragen wollte.

Die Ansichten des Wolfenbütteler Vetters kannte man allerdings in Hannover schon, ahnte sogar, dass Anton Ulrich auch Dänemark und Frankreich gegen die neue hannoversche Erbregelung hatte aufbringen wollen. Ludwig XIV. weigerte sich jedoch, sich dieser „Intrigue" anzunehmen. Als Ernst August am 1. September (1685) aus Italien zurückkam, war er so erbost, dass er Wolfenbüttel unter Druck setzte und seinem Sohn alle Bezüge nahm. Die Wolfen-büttler mussten tatsächlich nachgeben. Der Hausfriede der Welfen war scheinbar wieder hergestellt und die Primogenitur zur Gel-tung gebracht.

Ernst August wollte allerdings mehr, nämlich die Kurwürde, und auf diesem Weg nach oben war die Primogenitur nur eine Stufe. Nun galt es also, den Kaiser zu gewinnen – auf deutsch gesagt, ihn zu erpressen. Das konnte am ehesten gelingen, wenn Hannover zunächst einmal ein Bündnis mit Frankreich einging, um sich aus diesen Bindungen dann vom Kaiser wieder herauskaufen zu lassen – um den Preis der Verleihung der Kurwürde. Ernst August verschmähte dabei weder List noch Arglist. Die gänzliche Bedenkenlosigkeit seiner Politik, ihre Verschlagenheit und Unberechenbarkeit haben selbst die Meister der damaligen Diplomatie, die Gesandten aus Paris und Wien, zur Verzweiflung gebracht.

Grundsätze in Eis und Schnee   Obwohl er nun Haushistoriker war, wurde es Leibniz schwer, vom Harz Abschied zu nehmen. Einen gewissen Schlussstrich unter die Zeit der Windkünste gab es erst über ein Jahr nach ihrem Ende: Im Juli 1686 sollte das erstaunliche Bauwerk, die Horizontalwindkunst am Unteren Eschenbacher Teich, abgebrochen werden. Dazu war Leibniz nach Clausthal gekommen und besprach zunächst mit dem Schichtmeister Johann Arend Hentze die Endabrechnung. Dann wurde das Wunderwerk, dessen Wirkung sich als zu schwach erwiesen hatte, von Zimmerleuten sorgfältig zerlegt. Aus dem Protokoll weiss man: Die Flügel waren etwa 12 cm dick, jeder mass 3,72 Meter in der Breite und war von beiden Seiten mit je 156 Nägeln beschlagen. Für die acht Schirme zusammen wurden allein 1650 Nägel gebraucht, damals jeder einzelne eine Kostbarkeit. Die senkrecht stehende Eichenwelle war knapp 60 Zentimeter (2 Schuh) dick und hatte die stolze Höhe von 8,64 Metern. Ein solcher Abbruch ist schmerzlich, vor allem wenn der Erfinder überzeugt bleibt, hier habe es sich um eine zukunftsträchtige neue Technik gehandelt, die nur der Böswilligkeit zum Opfer fiel. Doch er verfolgte längst neue Pläne und schien ungebrochen.

Das Machtwort des Herzogs gegen die Harzer Versuche, feierlich vom Kabinett bestätigt und Leibniz überbracht, hatte keineswegs bewirkt, dass sich der verhinderte Erneuerer vom Harzbergbau abgewandt hätte, sondern er unternahm weitere Versuche, um die Technik des Bergbaus zu verbessern. Nur ging es nicht mehr um Windenergie, sondern um eine neuartige Förderung des Erzes. Er wollte offenbar die Niederlage nicht hinnehmen, wollte sich beweisen, wollte vor den Augen des Herzogs Sieger sein. So machte er nach dem Ende noch vierzehn Monate weiter. Wenn er jetzt Bilanz zieht, so hat er in den sieben Jahren zwischen 1679 und 1686 genau 31 Reisen in den Harz unternommen und dort insgesamt 165 Wochen lang gelebt und gearbeitet, das sind zusammen mehr als drei Jahre.

Sein neuestes Projekt, mit dem er seit September 1685 bis jetzt im Juni 1686 beschäftigt war, betraf das umständliche Herausbringen des Erzes aus der Grube. Er hatte dazu eine überzeugende Erfindung gemacht, das ,endlose Seil'. Bislang musste man mit dem Erz immer auch das Gewicht des Seils mit hinaufziehen, meist eine eiserne Kette, die so lang sein konnte, dass sie weit mehr wog als das Erz. Die Idee war nun gewesen, die Kette doppelt so lang zu machen, sie zu einem geschlossenen Kreis zu verbinden und an einer Rolle aufzuhängen. Zieht man diese Kette mit dem vollen Korb hinauf, so geht der andere Teil der Kette (mit einem leeren Korb) über die Rolle nach unten und bringt mit ihrem Gewicht die hinaufgehende Kette nach oben. Also braucht man nur noch die geringe Kraft, die nötig ist, um das Erz hinaufzubefördern (und die Reibung zu überwinden). Eine grossartige Idee. Wieder ist der Erfinder überzeugt von den Vorteilen, und in diesem Sinne hat er dem Kammerpräsidenten Grote von Erfolgen berichtet, mit denen er die Hoffnung verband, die Bergbeamten würden den Nutzen auf die Dauer erkennen. Inzwischen ist er eben etwas gelassener als früher, möchte freiwillig aufhören und bittet bloss, seine Auslagen erstattet zu bekommen. Tatsächlich wird man ihm 300 Taler auszahlen, mit Dank und Anerkennung. Das ist aber auch alles. Die endlose Kette gerät für einige Jahre in Vergessenheit.

Auch ein halbes Jahr zuvor, von Januar bis April 1686, hatte sich Leibniz in Zellerfeld aufgehalten, als es noch darum gegangen war, die Erzförderung mit Hilfe der Kette zu verbessern. Bei der winterlichen Kälte kam die Arbeit der Handwerker nur langsam voran, was Leibniz endlich die nötige Musse und Konzentration für seine Studien erlaubte. Nun setzt er sich gründlich mit dem Abt Teodoro Damaideno und seiner Este- und Welfengeschichte auseinander, zugleich wendet er sich in hochgelehrten Briefen an die führenden Geschichtsforscher Europas, um sie ins Gespräch zu ziehen. Es fällt auf, dass er das ausgerechnet hier in Zellerfeld tut, wo ihm keine Bibliothek zur Verfügung steht, aber das ist vielleicht Absicht. Er vergisst nicht, den Koryphäen mitzuteilen, er schreibe „apud fodinas hercyniae" (bei den Gruben des Harzes), und ist so immer entschuldigt, falls er eine Wissenslücke zeigen sollte. Natürlich glänzen seine Briefe trotzdem mit Details, so dass er sich bei den künftigen Kollegen imponierend einführt.

Hier in der Einsamkeit entstand wohl auch das ‚Examen religionis christianae‘ (Prüfung des Christentums), ein sonderbares Manuskript von erheblichem Umfang (über 150 Seiten), das sich so gibt, als sei der Verfasser ein modern denkender Katholik, der für die Wiedervereinigung der Kirchen eintritt. Als das Manuskript mehr als hundert Jahre später, 1819, unter dem Titel ‚System der Theologie‘ zum erstenmal gedruckt wurde, jubelten einige Katholiken, Leibniz scheine unmittelbar vor dem Übertritt zu ihrer Kirche gestanden zu haben. Sie kannten den Verfasser nicht gut genug, der es liebte, sich in andere hineinzudenken. In der Rolle des Katholiken wollte Leibniz wohl nur beweisen, dass er in der Lage war, beide Seiten in diesem Streit vollständig zu verstehen. Nebenbei flicht der Verfasser auch eigene Ansichten ein, so wenn er bei dem Stichwort Vielweiberei von den alttestamentlichen Vätern auf die Chinamission kommt und zu erwägen gibt, ob der Heilige Vater die Mehrehe nicht erlauben sollte: „Ich wage zu behaupten, dass der Papst, falls es ihm ratsam schiene, den Chinesen die Vielweiberei zu erlauben, damit nichts tun würde, was der Lehre Christi zuwider wäre."

In dieser winterlichen Klausur entsteht vieles, hier gelingt ihm auch eine bestechende Lösung für das Problem, wie die Umlaufgeschwindigkeit herkömmlicher Windmühlen automatisch geregelt werden könnte. Und er holt zum grossen Angriff gegen den von vielen bewunderten, von ihm jedoch skeptisch gesehenen Descartes aus. Dazu schreibt er seine ‚Brevis demonstratio erroris memorabilis Cartesii‘ (Kurzer Beweis eines denkwürdigen Fehlers von Descartes). Es ging darum, wie man die Kraft richtig messen und berechnen soll, die ein Körper besitzt, der sich bewegt (z. B. wenn er fällt oder wie ein Pendel schwingt). Als Modelle der Anschauung dienten auch den Schülern von Descartes noch die sogenannten fünf einfachen Maschinen: Hebel, Rad, Winde, Keil und Schraube. Diese Cartesianer waren der Meinung, Kraft sei Masse mal Geschwindigkeit *(mv)*; Leibniz meinte, Kraft sei proportional zur Masse mal dem Quadrat der Geschwindigkeit *(mv²)*. Aus heutiger Sicht widersprechen sich beide Ansichten nicht, denn was Leibniz als Kraft bezeichnete, nennt man inzwischen Energie, und dafür war seine Formel richtig. Entscheidend ist jedoch, dass Leibniz es gewagt hatte, die ganze Anhängerschaft Descartes' gegen sich aufzubringen. Zuerst veröffentlichte er, schon im März 1686, diesen Angriff auf lateinisch in den ‚Acta Eruditorum‘. Bald erschien eine französische Übersetzung, gedruckt zusammen mit einem heftigen Widerspruch des Cartesianers Abbé D. Catelan. Er erklärte, nicht Descartes, wie Leibniz gemeint hatte, sondern Leibniz selbst sei durch allzu grosses Vertrauen in den eigenen Genius fehlgeleitet worden. Leibniz widersprach seinerseits und beendete die Debatte endlich mit einem kleinen Trick: Er forderte nämlich seinen Widersacher dazu heraus, doch bitte mathematisch den Weg zu benennen, auf dem ein Körper mit konstanter Geschwindigkeit nach unten sinkt. Catelan verstummte. Diesen Weg konnte man nämlich nur angeben, wenn man die Infinitesimalrechnung beherrschte (es sei denn, man war ein Huygens oder ein Newton). Leibniz veröffentlichte die Antwort auf diese Frage, und so behielt er doch in gewissem Sinne das letzte Wort. Aber damit haben wir einen Blick in die Zukunft getan. Zurück in den winterlichen Harz.

Dort ist nämlich noch Bedeutenderes entstanden. Am 11. Februar (1686) vollendete Leibniz sein erstes grundlegendes philosophisches Werk, das heute unter dem Namen ,Discours de métaphysique' (Metaphysische Abhandlung) bekannt ist. Die Philosophie ist damit – nach Mathematik und Geschichte – das dritte Thema, mit dem er in diesen Jahren einen neuen Anfang macht. Gleich kündigte er dem Landgrafen Ernst von Hessen-Rheinfels den Discours an und schickte ihm eine thesenartige Kurzfassung, die er doch bitte an den gemeinsam verehrten Antoine Arnauld weiterleiten möge. Leibniz tat dabei so, als seien diese philosophischen Gedanken ihm nebenbei gekommen, als er „einige Tage lang nichts zu tun hatte". Dann lobt er Arnauld als „vernünftigen Prüfer" und erhofft von ihm Belehrung. Dabei war er gewarnt!

Die Meinung Arnaulds hören, das wollte Leibniz nämlich schon anderthalb Jahre vorher. Da hatte er (im November 1684) einen Aufsatz veröffentlicht, den er kurz darauf dem Landgrafen Ernst zuschickte, ebenfalls mit dem Vermerk: „über den ich sehr gern die Meinung Arnaulds erfahren würde". Der Landgraf antwortete damals mit einem Brief, dem ein Blatt beilag, das den Vermerk trug „Niemandem zeigen!" Da stand: „Gewiss ist Arnauld auf seine Art ein grosser Mann und einer der besten Schriftsteller dieses Jahrhunderts. Aber er ist auch und bei all dem ein Mensch und gewissen Leidenschaften unterworfen; er ist nämlich sehr aufbrausend und manchmal ein wenig voreilig und verdriesslich, wie ich es auch an mir selbst dreimal erfahren habe, worüber man sich indessen nicht wundern darf, angesichts seines hohen Alters und so vieler Mühsal und Verfolgungen ..." Der Landgraf hatte Leibniz gewarnt, aber der wollte sich unbedingt an Arnauld wenden, auch diesmal wieder. Denn er hatte unter anderem den Discours verfertigt, um eine philosophische Grundlage zu erarbeiten, auf der man zu kirchlichen Reunions-Plänen übergehen konnte. Vor allem aber hatte Leibniz formulieren wollen, wie seine eigene Lösung der ungelösten Fragen der Philosophie aussah.

Die Langfassung, also der vollständige Text, hat rund 55 Seiten und ist in 37 Abschnitte gegliedert. Diese Kürze war in der Philosophie ganz ungewöhnlich. Mit dem thesenhaften Stil überträgt Leibniz die Art, wie er mathematische und logische Gedanken zu entwickeln pflegte, nun auf die Philosophie, die er damit in einer prägnanten Form entfalten kann. Die Kurzfassung für Arnauld bringt die 37 Abschnitte allerdings nochmals verknappt zu blossen Thesen, so dass sie wie kühne Behauptungen wirken. Was ein Leser davon haben sollte (ausser provoziert zu werden), ist schwer ersichtlich.

Es werden in dieser ersten Gesamtdarstellung schon alle Themen der Leibnizschen Philosophie angeschlagen:

Gottes Vollkommenheit, die Schöpfung als die beste aller denkbaren Welten.

Die wahren Substanzen (die noch nicht den Namen Monaden bekommen haben) spiegeln das gesamte All, sie wirken jedoch nicht aufeinander ein.

Die Kraft und ein neuer Begriff der Materie werden definiert; beides richtet sich gegen Descartes.

Es geht um die Art unserer Erkenntnis, und es wird erörtert, ob unsere Begriffe aus der sinnlichen Wahrnehmung stammen oder angeboren sind.

Die Freiheit des Menschen und die Vorherbestimmung durch Gott sind, so erfährt man, kein Gegensatz, sie bestehen nebeneinander. Von seiner eigenen Lösung dieses alten Problems sagt der Verfasser im nächsten Artikel: „Damit werden auf einen Schlag alle Schwierigkeiten aufgehoben."

Die Verbindung zwischen Seele und Körper wird erklärt, und wie es kommt, dass beide in Übereinstimmung miteinander stehen.

Der Text schliesst mit dem Reich der Geister und der Bedeutung Jesu Christi für die Menschheit.

Die wichtigste These des Jahrhunderts Den Discours verfasste Leibniz wohl auch, um erkennen zu können, was er von seiner Gedankenwelt mitteilen konnte, ohne die Fachleute zu schockieren. Die Arbeit blieb unveröffentlicht und wurde erst Anfang des 19. Jahrhunderts im Nachlass aufgefunden. Allerdings hat Leibniz acht Jahre später (1694) eine andere, noch kürzere Fassung seiner Ansichten erarbeitet, die im Jahr darauf veröffentlicht worden ist.

Was bewegte Leibniz, wozu schrieb er eine eigene Metaphysik? Seine Gedanken kann man wohl nur verstehen, wenn man sie als Antwort sieht auf eine Entwicklung des modernen Denkens, von der Leibniz sich beunruhigt fühlte. Viele Zeitgenossen, unter ihnen gerade auch die scharfsinnigsten, hatten aus der neuen Wissenschaft geschlossen, dass alles auf der Welt nach strengen Gesetzen abläuft. Die Natur erschien ihnen wie eine riesige Maschine, alles geschieht aus absoluter Notwendigkeit und wäre, vollständiges Wissen vorausgesetzt, vorhersagbar – selbst jeder Gedanke, jedes Wort, das geredet wird. Man sprach von der Determiniertheit allen Geschehens. Die neue Einsicht weckte zwiespältige Gefühle. Wenn die Welt gesetzlich ablief, konnte man sie erforschen – welch grosse Aussicht! Aber dann durfte man auch nicht mehr glauben, dass es einen freien Geist und eine Verantwortung für unser Handeln gibt. Ja, eine Seele konnte es dann auch nicht geben, Gott ebensowenig. Das waren die Folgen einer mechanisch gedachten Natur – und Baruch Spinoza hatte sie zu einer Weltsicht ausgebaut, die ebenso faszinierend wie besorgniserweckend war. Man versteht Leibniz nur, wenn man seine Philosophie als eine Entgegnung auf Spinoza sieht, mit der er die menschliche Freiheit retten wollte – und damit Geist und Seele.

Natürlich, der neuen Naturwissenschaft konnte und wollte sich Leibniz nicht entziehen, war er doch selbst an ihrer Weiterentwicklung beteiligt. Andererseits wollte er ihre scheinbaren Konsequenzen zurückdrängen und dem neuen Weltbild ein anderes entgegenstellen, in dem Freiheit und Sinn, Gott und Glaube noch eine Bedeutung hatten. Dazu hat er, wenn man es so einfach sagen darf, das bloss naturwissenschaftliche Bild von der Welt ‚aufgestockt' und behauptet, es gebe noch eine andere Welt, die des Geistes und der Seelen. Man könnte auch sagen: Er errichtete eine geistig und religiös gedachte Gegenwelt. Sie sollte die eigentliche Wirklichkeit sein. Natürlich stand er mit diesem Versuch nur in einer alten Tradition, die vor allem durch Platon und die christlichen Denker geprägt war. Einige moderne Zeitgenossen von Leibniz waren jedoch gerade dabei, dieses alte platonische Obergeschoss, genannt ‚die geistige Welt‘, einzureissen.

Um diese Geistes- und Seelenwelt zu verteidigen, reichte dem Denker Leibniz das nicht, was schon Descartes versucht hatte, als er die Seele immerhin noch als eigenständig neben der Materie hatte bestehen lassen. Denn Leibniz erkannte, dass diese Konzession dem Trend zu Mechanismus und Materialismus nicht standhielt. Die Aufgabe, die er lösen wollte, war also, die modernen Ansichten aufzunehmen und doch die alten zu bewahren. Erreicht hat er das, indem er sich mit dem Determinismus der modernen Wissenschaft auseinandergesetzt hat, denn in ihm sah er wohl die grösste Herausforderung und Anfechtung für sich und seine Zeit. Ja, es ist alles vorherbestimmt! Davon war auch er überzeugt. Aber er hat diesen Determinismus nun – wenn das Bild erlaubt ist – gleichsam ‚getauft‘. Er hat erklärt, dieser Determinismus ergebe sich nur vordergründig aus der Mechanik der Natur, entstehe letztlich aber aus Gottes Willen und Vorherbestimmung. So lautet, kurz gesagt, die neue Lösung.

Um dem mechanischen Determinismus etwas entgegensetzen zu können, hat Leibniz zu einem bedenklich starken Mittel gegriffen – wohl in der Annahme, dass die Stärke des Heilmittels der Grösse der Bedrohung entsprechen müsse. Er behauptete, dass es sozusagen einen göttlichen Super-Determinismus gebe, neben dem der Determinismus in der Natur blosser Schein sei – oder eben nur ein Sonderfall innerhalb des von Gott gestifteten Determinismus. Diese Vorherbestimmung war ganz umfassend gedacht. Der göttliche Determinismus umgriff auch das kausale Geschehen in der Natur und bettete es ein, nämlich in einen göttlichen Plan, der für eine gewaltige Entwicklung zum Guten sorgt. So eingebettet, war die schreckliche Determiniertheit der Natur aufgehoben (wie Hegel gesagt hätte) in einen umfassenden Plan, der zum Guten führt und durch den es wieder das gab, wonach Leibniz eine persönliche Sehnsucht empfand: den Sinn des Lebens, die Harmonie des Kosmos und den moralisch-guten Charakter der Schöpfung.

Diesen göttlichen Determinismus gab es in Ansätzen schon in der religiösen Tradition, er war etwa in dem Satz anschaulich formuliert, dass kein Haar vom Haupte falle ohne Gottes Willen. Eine solche Vorstellung war intellektuell erträglich, solange sie bloss ein

Gefühl ausdrückte. Diesen alten Vorsehungsglauben baute Leibniz jedoch konsequent aus, nämlich zur Überhöhung des neuen mechanistischen Determinismus der Naturgesetze.

Diese Radikalisierung vollzieht sich in zwei Richtungen. Einmal wird die Festlegung durch Gott zeitlich zurückverlagert in die Schöpfung. Gott hat angeblich alles Künftige auf einmal bestimmt (bislang war Gott mehr wie ein begleitender Schutz- oder Racheengel gedacht worden, der spontan gegenwärtig ist). Und zweitens musste jetzt jede (jede!) Wirkung, die es auf Erden gibt, Gott allein zugeschrieben werden – mit der Konsequenz, dass sich auch zwei Menschen nicht beeinflussen können. Tatsächlich, diese Konsequenz nahm Leibniz auf sich. Jede direkte Beeinflussung zwischen zwei Köpfen oder zwei Seelen musste geleugnet werden. Das vertrat Leibniz – oft wohl selbst erschrocken vor seiner eigenen Radikalität und ihrer Sonderbarkeit – bis in die letzte Konsequenz, bis zu der unglücklichen Formulierung, die er am Ende seines Lebens wählt, von der „Fensterlosigkeit" aller Individuen, die sich nicht unmittelbar miteinander verständigen können. Doch mittelbar können sie es, weil Gott es bereits vorherbestimmt hat.

Wenn man die Lehre von Leibniz so darstellt, muss man freilich zugeben, dass er selbst manches auch anders sagen konnte. Mal ist die Determiniertheit, mal die Freiheit des Individuums mehr in seinem Blick. Und selbst eine Wechselwirkung von Körper und Geist, ja eine Beeinflussung von aussen – obwohl es keine Fenster gibt – scheint ihm manchmal denkbar. So hat die Lehre von Leibniz also oft zwei oder drei Seiten, und man kann die eine oder die andere Perspektive wählen, wenn man sie darstellt. Das liegt auch daran, dass Leibniz in seinem System Annahmen verbinden wollte, die leicht als unvereinbar erscheinen können, so dass sich innerhalb des neuen Gedankengebäudes einige Widersprüche ergeben.

Offen bleiben vor allem zwei Fragen. Erstens: Wie soll man sich das Verhältnis beider Welten (Materie und geistige Gegenwelt) denken? Denn wer zwei Welten annimmt (und dazu besteht wahrscheinlich durchaus Grund), muss auch sagen, wie sie wiederum zusammengehören. Und zweitens: Wie soll sich der Mensch als frei verstehen können, wenn Gott alles vorherbestimmt hat? Es war schon immer schwer gewesen, die Allmacht Gottes und die Freiheit des Menschen in einem Atemzug zu behaupten, aber in der Radikalisierung dieser Annahmen bei Leibniz ist der Gegensatz doppelt gross. Diese beiden Fragen hat er sein Leben lang nicht endgültig und eindeutig beantworten können, so sehr er immer neue Formulierungen zum Ausgleich der Widersprüche angeboten hat.

Er wollte, wie gesagt, das neue mechanische Weltbild und das alte christlich-metaphysische miteinander versöhnen. Das hat er am Ende seines Lebens in einem Brief an einen Anhänger seiner Philosophie mit eigenen Worten so gesagt: „Die Materialisten oder diejenigen, welche sich einzig und allein der mechanischen Philosophie hingeben, tun unrecht daran, alle metaphysischen Erwägungen zurückzuweisen und alles aus bloss sinnlichen Prinzipien erklären zu wollen. Ich schmeichle mir, in die Harmonie der verschiedenen Reiche eingedrungen zu sein und erkannt zu haben, dass beide Parteien recht haben, vorausgesetzt, dass sie gegenseitig ihre Kreise nicht stören, dass also alles in den Naturerscheinungen gleichzeitig auf mechanische und auf metaphysische Weise geschieht, dass aber die Quelle der Mechanik in der Metaphysik liegt." Das wurde sein Vermächtnis.

Hat man erst einmal die Schwächen des Leibnizschen Systems dargestellt, um es in scharfer Beleuchtung erkennbar zu machen, so muss doch endlich auch gesagt werden, dass diese Philosophie den wohl grössten Gedanken enthält, den das Jahrhundert hervorgebracht hat. Es ist dieser, dass der Determinismus nicht das letzte Wort der Wissenschaft sein darf, sondern dass es erlaubt bleiben muss, an Geist und Freiheit zu glauben. Leibniz hat es – wie nur wenige andere zu seiner Zeit – ausgesprochen, dass mit dem neuen Denken, das sich auf die Naturwissenschaft berief, das Höchste bedroht schien, was die Menschheit bewahrt, nämlich die Vorstellung von Geist, Seele, Freiheit und Menschenwürde. Ja, es ist wirklich die Menschenwürde, die verlorengeht, wenn man annehmen muss, es gebe nur eine mechanisch arbeitende Materie – und sonst nichts. Deshalb hat Leibniz das Gegenmodell einer Welt neu begründet, in der Seele und Geist ein eigenes Recht behalten – neben der Naturwissenschaft. Dafür kann man ihm kaum dankbar genug sein. Und das geistige Deutschland hat es ihm nach seinem Tod noch anderthalb Jahrhunderte lang wahrlich gedankt, indem es Leibniz in dieser Frage zu seinem Vordenker gemacht hat.

Mit diesem Überblick über den Inhalt des ‚Discours de métaphysique' kehren wir zu den äusseren Umständen seiner Entstehung zurück. Die Kurzfassung war also an Arnauld nach Holland gegangen, wohin er vor den Anfeindungen, denen die Jansenisten in Frankreich ausgesetzt waren, hatte fliehen müssen.

In seinem Antwortschreiben fragte Arnauld, welchen Nutzen eine Schrift haben könne, die man allgemein verwerfen werde. Offenbar war er auf den starken Determinismus bei Leibniz gestossen, ohne zu erkennen, dass er als Determinismus der göttlichen Vorherbestimmung verstanden, also gleichsam getauft war. Daher sorgte sich Arnauld um Gottes Freiheit der Wahl. Diese Antwort, so schrieb Leibniz dem Landgrafen, habe er mit einer Mischung aus Belustigung und Trauer aufgenommen, da der gute Arnauld offenbar einen Teil seines Verstandes verloren habe. Nun begreife er, warum sich manche von ihm abgewandt hätten. Doch schon nach vier Wochen, im Mai (1686), entschuldigte sich Arnauld für seine Unfreundlichkeit und bat um weitere Erklärungen, die Leibniz gern gegeben hat. Nebenbei wollte er von Arnauld auch bestätigt bekommen, dass die von ihm dargelegten Meinungen nichts enthielten, was dem katholischen Glauben widerspräche. Er suchte offenbar Gewissheit darüber, ob er auch hier auf der Mitte zwischen den Konfessionen stehe.

Ein Mann der Mitte zu sein, selber nicht Partei, ein Mann, der andere Menschen und gegensätzliche Standpunkte zusammenführt, das war sein Traum. Darin verschmolz sein Führungsanspruch mit seiner Sehnsucht nach Verständigung, nach Einheit und Harmonie. Beide Philosophen korrespondierten noch das ganze nächste Jahr (1687) über, wobei Leibniz weitere Fragen beantwortete und gelegentlich neue Gedanken einführte. Nach Arnaulds Tod plante er, den Briefwechsel zu veröffentlichen, doch es wurde nichts daraus. Als er sein metaphysisches System acht Jahre später in veränderter Fassung tatsächlich drucken liess, hat er sich jedoch in der Einleitung darauf berufen, seine Gedanken mit einem der grössten Theologen und Philosophen seiner Zeit diskutiert zu haben, mit Arnauld.

6   Reise in den Ruhm

Auf allerlei Umwegen   Leibniz fährt in der Kutsche, es ist Anfang November 1687. Ein paar Monate soll die Reise dauern und der Welfenforschung dienen. Neben ihm sitzt Friedrich Heyn, 34 Jahre alt, sein Sekretär, sieben Jahre jünger als er, kein Gelehrter, kein Historiker, nein, er ist aus dem Bergfach, und solch einen hat Leibniz mit Absicht gewählt, denn er wird ihn noch als Fachmann brauchen können. Hofrat Leibniz reist, wie er gern pathetisch sagt, „im Auftrage meines Fürsten", aber im eigenen Wagen und mit eigenem Kutscher auf dem Bock. Sein Vertrag für die Welfengeschichte lautet, Reisekosten würden erstattet. Die Freiheit liegt nun vor ihm. Offiziell sucht er Urkunden in Süddeutschland, doch plant er im stillen weit mehr.

Im September und Oktober (1687) hat er sich auf diese grosse Forschungsreise vorbereitet und auch Listen gemacht, was an Hausrat und Wäsche auf diese lange Reise mit soll, dazu Papiere und Bücher. Die Koffertruhe, die hinten an die Kutsche geschnallt ist, birgt diese Last. Das Fahren ist beschwerlich, der Wagen kommt pro Tag nur wenige Meilen voran, keine vierzig Kilometer. Die Landstrassen waren damals spärlich gepflastert, meist nur mit zwei schmalen Bändern aus Steinen. Überschritt man eine der vielen Landesgrenzen, musste der Kutscher oft hinter dem Schlagbaum anhalten und die Wagenspur durch das Auswechseln der Achse vergrössern oder verkleinern, weil überall andere Wegebreiten galten. Auch auf dem besten Pflaster wurden die Knochen der Passagiere durchgerüttelt, denn die Karosse sass damals immer starr auf der Achse auf, nur das Sitzpolster gab etwas Federung. Waren die Strassen ganz schlecht, so geriet das Reisen zwischen den schweren, eisenbereiften Rädern zur Tortur. Wenigstens war der Wagen von Hofrat Leibniz bis auf die Fensteröffnungen geschlossen, vor Regen und Schnee konnten die Reisenden, in Pelzdecken gehüllt, also einigermassen sicher sein, nur der Kutscher nicht.

Nahe Kassel, in dem hessischen Bergwerksort Frankenberg, wo man am 3. November ankommt, hofft Leibniz, seinen alten Freund Johann Daniel Crafft zu treffen, vergeblich. Ihn hatte er schon im

April in Kassel gesucht und von ihm gerühmt, dass er auch ausgezeichnete Kenntnisse im Bergwerkswesen besitze. Also wäre er jetzt, neben dem Sekretär Heyn, der dritte Bergfachmann im Bunde gewesen, doch ein Mann wie Crafft war nicht leicht aufzufinden, weil er sich überall mit seinen Projekten anbot und daher unstet wanderte. So fuhr man weiter.

Um sich auf diese Reise vorzubereiten, hatte Leibniz schon mit vielen Gelehrten Europas korrespondiert und war im Frühjahr und Sommer (1687) auch in den welfischen Ländern unterwegs gewesen, um Klöster und Archive zu durchstöbern. Ein Besuch hatte ihn besonders gepackt. Er berichtet: „In Braunschweig war ich anwesend, als das Gesamtarchiv der braunschweigischen und lüneburgischen Herzöge geöffnet wurde, was seit 60 Jahren nicht mehr geschehen war. Es war wunderbar, einige goldene Bullen der Kaiser Friedrich I. und II. und andere wertvolle Urkunden mit eigenen Augen zu betrachten."

Nun unternahm er also wieder eine Entdeckungsfahrt. Sein Ziel war München, denn dort hatte um 1520 ein bayerischer Hofgeschichtsschreiber gearbeitet, der sich Aventinus (oder Aventin) nannte und in seinem Standardwerk auch die Welfen behandelte, weil sie ursprünglich in Bayern geherrscht hatten. Während mehrere italienische Geschichtsschreiber annahmen, die Welfen seien auf die norditalienischen Markgrafen von Este zurückzuführen, hatte Aventin sie für verwandt gehalten mit dem Haus Asti. Leibniz vermutete, der hochgeschätzte Aventin könne hier einem Lesefehler aufgesessen sein. Diese Reise sollte darüber Gewissheit bringen, denn Leibniz wollte die Quellen ansehen, auf die sich Aventin berufen hatte. Doch jetzt schlug er von Kassel aus nicht den Weg nach Süden ein, sondern gab Befehl, nach Westen zu fahren, zum Rhein.

Zehn Tage später nimmt die Kutsche einen engen, gewundenen Weg den Berg hinauf. Hoch über dem Strom thront die Festung Rheinfels bei St. Goar. Schon von weitem drohten die neu angelegten Aussenwerke, darunter die Forts ‚Noli me tangere', ‚Neues Ravelin', und besonders eindrucksvoll türmt sich über dem Reisenden die ‚Hohe-Ernst-Schanze', benannt nach dem Hausherrn. So gewaltig hat sich Leibniz dieses Bollwerk gegen die Franzosen nicht vorgestellt. Er freut sich darauf, seinen fürstlichen Freund und Gönner, Landgraf Ernst, wiederzusehen. Was ihn erwartet, hat ihm die Herzogin Sophie geschildert, die als Mädchen einmal hier war.

Sie erinnerte sich: „Alles, was ich an diesem Hof sah, erschien mir wie bei einem Privatmann. Das Schloss war ganz wohnlich, aber man konnte nur mit Mühe hinaufkommen, besonders in dem Wagen des Herrn Landgrafen, den ich sehr schlicht und ganz ungewöhnlich gebaut fand. Aber die reizende Unterhaltung mit dem Hausherrn entschädigte mich für alles." Sophie war damals aufgefallen, dass die Fürstin etwas abgerissen wirkte. „Trotz der Unordnung ihrer Kleidung war sie an sich schön, aber sie hatte durchaus nicht das Benehmen einer Fürstin und überhaupt nichts Vornehmes." Sophie war damals verwundert gewesen, aber sie mochte solche Natürlichkeit.

Vielleicht hat sich auch Leibniz gewundert, wie schlicht (heute würde man sagen, wie bürgerlich) es im Schloss zuging. Der Fürst war erfreut über den Besuch, aber auch sehr beschäftigt, denn als leidenschaftlicher Publizist unterhielt er in den Räumen der Festung eine Art Nachrichtenagentur sowie eine Druckerei – und war selbst sein fleissigster Autor. Seine Leser hat er zum Beispiel schon manchmal damit überrascht, entschieden gegen die Privilegien des Adels zu sein.

Er ist ein sehr höflicher Gastgeber. Leibniz muss versprechen, wenigstens zwei Wochen zu bleiben, denn man will viel bereden. Der Landgraf hat als Konvertit manches an seiner Kirche auszusetzen, die ‚Fürstbistümer' mag er schon gar nicht und wendet sich im Gespräch mit seinem Gast gegen jede Verbindung von geistlicher und weltlicher Macht in derselben Person. Die Kirche soll auf ihre irdischen Güter und Rechte, der Staat auf seine Übergriffe in das Gebiet der Seelsorge verzichten. Doch das grösste Unglück für die Christenheit sieht der Landgraf in der absoluten Monarchie. Sie hat die Sitten verdorben, auch Leiden und Kriege ohne Zahl verschuldet. Da ziehe er eine Republik wie Venedig doch vor, obwohl selbst diese Verfassung nicht vollkommen sei. Sein voller Zorn trifft gewisse deutsche Fürsten, die mit ihren Rüstungen das Reich zugrunde richten. So kann nur ein grosser Herr sprechen. Daneben wirkt Leibniz übervorsichtig. Er will das Verhältnis zwischen weltlicher und geistlicher Gewalt so gewahrt wissen, wie es durch Vertrag und Herkommen geworden ist. Die Monarchie sei, alles in allem, doch besser als die Demokratie und dürfe auch nicht so sehr beschränkt werden wie jetzt in England. Ein Recht auf Widerstand mag er den Untertanen und Völkern nicht zugestehen. Da ist er Lutheraner, und der Landgraf wundert sich.

Die ungleichen Herren auf Rheinfels versuchen dennoch gemeinsam, da sie beide gern Autoren sind, einige Denkschriften zu verfassen. Dabei streitet man sich, und doch wächst das Vertrauen. Der Landgraf verspricht seinem umhegten Gast sogar, ihn künftig mit all den Schriften und Nachrichten zu versorgen, die er seit Jahren einem ausgewählten Adressatenkreis zukommen lässt. Ganze Paketsendungen werden Leibniz daher in den folgenden Jahren erreichen.

Landgraf Ernst schreibt – unter den Augen seines Gastes – für den von beiden verehrten Jansenisten Antoine Arnauld eine Art religiösen Steckbrief über Leibniz, den er dem Porträtierten zeigt, der noch kritische Anmerkungen beisteuert, so dass wir hier ein ziemlich verlässliches Bild seiner Ansichten vor uns haben: In Glaubensfragen ist Leibniz modern, fast kühl. Die Bibel will er vernunftgemäss ausgelegt wissen, mit Mythen und Mysterien kann er nur wenig anfangen, die Astrologie lehnt er ganz ab. Nur wenn es um den Schöpfer geht, fängt er richtig Feuer. Tolerant ist er daher auch gegenüber den Sozinianern, einer christlichen Vernunft-Sekte, die damals seit hundert Jahren bestand und überall vertrieben wurde, weil sie die Trinität bestritt. Diese Leute hätten, meint Leibniz, das gleiche Lebensrecht wie alle Menschen und müssten irgendwo wohnen dürfen. Ein sehr sympathisches Porträt.

Einmal erzählte der Hausherr seinem Gast, er habe Post von Geheimrat von Zimmermann, einem Vertrauten des Kölner Erzbischofs. Der frage an, ob Leibniz nicht in Erwägung ziehen wolle, Kanzler des Bistums Hildesheim zu werden. Vielleicht war dieses Angebot nur als eine raffinierte Verlockung zur Konversion gedacht, die stillschweigend zu den Bedingungen gehörte. Leibniz reagierte jedoch sehr höflich und durchaus geschmeichelt. Er sagte nicht gleich nein und legte dem Landgrafen nahe, ihm doch bitte schriftlich zu wiederholen, was er von Zimmermann berichtet hatte. Der Landgraf sandte seinem Gast alsbald durch einen Diener eine kurze Notiz darüber, und Leibniz konnte sich an dieser Anfrage erfreuen, sie vielleicht auch einmal dem Hof zu Hannover vorweisen, um zu zeigen, dass es ihm nicht an Berufungen mangelte. Gut drei Jahre später, im Januar 1691, wird ihm dieser Herr von Zimmermann auch in Person begegnen – als Kanzler des Bistums Hildesheim. Er hatte den Posten selbst bekommen und trug nun einen wohlklingenden Namenszusatz, der auf seine Landgüter hinwies: „Karl Paul von Zimmermann, Herr zu Wildeshausen und Ebenfeld".

Mitte Dezember geht es nach Frankfurt, wo Leibniz seinen alten Bekannten aus der Mainzer Zeit, den Orientalisten Hiob Ludolf, aufsucht. Beide erörtern den Plan zu einem ‚Collegium Imperiale Historicum', einem Kreis von Gelehrten, der mittelalterliche Urkunden herausgeben soll. Leibniz zögert, denn sich einem fremden Plan einzufügen ist seine Sache nicht. Doch als sich unter den Gründern bald herumspricht, Leibniz habe sich immerhin wohlwollend gezeigt, wird er einfach als Ehrenmitglied geführt. Das verrät, wie umworben und anerkannt er zu dieser Zeit schon war, auch unter Historikern.

Die kleine Reisegesellschaft bricht auf, und zwar nach Osten, es geht über Nürnberg, wo Leibniz noch allerlei Leute aus Jugendtagen kennt und sie aufsucht (und auch Bilder von Dürer und Cranach bewundert), in die kleine Residenzstadt Sulzbach in der Oberpfalz. Dort lebt ein sonderbarer Mensch namens Christian Knorr, in Wien geadelt mit dem Zusatz „von Rosenroth". Er ist evangelischer Mystiker, aber der katholische Fürst von Sulzbach hat ihn als Hofrat verpflichtet. Bekannt ist er dafür, sich der jüdischen Mystik und Geheimlehre ‚Kabbala' zugewandt zu haben, mit deren Hilfe er das Neue Testament auslegen möchte. Leibniz ist neugierig auf den Mann, der wenige Jahre vor ihm in Leipzig studiert und vor einiger Zeit sogar eine Jugendschrift von Leibniz in deutscher Übersetzung herausgegeben hat (ohne zu fragen übrigens). Es war die physikalisch-philosophische Studie, die Leibniz der Royal Society in London noch von Mainz aus geschickt hatte. Nun steht er vor ihm, und Leibniz lernt den zehn Jahre älteren Kollegen, den Hofrat, den Forscher und Grübler endlich kennen.

Der zieht alsbald seinen Gast in lebhafte Diskussionen über chemische Prozesse. Man studiert den zweiten Band seines gelehrten Hauptwerks ‚Kabbala denudata' (Die entschleierte Kabbala), der im Vorjahr herausgekommen ist. Knorr erzählt auch, woran er jetzt arbeite, am ‚Messias puer' (Als der Messias ein Knabe war), einem Werk, in dem er die Kindheit Jesu nach den Zeugnissen der Kabbalisten erschliessen will. Leibniz ist von Knorr und seiner Arbeit beeindruckt. Bis in seine letzten Lebensjahre bewahrte er eine lebhafte Erinnerung an diese Gespräche. Auch heute ist Knorr nicht ganz vergessen, es findet sich etwa sein Kirchenlied ‚Morgenglanz der Ewigkeit, Licht vom unerschöpften Lichte ...' im evangelischen Gesangbuch.

Von Sulzbach aus fährt man nicht weit bis zur böhmischen Grenze. Es ist Winter geworden, und im Reiseschlitten geht es durch den bayerisch-böhmischen Wald nach Chodenschloss oberhalb von Taus, einem Besitz der Freiherren von Laemmingen, in deren Diensten Johann Daniel Crafft seit einigen Jahren steht. Doch der ist nicht im Schloss, sondern, so lautet die Auskunft, viel weiter nördlich, fast an der sächsischen Grenze in Graupen. Das kann Leibniz nicht schrecken, er lässt wieder anspannen, man reist nach Norden, wo nun endlich im Januar (1688) das lang ersehnte Wiedersehen stattfinden kann.

Die Freunde unterhalten sich über Erzgewinnung und Goldwäscherei, darüber wie man Farben herstellt oder Wein bereitet, und über manche anderen Verfahren. Sekretär Heyn ist immer dabei, und er merkt, die beiden haben einen Plan, sie wollen sich im Sommer in Wien treffen und dann gemeinsam versuchen, beim Kaiser Gehör zu finden. Da sie sich beide als Kenner des Bergfachs verstehen, soll es ein Projekt aus diesem Bereich sein, für das sie beim Kaiser einen Auftrag erlangen wollen. Dem Bergsachverständigen Heyn wird nun klar: Sein gnädiger Herr, Hofrat Leibniz, hatte seit langem vor, nach Wien zu fahren, das ist überhaupt der heimliche Antrieb zur Reise gewesen. Und wir verstehen, warum mit Friedrich Heyn ein erfahrener Berg- und Hüttensachverständiger zum Reisebegleiter bestimmt wurde und dass Leibniz unbedingt seinen Freund Crafft finden musste.

Der aber hat bei seiner Arbeit zu bleiben, so trennen sich die Freunde, sind jedoch fest für Wien verabredet, drei Monate später. Wer dem Kaiser ein Bergprojekt vorschlagen will, sollte dessen eigene Gruben und Werkstätten in Böhmen kennen, daher haben Leibniz und sein Fachmann Heyn noch viel Arbeit vor sich. Sie besichtigen die Bleibergwerke bei Freyung und Erbendorf, die berühmten Bergstädte Freiberg, Annaberg und Ehrenfriedersdorf, wo eine neue Pumpanlage des englischen Ingenieurs Kirkby besichtigt wird. Sachkundig und wissbegierig, oft mit der Feder in der Hand und Einzelteile sofort zeichnend, lassen Leibniz und Heyn sich mitten im Winter von den Werkbesitzern, Bergleuten, Schwefelmeistern, Amtsschreibern, Zolleinnehmern und Handwerkern unterrichten und sammeln damit ein Material, von dem Leibniz annehmen durfte, dass es ihm bald von Nutzen sein könne. Beschrieben werden unter anderem: die Blechfabrikation in Rothenthal, die Edelsteinsuche bei Schneeberg und die Zucht von

Perlmuscheln bei Ölsnitz an der Elster, das rote Arsenikglas von Joachimsthal, die Zinnzechen bei Ehrenfriedersdorf und Geyer, das Schmelz- und Schwefelwerk Feuerleins und der drechselbare und heilkräftige Serpentin von Zöblitz. Genaue Notizen werden gemacht über den blauen Saphir in Mauersberg und seine Gewinnung, die Arbeit der Silberschmelzhütte in Beierfeld, das Rauschgelb von Schwarenberg, das Schneidehammerwerk für Eisenbleche sowie die Wismut- und Kobaltverarbeitung in Schneeberg. Dort notiert Leibniz: „Zu Schneeberg habe im Wirtshaus angetroffen einen Goldarbeiter oder Goldschmied von Annaberg, namens Christian Marci, welcher vom Kurfürsten zum Perlfang in Bestallung genommen." Der habe „auch Order, die Landedelsteine zu suchen als Aquamarin, Hyalinthen, Amethyste, Opale etc". Die ertragreichsten Fundstellen werden von Leibniz vermerkt.

Schwierigkeiten gab es mit dem Reisetagebuch. Weil dem Hofrat und Geschichtsschreiber laut Instruktion jeder Aufenthalt in Böhmen und Sachsen untersagt war, muss Leibniz diese Tage verleugnen. Im offiziellen Journal wird daher die Reise nach Böhmen und ins kursächsische Erzgebirge stillschweigend übergangen. Wenn Leibniz dennoch davon etwas mitteilen will, verlegt er Erlebnisse aus Sachsen in bayerische Gefilde, denn das Reisen in Bayern war ihm gestattet. Überhaupt scheint Verschwiegenheit angebracht, und deshalb hat er sich von dieser Reise auch noch nicht in Hannover gemeldet, wo man ihn schon für verschollen hält.

Es geht nach Regensburg, am 12. März (1688) trifft die kleine Reisegesellschaft dort ein, und Leibniz begibt sich zum kaiserlichen Sekretär Philipp Wilhelm von Hörnigk, der ihm schon vor acht Jahren einmal Zugang zum Kaiser hatte verschaffen sollen. Man kannte sich auch persönlich. Wenn ihn Leibniz jetzt wieder besuchte, so war das eine weitere Vorbereitung auf Wien. Auch Hörnigk gehörte wie Crafft zu den Leuten, die die Wirtschaft ankurbeln wollten, auch er stammte aus Mainz und war ein Schwager Bechers (dessen Zerwürfnis mit Leibniz aber jetzt keine Rolle spielte), ein Freund Craffts und ein bedeutender ‚Kameralist', gehörte also zu denen, die die Staatsfinanzen verbessern wollten, indem sie zunächst das Gewerbe förderten. Als kaiserlicher Sekretär beim Reichstag in Regensburg hatte er drei Jahre zuvor eine Schrift veröffentlicht, die des Kaisers Stammlande zu wirtschaftspolitischen Taten anstacheln sollte, weswegen sie den Titel trug: ‚Österreich über alles, wenn es nur will'. Leibniz hat den Text hier an Ort und Stelle studiert, und Hörnigk erteilte Rat, wie man sich erfolgreich an den Kaiser wenden könnte. Der Gast versprach wiederzukommen, um Bericht zu geben, und hinterliess bis dahin einen Teil seines Gepäcks. Man brach auf, aber noch nicht nach Wien. Erst musste Leibniz nach Süden, denn die Residenzstadt München stand nun wirklich auf dem Plan.

Der offizielle Teil der Reise   Am 30. März (1688) fuhr die Kutsche in München ein, wo man im ‚Weissen Schwan' in der Weinstrasse logierte. Da der Zugang zur Bibliothek den Fremden nur mit kurfürstlicher Erlaubnis möglich war, wandte sich Leibniz um Vermittlung an den Kapellmeister Agostino Steffani, dem er eine Empfehlung des Hofes in Hannover übergab. Steffani, eigentlich ein Abbate, also ein italienischer Geistlicher, war in Hannover schon vorgesehen als Komponist der Oper ‚Enrico Leone' (Heinrich der Löwe), mit der man das künftige Opernhaus einweihen wollte.

Schon fünf Monate war Leibniz unterwegs. Bis jetzt hatte er, wie erwähnt, keine Verbindung mit dem Hof in Hannover gesucht. Nur der Sekretär Friedrich Wilhelm Leidenfrost in Osterode, ein stets williger Helfer, hatte ein Schreiben mit fingierter Absenderangabe erhalten. An diesem Schweigen wird auch seine Vereinsamung in Hannover erkennbar: Niemanden hatte er zurückgelassen, den er über seinen Verbleib hätte unterrichten müssen. Und sich offiziell zu melden, dazu hatte er auch nicht viel Grund gehabt, denn seine Dienstgeschäfte nahm er erst hier in München auf.

Kapellmeister Agostino Steffani erwirkte die Erlaubnis des Kurfürsten zur Benutzung der Bibliothek, und Leibniz arbeitete dort mit Eifer zwei Tage lang. Dann wurde die Genehmigung von den kurfürstlichen Räten zurückgenommen. Man muss dazu wissen, dass Archive und Bibliotheken damals so etwas wie juristische Waffenlager waren, denn fast alle Staaten stritten untereinander um das Recht auf irgendwelche Landstriche oder Orte. Es bestand also der Verdacht, dass Leibniz die Urkunden nur ansehen wollte, um alte welfische Ansprüche aufzuspüren. Das wollten die allzu besorgten Räte unterbinden.

Über die Behandlung ist Leibniz empört, dieses Misstrauen sei schimpflich, findet er. Das Verbot trifft ihn besonders hart, weil er in grosser Verlegenheit ist und unbedingt einen Fund braucht, den er nach Hannover melden kann. Mag er nun Glück gehabt haben oder nicht, jedenfalls stellt er die Sache bald so dar, dass in München – trotz des Verbots – doch gerade noch alles gut gegangen sei: Schon gleich bei seinen beiden ersten Bibliotheksbesuchen habe er sich den riesigen Nachlass des bayerischen Geschichtsschreibers Johann Turmair, genannt Aventin, zeigen lassen. Darunter fanden sich auch Vorarbeiten zu dessen Hauptwerk, jener bayerischen Geschichte, in der statt ‚Este‘ der Name ‚Asti‘ stand. In diesen Vorstudien habe er, so Leibniz, einen Hinweis darauf gefunden, woher Aventin seine Angabe hatte, nämlich aus einer Handschrift in Augsburg, der dortigen Fassung der ‚Historia Welforum‘. Genau das jedoch sei alles gewesen, was er habe wissen wollen, insofern sei er in diesen beiden Tagen, die man ihn habe arbeiten lassen, auch fündig geworden.

Ein schönes Ergebnis, mit unglaublicher Schnelligkeit erzielt, so scheint es. Doch ist nicht sicher, ob Leibniz die Wahrheit berichtet hat. Denn noch immer gibt es in der Münchner Staatsbibliothek den Nachlass des Geschichtsschreibers Aventin, nur findet sich darin kein Hinweis zur Este/Asti-Frage, auch kein Verweis auf die Augsburger Handschrift, so dass man heute nur entschuldigend annehmen kann: Es mag sein, dass der Aventin-Nachlass nicht mehr ganz vollständig ist und Leibniz etwas fand, was heute fehlt.

Jedenfalls reist er nun weiter nach Augsburg, weil er dort den Codex der ‚Historia Welforum‘ wohl schon lange vermutet haben wird. Wo genau er zu finden sei, fragt er zunächst den Stadtsyndikus Daniel Mayr, dann entdeckt er ihn im Benediktinerkloster S. Ulrich und Afra, und die offenbar vertrauensvollen Mönche geben ihm die Handschrift sogar „auf etliche Tage nach Hause“ mit. Darin entziffert er, dass es nicht ‚Astensem‘, sondern ‚Estensem‘ heissen muss (das habe er „mit einer alten, doch deutlichen Schrift bezeichnet gefunden“). Also gab es keinen Zweifel mehr am gleichen Ursprung der Welfen und des Geschlechts der Este. Der Autor Turmair, genannt Aventinus, müsse wohl, schloss Leibniz, „seiner verkehrten Weise nach“ einfach beim Abschreiben „das Wort verderbet“ haben. Damit hatte Leibniz innerhalb weniger Tage die Verbindung der beiden Häuser quellenmässig nachgewiesen. Dieser Adelbert Azzo II. war ein Este und zugleich der Stammvater der jüngeren Welfenlinie. Die alte Streitfrage war geklärt. Mehr konnte der hannoversche Hof als Ergebnis von fünf Monaten Forschungsreise nicht erwarten.

Die Entdeckung hatte allerdings einen Mangel, den Leibniz verschweigt. Nicht der Codex selbst bot das gesuchte „Estensem", sondern dieses entscheidende Wort war nur von einem späteren Leser als Verbesserung zwischen die Zeilen geschrieben worden. Und die Meinung eines unbekannten Benutzers konnte man nicht gut als Quelle werten. Leibniz verschleiert diesen Befund geschickt mit jenen Worten, die er nach Hause berichtet hat, er habe das Gesuchte „mit einer alten, doch deutlichen Schrift bezeichnet gefunden".

Am Karfreitag (1688), auf der Rückfahrt nach München, staunte Gottfried Wilhelm Leibniz über den süddeutschen Katholizismus und notierte: „Ich musste vor einer Brücke warten, weil eine Prozession dort vorüberzog. Mitten in ihr sah ich vier Menschen kommen, die einen Mann, der Unseren Herrn darstellte, umringten, schlugen und hin und her zerrten. Einer von den vieren schlug, als er an einem Kruzifix vorbeikam, das auf der Brücke stand, auf diese Figur des Gekreuzigten selbst ein, anstatt auf den Menschen, den sie mit sich führten. Das machte auf mich einen ungewöhnlich tiefen Eindruck."

In München hat er, da noch immer keine Entscheidung über die Benutzung der Handschriften gefallen war, flammende Proteste an den kurfürstlichen Sekretär verfasst. Und er hat stolze Berichte über seine Entdeckungen an den Herzog Ernst August, die Herzogin Sophie, den Minister Otto Grote und andere massgebliche Leute des Hofes gesandt. Seinem Herzog gegenüber deutet Leibniz dabei eine Reise nach Modena in Oberitalien, der Residenz der Este, an, denn nun müsse er in der Geschichte noch einen Schritt zurückgehen und die Herkunft des besagten Este-Fürsten ergründen. Zwar erlaubten seine Instruktionen ihm nicht, nach Italien zu reisen, doch hat er schon vorsorglich von Augsburg aus an den welfischen Residenten (Geschäftsträger) in Venedig, Francesco de Floramonti, geschrieben, der ihn an den Hof in Modena vermitteln sollte.

Es geht doch, wie Leibniz will   Grote gratulierte zur Entdeckung, drängte dann aber zur Rückkehr nach Hannover, denn der Herzog brauche für die Oper über Heinrich den Löwen seinen historischen Rat. Doch war Leibniz längst entschlossen, jetzt nach Wien zu fahren. Nach einer Woche kamen er, sein Schreiber Heyn und der Kutscher am 8. Mai 1688 nachmittags dort an und fanden

Quartier im ‚Steyrer Hof am Roten Tor' beim Gastwirt Martin Altenburg. Wahrscheinlich hatte Leibniz ein schlechtes Gewissen, denn auch dieser Aufenthalt war in Hannover nicht angemeldet, schon gar nicht genehmigt, er diente auch nicht der Welfenforschung, sondern, wie schon angedeutet, einem anderen Plan. Leibniz wollte unbedingt für den höchsten Herrscher arbeiten und hatte in den letzten zwanzig Jahren schon viermal versucht, Kaiser Leopold seine Ideen schriftlich zu unterbreiten. Zum Kaiser drängte es ihn, wie er selbst sagte, weil „bey einem grossen Potentaten sich weit andere gelegenheiten zu nützlichen Verrichtungen finden". Je grösser der Herrscher, sollte das wohl heissen, desto grösser auch der Wirkungskreis des Ratgebers.

Um die Reise nach Wien wenigstens nachträglich zu legitimieren, suchte Leibniz bereits am Tage nach seiner Ankunft den hannoverschen Gesandten Christoph von Weselow auf, den er gut kannte. Der Diplomat muss sehr erfreut gewesen sein, als der Rechtsgelehrte so plötzlich vor ihm stand, denn er brütete gerade über einem Auftrag aus Hannover, der ihn überforderte. Er sollte die Ansprüche der Welfen auf die Grafschaft Ostfriesland vor dem Kaiser vertreten. Um dieses künftige Erbe konkurrierte Hannover mit den Brandenburgern. Leibniz kam also wie gerufen, und ihm gelang es in kurzer Zeit, nicht nur eine Urkunde Kaiser Ottos III. aus dem Jahre 988 zu zitieren, sondern auch alte Rechte Heinrichs des Feisten von Northeim zu benennen. Als der hannoversche Kammerpräsident Otto Grote von dieser Hilfe erfuhr, bedankte er sich bei Leibniz dafür schriftlich. Diese Argumente mussten dem Welfenhause tatsächlich noch nützlicher sein als die Mitwirkung am Libretto der Oper ‚Heinrich der Löwe'. Und da wir gerade bei Grote und dem Danken sind, noch eine Anekdote aus diesen Wochen: Der Grosse Kurfürst war im Mai (1688) gestorben, und da er ein Choleriker gewesen war, die Welfen nicht recht mochte und ihnen ständig etwas angedroht hatte, war man in Hannover erleichtert. Grote soll in vertrautem Kreis gesagt haben: „Der uns den Gefallen tat zu sterben, verdient unseren Dank." Nun regierte, von Hannover aus gesehen, in Berlin der Schwiegersohn.

Auch sonst tat Leibniz in Wien gelegentlich etwas für seinen Auftrag und studierte für die Welfengeschichte Handschriften in der Hofbibliothek. Dabei hat er später immerhin den Welfenstammbaum des Wiener Humanisten Ladislaus Suntheim entdeckt. Aber solche Studien hatten etwas von einem Alibi. Während er in

der kaiserlichen Bibliothek sass, wurde übrigens seine herzogliche
Bibliothek in Hannover gerade ausquartiert. Ein Kollege, der Vize-
archivar Georg Michael Backmeister, schrieb ihm am 30. Juni
(1688), innerhalb des Schlosses werde ein Opernsaal gebaut, so dass
die Bibliothek und Leibnizens Kammer an einen anderen Ort
gebracht werden müssten. Dazu habe man bei einer adligen Witwe,
„auf der Leinen Strassen gegenüber der Schlosskirche einen grossen Saal nebst einer feinen Stube" mieten können. Über den persönlichen Besitz von Leibniz habe beim Umzug ein ehemaliger
Diener von ihm gewacht, und es sei auch ein Verzeichnis aller
Sachen und Bücher angefertigt worden. Damit war Leibniz nun
also aus dem Schloss, aus dem Zentrum der Macht, entfernt. Er
wohnte jetzt gegenüber, samt seinen Büchern. Wie er diese Nachricht aufgenommen hat, ist nicht überliefert.

Er bekam in Wien Anfang August (1688) Verbindung zu einer
Art Exilregierung, nämlich zu Claude François de Canon, Minister
des Herzogs Carl von Lothringen. Dieser Fürst war durch den
Sonnenkönig aus seinem Lande getrieben worden und zum Kaiser
geflohen. Dem Minister bot Leibniz seine Dienste an. Er glaubte
nämlich, Urkunden, die ursprünglich aus Frankreich stammten,
benennen zu können, mit denen die Ansprüche des Lothringers
auf sein Land wirkungsvoll unterstützt werden könnten. Gesehen
hatte er sie in den sogenannten Mazarinschen Handschriften der
riesigen ‚Bibliotheca Augusta' in Wolfenbüttel. Das ist also ein ähnlicher Fall wie der Anspruch auf Ostfriesland, den Leibniz soeben
für Hannover hatte belegen können. Es wird von nun an eine Spe-
zialität des Historikers und Juristen Leibniz werden, solche Aufgaben zu übernehmen, und das war keine ganz unwichtige Rolle,
nicht einmal im Jahrhundert der französischen Militär- und
Machtpolitik.

Kühne Pläne mit Bischof Rojas y Spinola Seinen Antrittsbesuch
beim Bischof von Wiener Neustadt macht Leibniz am 8. Juni
(1688), das ist der Dienstag nach Pfingsten. Von Wien aus ist es eine
ganze Tagesreise genau nach Süden bis in die Residenz des
Bischofs Cristobal de Rojas y Spinola. Der zarte Greis kommt, als
ihm die Ankunft gemeldet wurde, dem Gesinnungsfreund auf der
Freitreppe seines Palais' mit ausgestreckten Armen entgegen – so
darf man sich das vorstellen. Er droht jedoch schon bald nach der
Begrüssung scherzend mit dem Finger: „Was habe ich hören müs-

sen, was haltet Ihr von mir, Exzellenz? Und ebenso unser Hoch-
würden Abt Molanus? Ich erfahre aus Hildesheim, ich sollte resigniert haben und ruhte mich nun in meinem bescheidenen Bistum
aus, statt weiterhin die Union zu betreiben?" Leibniz konnte es,
während man ins Haus schritt, nicht ganz leugnen. Das war die
Meinung, die man in Hannover von diesem einst so eifrigen
Unterhändler hatte. Doch wer mochte geplaudert haben? Dann
fiel es ihm ein: Am Anfang seiner Reise hatte er selbst diese Ansicht
dem Kapuziner Dionysius Werlensis in Hildesheim mitgeteilt, und
der musste sie an Rojas berichtet haben. So war es auch. Aber der
Bischof zeigte sich grosszügig und lachte. Er werde das Gegenteil
beweisen.

Zum ersten Mal sah Leibniz den ausgedehnten Briefwechsel,
den der Bischof auch in letzter Zeit noch geführt hatte, um an verschiedenen Fürstenhöfen seine Pläne weiter zu betreiben. Der Gast
durfte auch die Originalschreiben sehen, mit denen höchste kirchliche Stellen die Pläne von Rojas y Spinola einst befürwortet hatten. Darunter waren der Papst selbst, mehrere Kardinäle, der
Ordensgeneral der Jesuiten und der oberste Zensor des Vatikans,
ein Dominikaner.

Leibniz wird beim Bischof fünf Tage als Gast bleiben. In den
Gesprächen unterstützte er ihn erneut mit einem etwas spitzfindi-
gen Standpunkt, der den Juristen verrät. Er räumte einerseits ein,
dass die Protestanten in katholischen Augen als Häretiker (Abweichler) erscheinen. Aber das konzedierte er nur, um zu betonen,
dass sie – auch nach katholischen Kriterien – nicht als absichtliche
Häretiker gelten könnten, und daher nicht zu verurteilen seien. Er
berief sich dafür auf die traditionelle Ansicht, dass ein Häretiker ein
Mensch ist, der wissentlich und wider eigene Einsicht eine Glau-
benslehre ablehnt. Das aber könne von den Evangelischen nicht
gelten. Die Ergebnisse des Tridentinums (das war das grosse Konzil der Gegenreformation) hätten die Protestanten nämlich nur aus
Unwissenheit abgelehnt – sie seien ja auch nicht eingeladen worden und deshalb nicht dabei gewesen. Wenn die Protestanten aber
keine absichtlichen Häretiker, sondern nur „gutgläubig Irrende"
seien, dann könne Rom sie auch vorläufig tolerieren, ohne sich
etwas zu vergeben.

Man wird sich denken können, wie der Bischof seinem evangelischen Gast darin nur herzlich zustimmen konnte. Auch über die
Toleranz, die der Vatikan nun aufzubringen hatte, war man sich

einig: Eine Konzession könnte man den Evangelischen in Fragen des Ritus machen, ihnen ferner die Heirat der Pfarrer zugestehen, die freie Wahl des Predigers durch die Gemeinde und die Austeilung des Abendmahls an die Gläubigen in beiderlei Gestalt, also als Brot und Wein. Soweit man weiss, waren sich der protestantische Jurist und der katholische Bischof in allen wichtigen Fragen einig, auch in der Einschätzung der Lage: Es würde schwer werden, die Kampfhähne unter ihren Glaubensgenossen an einen Tisch zu bekommen, und noch schwerer, die Gleichgültigen überhaupt für eine Vereinigung zu gewinnen.

Befriedigt von seinem Besuch, berichtete Leibniz, kaum zurück in Wien, seiner Herrin in Hannover, der Herzogin Sophie: Der Bischof sei nicht bequem geworden, im Gegenteil, er fühle sich angespornt, weil der führende Theologe Frankreichs, der schon erwähnte Bischof Bossuet, ihm geschrieben habe, der französische König werde sich den Vereinigungsplänen nicht widersetzen. Auch der Papst stehe weiter hinter der Idee, ebenso unverändert der Kaiser. Bis heute ermutigend für den Bischof, schrieb Leibniz weiter, sei die Zustimmung, die gerade die hannoverschen Theologen gezeigt hätten. Nun sei es um so mehr erwünscht, wenn die Herzogin ihren Einfluss in Berlin geltend machen könnte, damit man dort vom Nein zu den Plänen abrücke.

Herzogin Sophie hatte tatsächlich Einfluss in Berlin, denn der dortige Herrscher, soeben auf den Thron gekommen, war bekanntlich ihr Schwiegersohn. Auf die Briefe von Leibniz und dem Neustädter Bischof antwortete sie denn auch direkt aus Berlin, wo sie sich gerade aufhielt. Die Stimmung schien ihr für ernsthafte Überlegungen zur Wiedervereinigung nicht günstig. Die Stadt sei mit hugenottischen Flüchtlingen aus Frankreich überfüllt, die bei jeder Erwähnung Roms ‚Anathema!‘ (Verflucht) schrien. Und in den Dankgebeten während des Gottesdienstes werde der Schöpfer dafür gepriesen, dass er die Protestanten von der Blindheit befreit habe, mit der die Papisten geschlagen seien. Sie habe aber, so fügte die Herzogin hinzu, mit ihrem Schwiegersohn sowie mit zwei Ministern gesprochen und dabei erfahren, dass man gegen Pläne zur Wiedervereinigung hier keine Einwände erhebe. Sie selbst schien von den Plänen allerdings auch nicht gerade überzeugt. In einem späteren Brief hiess es in schöner Ironie, sie wäre hoch erfreut, wenn sie die Wiedervereinigung der Kirchen bewirken könne, da das Christentum ja auch durch eine Frau in die Welt gekommen sei.

Leibniz, der den Neustädter Bischof Rojas y Spinola von Wien aus noch des öfteren besuchte, entwickelte seinen Dreistufen-Plan zur Wiedervereinigung weiter, womit er im wesentlichen Gedanken des Bischofs aufnahm. Erstens: Das Konzil von Trient soll für die Evangelischen nicht verbindlich sein. Zweitens: Beide Konfessionen vereinigen sich vorläufig, um das Zusammenleben zu erlernen. Drittens: Es gibt ein gemeinsames, verbindliches Konzil, bei dem Mehrheitsbeschlüsse gelten. Beide Gesprächspartner waren sich jedoch einig, dass jede Stufe fast unüberwindlichen Widerstand hervorrufen werde.

Für Gutwillige war dieser Weg denkbar, aber wer wollte überhaupt die Vereinigung? Man hatte sich längst mit der Glaubensspaltung abgefunden, schon gar nach dem Dreissigjährigen Krieg, dessen Ende nun vierzig Jahre zurücklag. Der kränkelnde und betagte Rojas liess sich jedoch von Leibniz ermutigen, seine Pläne erneut zu betreiben, und beide verfassten eine gemeinsame Denkschrift für den Kaiser. Leibniz sieht in der Reunion eine politische Aufgabe, die notwendig ist, will man Europa aus seiner gefährlichen Zersplitterung hinausführen. Er hofft, dass die Franzosen mitmachen, weiss aber auch, dass sie keinen Grund dazu haben, weil eine Einigung nur das konfessionell zerrissene deutsche Reich stärken würde.

Aus den Gesprächen zieht Leibniz auch noch einen kleinen persönlichen Gewinn: Durch Rojas' Vermittlung erlangt er Zugang zu entscheidenden Beamten des Kaiserhofes.

Warten auf eine Audienz beim Kaiser In der ersten Augusthälfte (1688) ist Johann Daniel Crafft in Wien angekommen. Nun bemühen er und Leibniz sich um Gehör beim Kaiser. Da Crafft aus einem früheren Wiener Aufenthalt möglicherweise dem Hofkammerpräsidenten v. Rosenberg noch bekannt war, verabredete Leibniz mit Crafft, sie wollten zunächst Rosenberg ihr Projekt vorschlagen. Bei seiner Verwirklichung waren angeblich grosse Überschüsse (fünf Tonnen Gold!) zu erwarten. Gegründet werden sollte eine Fabrik für Farben, die dringend gebraucht wurden, weil die Holzhäuser auf dem Lande regelmässig imprägniert werden mussten. Als Experte für die Herstellung sollte Friedrich Heyn benannt werden, immerhin hatte man gemeinsam in Schneeberg gesehen, wie solche Mineralfarben aus Kobalt hergestellt wurden. Der Plan war aber noch viel grösser. Diese Fabrik sollte nur der

Kaiser Leopold regierte sein bank-
rottes Reich von der Hofburg aus,
fast kultisch verehrt, aber auch ein-
geschnürt durch das besonders
strenge spanische Hofzeremoniell,
und dem Volk entrückt, das ihm bei
Audienzen, während er vorüberging,
die Hand küssen durfte.

Ausgangspunkt für ein anschliessend zu gründendes kaiserliches
‚Bergkollegium' sein, das alle bergwerkstechnischen Forschungen
koordinieren sollte. Diese Bergakademie könne, hiess es, durch den
Gewinn aus der Farbenfabrik finanziert werden. Wie man ahnt,
war Leibniz als Direktor des Collegiums vorgesehen.

Der Plan wurde bei Hofe vorgetragen. Niemand sagte nein,
denn mit Versprechungen wurde im Wien Kaiser Leopolds nicht
gespart. Die Finanzen, durch langjährige Kriege zerrüttet, erlaubten es jedoch gar nicht, grosse Projekte zu beginnen. Sie hätten bei
der Korruptheit und Nachlässigkeit mancher Beamten ohnehin
wenig Aussicht gehabt, gefördert zu werden. Immerhin – den Herren Heyn und Crafft wurde von der Kammer eine mineralogische
Erkundungsreise bewilligt. Mehr ist nicht aus dem Plan geworden.

Crafft und Leibniz hatten noch anderes vor und bildeten zu
diesem Zweck eine Art Lobekartell. Unter dem Namen seines
Freundes Crafft richtete Leibniz ein Schreiben an den Kaiser, das
wiederum eine Denkschrift von Leibniz rühmte. In der so geprie-
senen Denkschrift wurde eine Kriegsführung mit wirtschaftlichen
Mitteln vorgeschlagen: Spanien solle die grossen Mengen an Leinwand, die es einführte, nicht mehr aus Frankreich, sondern aus
Österreich beziehen. Denn sobald man Frankreich den Leinwand-
handel nehme, so meinte Leibniz aus seiner Pariser Zeit zu wissen,
werde das eine wirtschaftliche Verödung der französischen Provinzen nach sich ziehen.

Crafft konnte am ehesten auf Audienz beim Kaiser hoffen, da er schon sieben Jahre zuvor an einem solchen Empfang hatte teilnehmen dürfen. Falls er vorgelassen würde, sollte er natürlich auf den in Wien weilenden bedeutenden Gelehrten Leibniz und seine zahlreichen Verdienste aufmerksam machen. Als Gegenleistung entwarf Leibniz für Crafft das Redemanuskript, in dem Seiner Majestät angeboten wurde, den wirtschaftlichen Aufschwung durch Manufakturen zu befördern. Unter anderem war vorgesehen, Maulbeerbäume für eine künftige Seidenherstellung zu pflanzen. Genau wegen einer solchen Seidenproduktion war Crafft übrigens im Jahr zuvor in Sachsen des Betrugs verdächtigt worden. Man hatte ihn sogar festgenommen, jedoch aus Mangel an Beweisen freigesprochen. Es mochte allerdings sein, dass er im Wien Kaiser Leopolds I. das passende Milieu und eine Chance finden würde, denn das Land brauchte dringend Geld und hoffte auf ein Aufblühen der Wirtschaft. Immer neue Soldaten wurden seit Jahren von Wien nach Osten gegen die Türken geführt. Die Generale und Befehlshaber der kaiserlichen und Reichstruppen kamen und gingen – die Abenteurer und Erfinder, die Pläneschmiede und wirtschaftspolitischen Neuerer allerdings auch. So verlockend die Crafftschen Versprechen geklungen haben mögen, eine Audienz hat er damit nicht erlangt.

Derweil versuchte Leibniz auf anderen Wegen, sich ins Gespräch zu bringen oder gar Einfluss zu gewinnen. Auch war er ja durch Bischof Rojas zwei hohen Politikern empfohlen worden, an die er sich wenden durfte. Er verfasste eine Anzahl von Denkschriften – woraus wir sehen, dass er immer noch die gleiche Methode für wirksam hielt, mit der er schon in Hannover bei zwei Herzögen hatte Anklang finden wollen. Hier ein paar Beispiele.

In einem alten Streit zwischen dem Kaiser und der Stadt Frankfurt, wem die Steuern der Juden zustehen, stellt er sich auf die kaiserliche Seite und verfasst ‚Notata über des Reichs Recht auff die judenschafft zu Frankfurt'. Nach der Eroberung Belgrads am 6. September meldet er sich zu Wort mit der patriotisch gestimmten ‚Aufforderung zur Vertreibung der Türken'. Bald danach liest er im Oktober das Kriegsmanifest Ludwigs XIV. gegen das Reich, in dem ein gewaltsames Vorgehen gegen die Pfalz völkerrechtlich verteidigt wird. Die allgemeine Empörung erfasst auch Leibniz, der in seinen ‚Réflexions sur la déclaration de la guerre' Stellung nimmt. Er legt einen Auszug daraus dem Hofkanzler Strattmann vor.

Immer Neues fliesst aus seiner Feder. Dem Reich macht er ‚Vorschläge für ein neues Konkordat'. Ebenso rät er zu einer Steuer auf Luxuskleider, mit der man in Hannover gute Erfahrungen gemacht hat. Seine ‚Vorschläge betr. das Beleuchtungswesen der Stadt Wien' empfehlen ein Projekt von Crafft, das vorsieht, die Laternen der Strassenbeleuchtung von Unschlitt (Abfall-Fetten) auf Rübsamen-Öl umzustellen. Dieses Öl könne, heisst es, im zurückeroberten Ungarn gewonnen werden.

Das waren alles Schüsse ins Blaue – nicht ins Schwarze. Die Texte hatte er zum Teil direkt an den Kaiser adressiert, zum Teil an seine Minister, aber man muss sich doch wohl fragen, ob sie immer jemand zur Kenntnis nahm. Erst recht, wenn man sieht, wie Leibniz sogar mit kleinen Wünschen kaum durchdrang, etwa beim Vizekanzler Leopold Wilhelm von Königsegg, durch den er nur die Erlaubnis erlangen wollte, die kaiserliche Bibliothek zu benutzen.

Es gab jedoch auch eine persönliche Anerkennung. Hofkanzler Theodor Althet Heinrich von Strattmann, der seit fast zwanzig Jahren mit Leibniz gut bekannt war, berichtete ihm, der Kaiser sei bereit, ihn als Hofhistoriographen in Dienst zu nehmen. In Aussicht gestellt wurde ein ehrenvolles Gehalt in Höhe von zunächst 2 000 Gulden. Aber Hofgeschichtsschreiber – das wollte Leibniz gar nicht werden! Er konnte es auch nicht, stand er doch unter Vertrag beim Herzog von Hannover. Gesehnt hat er sich nur danach, vom Kaiser als persönlicher Ratgeber anerkannt zu werden, ohne die Pflicht zur ständigen Anwesenheit.

Während er immer noch auf die Audienz wartete, hielt er Verbindung mit Hannover fast nur über die Herzogin Sophie. Inzwischen hatte der Pfälzische Erbfolgekrieg begonnen, und die Heimat der Herzogin, die Pfalz, wurde von Frankreich bedroht. Viele englische Protestanten rebellierten gegen ihren katholischen König. In ihrem Brief vom 16. September 1688 erklärte Sophie, sie glaube, dass der holländische Prinz von Oranien (dessen Frau eine englische Prinzessin war) bald mit einer gewaltigen Flotte nach England segeln werde, um den evangelischen Glauben zu schützen. Im Gegenzug unterrichtete Leibniz die Herzogin Sophie über die politische Lage in Wien. Er schrieb z. B., dass der Kaiser die Türken auch weiterhin zurückdrängen werde, obwohl ein türkischer Unterhändler auf dem Wege nach Wien sei. Sophie schrieb am 4. November (1688), dass Wilhelm von Oranien tatsächlich Ende Oktober mit 50 Schiffen nach England gesegelt sei. Obwohl sie einen leicht spöttischen Ton liebte, nahm sie wegen ihrer englischen Abstammung an diesen Ereignissen inneren Anteil.

Sie bat Leibniz im selben Brief, sich für ihren verstossenen Sohn, den Prinzen Friedrich August, zu verwenden: Der stehe in kaiserlichen Diensten und solle, so wünscht sie, zum General befördert werden. Dieser Zweitgeborene Friedrich August, genannt Gustchen – ein Sonnenkind, wild, beschwingt, aufbrausend, böse und kühn – ist der Prinz, der sich das väterliche Testament hatte anhören müssen. Leibniz verwendet sich für ihn beim Hofkanzler von Strattmann. An seinem Widerstand gegen die Erstgeburtsordnung hielt Friedrich August unerschütterlich fest und sah sogar in Leibniz seinen Gegner. Seiner Mutter schrieb er im gleichen Jahr, der „gelehrte Leibniz" solle in der Frage der Primogenitur „nicht das abschreiben, was andere schon gesagt haben", sondern lieber, so meinte er sarkastisch, „aus eigener Einsicht schöpfend, eine Abhandlung über die Schmeichelei verfassen". Von diesen Worten erfuhr Leibniz natürlich nichts. Er konnte der Herzogin Sophie nach sechs Wochen melden, ihr Sohn sei zum kaiserlichen Generalwachtmeister ernannt worden.

Das Warten auf die Audienz beim Kaiser erforderte viel Geduld. Leibniz machte sich immer wieder Notizen für seinen Auftritt. So viel war ihm klar: Der Kaiser brauchte eigentlich nur eins, nämlich Geld. Also arbeitete er drei Vorschläge aus, die den Finanzbedarf des Kaisers während des Zweifrontenkrieges gegen Franzosen und Türken decken helfen sollten. Wieder dachte er an eine Feuerversicherung, dazu an eine Spielbank und eine Geldsammlung in den Kirchen beider Konfessionen, speziell bestimmt für den Krieg gegen die Ungläubigen.

Während er auf einen Termin hoffte, liess er sich wohl gelegentlich zur Hofburg kutschieren und mag dabei sehnsüchtig aus dem Fenster geblickt haben. Natürlich wusste er, wie es andere machten, denn damals riet man: „Um Audienz am Kaiserlichen Hofe zu suchen, gibt man sich entweder beim Obristen-Kämmerer oder einem geheimen andern Minister an. Darnach werden die Namen Ihrer Majestät vorgetragen. An den folgenden Tagen muss man in der Ritter-Stube auf Antwort warten, bis der geheime Rat um den Mittag ausgehet, und ein Türhüter die Antwort, welchen Tag und welche Stunde man Audienz haben solle, einem bringt." Doch diese Art, sich beim Kaiser zu zeigen oder angehört zu werden, hatte Leibniz nicht nötig.

Vielen kaisertreuen Untertanen kam es nicht einmal auf solch
eine Audienz an, sie wandten sich an den Obrist-Kämmerer nur
mit dem Gesuch, zum Handkuss vorgelassen zu werden. In einer
alten Anleitung heisst es, der Bittsteller lasse sich am besten einen
Tag angeben. Zur vorgegebenen Zeit finde er sich dann ein und
„wird nicht weit von der Tür gestellet, allwo der Kaiser heraus
kommt, wenn er zur Tafel gehet. Sobald nun der Kaiser erscheinet,
so kniet derjenige, so nun zum Hand-Kuss soll gelassen werden, auf
ein Knie nieder und küsset dem Kaiser und der Kaiserin im Vor-
beigehen die Hand, welche sie deswegen von sich strecken. Dergleichen geschieht nun fast täglich, vornehmlich aber an solennen
und Gala-Tagen, da ein jedweder fast zu dem Hand-Kuss gelassen
wird.“

Huldigungen, Devotionen – das sind erkennbar Formen aus
dem katholischen Kultus, und tatsächlich war der Herrscher längst
überhöht worden, fast zum Gott. Doch ihn selbst drückte dabei der
Zwang, denn all sein Tun war festgelegt, er selbst zum Darsteller
eines Weltschauspiels der Macht erhoben. Jedes Wort schien unpersönlich, entrückt, blosser Ritus. Das heisst, auch ein Leibniz – als
ein Audienz-Bittsteller der besseren Sorte – durfte nicht mit
menschlichen Gefühlen rechnen. Doch er hoffte wohl trotzdem
darauf und glaubte gar, er könne den Kaiser zum gebannten Zuhörer machen und Begeisterung auslösen.

Der Tag ist gekommen   Ende Oktober (1688) erhält Leibniz den
ersehnten Termin zur Audienz, den wohl Hofkanzler Strattmann
arrangiert hat. Freund Crafft war wegen dringender Pflichten
schon lange vorher abgereist. So findet sich Leibniz nur mit seinem
Sekretär Heyn an jenem Eingang der Hofburg ein, den man ihm
genannt hat. Hier werden sie von einem kaiserlichen Diener abgeholt und geleitet. Es geht durch lange Flure, durch hohe Portale, an
denen Türsteher Wache halten und geräuschvoll ins Gewehr treten.
Endlich das Allerheiligste. Während der Sekretär zurückzubleiben
hat, werden Türflügel geöffnet. Das muss der Kaiser sein! Leibniz
fällt aufs Knie, steht auf, tut drei weitere Schritte, bricht wieder ins
Knie und so fort, bis er in gehörigem Abstand vom goldenen Sessel Aufstellung zu nehmen wagt. Ob Majestät ihn zum Handkuss
heranwinkt? Nein, diese Gunst gewährt er nicht. Leibniz wartet,
wird vorgestellt, macht dabei dreimal den Kratzfuss, verbeugt sich
ergebenst und wartet auf das Zeichen des Zeremonienmeisters.

Nun darf er beginnen mit seiner deutschen Rede, am Kaiserhof sprach man nicht französisch. Zwar hält er das Konvolut in den leicht zitternden Händen, doch sein schwaches Augenlicht erlaubt es ihm kaum, etwas abzulesen. Er hat auch alles im Kopf.

Gebeugt steht er da und sagt mit seiner leisen, hohen Stimme: „Ich habe den Tag nunmehr erlebt, den ich vor vielen Jahren schon gewünscht habe, Eurer Kaiserlichen Majestät meine allerunterthänigste Devotion persönlich anzutragen. Gleich wie ich nun von Jugend auf mein Gemüt auf ‚Labores reipublicae profuturos' (auf das, was der Allgemeinheit nützt) gerichtet gehabt, mit Hintansetzung eitler Vergnügungen, so sonst den Menschen die Zeit wegzunehmen pflegen, und besonders darauf bedacht gewesen bin, wie ich etwas ausfinden und vorschlagen möchte, durch dessen evidenten und grossen Nutzen ein hohes Haupt zur Begünstigung guter Gedanken inflammiert werden möchte. Also habe ich auf Euer Majestät vornehmlich mein Absehen gerichtet gehabt, nicht allein weil ein jeder Teutscher dem höchsten Oberhaupt am meisten verbunden, sondern auch weil ich von dero grossem Licht in den Wissenschaften und ungemeiner Neigung zu denselben vorlängst Wunder gehört habe."

In seinen Lebenslauf, den er nun vorträgt, lässt Leibniz seine bisherigen Tätigkeiten und Leistungen auf vielen Gebieten einfliessen, um dem Kaiser darauf seine künftigen Pläne zu unterbreiten. Dabei führt er aus, wie er drei Bereiche unterscheidet, Wissenschaft, daneben Mechanik und Naturforschung, schliesslich Staatssachen. Diese drei Bereiche werden weiter untergliedert und mit zahllosen Vorschlägen und Beispielen veranschaulicht. Im theoretischen Bereich zum Beispiel bildet Leibniz vier Untergruppen: Literatur, Philosophie, Mathematik und Physik. Im Praxis-Kapitel kommt er noch einmal auf seine zahlreichen eigenen Erfindungen, unter anderem die Rechenmaschine, einen Dechiffrierautomaten und Konstruktionen, die im Bergwerk einsetzbar sind, zu sprechen.

Die Minuten verrinnen, seine Zeit ist eigentlich um. Doch der Vortragende setzt noch einmal an. Den staatlichen Sektor unterteilt er in „Scholastica, Policey, Justiz, Cammer, Kriegs-Sachen, eigentliche Staats-Sachen, so mit fremden Potentaten, welches man affaires étrangeres nennet" und die zentrale Staatsregierung. Von diesem Kapitel hat Leibniz im Vortragsmanuskript lediglich die Abschnitte ‚Scholastica' und ‚Policey' ausgearbeitet. Aber er spricht ja frei, er doziert, er zeigt, dass er sich auskennt ...

Allein dieser kurze Überblick ist schon ermüdend, doch kann er dazu dienen, etwas von dem sonderbaren Eindruck entstehen zu lassen, den dieser Vortrag damals gemacht haben muss. Zur Vorbereitung der Audienz waren allein fünf Schriftstücke ausgearbeitet, das umfangreichste hat 22 eng beschriebene Seiten, Grossformat, und es sind meist nur Stichworte, notiert offenbar in dem Glauben, der Kaiser werde, tief beeindruckt, ihm unendlich viel Zeit gewähren. In der gleichen Hoffnung und ebenso lang hatte er ja einst schon den Ägyptischen Plan dem französischen König vortragen wollen. Die Szene bekommt auch dadurch etwas Tragisches, dass Leibniz bei den beiden Herzögen, denen er bislang gedient hat, mit dieser Art des Vortragens fast nur Abfuhren erlitten hat. Offenbar dachte er, in Hannover habe man nur keinen Sinn für das, was getan werden müsse, schon gar nicht für ihn, und nun trete er endlich vor den wahren Herrscher.

Es lässt sich unschwer denken, wie der mit Eifer Vortragende bald gedrängt werden musste, zum Schluss zu kommen. Wie er abbrach, immer noch voller Erwartung. Und doch nur mit guten Worten entlassen wurde. Man danke, man danke gnädigst und werde von sich hören lassen. Nun steht er draussen, zusammen mit seinem Sekretär, der hatte warten müssen. War es ein Erfolg? Er glaubt, er habe Eindruck gemacht. Da erinnert er sich, so war er belehrt worden: „Nach der Audienz pfleget man denen Türhütern, auch Trabanten etc. etc. ein Trink-Geld zu geben, welches über 20 fl kostet." Er gibt Heyn ein Zeichen, und der teilt aus. Etwas gewurmt habe ihn allenfalls, murmelt er, dass er nicht länger Zeit bekam. Er hatte doch noch Vorschläge für künftige Leibrenten- und Gnadenkassen, aber auch Anregungen für eine Reform des Münz- und Geldwesens und der Steuerpolitik. Er hätte ebenso noch zeigen können, wie man die Kammergüter ertragreicher verpachten und von einigen Erben mehr Steuern bekommen könnte.

Vorgetragen hätte er dem Kaiser gern auch noch das zentrale Thema seiner wissenschaftlichen Pläne, die ‚Characteristica universalis'. In seinen Notizen standen die Sätze: „Doch erst nachdem ich in die Geheimnisse der Algebra und der Infinitesimalrechnung eingedrungen war, sah ich mich imstande, diesen grossen Entwurf auch auszuführen. Meine Erfindung einer Universalsprache, die man in vierzehn Tagen lernen kann, ist nur eine Zugabe oder eine Folge davon; ja, ich halte diese Erfindung für das Allerhöchste, was zur Zeit in der Wissenschaft unternommen werden kann." Allerdings, das müssen wir hier einwenden, die ‚Characteristica universalis' so vorzustellen hiess etwas versprechen, was er nicht hätte halten können. Diese Methode gab es noch gar nicht, ebenso wenig die Universalsprache, die man in zwei Wochen lernen konnte. Doch muss man dem Genie wohl zugute halten, dass er diese Projekte für zum Greifen nahe hielt und somit für Realität.

Während wir Leibniz zusehen, wie er sich von Heyn und dem Kutscher in seinen Wagen helfen lässt, und zu hören glauben, wie ihn, kaum hat man Platz genommen, nun sein Sekretär bedrängt, doch bitte zu erzählen, spüren wir, wie er selbst zwischen Hoffen und Bangen schwebt, durchaus voller Phantasien, dass man ihn bald berufen werde. Und wir fragen uns, was ihn wohl veranlasst hat, zu einem so belehrenden und weit ausgreifenden Vortrag anzusetzen. Sicher, er hatte wohl auch gehofft, als allwissender Anreger und Neuerer dazustehen und bestaunt zu werden. Aber es ist auffällig, dass Leibniz keines dieser Projekte (ausser der Characteristica) selbst in die Tat umsetzen wollte. Er war also kein Projektemacher, der einen Auftrag (oder auch nur ein Privileg) zu ergattern hoffte. Er wollte einfach zeigen, dass er zu allen Bereichen etwas vorzuschlagen hatte – und auch noch die Systematik aller dieser Staatsgeschäfte verstand und überblickte.

Dieses Bild des Allwissenden wollte er nicht erwecken, um sich als Universalgenie zu zeigen, sondern allein wegen der Idee, dass nur derjenige, der alle Gebiete des Staates überblickt (wie es der Kaiser selbst auch tun sollte), zum wahren obersten Berater des Kaisers geeignet sein kann. Gerade die enzyklopädische Vollständigkeit seines Vortrags musste ihn zum höchsten Ratgeber qualifizieren. Der Kaiser hätte ihm nun, sehr bewegt, eigentlich sagen müssen: „Ihr seid der einzige, der die ganze Staatsmaterie und alle meine Sorgen versteht, und Ihr sollt mir künftig raten."

Drei Ebenen des Herrschens hatte Leibniz vor Augen, zuoberst stand Gott, darunter der Kaiser, und unter ihm der ergebene Berater. Auf allen drei Stufen galten die gleichen Tugenden: Die Dinge im voraus erkennen, sie moralisch abwägen, um endlich das Beste zu wählen. So sah er Gott, so sah er den Kaiser, so sah er sich. Ja, auch sich! Denn er empfand die Welt als Enzyklopädie, als System, und sich selbst als den Mann mit dem Durchblick. Doch Wissen allein hilft noch nicht beim Entscheiden, und für die Politik war Leibniz schon deshalb kaum geeignet, weil es dort weniger auf

Kenntnisse oder Systematik ankommt als auf Urteilsvermögen. Und das war nicht seine Stärke.

Nach der Audienz hat er sich noch mehrere Monate in Wien aufgehalten, offenbar allein in der Erwartung, der Kaiser werde ihm eine Reichshofratsstelle übertragen oder, noch weit mehr als das, ihn zu seinem Ratgeber ernennen. Das Warten fällt ihm leicht, weil er einen guten Arbeitsplatz gefunden hat. Aus der Bekanntschaft mit Daniel von Nessel, dem neuen Leiter der Wiener Bibliothek, entwickelt sich nämlich eine Gelehrtenfreundschaft, und daher kann Leibniz seiner Leidenschaft nachgehen, hinter Bücherstapeln und Handschriftenstössen versteckt, eine Unzahl von Papierbogen und Zettelchen mit seinen klein geschriebenen Auszügen und Notizen zu bedecken. Als ihn im November und Dezember (1688) eine heftige Grippe packt und er das Zimmer nicht mehr verlassen kann, schickt ihm der hilfsbereite Nessel die Handschriften sogar ins Gasthaus.

Weiterhin hofft er auf die Gunst des Kaisers, doch darüber kommt ihm die Gunst seines Landesherrn abhanden. Er ist nun schon ein halbes Jahr in Wien, obwohl er einst nur Venedig und Modena noch als sinnvolles Reiseziel genannt – und nicht einmal dafür eine Erlaubnis erwirkt – hatte. Im November (1688) erhält er einen Brief von Grote und muss sich rechtfertigen. Man will wissen, weswegen er noch am Kaiserhof weilt und nicht heimreist. Der alles beherrschende Kammerpräsident Grote war soeben vom Kriegsschauplatz zurückgekehrt. Er war am Rhein gewesen, denn seit August (1688) war Hannover nicht mehr der Verbündete des „Raubkriegers Ludwig", der Städte wie Mannheim, Mainz, Koblenz oder Bonn erobert hatte, sondern kämpfte für das Reich. Die französischen Truppen waren mit Hannovers Hilfe zurückgeworfen worden. Weil inzwischen der Winter eingesetzt hatte, fiel der Krieg erst einmal aus, und man entsann sich des fernen Leibniz.

Der antwortet Grote am 30. Dezember (1688), er sei krank: „Ich hatte keinen Appetit mehr, was mich sehr schwächte. Geblieben ist ein Husten, der jedesmal schlimmer wird, wenn ich in die kalte Luft hinausgehe. Ich habe viele Manuskripte gelesen und dabei oft die Nacht zum Tage gemacht, um keine Gelegenheit zu versäumen. Denn es ist nicht notwendig, dass man lebt, sondern es ist notwendig, dass man arbeitet und seine Pflicht erfüllt. Wenn jemand glaubt, ich hätte meine Zeit missbraucht, tut er mir sehr unrecht. Ich denke an die Rückreise." Der mächtige Grote, der hier als Vorgesetzter auftritt, wird damit kaum einverstanden gewesen sein. Leibniz hätte sich nur rechtfertigen können mit der Erklärung, er arbeite an der Geschichte des Hauses. Aber er sagt nur sehr allgemein, dass er arbeite, was niemand bestritten hatte. Auch die Formulierung zum Schluss, er „denke an Rückreise", war nicht ungeschickt und hielt vieles offen. Natürlich wollte er nicht zurück, denn er hatte noch die Reise nach Italien vor, die er bereits von München aus in Hannover halbwegs angekündigt hatte.

Italien auf eigenen Wunsch   Da trifft am 16. Januar 1689 aus Venedig der lang erwartete Brief des Residenten Floramonti ein mit der Nachricht, Herzog Francesco II. von Modena genehmige die Benutzung seines Hausarchivs. Leibniz kann reisen! Die Sache hat allerdings auffallend gut geklappt, wie auf dem Theater. Im April des Vorjahres hatte er aus Augsburg an Floramonti geschrieben, jetzt nach einem dreiviertel Jahr ist die Antwort da – pünktlich in dem Augenblick, als Leibniz nicht mehr in Wien bleiben konnte und sonst hätte nach Hannover fahren müssen. Man möchte fast vermuten, die Einladung aus Modena könnte schon länger vorgelegen haben.

Noch fehlt eine Erlaubnis aus Hannover zur Reise, aber auch das lässt sich arrangieren, denn wer nicht fragt, bekommt auch kein Verbot zu hören. Vier Tage später schreibt Leibniz an Otto Grote: „Ich habe mich entschlossen, so bald wie möglich nach Italien zu reisen und zwar auf direktem Wege nach Venedig, von wo ich mich nach Modena begeben werde. Ich werde mich nirgends länger aufhalten, als notwendig ist." In einem Brief an den hannoverschen Minister Bussche heisst es zur Begründung: „Ich muss mich beeilen, um die Alpen zu überqueren, bevor die Schneeschmelze beginnt und die Wege schlammig macht." An Herzogin Sophie schreibt er, dass er die Order aus Hannover, nach Italien zu fahren, nicht abwarten wolle, denn er „würde hier sonst allzu viel Zeit verlieren".

Die letzten Bücher werden an Nessel zurückgegeben, und am 10. Februar (1689) bricht er in das ihm unbekannte Land Italien auf. Bis zu seiner Rückkehr nach Wien lässt er einen Teil des Gepäcks im ‚Steyrer Hof'. Die Kutsche fährt, das Herz bleibt da, denn er wünscht nichts sehnlicher, als hier in hohen Ehren arbeiten zu dürfen. Am selben Tag ist er spät abends in Wiener Neustadt, wo er seinen Reisewagen, den Kutscher und die Pferde beim Bischof lässt. Ausgestattet mit einer Anzahl Empfehlungsschreiben von Rojas, bricht er endgültig auf. Wer ihn als Diener und wer als Schreiber begleitet hat, weiss man nicht. Sekretär Heyn scheint nicht mehr mit nach Italien gekommen zu sein, wo er als Bergfachmann auch nicht gebraucht wurde. Leibniz und sein kleines Gefolge reisen von nun an mit Post- und Mietwagen.

Über Laibach und Triest geht es nach Venedig, wo man drei Wochen bleibt, leider ohne dass Leibniz Zugang zu Gelehrtenkreisen findet. Während dieser Zeit soll er ein Abenteuer erlebt haben, das uns durch seinen letzten Mitarbeiter und ersten Biographen Eckhart so überliefert ist: „Von Venedig ging Leibniz in einer kleinen Barke ganz allein an der Küste hin zur See. Es überfiel ihn dabei ein grässlicher Sturm. Oft hat er mir erzählt, dass die Schiffer, in der Meinung, dass er ihre Sprache nicht verstehe, sich in seiner Gegenwart dahin verständigten, ihn über Bord zu werfen und seine Sachen unter sich aufzuteilen. Er habe sich nichts anmerken lassen, einen Rosenkranz, den er bei sich hatte, hervorgeholt und getan, als ob er betete. Darauf erklärte einer von den Bootsleuten: weil er sähe, dass der Mann kein Ketzer wäre, könnte er es nicht übers Herz bringen, ihn töten zu lassen. So sei er mit dem Leben davon gekommen und bei Mesola an Land gegangen."

Diese Anekdote ist allerdings schwer zu glauben, denn es ist unwahrscheinlich, dass Leibniz allein gewesen sein sollte, er hatte natürlich standesgemäss immer jemanden bei sich. Ausserdem setzt die Erzählung voraus, dass die Schiffer geahnt hätten, dass er ein Ketzer war. Nun war aber Leibniz der letzte, der seinen Protestantismus vor sich hergetragen hätte, so dass die Schiffer kaum etwas davon gewusst haben können. Ohne diesen Verdacht der Seeleute klappt die Geschichte aber nicht. Gewiss hat Leibniz im Alter diese Schnurre gern erzählt, aber wohl nur, weil sie ihm als geistreiche Anekdote erschien – als eine moderne Variante zur biblischen Erzählung von Jona, den die Seeleute bei Sturm ebenfalls als einen Ungläubigen über Bord werfen wollten. Gute Geschichten werden ja gern in der Ich-Form erzählt, und irgendwann hat man sie dann auch wirklich erlebt.

Von Venedig aus wollte Leibniz nach Rom, denn das war für ihn – nach Paris und Wien – die dritte Hauptstadt der Welt. Schon in Wien hatte er dieses Reiseziel fest eingeplant und sich daher für Rom Empfehlungsschreiben vom Bischof Rojas mitgeben lassen.

Er wünschte nicht zuletzt, die betagte schwedische Königin Christine dort noch zu erleben. Nur war diese erneute Ausdehnung der Reise gegenüber dem hannoverschen Hof kaum zu rechtfertigen, ihm fiel aber doch noch eine Begründung ein, weshalb er nicht gleich in das nahe Modena fuhr. Er brauche, so legte er dar, noch eine erneute Einladung von dort, und die lasse auf sich warten. Die Zeit nutze er zu einem Abstecher nach Süden.

Am 14. April (1689) kommt Leibniz in der Ewigen Stadt an. Gleich wird er sich nach dem Befinden der abgedankten Königin Christine von Schweden erkundigt haben, von der schon mehrmals das Gerücht ging, sie sei verstorben. Nein, sie lebte noch, wenn auch ganz zurückgezogen in ihrem Palast. Sie war die Tochter Gustav Adolfs, der bei Lützen gefallen war, jenes protestantischen Helden, der nach Deutschland gekommen war, um, wie man sagte, im Dreissigjährigen Krieg die Sache der Evangelischen zu retten. Schon mit sechs Jahren wurde sie Königin von Schweden und zog später den Franzosen René Descartes und den Niederländer Hugo Grotius an ihren Hof. Doch mehr Einfluss auf sie als diese grossen Geister hatte offenbar der diplomatische Vertreter des Vatikans in Stockholm. So dankte sie mit 28 Jahren plötzlich ab. Den Grund erfuhr die Welt bald: Sie war heimlich zum Katholizismus konvertiert und lebte fortan in Rom, dort hoch gerühmt für ihren vorbildlichen Glaubenswechsel und verehrt als Mittelpunkt eines Kreises von Künstlern und Gelehrten.

Schon fünf Tage nach seiner Ankunft in Rom hörte Leibniz jedoch vom Tode der Königin und machte daher Anfang Mai erst einmal eine Reise nach Neapel, wo er ein paar Tage blieb und auch einen Ausflug zum Vesuv unternahm. Doch der italienische Frühling, die Landschaft, durch die er reiste, der Anblick des Vesuvs, die Kunst der Renaissance, die Denkmäler der Antike, die italienischen Menschen und ihre Sitten – davon findet sich in seinen Briefen nichts. Es war keine deutsche Italiensehnsucht, die ihn hergeführt hatte, denn in diesen Jahrzehnten reisten die Menschen noch nicht, um Land und Leute zu erleben. In späteren Jahren hat er immerhin eine der Schönheiten Italiens gelegentlich erwähnt, nämlich ein Gemälde von Raffael und die Gefühle, die es beim Betrachter erwecke. Dieser Eindruck dient ihm (ganz theoretisch) mehrfach als Beispiel für den Zustand eines ‚interesselosen Wohlgefallens‘.

Für die Welfenforschung war in der Ewigen Stadt nicht viel zu gewinnen. Leibniz bemühte sich zwar um Zutritt bei verschiede-

nen Bibliotheken und Archiven, damit er an mittelalterliche Handschriften herankam, solche historischen Studien waren jedoch eine
Nebenbeschäftigung. Ausgefüllt sind seine Tage mit Gesprächen,
denn er ist gepackt von den Menschen hier, auch weil er mit ihnen
lebhaft in seinem geliebten Latein diskutieren kann. Seine besondere Freude sind Mathematiker und Naturforscher. Über den Debatten mit ihnen vernachlässigt er sogar das Briefeschreiben, so dass
man heute wenig Quellen über diese Zeit hat.

Gottfried Wilhelm Leibniz wird als Mitglied aufgenommen in
die ‚Accademia fisico-matematica‘ in Rom, die unter dem Protek-
torat der schwedischen Königin gegründet worden war. Für einen
seiner Gesprächspartner – einen Mann des Heiligen Offiziums, also
einen Zensor der Kirche – schrieb er eine Denkschrift über die
Vereinbarkeit des Kopernikanischen Systems mit der Lehre der
Kirche. Das ist typisch für ihn: Der Ireniker will gern vermitteln,
Spaltungen überwinden und Widersprüche auflösen. Tatsächlich,
die Kurie in Rom scheint ihm nicht mehr so arg gegen die Naturwissenschaft zu sein und nicht mehr so rückständig wie früher. Er
schreibt später: „Auf meiner Reise habe ich festgestellt, dass das
Licht der Aufklärung Italien durchdringt. Denn in Rom werden an
bestimmten Tagen im ‚Collegium propagandae fidei‘ auf Anregung
des Kardinals Barbarigo Diskussionen der Gelehrten über alle Probleme der naturwissenschaftlichen Forschung geführt, an denen
ich oft teilgenommen habe. Wenn man damit fortfährt, wird aus
diesem Samen eine Ernte eingebracht werden, auf die man stolz
sein kann."

Ein Freund hatte ihm einige Ausgaben der ‚Acta Eruditorum‘
nach Italien geschickt, und sie waren auch wirklich angekommen
(viele andere Briefe nicht). In der Ausgabe vom Juni 1688 war
Leibniz auf eine Rezension gestossen, die Isaac Newtons neuestes
Werk, die ‚Principia‘, besprach. Er fühlte sich gleich zu eigenen
Studien angeregt, und für die Mitglieder der Akademie legte er dar,
wie er, aus der Beobachtung von Bewegung und Kraft, zu seinem
Begriff der ‚Dynamik‘ gekommen war. Am Ende seiner Zeit in
Rom bekam er auch zum ersten Mal ein Exemplar dieses epocha-
len Werkes, der ‚Principia‘ von Newton, in die Hand und hat es
gleich studiert. Das war ein grosser Augenblick, denn bei Newtons
Werk handelt es sich nicht nur um eine bewundernswerte Schrift,
die bis heute Gültigkeit hat, sondern um den grössten Fortschritt,
der je in der Geschichte der Physik mit einem Mal erreicht wor-

den ist. Dem Physiker Leibniz scheint es jedoch nicht vergönnt gewesen zu sein, die Grösse und Geschlossenheit dieses Werkes zu erkennen. Er fühlte sich zu Gegenentwürfen herausgefordert, wie schon zuvor, als er nur die Rezension des Werkes kannte, und begann mit der ‚Dynamik‘, seiner eigenen Abhandlung über die Grundlagen der Mechanik und die Gesetze der Bewegung, einer Alternative zu Newton. Über diese Niederschrift ist später gesagt worden, dass er sie angesichts eines so bewundernswerten Werkes besser unterlassen hätte. Aber Leibniz hat sich mit der Darstellung der Schwerkraft bei Newton nicht befreunden können, ebenso wenig übrigens wie Christiaan Huygens, und wollte schon deshalb mit seiner eigenen Deutung beginnen.

In einem der gerade in Mode gekommenen Kaffeehäuser, es lag an der Piazza Navona, machte ihn ein Abbate mit einem Gelehrten namens Antonio Alberti bekannt, mit dem Leibniz sogleich in ein philosophisch-mathematisches Gespräch kam. Er ahnte nur, dass sich hinter dem Namen Alberti ein flüchtiger Jansenist aus Frankreich verbarg. Bei den Gesprächen ging es auch um Neuigkeiten aus der Kurie. Von seiner ‚Dynamik‘ wie von der geplanten Anwendung der Characteristica universalis auf die Geometrie (Analysis situs) hat Leibniz ihm eingehender erzählt, auch seine Lösung der alten Frage, wie sich Gottes Allmacht und die Freiheit des Menschen vertragen könnten, hat er ihm wahrscheinlich dargelegt.

Der geheimnisvolle Alberti schrieb wie ein Spion manches mit und lieferte die Beobachtungen und Notizen an seinen Auftraggeber. Das war kein anderer als Landgraf Ernst von Hessen-Rheinfels, der dem Jansenismus bekanntlich nahestand und den Protestanten Leibniz auf diesem Wege beobachten liess. Alberti lieferte dem Landgrafen auch eine Beurteilung von Leibnizens religiösen Ansichten. In ihr spiegelt sich viel vom Geist der Jansenisten, nämlich die Forderung nach feurigem Glauben und zugleich eine Kritik an den Zuständen in Rom: „Es ist zu befürchten, dass seine Philosophie und sein aufgeweckter Geist ihn in einer Haltung religiöser Gleichgültigkeit festhalten. Er sieht hier in Rom wohl auch Dinge, die keineswegs geeignet sind, ihm die Augen zu öffnen." Leibniz hat bald gewusst, dass er beobachtet worden war, doch erst siebzehn Jahre später (1706) erfahren, mit wem er in Rom diskutiert und später Briefe gewechselt hatte: mit Amable de Tourreil aus Toulouse nämlich, dessen Name ihm zuvor durchaus bekannt gewesen war.

Es gab eine ganze Gruppe verborgener, flüchtiger Jansenisten in Rom. Als sie erfahren hatten, Leibniz sei in der Ewigen Stadt, musste sie allein schon die Tatsache besorgt machen, dass er die Jesuiten offen bewunderte, ihre schärfsten Gegner innerhalb der Kirche. Also wurde dem Verdächtigen als Agent besagter Alberti zugeführt, und Leibniz geriet in die Auseinandersetzung zwischen den frommen, moralisch eifernden Jansenisten und den klugen, aber manchmal intriganten Jesuiten. Ein Hauptvorwurf der Jansenisten an die Jesuiten war, dass sie sich den Mächtigen anpassten und deren liederliches Leben zu segnen schienen. Als hundert Jahre später (1773) der Jesuitenorden, diese Speerspitze des Papstes und der Wissenschaft, vom Vatikan verboten wurde, war das auch eine späte Folge dieser Angriffe.

Von der Akademie, in der sich Leibniz bald heimisch fühlte, führten die Fäden zu den Jesuiten Roms, von denen Leibniz eine Reihe bedeutender Köpfe, darunter den Generalprokurator Tolomei, kennenlernte. Besonders weckten jene Mitglieder des Ordens, die sich auf die Reise nach China vorbereiteten, seine Aufmerksamkeit. Seit hundert Jahren trieben die Jesuiten nämlich im Reich der Mitte Mission, und weniges erregte noch immer die Debatten in Europa so sehr wie der sogenannte Ritenstreit, der seit fünfzig Jahren andauerte.

Zwei italienische Jesuiten, Matteo Ricci und Michele Ruggieri, hatten schon 1583 in Südchina Fuss gefasst, obwohl sich das chinesische Kaiserreich lange völlig verschlossen hatte. Ricci erreichte 1601 Peking, wo ihm bis zu seinem Tode 1610 seine mathematischen und astronomischen Kenntnisse zu Erfolgen als Missionar verhalfen. Bei dieser Methode, durch Wissenschaft Einfluss zu gewinnen, waren die Jesuiten bis jetzt geblieben. Gelegentliche Verfolgungen hatte es gegeben, doch zählte man in China inzwischen über 270 000 Christen. Fast alle waren durch Jesuiten gewonnen worden, von Dominikanern und Franziskanern nur siebentausend – vielleicht weil diese Orden seit eh und je darauf bestanden hatten, dass den christlichen Missionaren auch nicht die kleinste Konzession an die Gebräuche der Chinesen erlaubt sei. Insbesondere ging der Streit darüber, ob der chinesische Gottesname ‚Schang-ti‘ verwendet werden und man die christlichen Riten dem traditionellen Ahnenkult anpassen dürfe.

Die Jesuiten, entschieden fortschrittlich und auf Erfolg aus, waren für Anpassung, und Leibniz hat sich ohne zu zögern auf ihre

Seite gestellt. Das entsprach nicht nur seiner Toleranz in religiösen Dingen, sondern auch seiner Idee von einer Harmonie zwischen den Völkern und Kulturen. Ausserdem sah auch er auf Erfolg. In diesem Sinne konnte Leibniz sich zwei Jahre später gegenüber dem Landgrafen zur Mission unter Muslimen so äussern: „Weder durch göttliches Gesetz noch nach naturrechtlichen Grundsätzen ist die Polygamie verwerflich." Ähnlich hatte er sich, wie erwähnt, schon zur Chinamission geäussert. Was die Riten angeht, wird es in Rom zwischen ihm und den Jesuiten daher keine Kontroversen gegeben haben.

Von China war Leibniz seit langem beeindruckt. Er hatte schon vor Jahren die Idee aufgegriffen, die chinesische Schrift könnte eine fertige ‚Ars characteristica' sein, und mehrfach versucht, Näheres darüber zu erfahren, hatte auch ein Buch von Jesuiten über die Philosophie des Konfuzius studiert, und machte sich von den technischen Leistungen der Chinesen so grosse Vorstellungen, dass er sich, wie es scheint, die horizontale Windkunst, die er aus dem Bericht eines Chinareisenden kannte, zum Vorbild genommen hatte. Wie viele andere Europäer auch, erwartete er Erleuchtung aus China für fast jedes erdenkliche Problem, hatte man doch dort den Kompass, das Schiesspulver, besseres Papier und eine wirksamere Heilkunst entwickelt, vom Porzellan ganz zu schweigen. Die meisten Gelehrten Europas dachten damals, im Land der Mitte herrschten die Philosophen, da sich der Kaiser von ihnen beraten liess. Das war auch für Leibniz das absolute Ideal eines Staates.

Es gelang ihm, Gespräche mit dem Jesuitenpater Claudio Filippo Grimaldi zu führen, der aus China zu einem kurzen Aufenthalt nach Europa gekommen war und vor seiner erneuten Reise nach Peking stand, wo er, als Nachfolger eines anderen Missionars, das kaiserliche ‚Tribunal mathematicum' leiten sollte. Er erzählte Leibniz begeistert vom Kaiser K'ang-hsi, unter dem China eine Zeit des Friedens, des Wohlstands und der geistigen Blüte erlebte – zweifellos eine der glanzvollsten Herrschergestalten der chinesischen Geschichte. Mit Staunen vernahm Leibniz, dass sich der begabte und aufgeschlossene Monarch wie ein Schüler von den Patres in Geometrie unterrichten liess. Der Kaiser schätzte seine Jesuiten so hoch, dass einige Europäer die Christianisierung des ganzen Landes erwarteten. Tatsächlich erliess Kaiser K'ang-hsi drei Jahre später (1692) sein berühmtes Toleranz-Edikt, durch das

dem Christentum die gleichen Rechte wie dem Buddhismus und
dem Taoismus eingeräumt wurden, während Frankreich die religiöse Toleranz im Jahre 1685 gerade aufgehoben hatte.

So erfreut Leibniz zustimmt, er warnt doch den Pater auch
davor, Europas Wissen einseitig weiterzugeben. Der chinesische
Kaiser, so sei zu fürchten, werde aus den Erkenntnissen der Mathematiker und Kriegstechniker Nutzen ziehen. Der Übertritt einiger
Chinesen zum Christentum erscheint Leibniz kein Ausgleich zu
sein für die Preisgabe vieler Kenntnisse der westlichen Welt, und er
entwickelt deshalb Pläne für ein Geben und Nehmen. Das klingt
einerseits sympathisch, nämlich nach Kulturaustausch und der
Anerkennung einer anderen Zivilisation ohne jeden Hochmut.
Doch es ist zugleich das Verhalten, das wir von den Mathematikern
kennen: „Ich zeig dir einiges, wenn du mir auch etwas verrätst." Er
hat Grimaldi schon in Rom bestürmt, ihm Mitteilungen aus China
zu senden, und hat alsbald in Briefen Fragen zur chinesischen Wissenschaft und Technik gestellt. Die Sorge kommt bei ihm auf, die
Chinesen könnten sonst, reich mit Wissen versehen, die Europäer
schnell überholen. Grimaldi reiste wenig später aus Rom ab, um
auf dem Landwege China zu erreichen, doch scheiterte dieser Versuch, weil sich Russland weigerte, ihn durchs Land ziehen zu lassen. Er musste umkehren und konnte erst 1692 von Genua aus zu
Schiff reisen.

Im Herbst desselben Jahres 1689 war der tolerante Papst Innozenz XI. gestorben, auf den Leibniz Hoffnungen für die Union
gesetzt hatte. Mit Neugier beobachtete der Protestant bald darauf
den Einzug der farbig gewandeten Kardinäle, die zum Konklave
gekommen waren. Den neuen Papst Alexander VIII. begrüsste er
mit einer lateinischen Huldigung, die zum Kreuzzug gegen die
Türken aufrief. Darin klingen Gedanken aus dem Ägyptischen
Plan an, nun aber gewendet vom Ton der politischen Strategie hin
zu einem religiösen Appell, der bei der sonstigen Toleranz des
Verfassers kaum noch begreiflich scheint. Aber wie so oft in seinem Leben hat sich Leibniz hier wohl um eine Stimmlage bemüht,
von der er glaubte, sie werde die des Adressaten sein und ihn um so
eher gewinnen. In Wirklichkeit ging es Leibniz nicht um einen
Religionskrieg, sondern um die Abwehr einer militärischen
Gefahr.

Vielleicht auf das Huldigungsgedicht hin – oder auch nur, weil
Leibniz ein überragender Gelehrter war – machte Kardinal Casa-

nata, der Präfekt der berühmten Bibliothek des Papstes, ihm das Angebot, Custos dieser Bibliothek zu werden. Der Umworbene lehnte jedoch den Glaubenswechsel, den man, die Huldigung missverstehend, von ihm erwartete, ab. Derweil dachte sein hannoverscher Herzog in derselben Frage etwas anders, wie sich zur gleichen Zeit, im November 1689, zeigte, als die deutschen Kurfürsten in Augsburg tagten. Ernst August wollte mit allen Mitteln die hohen Herren dafür gewinnen, ihn in das Kurkolleg aufzunehmen. Der Einfluss der Katholiken aber war so gross, dass Ernst August nun seinen Übertritt anbot: Ihm sei, liess er andeuten, unter Umständen der Kurhut eine Messe wert. Die katholischen Fürsten waren jedoch gegenüber dem Machtmenschen aus Hannover zu Recht misstrauisch.

Es ist November geworden, als sich Leibniz endlich auf die Abreise aus der Ewigen Stadt einstellt, die ihn bis zuletzt gefesselt hat. Er war jetzt mehr als zwei Jahre von Hannover fort, die ersten fünf Monate hatte er nicht einmal von sich hören lassen, dann hatte er zwar einen Fund in München und Augsburg gemeldet, danach aber war er fast ein Jahr in Wien und jetzt ein halbes in Rom gewesen, ohne viel für die Welfenhistorie getan zu haben. Es wird Zeit, nach Modena zu gelangen. Er fährt am 21. November 1689.

Ein Schatz wird gehoben   Sechs Wochen später ist er – nach Aufenthalten in Florenz und Bologna – in Modena angekommen, dem eigentlichen Ziel der Reise. Gleich hat ihm der junge Herzog Francesco II., der gerade erst volljährig geworden war, während einer Audienz jede Hilfe bei den historischen Forschungen zugesagt, schliesslich ging es ja um die gemeinsamen Ursprünge der beiden Herrscherfamilien. Es war Leibniz bekannt, dass diese Beziehungen zwischen Hannover und Modena fünf Jahre zuvor wieder hatten erneuert werden sollen, als im Winter 1683/84 Graf Francesco Dragoni, Offizier und Diplomat in Modenas Diensten, einen Sohn als Pagen an den hannoverschen Hof gesandt hatte. Der Graf wollte damals mit Hannover über eine Heirat seines jungen Herzogs mit einer der zwei katholischen hannoverschen Prinzessinnen verhandeln (das waren die Töchter des verstorbenen Johann Friedrich). Im Gespräch mit dem Kanzler Camillo Marchesini von Modena griff Leibniz jetzt diesen Gedanken wieder auf und bot diplomatisch vorsichtig die Prinzessinnen an – auch wenn kein Auftrag dazu vorlag. Am 30. Dezember (1689) konnte er aus Modena der Herzogin

Sophie mitteilen, hier bestehe Interesse an einer Ehe, und erhielt zur Antwort, er solle die Heirat betreiben („ ... so würden Sie dieses Haus sehr erfreuen"). Daher unterbreitete er, inzwischen war er schon abgereist, nun schriftlich dem Kanzler Camillo Marchesini die Gründe für eine solche Verbindung. Er wies nicht nur auf die Tugenden der Prinzessinnen hin, sondern auch auf die Tatsache, dass sie nicht ohne Vermögen seien. Die Sache nahm jedoch keinen Fortgang, und zwei Jahre später heiratete der Herzog von Modena eine Cousine. Aber es kam schliesslich doch wieder anders, wovon noch zu berichten sein wird.

Die Herzogin Sophie und Leibniz wechseln jetzt regelmässig Briefe, in denen der Hofrat seine Erlebnisse andeutet und die Fürstin berichtet, was am Hofe vorgefallen ist. Der Legationssekretär Johann Albrecht Zachariae, der für die Briefe der Herzogin einen geeigneten Weg ausfindig macht, legt eigene Bemerkungen über die politische Lage bei, und der Oberkämmerer Johann Erich Schild überweist das Gehalt. Leibniz wird also wieder aus erster Hand darüber unterrichtet, was sich in der Heimat tut. Das Jahr 1689 brachte für Herzogin Sophie die schreckliche Nachricht, dass das Heidelberger Schloss, der Stammsitz ihrer Familie, und die Stadt Heidelberg niedergebrannt worden waren. Die halbe Pfalz ist im Pfälzischen Erbfolgekrieg verwüstet worden, den der Sonnenkönig im Vorjahr vom Zaun gebrochen hatte. Er erhob Ansprüche auf Teile der Pfalz im Namen seiner Schwägerin, der Herzogin Elisabeth Charlotte von Orléans. Sie war mit seinem Bruder verheiratet und keine andere als die Lieblingsnichte von Herzogin Sophie, die wegen ihrer deftig-klugen Briefe berühmte ‚Liselotte von der Pfalz', der wir noch begegnen werden. Sie sah sich nun zum Anlass gemacht für die Vernichtung ihrer Heimat – und musste doch dazu schweigen.

Das Haus Hannover konnte den Franzosen in der Pfalz nicht entgegentreten, hatte sich aber bei der Rückeroberung älterer Beutestücke der Franzosen in diesem Jahr hervorgetan. Im Sommer (1689) waren Erbprinz Georg Ludwig und sein Vater, Herzog Ernst August, mit Truppen an den Rhein gezogen und hatten geholfen, Mainz zu befreien. Der Kaiser werde sich, so hoffte Ernst August, bei ihm dafür erkenntlich zeigen und ihm zur Kurwürde verhelfen. Sogleich gingen die Welfen auch noch nach Bonn, um da am 12. Oktober gerade noch den Sieg der Brandenburger über die französischen Eroberer mitzuerleben. Trotzdem ist das grosse

Ziel des hannoverschen Herzogs, die erhoffte Kurwürde, auf dem toten Punkt. Jeder ahnt, dass Ernst August diesen Plan nie aufgeben wird, weswegen man allgemein eine erneute Schwenkung seiner Politik befürchtet. Ihm, einem der durchtriebensten Fürsten, ist fast alles zuzutrauen.

Zum neuen Jahr 1690 schrieb Leibniz der verehrten Herzogin nach Hannover artige Glückwünsche. Sophie antwortete so freundschaftlich, aber auch übermütig, dass der Brief hier (in Übersetzung) zitiert sei: „Sie geben den guten Wünschen, die Sie mir zu diesem neuen Jahre darboten, eine so angenehme und verbindliche Wendung, dass ich sie deshalb denen vorziehe, die ich von Königen und Fürsten erhalten habe. Das Schicksal wird den Ausgang der Wünsche bestimmen; und in dieser Hinsicht sind die Wünsche der grössten Monarchen und die Ihrigen für mich gleich. Ich wünsche Ihnen meine Erkenntlichkeit durch die Tat zu erweisen, und Ihnen zu zeigen, wie hoch ich Ihre Freundschaft schätze. So hoffe ich, Sie im Frühling bei guter Gesundheit wiederzusehen, damit Sie, während der Herzog bei der Armee ist, mir Gesellschaft leisten." In der Nachschrift heisst es: „Ihre Bibliothek hat sich in ein Theater verwandelt, wo man die schönsten Opern der Welt aufführt. Sgr. Hortensio macht den Text, und Sgr. Steffani, der im Dienste des Kurfürsten von Bayern stand, die Musik. Sie sehen daraus, dass die Franzosen unsere Staaten noch nicht verbrannt haben."

In Modena sitzt Leibniz stundenlang über den Urkunden des Hausarchivs, um die Ursprünge der Welfen zu erforschen. Nach Hannover schreibt er: „Habe viele Wochen allda von morgens bis abends täglich lesend und Auszüge anfertigend, auch in vielen teils unleserlichen Manuskripten, nicht ohne Überanstrengung meiner Augen, gearbeitet, ehe ich was Rechts angetroffen. Doch hat mir endlich eine glückliche Fügung solche Schriften in die Hand gebracht, durch die ich nunmehr den Gebildeten Vergnügung geben kann."

Eigentlich ist es ja das erste Mal auf dieser Reise, dass er richtig arbeiten muss für seine Aufgabe, aber er weiss seine Taten gleich in Szene zu setzen und meldet: „Als ich zu Modena täglich bey denen mir anvertrauten Manuscriptis fast 2 monath nach einander, über 12 stunden, mit der Leute verwunderung zu bracht; und man mich umb die ursach einer so ungemeinen application (Hingabe) befragte, habe ich zur antwort gegeben: also müsste man dem Hause Braunschweig dienen." Er war allerdings nur gut einen

Im Kloster Vanga-
dizza südlich der
Etsch wurde Leibniz
fündig. Die alten
Grabsteine der Wel-
fen und Este waren
zwar nicht mehr zu
entziffern, aber im
Archiv des Klosters
fand er Abschriften
von dem, was einst
auf den Sarkophagen
gestanden hatte.

Monat dort, nicht zwei. Um seinen Diensteifer und seine Hingabe
weiter zu verdeutlichen, bemerkt er noch: „Mit höchster Wahrheit
kann ich sagen, dass ich bei dieser Reise von dem Meinigen nicht
wenig zugesetzt habe ...“ Unter Opfern dienen, so empfand er sein
Leben wohl wirklich, wenigstens in diesen Wochen.

Wie sah nun sein Ergebnis aus? Er konnte, was zu hoffen gewesen war, die Welfen auf die noch älteren Este zurückführen, weil
die Welfen in der männlichen Linie im Jahre 1055 ausgestorben
waren und ihre Erbansprüche über Kunigunde, die letzte Welfin,
an deren italienischen Gatten und damit an die Este gefallen
waren. Von da ab gab es zwei Linien, eine in Italien, die Este, und
eine andere in Deutschland, die sich weiterhin Welfen nannte und
ihre deutschen Besitztümer erneut erkämpfen konnte. Es gab sogar
noch eine Steigerung dieses guten Ergebnisses: Die Welfen galten
seitdem als die ältere Linie und ihnen gebührte daher der Vorrang
vor den Este.

Dieser Befund musste nur noch urkundlich belegt werden. Dazu
hatte Leibniz während seiner Italienreise denselben Rat von zwei
Seiten bekommen, brieflich von einem Kollegen, dem deutschen
Gelehrten Christoph Joachim Nicolai von Greiffencrantz, und
dann auch noch in Florenz von einem geheimnisvollen Mönch. Er
solle, lautete beider Rat, nach Norden fahren, denn im Kloster Van-

gadizza, genannt La Badia, bei Rovigo sei das alte Familiengrab der Este zu finden. Am 8. Februar (1690) fährt Leibniz endlich in einer Barke den Po hinab bis nach Ferrara und unternimmt von hier aus eine Exkursion zum Kloster Vangadizza, genannt La Badia, südlich der Etsch. Er findet dort auch wirklich die Grabmäler der Este. Allerdings ist das vermutete Grabmonument Adelbert Azzos II. und seiner Gemahlin, der Welfin Kunigunde, umgestürzt. Entziffern liessen sich die verwitterten Inschriften – jetzt, nach 600 Jahren – sowieso nicht mehr, doch was einst auf den Grabsteinen stand, findet Leibniz im Archiv des Klosters in einer alten Pergamenthandschrift. Diese Aufzeichnung enthält auch den Namen des Sohnes der Eheleute: Es ist Welf IV., der Herzog in Bayern wurde. Nach zwei Tagen kann Leibniz die Reise fortsetzen.

Am 11. Februar (1690) traf er in Venedig ein, wo ihm auf der Hinreise, ein gutes Jahr zuvor, die Türen der Gelehrten verschlossen geblieben waren. Nun ist das ganz anders. Diesmal bringt er eine Reihe von Empfehlungen mit, andere sind ihm vorausgeeilt. Er findet Zutritt bei einem Senator, lernt einen Archäologen kennen, einen Münzsammler, einen Sprachforscher, einen Astronomen, einen Arzt, einen Chirurgen, einen Geographen und andere gelehrte Männer. Wahrscheinlich wusste er auf jedem Gebiet genug, um die Leute in Erstaunen zu versetzen. Manche müssen ihn offen bewundert haben, doch Einzelheiten kennt man leider nicht.

Zwei Monate zuvor, in Bologna und in Modena, hatte Leibniz zum ersten Mal in seinem Leben bemerkt, dass er für einige Menschen zur bestaunten Berühmtheit geworden war. Eine Fama eilt ihm voraus. Gelehrte, mit denen er gesprochen hat, sind tief beeindruckt. Das muss ihm gut getan haben. Der Mediziner Bernardino Ramazzini, den Leibniz in Modena kennengelernt hatte, schreibt an den hochgelehrten Bibliothekar Antonio Magliabecchi in Florenz (der Leibniz wochenlang zur Hand gegangen war): „Leibniz ist der führende Kopf unseres Jahrhunderts. Es ist mir bislang kein Mensch begegnet, der gelehrter und mit allen Gebieten der Wissenschaften so vertraut war wie er und der so gründliche Kenntnisse besass." Von diesem Ruhmeszeugnis wird der Gelobte sogar in Hannover noch Gebrauch machen – bei der Rechtfertigung seiner überlangen Reise.

Leibniz ist aufgeblüht in dieser anregenden Umgebung. Niemals vorher oder nachher hat er sich in Gelehrtenkreisen bewegt, die so vielseitig interessiert waren. Es scheint, als hätten hier in Italien sogar Mediziner oder Philosophen Sinn für seine Mathematik und wollten sie voller Neugierde auch verstehen lernen. In Rom oder Florenz trug er seine mathematischen Ideen vor, und seine Physik entwickelte sich weiter in der ,Dynamik'. Aber es war doch ein letzter Höhepunkt. Später werden etwa die neuen Freunde aus Florenz sich bei ihm erkundigen, was aus der Dynamik geworden sei, aus der geplanten ,Analysis situs', oder aus der zusammenhängenden Darstellung seiner Infinitesimalrechnung (Scientia infiniti). Da muss er gestehen, dies alles sei ebenso wie die in Italien oft erwähnte ,Characteristica' und die Elemente der Wahrscheinlichkeitsrechnung nur Projekt, nur Plan geblieben. Denn von jetzt an wird Leibniz sich verändern. Er wird eine Leidenschaft für alte Urkunden entwickeln, und die Mathematik und die Naturforschung werden darüber zu kurz kommen.

Wenn Leibniz sich hier in Venedig Rechenschaft darüber ablegt, was die Reise nach Italien ihm gebracht hat, so weiss er: Die wahre Befriedigung haben ihm die Menschen geschenkt, die Gespräche, nicht die gefundenen Urkunden. Gestärkt hat Italien sein Selbstbewusstsein, genauer das Gefühl für seinen wissenschaftlichen Rang. Nun schreibt er, der Heimat schon nah, Briefe, um sich von den Kollegen in Italien dankbar zu verabschieden.

Die Heimfahrt endet zunächst überraschend in Augsburg. Von dort strebt Leibniz zurück nach Wien, macht Station in Passau, wo er Philipp Wilhelm v. Hörnigk aufsucht, bei dem noch ein Teil des Gepäcks liegt, und trifft Ende April zum zweitenmal in der Kaiserstadt ein. Der Aufenthalt dauert zwei bis drei Wochen. Dabei zeigt sich, dass Wien das Ziel seiner Sehnsucht geblieben ist. Deshalb wendet er sich jetzt nochmals an den Kaiser und kann sich darauf berufen, vom Kanzler Strattmann bei seinem ersten Besuch mündlich eine Stelle − die eines Hofgeschichtsschreibers − zugesagt bekommen zu haben. Es antwortet ihm dessen Kollege von Windischgrätz in einem Billet: Er habe am Tag zuvor erfahren und vom Kaiser bestätigt erhalten, Majestät sei gewillt, Leibniz in seinen Dienst zu nehmen. Höflich fügt er hinzu, dass auch er dies leidenschaftlich wünsche. So sehr Leibniz darüber erfreut gewesen sein muss, die Erfüllung des eigentlichen Wunsches, Ratgeber und Vertauter des Kaisers zu werden, ist das noch nicht. Er bittet schriftlich um Einzelheiten, muss aber, bevor er Antwort bekommen kann, abreisen.

Empfangen von der Herzogin Zweieinhalb Jahre war Leibniz fort und muss sich an vieles erst wieder gewöhnen. Es ist Ende Juni 1690, er steht am Fenster seines neuen Arbeitszimmers, der Blick hinaus zeigt ihm den linken Flügel des Schlosses mit dem neuen Opernhaus, rechts davon steht in der Fassade die Hofkirche. Er kann nun der Herrschaft in die Fenster sehen, aber ist ausgesperrt aus den Hallen der Macht. Hier im Haus der Witwe von Anderten liegt sein neues Domizil, zwei Stuben hat er vorgefunden, wohnlich eingerichtet mit seiner Habe und seinen Büchern, und im Saal ist die herzogliche Bibliothek in einiger Ordnung aufgestellt worden. Während er hinausblickt, sieht er unten vor dem Portal des Hauses die eigene Kutsche vorfahren, und ein Diener meldet, man könne aufbrechen. Es geht zur Herzogin Sophie, hinaus in die Sommerresidenz Herrenhausen. Leibniz spürt, dass er erst richtig in Hannover angekommen sein wird, wenn er sie wiedergesehen hat. Es ist strahlendes Wetter, er freut sich auch auf den Park seiner Herrin, den Grossen Garten.

Sie empfängt ihn in ihren Gemächern, blickt, als er eintritt, auf von ihrer Stickerei, sie tut es freudiger als je, denkt der Besucher, die Vertrautheit scheint in der langen Zeit seiner Abwesenheit eher grösser geworden zu sein. Die Hofdame der durchlauchtigen Herrin, die Harling, ist natürlich bei ihr, auch sie stickt. Die Fürstin lässt ihn Platz nehmen, als sei er nie fort gewesen, sie möchte etwas hören von Venedig, vom Kaiser, aber vor allem über ihren zweitältesten Sohn Friedrich August. Für ihn hat Leibniz in Wien den Generalstitel erwirken können und ihn auf der Rückreise, ebenfalls in Wien, ein wenig abgelenkt von seiner Wut und den täglichen Geldnöten. Er bäume sich, erzählt der Heimgekehrte, immer noch gegen den Vater auf, aber er, Leibniz, habe sich nicht darauf eingelassen, ihm etwa zuzustimmen. Die Herzogin bemerkt nichts dazu, sie seufzt, sie leidet mit ihrem enterbten Liebling – und sie tut in diesen Wochen heimlich etwas für den Sohn, was erst anderthalb Jahre später herauskommen wird. Ja, ‚Gustchen‘ habe ihr, sagt sie nur, von der Begegnung mit Leibniz geschrieben und ihn, den

Gelehrten, darum beneidet, dass er sich mit längst Verstorbenen beschäftigen und sich auch sonst seine eigenen Themen aussuchen dürfe.

Leibniz muss von sich berichten. Gestern sei es bei Hofe ein etwas kühler Empfang gewesen, sagt er, er habe bald seine Reisekosten abzurechnen, um Ersatz für die Auslagen zu bekommen. Während der Reise habe er gut zweitausend Taler ausgegeben, zweieinhalb Taler täglich, da er gezwungen gewesen sei, einen Schreiber und einen Diener zu beschäftigen. Nun müsse er sich wohl gegen Vorwürfe wegen des langen Ausbleibens rechtfertigen. Doch die Herzogin widerspricht, er habe sich mit dem Ertrag der Reise gewiss Ansehen bei Hofe erworben, versichert sie. Leibniz kann auch Gutes berichten, etwa dass des gewichtigen Kammerpräsidenten Grote private Sammelleidenschaft für Münzen erneut entflammt sei, nachdem er, Leibniz, ihm verraten habe, wie sich gesuchte Stücke in Venedig erwerben liessen. „Wer sich Grotes Gunst zu erhalten weiss", scherzt die Herzogin, „dem wird nichts mangeln."

Sie will nun in ihren Garten gehen und dabei Leibniz zeigen, was neu entstanden ist. Bald wandelt man dort mit kleinem Hofstaat, und sie ist stolz, denn es ist alles ihr Werk. Gewiss, der französische Gärtner Martin Charbonnier führt die Pläne aus, in diesen Jahren legen er und der Architekt Brand Westermann gerade das Gartentheater an, aber alles nach der Fürstin Wunsch. Sie zeigt ihrem Gast und gelehrten Diener die Baustelle, dazu all die schönen Anlagen, Kaskaden, Fontänen, Rabatten und Hecken. Sie plaudert fast wie von gleich zu gleich, manchmal unterbricht sie sich und lässt ihn die geliebten Vogelstimmen hören. Beide verbindet viel, auch das Französisch, das an diesem Hof allein sie ebenso genüsslich wie exzellent sprechen. Fast zehn Jahre ist sie jetzt in Hannover, so lange kennen sie sich, denkt Leibniz und hofft auf eine Zeit wachsender Verbundenheit.

Beide reden auch von England, von der ‚glorious revolution' vor zwei Jahren (1688), also der Vertreibung des katholisch gewordenen Königs Jacob II. Beide sind sich nicht ganz einig über die Tat des Oraniers Wilhelm III., des Statthalters der Niederlande, der mit der protestantischen Tochter Maria des gestürzten Königs verheiratet ist und der – von Protestanten in England zu Hilfe gerufen – die Überfahrt gewagt hatte, um seinen eigenen Schwiegervater, weil er katholisch war, zu vertreiben. Sophies Gemahl mag den neuen

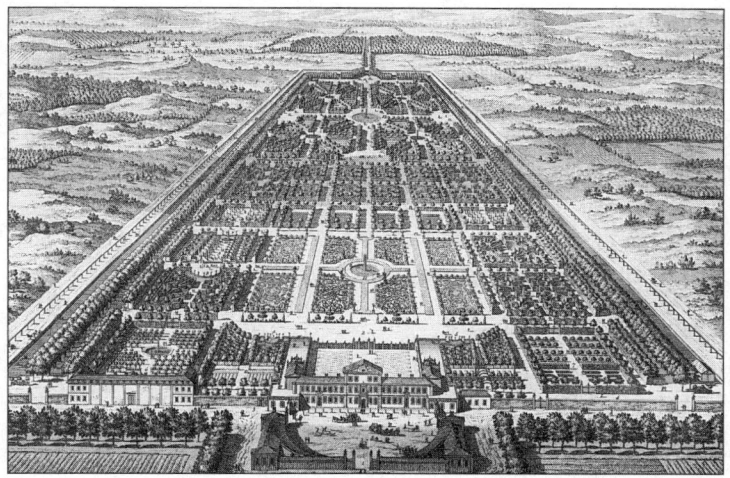

Der Grosse Garten in Herrenhausen war das Werk der Herzogin Sophie, die in der weitläufigen Anlage bis ins hohe Alter ihre berühmten langen Spaziergänge machte, und hier ist sie auch gestorben.

König Wilhelm nicht und hat damals zu seiner Überfahrt nicht die Hand gereicht. Ganz anders Georg Wilhelm in Celle, der den Oranier Wilhelm schon oft zur Jagd besucht hat, die beiden seien eben befreundet, meint Sophie. Leibniz zeigt sich begeistert von Wilhelm III., weil durch ihn die Protestanten gegen Frankreich zusammenstehen, doch die Herzogin schwankt, sie hält die Vertreibung ihres katholischen Vetters Jacob für Unrecht, obwohl auch sie die Evangelischen gestärkt sehen will.

Der Hofrat, immer im Bilde, stellt fest, in der englischen Thronfolge stehe die Herzogin nun an dritter Stelle. Und er zählt auf: König Wilhelm und Maria seien kinderlos, auf Rang zwei folge die Schwester Marias, Prinzessin Anna, die nur einen kränklichen Sohn habe ... Die Herzogin schüttelt den Kopf, sie will nicht als mögliche Thronerbin angesprochen werden, räumt jedoch ein, ihr Anrecht werde zur Zeit von Hannovers Diplomatie in England vorgebracht. Man müsse warten, und dabei heisse es, gut protestantisch sein, sagt sie mit Schalk. Sie erzählt, wie vor kurzem ihr Herr Gemahl durch Obermarschall Platen den Herren Kurfürsten in Augsburg seine Konversion hatte anbieten lassen, nur um den Kurhut zu erlangen, worauf Leibniz einwirft, so etwas gefährde die

Aussichten in England, und Sophie vergnügt feststellt: „Ja, das hiesse eine Krone hergeben für einen Hut." Der Gast lächelt. Einen vorzüglicheren ,bel esprit' als seine Herzogin, denkt er, werde man auch in Frankreich nicht finden.

Sophie erzählt, wie erstaunt die Engländer, die jetzt herkommen, über die Kargheit des Landes und seine rauhen Sitten seien. „Diesen Garten ausgenommen", sagt Leibniz voller Bewunderung. Und während wir die kleine Gruppe sich weiter auf den Kieswegen ergehen lassen, sei hier wiedergegeben, was der damalige englische Gesandte an den welfischen Höfen, Colt, nach London berichtet hat. Er konnte nicht begreifen, wie die Hofleute mitten in dem grossen Kriege mit Frankreich derart ihrem Vergnügen nachgehen und Unsummen für Lustbarkeiten und Opern ausgeben konnten, deren Pracht er allerdings anerkennen musste. Mit ihrem Gewimmel fremdländischer Kavaliere, Künstler und Sänger sahen ihm diese Höfe mehr nach Italien aus als nach den kalten nordischen Breiten. Das Land sei arm, Wälder und Felder schienen kärglich, die Häuser meist bescheiden. Doch den Herzögen bestätigte Colt eine „wonderful affection" für das Wohl ihrer Länder und rühmte die Trefflichkeit der Verwaltung, die Verschwiegenheit der Minister und vor allem die bewundernswerten Eigenschaften Ernst Augusts. Zugleich schrieb der französische Sekretär des englischen Diplomaten, Larrocque, in einem Bericht über Hannover: „Dieser Hof lebt mit solchem Glanz wie nur einer in Deutschland, und man kann sagen, dass Geist und Bildung hier regieren. Die Herzogin Sophie ist eine unvergleichliche Persönlichkeit, von entzückender Lebhaftigkeit des Geistes, Güte und Leutseligkeit. Sie spricht alle lebenden Sprachen wie die ihrige." Allerdings musste der englische Diplomat Colt zu seinem Kummer feststellen, dass Sophies politischer Einfluss den Vorzügen ihrer Person und ihrer Stellung als möglicher künftiger Erbin von Grossbritannien keineswegs entspreche: „She is really very good and a woman of great parts, but under great subjection to the Duke." Vom Kammerpräsidenten Grote schrieb Colt, er sei einer der fähigsten Staatsmänner ganz Deutschlands: „He seldom fails, where arguments have force."

Bald drängten die Pflichten, der heimgekehrte Fachmann des Hofes für juristische und historische Fragen hatte dem Vizekanzler Hugo zuzuarbeiten. Es ging um einen bedeutenden Landerwerb. Das kleine Herzogtum Sachsen-Lauenburg, im Norden des Fürstentums Celle gelegen, war herrenlos geworden. Herzog Georg Wilhelm hatte, zugleich im Namen seines hannoverschen Bruders, das Land vorläufig besetzen lassen, aber andere fürstliche Häuser erhoben auch Ansprüche. Nun sollte Leibniz helfen, die welfischen Rechte auf das Land zu begründen. Das war für ihn kein neues Thema, im Gegenteil, hier hatte er sich, bevor er seine lange Reise antrat, grosse Verdienste erworben, die niemand bestritt. Jahre zuvor schon hatten es natürlich alle kommen sehen, dass Julius Franz, der letzte Herrscher des Landes, demnächst ohne Erben das Zeitliche segnen würde. Deshalb hatten die welfischen Herzöge mit ihm Erbverträge abgeschlossen, zuletzt im Jahre 1683. Aber Sachsen-Lauenburg war leider auch mit anderen Fürsten Verträge eingegangen, die freilich ohne kaiserliche Bestätigung ebenfalls unwirksam waren. Damals hatte Leibniz sich gesagt, nicht neue Verträge, sondern alte Rechte würden im Erbfall entscheidend sein. Ja, er allein hatte die Welfenhöfe in Celle und Hannover erst auf diese Rechte aufmerksam gemacht und vor allem sehr alte Dokumente gefunden. Damit waren die besonderen Ansprüche des Welfenhauses auf Sachsen-Lauenburg so weit begründet, dass Herzog Ernst August schon 1685 im geheimen angeordnet hatte, das Land nach dem Tod des letzten Herrschers gleich militärisch zu besetzen. Der heimliche Held in diesem Stück war also Hofrat Leibniz gewesen, und hier liegt das vielleicht grösste Verdienst um die Aussenpolitik des Hofes, das er sich je erworben hat. Nun sollte er dem Vizekanzler helfen, der dabei war, die alten Rechte und neuen Forderungen zu Papier zu bringen, damit sie dem Kaiserhof vorgelegt werden könnten.

Ludolf Hugo war dabei natürlich ganz der Linie gefolgt, die Leibniz längst vorgegeben hatte. Die war windig, was damals keinen störte. Leibniz hatte behauptet, Sachsen-Lauenburg sei einst ‚Eigengut‘ Heinrichs des Löwen gewesen und es sei ihm daher von Kaiser Friedrich Barbarossa zu Unrecht aberkannt worden. Damit hatte Leibniz, um es zurückhaltend zu sagen, aus wenigen Anhaltspunkten weitreichende Schlüsse gezogen. Doch das war eben die Art, wie man damals Gebietsforderungen mit historischen Argumenten begründete, die französischen ‚Reunionen‘ hatten es vorgemacht. Und wirklich wurde Leibniz in diese Aufgabe noch einmal eingespannt.

Von der ganz grossen Politik bekam er allerdings nicht viel mit, die wurde nämlich jetzt besonders geheim betrieben, weil sie ein-

fach infam war. Als er sich im Spätherbst 1687 nach Süden aufge-
macht hatte, bestand noch das erste Bündnis mit Frankreich, jetzt
bei seiner Rückkehr wird gerade das zweite heimlich geschmiedet.
Die Jahre dazwischen sahen Ernst August mehr an der Seite des
Reiches, er kämpfte gegen die französischen Eroberer und
bemühte sich beim Kaiser um die Kurwürde. Jetzt schliesst Hannover ganz im stillen Mitte November (1690) ein neues Bündnis
mit Versailles und gehört damit zur ‚neutralen Partei'. Dafür gibt es
reichlich Subsidien. Die Kursache wird von Frankreich unterstützt.
Hannover muss nur seine Truppen aus den spanischen Niederlanden zurückziehen. Wie viele andere Zeitgenossen hat der Patriot
Leibniz diesen Abzug der Regimenter von der Front nicht verstanden, schon gar nicht gebilligt. Der Vertrag schien sogar der hannoverschen Regierung so verwerflich, dass alle Akten darüber vernichtet wurden, um völlige Heimlichkeit zu wahren. Hannover
musste zwar nur neutral sein, aber Ernst August ist damit als erster
deutscher Fürst, wie man damals sagte, „von der Sache des Vaterlandes abgetreten", als Frankreich immer noch der gefährlichste
Feind des Reiches war.

Kräftemessen mit Bossuet Anfang August (1690), als Leibniz erst
einige Wochen wieder im Lande ist, lässt Sophie ihren vertrauten
Anreger wieder in ihre Sommerresidenz Herrenhausen kommen
und bittet ihn, zu dem Buch eines französischen Konvertiten
namens Pellisson Stellung zu nehmen. Bei dieser Gelegenheit lernen wir aus der Geschwisterschar der Herzogin die andere Schwester kennen, die konvertiert und ins Kloster gegangen war. Sie, die
Äbtissin von Maubuisson, hatte Sophie besagtes Buch geschickt,
das in Frankreich Aufsehen erregt und einige Auflagen erlebt hatte.
Sophie ist, als sie Leibniz das Buch gibt, amüsiert darüber, dass sie
noch so eine fromme Schwester hat, ausser der verstorbenen Äbtissin von Herford. Und diese Äbtissin von Maubuisson, oder vielmehr ihre agile und übereifrige Mitarbeiterin, will der Herzogin
nun ein Buch nahebringen, das massiv für den Übertritt zum
Katholizismus wirbt.
   Der Verfasser Pellisson war ursprünglich Hugenotte gewesen,
aber dennoch zum Hofgeschichtsschreiber des Königs ernannt
worden. Dann war er mit 47 Jahren zum Katholizismus konvertiert, und das offenbar mit solcher Überzeugung, dass er 1686, wohl
nicht zufällig ein Jahr nach der brutalen Vertreibung der Hugenot-

ten, jenes bald einflussreiche Loblied auf den Katholizismus, seine ‚Reflexions‘, veröffentlicht hatte. Leibniz nahm, wie er sollte, das Werk mit nach Hannover, las es und hatte Bedenken. Deswegen ergab sich eine Korrepondenz zwischen Pellisson und ihm, ein Briefwechsel, der aparterweise über drei Frauen geführt wurde: über die Herzogin Sophie, die solche Glaubensfragen allerdings mit mehr Neugierde als Wärme betrachtete, über ihre Schwester, die Äbtissin, und über deren Sekretärin und engste Mitarbeiterin, eine frühere Lehrerin, Madame de Brinon.

Frau von Brinon war etwas überspannt. Einige Jahre zuvor, als der Hof zu Versailles eine grosse Schule für adlige Töchter gestiftet hatte, war die Brinon zur Vorsteherin ernannt worden. Die Gunst des Hofes raubte der hochgesinnten Dame die letzte Bescheidenheit, sie fuhr seitdem mit vier Pferden, liess in der Kirche samtene Kissen vor sich ausbreiten und trat affektierter auf als alle. Tatsächlich wurde sie vom König am Krankenbett besucht, und als sie ins Bad nach Bourbonne reiste, machte man daraus einen wahren Triumphzug. Sie liess sich diese Ehren gefallen wie eine geborene Königin. Bei ihrer Rückkehr wuchs ihr Eigensinn in der Schule jedoch ins Unerträgliche, weshalb sie über Nacht abgesetzt und dem Schutz der Äbtissin von Maubuisson empfohlen wurde. Hier im Kloster hatte man sie vor zwei Jahren aufgenommen, ohne dass sie sich an die Gelübde halten musste. Von dieser Marie de Brinon, der Sekretärin ihrer Schwester, sagte die Herzogin zu Leibniz: „Sie ist von ausserordentlicher Eloquenz, denn sie hört niemals auf zu reden."

Der Konvertit Pellisson, an dem sich Leibniz von nun an reibt, ist ganz anders. Von seinem mächtigen Einfluss und seiner Begabung berichtet aus Versailles die Lieblingsnichte der Herzogin, Liselotte, ihrer Tante nach Hannover, wobei sie auch seine haarsträubende Hässlichkeit schildert, der gegenüber sogar Leibniz noch „schön wie ein Engel" sein müsse. Pellisson sei jedoch eine der wenigen Lichtgestalten am Hofe Ludwigs XIV. Nach seiner Konversion hatte er reich dotierte kirchliche Ämter erhalten und wurde Direktor der ‚Konversionskasse‘ für die Bekehrung der Hugenotten. In dieser Eigenschaft hatte er ‚Abschwörungen‘ entgegenzunehmen und danach diejenigen Bekehrten, die zuvor bestraft und enteignet worden waren, zu entschädigen.

Beteiligt an der jetzt entstehenden Kontroverse sind also zwei Konvertiten, Pellisson ebenso wie die Äbtissin von Maubuisson, und beide suchen die hannoversche Seite für den wahren Glauben zu gewinnen. Eigentlich geht es um die Reunion der Kirchen, aber Leibniz ist so verbindlich im Ton, dass bis nach Rom das Gerücht dringt, Herzogin Sophie stehe kurz vor der Konversion. Dabei fühlt sich Leibniz eigentlich von Pellisson fast nur zum Widerspruch herausgefordert, denn er findet es als Protestant und als Logiker recht wenig überzeugend, wie Pellisson den Alleinanspruch der katholischen Kirche ableiten will.

Diesen Grundgedanken von Pellisson fasst Leibniz in zwei Sätzen zusammen: Eine Unfehlbarkeit in der Kirche ist notwendig, weil Kontroversen geschlichtet werden müssen. Wenn es aber Unfehlbarkeit geben muss, dann kann sie nur in der römisch-katholischen Kirche zu finden sein. Leibniz entgegnet, der Mensch brauche nicht immer eine Entscheidung von oben, er solle vielmehr seinem Gewissen folgen. Auch könne man sich einen gerechten Gott einfach nicht so vorstellen, dass er die Gnade des Heils davon abhängig mache, ob ein Mensch bei Kontroversen auf der richtigen Seite gestanden habe. Und er fährt fort: „Das Heil ist in allen Religionen denen eröffnet, die Gott lieben." Das war ein moderner, wunderbar liberaler Standpunkt, der damals von einem eifrigen Katholiken kaum geteilt werden konnte, von einem wahren Protestanten auch nicht.

Die Antwort von Paul Pellisson – sie lief wieder über die drei Damen – wurde Leibniz von Herzogin Sophie zugeschickt und stellte sich als ziemlich radikal heraus. Die Protestanten und überhaupt alle, die sich auf ihr Gewissen beriefen, bekamen bei ihm keine Chance, im Gegenteil, jede Rebellion gegen die Wahrheit der Kirche, schrieb er, reiche schon aus, um einen Menschen von der Erlösung auszuschliessen. Leibniz liess sich nicht entmutigen, er plädierte – wie schon zuvor oft – dafür, die Protestanten nicht als Rebellen, sondern als unschuldige Abweichler anzusehen, die nicht zu verdammen seien. Damit drang er natürlich nicht durch, und weil er sich in der Defensive sah, ging er zum Angriff über. Bislang hatte er nur gefordert, das Konzil von Trient solle für die Protestanten zunächst aufgehoben werden. Nun stellte er es ganz und gar in Frage. Er bezweifelte mit vielen Gründen, dass dieses Konzil überhaupt je gültig gewesen sein könne.

Von diesem neuen Standpunkt, das Konzil sei ungültig, schon weil es nicht ökumenisch besetzt gewesen war, und seine Beschlüsse seien auch nicht in allen katholischen Ländern offiziell übernommen worden, kam Gottfried Wilhelm Leibniz im weiteren Verlauf seiner Korrespondenzen nie mehr herunter. Die Art, wie Paul Pellisson jede Konzession ablehnte, hatte den Ireniker hart gemacht. Von einem Vermittler wurde er zu einem Verteidiger, ja zum Angreifer. Doch beim Korrespondieren kommen sich beide Seiten wenigstens menschlich etwas näher. Pellisson wird persönlicher, die Brinon lässt den warmen Gefühlsstrom frommer Werbung fliessen, und Leibniz konzediert ihr sogar: „Sie haben recht, Madame, mich so einzuschätzen, dass ich im Herzen Katholik bin", wobei er allerdings mit dem erweiterten Sinn des Wortes spielt: Mitglied in der unsichtbaren Kirche aller Christen.

Genau in diesen Wochen, als sich die Beziehung von Hannover zu Pellisson ergab, nämlich vom Juni bis September 1690, reiste der Bischof von Wiener Neustadt, Christobal de Rojas y Spinola, durch Nord- und Mitteldeutschland, um die Reunionsverhandlungen wieder in Gang zu bringen. Der kaiserliche Unterhändler kommt zum vierten Mal nach Hannover. Aber die Zeiten haben sich geändert. Der Kaiser sieht sich nicht mehr so sehr gedrängt, in Ungarn einen Religionsfrieden zu stiften. Papst Innozenz, der die Sache mit so viel Wohlwollen sah, ist gestorben, und auch der Herzog von Hannover hat nun guten Grund, sich den Katholiken nicht mehr zu nähern, weil sein Haus in England als strikt protestantisch gelten muss. Leibniz versucht dennoch, die von Rojas neu begonnenen Verhandlungen innerhalb der welfischen Länder voranzutreiben, doch allen Beteiligten fehlt die Kraft. Es bleibt bei Zeichen guten Willens.

Diese neuen Bemühungen des Bischofs Rojas haben zunächst nichts mit dem Briefwechsel zwischen Pellisson und Leibniz zu tun, denn bei diesem Streitgespräch in Briefform ging es um Kontroversen. Was Spinola im Auftrag des Kaisers wollte, war hingegen recht pragmatisch auf baldigen Frieden gerichtet. Beide Vorgänge sind anfangs nur durch Leibniz (und in gewisser Weise Abt Molanus) miteinander verbunden. Doch nun verknüpft Leibniz sie enger. Es hatte den Hofrat nämlich allzu sehr verlockt, dem unnachgiebigen Bekehrer Pellisson einmal zu zeigen, dass da ein anderer Katholik, sogar ein Bischof, schon lange viel konzilianter war, und das sogar im Namen des Kaisers und mit Billigung des Papstes. Also gibt sich Leibniz Mühe, dem Briefpartner Pellisson den alten katholischen Plan von Rojas y Spinola schmackhaft zu machen. Der Plan sei, bemerkt er, acht Jahre zuvor (1683) auch dem grossen Theologen Jacques Bénigne Bossuet zugeschickt wor-

Bischof Jacques Bénigne Bossuet (links) war der Wortführer der französischen Katholiken, ein Machtmensch von grosser Sprachgewalt, der seinen Hass bis zur Grausamkeit steigern konnte. – Paul Pellisson (rechts) warb in Frankreich wie kein anderer für den Katholizismus, zu dem er selbst erst konvertiert war. Er galt am Hof zu Versailles als lauterer Charakter und als hässlich wie die Nacht.

den. Paul Pellisson hat Bossuet bislang sowieso über alles, was er tat, informiert, ohne dass dieser darauf immer eingehen konnte, aber gerade diese Bemerkung veranlasst den vielbeschäftigten Kirchenmann Bossuet, sich nun, im Jahre 1691, an dem Briefwechsel mit Hannover zu beteiligen. Kaum hat sich Leibniz also Verstärkung geholt in Form des nachgiebigen Bischofs Rojas, fährt Pellisson das grösste Geschütz auf, das seine Kirche gegen jede Abweichung und Konzession ins Feld führen kann, den schlachterprobten, berühmten Bossuet. Und doch erfüllt er damit einen geheimen Wunsch von Leibniz, der an den einflussreichen Mann gern herankommen möchte.

Man kann sich wirklich fragen, warum ausgerechnet dieser Jacques Bénigne Bossuet am Gespräch beteiligt werden sollte. Er war zwar der am meisten bewunderte Theologe der katholischen Kirche, jedoch besonders unnachgiebig. Mit dreissig Jahren in Paris als geistlicher Redner und eleganter Weltmann berühmt geworden, amtierte er kurze Zeit als Bischof von Condom (nach dieser Stadt soll das Kondom benannt sein, Gerüchten zufolge speziell nach dem umtriebigen Bischof Bossuet). Von 1671 an war er Erzieher des Kronprinzen gewesen, dann Bischof von Meaux und jetzt mit 64 Jahren endgültig zum Wortführer und Vorkämpfer einer triumphierenden Kirche geworden. Bis heute gilt er in Frankreich wegen seines Wortgepränges als literarischer Klassiker – zugleich aber auch als eitler und intriganter Machtmensch. Er steigerte gegen Ende seines Lebens die Angriffe auf andere bis zur Grausamkeit. Seine Feinde wollte er vernichtet sehen.

Und warum wünschte Leibniz unbedingt ihn – schon von Anfang an – an der Debatte zu beteiligen? Gerade dass er ein scharfer Polemiker war, mag die Hannoveraner gereizt haben. Bei ihrer Korrespondenz suchten Leibniz und die Herzogin wohl eher eine intellektuelle Herausforderung, als dass sie eine Hoffnung hegten. Sie wollten ihre Kräfte mit der Gegenseite messen, die Herzogin mit ihrer konvertierten Schwester, der Gelehrte selbst mit diesem provozierenden, stärksten Streiter der anderen Partei.

Archivar und Briefautor   Schon bald nach Leibnizens Rückkehr aus Italien zieht Herzog Ernst August mit langem Gefolge in Braunschweig ein, der grössten Stadt seiner Wolfenbütteler Vettern, wo nacheinander drei Opern gegeben werden. Die beiden Höfe Hannover und Wolfenbüttel scheinen einander jetzt, es ist Ende August 1690, wieder wohlgesinnt, der undurchsichtige Anton Ulrich hat nicht mehr gegen die Primogenitur intrigiert. Sein älterer Bruder, der gutmütige Rudolf August, tut in diesen festlichen Tagen dem mitgereisten Hofrat Leibniz die Ehre an, ihn höchstselbst in der Residenzstadt Wolfenbüttel durch die ‚Bibliotheca Augusta' zu führen, ein Prunkstück, mit dem diese Linie der Welfen Ehre einzulegen weiss. Der Gast bestaunt wieder einmal die schier unendlichen Reihen von Werken aus der Anfangszeit des Buchdrucks und die mittelalterlichen Handschriften. Benannt worden war diese Sammlung nach dem Vater der beiden Herzöge, August dem Jüngeren aus einer Dannenberger Nebenlinie der Welfen, einem wahren Gelehrten unter den Fürsten, der die Bücher einst im versteckten Ort Hitzacker an der Elbe zusammengetragen hatte, bevor er mitten im Dreissigjährigen Krieg das Wolfenbütteler Herzogtum erbte und mit seinen Schätzen umzog. Die Bibliothek war in den bald sechzig Jahren, die seitdem vergangen waren, durchaus gepflegt und vermehrt worden.

Anschliessend führten die beiden Wolfenbütteler Herzöge mit dem Gast ein Gespräch und fragten, ob er die Leitung dieser berühmten Sammlung übernehmen wolle. Das Angebot war hoch ehrenvoll, auch naheliegend, da Leibniz in Hannover als Bibliothekar so gut wie keine Aufgabe mehr hatte, doch musste er besorgt sein, ob Ernst August ihm das zusätzliche Amt genehmigen würde. Daher versprach Leibniz nur, er werde sich um die Erlaubnis bemühen, und bat die Wolfenbütteler, man möge ihm keine festen Pflichten auferlegen, denn das „dürfte wegen Hannover nicht wohl tunlich fallen". Zu Hause beantragte er bei seinem Herzog die Nebenbeschäftigung mit dem Argument, er müsse für die Welfengeschichte sowieso von Zeit zu Zeit in Wolfenbüttel arbeiten und könne, habe er dort Zutritt, die wertvollen Quellen ohne Schwierigkeiten auswerten. Herzogin Sophie legte noch ein gutes Wort bei ihrem Gemahl ein, so dass der, schon sechs Wochen später, bei einer Audienz einwilligte.

Sofort meldet Leibniz den Sieg nach Wolfenbüttel, und der dortige Grossvogt Busso von Münchhausen kann ihm bald mitteilen, ein Quartier sei beim Kämmerer Johann Urban Müller am Schlossplatz vorbereitet, die Ritterakademie habe Anweisung erhalten, ihn zu beköstigen, und die verauslagten Reisekosten sollten ihm ersetzt werden. Er wird durch beide Wolfenbütteler Herzöge am 14. Januar 1691 offiziell ernannt. Der Vertrag verpflichtet ihn, den bereits von Herzog August eigenhändig begonnenen Katalog der Bibliothek fortzusetzen. Er soll die Rechte eines Wolfenbütteler Hofrates geniessen, jedoch befugt sein, „von Haus aus" seine Pflichten zu erfüllen, also die beiden Bibliothekssekretäre aus der Ferne anzuleiten. So kam es auch. Leibniz hat in der Tat die wolfenbüttelsche Bibliothek im wesentlichen für seine wissenschaftlichen Arbeiten benutzt, sich im übrigen die Berichte seiner Untergebenen zuschicken lassen und wichtige Entscheidungen getroffen, vor allem die, einen zweiten Katalog anfertigen zu lassen, der nach Autorennamen geordnet war und nicht mehr nach dem Standort der Bücher.

Das alles hat ihn Zeit gekostet, aber etwas anderes hat sein Leben weit mehr verändert. Ihn packte die Leidenschaft, die Handschriften der Augusta zu sichten und alsbald in Europa nach weiteren alten Geschichtsquellen zu fahnden, um sie herauszugeben. Er wurde über Jahre zu einem besessenen Sammler, dessen Eifer an die leidenschaftliche Münzsammlerei des Kammerpräsidenten Grote und des Abtes Molanus erinnert. Der vielseitige Mann ist darüber zum Archivar und Herausgeber geworden, bis er Gefahr lief, seine eigentliche Begabung darüber zu vergessen, die zum Denken, Forschen und Erfinden.

Nun stand Leibniz also zugleich in den Diensten von Hannover und Wolfenbüttel. Doch er wollte mehr. Noch einmal musste Herzogin Sophie helfen, die sich an den Celler Herzog Georg Wilhelm, ihre alte Liebe, wandte. Als Leibniz dort Mitte September (1690) mit dem Celler Hofarchivar Chilian Schrader über Hausakten sass, bekam er zu hören, der Herzog werde die Kosten der Welfengeschichte ebenfalls mittragen und eine Gnadenbesoldung von 200 Talern im Jahr dazugeben.

Dadurch hat Leibniz nun Beziehungen zu allen drei Welfenhöfen. Es war für ihn nicht immer einfach, ein Diener dreier Herren zu sein, weil die drei manchmal arg zerstritten waren. Doch die Vorteile überwogen, denn er bekam mehr Geld und gewann an Freiheit und Selbständigkeit. In diesen Jahren war er oft ein Drittel der Zeit über nicht in Hannover, sondern unterwegs in den anderen welfischen Landen, oft für die Geschichte des Hauses.

Nun galt es, dafür endlich den Grund zu legen. Zunächst arbeitete Leibniz eine Konzeption aus, die er seinem Fürsten Ernst August in einer Audienz zu Beginn des neuen Jahres (1691) vortrug. Es gehe ihm, heisst es darin, nicht einfach darum, die Dynastie seit ihren Ursprüngen darzustellen, es solle zugleich eine Geschichte der ganzen niedersächsischen Landschaft und ihrer Bewohner sein, eingebettet in die Geschichte des deutschen Reiches. Das war eine ungeheure Ausdehnung des Themas, bei der allerdings niemand stutzig wurde. Einig war man sich auch, dass die Historie geboten werden sollte ohne alle Sagen und Märchen, verpflichtet allein den strengen Prinzipien der neuen Wissenschaft. Und deren Ansprüche seien inzwischen hoch, bemerkt Leibniz, „bey diesen Zeiten, da die Histori so critiquement tractiret" wird. Er weiss schon jetzt: „Was nun bey dieser arbeit mich am meisten aufhält ist, dass ich continuirlich nachschlagen und die passagen verificieren muss." Dennoch ist der Autor zuversichtlich, in etwa zwei Jahren, also 1693, das Werk abschliessen zu können, falls er Unterstützung erhält. Diesen Termin, den er hier der Herrschaft schriftlich gab, hat man ihm immer wieder vorgehalten − bis an sein Lebensende.

Noch sieht sich der Mann der Wissenschaft, so scheint es, zugleich im Dienst der Ehre des Hauses und ergreift Partei. Sechs Wochen später erörtert er nämlich die Frage, ob Herzog Friedrich von Braunschweig im Jahre 1400 wirklich, wie in Welfenlanden stolz behauptet wurde, zum Kaiser gekrönt worden ist. Das hatte soeben der französische Autor Larroque bestritten. Es ging dabei für die Welfen um eine Prestigefrage. Leibniz beharrte öffentlich darauf, wohl wider besseres Wissen, denn auch er scheint gewusst zu haben, dass dieser Welfe Friedrich zum Kaiser nur gewählt, dann aber ermordet worden war, bevor er hätte gekrönt werden können. Der neue Haushistoriker sah sein Eintreten für Friedrich von Braunschweig selbst durchaus als Parteinahme für das Ansehen des Welfenhauses, und auch die hannoversche Geschichtsforschung hat in dieser Frage erst zweihundert Jahre später nachgegeben.

Leibniz erarbeitet in diesen Jahren weitere Fassungen seines kurzen Überblicks über die zu schreibende Geschichte. Diese ‚Brevis Synopsis‘, die immer wieder umgeschrieben wurde, gilt heute als stilistisches Meisterstück, von Historikern hoch geschätzt wegen ihrer klassisch gedrängten Formulierungen, mit denen grosse Bewegungen und geschichtliche Entscheidungen auf den Punkt gebracht werden. Hier sei, wird gerühmt, noch alles ganz unkompliziert und stehe in scharfen, knappen Umrissen vor uns. Interessant ist, dass die ersten Entwürfe noch bis zur damaligen Gegenwart reichten. Doch die Fassung des Konzepts aus dem Jahre 1692 brach bereits mit dem Jahre 1235 ab. Wahrscheinlich hatte Leibniz inzwischen eingesehen, dass er weiter nicht kommen werde. Denn zugleich hatte er den Anfang seiner Darstellung zurückverlagert, atemberaubend weit, er hatte nämlich die Natur- und Urgeschichte hinzugenommen. Mit diesem Teil wollte er, schrieb er dem Herzog, auch erreichen, dass die Geschichte „nicht nur vor Landesleute diene, sondern auch fremden angenehm sey". Zu diesem geplanten Vorbau verleitete ihn auch seine Neugier auf die Erdgeschichte (Geologie) und die „vorsintflutlichen Lebewesen" (Paläontologie), die noch aus seinen Harzer Jahren stammte. Inzwischen hatte er seine Beobachtungen und Rekonstruktionen in den Jahren 1691 und 1692 unter dem Stichwort ‚Protogaea‘ (Vorwelt) niederzuschreiben begonnen. Ein kurzer Abriss davon erschien in den ‚Acta eruditorum‘ (1693), doch das ganze Werk, das tatsächlich als Einleitung zur Welfengeschichte gedacht war, kam erst postum im Jahre 1749 heraus.

Eine Erweiterung ergab die nächste. Nun musste Leibniz auch noch – als Verbindungsglied zur Welfengeschichte – die Zeit der Völkerwanderung darstellen, die unerforscht war, doch er traute sich zu, sie aus der vergleichenden Sprachwissenschaft, die er eben-falls betrieb, zu erschliessen. Man sieht aus all dem, dass Leibniz das meiste, was er zu bieten gedachte, erst selbst erforschen musste. Da sogar die mittelalterliche Geschichte noch weitgehend ungesichert war, lud er sich ein Forschungsprogramm auf, das niemand leicht hätte bewältigen können.

Wenigstens wird das Riesenunternehmen vom hannoverschen Hof durchaus gefördert. Seit Beginn des Jahres 1691 bekommt Leibniz eine Zulage von 150 Talern, um einen Schreiber beschäf-tigen zu können. Erhebliche Summen fliessen in die Bibliothek, weil sie praktisch zu einer Forschungsstelle für Landesgeschichte geworden ist. Aber Leibniz hat eine weitere Bitte und überreicht sie im Januar (1691) während einer Audienz dem Herzog schrift-lich. Er hatte nach der grossen Reise seine Gewohnheit wieder aufgenommen, sich sein Essen aus einer Schenke an den Schreib-tisch kommen zu lassen, statt an der Tafel zu speisen, die für die Hofleute vorgesehen war. Es handelte sich dabei nicht um die her-zogliche Tafel, denn an der waren nur Standespersonen zugelassen, sondern um eine Art Gesindetisch, heute würde man vielleicht sagen, die Kantine des Schlosses, für Leibniz wahrlich kein ver-lockender Ort. Auch richtete er sich seinen Tag anders ein, ass sehr spät zu Abend und arbeitete noch bis in die Nacht. Er bat daher, ihm wieder ein wöchentliches Kostgeld von fünf Talern zu bewil-ligen, das er bereits zu Johann Friedrichs Zeiten empfangen hatte. Diese Bitte vorzubringen konnte er nur wagen, weil er sich aner-kannt fühlen durfte. Das Misstrauen, das manche gegen ihn nach dem Scheitern der Versuche im Harz und wegen der überlangen Italienreise gehegt hatten, begann offenbar zu weichen.

Doch bewilligt hat der Herzog das Kostgeld nicht. Unverdros-sen bittet Leibniz ihn ein gutes Jahr später zum zweiten Mal darum. Dabei verweist er auf seine Leistungen und stöhnt über die Last seiner historischen Sammelarbeit. Sein Augenlicht leide, die Leibeskräfte schwänden, er setze von seinem Vermögen zu. „Deßen aber ungeacht unaufhörlich in arbeit begriffen bin, und ein guthes theil der nacht zu hülffe nehme umb so bald als müg-lich das werck in stand zu bringen." Es geht ihm bei dieser Gele-genheit um noch weit mehr, nämlich auch um eine Rangerhö-hung, und er bittet, „mir auch eine mehrere qualität dergestalt beyzulegen, daß ich nicht aniezo gegen so viel jüngere zurückste-hen müste, und meine arbeit noch etlicher maßen genieße".

Tatsächlich, er ist jetzt sechzehn Jahre in Hannover und nicht befördert worden. Das drückt ihn, denn in einer höfischen Gesellschaft herrscht das Gesetz der Rangordnung, das jedem, der auf dieser Bühne mitspielt, seinen Platz eindeutig zuweist. Die hannoversche Hofgesellschaft (Adel, Beamte, Offiziere) war in zehn Stufen eingeteilt. Darin hatte ein Hofrat wie Leibniz seinen Platz in der achten Klasse, das heisst in der dritten von unten, eingestuft zusammen mit den Oberstleutnants und Kammerjunkern. Seit einigen Jahren war das Hofpersonal auf dreihundert Personen erweitert worden, viele waren aufgestiegen, und die Ausgaben für die Hofhaltung hatten sich verdreifacht gegenüber den Zeiten des Herzogs Johann Friedrich. Hannover rangierte nun mit seinen prachtvollen Festen und prunkvollen Opern – neben München, Dresden und Berlin – unter den grossen und glänzenden deutschen Fürstenhöfen. Bei einer solchen Ausweitung des Hofes mit zusätzlichen Stellen ist Leibniz stehengeblieben und fühlt sich, nicht ohne Grund, geradezu degradiert, hat er doch „gegen so viel jüngere zurückstehen" müssen, wie er anmerkt. Der Bitte wird wiederum nicht stattgegeben.

Nochmal Pellisson und Bossuet   Der Disput der Konfessionen hatte dadurch, dass sich seit November 1691 der einflussreiche Bossuet beteiligte, formal eine neue Ebene erreicht. Dem Bischof konnte angemessen nur der oberste Geistliche des Fürstentums, Abt Molanus, antworten, denn Leibniz war – bei aller Kenntnis, bei allem Scharfsinn und aller Leidenschaft – doch keine kirchliche Amtsperson. Molanus tat das in einer eigenen Abhandlung, die allerdings Anregungen von Leibniz aufgriff. Der war allzu sehr zum Vordenker und Motor geworden, um nicht auch unter eigenem Namen den Wettkampf fortzusetzen, und hatte auf dem Weg über die Brinon an Bossuet fünf Kernthesen übersandt. Bossuet antwortete seinerseits im Januar 1692 mit fünf Gegenfragen an Leibniz, nicht ohne dabei schon das Herbe und Verletzende seiner Manieren durchscheinen zu lassen: „Wenn Sie sich die Mühe machen wollen, diese fünf Fragen kurz zu beantworten, so werden Sie leicht einsehen, dass man, welche Neigung man zum Frieden auch hat, doch niemals wahrhaftig friedfertig und im Stande des Heils ist, bis man sich wirklich mit uns vereinigt hat." Schon nach einigen Tagen beantwortete Leibniz die Fragen ebenso eingehend wie höflich, obwohl man merkt, wie sehr ihn Bossuets Auftreten schon gleich zu Beginn verletzt hat.

Etwas höflicher behandelt der Bischof den Abt Molanus, der einer eigenen Abhandlung gewürdigt wird. Als sie im August 1692 eintrifft, sind die Hannoveraner wenigstens vom Begleitschreiben aufs glücklichste überrascht, denn Bossuet scheint die Gedanken von Molanus gutzuheissen: „Wenn man den Grundsätzen von Herrn Molanus folgt, so ist das Ziel schon mehr als zur Hälfte erreicht." Es mag jedoch sein, dass der hochmütige Franzose damit nur meinte: „Ihr habt den halben Weg zu uns Katholiken schon geschafft, nun geht auch noch das zweite Stück Wegs." Es waren offenkundig Verhandlungen unter Ungleichen.

Ohne dass wir hier den kurzen Briefwechsel (er dauerte weniger als ein Jahr) verfolgen wollen, sei nur erwähnt, dass die Fehleinschätzungen auf beiden Seiten krass waren. Die Hannoveraner hätten wissen müssen, dass keinem Franzosen an einer konfessionellen Einigung gelegen sein konnte, weil sie nur dem Reich nützte. Das sah Leibniz aber erst am Schluss ganz ein und schrieb: „Solch eine Verhandlung ist von niemand aber mehr als den Franzosen gehasset und gehindert worden, welchen alles zuwider, was zu Ruhe, Einigkeit und guten Vernehmen in Teutschland dienen kann." Auch die französische Seite machte sich Illusionen. Pellisson meinte, er habe es mit einer völlig verunsicherten Partei zu tun, bald werde der ganze Protestantismus überlaufen. Er schrieb an Madame de Brinon: „Ich glaube, man braucht nur noch zu beten, dann wird Leibniz ebenso bekehrt, wie ich selbst einst durch Gebet bekehrt worden bin."

Schon bald, im September (1692), verfasst Bossuet seine entschiedene Ablehnung, adressiert an Leibniz. Niemals, so versichert er, werde die katholische Kirche auch nur ein Wort des Konzils von Trient zurücknehmen. Damit sind die Pläne von Rojas verworfen. Ja, Bossuet geht noch weiter. Genau wie Pellisson, nur noch härter, erklärt er, die Protestanten seien sehr wohl sündhafte Häretiker (Abweichler), ihre Irrtümer unentschuldbar. Dass dies die endgültige Absage an eine Vereinigung ist, merken noch nicht alle in Hannover, aber Abt Molanus, eigentlich der geborene Versöhner, zieht sich zurück. Dies ist die Wende und in gewissem Sinne auch schon das Ende der Reunionsbemühungen. Leibniz schreibt zwar weiterhin Briefe, teils über Madame de Brinon, teils direkt an Bossuet, der aber antwortet nicht mehr, auch nicht, als Leibniz ausspricht, er fühle sich

durch die Worte persönlich verletzt, dass seine Hartnäckigkeit ihn
zum „Häretiker" mache und „unentschuldbar" sein solle.

Der beflissene Pellisson hat sich immerhin im Namen von Bossuet dafür entschuldigt, weil der Bischof selbst sich nicht überwinden konnte, die Entschuldigung auszusprechen. Auch Madame de
Brinon versucht den einflussreichen Bossuet auf ihre Weise zu beschwören, doch nur ja nicht aufzugeben: „Monseigneur, dulden
Sie nicht, dass unsere Brüder Ihnen entgehen. Lassen wir sie einen
Fuss in unsere Umzäunung setzen, und sie werden bald beide Füsse
darin haben. Gott tut seine grossen Werke nicht auf einen Schlag.
Ich bin ganz gerührt von der Beharrlichkeit, mit der diese ehr-
lichen Protestanten zu uns kommen." Alles vergeblich, Bossuet
will nicht mehr.

Verbreitung der Physik   Dennoch hat Leibniz von diesem Streit noch
einen Nutzen gehabt. Er erreichte es, durchaus gezielt, bei dieser
Gelegenheit in Frankreich seine Physik bekannt zu machen. Es
beginnt damit, dass er seinem Briefpartner Pellisson seine physikalische Dynamik (Kraftlehre) vorstellt und auf ihre günstigen theologischen Konsequenzen hinweist, weil sie das Dogma von der sogenannten Wandlung in der Heiligen Messe stützte. Für Descartes und
seine Anhänger war Materie durch die Eigenschaft ‚Ausdehnung'
bestimmt; für Leibniz hingegen war Materie Ausdruck einer ‚Kraft',
die sich wandeln kann. Damit wäre der Glaube an eine ‚Wandlung'
von Brot und Wein wieder möglich. Pellisson ist erfreut, kann diese
neue Physik, deren theologische Vorzüge er natürlich erkennt, allerdings nicht beurteilen. Doch fragt er andere um Rat und bringt die
neue Lehre damit unter die Leute. Sie wird, das werden wir noch
sehen, bald durchaus unter Gelehrten diskutiert.

Auch ein anderer Streit, der sich nun anbahnt, entwickelt sich
für Leibniz wider Erwarten vorteilhaft. Es begann damit, dass er an
Madame Brinon einen Brief schrieb, der ein bedingtes Lob für den
französischen König enthielt und ohne Zweifel dazu gedacht war,
dem König auch höchstpersönlich vorgelegt zu werden. Im September 1691 kann die Brinon tatsächlich Leibniz melden: „Der
König hat das Lob gelesen, das Sie auf ihn gemacht haben, und hat
erlaubt, es zu drucken. Pellisson lässt daran arbeiten, und Sie werden bald sehen, dass Sie zusammen, ohne dass daran gedacht war,
ein kleines Buch zuwege gebracht haben." Als er das las, mussten
Leibniz Bedenken kommen, ob nicht sein recht zwiespältiges Lob-

lied auf den König in der Öffentlichkeit missverstanden werden könnte. Geschrieben hatte er es doch nur, um den Herrscher zum Frieden anzuspornen. Das klingt, vielfach variiert, etwa so: „Und wenn diese zurückhaltende und vorsichtige Klugheit, die er mitten in den grössten Erfolgen, deren ein Mensch fähig ist, zeigt, ihm gestatten würde zu glauben, dass es allein in seiner Macht steht, die Menschheit glücklich zu machen, ohne dass irgend etwas ihn hindern oder aufhalten könnte, so würde er keinen Augenblick schwanken ..." und so weiter. Immer wird der Herrscher nur gepriesen für den Fall, dass er tatsächlich das Gute tun sollte. Der Brief gibt, nebenbei gesagt, wunderbaren Aufschluss darüber, wie Leibniz die Macht grosser Herren sah. Er glaubte, alles sei ihnen möglich, sie müssten nur wollen, also von Gott inspiriert werden oder gute Ratgeber haben.

Es wird Leibniz bestätigt, dass Pellisson ein Buch vorbereitet, genauer den Vierten Teil seiner fortlaufend erscheinenden Betrachtungen über den Unterschied der Konfessionen. Um neuen Stoff zu haben, kam ihm die Korrespondenz mit dem gelehrten Leibniz gerade recht, und er lässt sie drucken, ohne seinen Briefpartner erst lange um Erlaubnis zu fragen. Schon im Oktober (1691) sendet die unermüdliche Marie de Brinon im Auftrag Pellissons diese Neuerscheinung ab. Leibniz liest das Buch und empfindet den unerlaubten Abdruck all dieser persönlichen Mitteilungen, auch des Lobes auf den König, als Vertrauensbruch. Er äussert sich jedoch gegenüber Frau de Brinon sehr taktvoll und bescheiden: „Ich stimme dem zu, was darin von Pellisson zu finden ist, was jedoch von meinen Gedanken aufgenommen wurde, habe ich nur mit Mühe nochmals lesen können. Ich schäme mich, wie ein Neger an der Seite eines schönen Menschen zu erscheinen, von dessen Schönheit etwas auf ihn abfärbt." In seinem Handexemplar vermerkt Leibniz, was bei einem Neudruck geändert werden muss, und versichert zwei Tage später der Herzogin Sophie: „Sie wissen, dass ich diese Dinge nicht geschrieben habe, um sie drucken zu lassen."

Dann kommt es doch noch zu einer Verstimmung, als im folgenden Jahr (1692) eine Neufassung in noch grösserer Auflage erschienen ist. Leibniz spürt heftigen Ärger, weil sein Name jetzt sogar auf dem Titelblatt steht, und weit mehr noch, als er feststellt, dass wieder sein Lob auf Ludwig XIV. abgedruckt ist. Er fühlt sich blossgestellt, schreibt auch gleich erregt an Pellisson, doch dann streicht er diesen Anfang des Briefentwurfs und berichtet nur gelassen über sein Verhältnis zur ,Académie des sciences' in Paris. Inzwischen ist dem erbosten Gelehrten offenbar klargeworden, dass er sich Pellisson noch warmhalten muss, denn bei dem liegen zwei wichtige Manuskripte von ihm, die beide der Académie zur Begutachtung übergeben werden sollen. Das erlegt dem Briefschreiber viel Zurückhaltung auf, und so schluckt er den Ärger hinunter. Tatsächlich trägt die unerlaubte Veröffentlichung für den Überrumpelten durchaus Früchte, weil weitere Gelehrte auf Leibnizens ,Dynamik' aufmerksam werden. Die Wirkung wird durch eine ausführliche Besprechung im ,Journal des Sçavans' noch gesteigert, auf die wiederum ein bekannter Cartesianer anonym mit Angriffen reagiert. Mit dieser Debatte war das Beste erreicht, was dem Descartes-Kritiker Leibniz und seiner neuen Dynamik passieren konnte.

Wenn man sich heutzutage fragt, ob diese besondere Lehre von der Kraft ein Teil der Physik geworden ist, so lässt sich das nicht leicht beantworten. Die Physik, damals ein Teil der Philosophie, war weitgehend ein Tasten im dunkeln. Jedenfalls hat Leibniz, wie erwähnt, die eigene Kraftlehre überschätzt, wenn er sie als eine Ergänzung zu Newtons ,Principia' sehen wollte, diesem imponierenden Werk von bleibender Gültigkeit. Als Mathematiker jedoch wird Leibniz in diesen Jahren auch bei französischen Gelehrten weithin anerkannt, davon soll bald noch die Rede sein. Paul Pellisson, der sich um die Verbreitung der Dynamik bemüht hatte, schreibt im November 1691 an Leibniz: „Ich versichere Ihnen, dass man Ihnen überall Anerkennung zollt, besonders dass die fähigsten Schriftsteller unserer Sprache erstaunt sind, wie Sie fast wie einer von uns französisch schreiben." Leibniz beharrt gegenüber Pellisson auf seiner religiösen Position und meint in einem seiner letzten Briefe im November 1692: „Nachdem ich die Dinge wohl erwogen habe, finde ich, dass die Forderungen der Kirchen des Nordens sehr gut begründet sind in mehreren überaus wichtigen Punkten ..." Drei Monate später stirbt Pellisson, nach Bossuets Zeugnis noch am letzten Tage damit beschäftigt, eine Antwort auf Leibnizens Brief zu entwerfen.

Das Neueste und Letzte vom Landgrafen   Seit Leibniz aus Italien zurück ist, meldet sich auch Landgraf Ernst wieder, der Publizist, der weiterhin aus Protestanten Katholiken und aus Katholiken bessere Christen machen will. Er gesteht Leibniz, dass er ihn habe in

Rom beobachten lassen, ist im übrigen ganz der alte und schickt wie versprochen seine Pakete voll eigener Entwürfe und fremder Nachrichten. Es geht in der Hauptsache um den Pfälzischen Erbfolgekrieg. Die Berichte der auswärtigen Korrespondenten, die dem Landgrafen wieder in grosser Fülle zugehen und die er an Leibniz und andere weitergibt, kommen vorwiegend aus dem Kriegsgebiet am Rhein. Seine Lage sieht der Landgraf düster, auch wenn er seine Festung Rheinfels hat ausbauen lassen. So entstehen seine Briefe in einer ziemlich nervösen Atmosphäre.

Dem fürstlichen Vertrauten teilt Leibniz manchen geheimen Gedanken und Wunsch mit. Er ist der einzige Mensch ausserhalb Hannovers, der erfährt, welche Unionspläne Leibniz mit den Franzosen diskutiert. Der Landgraf, in dieser Frage skeptisch, äussert sich gegenüber Dritten leicht ironisch so: „Der gute Herr Leibniz (es sei nun mit seiner Religion beschaffen, wie es wolle) ist nunmal ein nicht geringer, sondern vielmehr ein grosser Weltmann und gewaltiger Politicus." Seine Nachrichten-Werkstatt muss Landgraf Ernst allmählich aufgeben, er ist zu alt und sein Schloss wird bedrängt vom Krieg am Rhein. Wie manch anderer Empfänger der Mitteilungen ist Leibniz traurig gestimmt, als diese Quelle versiegt, und zeigt sich am 29. Dezember 1692 bestürzt über die neue französische Belagerung der Festung Rheinfels. Die Verteidiger müssen sich gegen eine Übermacht von 23 Bataillonen Fussvolk und 20 Schwadronen Reiterei wehren. Höchste Gefahr für das Reich ist entstanden. Lange dauert die Bedrohung, bis in letzter Minute durch den Landgrafen von Hessen-Kassel Entsatz erfolgt. Von Altersschwäche geplagt, zieht sich der Verteidiger aus seiner weitgehend zerstörten Festung auf ein Landgut zurück und dann, als eine Feuersbrunst das Gutshaus vernichtet, weiter nach Köln. Deshalb erreichte Leibnizens Glückwunsch zum ruhmvollen Abschluss des Kampfes den Landgrafen erst auf Umwegen. Am 12. Mai 1693 starb er, und Leibniz verlor einen ihm freundschaftlich vertrauten Menschen. Kein zweiter Fürst wird ihm begegnen, dem er sich mit gleichem Freimut und einer solchen Gewissheit, verstanden zu werden, anvertrauen konnte. Ihm und dem ebenfalls gerade verstorbenen Pellisson wollte Leibniz, wie eine Tagebucheintragung vier Jahre später zeigt, ein Denkmal der Freundschaft setzen, indem er seinen Briefwechsel mit beiden Konvertiten zu veröffentlichen gedachte.

Leibniz wird berühmt als Mathematiker Man spricht nun vom Gelehrten Leibniz mit wachsender Verehrung, das zeigt sich an vielen Einzelheiten. Der Italienreisende Heinrich Huyssen etwa bezeugt, dass ihm überall unterwegs Leute begegnet seien, die Leibniz gerühmt hätten. Allein im Jahre 1692 ehren vier bedeutende Autoren – Malebranche, Pellisson, Ramazzini und Guglielmini – in ihren Büchern den in der Stille Hannovers arbeitenden Denker. Es ist nun auch nicht mehr so, dass Leibniz – oft über Mittelsleute und Empfehlungen – sich mit Briefen an bekannte Gelehrte oder hochgestellte Personen heranmachen muss, wie er das schon weit über hundertmal in seinem Leben mit Erfolg getan hat. Nein, es ist nun häufiger umgekehrt, man schreibt ihm, sucht seinen Rat oder äussert den Wunsch, sich mit ihm austauschen zu dürfen. Zweimal wird jetzt ungefragt ein frühes Werk von ihm nachgedruckt, die ‚Ars combinatoria‘ und seine juristische Dissertation. Mit dem steigenden Ruhm wächst auch die Korrespondenz weiter an. Durchschnittlich sind es jetzt im Monat 22 Briefe, die er schreibt. Das ist unerhört viel, wenn man den Aufwand bedenkt: Zu jedem wichtigen Brief verfasst er wenigstens ein Konzept, oft mehrere, bis der Text seinen Ansprüchen genügt. Dann verfertigt er eine Kopie für die Ablage. Und alles hat er meist selbst geschrieben, nur etwa in einem Zehntel der Fälle ist er von Schreibern unterstützt worden.

Den Transport der Briefe zu organisieren war umständlich. Er lief auf den üblichen Postwegen oder mit Kurieren, aber auch Bekannte nahmen Briefe mit auf ihre Reise. Um Porto zu sparen, wurden oft mehrere Briefe zusammengeschlossen an Agenten gerichtet, die dann die endgültige Zustellung besorgen mussten. Zum Glück durfte Leibniz dabei auf einige diplomatische Vertreter des Hofes bauen, das war ein grosses Entgegenkommen. Für die Beförderung der Briefe zwischen Hannover und Italien haben die beiden hannoverschen Agenten Alessandro Melani in Rom und Pandolfo Mendlein in Venedig gesorgt, die Leibniz zugleich politische Nachrichten mitteilten. Über Melani in Rom und weitere Vermittler, die erst gewonnen und dann weiterhin geneigt gehalten werden mussten, lief auch die Verbindung zu den römischen Kollegen in der ‚Accademia fisico-matematica‘. Die Briefe, die Leibniz nach Paris senden will, übernimmt in Hannover der Depeschen-Sekretär Georg Friedrich Cordemann, ihre Verteilung in Paris der dortige Resident des Hofes, Christophe Brosseau. Der cellische Gesandte in Grossbritannien, Sinold, bietet Leibniz eine günstige Gelegenheit, Verbindung mit London aufzunehmen. Vergeblich haben sich allerdings Leibnizens Helfer in London bemüht, die Zeitschrift der Royal Society, die ,Philosophical Transactions', zu erwerben und nach Hannover zu schicken. Schon diese kurze Aufzählung kann zeigen, mit welcher Mühsal damals eine Korrespondenz in Gang gehalten wurde.

In diesen Jahren gelingt es Leibniz auch verblüffend schnell, sich in Europa als Mathematiker durchzusetzen. Wir haben zuletzt gesehen, dass er wohl seine neue Mathematik veröffentlicht hatte, aber recht unverständlich, und daher ohne Echo geblieben war. Mehr Glück war ihm beschieden, als er bei einem Streit mit dem Cartesianer Abbé Catelan – das war im September 1687, kurz vor seiner grossen Reise gewesen – in einer Zeitschrift eine Aufgabe stellte, die man eigentlich nur lösen konnte, wenn man seine Infinitesimal-Methode kannte. Es war eine Art Preisausschreiben oder Wettbewerb, und der herausgeforderte Catelan konnte, wie erwähnt, nicht antworten. Die erste Lösung schickte zu Leibnizens grosser Freude sein Lehrer Christiaan Huygens ein. Freilich hatte er, der Leibnizens Entdeckung nicht zur Kenntnis nehmen mochte, aus eigenem Genie die richtige Lösung entwickelt.

Es meldete sich auch der bis dahin unbekannte Basler Mathematiker Jacob Bernoulli, der inzwischen die verkürzte Veröffentlichung ,Nova methodus' entziffert hatte und die Aufgabe daher ebenfalls bewältigen konnte. Der junge Mann erlaubte sich im Mai 1690 (das war kurz bevor Leibniz von seiner Reise zurückkehrte) seinerseits eine Preisfrage zu veröffentlichen. Sie lautete: Welche Form hat eine Kette, die zwischen zwei gegebenen Punkten im Schwerefeld aufgehängt ist? Man wusste damals schon, dass diese Linie keine Parabel sein konnte. Leibniz erkannte gleich, wie geeignet diese Frage nach der ,Kettenlinie' war, um die Vorzüge seiner neuen Methode zu demonstrieren.

Es gingen mehrere richtige Antworten ein, und fast ein Jahr später, im Juniheft 1691 der ,Acta eruditorum', veröffentlichte Leibniz die eingegangenen Lösungen und fasste dabei deren verschiedene Wege auf bewundernswerte Weise zusammen. Zur gleichen Zeit schickte er Aufgabe und Lösung an den in Italien lebenden Mathematiker Bodenhausen, den er von seiner grossen Reise kannte und dem er sehr verbunden war. Mit Genugtuung schrieb er dazu: „Diejenigen, so die Analysin novam verachten und vor ein gioco-

Jacob Bernoulli, ein bedeutender Mathematiker aus Basel und ein schwieriger Charakter, verstand als erster die Differentialrechnung, als Leibniz sie veröffentlicht hatte, und verhalf ihr zum Durchbruch. – Sein wesentlich jüngerer Bruder Johannes (rechts) stand Leibniz besonders nahe, obwohl auch er kein einfacher Mensch war. Dass sich auf unseren Abbildungen die Brüder keines Blickes zu würdigen scheinen ist Zufall, aber durchaus symbolisch: sie waren tief zerstritten.

lino (Spielzeug) halten, können ihr Heil an diesem problemate versuchen", aber er warnte diese Verächter auch, denn den Versuch „soll einer wohl bleiben lassen, der nicht meinen oder einen aequivalenten calculum hat". Seine Lösung der Kettenaufgabe erschien in Italien und in Frankreich allerdings erst im folgenden Jahr, denn in beiden Fällen hatte sich der Druck verzögert.

So gelang seit dem Jahre 1691 der Durchbruch der neuen Mathematik, denn die Preisfrage von Jacob Bernoulli nach der ‚Kettenlinie' hatte dem bis dahin isolierten Mathematiker Gottfried Wilhelm Leibniz Gelegenheit gegeben, seine Methode bekannt zu machen. Er war Bernoulli dafür dankbar. Es fiel ihm auch leicht, diesem schwierigen Menschen zu verzeihen, dass er dem Erfinder Leibniz zunächst (1691) in einem Aufsatz die Urheberschaft an der neuen Mathematik abgesprochen und sie dem englischen Mathematiker Isaac Barrow (1630–1677) zugeschrieben hatte, dem Lehrer von Newton in Cambridge. Bernoulli, der aus Unwissenheit gehandelt hatte, widerrief öffentlich, und damit war die Sache gut. Leibniz war nicht nachtragend.

In den nächsten Jahren wurden neue Aufgaben veröffentlicht, der Wettstreit ging also weiter, und so entstand auf dem europäischen Festland ein Gedankenaustausch unter Mathematikern, von dem Leibniz ebenso profitiert hat wie die anderen von ihm, dem Erfinder. Beteiligt waren der alternde, geniale und gutherzige Christiaan Huygens (1629-1695), der eigenwillige und schwer zu behandelnde Jacob Bernoulli (1655-1705) sowie Johann Bernoulli (1667-1748), der zwölf Jahre jüngere Bruder von Jacob, der Leibniz bald näher stand als irgend ein anderer nach Huygens, obgleich er recht überheblich und streitlustig war.

Eine besondere Rolle spielte der französische Marquis Guillaume F. A. de L'Hôpital, der von wissenschaftlichem Ehrgeiz verzehrt wurde und mit dem Leibniz seit 1693 in Briefwechsel stand. Drei Jahre später erschien sein Lehrbuch der neuen Mathematik, in dem der Entdecker gewürdigt wurde; begeistert schreibt Leibniz, dem noblen Mann habe er „gern die Fackel weitergereicht". An diesem regen Austausch und der Konkurrenz zwischen mehreren Gelehrten war England nicht beteiligt. Leibnizens Ruhm war jedoch dorthin gedrungen, und daher konnte Herzogin Sophie ihrem Hofrat berichten, einige Engländer, von denen sie besucht worden war, hätten sich bewundernd über sein mathematisches Können geäussert.

Allerdings hatte Leibniz inzwischen ein Alter erreicht, in dem ihm – das ist das Schicksal fast aller Mathematiker – nichts wirklich Neues mehr glücken wollte. Er hoffte weiterhin auf sein künftiges System, in dem er Mathematik, Logik und Metaphysik zusammenfassen wollte, die ‚Scientia infiniti', von der er jedoch nur Bruchstücke notieren konnte. Manch neuer Einfall war jetzt unvollkommen oder gar falsch. In jüngeren Jahren hatte er allerdings im stillen noch den Grund für das gelegt, was später Determinantentheorie genannt worden ist. Davon weiss die Leibnizforschung aber erst seit 1972, denn bekannt gemacht hat er seine Entwürfe nicht. Als Begründer dieses Zweigs der Mathematik gilt deshalb ein Zeitgenosse von ihm, der Japaner Seki.

Zu Recht wurde Leibniz als einer der besten Mathematiker seiner Zeit geehrt, nur einer sah das anders, ein Aussenseiter noch, der aber grossen Einfluss gewinnen sollte. Am 28. Dezember 1691 schreibt ein junger Schweizer, Nicolas Fatio de Duillier, an Christiaan Huygens, Isaac Newton habe den Calculus entwickelt, bevor Leibniz „daran auch nur einen Gedanken verschwendet hat. Ein solcher Einfall ist ihm erst gekommen, wie es scheint, als Newton ihm davon etwas mitgeteilt hatte. Ich kann nicht genug staunen, dass Leibniz darüber in den Leipziger ‚Acta‘ nicht ein Wort sagt.“ Der Beschuldigte hat davon zunächst nichts erfahren, doch es zeichnet sich hier ein Konflikt ab, der das Alter des hannoverschen Mathematikers verdüstern sollte.

Verdacht gegen eine Mutter Als Leibniz von der grossen Reise zurückgekehrt war, hatte er, wie berichtet, der Herzogin von ihrem Zweitältesten, Friedrich August, erzählt, der in Wien dem Vater weiter gegrollt und sich nicht mit seiner Enterbung abgefunden hatte. Was die Herzogin nicht einmal ihrem vertrauten Leibniz andeuten konnte war, dass sie die Enterbung auch selbst als Unrecht empfand und im geheimen dagegen anging. Sie hatte sich Auszüge gemacht aus dem Testament, das einst der Vater ihres Gatten aufgesetzt hatte. Dort war die Erbteilung für alle Zeiten so geregelt worden, dass immer jeder Sohn etwas bekommen sollte. Und darauf berief sie sich.

In tiefster Verschwiegenheit hatte sie sich an eine fremde Macht gewandt, nämlich an Dänemark, das wie Wolfenbüttel mit allen Mitteln dem Erstarken Hannovers entgegenarbeitete. Sie bestellte den dänischen Gesandten Mencken zu sich und bat um Unterstützung durch König Christian V. für die Absicht ihres Sohnes Friedrich August, sich gegen das neue Erbrecht (die Primogenitur) zu verwahren. Dänemark werde nicht allein stehen, denn auch der Wolfenbüttler Anton Ulrich schicke sich an, ihrem Zweitgeborenen im Kampf gegen seinen Vater zu helfen. Man habe sich, flüsterte sie dem Gesandten zu, nur für den Erbfall in Celle, wenn also Georg Wilhelm stürbe, zu rüsten und müsse sehen, dass man für diesen Fall Anhänger des Prinzen Friedrich August im Lande und in der Regierung habe. Vor allem dachte sie dabei an den dortigen Premier Graf Bernstorff und meinte, man brauche ihm nur zuzusichern, er werde Premierminister bleiben, falls Friedrich August Herzog von Celle werde. Sie habe, sagte sie hoffnungsvoll, das grösste Vertrauen in Dänemark und frage sich nur, ob König Christian V. für ihren Sohn seine Truppen auch wirklich werde marschieren lassen.

Das war Hochverrat, begangen von einer Mutter, die fest glaubte, im Recht zu sein. Noch Monate später hoffte sie auf eine geheime Zusage aus Kopenhagen, da schlug die Nachricht ein, dass

Prinz Friedrich August im fernen Siebenbürgen gefallen war. Der Leichnam wurde zwar von einem hannoverschen Hofmann heimgeholt, man setzte den Verstossenen aber nur in einer Familiengruft zu Herzberg am Harz in aller Stille bei. Allein der Pastor und ein Amtmann waren zugegen, denn der Groll des Vaters folgte dem verlorenen Sohne bis ins Grab. Nun war es am drittältesten Sohn, Maximilian Wilhelm, sich enterbt zu fühlen.

Ein knappes Jahr später nahmen in Hannover einige Soldaten den Sekretär Blume fest, einen Bediensteten des missgünstig gestimmten Wolfenbüttler Hofes, den man unter einem Vorwand nach Hannover gelockt hatte. Das geschah am 15. Dezember 1691, abends um elf Uhr. Die Verhaftung sollte, das hatte man abgesprochen, dem Herzog gleich durch seinen Geheimsekretär Hattorf gemeldet werden. So geschah es auch. Hattorf kam ins Schloss und sah, in der Tür zum Salon stehend, dass Herzog Ernst August gerade beim Kartenspiel sass. Der Herzog erblickte nun seinerseits den Geheimsekretär, stand auf, gab seine Karten dem Oberjägermeister von Moltke, besprach sich mit Hattorf an der Tür, kehrte zurück und nahm Moltke, der inzwischen gewonnen hatte, mit einem knappen „Je vous remercie", die Karten ab. Generalmajor von dem Bussche forderte vom Oberjägermeister den Degen. In der gleichen Nacht festgenommen wurden auch Prinz Maximilian Wilhelm und ein Oberstleutnant. Die Verhafteten wurden zuerst im Schloss gefangen gehalten. Es heisst, zwei Tage seien die Stadttore verschlossen gewesen, es habe Unruhe geherrscht, aber niemand habe etwas gewusst. Später wurden Moltke, der Oberstleutnant und der Sekretär Blume ins Gefängnis gebracht, in zwei Türme neben einem Pulvermagazin. Dort stank es so sehr nach Salpeter und Schwefel, dass den Gefangenen schlecht wurde.

Beim Verhör in einem Privathaus bedrohte Kammerpräsident Grote den Wolfenbüttler Sekretär Blume mit der Folter, vermied es dann aber, Aufsehen zu erregen. Der Prinz gab bei seiner Vernehmung zu, sich gegen das Erstgeburtsrecht aufgelehnt und deshalb nach auswärtiger Hilfe Ausschau gehalten zu haben, wollte aber „von bösen Leuten verleitet" worden sein, womit der Oberjägermeister von Moltke gemeint war. Prinz Maximilian Wilhelm hatte sich auch vom Onkel in Wolfenbüttel, Anton Ulrich, unterstützt gesehen, der offenkundig die Seele auch dieser Verschwörung und Auftraggeber seines Sekretärs Blume war. Für den Erbfall in Celle

hatten die Verschwörer die Hilfe fremder Mächte gesucht. Wolfenbüttel und Berlin waren zu dieser Hilfe bereit gewesen, England
und Holland sollten noch gewonnen werden. Einige Herren am
Wiener Hof schienen ebenfalls geneigt gewesen zu sein, den Prinzen zu unterstützen. Alle Angeklagten beschworen jedoch, sie hätten keine Tätlichkeiten und ‚Blutstürzungen' vorgehabt. Dennoch
wurde der Oberjägermeister hingerichtet. Die Wolfenbütteler
Spinne im Netz, Anton Ulrich, beteuerte aus der Ferne seine
„innocenteste Unwissenheit" und verlangte die sofortige Freilas-
sung seines Sekretärs Blume.

Herzogin Sophie wurde vor dem Geheimen Rat ebenfalls verhört und bald beschuldigt, Mitwisserin, ja Mithelferin der Verschwörung gewesen zu sein. Sie bekam Zimmerarrest und durfte
weder den Prinzen Maximilian noch ihren Gemahl sehen. Die
Strafe dauerte an, bis der Celler Herzog Georg Wilhelm, ihre
Jugendliebe, sich für sie einsetzte und ihren Gatten besänftigte.
Drei Monate später schrieb Sophie an einen Vertrauten, ihr sei
nicht bewusst gewesen, dass es auf einen Staatsstreich hinauslaufen
sollte, man habe ihr nur gesagt, dass Brandenburg, Dänemark und
andere hinter den Plänen stünden. Nun sei sie in schwere Ungnade
gefallen, als habe sie ihre Söhne wider einander hetzen und das
ganze Land in Feuer und Blut bringen wollen. Sie aber könne sich
nur vorwerfen, die Intrige nicht rechtzeitig aufgedeckt und ihrem
Mutterherzen zu sehr nachgegeben zu haben.

In Wolfenbüttel war man auffällig bemüht, alle Schuld von sich
zu weisen. Dazu wurde Sekretär Blume, der in Hannover mit einer
Landesverweisung davongekommen war, unter grossen Inszenie-
rungen monatelang verhört – mit dem Ergebnis, dass es in Wolfenbüttel nur Unschuldige gab. Auch vor seinem Angestellten
Leibniz will sich der allseits verdächtigte Herzog Anton Ulrich
gern rechtfertigen. Im Februar und März 1692 empfängt er ihn
mehrfach in Privataudienz, auch Kanzler und Oberhofmarschall
sind dabei anwesend und bestätigen jedes Wort ihres Herrn bereitwillig. Der Gast soll ausdrücklich über diese Gespräche seinem
Herzog Ernst August in Hannover berichten. Das tut er natürlich
auch. In dieser Darstellung beteuert er nebenbei auch seine eigene
Loyalität, indem er versichert, er habe die Einführung der Primogenitur „allezeit für eine hochdienliche Sache gehalten", selbst als
der Zweitälteste, Prinz Friedrich August, damals in Wien davon
„vielfältig geredet" habe.

Ein Referent der Kurwürde Aus der Prinzenverschwörung ging wenigstens einer als Gewinner hervor, das war der hannoversche Hofrat und Gesandte in Wien, Johann Christoph Limbach, der zum Geheimen Legationsrat befördert wurde, weil er die Verschwörung aufgedeckt hatte. Diese Rangerhöhung konnte andere Hofräte, die an Dienstjahren älter waren, tief verletzen. Leibniz jedenfalls war getroffen. Bitter schreibt er an Herzog Ernst August, bringt seine dem fürstlichen Hause geleisteten Dienste in Erinnerung und ersucht wieder um Beförderung. In den folgenden Wochen entwirft er Briefe an jeden einzelnen Minister, selbst an die inzwischen rehabilitierte Herzogin. Es ist freilich denkbar, dass er sie nicht abgeschickt hat, vielleicht weil er nicht mit der Frage, wie weit er denn wohl mit der Welfengeschichte sei, abgewiesen werden wollte.

Er könnte auch gehofft haben, bald weit besseren Anlass für seine Forderung zu haben, denn der Hof beschäftigte ihn seit kurzem als einen Spezialisten bei den Verhandlungen um die Kurwürde. Da konnte er sich weitere Verdienste erwerben. Es ging um die Frage, welches neu zu schaffende ‚Erzamt‘ denn mit der erhofften Kur verbunden sein sollte. Die Kurfürsten hatten alle solche Ehrenämter inne, die hervorgegangen waren aus den vier germanischen Hausämtern: Truchsess, Marschall, Schenk und Kämmerer. Später waren weitere hinzugekommen, alle Kurfürsten, auch andere Fürsten hatten ihre Ämter, jede Aufgabe schien besetzt und vergeben. Was blieb für die Hannoveraner übrig, sollte ihr Land je Kurfürstentum werden? Intern vorgeschlagen war ein ‚Erzbanneramt‘, das sich aber mit den Würden anderer Fürsten zu überschneiden drohte. Dazu sollte Leibniz als Jurist, als Historiker und als Fachmann für Rangfragen nun gelehrte Ausarbeitungen machen.

Auch damit wurde er also nur als Gutachter beschäftigt. Seine Funktion bei Hofe würde man in der Sprache unserer Zeit mit der eines Referenten umschreiben, einer Tätigkeit also, die nach aussen anonym blieb. Dennoch war sein Einfluss, weil er gute Arbeit leistete, nicht gering. Besonderen Erfolg hatte er im Streit mit Sachsen, dessen Kurfürst ‚Reichsmarschall‘ war, weshalb sein Hof erklärte, die von Hannover erstrebte Würde eines ‚Erzbanneramtes‘ beschneide die sächsischen Rechte. Leibniz bekam den Auftrag, beide Würden voneinander abzugrenzen – und der zuständige sächsische Hofrat gab sich, als er den Text gelesen hatte, geschlagen. So glatt ging es allerdings nicht immer. Württemberg

Seit seiner Rückkehr aus Italien 1690 wohnte Leibniz in der Leinstrasse
dem Schloss gegenüber, sein Blick aus dem Fenster mag ungefähr so gewesen sein wie auf dieser Darstellung zu sehen, die allerdings aus sehr viel spä-
terer Zeit stammt.

durfte dem kaiserlichen Heere die ,Reichssturmfahne' vorantra-
gen. Wieder musste Leibniz für Abgrenzung sorgen. Seine Ausarbeitung wurde vom Kammerpräsidenten Grote wörtlich übernommen und in Wien den kaiserlichen Ministern vorgetragen.
Man verschob jedoch dort die Entscheidung. Das war das übliche
und deshalb noch kein Misserfolg. Auch sonst hat sich Otto Grote,
ein souveräner Mann, der auch andere achten konnte, gern den
Gedanken von Leibniz angeschlossen. Das Vertrauen, das Grote
seinem hochgelehrten Mitarbeiter schenkte, kommt auch darin
zum Ausdruck, dass er ihn laufend über den Stand der Kurver-
handlungen unterrichtete.

Leibniz sollte sich auch der Frage annehmen, wie das Wappen
von Kurhannover aussehen könnte, das neu zu entwerfen war, weil
später die ,Kur-Insignien' darin Platz finden mussten. Er nahm das
springende Pferd, das bislang nur den Helm über dem Wappen
schmückte, und setzte es zwischen den Braunschweiger Leoparden
(es war wirklich, trotz Heinrich dem Löwen, ein Leopard) und den

lüneburgischen Löwen. Der Entwurf wurde gutgeheissen. Leibniz war es also, der das alte Sachsenross, das bis dahin dem Lande nur als Symbol gedient hatte, zu einem seiner drei Wappentiere gemacht hat.

Diese Nebenarbeiten, zu denen man ihn aufzufordern pflegte, haben ihn nicht viel Zeit gekostet oder ihn gar daran gehindert, sich seiner Pflicht, der Hausgeschichte, zu widmen. Auch seine privaten wissenschaftlichen Projekte mussten darunter nicht leiden. Wenn in diesen Jahren viele Arbeiten stockten, gerade die wichtigen, dann eher deshalb, weil seine Interessen zu weitgestreut waren. Er widmete sich allem, behandelte in Briefen und Notizen fast jedes wissenschaftliche Gebiet: die Irrtümer von Descartes, die Frage, welches die Ursprache der Menschheit ist oder ob die Goten je in Skandinavien gelebt haben. Und fast jeden wollte er zu Forschungen anregen. Mit dem hilfsbereiten Pellisson war er gerade vertraut geworden, da überschüttete er auch ihn mit der Fülle seiner Themen. Um nur drei Beispiele zu nennen: Er suchte nach einer arabischen Handschrift, die Aufschluss über das Vordringen der Christen bis nach China in sehr früher Zeit geben könnte. Er bat, ihm das Wort ‚blason' etymologisch herzuleiten, und er empfahl der Pariser Akademie dringend, nach dem Vorbild des italienischen Arztes Ramazzini, alle Krankheitsfälle im Land statistisch zu erfassen und in Jahrbüchern zusammenzustellen.

Oft drängen sich ihm die Themen auch auf. Als in den Gipsbrüchen bei Thiede in der Nähe von Wolfenbüttel im Juni 1692 ein riesiges prähistorisches Skelett freigelegt wird, bittet er seinen Wolfenbüttler Kollegen Hertel, es sorgsam bergen zu lassen und darauf zu achten, dass alle Umstände in einem Bericht festgehalten werden. Während viele den Fund als einen Beleg für die Ansicht Hermann Conrings ansehen, dass die braunschweig-lüneburgischen Lande in vorgeschichtlicher Zeit von Riesen bewohnt worden seien, weist Leibniz an Hand eines Zahnes nach, dass man nicht die Überreste eines Menschen, sondern das Knochengerüst eines Mammuts oder See-Elefanten freigelegt habe.

So nimmt er zu vielem Stellung und will alles wissen, was geschieht oder entdeckt wird. Ihm fehlt dabei die Mitte, das konzentrierende Thema, die bewegende Aufgabe, die ein Menschenleben erfüllen kann. Man muss es wohl eine Krise nennen. Wird er von anderen gefragt nach seiner Metaphysik oder nach der so oft angekündigten ‚Characteristica', nach seiner Mathematik, nach

Recht und Ethik, nach Religion und Erkenntnislehre, also nach
dem, was andere doch längst als sein ‚Eigenstes‘ erkannt haben, so
entschuldigt er sich. Er komme leider zu nichts und kehre höchstens einmal „verstohlen" zu diesen Arbeiten zurück. Doch es mag
anders gewesen sein, vielleicht hat er sich in diesen Jahren einfach
weniger zugetraut. Möglicherweise fehlte ihm der Eifer, die zün-
dende Idee oder auch nur die Kraft zur systematischen Durchdringung. So öffnete er sich den Kleinigkeiten, beantwortete alle
Briefe und rivalisierte mit jedem Gelehrten, den er kannte. Und er
kannte fast alle.

Bei seiner Lust am Sammeln und Bewerten fällt eine unglückliche Neigung zur Vollständigkeit auf. Der Pagen-Hofmeister
Samuel Chappuzeau in Celle macht ihm den Vorschlag, eine Enzyklopädie zusammenzustellen. Davon ist Leibniz begeistert, detail-
liert entwickelt er den Plan zu einem umfassenden Riesenwerk.
Mitarbeiten will er selbst allerdings nicht, auch nicht als Kritiker.
Bei der Absage fällt sein später viel zitiertes Wort: „Meiner Anlage
nach habe ich Freude daran, Gutes festzustellen. Die Beschäftigung
dagegen, welche die meisten bevorzugen, nämlich Stellen herauszusuchen, die Anstoss erregen, könnte mich nicht befriedigen."
Das beschreibt ihn gewiss sehr treffend, weil er gern auf das Gute
bei anderen sah. Andererseits hat er sich in früheren Jahren mehrfach danach gedrängt, als Zensor das Erscheinen von untauglichen
Büchern verhindern zu können. Und er ist auch für Zeitschriften
jetzt häufig als Rezensent tätig, einfach weil er möglichst alles
erfassen und auswerten will. Die meisten Briefe in diesen Jahren
hat Leibniz daher mit Wilhelm Ernst Tentzel in Gotha gewechselt,
dem Herausgeber der ‚Monatlichen Unterredungen‘, der ersten
deutschsprachigen Zeitschrift für Rezensionen. Was Tentzel von
diesem berühmten und niemals langweiligen Gelehrten erfragt,
druckt er gern sofort in seinem Blatt, so dass Leibniz vorsichtig
werden muss. Was Tentzel etwa als Leibnizens Meinung über Jesuiten und Alchemisten wiedergegeben hatte, bringt den Hofrat in
Peinlichkeiten, aber er geniesst im übrigen durchaus das neue
grosse Forum.

Er ist unzufrieden, fühlt sich unwohl in seiner Haut, wirkt
zuweilen unausgeglichener als früher und will weg, zum Beispiel
nach Paris! Am besten berufen durch den König, der endlich
erkennt, dass da jemand ist, der wirklich weiss, worauf es
ankommt. Nicht weniger zielt sein Sehnen auf eine Anstellung in

Wien. Er korrespondiert mit mehreren höheren Beamten des Hofes und kommt auf das Angebot, kaiserlicher Historiograph zu werden, zurück. Dabei glaubt er, diese Aufgabe werde sich bald ergeben, weil er demnächst die Welfengeschichte abgeschlossen habe und dann frei sei. Dass es ihn fortzieht, ist verständlich, denn in der kleinen Residenz an der Leine hat er niemanden zum Debattieren, und mit dieser Isolation begründet er auch seine enorme Korrespondenz. Andererseits muss man bedenken, dass die Gelehrten in ganz Europa darauf angewiesen waren, sich in Briefen auszutauschen. Man könnte deshalb genauso gut umgekehrt argumentieren: Die Bedingungen seiner gesicherten Existenz am herzoglichen Hof zu Hannover wären für ein stilles und konzentriertes wissenschaftliches Arbeiten ideal gewesen, hatte er doch ungewöhnlich viele Freiheiten. Aber er wollte bei fast jeder Debatte mitreden. Und dazu war Hannover gewiss kein geeigneter Ort.

Den Kurhut auf dem Papier Die hannoverschen Regimenter hatten sich im Spätherbst 1690 aus den Spanischen Niederlanden zurückgezogen, denn in aller Heimlichkeit hatte Herzog Ernst August, wie erwähnt, im November 1690 das Bündnis mit Frankreich erneuert. Und das gerade ein Jahr, nachdem Heidelberg gebrannt hatte, und während das Reich sich immer noch des grossen Nachbarn erwehren musste. Doch die Franzosen erkennen schon nach einem halben Jahr, im Juli 1691, dass sie mit Ernst August keinen verlässlichen Verbündeten gewonnen haben. Er nimmt Rücksicht auf Kaiser und Reich, weil er Sachsen-Lauenburg behalten, die Vereinigung der Länder Celle und Hannover durchsetzen und den Kurhut erlangen will.

Hannover konferiert deshalb in Wien und bietet einen schlichten Handel an: Unser Land wird reichstreu, wenn wir dafür den Kurhut bekommen. Herzog Ernst August hat es für richtig gehalten, seinem Unterhändler Limbach auch gleich 80 000 Taler Schmiergelder nach Wien mitzugeben, davon allein 50 000 für den Hofkanzler, wenn der gute Bedingungen gewähren sollte. Dem Kaiser bietet Herzog Ernst August zudem Truppen gegen die Türken, ein ewiges Bündnis, sehr viel Geld und den Bau einer katholischen Kirche in Hannover. Am Ende ging der Kaiser auf das Angebot ein und versprach die ersehnte Belehnung mit der Kurwürde. Er stellte aber fest, es bleibe auch Sache von Ernst August,

in einem zweiten Schritt die Kurfürsten für sich zu gewinnen,
damit sie ihn in ihren Kreis (das Kurkolleg) aufnähmen, denn das
könne der Kaiser allein nicht erreichen. Entscheidend dafür, dass
Kaiser Leopold im April 1692 endgültig einwilligte, war, dass er die
welfischen Truppen noch dringender brauchte als selbst das
ersehnte Geld. Die welfischen Regimenter mussten spätestens im
April losmarschieren, wenn sie noch rechtzeitig – Krieg führte
man ja nur im Sommer – an der türkischen Front in Ungarn sein
wollten, die tausend Kilometer weit von den welfischen Landen
entfernt lag.

Für die Belehnung mit der Kurwürde hatte Ernst August
500 000 Taler zu bezahlen, wobei sich jedoch beide Seiten unter
der Hand einig waren, dass zwar „Taler" dastand, aber Gulden
gezahlt werden würden, die nur zwei Drittel so wertvoll waren.
Der Kaiserliche Hof hatte also einen Rabatt gegeben, der nicht
bekannt werden sollte. Die Gegenleistung des Kaisers war erheblich, musste er sich doch jahrelang damit herumschlagen, der
neuen Kur die Anerkennung bei den Kurfürsten zu verschaffen.

Eine hannoversche Staffette brachte in nur fünf Tagen die
Urkunde aus Wien nach Hannover. Am Tage darauf, am 23. Mai
1692, konnte der kaiserliche Marschkommissar Graf Breuner das
hannoversche Ungarnkorps, das bei Northeim stand, übernehmen:
fünftausend Hannoveraner und tausend Mann cellische Infanterie,
fast zu edel ausstaffiert für das ferne Ungarn. Es folgte, wie im Vertrag versprochen, der Bruch mit Frankreich. Der Sonnenkönig war
empört und verbittert darüber, dass Hannover ihn hintergangen
hatte. Beide Seiten behandelten nun auch ihre Diplomaten wie
Feinde, und der hannoversche Gesandte Ballati wurde so lange in
Paris als Geisel eingesperrt, bis der französische Agent Asfeld heim-
gekehrt war.

Nachsicht mit den Schwärmern   Alle Welt redete im Herbst 1691 von
der Lüneburger Prophetin Rosamunde Juliane von der Asseburg,
dem neunzehnjährigen Adelsfräulein, das seit ihrer Jugend Chri-
stusvisionen gehabt haben sollte. Jetzt war ihre Mutter gestorben,
und der Lüneburger Superintendent Johann Wilhelm Petersen, in
dessen Haus sie gezogen war, bewunderte ihre sonderbare Begabung und hatte sie bekannt gemacht. Herzogin Sophie, die ebenso
neugierig und ratlos war wie alle anderen, schrieb an Leibniz, sie
habe gehört, man habe dem Fräulein einen versiegelten Umschlag

mit drei Fragen in englischer Sprache gegeben, die es auf deutsch beantwortet habe, ohne den Umschlag zu öffnen. Erzählt wurde auch, sie habe die Ankunft Christi für das übernächste Jahr angekündigt, aber andere bestritten eine solche Aussage. Herzogin Sophie wusste auch, dass der übereifrige Superintendent sein Amt verlieren sollte, weil es im Luthertum verboten war, das Tausendjährige Reich anzukündigen. Solche Strenge bedauerte die Herzogin und wollte den Superintendenten am liebsten incognito besuchen. Noch grösser war ihre Sorge, der einflussreiche Abt Molanus werde die Prophetin Rosamunde auslachen. Tatsächlich äusserte sich Molanus, der in Celler Landen aber nichts zu sagen hatte, abfällig in einem Brief an Leibniz: Die junge Dame solle so schnell wie möglich zu den Heilquellen nach Bad Pyrmont gebracht werden und ihre Verstopfung auskurieren, die allein der Grund für ihre Visionen sein könne.

Weil die Herzogin ihn gefragt hat, nimmt Leibniz Stellung, und er tut es auf eine wunderbar kluge Weise. Er möchte das Mädchen beschützt sehen, sie soll nicht wieder mit fragwürdigen Experimenten auf die Probe gestellt werden, und man soll sie auch nicht verspotten. Ihre merkwürdig tiefsinnigen, originellen Reden hält er für eine besondere Begabung: „Ich habe die feste Überzeugung, dass es bei allen diesen Erscheinungen auf natürliche Weise zugeht, und bewundere die Natur des menschlichen Geistes, dessen Kräfte und Anlagen wir nicht alle kennen. Wenn wir solche geistig Entrückten treffen, sollen wir uns hüten, sie zu schelten oder auf sie einzuwirken, um sie zu ändern. Wir sollen vielmehr versuchen, sie in dem erhabenen Zustand ihres Geistes zu erhalten." Damit zeigt Leibniz ein schönes rationalistisches Verständnis für die Fülle der Natur des Menschen, und er hat auch eine plausible Erklärung für Rosamundes Gesichte und Weissagungen. Solche Menschen lebten in der Überzeugung, dass es Geister und Stimmen gebe, die zu uns sprechen könnten, und daher entwickelten sie keine Selbstzweifel, wenn sich ihre Phantasie verselbständigt habe. Er räumte aber ein, dass es auch wahre Propheten wie die des Alten Testaments gebe, und rückte Rosamunde immerhin in ihre Nähe.

Auf diese abgewogenen Darlegungen antwortete Herzogin Sophie sofort und mit spontaner Anerkennung: Sie denke wie Leibniz, habe es aber bislang nicht so gut erklären und sagen können. Auch sie war empört, dass man erneut Rosamunde mit einem versiegelten Umschlag voll dummer Fragen in Versuchung geführt hatte, worauf das Mädchen erschreckt und verstört reagiert haben sollte. Die Debatte zog sich noch hin, Leibniz musste auch dem Landgrafen Ernst berichten und nannte dabei das Fräulein von Asseburg eine Halb-Prophetin. An die Kurfürstin Sophie Charlotte in Berlin, die ebenfalls Auskunft wünschte, schrieb er, die Kindheit der Prophetin unter dem Einfluss ihrer gottergebenen Mutter müsse als Ursache in Erwägung gezogen werden, und er bedauerte, dass es Mode geworden sei, Frömmigkeit zu zeigen. Abt Molanus jedoch blieb bei seinen Ansichten und hielt der Asseburg vor, sie lasse sich vom Heiland anreden mit Ausdrücken, die nicht dem Kanzleistil im Himmel entsprächen, nämlich mit ‚meine Königin' oder ‚mein Täubchen', womit er auch wieder recht hatte.

Oft wird Leibniz in diesen Jahren auch gefragt, was er vom Pietismus halte, der damals aufkommenden neuen Art von Frömmigkeit, die auf lebendigen Glauben sieht und die Bekehrung des einzelnen Christen, seine ‚Wiedergeburt', verlangt. Er schätzt den Anführer dieser Richtung, Philipp Jacob Spener, der inzwischen Propst in Berlin ist und den er noch aus seiner Frankfurter Zeit kennt. Ihn hält er für klug, bescheiden und barmherzig, und daran erkenne man den wahren Christen. Sein Halbbruder Johann Friedrich Leibniz gehört auch zu diesen erweckten, gottergebenen Leuten. Mit ihm kann sich Gottfried Wilhelm Leibniz immer noch gut in Briefen verständigen, und ihm hat er ja auch sein Karfreitagsgedicht geschickt. Andererseits gesteht Leibniz der Regierung das Recht zu einzuschreiten, wenn Pietisten Aufsehen erregen und die Ordnung stören. Doch solle man sie nicht verfolgen, denn Sekten könnten nicht besser als durch Nichtachtung bekämpft und zum Schweigen gebracht werden, so wie Fackeln aufloderten, wenn man sie herumschwinge, aber erlöschten, wenn man die Luftzufuhr verhindere.

Ein paar Jahre später sagt er von den Frommen, dass sie „wohl von Gott einen besondern Beruf haben können, andere aus dem Schlaf aufzumuntern", denn der Kirchenglaube scheint auch ihm oft in Zeremonien erstarrt. Was Leibniz nicht mag, sind Streit und Rechthaberei, hingegen schätzt er die „thätige Gottesfurcht", wenn sie „zur verbeßerung der Menschen" führt.

Den neuen Hut liegen gelassen Anfang November 1692 ist Gottfried Wilhelm Leibniz beim Herzog Anton Ulrich von Wolfenbüttel offiziell einbestellt, und er weiss, worum es gehen wird. Ein

Jahr ist nun die Prinzenverschwörung her, und seitdem hat Anton Ulrich seine Unschuld beteuert, aber seinen Kampf gegen die Vereinigung von Hannover und Celle nicht aufgegeben. Vor einem halben Jahr, im April, hatte der schreckliche Vetter aus Hannover zudem noch die Kurwürde bekommen, wenn auch vorläufig nur als Zusage, aber die Nachricht hatte in Wolfenbüttel wie ein Donnerschlag geklungen. Anton Ulrich vertrat mit seinem Bruder die ältere Linie innerhalb des welfischen Hauses und er fühlte sich von Hannover übergangen. Leibniz wusste, wie energisch Anton Ulrich auf dem Reichstag in Regensburg gegen die Kurwürde für Hannover vorging. Andererseits liebäugelte der Herzog auch mit dem Gedanken, an der Kurwürde beteiligt zu werden, oder er entwickelte für sich neue Titel wie ‚Erzherzog‘ oder ‚Grossherzog von Braunschweig‘, sah dann aber ein, dass er mit solchen Wünschen nur alle anderen Fürsten im Reich gegen sich aufbrächte.

Als Leibniz seinem zweiten Dienstherrn am 9. November 1692 im Wolfenbütteler Schloss gegenübersitzt, ahnen beide, dass die Kurwürde nicht mehr lange nur auf dem Papier stehen, sondern bald feierlich verliehen werden wird. Anton Ulrich beklagt das schwere Unrecht, das der älteren Linie durch die Erhebung der jüngeren zur Kurwürde angetan werde. Den stärksten Kummer aber bereitet ihm die „Combination der Länder", also die Aussicht Hannovers auf das Celler Erbe ohne Anteil für Wolfenbüttel. Gegen Celle richtet sich sein grösster Zorn, besonders im Hinblick auf das „despotische" Auftreten des Premiers Graf Bernstorff. Der begabte Schriftsteller Anton Ulrich (er schreibt an einem Roman) droht nun sogar, er behalte sich vor, in seinen künftigen Memoiren der Nachwelt noch zu zeigen, „wie es zu Zell hergegangen". Das alles hat Leibniz, wie er sollte, zu Hause in Hannover ausführlich berichtet.

Er sass bei diesem Streit wieder zwischen den Stühlen. Von Hofbeamten in Wolfenbüttel wurde er als Hannoveraner mit Misstrauen betrachtet, ja man schwärzte ihn an, weil er hannoversche Landsleute mit Abschreibarbeiten auf der herzoglichen Bibliothek beschäftigte. Schliesslich musste Leibniz sogar den Verdacht widerlegen, dass von diesen Hilfskräften zugunsten Hannovers Spionage getrieben werde.

Derweil bedrängte Hannover den Kaiser, nun endlich die Verleihung des Kurhuts vorzunehmen. Nochmals musste der Wiener

Hof erpresst werden mit der Drohung, die hannoverschen Truppen heimzurufen. Dann endlich im Dezember 1692, ein gutes halbes Jahr nach der schriftlichen Verleihung, war es so weit. Kaiser Leopold gestaltete die Zeremonie unter Entfaltung allen feierlichen Gepränges, über das der vornehmste Hof der Christenheit verfügte. Der hannoversche Herzog selbst hatte wegen Altersbeschwerden nicht kommen können, und Held des Tages war daher unangefochten Otto Grote, seit mehr als fünfzehn Jahren der Vorkämpfer der Rangerhöhung für seinen Herrn. Er genoss nun die Ehre, den Preis seiner Mühen entgegenzunehmen. Im Geleit seines gesamten Gesandtschaftspersonals begab er sich, gefolgt von zwölf Lakaien, vier Pagen und vier Heiducken in prächtiger Livree, am Mittag des 19. Dezember (1692) in einem vergoldeten, mit sechs herrlichen Apfelschimmeln bespannten Staatswagen in die Hofburg und trat hier im Rittersaal vor des Kaisers Majestät, die, von einer Fülle von Hofchargen, Ministern und anderen Würdenträgern umgeben, unter einem Baldachin auf dem Thronsessel sass. Wie es das spanische Zeremoniell des Wiener Hofes erheischte, kniete der Kammerpräsident mit seinem Gefolge nach dem Betreten des Saales dreimal vor dem Kaiser nieder. Grote, dieser grosse, schwerbeleibte Mann, schon Ende fünfzig, war von den Anstrengungen schwer mitgenommen und litt in der stickigen Luft des überheizten Saals, der dicht von Menschen gefüllt war, an Atemnot. Ihm hatte wenigstens beim Hinknien ein spanisch gekleideter Kavalier Hilfestellung gegeben. Grote hielt dann seine Ansprache, in der er die unverbrüchliche, altüberlieferte Reichstreue des welfischen Hauses und die Belohnungen hervorhob, die die Welfen dafür von den früheren Kaisern erhalten hatten. Dieser historische Teil der Rede stammte von Leibniz.

Grote war währenddessen einer Ohnmacht nahe, so dass er die Farbe im Gesicht verlor und der Oberste Hofkuchelmeister ihm zur Stärkung das Balsambüchslein hatte reichen müssen. Im Namen des Kaisers erwiderte Reichshofrat Graf Waldstein. Der kaiserliche Redner verhaspelte sich oft und sprach einmal statt von der Kurwürde von der Kronwürde des Hauses Braunschweig, worüber man später viel geredet hat. Es folgte nun der Höhepunkt der Zeremonie: Grote schwor feierlich auf das Reichsevangeliar, küsste das Reichsschwert und bekam den Kurhut überreicht. Die kurze Dankansprache hielt der hannoversche Diplomat Limbach. Auch er war von der Aufregung und Anstrengung dermassen mitgenommen, dass ihm bei seiner Rede der Angstschweiss ausbrach und nicht nur die Hände zitterten; seine Worte blieben fast unverständlich. In derselben Ordnung und Würde, wie sie gekommen waren, nur rückwärts schreitend, verliessen die Hannoveraner, jetzt als kurfürstliche Abgesandte, wieder unter drei langen und tiefen Kniebeugungen den Rittersaal. Bei diesem Abgang liess Grote, bis zum Umfallen erschöpft, den Kurhut liegen – ein böses Vorzeichen, wie manche meinten – und musste zurückgewinkt und -gerufen werden.

Sofort wurde ein Kurier losgeschickt, und am Abend des 28. Dezember (1692) traf er nach neuntägigem Ritt auf winterlichen Wegen in Hannover ein. In seinem ‚Felleisen‘ hatte er die Nachricht von der Verleihung der Kurwürde. Ohne die Einführung ins Kurkolleg, also ohne die Zustimmung der Kurfürsten, kam die neue Würde zwar nicht voll zur Geltung, in Hannover hoffte man jedoch, in wenigen Wochen oder doch Monaten alle Bedenken ausräumen zu können. Aber der Widerstand wuchs, und Anton Ulrich von Wolfenbüttel wurde zu seinem Zentrum. Von nun an zerfiel die Welt diplomatisch in zwei Teile, in diejenigen, die die Rangerhöhung anerkannten, und die, die gegen eine Einführung ins Kurkolleg waren. Der hannoversche Hof konnte mit diesen Feinden nicht einmal verkehren. Schreiben ohne den kurfürstlichen Titel in Anschrift und Anrede wurden in Hannover nicht angenommen; Briefe mit diesem Titel, aus Hannover abgegangen, wurden von den Gegnern der Kur zurückgewiesen. Gesandte konnten nur als Privatleute hin- und hergeschickt werden. Zum Beispiel sollte Otto Mencken, der dänische Gesandte an den Welfenhöfen, für Leibniz historische Quellen beschaffen. In seiner Antwort bezeichnete er Leibniz auf dem Briefcouvert als Rat des „Herzogs“ von Braunschweig-Lüneburg. Leibniz durfte sich das nicht gefallen lassen und setzte die Korrespondenz vorerst nicht fort.

Zeitgenossen haben die neue hannoversche Würde den teuersten Hut der Weltgeschichte genannt. Gewiss schienen die Aufwendungen die Kräfte des Landes und die Mittel des Hauses zu überfordern. Historiker haben berechnet, dass für den Hut über zwei Millionen Taler bezahlt wurden, allein das Ungarnkorps und die Truppen in Brabant kosteten etwa eine Million. Das war viel für eine Rangerhöhung, die vorläufig so wenig anerkannt war. Auch die neue Kurfürstin Sophie blieb skeptisch und schrieb an

Grote nach Wien: „Disen tittel vergesse ich jah nicht zu setzen, da
es ist alles, was ich vom Courfürstendum habe."

Am 11. Februar 1693 wurde der Karneval im Schloss zu Hannover eröffnet, und er übertraf, um die neue Kurwürde zu verherrlichen, alles Bisherige. Fast täglich gab es neben den von köst-
licher Tafelmusik begleiteten Mahlzeiten, die meist an zehn
Tischen serviert wurden, gesellige Veranstaltungen: Bälle, Redou-
ten, Maskeraden und sogenannte Wirtschaften, bei denen kein
Rang beachtet, sondern einem jeden sein Platz oder sein Partner
durch das Los zugeteilt wurde. Dabei trugen die Teilnehmer alt-
deutsche Kostüme. Auf diese Wirtschaft bezieht sich ein deutsch-
sprachiges Gedicht, eine Huldigung auf Friedrich III. von Brandenburg, das vielleicht Leibniz verfasst hat. Doch er selbst hat
jedenfalls das ausgelassene Treiben verlassen und ist Mitte Februar
für ein paar Wochen nach Wolfenbüttel gereist, zum Arbeiten.

Dieser Karneval kostete die Summe von 35 000 Talern, mehr als
der Bau des Opernhauses verschlungen hatte, ungefähr den jähr-
lichen Steuerertrag des Fürstentums Göttingen. Aber so oberflächlich dies Getriebe auch war – es bot im Sinne jener Zeit ein
bedeutsames Stück fürstlicher Repräsentation, an dem die Welt die
Macht und Grösse eines Herrschers zu messen pflegte, ein Zeichen, gesetzt zum höheren Ruhme des neuen kurfürstlichen Hauses Hannover. Auch Leibniz nahm am Rühmen teil und entwarf
eine Medaille, die, wie es üblich war, zum grossen Ereignis geprägt
werden sollte. Sie zeigt den Kurhut und die Worte ‚Tutatur et
ornat', zu deutsch: Er schützt und schmückt.

Der deutsche Patriot Die Stadt Ratzeburg, einzige Festung im Lande Sachsen-Lauenburg, vom Wasser des Ratzeburger Sees umgeben, wurde im Sommer 1693 von Dänemark angegriffen. Die welfischen Truppen waren weit weg, sie kämpften in Flandern und Ungarn. Am 21. August waren Stadt und Festung Ratzeburg eingeschlossen, Batteriestellungen wurden errichtet. Zehn Tage später begann in der Morgenfrühe, genau um sechs Uhr, nach Abschuss von drei farbigen Signalraketen, schlagartig das grosse Bombardement. Die Kugeln schlugen überall ein. Ratzeburg wurde dadurch fast völlig zerstört, bis auf die Stadtkirche und den Dom, die beide von den Angreifern anscheinend sorgsam ausgespart wurden.

Die Höfe von Hannover und Celle verhandelten, aber König Christian V. bestand darauf, dass Ratzeburg geschleift und alle welfischen Truppen aus dem besetzten Lauenburg abgezogen würden. Das wollten die Welfen nicht und ermunterten die Eingeschlossenen zum Durchhalten. Verständigung war nämlich noch möglich, denn Schwimmer brachten Briefe hin und her, auch gaben die Verteidiger Signale aus der Festung, indem sie Fahnen in verschiedenen Farben auf dem Domturm zeigten, die von zivilen Spähern und sogar von Lübecker Kirchtürmen aus beobachtet und meist richtig gedeutet werden konnten. Bei den langen, harten Friedensverhandlungen mit den Dänen starb Otto Grote am 15. September (1693), erst 57 Jahre alt. Ein schwererer Schlag hätte den Kurfürsten nicht treffen können als der Tod seines fähigsten Ministers, der offenbar seine Kräfte im Dienst verzehrt hatte, vor allem beim Kampf um die Kurwürde. Die Leichenfeier wurde mit einem selbst für Barockverhältnisse übermässigen ‚Schaugepränge' begangen. Die Schwester Grotes, Hedwig Lucie von Ilten, war über diesen Pomp verstimmt: „Ist nicht genuch, daß der sehlige Bruder zu der Cour hat helffen müssen, nun soll alles auf courfürstlich seyn."

Dem einzigen Minister am hannoverschen Hofe, dem er sich freundschaftlich hatte verbunden fühlen dürfen, setzte Leibniz mit einem Distichon ein ehrendes Andenken. Es ist ihm etwas unpersönlich geraten: „Grotius exspirat, secli decus. Ipse parentat Elogiis

orbis, patria sed lacrimis" (Grote entschlief, eine Zierde des Jahrhunderts. Der Erdkreis selbst bringt ein Totenopfer dar mit Lob-
preisungen, das Vaterland jedoch mit Tränen). Anders als die Worte
klingen, war Leibniz sehr bewegt, denn er verlor einen Förderer,
eine starke Persönlichkeit, die ihn, den sonderbaren Hofbeamten,
den Aussenseiter, zu schätzen gewusst und ihm manches anvertraut
hatte.

Während man mit Dänemark bald doch noch einen Vergleich
schloss, gab es schwere Verluste bei dem Hannover-Cellischen
Korps, das zur Armee König Wilhelms III. gehörte und gegen die
Franzosen in Flandern kämpfte. Bei der Niederlage von Neerwin-
den am 29. Juli (1693) mussten die Truppen die grössten Verluste
hinnehmen, die Hannover zu Leibnizens Zeiten je bei einer einzigen Schlacht erlitt, über tausend Mann. Verwirrung und Trauer
waren in Hannover gross, als immer neue Todesnachrichten eintrafen. Die Landesmutter Sophie hatte um ihre drei Söhne, die im
Felde standen, gebangt, nun besuchte sie viele Häuser, um Trauernde
zu trösten. Sie schrieb: „Die armen Weiber zu Hannover und die
braven Leute, die wir verloren haben, jammern mich gar zu sehr."

Obwohl der hannoversche Hof gegen Frankreich Krieg führte,
liefen die Importe wie gewohnt, nur die offiziellen Beziehungen
waren unterbrochen. Mit bewährter Regelmässigkeit besorgte die
Post Woche für Woche den Briefverkehr zwischen der Kurfürstin
Sophie und ihrer Lieblingsnichte in Versailles. Alles liess die französische Zensur durch, ungeachtet der in Liselottes Schreiben häufig
enthaltenen bösartigen Ausfälle gegen den „grossen Mann" (ihren
Schwager, den Sonnenkönig) und seine „alte Zott", die „Rum-
pelpumpel" (seine Mätresse, die Maintenon). Auch die berühmten
hannoverschen Mettwürste fanden selbst in dieser Kriegszeit zum
Entzücken Liselottes ihren Weg nach Paris. Ebenso bezog man in
Hannover, vermittelt durch den Residenten Brosseau, Burgunder-
und Champagnerweine aus Frankreich. Wirklich verboten und
unterbunden war nur die Ausfuhr niedersächsischer Pferde, weil
die französische Kavallerie von etwa 50 000 Mann sie dringend
hätte brauchen können.

Leibniz leidet unter der Bedrohung des Vaterlandes mehr als
andere. Um Frankreich zu bändigen, hat er sich zweierlei ausgedacht. Einmal will er dem Gegner die Einnahmen aus dem Co-
gnac-Export nehmen, indem er eine eigene Branntweinproduk-
tion propagiert. Zum anderen schreibt er seine ‚Geschwinde

Kriegsverfassung', einen Aufruf, den Kampf gegen Frankreich viel entschiedener zu führen. Die Flugschrift ist zweisprachig, französisch und deutsch geschrieben, was ungewöhnlich, dem Zweck aber angemessen war, und sie trägt ein lateinisches Motto, das besagt: „Es ist gut, auch vom Feinde zu lernen."

Hauptsächlich will die Schrift ein französisches Edikt zur allgemeinen Mobilmachung aus dem Jahre 1636 abdrucken und den deutschen Regierungen zur Nachahmung empfehlen. Doch Leibniz versucht erst einmal in dreizehn Abschnitten, das Reich zum Widerstand aufzurufen („Gott ist für die, so sich der von ihm gegebenen Vernunft und Mittel bedienen!"). Erst im vierzehnten und letzten Abschnitt heisst es: „Ich komme schliesslich nach diesem, wollte Gott nicht nötigen, Umschweif zu diesem gegenwärtigen kleinen Modell kräftiger Anstalten, welches ich zum ferneren Nachsinnen an den Tag gebe." Es folgen anderthalb Seiten mit den 22 historischen Anweisungen des französischen Ministers Kardinal Richelieu, die im ganzen besagen, dass jeder Franzose, der kann, zum Kriegsdienst kommen oder abgeordnet werden muss. Pferde und Kutschen sollen gestellt werden, die Bautätigkeit ruhen. Nur Bäcker und Waffenschmiede dürfen so viele Leute beschäftigen, wie sie wollen. Die Strafen sind erheblich (Verlust der Adelstitel für die hohen Herren, die Galeere für Lakaien). Das Vorbild, zu dem Leibniz damit raten will, ist also der Volkskrieg nach französischem Vorbild. Keine Söldnerheere, sondern das Volk! Alle Waffenfähigen bei Strafandrohung in den Krieg! Leibniz, den die schlechten Nachrichten von der Front in Flandern quälten, wollte offenbar, dass man jetzt auch im Reich mit ziemlicher Radikalität vorgehen sollte. Und er hat dafür ein kräftiges Bild: „Hundert, ja tausend Schüsse mit Hagel (Schrot) machen kein Loch in die Planke, die der erste Schuss mit der Kugel unfehlbar durchlöchern würde." Die Schrift wurde 1694 in Amsterdam gedruckt.

Es ist wahr, Leibniz ist ein leidenschaftlicher Patriot, und mit diesem Aufruf zum Volkskrieg gegen Frankreich hat er ein Thema gefunden, das ihn stark bewegt. Die nächsten zwanzig Jahre über wird er noch unzählige flammende Texte entwerfen, die dazu aufrufen, Frankreich zu bändigen und ihm seine Eroberungen nicht zu lassen.

Wie empört er über die Feldzüge Ludwigs XIV. war, zeigt auch seine Korrespondenz. Der hannoversche Resident in Paris, Christophe Brosseau, den er noch aus seiner Pariser Zeit kannte, war,

obwohl in welfischen Diensten, Franzose und verteidigte in Briefen an Leibniz die Politik seines Königs, der am Krieg nicht schuld
und voller Friedensabsichten sei. Die Anlehnung Hannovers an das
Reich, also an das Haus Habsburg, gefiel dem Residenten nicht,
denn sie könne, meinte er, die deutsche Freiheit beschädigen. Leibniz hat seine Antwort mehrfach umgeschrieben, er wägt seine
Worte. Während er Format und Grösse Ludwigs XIV. nicht be-
zweifeln möchte, verurteilt er dessen Politik als unaufrichtig. Kein
deutscher Patriot könne es hinnehmen, wie der König von Frieden spreche, jedoch eine Politik betreibe, die sich zum Ziele
gesetzt habe, das Reich zu spalten. Auch Leibniz tritt für einen baldigen Frieden ein, doch müsse der König den Deutschen die
Furcht nehmen, gleich wieder von Frankreich ruiniert zu werden.
Bei einem Friedensschluss solle eine neutrale Zone, eine Barriere
von den Franzosen dem Reich zugestanden werden. Das garantiere
am besten die Sicherheit für alle.

Auch sonst wächst in diesen Jahren bei Leibniz die Vaterlands-
liebe. Er will die deutsche Sprache gefördert und erforscht sehen
und regt 1693 in diesem Sinne die Mitglieder des ‚Collegium historicum‘ dazu an, die deutschen Mundarten zu beschreiben. Er
wünscht sich auch ein Wörterbuch der wissenschaftlichen
Ausdrücke und will den Wortschatz des Handwerks und anderer
Berufe gesammelt wissen. Selbst an eine Sammlung friesischer
Eigennamen ist gedacht. Er tadelt Gelehrte, die sich mit fremden
Sprachen und Altertümern beschäftigen, statt zu erforschen, „was
unter unseren Füssen liegt". Heimatgeschichte scheint ihm jetzt
das Schönste. Er geht auch selbst mit gutem Beispiel voran und
beginnt, mehr auf deutsch zu schreiben, zum Beispiel die Betrachtung ‚Von der Weisheit‘. Darin finden sich viele kluge Worte, etwa:
„Denn so viel ist unser Leben für ein wahres Leben zu schätzen,
als man darin wohlthut." Oder: „Die Freude ist eine Lust, so die
Seele an ihr selbst empfindet." Zu einer passenden Gelegenheit,
die man leider nicht mehr kennt, verfasst er im Jahr 1695 das
‚Hochzeit-Praesent, bestehend in sehr leichten Regeln, dadurch
zwischen Eheleuten eine beständige Liebe und Vergnügung zu
erhalten‘, mit Empfehlungen, die für einen Junggesellen erstaunlich lebensnah scheinen und auch heute noch nützlich zu lesen
sind, zumal sie die Gleichberechtigung der Ehefrau fordern.

Von Gewicht sind seine ‚Unvorgreiflichen Gedanken betreffend
die Ausübung und Verbesserung der Teutschen Sprache‘. Vorge-

schlagen wird darin die Gründung einer Gesellschaft, die sich der Sprache annimmt, so ähnlich wie er es im Jahre 1679 in seiner ‚Ermahnung an die Teutschen' getan hatte. Es gab bereits seit fünf Jahrzehnten eine gelehrte Debatte darüber, wie das Deutsch modernisiert werden könnte. Einige dieser Sprachverbesserer schlugen neue Endungen vor (Brüdere, Nachfolgere), andere wollten das ‚Sch' weitgehend abschaffen, jedenfalls vor Konsonanten (Swert, slagen, Smuck), auch kk sollte statt ck durchgesetzt werden. Die Schreibung „teutsch" beruhte ebenfalls auf solch einer unseligen gelehrten Reform, sie wurde bereits 1641 in der ersten Auflage von Schottels ‚Teutscher Sprachkunst' vorgeschrieben. Damit wollten diese selbsternannten Deutschtümler die angeblich richtige Ableitung des Namens von den Teutonen bezeugen. Diese Form ‚teutsch' wurde Mode, und Schottel konnte 1676, am Ende seines Lebens, feststellen, sie habe sich nun auch in Amtsschreiben durchgesetzt. Leider. Hundert Jahre später wirkte das lächerlich, und man kehrte zum guten alten „deutsch" zurück.

An diesen Bestrebungen, neue Regeln zu erfinden, hat sich Leibniz nicht beteiligt. Er dachte sich, die Sprache könne nur dann gewinnen, wenn gebildete Menschen aus lauter Freude miteinander ins Gespräch kämen, weil sich dann ein reineres, dabei elegantes Deutsch von selbst entwickeln werde. Damit hatte er wirklich ein besseres Urteil als die selbsternannten ‚Grammatiker' mit ihren Eingriffen und ihren Vorschriften. Sprachkultur entsteht durch kultiviertes Sprechen. In diesen patriotischen Zeiten streicht Leibniz seine Muttersprache sogar ein wenig gegen andere heraus. „Daher ich bei denen Italiänern und Franzosen zu rühmen gepfleget: Wir Teutschen hätten einen sonderbaren Probierstein der Gedanken, der andern unbekant; und wann sie denn begierig gewesen, etwas davon zu wissen, so habe ich ihnen bedeutet, daß es unsere Sprache selbst sey; denn was sich darin ohne entlehnte und ungebräuchliche Worte vernehmlich sagen lasse, das seye würklich was Rechtschaffenes." Diese Echtheitsprobe kannte Leibniz allerdings schon aus seinem Studium, denn auch sein Lehrer Weigel in Jena hatte sie angewandt, um verstiegene Behauptungen zu entlarven.

Aber Leibniz war kein Fremdwort-Hasser, wie es manche der damaligen Sprachfreunde waren. Bei denen erkannte er eine „abergläubische Furcht" vor jedem fremden, aber passenden Wort. „Was die Einbürgerung betrifft, ist solche bey guter Gelegenheit nicht

auszuschlagen, und den Sprachen so nützlich als den Völkern", heisst
es mit kluger Gelassenheit in den ‚Unvorgreiflichen Gedanken'. Der
Mode, neue deutsche Worte zu erfinden, war er jedoch wohlgesinnt.
So übernahm er neue ‚Kunstworte' wie ‚herzinnig' (für französisch
tendre), Gesichtskreis (für Horizont), Einteilung (für digestio),
Abteilung (für dispositio) oder Abriss (im Sinne von Plan, Entwurf).
Dagegen hat er ‚Beweggrund' (für Motiv) verworfen: „Beweggrund
ist kein guth worth, der grund beweget nicht sondern macht
ruhen." Andere Wörter sind ihm aus der Sprache der deutschen
Mystiker zugeflossen: ‚Einbilden', im Sinne von Imagination, ‚Würkung' (statt Effekt) oder ‚Quelle' (im übertragenen Sinne). Eigene
Bildungen sind wohl Worte wie ‚Ursätze' (für Axiome), ‚Formschluss' (für Syllogismus) und ‚Überschritt' (für Extrem).

Leibniz versuchte sich auch mit deutschen Reimen und bewunderte den Dichter Martin Opitz (1597-1639). Ihm selbst sind die
schönsten Verse wohl in lateinischer Sprache gelungen, doch auch
seine deutschen Gedichte zeigen, dass er sich auf das ‚Opitzieren'
durchaus verstand. Sie sind ohne Prunk und Künstlichkeit, lieben
aber alle die Pointe, zu deutsch die Gedankenspitze. Er wurde auch
zum Publizisten, weil es, wie erwähnt, eine deutschsprachige Zeitschrift gab, die ‚Monathlichen Unterredungen', herausgegeben von
Wilhelm Ernst Tentzel. Weil man hier eine grosse Leserschaft hatte,
wurde das Blatt von Leibniz sehr geschätzt. Nehmen wir ein Beispiel. Mit Sorge berichtet er, dass manche Gerichtsprozesse angeblich nur mit Anwendung der Folter zum Abschluss gebracht werden können. Anlass ist ein Verfahren gegen Juden, denen man
Ritualmorde an Christenkindern unterstellt hatte. Um gegen die
grausame und unsinnige Folter einzuschreiten, beruft sich Leibniz
auf die ‚Cautio criminalis', ein revolutionäres Buch, mit dem der
Jesuit Friedrich Spee zwei Generationen vorher (1631) gegen die
Hexenprozesse angekämpft hatte. Wie Spee lehnt Leibniz die Folter ab und setzt bei der Gelegenheit dem tapferen Jesuiten, dem
Menschenfreund und mystischen Liederdichter ein Denkmal. Ausgerechnet Herausgeber Tentzel hält jedoch Ritualmorde durch
Juden für denkbar, und Leibniz muss auch noch gegen dieses Vorurteil angehen.

Die Affäre Königsmarck   Im Welfenhaus kündigte sich, zweieinhalb
Jahre nach der Prinzenverschwörung, eine neue Katastrophe an.
Leibniz muss es auch gehört haben: Die lebenslustige, bildschöne

und überaus kokette Kurprinzessin Sophie Dorothea, die Tochter des Celler Herzogs und Gattin des Kurprinzen Georg Ludwig, hatte eine Affäre mit dem aus Schweden stammenden, inzwischen in sächsischen Diensten stehenden General Graf von Königsmarck. Darüber sprach man seit Jahren. Beim Karneval des Vorjahres, 1693, war beider Verliebtheit und gegenseitige Eifersucht unübersehbar gewesen. Hofleute hatten das Paar gewarnt.

Am 11. Juli 1694, einem Sonntag, wurde die Schlosswache in Hannover nachts verstärkt, und der Durchgang über den Schlosshof nach der Neustadt war die nächsten Tage über gesperrt. Man munkelte, dass die Bediensteten des Grafen Königsmarck vier Tage später, am 15. Juli, eine Vermisstenmeldung gemacht hätten. Auch hörte man, die Kurprinzessin habe Hausarrest, ihre Räume seien durchsucht worden. Eine weitere Woche später, am 22. Juli, wurde die Vertraute der Prinzessin, ihre Hofdame Eleonore von dem Knesebeck, verhaftet und im Beisein des ganzen Ministeriums vom Premierminister Graf Platen und dem Vizekanzler Ludolf Hugo eingehend verhört. Dann erfuhr Leibniz wohl die amtliche Lesart: Vom Verbleib des Grafen Königsmarck wisse man nichts, es gebe keine Verbindung zwischen seinem Verschwinden und dem Wunsch, den die Kurprinzessin seit langem gehegt habe, sich von ihrem Gemahl zu trennen. Anfang August (1694) wurde folgende Version offiziell den Auslandsvertretungen von Celle und Hannover mitgeteilt: Durch die Intrige böser Menschen sei eine Kälte zwischen der Kurprinzessin und ihrem Gemahl eingetreten. Der Widerwille der Kurprinzessin sei durch die Schuld der Kammerjungfer Knesebeck in solchem Masse vermehrt worden, dass sie sich entschlossen habe, sich von ihrem Ehegatten zu trennen. Ihr Vater, Herzog Georg Wilhelm, habe ihre Absicht, zu ihm zu ziehen, abgelehnt und sie in den Flecken Ahlden führen lassen, wo sie Hausarrest habe. Die Knesebeck habe man von ihr getrennt und in Arrest gesetzt.

Wir wissen nicht, ob Leibniz mehr ahnte, als diese offizielle Version angab. Er wird sich immerhin die Frage gestellt haben, die sich alle stellten: Wo ist Graf Philipp Christoph Königsmarck? Darüber verlor der Hof kein Wort. Die Gerüchte wollten ganz anderes wissen, und auch von ihnen wird Leibniz gehört haben: Vier starke Kerls oder Gardisten hätten ihn beseitigt.

Dem Grafen von Königsmarck war Leibniz wenigstens einmal begegnet, denn der hatte im Vorjahr den kurfürstlichen Bibliothekar Leibniz gebeten, ihm einen Schriftsteller zu nennen, „der die neusten Denckspüche erfunden", und erhielt daraufhin das Werk eines Franzosen ausgeliehen. Königsmarck wollte mit diesem Buch offenbar jenen Gönnerinnen aus der hannoverschen Gesellschaft (und er hatte viele) eine Anregung geben, die den Wunsch hatten, ihm, bevor er ins Feld zog, für seine Standarten einige Bänder mit Sinnsprüchen zu besticken. Auch der berühmt schönen Schwester des Verschwundenen, Aurora, die zur Geliebten Augusts des Starken von Sachsen wurde, ist Leibniz begegnet. Das war nur einen guten Monat vor der Unglücksnacht, als die Kirche beim neuen Schloss der Wolfenbütteler, Salzdahlum, geweiht wurde. Danach veranstaltete man ein Fest, das den Einfallsreichtum des Herzogs Anton Ulrich zeigte. Damals notierte Leibniz, der wohl ebenso wie Anton Ulrich entzückt war von der Gräfin: „Madame la comtesse Maria Aurora von Königsmark, die daran teilnahm, sprach darüber an der Tafel in geistreichen Worten, die mir Gelegenheit gaben, einen Vierzeiler vorzutragen." In diesen Zeilen hatte Leibniz den Herzog als Apoll, die Gräfin als Muse gerühmt. Zum tragischen Hofskandal um den Grafen Königsmarck finden wir aber in seiner Korrespondenz oder seinen Notizen nichts.

Wer die Mörder waren, blieb damals unbekannt, nur der allwissende dänische Gesandte in Wolfenbüttel, Mencken, scheint auch hier genaue Kenntnis gehabt zu haben. Aus seinem Bericht nach Kopenhagen weiss man: Täter waren zwei Kumpane von Königsmarck, nämlich Oberkammerjunker Wilken Klencke (der drei Jahre später als Oberkammerherr starb) sowie der Hofkavalier Philipp Adam von Eltz (er wurde hannoverscher Minister). Und es waren zwei Gegner von Königsmarck, nämlich Hans Christoph von Stubenvol, der eine uneheliche Tochter des Kurfürsten geheiratet hatte, und der italienische Geistliche Don Nicolo Montalban, der wohl den tödlichen Stich führte. Er bekam vom Hof 10 000 Taler, mit denen er seine Schulden bezahlte. Bald ging er in seine italienische Heimat zurück, wo er an der Hofkirche zu Mantua zum Archidiakon aufstieg, aber schon ein Jahr später starb.

Die Kurprinzessin wurde im ländlichen Palais zu Ahlden eingesperrt und durfte ihre Kinder nie mehr sehen. Diese Strafe für eine romantische, ausschweifende Liebe wirkt um so grausamer, als der Kurprinz Georg Ludwig sich ungeniert Mätressen hielt. Den Zeitgenossen erschien die völlige Ungleichbehandlung des einen und des anderen Ehebruchs damals ganz gerechtfertigt. In den Herrscherhäusern hatten die Ehefrauen völlige Treue zu bewahren, damit gesichert war, dass ihre Kinder ehelich und damit standesgemäss und erbberechtigt waren. Es ist nicht bekannt, was Leibniz über den Mord am Liebhaber der Prinzessin und über das Schicksal der Verstossenen gedacht hat.

Hoffnung auf den Titel Geheimer Rat   Als hätte Leibniz nicht schon genug zu tun, ist er in den Jahren 1693 bis 1695 wieder viel im Harz gewesen, um es dort nacheinander mit drei Projekten zu versuchen. Das soll hier nicht ausführlich dargestellt werden, schon deshalb nicht, weil die Fehlschläge deprimierend waren. Erst erprobte er nochmals die Erzförderung mittels des Endlosen Seils, dann gab er eine neuartige Pumpe in Auftrag, schliesslich verfolgte er die Idee, aus dem Rauch der Hüttenwerke noch Metall zurückzugewinnen, das sich angeblich an den Wänden der Schornsteine ablagert. Gerade dieses Projekt hielt er für hoch gewinnträchtig, irrte sich aber in allen Einzelheiten.

So wenden wir uns lieber dem zu, was wirklich fertig wurde. Im Mai 1693 konnte er ein Werk drucken lassen, für das er jahrelang gearbeitet hatte, und zeigte sich damit von einer neuen Seite – wobei offen bleibt, ob es für ihn eine Last oder ein Segen war, dass sein Leben diese Richtung eingeschlagen hatte. In Hannover erschien sein grosser Sammelband ‚Codex juris gentium diplomaticus‘ (übersetzt etwa: Urkundensammlung des Völkerrechts). Die meisten dieser alten Dokumente nahm er aus den Schätzen der Wolfenbütteler Bibliothek. Auf die Idee, sie herauszugeben, war er fast zufällig gekommen. Der kaiserliche Bibliothekar von Nessel hatte eine Reihe von Staatsverträgen drucken lassen und Leibniz um Ergänzungen für eine Neuauflage gebeten. Beim Suchen stiess Leibniz auf sehr wertvolle Stücke, was ihn auf den Gedanken brachte, lieber eine eigene Sammlung juristisch-diplomatischer Urkunden zusammenzutragen. Dieser Anstoss hat sein Leben verändert, das Herausgeben alter Texte erschien ihm nun für Jahre als eine überaus verlockende Aufgabe.

Natürlich war die Tätigkeit auch verdienstvoll. Vorgänger von Nessel hatte nur Friedensverträge veröffentlicht und sein Buch als Orientierung für Historiker und Diplomaten gedacht. Leibniz ist mehr Jurist, daher will er an Beispielen prüfen, ob sich die Grundsätze, die einst der holländische Begründer des Völkerrechts, Hugo

Grotius, entwickelt hatte, aus den bereits geschlossenen Staatsverträgen ableiten lassen. Internationale Gesetze gab es damals noch nicht, so mussten es Verträge sein, die als Material dienten. Dank dieser Sammlung gilt Leibniz als ein bedeutender Förderer der Wissenschaft vom Völkerrecht. Für seinen ‚Codex' erstrebte er ein kaiserliches Privileg, das den unbefugten Nachdruck verhindern sollte. Das wurde durch den Wolfenbütteler Hof in Wien auch erwirkt, doch Leibniz war enttäuscht, dass es nur für zehn Jahre gelten sollte. Erstaunt und verärgert aber zeigte er sich darüber, dass er im Text des Privilegs als ‚Braunschweig-Lüneburg-Wolfenbüttelscher Bibliothecarius' bezeichnet wurde, was der zuständige kaiserliche Beamte, zur Rede gestellt, als Versehen bezeichnete. Bibliothekar wollte er nie genannt werden.

Hergestellt hat das Werk der hannoversche Hofdrucker Samuel Ammon, den Verkauf will Leibniz zusammen mit dem Drucker selbst organisieren, ohne den Buchhandel, oder jedenfalls in Konkurrenz zu ihm. Auf der Leipziger Buchmesse verweigern sich die Buchhändler dem Drucker Ammon. Leibniz selbst verschickt, wie es damals üblich war, das Titelblatt stapelweise als Prospekt und gewinnt auch Helfer. Der hannoversche Resident in London, de Beyrie, kann jedoch keinen Londoner Buchhändler für den Vertrieb gewinnen, während der Pariser Resident Brosseau immerhin melden kann, dass die Titelblätter, die er an französische Gelehrte verteilen sollte, nicht ausgereicht hätten. Auch die Familie hilft mit. Leibniz' Neffe Friedrich Simon Löffler reist 1693 nach dem Ende seiner Studien durch Norddeutschland, dann nach Holland. Er sucht die bekannten Theologen und Historiker an den Universitäten auf, verteilt die Titelblätter und bittet bei der Gelegenheit auch gleich um Abschriften weiterer Urkunden für den geplanten zweiten Band seines Onkels. Johann Friedrich Leibniz, der Halbbruder in Leipzig, sorgt für die Verteilung der Titeldrucke und der Geschenkexemplare des Codex, die für den Hof in Dresden und Berlin bestimmt waren. Geschenkexemplare zu verschicken an Höfe wie Florenz oder Stockholm oder an grosse Gelehrte war für den Verfasser eine Pflicht, aber ebenso aufwendig wie die übrige Werbung. Trotz aller Mühen will sich der Codex über Jahre nur ganz schlecht verkaufen. Der Versuch, den Buchhandel teilweise zu umgehen und direkt an die Leser zu verkaufen, wurde von den Händlern so massiv mit einem Boykott beantwortet, dass Leibniz seine Idee eines eigenen Vertriebs aufgeben musste.

Trotzdem schmiedete er weitere Pläne und wollte auch Akten zur europäischen Geschichte herausgeben. Die wurden für den nächsten Herbst (1694) schon als ‚Accessiones historicae' angekündigt. Er hatte schöne Stücke beisammen, es gab schon ein Inhaltsverzeichnis, er liess bereits die Seiten numerieren, aber dann waren doch einige Texte noch unvollständig dokumentiert. Es war zudem schwer, nochmals einen Drucker zu finden, und so wird dieses Quellenwerk erst viel später, 1698, erscheinen.

Der Eifer ist gross. Um an alte Urkunden zu kommen, schreibt Leibniz viele Briefe. Oft sind es Diplomaten, die ihm helfen sollen. Doch auch für die Geschichte der Welfen fahndet er nach Quellen. Als besonders ergiebig erweist sich dabei die Korrespondenz über die Geschichte des Hauses Este mit dem Pariser Historiker und Genealogen Charles René d'Hozier. Als Leibniz von dritter Seite erfährt, dass Hozier für seine ständigen Mitteilungen eine Belohnung erwartet, ist er zunächst verstimmt, denn wohin soll es führen, wenn das unter Gelehrten üblich würde? Schliesslich sieht er ein, dass nicht jeder in so gesicherten Verhältnissen lebt wie er, und findet sich bereit, bei den Höfen in Hannover und Celle eine ‚Remuneration' für Hozier anzuregen, die endlich, im Jahre 1699, auch gewährt wird.

Von der Welfengeschichte ist noch keine Zeile fertig, aber das Konzept wird erkennbar. Daher lässt Leibniz sich jetzt (1693) von seinem Kurfürsten die Erlaubnis geben, das Werk für den begrenzten Zeitraum von 768 bis 1235 zu verfassen, also bis zur Entstehung des Herzogtums Braunschweig-Lüneburg. Er schlägt vor, alles in Annalenform auszuführen, einer Darstellungsweise (Jahr für Jahr fortschreitend), die gründlich ist und die er besonders schätzt. Doch es zeigt sich ein Dilemma: Der Hof erwartet ein gut lesbares Buch zum höheren Ruhm des Hauses, Leibniz aber treibt Quellenstudien, die sich zu einer gelehrten Geschichte des Abendlandes im früheren Mittelalter auszuweiten drohen. Noch ist der Hof allerdings mit ihm nicht unzufrieden, lässt ihn seine Studien treiben und glaubt, das Werk, das man dringend erwartet, weil damit Politik gemacht werden soll, werde durch diese Gründlichkeit allenfalls ein wenig verzögert.

Auch etwas Vorzeigbares ist jetzt fertig. Im November 1694 hat Leibniz den Teil, der als Einleitung zur Geschichte der Welfen gedacht ist, die ‚Protogaea', vollständig ausgearbeitet und meldet es dem Kurfürsten Ernst August nicht ohne Stolz. Dabei geht es, wie erwähnt, um die Erd- und Naturgeschichte des niedersächsischen Raumes vor dem ersten Auftreten der Menschen. Er könne sich, teilt Leibniz mit, künftig der Frühgeschichte zuwenden. Anscheinend hält Leibniz das alles für eine gute Nachricht und nutzt die vermeintliche Gunst der Stunde, um erneut seine Ernennung zum Geheimen Rat anzuregen, wobei es ihm, wie er hervorhebt, mehr auf die Verleihung des Titels als auf die Erhöhung des Gehalts ankomme.

Er macht es dringend und schreibt: „Es ist mir etlicher massen schimpflich bey habender reputation in der welt, dass es scheinet, man mache nirgend weniger staat von mir als wo ich bin." Dabei erwähnt Leibniz noch, er sei in Hannover geblieben, obgleich man ihm am kaiserlichen Hof in Wien die Stelle eines Reichshofrats habe geben wollen, die angesehener und weit besser dotiert sei. Er zählt auch auf, was er geleistet hat: die Korrespondenz mit den bedeutendsten Gelehrten Europas, „so auch vielleicht E. Churf. Durchlaucht selbst zu dienst und glori gereicht", seine massgebliche Beteiligung an den Reunionsverhandlungen, die Rechenmaschine, die nun fertig sei, sowie die Beratung der Minister in diffizilen staatsrechtlichen Fragen. Die neuesten Experimente im Harz erwähnt er lieber nicht. Trotzdem darf man ihm zustimmen, wenn er feststellt, er glaube nicht, „dass einer weit und breit sey, der so viel arbeite als ich".

Einmal im Aufzählen seiner Tätigkeiten begriffen, weist Leibniz seinen Kurfürsten noch auf ein Projekt hin, das er gemeinsam mit seinem Freund Johann Daniel Crafft betreibt. Sie wollen den französischen Branntweinexport zum Erliegen bringen, indem sie die Gründung einer englisch-niederländischen Handelsgesellschaft betreiben. Dieses Projekt nennt Leibniz vor seinem Kurfürsten „eines von den wichtigsten dingen in der welt", weil es – jetzt im Kriege – Frankreichs Wirtschaftsmacht brechen soll. Ernst August könne sich grosse Verdienste erwerben, wenn er König Wilhelm III. von England dieses Unternehmen empfehlen würde und auch den Kaiser und den Kurfürsten von Brandenburg dafür erwärmen könnte.

Man mag es für einen Missgriff halten, dieses Projekt hier vorzutragen, denn ein privates Unternehmen konnte der Kurfürst kaum fördern, und es scheint fraglich, ob Leibniz damit sein Ansehen vergrössert hat. Ihm mag die Bemerkung auch nur schnell in die Feder geflossen sein, weil er gerade jetzt, da die ‚Protogaea' fertig ist und er dem Kurfürsten den Branntwein empfiehlt (November 1694), auf dem Sprung ist zu einer Reise in die Niederlande, von der der Hof allerdings nichts erfahren darf. Es geht genau um die erwähnte Branntweindestillation mit Hilfe des Zuckers, den die Holländer aus ihren Kolonien einführen. Crafft und Leibniz wollen eine Gesellschaft gründen, die mit karibischem Rum den französischen Cognac vom Markt drängt. In dieser Angelegenheit war Leibniz kurz zuvor schon nach Harburg gereist und hatte allerlei Verbindungen aufgenommen. Zu den wenigen, die ins Vertrauen gezogen waren, gehörte Craffts Gönner Wilke Freiherr von Bodenhausen auf Arnstein, den Leibniz auf der Rückreise besuchte, weil er ein Bruder des Abtes Bodenhausen in Florenz war, der als Mathematiker zu Leibnizens grössten Verehrern zählte.

Aus dem Projekt wird nichts, und es ist nicht das erste, bei dem Leibniz seinem Freund vergeblich zu helfen versucht hat. Im Jahr zuvor (1693) hatte er den Unternehmer Crafft, dessen abenteuerlichen Lebensweg er dabei ausführlich schildert, den Wolfenbütteler Herzögen empfohlen, damit sie ihn in ihre Dienste nähmen. Was Leibniz seit langem mit Crafft verbindet, ist schwer zu sagen. Gewiss bewunderte er den älteren Freund, der zu ungezählten Taten aufbrach und ebenso viele Niederlagen hinnehmen musste. Wenn er ihn unterstützte, so geschah es sicherlich auch, um dem Wohl des Landes zu dienen, in diesem Fall, um den mächtigsten Feind des Reiches zu schwächen. Beide Freunde wünschten insbesondere die Wirtschaft und damit die Staatsfinanzen zu fördern. Aber Leibniz suchte auch für sich selbst den Erfolg. Es zog ihn in diese Kreise der umherfahrenden Glücksritter, er wollte durchaus mitmachen und als Unternehmer beteiligt sein, auch am Gewinn, ob es nun um eine Farbenfabrik in Österreich, um den Hüttenrauch im Harz oder den Rum aus karibischem Zuckerrohr ging. Zum Abenteuer drängte es ihn, doch ebenso zum Geld. Deshalb hat er sich immer wieder um Nebeneinnahmen bemüht, etwa in Wolfenbüttel und Celle. Dieser Drang nach Einkünften wird bei ihm allmählich zur zweiten Natur. Doch wie bei vielen Menschen, die geldgierig wirken, ist es gewiss nicht das Geld selbst, das ihn anzieht, sondern das Motiv ist die Beruhigung seiner Angst, eines Tages mittellos dazustehen und im Alter ganz zu verarmen. Wegen dieser Existenzangst steht in seinem Arbeitszimmer eine wohlverschlossene Truhe, die sich mehr und mehr mit Geld und Wertpapieren füllt.

Welfen und Este vereint Im November (1694) hatte Leibniz, wie
geschildert, dem Kurfürsten seine ‚Protogaea' überreicht und ihn
dabei etwas unmotiviert gebeten, sich für die Rum-Destillation zu
verwenden. Zugleich hatte er ihm versprochen, im nächsten Jahr
etwas zur Welfengeschichte vorzulegen, und er wurde diesmal tatsächlich fertig. Es war sein Beitrag für eine Hochzeit, die am 28.
November 1695 in Hannover stattfand, die Eheschliessung zwischen Prinzessin Charlotte Felicitas, Tochter des verstorbenen Herzogs Johann Friedrich, und dem Herzog Rinaldo III. von Modena.
Schon die Hochzeit selbst war ein wenig auch ein persönlicher
Erfolg von Leibniz, denn sie führte nicht nur die beiden Häuser
wieder zusammen, deren gemeinsamen Ursprung er erforscht
hatte, sondern sie war auch (wenigstens im Prinzip) von ihm einst
1690 in Modena angeregt worden. Damals hatten seine Bemühungen freilich dem jungen Herzog Francesco II. gegolten, der jedoch
wenig später eine Cousine geheiratet hatte. Als er bald darauf kinderlos starb, wurde sein Onkel, der Kardinal Rainald (Rinaldo),
den der Papst dazu aus seinem Purpur entlassen hatte, der neue
Herzog. Damit war die gleiche Lage gegeben, die Leibniz schon
fünf Jahre zuvor bei seinem Besuch in Modena vorgefunden hatte:
Der Herzog brauchte eine Frau, und wieder bot Hannover dieselbe katholische Prinzessin an. Da wurde dem Herzog von dritter
Seite zugeraunt, die hannoversche Prinzessin sei „so fett wie ihr
Vater" und es bestehe keine Aussicht auf Kindersegen. Empört
widersprach Ernst August, dem das zugetragen worden war:
Gerade die kräftige Statur und „Komplexion" von Charlotte Felicitas biete die beste Gewähr für Nachkommenschaft! Es gelang tatsächlich, Herzog Rainald, der die ihm Vorgeschlagene nie gesehen
hatte, umzustimmen.

Die vorläufige Hochzeit fand, wie erwähnt, am 28. November
1695 statt, im Leineschloss, der Heimat der Braut, wobei sich der
Bräutigam, wie damals üblich, vertreten liess, weil hohe Herren die
eigentliche Hochzeit in ihrer Residenz zu feiern wünschten. Leibniz hatte zu dieser Vorfeier eine historische Festschrift, die ‚Lettre
sur la connexion des maisons de Brunswick et d'Este', fertig, eine
gelehrte, aber auch feierliche und lesbare Darstellung der alten
Bindungen zwischen beiden Fürstenhäusern, die zugleich – durch
einen Italiener in Hannover übersetzt – auch auf Italienisch vorlag.
Der Text war so hoch offiziell, dass der Geheime Rat ihn mehrfach
geprüft und selbst bei Kleinigkeiten noch Änderungen gewünscht

hatte. Das gleiche galt für Leibnizens Entwurf einer Gedenkmünze, die natürlich auch nicht fehlen durfte.

Die Schrift, zugleich als Probe für die künftige Welfengeschichte vorgelegt, fand auch in der Öffentlichkeit ein starkes
Echo, und das hat Kurfürst Ernst August sicherlich mit dazu veranlasst, Leibniz ein gutes halbes Jahr später, im August 1696, mit
einer Sonderzuwendung zu bedenken. Leibniz selbst versandte die
‚Lettre' an viele seiner Korrespondenten im In- und Ausland.
Allein in Italien liess er durch Magliabechi vierzig Exemplare der
italienischen Fassung verteilen. Die Arbeit wurde dort freundlich
rezensiert, in Paris sogar im ‚Journal des Sçavans'. In Regensburg,
der Stadt des Reichstags, kursierte ein nicht autorisierter Nachdruck (so etwas war ärgerlich, galt aber zugleich als Auszeichnung). Der Text erschien auf Deutsch auch in Tentzels ‚Monathlichen Unterredungen'. Also spürte Leibniz viel Anerkennung,
auch in Hannover.

Nachfolger eines quälenden Vorbilds   Am Hof zu Berlin gab es einen
hohen Diplomaten, Ezechiel Spanheim, der es mit Leibniz an
Gelehrsamkeit fast aufnehmen konnte. Man kannte sich, denn er
war im Januar 1693 auch in Hannover gewesen. In beider reger
Korrespondenz ging es um die Bestimmung griechischer Münzen,
um Rangfragen (stehen die Kurfürsten höher als der Herzog von
Savoyen?) oder um die Ursprünge der deutschen Sprache. Am 30.
November 1694 kommt Leibniz wie von ungefähr auf ein Thema
zu sprechen, das ihn in Wirklichkeit ziemlich aufwühlt: „Ihre
grosse Güte ermuntert mich, Ihnen einen Gedanken nahezulegen,
der mir kürzlich kam. Ich weiss nicht, ob man bereits daran denkt,
die Stelle des verstorbenen Samuel von Pufendorf wieder zu besetzen ..." Leibniz will also Nachfolger des grossen Berliner Hofgeschichtsschreibers werden und bittet Spanheim, bei der Kurfürstin
Sophie Charlotte oder dem Minister Danckelman zu sondieren, ob
er sich wohl Hoffnung machen könne.

Pufendorf, im Oktober gestorben, war einer der berühmtesten
Gelehrten seiner Zeit gewesen, und, ohne dass es jemand wissen
konnte, seit eh und je die Hassliebe von Leibniz. Gut 14 Jahre älter
als Leibniz, war er für ihn vorbildlich wie ein grosser Bruder und
ebenso unerträglich. Er war auch Jurist, auch Sachse und auch in
Jena Schüler von Erhard Weigel gewesen. Als Leibniz dort studierte, hörte er von dem Gerücht, Pufendorf habe sein Buch, das

ihn früh berühmt gemacht und ihm eine Professur in Heidelberg eingebracht hatte, die ‚Elemente des Naturrechts', dem Kolleg von Weigel entlehnt. Leibniz wollte als junger Mann in Mainz, während er sich beim Kaiser als Zensor bewarb, ein Buch von Pufendorf am liebsten verbieten lassen, in dem (so schien es) das deutsche Reich verhöhnt wurde. Leibniz empfand zeitlebens eine persönliche Abneigung gegenüber diesem erfolgreichen Neuerer, der das Recht nicht mehr auf Gott, sondern die Natur zu gründen schien. Von Heidelberg ging Pufendorf nach Schweden, zuerst als Professor, dann als Hofgeschichtsschreiber. Zuletzt hatte ihn der Berliner Hof gewonnen, ebenfalls als Historiographen, wo er noch sechs Jahre lang wirkte. Den Freiherrntitel hatte er auch noch erworben, in seinem Todesjahr.

Die persönlichen Beziehungen der beiden Konkurrenten waren spärlich, aber unglücklich gewesen. Im März 1693 hatte ihm Leibniz seinen ‚Codex juris gentium' angekündigt und um weitere alte Urkunden gebeten. Doch der grosse Mann wollte nicht behilflich sein und versteckte noch einen Vorwurf in der Absage: Er selbst habe sich nie die Zeit für solche Dinge genommen, wie Leibniz sie wünsche, weil es ihm wichtiger gewesen sei, die unmittelbar vor ihm stehende Aufgabe zu Ende zu bringen. Offenkundig wusste auch Pufendorf, dass Leibniz seit acht Jahren an der Welfengeschichte sass, ohne dass etwas vorlag, und dass er sich jetzt statt dessen mit Völkerrecht beschäftigte. Er selbst, so stand da zwischen den Zeilen Pufendorfs, bringe die Aufgaben, die er übernommen habe, schnell zu Ende. Das muss Leibniz getroffen haben, nicht zuletzt weil es stimmte: Pufendorf war auch in Berlin schon wieder mit seinem Auftragswerk fertig geworden, genauso wie zuvor in Stockholm. Kurz darauf wurde Leibniz noch eine Intrige zugetragen. Im April 1694 hörte er, Pufendorf reise nach Stockholm und wolle sich dort für ihn und seinen Wunsch nach Urkunden verwenden. Dann schrieb der Stockholmer Geschäftsträger der Welfen jedoch an Leibniz, Pufendorf habe sich im Gegenteil heftig dagegen ausgesprochen, dass aus Schweden etwas nach Hannover geschickt werde.

Und nun drängte es Leibniz, diesen Mann in Berlin zu beerben und ihn damit – so darf man vielleicht vermuten – doch noch einzuholen oder gar zu überbieten. Umgehend berichtet ihm Spanheim über das spontane Interesse des Ministers Danckelman, Leibniz an den Berliner Hof zu ziehen. Er habe allerdings auch

Bedenken geäussert, ob der Wechsel von Hannover nach Berlin nicht auf Schwierigkeiten stossen müsse, weil der hannoversche Hof das als Abwerbung, ja als Affront ansehen könne. In der Antwort von Leibniz spürt man seine Skrupel, er sorgt sich, wie er das neue Engagement mit der Welfengeschichte vereinen könnte, meint aber, diese Arbeit lasse sich mit der Berliner Aufgabe sinnvoll verbinden, da sie ja in wesentlichen Teilen ebenfalls allgemeine Reichs- und Rechtsgeschichte behandele. Doch fürchtet er zugleich, in Berlin als ein Bewerber zu erscheinen, der nicht voll zur Verfügung steht oder der sich einer Pflicht, in diesem Fall der Welfengeschichte, bald zu entziehen pflegt.

Dennoch bewirbt sich Leibniz in Berlin, auch mit einer ausladenden Aufzählung seiner Verdienste und mit einigen Denkschriften, besonders über die Pflege der Wissenschaften, wobei auch an die Gründung einer Akademie gedacht ist. Der Berliner Hof bietet allerdings mit dem Hinweis, die Gelder seien knapp, nur ein geringes Gehalt. Es heisst, die Witwe Pufendorfs bekomme eine Rente, die von den Einkünften seines Nachfolgers abgezogen werden müsse. Darauf kann sich Leibniz nicht einlassen, und die Verhandlungen versanden allmählich. Statt dessen nimmt er sich den Verstorbenen nun persönlich vor. Vielleicht tat er es in dem Groll, nicht einmal sein Nachfolger geworden zu sein. Welche Zurücksetzung! Für ihn wollte Berlin nur gut halb soviel ausgeben wie für einen Pufendorf, er hätte dessen Witwe noch mit durchbringen müssen. Man kann sich denken, was für Kränkungen das waren. Jedenfalls glimmt bei Leibniz eine Wut auf, die wir sonst bei diesem Mann nicht kennen, der so milde erscheinen wollte und der gewiss das war, was man heute harmoniesüchtig nennt. Ja, offen gesagt, es zeigt sich Hass.

Als er hört, es gebe ein nachgelassenes Manuskript Pufendorfs über die Vereinigung der beiden evangelischen Kirchen, äussert er sich gleich skeptisch. Nachdem das Werk erschienen ist, verfasst er – anonym, wie damals üblich – eine Rezension, in der es heisst, alles, was dieser Autor in seinem Leben vorgelegt habe, zeichne sich aus durch Inkompetenz und Anmassung. Seit seinem ersten Erfolg habe er gemeint, er könne über alles schreiben, was ihm nur in den Sinn komme, und Leute, die ihm widersprechen, barsch abfertigen. Man habe dem Verfasser in seinem Leben zu viel Lob gezollt. Auch dem Historiker Pufendorf will Leibniz nur bescheinigen, seine Arbeiten seien lesbar („artig und populariter geschrieben"), bemängelt aber, sie beruhten nicht auf eigenen Forschungen.

Nur wenige Wochen später, im März 1696, liest Leibniz Pufendorfs nachgelassenes Werk über den Grossen Kurfürsten. Einem Briefpartner, dem Berliner Beamten Chuno, nennt er Bedenken. Zwar hatte sogar der Auftraggeber des Werkes, der neue Kurfürst, schon eine Stelle im Buch nachträglich ändern lassen, aber Leibniz meinte, er sei auf weitere problematische Passagen gestossen, die man nicht einfach tilgen könne, so dass ihm eine neue Ausgabe ratsam scheine. Nur mag er den Berlinern seine Kritik noch nicht offen zeigen, da er nicht weiss, wie sie zu Pufendorf stehen.

Im selben Brief erwähnt er auch ein lateinisches Spottgedicht über den Verstorbenen, das ihm vorliege, weist aber jede Sympathie dafür von sich, denn er sei mit dem Verstorbenen gut bekannt gewesen. Das Gedicht besass Leibniz also offenbar schon, bevor es ein halbes Jahr später (September 1696) von Tenzels ‚Monathlichen Unterredungen' veröffentlicht wurde. Es stammt nicht aus seiner Feder, doch muss er es, als man es ihm zugeschickt hatte, noch als zu milde empfunden haben. So nahm er es als Anregung, eine eigene, schärfere Fassung (ebenfalls auf Latein) anzufertigen. Darin verstärkte er den Vorwurf, Pufendorf habe in seinem Werk über den Grossen Kurfürsten den Fehler begangen, Dinge breitzutreten, die besser Geheimnis geblieben wären, und habe Gerüchte wiedergegeben. Die eigene verschärfte Fassung, die sich in Leibnizens Nachlass fand, lautet in deutscher Übersetzung:

Brandenburgs Taten schrieb Pufendorf nieder für Geld.
Ohne Verstand gibt er preis, was man besser verschweigt,
Akten von seinem Herrn, gänzlich vergessend, wie oft
Botschafter nennen Bericht, was als Gerücht sie gehört.
Dümmlich deckt er es auf, sei's seinem Herrn auch zum Schaden,
Oder er macht es noch selbst, boshaft und absichtsvoll, schlimm.

Geistesgestört wie er war, schloss man in Stockholm ihn weg.
Was von der Krankheit ihm blieb, siehst du nun, Stadt an der Spree.
Klug genug war er jedoch, während sein Buch noch im Druck,
starb er und kam damit knapp Spandauens Ketten zuvor.

Leibniz machte dazu noch eine Anmerkung: „Während Pufendorf in Stockholm war, ging er, so wird erzählt, einmal zum König,

erbat sich Geheimaudienz und brachte allerhand Frechheiten über
Räte und andere vornehme Herren vor. Der König, darob erzürnt
und im Zweifel, ob der Mann noch recht bei Verstand sei, befahl,
ihn in Gewahrsam zu nehmen."

Die Geschichte von der Stockholmer Einweisung in eine Irren-
anstalt hatte Leibniz ebenso erfunden wie die Behauptung, nur der
rechtzeitige Tod habe Pufendorf vor der Einlieferung in die
Festung Spandau bewahrt. Das waren offenbar Wunschphantasien,
elegant in Verse gesetzt. Eine solche Schmähung liess sich nicht
einmal anonym unter die Leute bringen, daher hat sich Leibniz
nur vor sich selbst zur Autorschaft bekannt, indem er das Gedicht
mit einem verdeckten Namenskürzel versah: O.V.E. Es ist jeweils
der zweite Buchstabe aus seinen drei Namen, wenn man sie lateinisch schreibt: Godfredus Guilielmus Leibnitius. (Das V war damals
zugleich das U.) Dieses unfreundliche Poem, das die Steigerung
bietet vom Pfuscher zum Kranken und zum Verbrecher, zeigt, wieviel Groll in Leibniz stecken konnte. Seine Aggression verstand er
jedoch meist zu übergehen, indem er andere ausgiebig lobte und
sich selbst bescheinigte, jede fremde Leistung noch – auf ihre Weise
– anerkennen zu können. Das war auch so. Zugleich aber fiel es
Leibniz schwer, eine Niederlage hinzunehmen, und der berühmte
Pufendorf war ihm selbst zu ähnlich gewesen, um nicht die Mess-
latte zu sein, und hatte ihn doch in manchem überboten. Selbst als
er tot war, hatte er dem Jüngeren scheinbar noch eins ausgewischt,
weil man Leibniz bei der Besoldung am Hof zu Berlin nur als halben Pufendorf bewerten wollte. Das alles muss ihn sehr geschmerzt
haben.

Der Philosoph und die Kurfürstin Seine hannoversche Gönnerin
Sophie erteilte ihm einen neuen Auftrag; er sollte wieder ein Buch
für sie prüfen. Der Engländer William Freke hatte Ende 1693 im
Parlament zu London einen Skandal entfacht, indem er dort eine
lästerliche Schrift verteilt hatte, die sich höchst spitzfindig gegen
das Dogma vom dreieinigen Gott wandte. Freke gehörte jener
neuen Richtung an, die nur einen philosophischen Gottesbegriff
gelten lassen wollte. Seine Schrift wurde vom englischen Parlament
verurteilt und von Henkers Hand verbrannt. Nun war sie der
möglichen Thronerbin Sophie zugesandt worden, und Leibniz
musste ihr berichten (er lehnte die Thesen entschieden ab). Immer
wieder liess die Kurfürstin Leibniz aus ähnlichen Anlässen zu sich

Kurfürst Ernst August am Ende seines Lebens, in der Rüstung eines Ritters und mit gewaltiger Perücke, ein offizielles, ein prunkendes Bild. - Kurfürstin Sophie, auch sie ganz als Herrscherin dargestellt, im Prachtgewand vor antiker Kulisse. Die Augen wurden, dem Zeitgeschmack entsprechend, gern übergross gemalt.

kommen und hatte es dabei gern, ihren Hausphilosophen herauszufordern, indem sie ihn mit ihren Zweifeln neckte und zu weiteren Erklärungen provozierte.

Für sie lesen musste er zum Beispiel auch ein Werk des Arztes van Helmont, eines eigenwilligen Philosophen und Esoterikers, den beide schon lange kannten und ebenso wunderlich wie liebenswert und anregend fanden. Nun hatte Helmont über die Hölle geschrieben, und Leibniz hatte es zu referieren, ebenso ein Buch, in dem Helmont beschrieben wurde (,Das göttliche Wesen') und das Werk eines Holländers, der den Glauben an den Teufel gleich ganz abschaffen wollte, was Leibniz zu weit ging. Die Kurfürstin zog ihn ebenso ins Gespräch über Verse, die ihr zugeschickt wurden und die einen Streit glossierten, der in Paris darüber ausgebrochen war, ob die Schauspieler, dieses fahrende Volk, zu den Sakramenten zugelassen werden dürften. Leibniz, der in seinen Pariser Jahren noch selbst den grossen Molière hatte spielen sehen, rühmt das Theater als ein Mittel zur Stärkung der Moral. Beide reden ebenfalls über das Buch eines Engländers, der eine Zeitlang in Dänemark gelebt hatte und seinen Landsleuten nun die dortige Demokratie als die bessere empfal. Auch darüber will Sophie, die schliesslich Aussichten auf den englischen Thron hat, die Meinung ihres Ratgebers hören. Der ist – wohl wie die Kurfürstin – mehr für eine gute Ordnung als für verlockende Freiheiten.

So sind beide vielfältig im Gespräch, aber ihre Beziehung ist schwer einzuschätzen. War Leibniz für die Kurfürstin mehr ein Diener oder mehr ein Freund? Vielleicht war er ein Freund in dienender Funktion, ein intellektueller Unterhalter für die Gemahlin seines Dienstherrn. Die Rolle lag ihm, wie der gelöste, witzige Ton dieser intellektuellen Korrespondenz zeigt. Doch die Herrin gibt den Ton und meist auch das Thema vor. Der Hofrat äussert fast nur Anregungen, von denen er vermuten darf, sie entsprächen den Interessen der Kurfürstin. So kommt er auf die Braunschweiger Oper zu sprechen oder auf die mehr als 20 000 Münz–Abgüsse, die der französische König besitzt. Gelegentlich behandelt Sophie ihren Gesprächspartner auch als Bediensteten, etwa wenn sie ihn auffordert, einer Hofdame bestimmte Aufträge zu übermitteln. Damals war die Kluft zwischen Adel und Bürgertum unüberwindlich, erst recht die zwischen dem hohen Herrscherhaus und einem nichtadligen Untertan. Leibniz hat daher seine soziale Stellung nie vergessen und schon gar nicht verlassen können. Dennoch überdeckte die persönliche Sympathie zwischen diesen beiden gebildeten und klugen Menschen ein wenig die Ungleichheit des Standes, so dass Leibniz sich zum Beispiel auf die bevorstehende Rückkehr der Fürstin von einer Reise freuen und ihr das mit Worten schreiben konnte, die unbekümmert, fast privat klingen und jedenfalls mehr Offenheit erkennen lassen, als Leibniz sie anderen Menschen gegenüber zu zeigen vermochte.

Er verehrte die Kurfürstin als einen selbständigen Geist und warb diskret um ihre Aufmerksamkeit. Ihm stand dabei vielleicht ihre Schwester Elisabeth, die Äbtissin aus Herford, vor Augen, die einst mit dem Jahrhundertgenie Descartes Beziehungen unterhalten hatte. Der soll von ihr gesagt haben, sie sei die einzige, die sowohl seine Metaphysik als auch seine Geometrie verstehe. Leibniz erhoffte sich wohl eine ähnliche Anhängerschaft oder doch eine philosophische Freundschaft. Einmal bot er in einem Briefentwurf der Herzogin – nach einem werbenden Hinweis auf ihre Schwester Elisabeth – an, sie mittels der Mathematik in seine Metaphysik einzuführen, und entwarf dazu ein geometrisches Beispiel. Doch er zögerte und setzte eine neue, allgemeiner gehaltene Fassung auf, die dann nochmals zusammengestrichen wurde. In dem Brief, den er endlich abzuschicken wagte, findet sich nur noch ein knapper Hinweis darauf, diese Fragen liessen sich noch vertiefen. Er dürfte sich gesagt haben, dass Sophie wohl eher im mündlichen Gespräch zu gewinnen sein müsste, und auch da hat er sie gelegentlich überfordert.

Ihre Diskussionen waren dennoch äusserst anregend, gerade wegen ihrer beider Verschiedenheit – war Sophie doch ausschliesslich Rationalistin, Leibniz hingegen Rationalist und Metaphysiker. Um so mehr suchte sie sein Urteil, wenn sie, etwa als Leserin des ‚Journal des Sçavans‘, von aufsehenerregenden Entdeckungen und Ansichten erfuhr. Und Leibniz war dankbar, diese nüchterne Gesprächspartnerin zu haben, die erklärte, sie wolle sich immer an die Schranken des gesunden Menschenverstandes halten. Er brannte darauf, vor dieser Kritikerin bestehen zu können und von ihrem scharfsinnigen Urteil akzeptiert zu werden. Ihre Vorurteilslosigkeit und Wissbegier wusste er immer zu schätzen, erst recht ihren Geist und ihren Witz.

Dem Charakter nach waren sie einander ähnlicher als in der Denkweise – zwei eigenwillige Intellektuelle mit einer Vorliebe für kleine Bosheiten und mit nur wenig Neigung oder Begabung, ihrem Gegenüber Gefühle zu zeigen. Falls Leibniz bei diesen Zusammenkünften etwas vermisst haben sollte, wäre es gewiss nicht Nähe oder gar Wärme gewesen. Woran ihm liegen musste, war – neben Protektion bei Hofe und Anerkennung für seine Ideen – vor allem die Atmosphäre des geistreichen Salons, hatte er doch sonst keine Gesellschaft. Der Briefwechsel zeigt tatsächlich eine schöne Vertrautheit (nicht Vertraulichkeit), und man kann vermuten, dass Leibniz in den Räumen der Fürstin etwas fand, was ihm die Familie, jedenfalls den Freundeskreis ersetzte. Die Distanz, die immer blieb, wird ihm recht gewesen sein.

Eine andere Heimat fand Leibniz mehr und mehr in Wolfenbüttel, wo ihn Herzog Anton Ulrich geradezu hofierte. Der machtsüchtige, auch etwas eitle Herrscher, der als begabter Autor an einem Roman schrieb und sich als Künstler, Weltmann und Mäzen sah, hat sich mit dem berühmten Gelehrten, den er auch zu Festen einlud, gern geschmückt. Leibniz verbrachte in diesen Jahren auch die Weihnachtstage bei ihm. Allerdings hat der Herzog seinen Gast zugleich benutzt, indem er sich, wie wir gesehen haben, über Hannovers Kränkungen beklagte und hoffte, Leibniz werde daheim alles gut ausrichten. Dem Gast ist es bestimmt nicht schwer gefallen, diese falschen Vertraulichkeiten in Kauf zu nehmen, denn er wusste es zu schätzen, wenn ein Fürst ihn an sich zog und auch seinen Rat zu suchen schien.

Hoch über den Konfessionen　Der Dialog mit den französischen Katholiken schien mit dem Tode von Paul Pellisson beendet zu sein. Madame de Brinon wollte aber doch wenigstens noch die Gerüchte zerstreuen, Pellisson sei auf dem Totenbett zum protestantischen Glauben zurückgekehrt. Als Leibniz nach einem neuen Korrespondenzpartner fragte, wusste sie niemanden zu nennen, konnte aber berichten, dass Bossuet bereit sei, weiter das Gespräch zu führen. Leibniz ging es vor allem darum, einen neuen Vertrauensmann zu gewinnen, der seine Interessen an der Akademie der Wissenschaften vertreten könnte. Bei diesem Wunsch half Bossuet, indem er auf den Abbé Jean Paul Bignon hinwies, und Leibniz ist damit an den richtigen geraten. Sieben Jahre später wird es Bignon sein, der das Diplom unterzeichnet, mit dem Leibniz zum auswärtigen Mitglied berufen wird.

In diesem Jahr 1693 unternimmt Bischof Rojas noch einmal eine Reise nach Deutschland, um Hilfe zu finden bei der konfessionellen Befriedung Ungarns, die der Kaiser wünschte. Er hatte dazu ein Glaubensbekenntnis entworfen, von dem er meinte, Katholiken und Protestanten könnten es gemeinsam sprechen. Leibniz und Molanus sollen diesen Text billigen, sind sich jedoch einig, dass das nicht geht, denn er enthält zu viele Fehler und Irrtümer. Ausserdem fühlen sie, wie naiv der Wunsch des Bischofs ist. Leibniz verfällt auf einen ebenfalls sonderbaren Weg zur Verständigung: Beide Konfessionen sollten in einem Rollentausch die Ansichten der anderen Seite darstellen. Den Anfang macht er gleich selbst. In der Schrift ‚Judicium doctoris catholici‘ (Die Meinung eines katholischen Gelehrten) versetzt er sich in die Lage eines katholischen Theologen, der sich fragt, wie weit er sich mit den bisherigen Verhandlungen einverstanden erklären kann. Das ‚Judicium‘ ist mehr Wunsch geblieben als zur Ausführung gelangt, doch findet sich darin die Devise von Leibniz verwirklicht: „Der Standpunkt des anderen ist der richtige Blickwinkel in der Politik und noch mehr in der Moral." Rojas bekommt die Schrift im Oktober 1694 zugeschickt, kann aber nicht mehr darauf eingehen.

Im Frühjahr 1695 las Leibniz in einer Frankfurter Zeitung vom Tod des Bischofs, doch nach dieser Meldung sollte das Ableben schon eine Weile zurückliegen, daher zweifelte Leibniz, ob die Nachricht überhaupt stimmen konnte. Er fragte bei Molanus an, und der teilte ihm mit, er selbst habe schon zehn Tage zuvor eine Mitteilung darüber erhalten. Warum hatte er sie nicht weitergegeben? War Rojas inzwischen so unwichtig geworden? Das mag sein. Der Dialog zu dritt hatte wohl schon vorher sein Ende gefunden. Doch Molanus wie Leibniz verfassten jeder ein Trauergedicht, Leibniz noch dazu einen ehrenden Lebenslauf; zu einer Veröffentlichung kam es aber nicht.

Die grösste Sorge der beiden Hannoveraner war nun nicht, wer den eifrigen Spanier ersetzen, sondern ob sein Nachlass in die falschen Hände geraten könnte. Werden die beiden sich öffentlich blamieren? Werden sie erpressbar – gar nun im eigenen Lager katholischer Neigungen bezichtigt? Da teilt der Generalvikar des Verstorbenen mit, der Nachlass komme nicht in kirchliche Archive, sondern sei auf Anordnung des Kaisers mit dessen Siegel verschlossen worden. In Hannover ist man erleichtert und wird sogar neugierig, als man erfährt, es werde vom Kaiser jemand gesucht, der die Reunionspläne fortsetzen könnte. Mit dieser Aufgabe wurde alsbald der Nachfolger von Rojas im Bischofsamt, Franz Anton von Buchhaim-Schönborn, betraut. Er erschien drei Jahre später, im August 1698, ganz geheim unter dem Decknamen Baron v. Lichtenwert in der Einsamkeit des Klosters Loccum, um sich mit Molanus und Leibniz zu unterreden. Leibniz fasste Vertrauen und sah in ihm den künftigen Fürsprecher seiner eigenen privaten Pläne, demnächst doch noch nach Wien zu gelangen.

Wenn man auf den konfessionellen Dialog zurückblickt, erkennt man Leibniz vor allem als einen begabten Vermittler. Denn er war mehr Schiedsrichter als Partei, einer, den diese Streitfragen eher intellektuell als religiös herausforderten. Er suchte Einigungsformeln, weil er überzeugt war, es gebe eine grundlegende Harmonie der Ansichten und niemand könne sie besser formulieren und anbieten als er selbst. Dabei sah er sich jenseits der konfessionellen Grenzen stehen, einfach als einen Christen oder gar als bloss religiös Gläubigen, und war also, wie man damals sagte, ‚indifferent‘. So hatte ihn Landgraf Ernst gesehen, und so sahen ihn auch andere. Einer, der ihn gut kannte, Hiob Ludolf, der Orientalist in Frankfurt, schrieb an einen Dritten: „Ich habe zwar jezuweilen in seinen schrifften eine alzu große indifferenz in Glaubens- und Religionssachen war genommen, selbige jedoch für einen exceß der von den lieben Aposteln so hoch recommandirten sanfftmüthigkeit, jedermann zu gewinnen, gehalten." Das ist ein hohes Lob: die Sanftmütigkeit, jedermann zu gewinnen! So war Leibniz. Ein freier Christ, der glaubte, alle zur Mitte, zur Wahrheit und damit zur Einheit führen zu können.

Christian Thomasius und die Dissertation des Neffen Der Lieblingslehrer von Leibniz an der Universität Leipzig war Jacob Thomasius gewesen, zugleich der Nachfolger seines Vaters auf dem Lehrstuhl für Moralphilosophie. Dessen Sohn Christian Thomasius war neun Jahre jünger als Leibniz und hatte sich inzwischen als ein hochbegabter Neuerer unter den Juristen und Philosophen hervorgetan, als einer, der zu provozieren verstand. Er wurde alsbald Professor in der soeben gegründeten Universität Halle, die der Moderne verpflichtet war, und gilt heute als ein Wortführer der deutschen Frühaufklärung. Im Juni 1693 hatte er die alte Scholastik, die an lutherischen Universitäten immer noch (oder schon wieder) galt, öffentlich angegriffen, indem er bloss die Frage stellte, was man sich, bitte schön, unter ,Substanz' vorzustellen habe (,Quid sit substantia?'). Dieser Begriff war die heilige Kuh der Scholastik. Er bezeichnete das Wesen der Dinge, die wahre Wirklichkeit hinter den Erscheinungen, das Eigentliche. Die Substanz galt manchem Neuerer als ein dunkler, überholter Begriff.

Von dieser respektlosen Frage zeigten sich die Professoren der Universität Leipzig mächtig aufgescheucht und erbost. Anders Leibniz, der die Frage gut verstand und sich seinerseits von dem Sohn seines Lehrers verstanden fühlte, weil der den ,Codex juris gentium' gelobt hatte. Dem Neuerer wollte Leibniz allerdings zugleich zeigen, dass der Begriff der Substanz auch jetzt noch brauchbar wäre, wenn man ihn nur so verstünde wie er, Leibniz, es tat. Die Substanz, das ist nach seinem Verständnis die Monade. Er verfasste für seine vertrauten ,Acta eruditorum' gleich einen Aufsatz, der sich schon in der Überschrift deutlich als Antwort auf Christian Thomasius' Frage zu erkennen gab.

Weil Thomasius bei vielen Leipziger Professoren so viel Anstoss erregt hatte, hielt es Herausgeber Mencke für angebracht, auf seine Kollegen Rücksicht zu nehmen und Thomasius nicht mit einer Antwort zu ehren. Der sei, meinte Mencke, schliesslich keiner wie Newton oder Huygens, auf deren Fragen man sogleich eingehen müsse. Es eröffnet sich vor uns eine typische Gelehrtenkomödie,

die zeigt, wie man mit Provokateuren schon damals umging. Mitherausgeber Christoph Pfautz, der Leipziger Mathematikprofessor, schliesst sich Mencke an. Auch er möchte nicht, dass dem frechen Frager zu viel Ehre erwiesen wird. Leibniz beugt sich, streicht den Namen Thomasius aus der Überschrift und beginnt seine Darstellung mehr allgemein. Die Neufassung, nun ,De primae philosophiae emendatione' (Wie man die Metaphysik verbessern kann) genannt, erscheint im März 1694 und findet ein grosses Echo. Thomasius erkennt natürlich die indirekte Antwort und nimmt noch im gleichen Jahre Stellung.

Leibniz hatte, um Verbindung mit dem umstrittenen Thomasius zu halten, seinen Neffen Friedrich Simon Löffler, den ehemaligen Studenten, jetzigen Kandidaten der Theologie in Leipzig, gebeten, Thomasius aufzusuchen. Doch der fühlte sich dabei nicht wohl, er schaffte es nicht, sich aus der Ablehnungsfront seiner Fakultät zu lösen. Schlimm genug, dass alle wissen, dass er der Neffe eines Mannes ist, der diesen Thomasius nicht einfach ablehnt. Es ist eben nicht immer leicht, mit einem berühmten Aussenseiter wie Leibniz verwandt zu sein. Und nun rückt ihm der Onkel auch noch näher, indem er ihm das Thema seiner Dissertation ausredet. Neffe Friedrich hatte eine Doktorarbeit über den „Willen Gottes" schreiben wollen. Sein Onkel Gottfried Wilhelm aber hat eine bessere Idee. Er denkt an die Schrift des Engländers William Freke, die das Parlament gerade hat verbrennen lassen, und rät dem Doktoranden zur Widerlegung dieses Angriffs auf die Trinität.

Es mag sein, dass er seinem Neffen damit ein spannendes und modernes Thema nennen wollte. Es mag auch sein, dass er sich dringlich eine Widerlegung dieses „gefährlichen Werkes" wünschte. Denn so sehr er andere Autoren sonst wohlwollend anhörte, so sehr er Gelehrtenstreit verabscheute und auch Abweichlern Toleranz entgegenbrachte, selbst der Vernunftsekte der Sozinianer – dieses Werk schien ihm eine Frucht der „entarteten Freizügigkeit". Doch er achtete selbst hier noch auf Duldsamkeit und fügte im Brief an seinen Neffen hinzu, es werde nicht leicht sein, die Mitte zu halten zwischen Angriff und Geltenlassen. Da der junge Theologe der englischen Sprache nicht mächtig war, übersandte ihm Leibniz einen Auszug in lateinischer Übersetzung.

Löffler wollte ganz modern sein und die Arbeit nach mathematischer Methode (,more geometrico', der Geometrie Euklids folgend), also in Form von Postulaten, Sätzen und Beweisen abfassen.

Leibniz hatte Bedenken, doch der Neffe schickte ihm bald einen Entwurf. Der enthielt eine Fülle von Verstössen gegen die mathematischen Regeln, weil dem ehrgeizigen Verfasser offenbar nicht einmal die Grundgedanken des Verfahrens geläufig waren. Leibniz musste ihm erst einmal Begriffe wie Axiom oder Hypothese erläutern. Nachdem er ordentlich herumverbessert hatte, schickte er nach Leipzig lieber gleich einen eigenen Entwurf, ein „Skelett", das der Neffe nach Belieben noch „mit Fleisch bekleiden" könne, wie er auf lateinisch schrieb.

Dieses Skelett ist nicht nur wegen seines Inhalts heute von einigem Reiz, sondern auch, weil es ein seltenes Beispiel dafür ist, wie sich Leibniz, wenn es schon sein musste, einen mathematischen Beweis ausserhalb der Mathematik dachte. Neffe Löffler hat jedoch Bedenken, weil einige Definitionen nicht theologisch genug klängen. Zwar besteht Leibniz in seiner Antwort darauf, dass alle Begriffe schulmässig theologisch gewählt gewesen seien, aber er lässt dem Neffen freie Hand, und der promoviert über ein anderes Thema.

Vergleichende Sprachwissenschaft   Ein weiteres Gebiet ist zu nennen, dem sich Leibniz zuwendet und das sich in diesen Jahren (1693 bis 1695) in seiner Korrespondenz und in seinen Notizen gewaltig ausdehnt: die Sprachen, ihre Verwandtschaft und ihr Ursprung. Die Debatte war längst eröffnet, eifrige Gelehrte in Deutschland und Schweden etwa hatten in nationaler Selbstgefälligkeit bereits nachgewiesen, dass ihre Landessprache besonders alt sei und die meisten anderen Sprachen von ihr abhingen. Sich an dieser Debatte zu beteiligen – allerdings in der nötigen Nüchternheit – dafür hatte Leibniz einen besonderen Anlass. Die ‚Protogaea' war fertig, nun sollte noch die Urzeit Niedersachsens erforscht werden, und das hiess: die Völkerwanderung. Um ihre Bewegungen nachzeichnen zu können, erhoffte sich Leibniz Material aus der vergleichenden Sprachwissenschaft, denn die Verwandtschaftsgrade der Sprachen waren für ihn ein sicherer Hinweis auf die Herkunft und Wanderung der Völker.

Seit langem hatte er davon gehört, dass an der Elbe, im Nordosten der welfischen Länder, ein slawischer Volksstamm, die Wenden, wohnte. So wandte er sich, wohl im April 1691 durch Vermittlung des celleschen Hof- und Justizrats Chilian Schrader an mehrere leitende Persönlichkeiten in Lüchow und Dannenberg

mit einem Fragebogen. Antwort kam nur vom Lüchower Amtmann Georg Friedrich Mithoff. Unter anderem hatte Leibniz wissen wollen, wie das Vaterunser „in der wendischen Sprache" laute
und mit welchem Akzent die Wenden deutsch sprächen. Es stellte
sich aber heraus, dass der Amtmann Mithoff gerade mit dem wendischen Vaterunser einen Text eingereicht hatte, der fast ganz platt-
deutsch war, weil kirchliche Texte eben meist offiziell und selten
umgangssprachlich sind. Leibniz hatte auch gefragt, wie „ein teutscher uff wendisch" heisse, konnte sich die Antwort, die er bekam,
aber nicht zusammenreimen. Sie bedeutete soviel wie „Vornehmer
Mann" und war von dem Wort „Sachse" abgeleitet. Daran hätte
man erkennen können, dass die Wenden von den Sachsen unterdrückt worden waren, aber Leibniz hatte für ihre soziale Lage noch
keinen Blick. Jahre später hat er sich aber für die Erhaltung ihrer
Eigenart und Sprache eingesetzt, während es ihm jetzt nur darum
ging, diese Sprache den anderen slawischen Sprachen zuzuordnen,
um die Herkunft der Wenden zu bestimmen.

Bald hielt er alle Gelehrten, die er kannte, an, für ihn Sprachproben zu sammeln. Auch der Amsterdamer Bürgermeister
Nicolaas Witsen, der in Russland gelebt und eine Karte der ‚Tatarei' bis Ostsibirien gezeichnet hatte, auf der der kürzeste Weg
nach China eingezeichnet war, wurde 1694 gebeten, Sprachproben aus Russland und der Tatarei zu beschaffen, und konnte,
wenn auch viel später, tatsächlich etwas liefern. Leibniz entwarf
einen weiteren Fragebogen und verschickte ihn an Korrespondenten in Wien und Berlin, die die Fragen wiederum weitgerei-
sten Diplomaten, Kaufleuten und Missionaren vorlegen sollten.
Als Beispiel sollte auch hier das Vaterunser dienen. Zurück kamen
drei Auskünfte, nämlich Antworten eines kaiserlichen Dolmet-
schers, eines Siebenbürgers sowie des brandenburgischen Gesandten in Moskau.

Obwohl später Proben aus vielen europäischen und einigen asiatischen Sprachen vorlagen, liess sich daraus eine Wanderbewegung
nicht erschliessen. Leibniz hatte, wie schon sonst gelegentlich, die
Aufgabe unter- und seine Kräfte überschätzt. Dennoch hat er
Grosses geleistet, indem er die Sprachen überhaupt als einer der
ersten verglichen hat, die zuvor eher in ihren Unterschieden (oder
nationalistisch gefärbt, in ihrer jeweiligen Einzigartigkeit) betrachtet worden waren. Leibniz erkannte ihre Verwandtschaft, und seine
Sicht der abendländischen Sprachen rückt schon an die heutige

Auffassung von der indogermanischen Sprachfamilie heran. Dass auch er noch das Deutsche als Mitte und Mass nimmt und die anderen Sprachen nach ihrer Ferne und Nähe zum Deutschen einschätzt, bis hin zum Friesischen, Gotischen, ja Persischen – darin ist er ein Kind seiner Zeit.

Die andere Debatte der Gelehrten, die Leibniz einfach nicht auslassen konnte, ging um die Frage: Was ist die Ursprache? Nach der Bibel musste es das Hebräische sein, aber das biblische Bild der Urgeschichte bekam schon Risse. Ja, es gehört zu den grossen Umbrüchen jener Zeit, dass die sogenannte ‚Chronologie‘ der Bibel nun allmählich widerlegt wurde, also die Annahme, die Welt sei erst ein paar tausend Jahre alt und die Weltgeschichte habe sich rund um Palästina abgespielt. Man hatte gemerkt, dass allein schon die Geschichte Ägyptens in diesen Rahmen nicht passte, ebenso wenig die des Reiches der Mitte. Innerhalb dieser Debatte stritt man also auch um die Ursprache. Viele hielten noch daran fest, dass die ganze Menschheit auf die drei Söhne Noahs zurückgehen müsse, auf Sem, Ham und Japhet. Auch Leibniz nahm weiterhin an, dass die Semiten und Hamiten bekanntlich den Orient bewohnten, so dass alle europäischen Völker auf Japhet zurückgehen müssten.

Seine besondere These dabei war, dass Japhet nach Skythien ausgewandert und dort der Stammvater der Europäer geworden sei. Deshalb werde sich wohl zeigen, meinte er, dass das Skythische, dem sein Hauptinteresse galt, dem Hebräischen eng verwandt sei. Das waren nur Vermutungen, denn Irrtümer überwogen damals noch bei weitem alle Kenntnisse. Von den Skythen weiss man auch heute nur durch den antiken Historiker Herodot, auf den sich Leibniz natürlich stützte. Der hatte von einem legendären Reitervolk zwischen dem Don und den Karpaten berichtet. Leibniz schlug also eine Brücke von der Bibel zu Herodot.

Wir sehen einem Forscher zu, der mit den damals unzureichenden Mitteln unendlich schwere Aufgaben in Angriff nimmt. Ein Stammbaum der Sprachen war mit dem Wissen jener Zeit ebenso wenig zu erstellen, wie die Frage nach der Ursprache zu beantworten ist. In Gelehrtenkreisen kursieren abenteuerliche Behauptungen. So nimmt Leibniz mit zustimmender Neugier die These eines Orientalisten auf, die ägyptische Sprache sei mit der armenischen identisch, bittet den Abt Molanus um Hilfe bei der Aufklärung dieser Beziehungen und überschätzt damit wiederum die Kenntnisse eines Theologen erheblich.

Welche Sprache die älteste und ursprüngliche sei, liess sich durch Vergleich also nicht klären. So versuchte man es mit theoretisch gewonnenen Kriterien. Damals galt es vielen Forschern als Zeichen von Ursprünglichkeit, wenn eine Sprache viele einsilbige Wörter enthielt. Leibniz überprüfte in dieser Hinsicht auch das Deutsche, aber ohne eindeutiges Ergebnis. Er hatte allerdings noch ein anderes Kriterium für die Ursprache. Als er das dicke Buch eines Pariser Paters bekam, der die These, Hebräisch sei die Ursprache, noch einmal beweisen wollte, war er skeptisch. Denn in der Ursprache müsste noch überall die Ratio der Schöpfung zutage liegen, meinte er. Und was rational sei, glaubte er zu wissen: In einer solchen Sprache sollten ähnliche Begriffe auch mit ähnlichen Lauten bezeichnet sein. Nach diesem Grundsatz hatten andere damals schon ganze Kunstsprachen entworfen, und Leibniz hatte das auch einmal versucht. Im Hebräischen aber konnte er von einer solchen Ratio (Ähnliches lautet ähnlich) nichts finden.

Diese Begebenheit am Rande ist ganz aufschlussreich und lässt uns erkennen, wie anders damals die Weltsicht war; es liegen nämlich typische Grundannahmen vor, die man heute nicht mehr macht: 1. Alles Gute und Sinnvolle ist rational. 2. Rational ist das, was nach einem Schema entworfen wurde, deshalb baute man zum Beispiel neue Städte nach einem geometrischen Grundriss. 3. Am Anfang der Menschheit war noch alles vollkommen, weil von Gott geschaffen. 4. Die Geschichte der Menschheit ist bis jetzt Verfall und Abstieg gewesen. Das sind vier Ansichten, die damals fast allgemein galten und deshalb kaum überprüft wurden. Die ersten beiden sind neu und typisch für den Rationalismus der beginnenden Aufklärung. Die beiden anderen sind biblisch. Leibniz, der alle vier Ansichten teilte, hat sie verbunden zu der Überzeugung, nach dem Verfall werde nun das neue Zeitalter einen gewaltigen Aufstieg bringen, der mit Hilfe der Ratio auf die Höhe des alten Ursprungs führe. Er gehört damit zu den ersten, die die biblische Auffassung, alles sei Niedergang, verlassen hatten und einen künftigen Fortschritt erwarteten.

Unter allen Sprachforschern schätzte Leibniz seinen guten alten Bekannten, den Orientalisten Hiob Ludolf aus Frankfurt, am höchsten, völlig zu Recht. Im Dezember 1691 schrieb er ihm: „Wenn es irgend jemanden in Deutschland, ja in Europa gibt, der in die Welt der Sprachen Licht bringen kann, dann seid Ihr es." Beide beteiligten sich auch lebhaft an dem damals aufkommenden Wettstreit, die Herkunft von Wörtern herzuleiten, also Etymologie zu treiben. Andere taten das mit tiefernster Gelehrsamkeit, zwischen Ludolf und Leibniz flogen auch mal wilde Behauptungen oder lustige Einfälle hin und her. Ein Mitstreiter der beiden, Pastor Meier aus Bremen, hatte zum Beispiel das Wort „Bernhüter" als „Ebernhüter" gedeutet, also als eine Art Schweinehirt. Ludolf empörte sich: „Hat man jemals einen Schweinehirten Eberhüter nennen hören?" Erst stellte sich Leibniz dumm, doch die beiden Freunde wussten recht gut, dass der Bernhüter ein Bärenhäuter war.

Leibniz schlägt selbst gegenüber dem ernsthaften Forscher in Bremen gelegentlich solche Töne an. Etwa wenn er verschiedene Erklärungen des Wortes Pantoffel für ihn auflistet, darunter die Deutung, das Wort stamme aus griechisch „panto" (ganz) und „phellos" (Korkeiche). Damit schien dieser Schlappschuh sozusagen auf eine griechische Säule gestellt, gleich neben den Pantokrator, den Herrscher des Alls, oder wenigstens die Pantomime.

Gesundheit, Selbstbeobachtung, Ärzte   Leibniz ist überlastet. Ein Leipziger Verleger will bei ihm einen Abriss deutscher Geschichte in Auftrag geben. Und er antwortet am 6. Februar 1695: „Ein solches werk zu verfertigen können meine geschäffte nicht leiden. Kaum ist mir wegen vieler distractionen müglich, der gnädigsten Herrschafft ein gnügen zu thun, die Braunschweigische Geschichte zu vollenden und meine Neue Inventa in scientiis nach und nach herfür zu geben." Er hat sich zu vieles aufgeladen.

In diesem Jahr 1695 machten sich Symptome einer Krise bei ihm bemerkbar. Er schrieb im September an seinen früheren Kommilitonen Vincentius Placcius: „Es lässt sich kaum sagen, wie weitgestreut meine Arbeiten sind. Ich suche Verschiedenes in den Archiven zu ermitteln, nehme alte Papiere vor Augen und suche ungedruckte Urkunden zusammen. Aus ihnen hoffe ich Licht auf die Braunschweigische Geschichte zu werfen. Briefe empfange und erwidere ich in grosser Zahl. Ich habe aber zugleich so viel Neues in der Mathematik, so viele Gedanken in der Philosophie und die Kenntnis vieler anderer literarischer Neuigkeiten, die ich nicht untergehen lassen möchte, dass ich oft nicht weiss, was ich zuerst tun soll." Nicht einmal einen passenden Schreiber hatte er gefunden, von dem er wünschte, er „sollte etwas Latein können, gut und flink schreiben und bereit sein, Livree zu tragen". Schliesslich stellte Leibniz jemanden ein, der kein Latein konnte, aber wenigstens lesbar schrieb. Doch nun musste Leibniz bis in geringfügige Einzelheiten alles korrigieren.

Er ist jetzt des öfteren krank. Schon ein Jahr zuvor war er im September 1694 von der Braunschweiger Handelsmesse vorzeitig zurückgekehrt und berichtete: „Habe zu Hause Pyrmonter Sauerbrunnen trinken wollen, wie ich auch vor (zwei) Jahren gethan; aber gleich des andern Tages einen Frost und darauff Hitze gespühret, daß ich aus Beysorge eines Fiebers aufgehöhret." Seitdem beobachtet Leibniz seine Krankheiten gründlich und macht sich Notizen. Im April (1695) vermerkt er: „Nachmittag gegen 3 Uhr war bey der Hitze ... ein Kleines Grimmen, gleich wie nach einer eingenommenen Purgation. Vielleicht weil ich Mittag Garley getruncken." Das war ein Braunbier, das aus der Altmark kam.

Besorgt wandte er sich im Juni (1695) an den Amsterdamer Arzt Justus Schrader, einen Bruder seines Celler Kollegen Chilian Schrader, schilderte sein Befinden und bat um eine Ferndiagnose. Vielleicht mochte er sich ortsansässigen Ärzten nicht offenbaren und lag es ihm daher mehr, sich mit einer schriftlichen Selbstbeschreibung an einen Arzt zu wenden, statt sich untersuchen zu lassen. Möglicherweise wollte er auch unentgeltlich beraten werden, sozusagen von Gelehrtem zu Gelehrtem. Als Leibniz kurz zuvor einen berühmten Arzt anschreiben wollte, Wepfer in Schaffhausen, riet ihm der vermittelnde Hofrat Weselow: „Aber bedenken Sie, Monsieur, dass er das Geld liebt und dass er sich nicht mit leeren Händen konsultieren lässt. Das ist ein üblicher Fehler im Alter." Jedenfalls schickte er nun an Schrader eine Art Anamnese aus genauer Selbstbeobachtung. Darin heisst es: „Es sind nun etliche jahr, daß ich zum öfftern, zumahl bey genauen nachdencken in lesen und schreiben im munde einen Eisenhafften, und gleichsam vitriolischen oder Dintengeschmack gespühret, so auch noch zu befinden pflege." Es habe sich dann eine „Hize circa diaphragma (ums Zwerchfell) als ob ein warmes cingulum (Gürtel) umb den leib geleget", eingestellt, und zwar „zu zeiten nach, zu zeiten auch wohl vor der morgen- oder abendmahlzeit. Daher wenn sonst dieses ganze jahr über keine andere ungelegenheit darauß erfolget, so bin aber wegen der consequenz besorget."

Wo er die Ursache sieht, zeigt Leibniz schon selbst an. Als er etliche Wochen sich viel bewegt und dabei wenig geschrieben habe, seien keine Beschwerden aufgetreten. Und er räumt ein, er habe wohl zu sehr eine sitzende Lebensweise geführt. Der Arzt nimmt diese Ursache auf und stellt die Diagnose, der Patient habe zu viel nachgedacht, gelesen und geschrieben. Er verordnet Medikamente, daneben aber strikte Zurückhaltung beim Nachdenken. Er tut das knapp, apodiktisch und mit dem Anspruch auf Respekt vor seiner fachlichen Autorität. Doch der Patient fängt an nachzufragen und will noch genauer wissen, wie das entstehe, was Schrader „Affectus Hypochondriaca biliosa" (galliges Zwerchfell-Leiden) genannt habe.

Nun war die Medizin damals keine Wissenschaft, und Leibniz wusste das besonders gut. Dennoch fragte er Dinge, die der beste Arzt nicht ehrlich beantworten konnte: „Damit ich die Arbeitsweise unseres Körpers besser verstehe, möchte ich wissen, ob die Lebensgeister mehr der Natur des spiritus vini (des Alkohols) oder der Natur des Ammoniak-Salzes verwandt sind oder ob sie einfache flüchtige, wasserartige Substanzen sind, nämlich etwas, was uns in groben festen Verbindungen nicht begegnet. Oder ob Sie glauben, dass sie aus diesen verfeinert hervorgegangen sind." Ja, wenn das einer wüsste, was die Lebensgeister sind! Schrader ist resolut genug, sich gegen das Ausfragen zu wehren. Er hat Erfahrungen, das muss genügen, und im übrigen misstraut er dem Gebrauch der Ratio: „Wem nützt das Klügeln?" Die Korrespondenz bricht bald ab.

Leibniz ist auch entschlossen, selbst eine Arznei, die er für sich entdeckt hat, in ihrer Wirkung zu beobachten. Es geht um die Ipecacuanha-Wurzel aus Westindien (Mittelamerika), von der er gehört hatte und mit der er gute Erfahrungen gemacht haben muss. Im Dezember 1695 lässt er einen Hinweis auf das Heilmittel in den ‚Acta eruditorum' erscheinen. Besonders gross ist seine Freude und Genugtuung, als dieser Aufsatz in der Zeitschrift der Academia Leopoldina, den ‚Miscellanea curiosa', nachgedruckt wurde. Der Hildesheimer Arzt Behrens, mit Leibniz wohlbekannt, teilt ihm mit, er wolle bei nächster Gelegenheit mit der Ipecacuanha-Wurzel, die in Amsterdam zu kaufen sein soll, therapeutische Versuche beginnen.

Weil er glaubte, an sich das Podagra (die Gicht) zu bemerken, war Leibniz mit dem Wein vorsichtig. Am 10. März 1695 etwa hatte er über sich selbst notiert: „Nachmittag zwischen 5 und 6 ist mir ganz warm umb den Nabel herumb und in den Seiten geworden, als ob mir ein warmer Gürtel umb den Leib gelegt wäre. Ich habe Mittags umb zwölf Uhr gegessen, aber nicht viel, habe auch mit Fleiß keinen Wein getruncken. Der Mund ist mir den ganzen Tag ein wenig trocken gewesen, auff die Art, wie mir sonst geschehen, wenn ich viel gearbeitet gehabt." Den Wein, in kleiner Dosis und mit Zucker gesüsst, mochte er, aber er musste ihn sich manchmal versagen. Ein Gedicht, schon zehn Jahre zuvor entstanden, ironisiert die Entbehrungen:

> *Seuffzer eines Podagrici bei anschauung eines glases mit wein*
> Du Edles Traubenbluth, dein anblick ist zwar süße
> Du stärckest häupt und Hirn; schwächst aber Händ und füße.
> Ich halte viel von dir, doch bistu mir zu scharff,
> wohl deme, der dich liebt, und auch genießen darff.

Es gibt gegen die Krise, in der Leibniz steckt, auch ein Heilmittel. In einer Schrift dieses Jahres 1695, seinem ‚Protreptikos', einer Verteidigung der Philosophie gegen Pragmatiker wie den Arzt Justus Schrader, kommt er auf seine Sehnsucht nach dem wahren Glück zu sprechen, die Sehnsucht des nervösen Gelehrten, der zum Hypochonder zu werden droht, der zerstreut ist, überanstrengt und unter selbstgemachtem Arbeitsdruck steht. Es ist die Sehnsucht nach Erfüllung durch die Konzentration auf das Wesentliche, also genau auf die Mitte, die er in diesen Jahren nicht gefunden hat. Was er sich wünscht und was er zu den „höchsten Gütern dieses Lebens" zählt, ist das ruhige Nachdenken. Und er benennt, worum es gehen soll: „... Beweise in der Gottesfrage zu entwickeln, an der Harmonie der Welt teilzuhaben, den Aufbau des Universums und die Naturgesetze einigermassen zu erkennen, sodann deutliche Begriffe vom Rechtmässigen und Angemessenen (und damit von den göttlichen Eigenschaften) zu haben und sie anzuwenden, um den eigenen Willen zu beherrschen und den Willen anderer Menschen zum Guten zu beeinflussen – das, meine ich, muss man unter die höchsten Güter des irdischen Lebens rechnen." Ein bewegendes Selbstporträt.

Die Rechenmaschine   Während einer Kutschfahrt zwischen Hannover und Peine notiert sich Leibniz im Oktober 1695 einen Sinnspruch für seine Rechenmaschine: Es soll ein Motto für · eine Medaille sein, und er wählt ‚SUPRA HOMINEM' (dem Menschen überlegen). Das Wort begründet er so: „Sie übertrifft den Menschen durch die Schnelligkeit und die Zuverlässigkeit grösster Berechnungen." In diesen Wochen wurde die Maschine offenbar fertig. Leibniz hatte freilich schon vorher in einer Schrift für Kurfürst Ernst August vom November 1694 erwähnt, sie sei in Betrieb genommen. Doch auch im Januar 1695 hatte die Maschine noch niemand, „weder vom Hof noch von den Ministern" gesehen. Einer der ersten, dem sie vorgeführt wurde, war der schottische Edelmann Thomas Burnett of Kemney, der in Hannover Station machte und von Leibniz gebeten wurde, Christiaan Huygens über die Maschine zu berichten. Doch hat Huygens diese Schilderung wohl nicht mehr erhalten, weil er bereits schwer erkrankt war, als Burnett in den Niederlanden ankam. Er starb am 8. Juli 1695. Leibniz verlor einen Freund, den er verehrte wie keinen anderen und den er in einem Nachruf in eine Reihe stellte mit Kepler, Galilei und Descartes.

Bei dieser Maschine, nun geweiht mit „Supra hominem", handelt es sich um das Exemplar, an dem schon viele Jahre gebaut worden war und das heute als ‚ältere Maschine' bezeichnet wird. Leider ist sie verlorengegangen. Sie besass acht ‚Ziffern' (Stellen) im Schaltwerk und zwölf im Resultatwerk. Nicht nur Leibniz, sondern auch mancher seiner Briefpartner meinte, die Fertigstellung sei sein grösstes Verdienst in diesen Jahren. Für eine Veröffentlichung über das erstaunliche Werk, um die er oft gebeten wurde, fehle ihm, meinte Leibniz, die Zeit. Vielleicht wollte er aber nur noch nichts verraten, bevor nicht weitere Fortschritte gemacht waren.

Ein weiteres halbes Jahr später, am 15. September 1695, schreibt er: „Endlich ist mit Hilfe eines Handwerkers, den ich habe kommen lassen, die Maschine fertig geworden, mit welcher man Multiplikationen mit 12 Ziffern ausführen kann. Ein Jahr ist seitdem vergangen. Der Handwerker ist immer noch bei mir, um weitere Maschinen solcher Art zu bauen, denn sie werden laufend verlangt." Der Handwerker war, muss man vermuten, wohl nicht deswegen noch da, weil schon weitere Exemplare gebaut werden sollten, sondern weil die Maschine noch nicht fehlerfrei arbeitete. An Nachbau und Serie durfte Leibniz leider noch lange nicht denken. Immerhin hat er Ernst August im Herbst 1695 bei einer Audienz seine Rechenmaschine vorführen können.

Betrachten wir kurz ihren Werdegang. Mit dem Bau war 1674 in Paris begonnen worden, also jetzt vor 21 Jahren. Dafür hatte Leibniz den begabten Mechaniker Olivier gewonnen, aber es war wenig Geld da. Als Leibniz zwei Jahre später Paris verlassen musste, übernahm es sein Landsmann Hansen, die Arbeiten zu beauf-

sichtigen. Von Hannover aus ermunterte Leibniz seinen unterbe-
zahlten Mechaniker mit den Aussichten, die sich auch ihm eröffneten, wenn erst einmal viele Exemplare gebaut würden. Doch
Olivier schrieb zurück, er verdiene keine zehn Sous am Tag damit
und sei „es leid auf blosse Hoffnung hin weiterzuarbeiten". Feil-
schen um Bezahlung, Aufschub, Ratlosigkeit, Ausflüchte bei Olivier sowie Leibnizens Versuch, den Mechaniker juristisch zu fassen,
folgten und hätten den Stoff ergeben zu einem Theaterstück. Der
Mechaniker Olivier hatte Grund sich zu beschweren, denn Leibniz war – wie die anderen Erfinder damals auch – nicht in der
Lage, Grössenangaben und eine Konstruktionszeichnung zu liefern, weil diese Art der ingenieurmässigen Darstellung längst nicht
entwickelt war. Handwerker arbeiteten deswegen nach mündlicher
Anweisung.

Tatsächlich war die entscheidende Klippe nicht umschifft, als
der Mechaniker aufgeben wollte, denn für die ‚Zehnerübertragung' gab es weiterhin keine Lösung. Und es waren wirklich nur
zehn Sous am Tag gezahlt worden, bestätigte Hansen 1678, so dass
Olivier bankrott war. Daher wollte Leibniz den Meister jetzt nach
Hannover holen, der war auch bereit, in Deutschland sein Glück
zu versuchen, und Hansen leitete alles in die Wege, um ihn auf
einem Schiff die Seine hinab nach Hamburg fahren und von dort
nach Hannover kommen zu lassen. Das ist historisch belegt, seine
Ankunft leider nicht. Man weiss nur von der Maschine sicher, dass
sie ankam. In Briefen an Dritte erwähnt Leibniz im folgenden
nur, er lasse an der Maschine arbeiten, während der Name des
Mechanikers nie mehr erwähnt wird – ein Zeichen dafür, dass
diese Arbeit nicht nur unterbezahlt, sondern auch unterbewertet
wurde. Denn der rationalistischen Auffassung der Zeit folgend,
war für Leibniz die Idee alles, die mechanische Ausführung aber
scheint ihm fast selbstverständlich. Einen Widerstand der Materie,
also der Praxis, kann es eben, wenn alles logisch erdacht ist, kaum
geben.

Am 7. Mai 1682 löst Leibniz endlich das Problem der Zehnerübertragung, auch wenn die Lösung noch nicht vollkommen ist,
denn sie erfordert weiterhin, dass von Hand nachreguliert wird.
Mehr als drei Jahre später, im Juli 1685, ist dieser Zustand der
Maschine wohl verwirklicht. Das ergibt sich aus einem Zwischen-
bericht, den Leibniz sich – er hat nach dem Harzabenteuer gerade
etwas Zeit – angefertigt hat.

Erst fünf Jahre später, als Leibniz von seiner grossen Reise zurück ist, nimmt er, soweit man weiss, die Arbeit wieder auf. Auch jetzt erwähnt Leibniz in seinen Briefen nie den Namen des Meisters, der die Arbeit macht. Statt dessen tauchen Namen von Helfern auf: Balthasar Ernst Reimers etwa, der ehemalige Kammerdiener, oder Georg Heinrich Kölbing (1693), ein Uhrmacher und Mechaniker, den wiederum Reimers beaufsichtigt, oder ein Johann Heinrich im Jahre 1694, von dem man sonst nichts weiss. Da diese Maschine, die 1694 oder 1695 fertig wurde, verschollen ist und es auch keine Beschreibung von ihr gibt, weiss man wenig über sie. Auf ihren Erbauer deutet nur ein Indiz: Als Leibniz einige Zeit später den Bau eines weiteren Exemplars beginnen liess und diese Maschine als Vorbild diente, waren die neuen Mechaniker so voller Bewunderung für die Qualität dieser Arbeit, dass heute vermutet wird, der Franzose Olivier selbst müsse bis zuletzt ihr ungenannter Meister gewesen sein.

Auch an der neuen Maschine wird man zwanzig Jahre bauen. Und was hat die nun endlich fertig gewordene geleistet? Sie könnte Mängel gehabt haben, vielleicht war es die Zehnerübertragung, die nicht klappte. Wurde vor erlauchten Gästen oder vor guten Freunden einmal ihr Können demonstriert, so musste man wahrscheinlich mit Zahlen arbeiten, die keine allzu grossen Zehnerübertragungen verursachten. Leibniz selbst oder seine Helfer verstanden die Maschine also vorzuführen, aber in fremde Hände geben konnte man sie nicht. Sie scheint nie für Rechenarbeiten eingesetzt worden zu sein. Alle Hoffnungen richteten sich daher auf das neue Werk, mit dem man nun begann und über das später berichtet werden soll.

Das neue System seiner Metaphysik Im Sommer 1694 vollendet Leibniz ein bedeutendes Werk der Philosophiegeschichte, ohne dass man viel über dessen Entstehung weiss. Das Manuskript hat er am 13. Juli einem Brief an Bischof Bossuet mit dem Wunsch beigelegt, er möge es veröffentlichen lassen. Dieses ‚Système nouveau ...‘, eine neue Gesamtdarstellung seiner Metaphysik, erschien, geteilt in zwei Teile, ein Jahr später im ‚Journal des Sçavans‘, am 27. Juni und am 4. Juli 1695. Der vollständige Titel ist lang und nennt das Programm: Es soll um die Natur gehen und um die Einheit von Seele und Körper. In den einleitenden Sätzen schreibt Leibniz: „Ich sehe, dass die meisten, die sich an den Lehren der

Mathematik erfreuen, vor den Lehren der Metaphysik zurück-
schrecken …" Das liege aber nur daran, dass so mancher Begriff
dieser „ersten Wissenschaft" durch Nachlässigkeit dunkel geworden sei. Gemeint ist vor allem die ‚Substanz', die Leibniz wieder
ans Licht holen und durch den Begriff der Dynamik, also der
Kraft, erläutern möchte. Dann sagt er etwas über sich selbst:

„Ich habe dieses System vor mehreren Jahren entworfen und
habe darüber mit gelehrten Männern, vor allem mit einem der
grössten Theologen und Philosophen unserer Zeit (eine Anmerkung nennt ihn auch namentlich: Herrn Arnauld), Austausch ge-
pflogen, der, nachdem er von einer Person von höchstem Stande
(gemeint ist Landgraf Ernst) einige meiner Auffassungen erfahren
hatte, diese sehr paradox fand. Nachdem er jedoch meine Aufklä-
rungen erhalten hatte, zog er seine Kritik auf die grosszügigste und
erbaulichste Weise der Welt zurück. Und sobald er einen Teil meiner Sätze gebilligt hatte, gab er seinen Einspruch auch gegen die
anderen, mit denen er noch nicht einverstanden gewesen war, auf."

Die Selbstdarstellung wird alsbald fortgesetzt: „Obwohl ich
einer von jenen bin, die kräftig auf dem Gebiete der Mathematik
gearbeitet haben, habe ich seit meiner Jugend niemals aufgehört,
über die Philosophie nachzudenken, denn es schien mir immer,
dass es Mittel geben müsse, hier durch klare Beweise etwas Stich-
haltiges festzustellen." Wir erfahren, wie er sich zunächst in seiner
Jugend der Scholastik zuwandte, danach sei er „auf die Atome verfallen", denn sie erfüllten die Bedürfnisse der Einbildungskraft am
besten. Inzwischen aber habe er sich genötigt gesehen, „auf einen
wirklichen und sozusagen beseelten Punkt zurückzugehen, das
heisst auf ein substantielles Atom". Hier fehlt ihm noch ein Name
für diese zentrale neue Vorstellung, doch alsbald wird er dafür das
Wort ‚Monade' wählen. Es taucht zuerst in einem Brief an den
Mathematiker L'Hôpital vom 22. Juli 1695 auf, ein Jahr nach der
Fertigstellung des Manuskripts und ganz kurz nach dessen Veröffentlichung.

Äusserlich ist das ‚Neue System' erstaunlich knapp gefasst, Leibniz schreibt thesenartig wie Martin Luther und präzise wie ein
Mathematiker. Es sind nur 18 Abschnitte auf rund 13 Seiten, der
Text hat damit nur gut ein Viertel des Umfangs der ‚Metaphysischen Abhandlung', die er einst im Harz entworfen und nicht veröffentlicht hatte und die auch schon ungewöhnlich dicht und
wortkarg war.

In der Überschrift hatte Leibniz selbst gesagt, worum es vor allem ging: um die Einheit von Seele und Körper. Wie diese Einheit zu denken wäre, das war die grosse Frage, die Descartes der Nachwelt hinterlassen hatte. Für uns Heutige ist das Problem, das hier gelöst werden soll, kaum verständlich, weil wir die wichtigste Voraussetzung der damaligen Zeit nicht mehr teilen, die Vorstellung nämlich, Körper und Seele (oder Geist) seien vollkommen getrennt und könnten aufeinander nicht einwirken. Längst lehren uns psycho-somatische Krankheiten oder die Wirkungen der Psychopharmaka etwas ganz anderes. Descartes aber hatte den Körper zur blossen Mechanik degradiert, den Geist oder die Seele aber zu etwas Absolutem emporgehoben. Diese völlige Trennung war allgemeine Ansicht geworden, und auch Leibniz stellte sie nicht in Frage. Um so grösser war die Herausforderung für jeden Philosophen, nun doch zu erklären, wieso zum Beispiel ein körperlicher Schmerz auf die Seele wirkt oder der menschliche Geist der Hand Anweisungen geben kann, sich zu bewegen, oder gar wie es eine Seele macht, mit einer anderen in Verbindung zu kommen.

Für seine eigene Lösung hat Leibniz jetzt noch keine griffige Bezeichnung, doch auch sie wird nachgeliefert, sie findet sich in einem Brief aus dem September (1695), der wiederum an L'Hôpital gerichtet ist. Dieser neue Fachausdruck heisst ,prästabilierte Harmonie', was soviel bedeutet wie ,von vornherein eingerichtete Harmonie' zwischen Seele und Körper.

Alsbald wird diese These Gegenstand lebhafter Diskussionen. Denn von Leibniz' ganzem Entwurf haben seine Zeitgenossen fast nur sie wahrgenommen, und so sprachen sie vom „System der prästabilierten Harmonie". Doch der Verfasser sah recht bald, dass er gerade in diesem Punkt noch nicht verstanden worden war und gab mehrfach Erläuterungen, die zumeist im Jahre 1696 entstanden sind und die er dem Herausgeber des ,Journal des Sçavans' als Antworten auf Kritiken und Einwände zugeschickt hat. Er, der bei Disputen sonst immer so vornehm und einsilbig war, zeigt dabei endlich Temperament, wird gelegentlich ungeduldig, sogar heftig oder auch mal ironisch.

Den Philosophen Simon Foucher, der als einer der ersten sein System bemängelt hatte, kannte er schon aus der Pariser Zeit, das ist der Mann aus der Anekdote, die im Buchladen spielt (siehe Seite 73 f.). Er war ein Abbé, der Experimente machte, aber auch hartnäckig an den Ansichten von Descartes festhielt. Seit jetzt vier Jahren hatte sich Leibniz mit Fouchers Ansichten in Aufsätzen auseinandergesetzt, er hatte ihn, könnte man auch sagen, angegriffen. Nun hatte wiederum Foucher sich gegen Leibniz gewandt, besonders gegen dessen Ansicht, die Verständigung zwischen Körper und Seele (und zwischen Individuen überhaupt) werde von Gott bewirkt, sie sei schon in der Schöpfung durch eine „prästabilierte Harmonie" gewährleistet und jeder auftretende Fall sei bereits geregelt worden. Leibniz, der formal gesehen keinen Aufsatz, sondern einen Brief geschrieben hatte, der wie ein Leserbrief gedruckt wurde, wandte sich recht persönlich (im guten wie im weniger guten Sinne) an seinen alten Gegenspieler Foucher:

„Ich erinnere mich, Monsieur, dass ich Ihrem Wunsche zu entsprechen glaubte, als ich Ihnen vor mehreren Jahren meine philosophische Hypothese mitteilte, obwohl dies geschah, indem ich Ihnen gleichzeitig bezeugte, dass ich mich noch nicht entschlossen hätte, sie offen zu bekunden. Ich erbat damals im Austausch Ihre Meinung darüber, aber ich erinnere mich nicht, Einwände von Ihnen erhalten zu haben; sonst hätte ich, belehrbar, wie ich bin, Ihnen keinen Anlass gegeben, mir dieselben zweimal zu machen. Indessen kommen sie noch zur rechten Zeit, wenn sie auch nach der Veröffentlichung kommen; denn ich gehöre nicht zu denen, für die die Festlegung ihrer Ansichten an die Stelle der Vernunft tritt ..." Das ist nur der Vorspruch, dann geht die Debatte los.

Auch eine zweite Erläuterung richtet sich gegen Simon Foucher, speziell gegen das Unverständnis, mit dem er der ‚prästabilierten Harmonie' begegnete. Es folgt das berühmte Uhrengleichnis, das veranschaulichen soll, warum Seele und Körper harmonisch im Gleichklang handeln.

„Stellen Sie sich zwei Wanduhren oder Taschenuhren vor, die vollkommen miteinander übereinstimmen. Das kann auf drei Weisen geschehen: die erste besteht in einem natürlichen Einfluss. Das erfuhr Huygens zu seinem grossen Erstaunen. Er hatte zwei Pendeluhren an ein und demselben Stück Holz aufgehängt. Die dauernden Schläge der Pendel hatten den Partikeln des Holzes gleiche Erschütterungen mitgeteilt; da aber diese Erschütterungen nicht in ihrer Ordnung und ohne einander zu behindern bestehen konnten, solange die Pendel nicht übereinstimmten, ereignete es sich durch eine Art Wunder, dass sie, selbst wenn man ihre Schläge ganz ausdrücklich verwirrt hatte, dazu zurückkehrten, gemeinsam zu schlagen, fast wie zwei Saiten, die gleich gestimmt sind. Die zweite Weise, zwei (obschon schlechte) Uhren immer übereinstimmen zu lassen, bestünde darin, sie immer durch einen geschickten Handwerker überwachen zu lassen, der sie richtet und sie in jedem Augenblick gleich einstellt. Die dritte Weise besteht darin, zunächst diese zwei Pendel mit so viel Kunst und Genauigkeit herzustellen, dass man in der Folge ihrer Übereinstimmung sicher sein kann."

Leibniz selbst löst sein Gleichnis alsbald auf, indem er fortfährt: „Setzen Sie nun die Seele und den Körper an die Stelle dieser beiden Uhren. Ihre Übereinstimmung oder Sympathie kann ebenfalls auf eine dieser drei Weisen stattfinden." Gelten lassen kann Leibniz jedoch nur die dritte Form, es ist „der Weg der prästabilierten Harmonie, die durch ein vorgreifendes göttliches Kunststück geschaffen wurde". Zur Begründung aufgefordert, meint er, er „brauche nichts zu beweisen, wenn man nicht will, dass ich beweise, dass Gott über alles verfügt, was er braucht, um dieses vorgreifende Kunststück vollbringen zu können". Man möchte allerdings einwenden: Auch wenn Gott das könnte, ist ja nicht gesagt, dass er auch so verfuhr.

Einen weiteren Kritiker geht er etwas spitz an: „Ich habe geglaubt, dass man die Sache allen Arten von Geistern durch diesen Vergleich einsehbar machen könnte." Sehr viel besser, ja mit Hochachtung, antwortet er dem etwa gleichaltrigen Hugenotten Pierre Bayle, der als Flüchtling in den Niederlanden lebte und sich ein grosses Ansehen dadurch erworben hatte, dass er sich auf blosse Skepsis beschränkte. Er behauptete nichts, erhob aber gegen vieles, was damals diskutiert wurde, hochintelligente Einwände. Die hatte er zusammengefasst in einem viel bewunderten Lexikon, in dem er unter einem der Stichworte (es hiess Rorarius) auch Leibniz in Frage gestellt hatte, der nun respektvoll in einem Aufsatz antwortete: „Ich fühle mich geehrt durch die Einwände, die er im Artikel Rorarius seines ausgezeichneten Wörterbuchs vorgetragen hat. Übrigens kann ein Geist, so gross und so tief wie der seine, keine Gegenargumente vorbringen, ohne einen zu belehren ..." Bayle hatte am Beispiel eines Hundes, der geschlagen wird, erläutert wissen wollen, wie – als Wirkung des Körpers auf die Seele – der Schmerz entsteht.

Zwei Jahre später (1698) ist Leibniz einem ihm unbekannten Kritiker gegenüber ungehalten, der recht gehässig gewesen war, und endet ironisch: „Ich finde, dass man mir Einwendungen macht, ganz wie sie ein Wilder aus dem Inneren Amerikas allen

Philosophen machen würde oder wie die Menschen sie gegen denjenigen erhoben hätten, der als erster zu philosophieren begann, so als ob ich für alles verantwortlich wäre."

Die Einwände kamen oft von Cartesianern, und Leibniz versuchte die Lehre von Descartes, die seit fünfzig Jahren in vielen Köpfen festsass, zu widerlegen. Er machte aber die Erfahrung, die man in der Wissenschaft von grossen Umbrüchen kennt: Eine herrschende Lehre wird von keinem ihrer Anhänger aufgegeben, so dass die neue sich nur durchsetzt, indem die alten Gelehrten aussterben. Leibniz hat es selbst sechs Jahre später (1704) so gesagt: „Es wäre für einen gelehrten Professor unerträglich, seine Autorität auf Anhieb durch einen Neuling umgestürzt zu sehen, der seine Hypothesen ablehnt; eine Autorität, sage ich, die seit dreissig oder vierzig Jahren anerkannt wird, die in vielen Nachtwachen erworben, mit einer Menge Latein und Griechisch aufrechterhalten und durch eine allgemeine Tradition und einen ehrwürdigen Bart befestigt wurde. Alle Beweise, die man anwenden kann, um ihn von der Falschheit seiner Hypothese zu überzeugen, würden ebensowenig in der Lage sein, seinen Geist zu beeinflussen, wie die Bemühungen, die der (starke Nordwind) Boreas anstellte, um den Reisenden zu zwingen, seinen Mantel loszulassen, den dieser nur um so fester hielt, mit je mehr Heftigkeit der Wind blies."

9 Unter Papierbergen

Neu in der Klasse sieben Fünfzig Jahre alt zu werden, das bedeutete nichts, nur die Geburtstage der Fürstlichkeiten wurden begangen, aber Leibniz wird es für sich selbst vermerkt haben, dass er am 1. Juli 1696 fünfzig wurde. Immerhin Gelegenheit, auf das eigene Tun zurückzublicken. Vielleicht mit dem Wort, das er auf sich und andere gemünzt hat: „Denn so viel ist unser Leben für ein wahres Leben zu schätzen, als man darin wohltut." Und er war überzeugt, er selbst arbeite nur für das allgemeine Wohl. Gleich aber fühlte er wieder den Schmerz, dass er vor bald zwanzig Jahren in Hannover als Hofrat begonnen hatte und nie befördert worden war. Mehrfach hatte er seinen Kurfürsten gebeten, wenigstens den Titel aufzubessern, vergeblich. Das war eine Wunde. Denn wie er sich selbst ins Stammbuch geschrieben hatte: „Man mus zwey dinge suchen, Seyn und Scheinen." Am Schein aber fehlte es arg.

Wenige Wochen später muss es ihm irgendeiner aus der Regierung anvertraut haben – sei es ein Kammersekretär oder einer der hohen Herren Minister selbst – , er sei befördert worden. Ja, ja, bald bestätigten es auch andere: Am 12. Juli (1696), auf der gemeinsamen Sitzung der Regierungen von Celle und Hannover in Engensen, habe man beschlossen, ihm den Titel eines Geheimen Rates zu verleihen. Sogar eine Gehaltserhöhung sollte gewährt worden sein. Auch sei eine Belohnung ausgesetzt worden für den Fall, dass er die Welfengeschichte vorlegen könne, ausgeführt bis zu Otto dem Kinde und seiner Belehnung mit dem Herzogtum Braunschweig im Jahre 1235.

Es war, als weiche eine Last von ihm, an die er sich schon gewöhnt hatte. Nach weiteren vier Wochen kam endlich die Gewissheit. Kammersekretär Jobst Christoph Reiche, dieser Begabte, dieser Unermüdliche, dessen saubere Hand jeden Tag zehn oder zwanzig Seiten wie gedruckt schrieb, hatte ihm die Ernennung offiziell ausgestellt. Zum „Geheimen Justitien-Rath" erklärt! Dazu ein Gehalt von tausend Talern jährlich aus Hannover, wovon er allerdings einen Gehilfen bezahlen musste, aus Celle 200, aus Wolfenbüttel 400 Taler. Die ausgelobte Gratifikation nicht zu

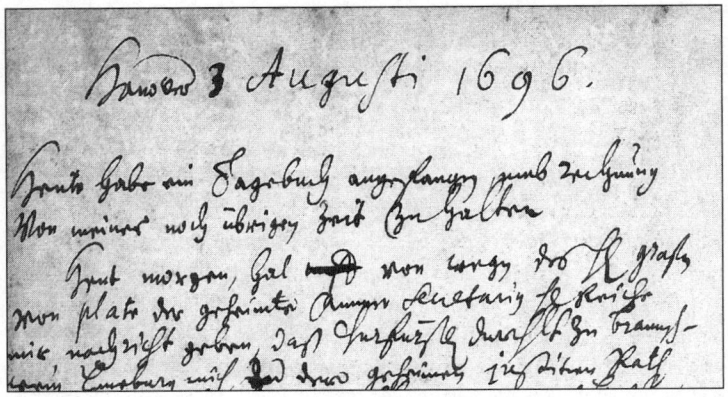

Anlässlich seiner Beförderung zum Geheimen Rat schrieb Leibniz „Heute habe ein Tagebuch angefangen, umb Rechnung von meiner noch übrigen Zeit zu halten". Mit sich selbst sprach er, so scheint es, deutsch. Wiedergegeben ist das obere Fünftel der ersten Seite.

vergessen. Alles, wie man es ihm schon gesagt hatte. Leibniz war an diesem Tag, dem 13. August, während er die Ernennung in Händen hielt, so glücklich, dass er beschloss, mit dieser Stunde ein Tagebuch zu beginnen und „Rechnung" von seiner „noch übrigen Zeit zu halten".

Wie gross die Kränkung gewesen war, kann nur verstehen, wer weiss, wie hart die Rangstufen bei Hofe schon durch die Kleidung markiert waren. Allein die Herrscherfamilie durfte, so war es überall Brauch, in Gold- und Silberstoffen auftreten, die obersten Chargen in Samt und Seide, darunter war man auf einheimische Stoffe beschränkt, durfte weder elegante Schnallenschuhe noch etwa Schmuckstücke tragen. Und dann die Titel, jeder blieb damit eingeordnet. Nun war er Geheimer Rat, das klang nach den Wirklichen Geheimen Räten, den Herren Ministern. Doch eigentlich hatte er sich noch nicht allzu sehr verbessert, nur von Rang acht auf Rang sieben.

Die Ordnung für die feineren Hofleute unterschied zehn Klassen. Die oberste, also erste Klasse, war offengelassen, in der zweiten stand einsam der Feldmarschall, die dritte Klasse war für die Minister, die ‚Wirklichen Geheimen Räte', vorgesehen, die vierte für Generäle oder den Oberhofmarschall. So ging es abwärts zur siebten Klasse, in der sich nun Leibniz befand – zusammen mit

Obersten, Diplomaten und dem Berghauptmann. Seine bisherige Klasse hatte unter anderem die Räte umfasst. In der neunten standen die Hofjunker und Majore, in der zehnten die Geheimen Kammersekretäre.

Was darunter blieb, war Volk. Am hannoverschen Hof waren etwa dreihundert Menschen beschäftigt, alle nach Rang und Würden sich aufstufend von den untersten, das waren die Fegemädchen, Feuerböter, Kornstecher, Ratten- und Maulwurfsfänger, bis hinauf zu den Spitzen der Hofhaltung. Die geringsten Löhne erhielten Küchenfrauen mit neun Talern, wohlgemerkt im Jahr, allerdings versorgt mit Kost und Kleidung sowie mit einer Schlafstelle bei Hofe; die Aufwärter und die Fegemädchen bekamen zehn Taler, der Rattenfänger elf.

Der Leiter der Hofverwaltung, der Oberkammerherr, hatte mit zweitausend Talern Ministergehalt. Es gab also Einkommensunterschiede im Verhältnis von 1 zu 200, eine Spannbreite wie heute in der Wirtschaft. Die Herren Minister hatten allerdings besonders viel, denn durch Zuwendungen auswärtiger Mächte (Handsalben oder Handgelder genannt) kamen sie auf das Zehnfache ihres offiziellen Gehalts, also 20 000 Taler im Jahr. Das wären nach heutigem Geld ein bis zwei Millionen Mark.

So befriedigend es für den Geheimen Justizrat Gottfried Wilhelm Leibniz auch war, nun – wenigstens nach Titel und Gehalt – aufgestiegen zu sein, gleichsam vom Major zum Oberst, die Genugtuung hielt nicht lange an. Vergleichen konnte und mochte er sich nur mit den Ministern, und da spürte er den Abstand allzu deutlich. Seine Gefühle erkennt man wohl, wenn man liest, was er ein Jahr nach der Rangerhöhung – die Sache leicht verfälschend – einem seiner treuesten Anhänger schrieb, dem Mathematiker von Bodenhausen in Florenz. Die Beförderung habe ihm neue Aufgaben gebracht, „doch behalte ich mir noch immer viel Freyheit mit guter Manier bevor". Das sollte heissen, falls er diese Freiheit, wissenschaftlich arbeiten zu können, einschränken wollte, „könnte ich vielleicht zu dem würcklichen Ministerio einen Eintritt erlangen". Diese Vorstellung, er habe nur wollen müssen, dann hätte er weiter aufsteigen können, hat sich in ihm allmählich verfestigt. Zwei Jahrzehnte später wird er sogar in einem Brief an einen Minister behaupten, „es hätte vielleicht nur von mir abgehangen, Mitglied des Geheimen Rats zu werden", so als sei ihm das je angeboten worden. Es war wohl sein inniger Wunsch.

Erfüllen konnte sich die Hoffnung nicht. Leibniz hatte dazu gar nicht das Auftreten, auf das aber kam es an. Am besten war man natürlich adlig. Und stattlich gross! Ebenso trinkfest, von unverwüstlicher Gesundheit und so weiter. Man musste wahrscheinlich auch ein Kavalier, ein Schmeichler, besser ein Held sein – oder ein Intrigant. Wenigstens reiten können, oder eine laute Stimme haben. Nichts von dem bei Leibniz. Er war durch und durch ein Gelehrter, bis zur Wunderlichkeit. Nur er selbst hat es nicht wahrhaben wollen, dass ihn der barocke Staat nicht zum Repräsentieren brauchen konnte. Schon die Art, wie man bei Hofe redete, war anders als die seine. Wer etwas durchsetzen wollte, hatte sich strategisch gut zu überlegen, wie er den Plan am besten vorbringen und persönliche Interessen kaschieren könnte. Die Rede durfte weder allzu direkt sein noch umständlich wirken, man musste vielmehr den Zuhörer mit knappen, möglichst witzigen Worten gewinnen. Auch das konnte Leibniz nur, wenn er sich anerkannt fühlte, also im kleinen vertrauten Kreis.

Verzettelt Beamter war er nur nebenbei. In erster Linie war er Privatgelehrter und als solcher eine vielbestaunte Berühmtheit unter Europas Gelehrten, was man übrigens auch in Hannover durchaus zu schätzen wusste. In zweiter Linie war er der Historiker der Welfen, auch wenn er mit der Niederschrift des Werkes immer noch nicht begonnen hatte. Und nur gelegentlich fungierte er als Beamter des Hofes, daran änderte die Beförderung nichts. Der neuernannte Geheime Justizrat übernahm weiterhin Aufträge, die ihm die Geheimen Räte erteilten, etwa Expertisen anzufertigen zu historischen Rechten auf umstrittene Landstriche. Leibniz hatte ein Auge auf die Landesuniversität Helmstedt zu richten, vor allem bei Berufungen, auch sollte er als Zensor Manuskripte vor der Veröffentlichung prüfen. Eine Hannoversche Chronik etwa, die Buchhändler Förster herausbringen wollte, verhinderte er, weil sie schlecht gemacht und „gegen unsere wahre Principia" sei.

Er will aber mehr, ist unermüdlich und entwirft, wohl zunächst nur für sich selbst, einen gewaltigen Plan. Das Haus Braunschweig-Lüneburg soll alle historischen Rechte aufspüren lassen, um bei Erbfällen auch in fernen Ländern Ansprüche anmelden zu können. Wieder geht es um eine geradezu rabiate Vollständigkeit. Die Sammeltätigkeit soll nicht auf den Bereich der welfischen Territorien begrenzt sein, in denen ausser den landesherrlichen Archiven auch die der Städte, Klöster und Ämter, des Adels sowie gelehrter Sammler inventarisiert oder gesichtet werden sollen, sondern auch das Ausland wäre zu durchforschen.

Die Überfülle seiner Vorsätze, seiner Pläne und des Unerledigten zeigt sich in seinem Arbeitszimmer, vor allem an den Stapeln von Notizen auf dem Schreibtisch. Für einen seiner Briefpartner hatte Leibniz eine kleine Abhandlung aus früheren Notizen zusammengestellt. Als der sich bedankt, schreibt Leibniz, derartige Einfälle kämen ihm wegen seiner unverminderten Neugier und Wissbegierde. Er pflege sie spontan niederzuschreiben, und zwar auf losen Blättern, die leider alle noch ungeordnet seien. Denn Ordnung habe er in diese Massen, diese „Papierberge" (chartarum moles) bisher nicht bringen können, „abgesehen von dem, was einem täglich vor Augen kommt". Diese Beschreibung gibt uns ein Bild dessen, worin Leibniz zu ertrinken droht. Seine Zettel mit Einfällen, die für eine spätere Auswertung vorgesehen waren, verloren sich in riesigen Ansammlungen und wurden von ihm schliesslich weggelegt. Es ist schon eine aparte Vorstellung, dass die meisten Papiere zum ersten Mal überhaupt gelesen wurden, als im 19. Jahrhundert die Leibnizforschung begann.

Er litt selbst darunter, wie er sich – auch im übertragenen Sinne – verzettelte. Es hatte in England das Gerücht gegeben, Leibniz sei gestorben, das berichtete ihm einer seiner wichtigsten Korrespondenten dieser Jahre, Thomas Burnett. Leibniz antwortete am 17. März 1696: Wenn der Tod ihm noch Zeit lasse, die bereits fest umrissenen Pläne zu Ende zu bringen, wolle er dem Tod als Gegenleistung versprechen, nichts Neues mehr anzufangen. Durch diesen Vertrag werde er trotzdem einen grossen Aufschub erhalten. Das wird stimmen, denn schon die bisherigen Pläne reichten für mehr als ein Leben. Es ist ein Zufall, dass zwei Tage nach diesem Brief, der den Tod bedachte, sein Bruder Johann Friedrich im Alter von 64 Jahren im fernen Leipzig starb.

„Nichts Neues mehr anfangen", in dieser Äusserung verrät sich Leibnizens Unruhe angesichts der Fülle andrängender Gedanken und wissenschaftlicher Pläne. Arbeitsüberlastung gehörte zu dem Kummer, den er auch in diesem Jahr wieder benannt hat. Er fühlte sich manchmal krank. Oft war es ein Katarrh, daher bat er im Januar 1696 den Leiter der hannoverschen Oper, Conte Palmieri, ihm ein Mittel gegen die Heiserkeit zu nennen, und fügte hinzu, Sänger müssten wohl über ein Geheimwissen verfügen.

Aus Freude schrieb er jetzt oft seinem Briefpartner Burnett, der das anregende Leben der Metropole London begeistert schilderte. Wer hier lebe, müsse nicht erst aus einem Briefwechsel erfahren, was der Stand der Wissenschaft sei. Wehmütig pflichtet Leibniz ihm bei: „Alles, was mich körperlich und geistig beengt, kommt daher, dass ich nicht in einer grossen Stadt wie Paris oder London lebe, Städten, die an gelehrten Männern Überfluss haben, von denen man lernen und von denen man sich helfen lassen kann. Denn es gibt vieles, was sich nicht von einem allein ausführen lässt. Doch hier trifft man kaum jemanden, mit dem man sich unterhalten kann, ja man gilt sogar in diesem Lande als schlechter Hofmann, wenn man über wissenschaftliche Themen spricht. Ohne die Frau Kurfürstin würde man noch weniger darüber reden können."

Solchen Sätzen voll tiefer Unzufriedenheit entnahm Burnett, Leibniz wolle nach London übersiedeln, und konnte berichten, er kenne jemanden, der ihm vielleicht eine bescheidene Stelle zu beschaffen vermöge. Da musste Leibniz dankend abwinken, kündigte aber eine Englandreise an und suchte offenbar mehr briefliche Verbindung zur englischen Gelehrtenrepublik, alsbald auch, indem er in politischer Mission dorthin wollte. Doch – hätte ihm eine Übersiedlung wirklich gut getan? Er wäre dann noch besser informiert gewesen und hätte mit noch mehr Kennern konkurrieren können, aber dadurch wäre wohl nur seine Neigung gewachsen, vieles zugleich anzustreben, zu vieles. Weil er alles Wissen aufnehmen wollte, war er nicht so produktiv, wie sein Genie es ihm erlaubt hätte. Was ihm fehlte, war die Fähigkeit, sich zu konzentrieren und seine Einfälle und Kenntnisse zu verarbeiten. Die Atmosphäre einer Provinzstadt wäre solch ruhigem Schaffen, wenn Leibniz nur gewollt hätte, durchaus förderlich gewesen.

Rijswick, ein schmählicher Frieden Im Krieg gegen Frankreich kämpften auch welfische Truppen und belagerten im Juli 1695 Namur. Der zweitjüngste hannoversche Prinz Christian Heinrich, der als ‚Volontär' im Gefolge des englischen Königs Wilhelm III. an der Belagerung teilnahm, schrieb an seine Eltern: „Wäre Leibniz hier, würde er besser als alle Ingenieure des Königs über die Attacke räsonnieren, denn in der Geometrie und Fortifikation kennt er sich besser aus als alle anderen." Der Prinz wünschte sich den Gelehrten, den er bewunderte, her, und tatsächlich war Leibniz mit ganzer Seele bei den Kriegshandlungen. Die Alliierten sollten sich, verlangte er, noch einmal zu einer gemeinsamen, den Krieg entscheidenden Anstrengung aufraffen, dann könnten sie die Bedingungen des bevorstehenden Friedens diktieren. Für einen letzten Sieg malte er sich Truppenaufstellungen aus, je hunderttausend Mann sowohl am Oberrhein wie bei Dünkirchen. Leibniz hielt es für unerlässlich, dass Frankreich in einem künftigen Frieden Strassburg herausrückte, das gab er dem welfischen Residenten in Paris, dem Franzosen Christophe Brosseau, schriftlich, der das aber ganz anders sah.

Auch Leibniz wusste, dass die Alliierten kriegsmüde waren. Am 20. September 1697 schlossen die Seemächte (Britannien und die Niederlande) sowie Spanien mit Frankreich einen Friedensvertrag im Schloss Rijswick, gelegen zwischen Den Haag und Delft. Dass Frankreich dabei nicht zur Rückgabe Strassburgs genötigt werden konnte, haben Ernst August und sein Sohn Georg Ludwig ebenfalls mit ohnmächtigem Zorn verfolgt. Im letzten Augenblick hatten die Franzosen auch noch eine Religionsklausel durchgesetzt, die besagte, in allen zurückgegebenen Gebieten solle die katholische Religion herrschen, in zweitausend Orten. Schon der Religionsklausel wegen haben Hannover und Celle wie die meisten anderen protestantischen Reichsstände den Frieden von Rijswick nicht mitvollzogen. Leibniz war bitter enttäuscht: „Niemals ist vor das Reich ein mehr schändlicher friede gemacht worden." Er sah einen neuen Krieg voraus, diesmal um die Erbfolge in Spanien, der ganz Europa in seinen Strudel reissen würde, und er hoffte, man werde wenigstens „etwas haben von der Ruhepause, die uns das Schicksal gönnt".

Im Juni 1697 verhandelte Wilken Klencke im Namen des hannoverschen Kurfürsten mit August dem Starken von Sachsen in Dresden. Hannover bot für das Recht auf das Herzogtum Sachsen-Lauenburg 600 000 Taler, August von Sachsen wollte aber eine Million haben, um sich damit die polnische Königswürde zu kaufen, die zur Wahl stand, nachdem das dortige Herrscherhaus ausgestorben war. Man einigte sich, doch August der Starke machte dem Gesandten Klencke die Hölle heiss, als sich herausstellte, dass er, um die Summe auf der Stelle bezahlen zu können, nur Wechsel mitbekommen hatte. Der sächsische Kurfürst aber, der König werden wollte, brauchte für seine Wahl Schmiergelder in Form von Münzen, die er dem polnischen Adel in die Hand drücken konnte.

Klencke, ein erfahrener Diplomat, wurde auch mit dieser grössten Peinlichkeit seines Lebens fertig. Er bekam Lauenburg, als aus Hannover Pferdewagen in Tag- und Nachtfahrten nach Krakau herangeführt worden waren, angefüllt mit Silbertalern aus dem Harz, über hundert Zentner schwer. Und August wurde König von Polen. Leibniz stellte mit vollem Recht fest: „Ohne unser Silber wären die Geschäfte des sächsischen Kurfürsten nicht so schnell gelaufen", aber er muss auch enttäuscht gewesen sein über den Handel, denn schliesslich war es seine Idee gewesen, Rechtsansprüche auf Sachsen-Lauenburg zu erheben. Die waren jetzt fallengelassen, und der Rechtsstreit war aufgegeben worden, man hatte Sachsen dessen Ansprüche einfach abgekauft – doch wer kauft, scheint zuzugeben, keine Rechte zu haben. Die ganze rechtlich-historische Arbeit, die Ludolf Hugo und Leibniz geleistet hatten, war auch deshalb ziemlich vergeblich gewesen, weil die hannoversche Regierung eine Veröffentlichung ihres Werkes verbot. Aber das Herzogtum im Norden war nun wenigstens endgültig gewonnen.

Das feindliche Wolfenbüttel entlarvt Leibniz verbrachte jetzt sehr viel Zeit in Wolfenbüttel, das ergibt sich aus seinem Tagebuch, wenn er es auch nur zwei Monate lang führte. Nur gelegentlich kehrte er von dort nach Hannover zurück und dann auch bloss für zwei Tage. Die grosse Bibliothek war ihm zum zweiten Arbeitszimmer geworden, und er genoss es auch, Gast mal des einen, mal des anderen der beiden Wolfenbütteler Herzöge zu sein. Damit war Leibniz ein Grenzgänger, denn die Höfe in Hannover und Wolfenbüttel waren nach wie vor politisch verfeindet.

Auch im Mai 1696 hielt sich Leibniz dort lange auf und stellte dabei Rudolf August, dem älteren der beiden regierenden Brüder, eine Erfindung vor, von der er annehmen durfte, dass gerade dieser fromme Herzog dafür Sinn haben werde. Es war sein binäres Zahlensystem, auch ‚Dyadik' genannt, also die Kunst, mit nur zwei Ziffern – es sind 0 und 1 – zu rechnen, statt wie üblich mit zehn (0 bis 9). Mit diesem System kann man ebenfalls alle Zahlen schreiben, zum Ausgleich braucht man allerdings sehr viel mehr Stellen. Die Zählweise beginnt wie gewohnt mit 0 und 1, doch für die herkömmliche 2 muss man schon eine Stelle hinzunehmen, man schreibt 10, darauf folgt 11 für die bisherige drei, 100 für die vier, 101 für die fünf ... und so weiter.

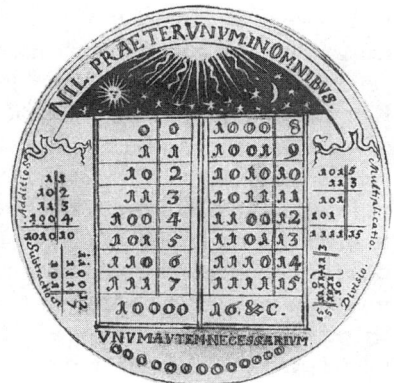

Die Dyadik, also die Kunst, die Zahlen nur mit 0 und 1 zu schreiben, wird hier bis zur Zahl 15 vorgeführt. Es ist die Zeichnung zu einer Medaille für Herzog Rudolf August, verfertigt nach einer Skizze von Leibniz.

Ein neues Zahlensystem sich auszudenken ist naheliegend, und es war auch keine Erfindung von Leibniz. Schon sein Lehrer in Jena Professor Erhard Weigel hatte ein System mit vier Ziffern entwickelt, andere hatten auch schon mit bloss zwei Ziffern gerechnet, wovon Leibniz allerdings nichts wusste, so dass er sich als Erfinder fühlen durfte. Er gab der Sache auch gleich einen tieferen Sinn, indem er dem Herzog die Dyadik als eine Analogie zur göttlichen Schöpfung deutete, bei der laut Bibel ja auch alles aus dem Nichts (der Null) und Gottes Wort (der Eins) entstanden sein soll. Der Herzog war begeistert, und Leibniz arbeitete die Sache in einer kleinen Niederschrift für ihn aus. Ein gutes halbes Jahr später, Anfang Januar 1697, überreichte er ihm eine weitere Deutung, diesmal formuliert als ‚Mathematischer Beweiß‘ der Schöpfung aus dem Nichts und dem Wort. Der Gastgeber war glücklich bewegt, schwieg aber und liess seinem Gast erst am nächsten Morgen durch einen Geheimen Kanzleisekretär drei verschiedene Siegelabdrücke überreichen und ihm ausrichten, nach dem Gespräch im Mai habe er selbst die Siegel mit den neuen Zahlen anfertigen lassen und sie in Gebrauch genommen. Leibniz hat ebenso eine bildliche Darstellung seines Systems entworfen – es sollte eine Medaille werden.

Vertrauter noch war Leibniz mit Rudolf Augusts jüngerem Bruder und Mitregenten, Herzog Anton Ulrich, der in Wolfenbüttel das Sagen hatte und immer noch mit ganzer Seele gegen die neue Kurwürde der Hannoveraner ankämpfte. Leibniz wusste, dass an eine Versöhnung zwischen Anton Ulrich und Hannover nicht zu denken war. Voll guten Willens machte jedoch der Gesandte Brandenburgs bei den welfischen Höfen, der tüchtige Christian Friedrich Bartholdi, einen Versuch, die zerstrittenen Welfen wieder zusammenzubringen. Auf der Braunschweiger Messe sprach er im Februar 1697 Anton Ulrich an. Doch der entgegnete nur, er sei verletzt, müsse Satisfaktion haben und die Wiederherstellung des früheren Zustands fordern. Er habe gute Allianzen und wünsche nicht Hannovers und Celles Lakai zu werden.

Andere liessen sich dadurch nicht entmutigen. Einen Monat später tat sich eine hannoversche Hofdame mit dem besonderen Vertrauten Anton Ulrichs zusammen, dem Sekretär Lorenz Hertel. Sie wollten wenigstens einen Austausch von Komplimenten zwischen dem schwerkranken Ernst August und Anton Ulrich einfädeln. Der Anstoss dazu war wohl vom hannoverschen Kurfürsten Ernst August gekommen, denn er soll erklärt haben, er könne nicht ruhig sterben, bevor nicht das Haus wieder in alter Freundschaft verbunden sei. Anton Ulrich hat darauf erwidern lassen, er sei nur in der Sache Feind, aber der Person nach Freund. Das war schon das Äusserste, was er sagen konnte. Im übrigen fühlte er sich von vielen verfolgt und verdächtigte sogar öffentlich seinen Schwiegersohn und seinen ältesten Sohn, sie seien zur Gegenseite übergelaufen, stünden also jetzt in den Diensten von Hannover und Celle.

Selbst der englische König wollte nun durch seinen Gesandten Cresset zwischen den Welfenhöfen vermitteln, doch der Diplomat zog sich nur den Groll Anton Ulrichs zu, so dass Leibniz schlichten musste. Der welfische Hausfrieden zwischen Hannover und Wolfenbüttel blieb ein blosser Wunsch, und Leibniz wusste nur allzu gut, dass jede Verständigung durch den französischen Gesandten Du Heron in Wolfenbüttel verhindert wurde, der vom Sonnenkönig den Auftrag hatte, die Welfenhöfe gegeneinander aufzubringen. Frankreich war nämlich der Verbündete Wolfenbüttels, aber der Feind Hannovers.

Der gebürtige Oldenburger Otto Mencken wirkte seit 1692 als dänischer Vertreter in Wolfenbüttel – und Dänemark zählte ebenfalls zu den Feinden Hannovers. Mencken besass das Vertrauen Herzog Anton Ulrichs und hatte auf ihn mehr Einfluss als Leibniz und Hertel zusammen. Was Anton Ulrich erfuhr, erfuhr auch Mencken, und der sorgte wie kaum ein anderer für Intrigen am Wolfenbütteler Hof. Der ältere der beiden Wolfenbütteler Herzöge, Rudolf August, hat den Vertreter Dänemarks deswegen aus tiefer Seele gehasst und schimpfte über ihn: der Lumpenkerl mit seinen Schelmenhändeln, der Teufelskerl, der verfluchte Däne, dieser Lügner, Narr, Hund und gottlose Vogel! Um zu verhindern, dass an Anton Ulrich gerichtete Briefe – wie es öfter vorkam – von Rudolf August und seinen Leuten geöffnet wurden, machte Anton Ulrich den dänischen Gesandten zu seinem Briefkasten, indem er besonders wichtige und geheime Nachrichten unter Menckens Adresse nach Wolfenbüttel kommen liess. So erfuhr alles also auch der Däne.

Aber nicht nur der war im Bilde, sondern ebenso der hannoversch-cellische Geheimdienst. Denn es ist eine gewisse Ironie des Schicksals, dass die diplomatische Korrespondenz Anton Ulrichs auf dem Wege zwischen Kopenhagen und Wolfenbüttel fast lükkenlos durch die Hände hannoverscher und cellischer Beamter lief. Sie sorgten dafür, dass die Berichte Menckens meist in Abschriften oder Auszügen bereits in Hannover oder Celle vorlagen, ehe sie den dänischen Hof erreichten, anscheinend ohne dass jemals etwas von diesen Eingriffen bemerkt worden wäre. Ebenso wurde die Post aus Kopenhagen, oft auch die aus Paris gelesen.

Es gab sogenannte Geheimbüros in Gifhorn und in Nienburg. Briefe mit vielversprechenden Absendern oder Adressaten wurden von den Beamten, die man Operateure nannte, angehalten, geöffnet, so geschwind wie möglich abgeschrieben und sorgsam wieder geschlossen, wofür man sich die meisten Siegel hatte nachstechen lassen. Das alles ist so unmerklich gehandhabt worden, dass niemand dahinterkam. Die grösste Hürde bei dieser Schnüffelei bestand darin, dass nach der Abschrift erst einmal die ‚Chiffrierung‘ oder Verschlüsselung, also der Geheim-Code, mit dem die diplomatische Post geschützt war, geknackt werden musste. Für diese Kunst hatten Celle und Hannover berühmte Dechiffreure. Dass diese mathematische Kunst, die ‚ars cryptolytica‘, auch auf Leibniz einen starken Reiz ausübte, hat er oft erkennen lassen. Er selbst jedoch scheint nur ganz selten zur Entschlüsselung herangezogen worden zu sein. Es hätte vielleicht seine Loyalität gegenüber Anton Ulrich auf eine zu harte Probe gestellt.

Gespräche mit Helmont zu dritt Die hannoversche Kurfürstin Sophie liebte es, die Ansichten ungewöhnlicher Menschen anzuhören, und so hatte sie sich den hochbetagten niederländischen

Arzt und eigenwilligen religiösen Denker Frans Mercurius van Helmont eingeladen. Auch Leibniz, der verpflichtet worden war, mit dem Gast vor den Ohren und Augen der Kurfürstin zu diskutieren, kannte ihn schon lange, denn van Helmont war auch der Arzt der Äbtissin von Herford, der Schwester der Kurfürstin, gewesen, als Leibniz und seine künftige Herrin sich am Sterbebett dieser Äbtissin, der Pfalzgräfin Elisabeth, kennengelernt hatten. Im März 1696 erschien in Herrenhausen, wo das Herrscherpaar wegen der schweren Erkrankung des Kurfürsten jetzt dauernd residierte, ein zarter Mann von 82 Jahren, dessen hohe Stirn, asketisches Gesicht und wundervolle Seelenruhe gleich einen tiefen Eindruck machten. Er trug keine Perücke, sondern ganz bescheiden und altmodisch das eigene lange Haar. Sonderbar waren auch seine Kleidung und seine Schuhe, die er nach den Erfordernissen der Gesundheit selbst entwarf, weil er die einschnürende Mode so wenig brauchte wie das steife Auftreten.

Die Gespräche begannen, und Leibniz hat sie so geschildert: „Er und ich begaben uns jeden Morgen um 9 Uhr in das Gemach der Frau Kurfürstin. Herr van Helmont sollte die Leitung übernehmen und das Wort führen, ich sollte den Zuhörer machen. Von Zeit zu Zeit unterbrach ich seinen Redefluss, denn es fiel ihm schwer, sich deutlich auszudrücken." Helmonts Denken war von der jüdischen Kabbala beeinflusst, die zu kennen auch Leibniz reizte.

Beide haben vor und mit der Kurfürstin über Helmonts Schrift ,Seder Olam' diskutiert und über seine Deutung der Bibel. Die war, wie Leibniz notierte, „offt wunderlich; unterdessen stecken einige guthe Gedancken darunter, damit ich einig. Wir haben fast den ganzen Nachmittag davon geredet." Seine Hauptdoktrin von der Seelenwanderung verwarf Leibniz zwar, doch er hätte gern wenigstens die Argumentation verstanden. Mit grosser Geduld versuchte er deswegen, auch im Interesse der Kurfürstin, Helmont zu eindeutigen Erklärungen zu bewegen.

Auch viele technische Fragen „von allerhand künsten, manufacturen und Handwercken" gehörten zu den erörterten Themen, denn Helmont war, so weltabgewandt er wirkte, ein grosser Techniker. Daher traute sich Leibniz, Helmont eine seiner Erfindungen zu unterbreiten, die er sonst für sich behielt, und hat ihm seine „gedancken gesagt vom geschwinden fortkommen auf Schuhfedern". Gemeint waren Schuhe, unter deren Sohlen Sprungfedern

Frans Mercurius van Helmont war Flame, ein Arzt, asketischer Philosoph und Mystiker, der schlichte Kleidung und sein natürliches Haar trug. – Liselotte von der Pfalz, als Herzogin von Orléans am Versailler Hof, die Lieblingsnichte der Kurfürstin, wollte von Leibniz und ihrer Tante wissen, was Helmont über die Seelenwanderung dachte.

zu schrauben waren, so dass man bei jedem Auftreten wieder hochfedern würde.

Diesem Arzt fühlte sich Leibniz in manchem verwandt und meinte rückblickend: „Unter den Menschen, die aussergewöhnliche Ansichten haben, bin ich eigentlich nur Herrn van Helmont begegnet, der mit mir darin übereinstimmt, dass die Nächstenliebe das Grundprinzip ist, und bei dem ich eine wahre Aufopferung für das allgemeine Wohl fand, obgleich wir sonst bei anderen Themen oft recht verschiedener Meinung sind." Solche anderen Ansichten konnte Leibniz dennoch recht gut gelten lassen. In diesen Wochen schrieb er ganz allgemein, nicht bezogen auf Helmont, in einem Brief: „Es klingt seltsam: Ich billige das meiste, was ich lese. Mir, der ich weiss, wie verschieden die Dinge genommen werden können, fällt beim Lesen meistens etwas ein, was die Verfasser entschuldigt oder rechtfertigt."

Im August (1696) ist Helmont schon wieder Gast der Kurfürstin. Und weil Leibniz den technischen Verstand dieses liebenswerten Greises zu schätzen weiss, sucht er seinen Rat für das Gutachten, das er zu dem Projekt machen soll, dem Herrenhäuser Garten viel Wasser so zuzuführen, dass es mit starkem Druck als Fontäne in die

Höhe schiesst. Eine Leitung aus Holz- und Bleirohren gibt es schon lange, aber sie verliert zu viel Wasser. Am 13. August 1696 – es ist zufällig der Tag, an dem seine Beförderung schriftlich ausgestellt worden ist und er sein Tagebuch beginnt – verhandelt Leibniz vormittags mit dem Kammerpräsidenten von Görtz über die Wasserkünste und besichtigt am Nachmittag mit van Helmont und zwei Beratern das Gebiet zwischen Hannover und Herrenhausen, in dem zu diesem Zweck ein Kanal gebaut werden soll. Dessen Wasser könne dann, meint Leibniz, von einem Schöpfrad neben dem Garten auf ein aufgeständertes ‚Gerenne‘ gehoben und zu den Hochbehältern geführt werden, die es bereits gab und die den Druck für die Fontänen erzeugten. Erst zehn Jahre später wurde dieser Ratschlag so ähnlich ausgeführt.

Im übrigen mussten Helmont und Leibniz wieder tagelang vor der Kurfürstin, die das sehr genoss, diskutieren, auch über die alte Streitfrage, was nun gelten solle, die Seelenwanderung oder die Unsterblichkeit ohne Wiederkehr. Leibniz hatte zugleich noch eine Art Protokoll zu führen, das für Sophies Lieblingsnichte, Liselotte von der Pfalz, die Herzogin von Orléans, bestimmt war. So ergab sich eine schriftliche Fortsetzung der Diskussion. Liselotte antwortete, an die Unsterblichkeit müsse sie wohl glauben, die der unbegreifliche Gott vielleicht festgelegt habe, der gesunde Menschenverstand zeige ihr allerdings nur einen biologischen Kreislauf der Elemente. Sophie hat diese Einwände natürlich Leibniz übergeben, und der widerspricht in wenigstens zwei Punkten: Für ihn sind die Seelen – die Monaden – notwendig unvergänglich, und Gott ist keinesfalls unbegreiflich, schon deshalb nicht, weil auch er an die Gesetze des Verstandes gebunden ist.

Liselotte will nun noch Genaueres wissen über Helmonts Ansicht von der Seelenwanderung. Leibniz notiert, was Helmont dazu geäussert hat, und legt noch eine heiter-spöttische Notiz über das Jenseits bei, aus der der Ton zu hören ist, in dem Leibniz und Sopie manchmal miteinander redeten: „Ein jeder hat seine eigne Suppe, die er gern isset. Wir nehmen die Sachen auff unsere Weise, und wolten gern, daß es künfftig wäre, wie wirs jetzo gern hätten. Die verstorbene Königin in Spanien wird dort Confect essen, Madame wird dort jagen ...“ Damit ist Liselotte gemeint, die liebend gern auf die Pirsch ging. Solch Unernst blitzt hie und da auf, aber im ganzen ist auch dieser Disput zu dritt durchaus anspruchsvoll, und Leibniz verfasst für die fürstlichen Frauen sogar eine schöne, deutsch geschriebene Einführung in seine Metaphysik, in der er seine Monaden noch durchweg ‚Seelen' oder ‚Einigkeiten' nennt.

Diese Ausführungen finden Liselottes Bewunderung. Das verführt Leibniz zu der Hoffnung, die Herzogin dauerhaft für seine Philosophie gewinnen zu können, und er fragt sie, ob sie nicht französische Gelehrte anregen könne, sein System zu diskutieren. Zu diesem Zweck fasst er seine Ansichten nochmals zusammen und betont dabei, dass für ihn zwischen Mathematik und Metaphysik eine Einheit bestehe. Prompt fühlte sich jedoch die Empfängerin überfordert, da in diesem Text zu „viel von mathematiquen" die Rede sei. Sie sieht sich auch nicht in der Lage, die Meinung kompetenter Männer einzuholen. Aus dieser Absage macht Leibniz immerhin das Beste, indem er der Herzogin Liselotte höflich versichert, ihm sei das Urteil eines unabhängigen, lebhaften Geistes wie sie wichtiger als das eines voreingenommenen Gelehrten.

Dass Leibniz hoffte, die Herzogin werde ihn bei Fachgelehrten ins Gespräch bringen, mag man noch verstehen. Sonderbarer ist schon, dass Leibniz der Herzogin von Orléans auch noch vorschlug, auf ihren Schwager, den Sonnenkönig, einzuwirken, um ihn vom Krieg gegen Deutschland abzubringen und ihn statt dessen zu veranlassen, die Wissenschaft mehr zu fördern. Als hätte Leibniz nicht erkennen können, wie gänzlich ohne Einfluss sie bei Hofe, ja wie spinnefeind sie ihrem Schwager war – und wie er sie ignorierte. Sie überging diese Anregung.

Im übrigen ist sie jedoch geschmeichelt und schreibt an ihre Tante: „Es freuet mich doch, daß ein so verständiger mann, wie dießer ist, sich einbildt, daß ich lumieres hab; es macht mich schir stoltz. Ich bin so fro, daß mons. Leibnitz mich nie zu sehen wirdt bekommen, denn sonsten würde er baldt die hohe opinion von mir verliehren, so er von mir gefaßt hatt." Er würde sie sonst nämlich, fürchtet sie, zu dick finden – das war alles. Diese indirekte Verständigung zwischen der Herzogin und Leibniz hat sich fortgesetzt. Leider sind die Briefe von Sophie an Liselotte verloren gegangen, so dass man nur das Echo aus Versailles kennt.

Neun Jahre später, am 30. Juli 1705, erwähnt Herzogin Liselotte auch den neckenden Ton zwischen ihrer Tante Sophie und dem Denker: „Aus allem, was ich vom herrn Leibenitz höre und sehe, muß er gar großen verstandt haben und dadurch angenehm sein.

Es ist rar, daß gelehrte leute sauber sein und nicht stincken, und raillerie (Spass) verstehen." Als die Kurfürstin ihr einen Text über die Monaden geschickt hat, muss Herzogin Liselotte im Dezember (1705) allerdings einräumen: „Mons. Leibenitz' unitet (Einheit) verstehe ich eben so wenig, alß wenns grichis oder latain were; wenn mein sohn wider von Paris wirdt kommen sein, will ichs ihm weißen, umb zu sehen, ob er es verstehen wirdt."

Ihr Sohn war der künftige Regent Frankreichs. Im Februar 1706 schrieb seine Mutter nach Hannover: „Mein sohn undt die gelehrten, so bey ihm, admiriren über die maßen des herrn Leibnitz schrifft und seinen großen verstandt, alles so net vorzubringen; wir werden sehen, ob er auch von meines sohns schrifft zufriden sein wirdt." Leibniz hat sich natürlich sehr höflich zu diesem Text geäussert, und die Herzogin schrieb an ihre Tante im März (1706): „Mein sohn findt, daß mons. Leibenitz ihn zu sehr lobt, ist froh, daß er content von ihm ist, findt alles, was er schreibt, sehr wohl geschrieben. Ich habe, ob ich zwar die sach nicht begreiffe, doch alles exact durchgelesen, denn er schreibt so wohl, daß es doch eine lust zu lesen ist. Meinem sohn kommen so sachen gar nicht langweilig vor, er liest es mit lust."

Familienpolitik Wenigstens Leibniz hat es nicht vergessen, dass seine Herrin, die Kurfürstin Sophie, den englischen Thron erben könnte. Am Hof zu Hannover ist er jedoch fast der einzige, der das bedenkt, denn die Aussichten scheinen inzwischen zu unsicher. Auch hat der Kurfürst wohl keine Lust, auf seine alten Tage noch als Prinzgemahl nach England zu gehen, und Sophie selbst ist in ihren Gefühlen schwankend. Sie möchte schon gern Königin sein, doch hält sie ihren katholischen Vetter, der vom Thron vertrieben wurde, für den legitimen Erben. Und sie selbst wäre auch in der Thronfolge noch längst nicht die nächste. Wenn der jetzige kinderlose König stürbe, wäre Anna, die jüngere Schwester der Königin, die neue Herrscherin. Ihr folgen würde ihr siebenjähriger Sohn Wilhelm, der freilich recht schwächlich ist. An Aussichten für Kurfürstin Sophie war also kaum zu denken, und nur Leibniz hat sich viel mit ihnen beschäftigt, jetzt besonders mit der Frage, was geschehen würde, wenn einer der anderen, wegen ihrer Konfession ausgeschlossenen Erben zum anglikanischen Glauben zurückkehrte. So jemand würde dann wieder vor Sophie rangieren, das macht ihn besorgt.

Im Oktober (1696) schreibt Leibniz an seine Kurfürstin und spielt im Plauderton auf die Aussichten der Thronfolge an. Dabei sagt er, es könne ihn reizen, nach Abschluss der Welfengeschichte einen Roman des kommenden Jahrhunderts zu schreiben („Ich befasse mich etwas mit Zauberei und ich behaupte, die Zukunft erraten zu können"). Darin würde dann Sophies Enkel als König von England eine führende Rolle spielen. Und treffe Helmonts Seelenwanderungsgesetz zu, werde sie auch selbst noch Zeugin der hannoverschen Thronfolge sein, die sie dem Welfenhaus eingebracht habe.

Mit diesem Ton hat Leibniz wohl die Gefühlslage der Kurfürstin nicht richtig getroffen. Vielleicht macht man damit keine Scherze, zumal der Tod der Erben, die an erster und zweiter Stelle stehen – Prinzessin Anna und ihr Sohn Wilhelm –, die Voraussetzung für diese Prophezeiung sein musste. Die kurze Antwort der Kurfürstin fällt nur spöttisch kühl aus, es ist die Antwort einer sehr nüchternen Frau auf den hier etwas überschwenglichen Berater.

In einer Heiratsangelegenheit konnte er auf mehr Fortune hoffen. Die begehrteste Partie dieser Jahre war der älteste Kaisersohn Joseph, der den Titel ‚Römischer König' trug. Es bewarben sich alle Fürstenhäuser, die eine passende Prinzessin vorzuschlagen hatten, weil es für eine Familie hohes Ansehen brachte, wenn man mit dem Kaiserhof verschwägert war. Hannover bot seit Jahren Prinzessin Amalia an, die jüngere der beiden Töchter von Herzog Johann Friedrich, dem katholisch gewordenen ersten Landesherrn von Leibniz. Sie war allerdings fünf Jahre älter als der umworbene Joseph. Der hannoversche Gesandte in Wien, Oberg, hatte der Kammerfrau der Kaiserin, der Schefferin, eine Erfolgsprämie von 20 000 Gulden versprochen, und um das Haupthindernis, den Altersunterschied, herunterzuspielen, wurde Leibniz beauftragt, eine ganze Liste deutscher Fürstenehen, die trotz höheren Alters der Frauen glücklich und kinderreich waren oder gewesen waren, aufzustellen. Sie machte Eindruck, doch die Mutter Josephs, also die Kaiserin, wollte sich im August 1697 noch immer auf nichts einlassen. Da gelang es der Schefferin endlich, ein Porträt Amalias, das Hannover ihr übergeben hatte, dem Kaiserpaar vorzustellen. Die Kaiserin sei, hiess es, davon angetan gewesen, Leibarzt Gian Battista Garelli äusserte sich zuversichtlich über die Gebärfähigkeit der Dargestellten, und der ersehnte Bräutigam, König Joseph, fühlte sich von der Dargestellten angezogen, denn sie erinnerte ihn an ein ebenfalls nicht gerade schönes Hoffräulein, das er dennoch sehr mochte. Hannover jubelte, denn man glaubte dort, den Kaisersohn schon gewonnen zu haben, und zitterte doch weiter, weil alle Kandidatinnen noch im Rennen waren und neue hinzukamen.

In diesem Stadium des Wettstreits fand Leibniz wieder die gewünschte Gelegenheit, sich mit Eifer in eine Angelegenheit welfischer Hauspolitik einzuschalten. Ihm hatte sich nämlich ein Wiener Agent angedient, auf dessen Hilfe er setzen wollte, während der Gesandte Oberg sich natürlich in dieser brenzligen Lage jede Einmischung energisch verbat. Trotzdem versorgte Leibniz den Agenten, der sicherlich nur auf das übliche Erfolgshonorar hoffte, mit einem Papier, das dem Kaiser zugespielt werden sollte und in dem er als alter Vertrauter der Familie die Eigenschaften der Prinzessin aufzählte: Wäre Amalia dem Kaiserpaar bekannt, so würde es von ihr ebenso entzückt sein wie die Kurfürstin Sophie, die Amalia gar nicht von sich lassen wollte. Die Prinzessin ist, heisst es weiter, von grosser Güte, abhold jeder Künstelei und Kabale. Es trifft nicht zu, dass sie breite Schultern hat, sondern sie ist schlank – so schlank, dass eine Person, der sie eine von ihr abgelegte Schnürbrust überliess, diese weitermachen lassen musste, obwohl sie selbst rank und schlank war. Amalia ist sanftmütig, ohne Eigensinn, Stolz oder Empfindlichkeit, sie gewinnt jedermann auf den ersten Blick – und so weiter.

Ob die Beschreibung ihre Wirkung hat entfalten können, weiss man nicht, denn schon drohte neues Ungemach, und diesmal musste Leibniz offiziell tätig werden. Widersacher dieser Partie hatten beim Kaiser vorgebracht, dass unter den Vorfahren der Hannoveranerin niemand anderes erscheine als Lucrezia Borgia, die verrufene Tochter des Papstes Alexander VI. Der äusserst bigotte Kaiser war entsetzt. Als Oberg das nach Hannover gemeldet hatte, musste Leibniz die Sache untersuchen. Es stimmte, acht Generationen vor der Prinzessin tauchte die Borgia auf, aber Leibniz konnte jedermann beruhigen, denn mit dieser Verrufenen war inzwischen der halbe Adel Europas verwandt. Unter den Vorfahren der Habsburger fand Leibniz sogar einen Brudermörder. Seine Abhandlung schickte man im Juli 1698 an den Kaiserhof, und die Wogen glätteten sich.

Die Verhandlungen zum Ehevertrag dauerten noch lange, dann brach im Februar 1699 die Braut nach Wien auf. In Tulln an der

Donau, wo der Bräutigam mit Gefolge wartete, kam es zur ersten persönlichen Begegnung des jungen Paares, um dessen Vereinigung sechs lange Jahre verhandelt worden war. Der Bräutigam hatte sich in unauffälliger Kleidung unter die Hofleute gemischt, die einzeln der Braut vorgestellt werden sollten, und wurde ihr als Kavalier präsentiert, aber sie erkannte ihn nach seinen Bildnissen auf den ersten Blick und wurde sofort von ihm in die Arme geschlossen.

Die Einheirat einer hannoverschen Prinzessin in das Kaiserhaus war unstreitig ein grosser Erfolg für die hannoversche Politik. Aber er forderte auch seinen Preis, mehr als 150 000 Taler, denn alle, die in Wien mitgeholfen hatten, bekamen die versprochenen Handgelder. Auch für diese Hochzeit entwarf Leibniz ein Gedicht und eine Medaille. Amalia wurde an der Seite ihres Gemahls Kaiserin, und Leibniz wird ihr später manches zu verdanken haben.

Novissima Sinica   Der Mann mit der weltberühmten Korrespondenz, der Mann, den es an alle grossen Höfe als Ratgeber zieht, tut jetzt das Äusserste, was er noch tun kann, er schreibt an den Kaiser von China. In dieser Dimension muss man den Brief sehen, den er nach vielen Überlegungen und Vorarbeiten im Januar 1697 verfasst. Gerichtet ist er zunächst an den Mathematiker und Jesuiten Claudio Filippo Grimaldi, den er aus römischen Tagen kennt und der inzwischen in Peking Präsident des kaiserlichen mathematischen ,Tribunals' ist. Wie die Anrede aber auch lauten mag, unverkennbar ist dieser Brief, der einem Reisenden mitgegeben werden sollte, in der Hoffnung geschrieben, Grimaldi werde ihn Kaiser K'ang-hsi vorlesen. Darum kommt Leibniz etwa auf wissenschaftliche Akademien zu sprechen, die eine grosse und gottgefällige Aufgabe für einen Monarchen seien. Auch sonst gibt der Verfasser Anregungen, er bietet Wissen und hofft erkennbar auf Antwort mit gewichtigen Meldungen, denn er hat vorsorglich einen Chiffrierschlüssel beigefügt.

Verständlich ist es, dass Leibniz zum Kaiser K'ang-hsi vordringen wollte, denn der wurde in Europa verehrt. Man wusste nicht nur von ihm, dass er ein offenbar kraftvoller Herrscher war, der die Mongolen besiegt, mit dem Zaren 1689 einen Vertrag geschlossen und das Land geeint hatte, sondern sah in ihm auch einen Philosophen auf dem Thron, der die westlichen Wissenschaften erlernen wollte und sich von den Jesuiten wie ein Schüler in Mathematik unterrichten liess. Die Jesuiten würden von Kaiser K'ang-hsi, hiess

es, so geschätzt, dass eine Christianisierung des ganzen Landes
denkbar sei.

In seinem Brief rühmt Leibniz die Dyadik, weil sie als Argument
für den christlichen Schöpfungsglauben ausgelegt werden könne,
er berichtet ebenso von seiner Rechenmaschine und seinen mathematischen Arbeiten. Es folgen Nachrichten über Mondberechnungen oder das Huygenssche Planetarium, die neuen grossen
Spiegel oder Papins Kasseler Versuche mit einem Unterwasserboot.
Diese Andeutungen sind so verlockend, dass Leibniz hat erwarten
können, der kaiserliche Hof in Peking werde näher nachfragen und
im Gegenzug chinesische Erfindungen preisgeben. Doch das
Schreiben blieb ohne Echo, vielleicht hat es seinen Adressaten
nicht erreicht. Nur weil Leibniz auch diesmal eine Kopie behielt,
weiss man, was in diesem Brief stand. Den Versuch wird Leibniz
aber nicht aufgeben, und einmal erreicht er sein Ziel – das Ohr des
Kaisers von China.

Noch befand sich sein Brief an den Kaiser auf der langen Reise,
und mit einer Antwort war frühestens nach einem Jahr zu rechnen,
da bekam er im März 1697 Post von einem Jesuiten aus Münster.
Der schickte ihm eine Handschrift, einen umfangreichen Bericht
des Jesuiten José Soares über die bisherige Geschichte der Chinamission seines Ordens. Die Darstellung endete mit dem Jahr 1692,
in dem durch kaiserliches Edikt die freie Verkündigung des christlichen Glaubens in China öffentlich genehmigt worden war. Sofort
erkannte Leibniz, dass dies alles die Öffentlichkeit brennend interessieren musste, die sich sowieso auf jede Nachricht aus China
stürzte. Den Bericht des Jesuiten machte er deshalb zum Hauptstück einer Schrift, die er schon wenige Wochen darauf publizierte.
Sie heisst ,Novissima Sinica historiam nostri temporis illustratura ...' (Chinesische Neuigkeiten, die die Geschichte unserer Zeit
veranschaulichen ...). Der Titel ist noch viel länger, in ihm wird
umständlich aufgezählt, worum es geht, nämlich um die öffentliche Zulassung des Christentums in China durch den Kaiser, das
Ansehen der europäischen Wissenschaft dort und vor allem um
Kaiser K'ang-hsi selbst.

Leibniz bot in dem kleinen Buch ausser dem genannten Bericht
noch einige kurze Nachrichten aus China, vor allem aber seine
eigene, vom Geist wahrer Humanität getragene Vorrede, die zeigte,
wie bereitwillig er andere Völker und Kulturen anerkannte. Darin
schrieb er auch, Russland sei das Verbindungsglied zwischen

Europa und China, den beiden hochzivilisierten Enden „unseres Kontinents". Die göttliche Vorsehung werde sicherlich dafür sorgen, dass auch dieses Land, das dazwischen liege, „zu einer höheren Lebensform geführt werde" (ad meliorem vitae rationem traducatur). Die Pläne des neuen russischen Herrschers erweckten, meinte er, eine solche Hoffnung. Und tatsächlich traf – zufällig wenige Tage nachdem diese Worte gedruckt waren – Zar Peter, der bald der Grosse heissen sollte, in Königsberg ein und reiste, allseits bestaunt, durch Europa.

Die druckfrische Schrift ‚Novissima Sinica' verschickt Leibniz an einige Brieffreunde und schreibt dabei seinen evangelischen Korrespondenten, auch die Protestanten müssten Missionare nach China senden, weil sie das Christentum „dans sa pureté" (in reiner Gestalt) verkünden würden. Zugleich wollte er damit zu einem wissenschaftlichen Wettstreit aufrufen. Es war die Wissenschaft, die dem Christentum in China zu Ansehen und Verbreitung verholfen hatte, daher müssten sich auch die Protestanten, meint Leibniz, die den Katholiken in der Wissenschaft überlegen oder zumindest ebenbürtig seien, daran beteiligen. Vor allem ging es ihm darum, den Monarchen zu gewinnen, damit er zum Besten der Menschheit handelte. Das sei, so sagte Leibniz gern, wichtiger als hundert Schlachten.

Zugleich will er im ‚Ritenstreit', über den er schon in Rom diskutiert hatte, für die Jesuiten und ihre Art, Mission zu treiben, Partei ergreifen. In den kommenden Jahren äussert er sich sogar jesuitischer als die Jesuiten und meint, die Religionen dürfe man einander angleichen, weil die Wahrheit überall ein und dieselbe sei. Deshalb solle man ruhig auch – das war ein Hauptpunkt im Ritenstreit – das chinesische Wort für Gott in den christlichen Kultus übernehmen. Solche Namen seien ohnehin nur vorläufig, und der chinesische Kult sei dem christlichen verwandt.

Die ‚Novissima Sinica' werden viel gelesen und diskutiert, Leibniz gilt bei einigen schon bald als ausgemachter Chinakenner. Ein halbes Jahr später, Anfang 1698, hört er von einem Briefpartner in Paris, Pater Charles Le Gobien, dass die Patres, die unter dem Ritenstreit leiden, sich über die öffentliche Anerkennung freuen, die sie bei dem berühmten deutschen Protestanten gefunden haben. Einige schicken die Schrift an ihren Ordensgeneral nach Rom als Argument im Streit mit dem Vatikan. Dem Verfasser bestätigt auch noch ein anderer Jesuit, er habe genau die Fragen gestellt, die auch jene kleine Gruppe gelehrter Jesuiten bewegten, die der französische König jetzt gerade nach China schickte. Leibniz erfährt dabei, welch prächtige Gegenstände Ludwig XIV. den Missionaren als Geschenk für den chinesischen Kaiser mitgab.

Mit seinen ‚Novissima Sinica' hat Leibniz das Chinabild Europas für Jahrzehnte beeinflusst und die wachsende Bewunderung für diese Kultur durchaus gesteigert. Schon sehr bald, nach nur zwei Jahren, erscheinen die ‚Novissima Sinica' in einer zweiten, vermehrten Auflage – ein Zeichen für das Aufsehen, das sie erregen, und die Neugier, die sie geweckt haben.

Der allzu vielseitige Wissenschaftler Unter der Last seiner riesigen Korrespondenz hat Leibniz gestöhnt und geseufzt, zugleich aber war er auf diesen Briefwechsel, der immer noch anwuchs, zu Recht ausserordentlich stolz. Fremde kamen mit Fragen und Bitten, zugleich pflegte Leibniz die alten Brieffreundschaften, besorgte bereitwillig Bücher, leitete Anfragen weiter, erkundigte sich nach dem Neuesten und brachte weitere Themen ins Gespräch. Indem er sein Netz erweiterte, ausbaute und pflegte, sich an neue Gelehrte wandte und um die alten warb, wuchs ihm alles über den Kopf. Bei einem seiner Partner entschuldigte er sich im Mai 1697: „Die Menge meiner Papiere und meiner Verpflichtungen, die auf allzuviele Themen gerichtet sind, lässt manchmal Briefe, auf die ich noch antworten muss, in der Masse verschwinden." Dennoch konnte er vom Schreiben nicht lassen, wurde dafür bewundert und von Verehrern sogar aufgefordert, seine Korrespondenz – wie eine Zeitschrift – gedruckt herauszugeben.

Verhandelt werden darin immer noch die grossen Themen, aber auch Ereignisse drängen sich hinein. Jemand will ein Hünengrab freilegen lassen, und Leibniz beschafft Hilfe. Wieder wird – diesmal beim thüringischen Ort Gräfentonna – ein grosses urzeitliches Skelett gefunden und für einen Elefanten gehalten. Leibniz gibt zu erwägen, ob die Knochen nicht auch von einem Meerestier stammen könnten, woraus die spannende Diskussion erwächst, wo denn wohl das Wasser geblieben sei, das dann dieses Land bedeckt haben müsste. Hatte sich erst danach die Nordsee gebildet? Leibniz meint, Höhlen seien wohl eingestürzt und der Meeresboden gesunken, um die Fluten aufzunehmen.

Genauso gern diskutiert Leibniz mit Technikern und Erfindern. Einer schickt ihm ein Instrument der Astronomie, einen soge-

nannten Quadranten, gleich hat Leibniz einen Vorschlag, wie man
ihn so verbessern könnte, dass die Messungen leichter abzulesen
sind. Für den ideenreichen Des Billettes, einen Freund aus Pariser
Tagen, entwickelt er den Gedanken eines neuartigen Taschenbaro-
meters, eines Vorläufers des Aneroid-Barometers mit metallenem
Blasebalg, der auf den Luftdruck reagiert, so dass man auf Quecksilber verzichten kann.

In der Mathematik gab es ebenfalls Fortschritte. Die letzten
Preisaufgaben lagen schon Jahre zurück, als Johannes Bernoulli
nach einer bestimmten Kurve fragte, die den griechischen Namen
‚Brachystochrone‘ bekommen hatte. Im Mai-Heft 1697 der ‚Acta
Eruditorum‘ wurden Lösungen veröffentlicht, und Leibniz glaubte
zu erkennen, dass angesichts der schönen Ergebnisse nun diejenigen, die bislang gegen seine Differential-Methode „gestichelt“ hätten, „fast kleinlaut worden“ seien. Die Lösung, die Leibniz erdacht
hatte, war besonders kreativ und elegant, das Aufsehenerregende
aber war, dass sich an dem Wettstreit kein geringerer als Isaac Newton beteiligt hatte. Daraus ergab sich ein Nachspiel. Der geniale
Engländer prahlte vor Thomas Burnett, dem Korrespondenzpartner von Leibniz, er habe zur Lösung des Problems nur eine zwei-
stündige Pause zwischen zwei Verpflichtungen gebraucht. Leibniz,
der darüber, wie Newton es gewollt hatte, von Burnett unterrichtet worden war, gab seinerseits zu verstehen, dass er, in der Reise-
kutsche unterwegs, kaum länger dafür gebraucht habe. Auch bat er
Burnett, Newtons Irrtum aufzuklären, falls der denke, Leibniz sei
es gewesen, der ihm diese Aufgabe gestellt habe. Er würde, versicherte er, es gewiss nur gewagt haben, Newton eine wirklich wichtige Aufgabe vorzulegen.

Die Fülle der Themen und Projekte, denen Leibniz in diesen
Jahren nachging und die den Reichtum seines Geistes spiegeln, ist
nicht zu erfassen, auch nicht im Überblick. Aber vier Beispiele
seien herausgegriffen.

Schon lange wollte Leibniz die Angabe eines italienischen
Autors klären, im Nachlass des bedeutenden italienischen Humanisten Petrarca befinde sich ein Wörterbuch des Kumanischen,
einer untergegangenen Sprache. Francesco Petrarca, gestorben
1374, war der grösste Dichter Italiens seiner Zeit – berühmt
wegen seiner Gedichte an Laura – und zählte zu den Begründern
des Humanismus. In gewissem Sinne war Leibniz ihm ähnlich, da
auch Petrarca Handschriften herausgegeben und einen riesigen

Briefwechsel geführt hatte. Sollte sich irgendwo noch ein Nachlass des grossen Mannes befinden? Niemand wusste davon. Wohl
im April 1697 sah Leibniz in Wolfenbüttel noch einmal in einer
Handschrift nach und fand als Angabe über den Fundort des Wörterbuchs: „in sacrae aedis fastigio apud equos aeneos" (im Giebel
des Gotteshauses in der Nähe der Bronzepferde). Bronzepferde
auf einer Kirche? Das konnte nur Venedig sein! Und Petrarca hatte
tatsächlich im Alter eine Zeitlang dort gelebt. Leibniz richtete
Bitten nach Venedig, er beschwor seine Briefpartner. Sie liessen
suchen. Vergeblich. Leibniz bat weiter. Nach langem Stöbern endlich konnte man ihm melden: In einer Kammer auf dem Dach-
boden des Domes habe man etwas gefunden – und es sei tatsächlich der Petrarca-Nachlass. Leibniz war zu Recht nicht wenig stolz
darauf, derjenige gewesen zu sein, der den Hinweis gegeben und
so lange gedrängt hatte, nach diesem Schatz zu suchen. Nur das
kumanische Wörterbuch war nicht dabei, aber das war zu ver-
schmerzen.

Ein zweites grosses Thema in diesen Jahren ist die Fortführung
des Sammelbandes ‚Codex juris gentium diplomaticus‘. Dafür
hatte er jetzt schon mehr als fünfhundert weitere alte Vertragstexte
beisammen. Fast ebensoviel Zeit wie das Sammeln und Abschreiben aber kostete ihn ein Streit mit einer Gruppe holländischer
Drucker, die einen erweiterten Nachdruck des ersten Bandes
betrieben. Leibniz wollte sich sein Werk aber nicht aus der Hand
nehmen lassen, dessen Umfang und Anordnung bei der Neugestal-
tung ganz verändert worden wäre. Der Codex dürfe nur als Ganzes und unter seinem alten Titel wieder abgedruckt werden, alles
andere sei gegen Treu und Glauben, verstosse gegen gegebene Privilegien und sei ein Affront gegen jene Fürsten, aus deren Archiven die Stücke stammten. Er setzte alles in Bewegung, um den Plan
der Niederländer zu verhindern. Gelehrte und schliesslich Diplomaten mussten für ihn kämpfen, denn er konnte so wenig nachgeben wie die geschäftstüchtigen holländischen Drucker. Die Beharrlichkeit des Herausgebers Leibniz, der das Recht auf sein
geistiges Eigentum verletzt sah, bekam dabei – und das kann man
verstehen – einen Zug von Verbissenheit.

Noch eine andere Edition betrieb er in den Jahren 1695 und
1696 mit grossem Nachdruck, die ‚Scriptores historici restituti‘, zu
deutsch etwa: ‚Neu herausgegebene historische Schriften‘. Schon
der Allerweltstitel zeigt, dass es ein Sammelsurium zu werden

drohte, denn die Texte, die Leibniz zusammengesucht hatte, ergaben kein Ganzes, obwohl sie alle dem Umfeld der Welfengeschichte entstammten. Da der geplagte Herausgeber über die Arbeitslast klagte, wurde ihm vom Berliner Kollegen Spanheim ein Helfer empfohlen. Es war Alphonse Des Vignoles, ein reformierter Prediger in Berlin, der selbst hinter bestimmten Handschriften her war. Man schmiedete gemeinsame Pläne. Die Editionsarbeit bleibe ganz, so sagte Leibniz grosszügig, dem Partner überlassen, der solle auch freie Hand bei der Suche nach einem Verleger haben. Doch als Herausgeber, meinte Leibniz, werde auf dem Titelblatt am besten nur „G. G. L." angegeben. Das freilich war die Abkürzung seines Namens, unter der Leibniz in Zeitschriften publizierte. Es kam zu einer Verstimmung. Bei Spanheim beklagte sich Leibniz, Des Vignoles verdächtige ihn, er wolle den Partner seiner wissenschaftlichen Verdienste berauben. Das sah Leibniz selbst ganz anders, und tatsächlich machte er nun den Vorschlag, genannt werden sollten beide, ‚Leibnitius' und ‚Vignolius', beschrieben je in ihren unterschiedlichen Rollen. Allen war es recht, es ist nur nicht klar, warum Leibniz diese Selbstverständlichkeit nicht gleich vorgeschlagen hatte.

Der Überarbeitete betrieb in diesen Jahren noch ein weiteres Unternehmen, bei dem es um die Herausgabe alter Texte ging, genannt ‚Accessiones historicae' (Historische Zusätze). Ein erster Sammelband mit historischen Quellen – zumeist regionale Chroniken aus dem Mittelalter – erschien 1697, der zweite ein Jahr später. Warum aber musste sich Leibniz die unendliche Mühe machen, auch noch diese zufällig entdeckten Quellen für den Druck abschreiben zu lassen? Er selbst sah auch diese Mühsal als Nebeneffekt seiner Welfengeschichte (von der noch keine Zeile stand), war jedoch wohl eher der Sammelleidenschaft verfallen und mehr und mehr zum Archivar und Herausgeber geworden, zu einem Liebhaber des Vergangenen.

Neu aber ist, dass er sich der gerade viel diskutierten Frage, wie der menschliche Verstand eigentlich funktioniert und wie Erkenntnisse zustande kommen, zuwendet. Ausgelöst war die Debatte durch den damals populärsten Denker Englands, John Locke, den man auch auf dem Kontinent zu lesen begann. Allerdings schrieb Locke nicht nur für Gelehrte und deshalb auf englisch, und Leibniz hatte mit dem Englischen Mühe. Er wartete also auf eine Übersetzung ins Französische. Dennoch hatte er sich mit Lockes

Hauptwerk ‚An Essay concerning humane understanding' beschäftigt und gleich eine kurze Gegenschrift (‚Quelques remarques')
verfasst, weil er für sich in Anspruch nahm, in die Funktion des
menschlichen Verstandes und in die Kunst des Erfindens tiefer als
andere eingedrungen zu sein, und weil er überzeugt war, dass seine
Ergebnisse denen von Locke schon deshalb überlegen sein müssten, weil seine eigene Theorie sich in der Anwendung – etwa bei
Erfindungen wie der Rechenmaschine oder der Characteristica –
bewährt habe.

Seine ‚Remarques' zu Locke schickte Leibniz an Thomas Burnett, der ja schon die Verbindung zu Isaac Newton neu geknüpft
hatte, und zwar in der Hoffnung, er werde sie an Locke weiterrei-
chen. Doch Burnett erkannte diese Absicht leider nicht. So musste
Leibniz neu anfangen und beschrieb Burnett seine ‚Characteristica
universalis', die ja sozusagen das Denken mechanisieren sollte und
damit ebenfalls Aufschluss über das menschliche Erkennen geben
würde. Auch diese Verlockung zur Diskussion erkannte Burnett
nicht und reichte sie nicht weiter.

Selbst Monate später wusste Thomas Burnett immer noch keine
Antwort von Locke auf Leibnizens ‚Remarques' und konnte nur
allgemein berichten, Locke schätze Leibniz. Doch der zweifelte, ob
er das wörtlich nehmen dürfe, und legte in einem Brief vom September 1697 erneut eine Leimrute aus: In Holland wolle man
Lockes Essay abdrucken, meldete er, dem seine, Leibnizens,
‚Remarques' angefügt werden sollten. Er habe aber noch nicht
zugestimmt, da man dann auch wiederum Lockes Stellungnahme
zu seiner Kritik mitveröffentlichen müsse ... Deutlicher konnte
Leibniz die ersehnte Stellungnahme nicht provozieren. Burnett
sprach tatsächlich mit Locke, aber der blieb stumm gegen seinen
Kritiker Leibniz.

Die Fülle seiner Arbeiten lässt sich, wie gesagt, nicht zusammenfassen, kaum kann man die Last begreifen, die er trägt. Eine Brief-
stelle zeigt den Druck, dem er ausgesetzt ist – und nennt einen
Traum. Er weiss, dass sein Leben nicht ausreichen wird, all seinen
Einfällen nachzugehen. Seinem Florentiner Kollegen Antonio
Magliabechi kündigt er an, er wolle noch eine Verteidigung Gottes, die er ‚Theodicée' nennt, schreiben und seine allzu vielen Entwürfe und Versuche auf dem Gebiet der Naturwissenschaften und
der Technik ausarbeiten. „In allen diesen Dingen habe ich so viel
Material gesammelt, dass ich von seiner Menge fast erdrückt

werde." Doch er habe auch eine Hoffnung, nämlich dass ihm „junge Leute oder andere Freunde von Gelehrsamkeit, Scharfsinn und Fleiss" dabei helfen. „Denn vieles kann ich angeben, nicht alles aber, was sich mir zeigt, kann ich vollenden, und gern würde ich es anderen übergeben, zumal ihnen einiger Ruhm daraus erwachsen könnte ..." Da die eigene Begabung die Kräfte dieses Einsamen längst überfordert, entwickelt er die Vision einer Sozietät, einer Werkstatt von Gelehrten, die er anleiten könnte.

Der Zar wird bestaunt   Ende Mai 1697 setzt sich Leibniz an seinen Arbeitstisch und schreibt auf, was gerade seine Phantasie beschäftigt. Der Zar, den er in früheren Jahren wenig geachtet hatte, ist für ihn zum Hoffnungsträger geworden, zum Reformer seines Reiches. Leibniz weiss, Peter war soeben in Königsberg und soll auf dem Wege nach Holland sein (wo er einst incognito als Schiffszimmermann gearbeitet hatte), und Leibniz notiert, was er gerade gehört hat, nämlich dass der Zar in Königsberg sehr lustig gewesen sei und sich mit jedermann vertraulich unterhalten habe. Er solle seine Zufriedenheit über die milden Sitten des Gastlandes ausgedrückt und die Grausamkeit, die in seinem eigenen Reich herrsche, missbilligt haben. Als er im Garten einige Trompeter blasen hörte, fing er selbst an zu blasen, und man merkte, dass er einige Übung darin hatte. Auch schlug er die Trommel und zwar besser, bemerkt Leibniz, als es in Wolfenbüttel der Graf von Kniphausen tat. „Seine Wissbegierde ist gross", fährt er fort, „wie auch seine Lebhaftigkeit, die ihn daran hindert, still zu stehen. Deshalb hatte man die grösste Mühe, ihn zu malen, doch es gelang endlich und das Bildnis hat hinreichende Ähnlichkeit. Als einer seiner Edelleute sich etwas Schweres zuschulden kommen liess, sagte er ihm, wenn wir in Moscowien wären, hättest du die Peitsche bekommen, hier aber im Lande der Milde verzeihe ich dir."

Der Zar reist weiter nach Westen, er nähert sich Hannover, und Leibniz hofft ziemlich erregt, ihn vielleicht zu sehen. Sein Kopf ist voll mit Plänen. Angestachelt von dieser Erwartung, arbeitet er schon im Sommer (1697) eine erste grosse Denkschrift zur Förderung der russischen Kultur und Zivilisation aus, die er einem prominenten Mitglied der Gesandtschaft, am liebsten natürlich dem Zaren selbst, überreichen möchte.

Die Initiative zu einem Treffen mit dem Zaren war von Sophie Charlotte, der jungen Kurfürstin von Brandenburg, ausgegangen, die wusste, dass sich ihr Mann mit dem Zaren soeben in Königsberg geradezu angefreundet hatte. Darum ersuchte sie, während die russische ‚Grossgesandtschaft' weiter nach Westen reiste, um Audienz. Peter willigte ein, sie und ihre Mutter sowie ihre Brüder und ihren Onkel, den Herzog von Celle, zu empfangen, stellte aber die Bedingung, dass die erlauchte Gesellschaft nur ein winziges Gefolge mitbrächte. Wie sehr muss es Leibniz getroffen haben, dass er damit vom Zusammentreffen am 8. August (1697) im Flecken Coppenbrügge ausgeschlossen blieb. Offen gibt er zu, dass er „von Neugierde geplagt" ist, den grossen Herrscher zu sehen.

Da er nicht zur Audienz mitreisen durfte, unternimmt Leibniz – ein oder zwei Tage nach Coppenbrügge – einen eigenen Versuch und fährt nach Minden, um beim Ersten Gesandten, dem General François Lefort, Audienz zu erhalten, dringt aber nur bis zu dessen Neffen Pierre Lefort vor, der sich allerdings aufgeschlossen und entgegenkommend zeigt und dem Leibniz seinen Wunsch vortragen darf, ihm Sprachproben aus Russland und Sibirien zu verschaffen. Dem jungen Lefort mag er aber die Denkschrift, die er in der Tasche bei sich trägt, doch nicht überreichen, zumal er die Hoffnung auf eine persönliche Begegnung mit dem Zaren noch nicht ganz aufgeben will und anscheinend erwägt, ihm nach Holland nachzureisen.

Wie die Audienz für die Welfenfamilie verlaufen war, darüber hat er bald manches erfahren. Im Coppenbrügger ‚Fürstlichen Ambtshauß', halb Gutshof, halb Festung, vor dem Städtchen gelegen, hatten die Welfen bis in den Abend auf die Ankunft der Moskowiter zu warten gehabt. Durch den Ort an der Postroute, der alten Königsstrasse von Hildesheim nach Hameln, wären die Moskauer sowieso gezogen auf ihrem Weg nach Westen. Die Kurfürstinnen, Mutter und Tochter, konnten sich dort beide heimisch fühlen, denn Coppenbrügge war zwar eine brandenburgische Poststation, doch auch Hannover hatte hier Rechte, obwohl die Gegend zu Hessen-Nassau gehörte – so kompliziert konnten damals die Besitzverhältnisse sein.

Nun warteten die hohen Herrschaften also im Amtshaus. An der Holzbrücke vor Wall und Graben hatte sich ein Haufen neugieriger Einheimischer aufgestellt und wartete darauf, das Weltwunder bestaunen zu können, so dass der oft recht scheue Zar, als er die Gaffer sah, gleich flüchten wollte und sich erst dadurch umstimmen liess, dass auf Befehl des Kurprinzen die Menschenmenge von

Soldaten auseinandergetrieben wurde. Er gelangte, nun wirklich ungesehen, über eine Hintertreppe in sein Gemach. Dort hat er zunächst allein die fürstlichen Damen empfangen, wobei er so verlegen wurde, dass er nur hervorbrachte: „Ich kann nicht sprechen" und sich die Hand vors Gesicht hielt. Als Dolmetscher diente Peters Freund, der gebürtige Genfer General Lefort.

Bevor man sich im Speisesaal an die Tafel setzte, wurde der Kreis erweitert und der angereiste Hofstaat der Kurfürstinnen eingelassen. Der Zar gab strengen Befehl, die Tür zu schliessen, und postierte einen Mann seines Vertrauens daneben mit der Weisung, niemanden je hinauszulassen. Diese Absperrung gehörte bei Peter zum Ritus seiner Zechgelage. Der vierzehnjährige Welfenprinz Georg August wird in der Nacht sogar den Degen ziehen, als er kurz den Saal verlassen will, und es vergebens tun. Nachdem abgesperrt war, reichte der Zar allen Anwesenden der Reihe nach persönlich ein grosses Glas Wein, das jeder vor seinen Augen zu leeren hatte. Alle seine Gäste wussten, dass er auf Austrinken bestand, sonst konnte er tätlich werden, auch gegen hochgestellte Vertreter fremder Mächte. Er selbst wurde, obwohl er mithielt, von dieser Art der Begrüssung nicht betrunken, auch nicht, als beim Mahl die ganze Gesellschaft mehrmals stehend „Gesundheiten" ausbrachte. Sophie schrieb später: „Er hat auch vor uns gar nicht gesoffen, aber seine leute abscheulich, wie wir wech waren."

An der Tafel taute der Zar allmählich auf und begann, mit Sophie holländisch zu reden, eine Sprache, die beiden recht vertraut war. Sie überschüttete ihn mit Fragen, er fühlte sich dabei durchaus wohl und führte bald selbst lebhaft das Gespräch. Sophie meinte später: „Ihre Majestät waren recht lustig und gar frei." Die Damen staunten über sein treffsicheres Urteil und seine Geistesgegenwart, ja Schlagfertigkeit. Sophie Charlotte liess zur Unterhaltung italienische Sänger auftreten, aber Peter meinte, ihn interessiere allein Feuerwerk und die Seefahrt. Er könne selbst Schiffe bauen und beherrsche vierzehn Handwerke „in perfection". Dabei wies er seine schwieligen Hände vor und liess die vornehmen Damen fühlen, wie hart sie waren. Als den Zweck seiner Reise gab er an, er brauche die Hilfe Europas gegen die Türken, weil er einen guten Seeweg durch das Schwarze Meer ins Mittelmeer sichern wolle. Doch werde er immer nur gerechte Kriege führen.

Die Kurfürstinnen berichteten Leibniz später um die Wette von den Erwiderungen und Aussprüchen, die sie gehört hatten und die, wie sie meinten, eines Helden würdig gewesen seien. Sie sagten, daraus habe man leicht die Liebe zur Gerechtigkeit gegenüber den Nachbarn und Ausländern und die Milde Peters gegenüber den eigenen Untertanen ersehen können. Aber vor allem waren sie entzückt von Peters Ergebung in den Willen Gottes. Als die Kurfürstin von Brandenburg nämlich den russischen Waffen Glück wünschte und dabei auch den Wunsch aussprach, die 75 im Bau befindlichen Kriegsschiffe könnten den ‚Turban‘ aus Konstantinopel vertreiben, erhielt sie zur Antwort, dass die Menschen hierin nichts vermöchten und dies von Gott allein abhänge, der sogar jedes unserer Haare gezählt habe. Dennoch hatten die Kurfürstinnen den Zaren so verstanden, als hege er den Plan, die Türkenhauptstadt zu erobern.

Über die Tischsitten des Zaren jedoch wunderten sich die Damen, ja sie fühlten sich von ihnen abgestossen, so dass sie darüber kaum sprachen. Er ass mit seinen Leuten aus einer Schüssel und liess mit Hingabe laute Rülpser hören. Diese Geräusche kannten die Fürstinnen bis dahin nur als „polnische Seufzer", nun schienen es ihnen auch moskowitische zu sein. Niemand hat seine übrigen Essgewohnheiten aus Coppenbrügge berichtet, doch am Tag zuvor, als die Gesandtschaft des Zaren in Hildesheim beim Bischof war, beobachtete ihn ein Gast und hat erzählt: „Er warf hin und wann die Augen etwas unordentlich herum, schnitt sich an der Tafel die Fingernägel, kratzte sich den Kopf mit den Fingern und mit der Gabel, stach mit der Gabel auch öfters durch die Serviette, zog die Schultern auf und nieder und warf den Kopf von einer Seite zur anderen, so dass man daraus hätte schliessen können, ihm sei nicht wohl." Die Kurfürstinnen waren trotz dieser Sitten von dem stattlichen Mann und seinem „gutt gemüht" angetan und immerhin dankbar, dass er sich bei dieser Gelegenheit ungewöhnlich höflich verhalten hatte. Sophie nannte ihn später „gans was extraordinaris", auch empfand sie durchaus seine Grösse und meinte, er sei dabei sogar liebenswert.

Nachdem die Tafel beendet war, stellte der Zar den Gästen seine Zwerge vor, die nach der neuesten französischen Mode gekleidet und recht wohlerzogen waren. Ob sich auch an diesem Abend ein Narr aus dem Gefolge, wie üblich, splitternackt auszog, ist nicht überliefert. Man erzählte sich, dass der Zar, wie jüngst in Magdeburg, in aller Öffentlichkeit und vor Damen seine Notdurft zu verrichten pflege, es hiess sogar, er habe dabei schon „alle seine sieben

Sachen gewiesen", aber das war vielleicht übertrieben. Hier geschah so etwas nicht. Nach den Zwergen traten Musiker mit Balaleika und Bandura auf. Die Hofgesellschaft tanzte dazu „auf moskowitisch", und Peter soll zu Sophie gesagt haben: „Wie thüfels harte knochen haben die tütsche dames", womit er zu zeigen schien, dass er die harten Fischbeinstäbe der Corsage für die Rippen hielt. Erst als sich die Damen gegen vier Uhr morgens zurückgezogen hatten, begann das übliche Zechgelage, bei dem einige deutsche Kavaliere, wie stolz berichtet wurde, noch durchgehalten haben sollen, als manche der Moskowiter schon nicht mehr bei Besinnung waren.

So mag die Schilderung gelautet haben, die Leibniz von seinen beiden Kurfürstinnen zu hören bekam. Aufschlussreich aber ist auch eine Version, die offenbar in Wolfenbüttel umlief, genauer am Hofe Anton Ulrichs, der schon die Königsmarck-Affäre in seinem satirischen Roman ausgesponnen hatte. Sein Vertrauter, der Gesandte Mencken, schickte an seinen dänischen Herrn einen Bericht, dessen kränkende, gegen die Kurfürstinnen gerichtete Einzelheiten nicht stimmen werden, der aber um so mehr geeignet ist, die Art von Missgunst und Häme zu zeigen, die in Wolfenbüttel gedieh. Die Version tut so, als stammte sie von einem Beteiligten: Es habe kein Mensch wagen dürfen, den Saal zu verlassen, „um seine Notdurft zu verrichten. Indessen stand es jedem frei, dies nach Belieben im Zimmer oder zum Fenster hinaus zu tun. Einige machten sich die Bekleidung von Bedienten zunutze, um hinauszugelangen. Aber die Kurfürstin von Brandenburg, die nicht auf diese Weise verkleidet werden konnte und die nur ihrer Schönheit nach ein Engel ist, ohne sich irdischer Regungen entschlagen zu können, war gezwungen, sich von den Damen umringen zu lassen, um sich einer Sache entledigen zu können, die nichts Engelhaftes an sich hatte." Das ist nicht ohne Bosheit.

Leibniz war, wie wir wissen, erfüllt von der Idee, den grossen, grausamen Herrscher, der doch ein gutes Herz zu haben schien, für seine Ideen zu gewinnen. Herzogin Sophie und ihre Tochter Sophie Charlotte erörterten in den folgenden Wochen mit Leibniz, wie man den Zaren bei seinen Reformen unterstützen könnte.

Nach allem, was Leibniz über den russischen Herrscher erfahren hatte, konnte er sich vorstellen, wie die Männer beschaffen sein müssten, die der Zar brauchte, in vielfältigen Techniken erfahrene, einfallsreiche Köpfe. Am ehesten würde es wohl dem Charakter

des Zaren entsprechen, meinte Leibniz, wenn sich ein technisch
begabter Mann bereit fände, auf einer Werft in seiner Nähe zu
arbeiten, um dann von ihm selbst entdeckt und in seine Kreise
gezogen zu werden. So einen habe er in seinen Diensten gehabt,
der sei aber leider verstorben – er denkt dabei an Balthasar Ernst
Reimers, seinen Gehilfen und besonderen Liebling.

Das Ende des Kurfürsten   Die Hinfälligkeit des Landesherrn Ernst
August hat sich seit Juli 1696 nicht mehr wesentlich verändert,
trotz einiger Wendungen zum Besseren und vielfältiger Bemühungen der Ärzte. Leibniz empfiehlt, noch den gelehrten Helmstedter
Mediziner Heinrich Meibom heranzuziehen, in den er selbst das
grösste Vertrauen setzen würde. Nominell bleibt Ernst August das
Haupt der Regierung; an ihn richtet auch Leibniz noch seine Eingaben. Ein Teil der Regierungsgeschäfte ist aber schon dem Kurprinzen Georg Ludwig übergeben worden, der „im Nahmen und
von wegen unseres Herrn Vatters Gnaden" handelt.

Leibniz denkt nicht nur an das nahe Ende seines Herrn, er denkt
weiter. Wenn der Kurfürst stirbt, wird das Bistum Osnabrück wieder unter katholische Herrschaft gelangen, denn nach den Bestim-
mungen des Westfälischen Friedens soll es abwechselnd von einem
katholischen Bischof und einem evangelischen Fürsten des Welfenhauses regiert werden. Er hofft auf eine endgültige Rückkehr
des Landes unter die Hoheit der Welfen, doch da das kaum zu
erwarten ist, berät er die Regierung darüber, wie Hannover seine
Rechte noch vor der Übergabe sichern könnte, etwa indem es
Truppen in das Gebiet legt. Leibniz ist, wenn es um den Vorteil seines Herrscherhauses geht, nicht lammfromm, sondern rät zu einer
Politik der Stärke.

Ernst August hat auch im Alter eine – selbst für die Zeit des
Absolutismus – ungewöhnlich hohe Autorität ausgestrahlt. Überall
umgab ihn die Aura fürstlicher Unnahbarkeit. In ihm verbanden
sich gegensätzliche Eigenschaften: masslose Verschwendungssucht
und knauserige Sparsamkeit, auch herrische Härte und verträumte
Milde. Im Alter deutete er regelmässig an, er wolle abdanken und
sich nach Venedig zurückziehen. Doch im September 1697 erlitt er
einen neuen Schlaganfall, und bald darauf übernahm der Kurprinz
die Regierungsgeschäfte, da der Kurfürst die Zügel mit dem besten
Willen nicht mehr halten konnte und selbst den getreuen Kabi-
nettschef Hattorf nicht mehr vorliess.

Die herbeigerufenen Ärzte waren ratlos, auch zerstritten. Ein wundertätiger Goldschmied aus Braunschweig, Du Nort, musste fast gegen seinen Willen geholt werden, damit seine berühmte Corallen-Tinktur, auf die auch die Witwe von Otto Grote schwor, verabreicht werden könne. Sie wurde zuvor an kranken armen Leuten ausprobiert, denen sie wenig half. Die Gräfin Platen und ihre Tochter, die die Medizin ebenfalls versuchten, befanden sich danach sehr übel. Der Kurfürst nahm sie dennoch, vergebens.

Als die sorgenvolle Sophie ihm zuredete, das heilige Abendmahl zu nehmen, willigte er nach anfänglichem Sträuben ein. Eine weitere ernsthafte Erkrankung des Kurfürsten rief nun auch Leibniz nach Herrenhausen, wo er am 15. November (1697) im Vorzimmer mit der Kurfürstin und den Ärzten beriet. Bald berichtete er in einem Brief, dem Kurfürsten gehe es erheblich besser, er habe gut geschlafen, stark abgeführt und mit Appetit eine Menge gehacktes Taubenfleisch gegessen, man habe ihn sogar davon abhalten müssen, zuviel davon zu sich zu nehmen.

Sophie stand ihrem Gatten bei. Alle bitteren Kränkungen, die sie durch ihn und seine Mätresse erfahren hatte, waren vergeben. Sie kannte nur noch die Fürsorge für den Leidenden. Genauso grosszügig – und das sei an dieser Stelle schon erwähnt – wird sie sich zeigen, wenn ein Jahr später diese Mätresse Clara Elisabeth von Platen stirbt, die, erst 51 Jahre alt, einen Schlaganfall erlitten hatte. Nichts spricht deutlicher für Sophies Seelengrösse, als dass sie sich (sie war 69 Jahre) überwand, die schwerkranke Gräfin fast täglich aufzusuchen und zu trösten. „Sie ist ser unruig, küste mich gestern die handt, weinte ser, nun gehe ich alle Dag aus Mitleyden hin", schrieb die Kurfürstin. Eine ähnliche Hingabe zeigte sie auch am Sterbebett ihres Gatten. Er verschied in der Nacht auf den 3. Februar 1698 gegen Mitternacht.

Genau zwei Montate später fand das pompöse Leichenbegängnis statt. Leibniz hat dazu die Personalien verfasst. Er charakterisiert den verstorbenen Kurfürsten als einen gerechten, klugen und vorurteilslosen Menschen, der „Argwohn und Mißtrauen nicht geheget; was zum Nachtheil und Beschimpfung der Leute (hätte) gereichen können, mit besonderer Umsicht vermieden; was man Ihm selbst anvertrauet, im höchsten Geheim gehalten, und also durch eine seltene Combination bei Ihrem hohen Verstand und großer Erhabenheit, welche sonst gemeiniglich verursachet, daß man andere Leute wenig achtet, dennoch sich charitable oder gutherzig gezeiget, und vor anderer, auch geringer Menschen Angelegenheit besorget gewesen". Leibniz kümmert sich auch um den repräsentativen Porträtstich, der in Berlin angefertigt wird, sowie darum, dass der Sarg mit passenden Symbolen geschmückt ist. Eine finanzielle Zuwendung, wie sie andere Hofbeamte erhalten haben, gab es für Leibniz nicht.

Wie weit ist die Welfengeschichte? Unter dem neuen Kurfürsten Georg Ludwig wird es nun bald ernst. Der Hofgeschichtsschreiber Leibniz ist aufgefordert, für den 20. September (1698) über den Stand seiner Arbeiten zu berichten. Das heisst, er soll bis zur Hauskonferenz, der gemeinsamen Sitzung der Regierungen von Hannover und Celle, Rechenschaft ablegen. Dort konnte er aber nichts vorlegen lassen. Und das, obwohl er sich seit langem bewusst war, dass die Hausgeschichte absoluten Vorrang haben müsste. So sah er es auch in seinen Briefen: „Die Welfengeschichte treibe ich voran, weil ich von ihr getrieben werde, was auf dasselbe hinausläuft." Viele warten auf Ergebnisse, längst wird das Unternehmen in der gelehrten Welt mit Respekt genannt, aber diese Vorschusslorbeeren sind Ansporn und drückende Last zugleich, weil er das Urteil der Fachwelt fürchtet, bis hin zur Schreibhemmung. An den Welfenhöfen ist man enttäuscht, und die gedruckten Sammelwerke voll alter Urkunden, die Leibniz statt dessen vorweisen kann, will kein Minister als Ersatz hinnehmen.

Dass er mit der Niederschrift noch nicht einmal begonnen hatte, dafür gab es viele Gründe. Fleissig war er gewesen, aber zu gründlich, alles wollte er erst erforscht haben, bevor er darüber eine Zeile schrieb. Er verzweifelte fast an der „rerum dicendarum copia", an der Fülle der Sachen, die festzustellen und zu erwähnen waren. Die blosse Lust am Wissen auf allen Gebieten, seine von den Auftraggebern oft gescholtene „unersättliche Curiosité", zeigte sich ebenso beim Schweifen innerhalb der Geschichte. Allem ging er wissbegierig sammelnd nach, denn er mochte keine Frage ungelöst stehen lassen. Es fehlten damals Wendungen wie: „Noch ist umstritten ..." oder „Ungeklärt bleibt ...". Hätte sich Leibniz dazu zwingen können, manchmal nur den Stand der Forschung zu referieren, er hätte die Welfengeschichte nach den vorgesehenen drei oder nach fünf Jahren liefern können.

Schon der alte Kurfürst hatte auf dieses Werk gewartet, er hatte fest darauf gezählt, denn bei keinem anderen Staat in dieser Epoche war die Geschichte des eigenen Hauses derartig zu einem Instrument der Politik geworden. Hannover hatte etwas von einem Aufsteiger, war ein armes, zerrissenes Land, das sich gerade emporgekämpft hatte in die Reihe der Kurfürsten, ohne in diesem Kreis anerkannt zu sein. Zugleich waren die Welfen vermutlich das älteste Geschlecht unter den deutschen Herrscherfamilien. Wäre das nachgewiesen worden, so hätte der Emporkömmling sich standesgemäss ausstaffieren können.

Es reichte ja nicht, dass sich bloss die eigene Diplomatie immer wieder darauf berief, die Vorfahren dieses Hauses hätten über mächtige Stammesherzogtümer geherrscht und die Krone des Reiches getragen, als die meisten anderen deutschen Dynastien noch kleine Fürsten oder – wie selbst die Habsburger – erst Grafen gewesen waren. Das musste stattlich begründet vorgelegt werden! Und wieviel bedeutete es da erst für das Welfenhaus, dass dieses Werk von einem der grössten lebenden Gelehrten herausgebracht werden sollte, vom vielleicht grössten Geist seiner Zeit. Im Grunde war es nicht nur für Leibniz eine Tragik, dass die Sache nicht vorankam, auch für das Welfenhaus.

Es fehlte nicht an Helfern, die Arbeit war zu einem kleinen Unternehmen geworden, denn für die Welfengeschichte nahm der Hof laufende Ausgaben in ansehnlicher Höhe auf sich, insbesondere für Archivreisen. Allein jetzt im Herbst 1698 untersuchte ein Gehilfe Archive in England und Italien. Leibniz liess aber auch von italienischen Helfern einige Klosterarchive in Venetien nach Urkunden durchsuchen. In Süddeutschland fertigte ein weiterer Zuarbeiter Auszüge aus Historien europäischer Nachbarländer an. Für die hannoverschen Territorien hatte der Kurfürst natürlich auch Vollmacht erteilt, so dass in allen Archiven gesucht werden durfte. Es kam also oft neues Material herein, aber schon dessen Verwaltung wurde mehr und mehr zum Problem. Leibniz hat sich immer wieder vorgenommen, die Unterlagen einmal zu ordnen. Mit Suchen verlor er Stunden, die Unübersichtlichkeit wuchs und damit die Resignation. Auch die Gehilfen konnten ihm dabei wenig abnehmen, denn ordnen heisst, Entscheidungen treffen.

Doch jetzt hat sich, damit das Projekt Welfengeschichte besser organisiert werden kann, die Regierung des neuen Kurfürsten zu einer erheblichen Investition durchgerungen und eines der grössten und gewiss das schönste Bürgerhaus der Stadt gemietet und hergerichtet, damit die kurfürstliche Bibliothek zugänglich aufgestellt

Im September 1698 zieht Leibniz in der Schmiedestrasse ein. Der neue Kurfürst hat das prachtvollste Bürgerhaus Hannovers für seine Bibliothek und seinen Geschichtsschreiber mieten lassen. Das Gebäude ist im Zweiten Weltkrieg zerstört und die Prunkfassade später an anderer Stelle rekonstruiert worden.

werden und der Haushistoriker mit allen Helfern darin arbeiten kann. Für Leibniz ist dort auch eine Wohnung eingerichtet worden. Zwei Tage nachdem er bei der Hauskonferenz seinen Rechenschaftsbericht, der zum Offenbarungseid wurde, vorgelegt hatte, findet am 29. September 1698 der grosse Umzug statt von der Leinstrasse in die Schmiedestrasse, in den Fachwerkbau mit der frühbarocken Prunkfassade aus Sandstein. Wahrhaftig ein fürstliches Haus, man könnte daher die Wahl als besondere Ehrerweisung des neuen Kurfürsten für Leibniz ansehen, wenn diese grosszügige Umgebung nicht vor allem das Arbeiten hätte beschleunigen sollen.

Die Räume waren tatsächlich wesentlich grösser als die in der Leinstrasse. Im Parterre wohnten die Besitzer, im ersten Stock lagen die privaten Gemächer von Leibniz, dort fand auch seine eigene Bibliothek Platz. In der zweiten Etage war die kurfürstliche Bibliothek aufgestellt, und darüber im dritten Obergeschoss lagen die amtlichen Arbeitsräume. Die Bibliothek des Kurfürsten wurde, nun im Stockwerk zwischen den Wohn- und Arbeitsräumen gelegen, immer mehr zum persönlichen Eigentum des Bewohners, er schaltete und waltete darin wie in seiner eigenen. Sie hatte auch fast nur ihm selbst und seinen Helfern bei der historischen Arbeit zu dienen, wurde also zum Bestandteil dieses historischen Forschungsinstituts. Nur gelegentlich schickten Angehörige des Herrscherhauses, des Hofes oder der Regierung einen Boten und wollten etwas ausleihen.

Einen Monat nachdem Leibniz seinen Offenbarungseid eingereicht hatte, fand in Engensen die nächste welfische Hauskonferenz statt. Nun ist er auch persönlich herzitiert und anwesend. Man zeigt sich unzufrieden, sehr unzufrieden, ihm wird daher die Zulage gestrichen, die man ihm zwei Jahre zuvor (1696) zusammen mit der Titelerhöhung gewährt hatte. Ist das der neue Wind? Der Ärger mit dem jungen Landesherrn beginnt früh, die Sache muss für Leibniz sehr peinlich gewesen sein. Er braucht lange, um sich zu etwas aufzuraffen. Nach einem Vierteljahr, am 13. Januar 1699, schreibt er an Herzogin Eleonore von Celle, sie möge sich für ihn verwenden, damit ihm die Zulage wieder bewilligt werde. Dass man sie ihm wegnahm, fühlt er immer noch als ungerechten Tadel.

In dem Brief tritt er recht selbstbewusst auf und erklärt, es sei ihm nie darum gegangen, eine braunschweigische Geschichte zu schreiben, die man zur Unterhaltung lese. „Ich habe nach eigenen Forschungen arbeiten wollen, um alle die zufriedenzustellen, die solide Belege fordern, was bisher in der Geschichtsschreibung Deutschlands und Italiens ohne Vorbild ist." Gründlichkeit aber macht langsam. Und auch seine vielen Ablenkungen weiss er zu rechtfertigen: „Ich will durchaus zugeben, dass ich mich niemals nur zu einer einzigen Art von Arbeit habe zwingen lassen. Diese Abwechslung hat mich – an Stelle von Ruhepausen – bei Kräften erhalten. Wenn es den meisten Menschen gestattet wird, sich viele Stunden lang allgemeinen Vergnügungen hinzugeben, wird es mir erlaubt sein, für den Fortschritt der Wissenschaften oder für andere Projekte zu arbeiten, die bisher Beifall in der Öffentlichkeit gefunden haben, ohne dass ich damit dem Lande Braunschweig oder unseren Höfen Schande gemacht hätte."

So spricht ein Mann, der von sich überzeugt ist. Er fordert eine bürgerliche Selbstbestimmung, die es damals noch nicht gab, und schätzt auch die Wissenschaft so ein, wie sie nur von wenigen gesehen wurde, nämlich als einen Gewinn für die Allgemeinheit und als eine Zierde für jeden Hof.

Ein riskantes Spiel geht auf   Das Jagdschloss Linsburg liegt gegen Nordwesten, kurz vor Bremen im Grinderwald, und freundlich sticht das dunkle Fachwerk des Hauptgebäudes ab gegen seine ockerfarben getünchten Gefache. Das verwunschene Anwesen ist dicht von Bäumen umstanden, so dass man hier bei drückendem Hochsommerwetter einen angenehm kühlen Aufenthalt hat. Die Kurfürstin, seit einigen Monaten Witwe, ist auch ohne ihren Mann und ohne dass ihr an der Jagd liegt, gern zur Sommerfrische hierher gekommen. Und damit es ihr nicht langweilig würde, hat sie jetzt, Mitte August 1698, den Geheimen Justizrat Leibniz herbeordert, wenigstens für ein paar Tage. Er ist gekommen, hat bald alle Erwartungen erfüllt, und beglückt schreibt die Kurfürstin darüber an ihre Nichte Liselotte in Versailles, von wo als Echo zurückschallen wird: Wenn man einen Leibniz bei sich habe, sei man „nicht zu beklagen", denn dieser kluge Mann müsse „von gutter gesellschaft sein".

Plötzlich reden in Linsburg alle über das Neueste: Der englische König Wilhelm, zugleich noch immer Statthalter seiner Heimat, der Niederlande, kommt im Herbst in das cellische Jagdschloss Göhrde! Er wird seinem väterlichen Freund, dem Celler Heideherzog Georg Wilhelm, der schon so oft mit ihm in holländischen Wäldern gejagt hat, einen Gegenbesuch abstatten. Das ist ein wahrhaft hoher Gast, und wenn er auch nur ins befreundete Nachbarland kommt, hat man doch auch zu Linsburg Wünsche, die man der Majestät vortragen möchte. Über die Erbfolge in Spanien könnte man sich mit ihm abstimmen, und zu gerne hätten die Hannoveraner den König auch angesprochen auf die Anerkennung ihrer Kurwürde. Leibniz aber hat noch eine andere Idee. Doch er schweigt darüber, gerade auch vor seiner Kurfürstin.

Die hohen Gäste, die aus den Niederlanden kamen, wurden am 1. Oktober (1698) an der Grenze von cellischen Dragonern eingeholt, von Hofbeamten begrüsst und im Fackelschein nach Bruchhausen geleitet. Hier fand sich am nächsten Tag der hannoversche Kammerpräsident und Oberhofmarschall von Görtz bei König Wilhelm III. ein, um ihn auch namens des hannoverschen Kurfür-

sten zu begrüssen und ihn im höchsten Vertrauen zu warnen vor
Wünschen, die ihm wahrscheinlich die gastgebende Celler Herzogin Eleonore vortragen werde, weil die sich immer leidenschaftlich
für ihre in Ahlden gefangene Tochter, die geschiedene Gemahlin
des neuen Kurfürsten, verwende. Hannover suchte jede Einmischung zu verhindern.

Leibniz reiste ebenfalls nach Celle. Die Stadt war völlig überfüllt, auch der Herzog von Plön war mit grossem Gefolge erschienen, ebenso der von Mecklenburg-Schwerin. Wo Leibniz noch
unterkam, weiss man nicht. Schon gar nicht reichte das weit entfernt liegende kleine Jagdhaus in der Göhrde für die vielen Gäste
mit ihren Pferden und Hundemeuten. Zwar hätte Leibniz gern in
Celle oder auch in der Göhrde dem britischen König seine Aufwartung gemacht, Zugang fand er aber nur beim Earl of Portland,
dem gebürtigen Holländer Hans Willem Bentinck. Um überhaupt
hier sein zu dürfen, hatte er sich erst einen offiziellen Auftrag verschaffen müssen, der besagte, er solle sich bereithalten, um an Stelle
der hannoverschen Minister dem Britenkönig, wenn es gewünscht
werde, über die Kurwürde und die Primogenitur zu referieren. Es
bestand jedoch kein Bedarf, und auch Leibniz wird das nicht
erwartet haben.

Der neue Kurfürst Georg Ludwig hatte einen wichtigen Grund,
den königlichen Gast in Celle nicht zu besuchen, denn es stand
eine Protokollfrage dagegen. Die deutschen Kurfürsten meinten
nämlich, dass ihnen, sässen sie mit dem englischen König zusammen, ein Stuhl mit Armlehne gebühre. Das wollte ihnen Wilhelm
III. jedoch nicht zugestehen. Gerade der noch nicht voll anerkannte Kurfürst aus Hannover durfte das wiederum nicht hinnehmen, weshalb er in Celle ausrichten liess, er wolle dem Briten-
herrscher wohl gern seine Aufwartung machen, es aber vermeiden,
mit ihm zu Tisch zu sitzen.

Diese Verlegenheit wird Leibniz hellwach beobachtet haben, denn
er war, seitdem er als ‚Fürstenerius' über Rangfragen geschrieben
hatte, einer der besten Kenner dieser heiklen Thematik im ganzen
Reich. Und mag ihm das Hofleben sonst auch fremd gewesen sein,
diese Dinge muss er spannend gefunden haben. Das Zeremoniell
diente dazu, Machtansprüche in allen Varianten und feinen Nuan-
cierungen darzustellen, auch Gunst zu gewähren. Sogar das höfische
Ränkespiel hat Leibniz — wenn es für eine gute Sache betrieben
wurde — mit kennerischem Vergnügen betrachten können.

Die Jagdgesellschaft hatte in der berühmten Göhrde wenig Erfolg, die Strecke war mager, aber um so grösser war die Begeisterung der Gäste für diesen lichten Eichenwald, in dem man eine halbe Meile weit sehen, forciert reiten und ausdauernd das Wild hetzen konnte. Ein Holländer meinte, die Göhrde übertreffe „I believe any place in the World". Der britische König hatte an einem Ruhetag Gelegenheit genommen, die gastgebende Herzogin Eleonore in Celle unter vier Augen zu sprechen. Wie die Majestät zur Audienz vorfuhr, das wird Leibniz, der etwas eingefädelt hatte, mit Bangen und Hoffen beobachtet haben. Alles stand auf dem Spiel. Ob Eleonore ihren englischen Gast doch noch um Hilfe für ihre Tochter in Ahlden angefleht hat, ist nicht bekannt, aber zwei Anliegen hat sie mit Sicherheit vorgebracht, und beide waren ihr von Leibniz eingegeben worden. Dabei hatte er so getan, als sei er von seinem hannoverschen Kurfürsten dazu beauftragt.

Sie solle doch gnädigst geruhen, hatte Leibniz vorgetragen, mit dem König über die englische Thronfolge zu sprechen und ihm nahezulegen, sich für das Erbrecht der Kurfürstin-Mutter Sophie zu verwenden. Ausserdem könne sie vor dem Herrscher erwähnen, dass der jetzt neunjährige britische Thronanwärter Wilhelm von Gloucester, der in der Rangfolge vor der Kurfürstin stand, einmal verheiratet werden könne mit der kaum älteren hannoverschen Prinzessin Sophie Dorothea.

Es war ein riskantes Spiel gewesen, die Herzogin scheinbar offiziell im Namen Hannovers zu bitten, dies beides vorzubringen. Daher wird Leibniz, kaum war klar, dass der hohe Gast die Privatgemächer der Herzogin verlassen hatte, darum gebeten haben, seinerseits bei ihr Audienz zu erhalten. Schon nach den ersten Worten der Herzogin muss er sehr erleichtert aufgeatmet haben. Über den Verlauf ihres Gesprächs mit dem König hat Eleonore dem Gelehrten anschliessend sogar ein kurzes Protokoll diktiert, in dem es heisst, sie habe Wilhelm III. darauf aufmerksam gemacht, es sei an der Zeit und von höchster Wichtigkeit, dass Kurfürstin Sophie mit ihrer Nachkommenschaft nunmehr ausdrücklich in die englische Thronfolgeordnung aufgenommen und mit Namen genannt werde. Der König soll sich zu der Idee günstig geäussert haben. Schliesslich brachte Eleonore noch den Vorschlag vor, den Herzog von Gloucester mit ihrer Enkelin, der Prinzessin Sophie Dorothea, zu vermählen. Auch diesen Gedanken habe der König gut aufgenommen.

Georg Wilhelm, der Herzog von Celle, hatte natürlich bemerkt, dass die Unterredung seiner Frau mit dem britischen König etwas lang gedauert hatte, und fragte sie, was sie denn besprochen habe. Sie eröffnete ihm, es sei um die Sukzession in England gegangen, Leibniz sei beauftragt gewesen, sie zu bitten, das vorzubringen. Auf die erstaunte Frage Georg Wilhelms, warum sie ihm diese delikate Sache nicht angekündigt habe, antwortete Eleonore, sie hätte dann befürchten müssen, dass er es ihr verbiete, aber sie habe den Auftrag in jedem Fall ausführen wollen. Der Gatte fand sich damit ab, bat seine Frau aber, sie möge sich mit einem Bericht direkt an den jungen Kurfürsten wenden. Das scheint sie getan zu haben, aber auch der fand nichts Schlimmes dabei und beanstandete nur, der britische König müsse ja glauben, dass er, der Kurfürst, diese Unterredung veranlasst habe. Die Herzogin entschuldigte sich damit, sie habe Leibniz auch genau so verstanden. Doch der Kurfürst wollte die ganze Angelegenheit wohl auf sich beruhen lassen, vielleicht nahm er auch an, hinter Leibniz stecke nun wiederum heimlich seine Mutter Sophie.

Sehr viel später hat Leibniz den raffinierten Plan so gerechtfertigt: Die Herzogin sei in seinen Augen eben viel besser geeignet gewesen, diese Wünsche vorzutragen, als andere. Womit er recht hatte, auch aus heutiger Sicht. Dies ist einer der seltenen Fälle, in denen Leibniz eigenmächtig in das politische Geschehen eingegriffen hat. Er hatte Grund dazu, denn um Bewegung in die Sukzessionsfrage zu bringen, hatte es nach völliger Windstille eines so kräftigen Anstosses bedurft – war den hannoverschen Welfen doch, wie erwähnt, das Interessse daran abhanden gekommen, weil der Herzog von Gloucester heranwuchs und Kurfürst Georg Ludwig von der Aussicht auf den Thron sowieso nicht beglückt war. Diese Krone war ihm sogar regelrecht zuwider, weil er sie nicht der Gnade Gottes, sondern, so meinte er, einem Parlamentsbeschluss zu verdanken haben würde.

In die glücklich verlaufene Intrige ihres Hofrates Leibniz musste nun auch noch die Kurfürstin-Witwe Sophie eingeweiht werden, und sie war offenbar ebenfalls nicht böse darüber. Ganz besonders heiter war sie sogar gestimmt, als sie bald darauf dem britischen König in Celle einen Besuch abstattete und ihm ihre Enkelkinder vorstellte. Sie genoss die Freundlichkeiten, die er ihr zuteil werden liess, und die Anerkennung, die er für die kleine Prinzessin zeigte, die von Leibniz eigenmächtig als Ehekandidatin

Im Jahre 1704 bestellte der Grossherzog der Toscana beim hannoverschen Hofmaler Andreas Scheits dieses Porträt, das er in eine Reihe von Bildnissen berühmter Männer aufnehmen wollte, so rückte Leibniz in die Nähe von Isaac Newton. Scheits hat diesmal auf ein Spitzenhalstuch und auf vornehme Würde verzichtet, die Darstellung wirkt lebendiger, der Gesichtsausdruck ist sogar etwas herausfordernd und spöttisch geraten, bleibt aber zugleich geheimnisvoll.

Sophie Charlotte, Kurfürstin von Brandenburg, später auch Königin in Preussen, war die Tochter der hannoverschen Kurfürstin Sophie, der Gedankenfreundin von Leibniz. Die Tochter in Berlin, mit Schönheit wie mit Geist gleich begabt, wurde vom sonst recht spröden Gelehrten leidenschaftlich verehrt. Der Hofmaler Friedrich Wilhelm Weidemann hat auch ihren berühmten „Hals", wie man damals umschreibend sagte, gut zur Geltung gebracht.

Leibniz als Präsident der Sozietät der Wissenschaften, die das Bild
während seines letzten Aufenthalts 1711 beim Berliner Hofmaler Johann
Friedrich Wentzel in Auftrag gegeben haben mag. Ganz sicher sind die
Umstände nicht belegt, aber das gealterte Gesicht würde zu einem 64-jähri-
gen passen. Dies vorzüglich gemalte Porträt ist noch heute im Besitz der
Berlin-Brandenburgischen Akademie der Wissenschaften.

Kurfürstin Sophie, die vertraute Gönnerin von Leibniz, als Witwe mit fast achtzig Jahren. Das Gemälde des Hofmalers Andreas Scheits, der auch Leibniz zweimal vorzüglich gemalt hat, zeigt sie fast privat und, bis auf den reichen Schmuck, ohne ein herrschaftliches Attribut, dafür recht weiblich und kaum verschleiert. Sie war bis ins hohe Alter souverän und energisch, dazu sehr rüstig und hatte, was viel bestaunt wurde, noch alle ihre Zähne.

vorgeschlagen worden war. Der Einfädler all dieser neuen Entwikklungen glaubte anschliessend zu beobachten, die Kurfürstin-Witwe sehe vor Glück um zehn Jahre verjüngt aus. Ein dreiviertel Jahr später schrieb König Wilhelm an sie, es sei alles veranlasst, um ihre Angelegenheiten zu ihrer Zufriedenheit zu regeln.

Man wird sich denken dürfen, dass Sophie ihrem Berater Leibniz für diese Initiative dankbar war und dass sie trotzdem ausserordentlich besorgt sein musste, er könne demnächst wieder auf eigene Faust handeln, was sie keinesfalls dulden durfte. Dazu war die Angelegenheit zu heikel, und Sophie war zudem noch immer in schweren Gewissenszweifeln, weil sie die Vertreibung der katholischen Stuarts nicht billigen konnte. Wenn sich nun jedoch allmählich ihre Stimmung wandelte und ihr die Thronfolge nicht mehr so unheimlich schien, so hat das kein anderer als Leibniz bewirkt. Er wollte die Sukzession schon deshalb betreiben, weil sie den Protestantismus in Europa stärken und die Vorherrschaft Frankreichs begrenzen würde.

„The Jacobite Letter" Im August 1700 starb der englische Thronanwärter, der gerade elfjährige Wilhelm, Herzog von Gloucester, das einzige Kind von Prinzessin Anna. Kurfürstin Sophie nahm es ruhigen Blutes auf, bedauerte nur die unglückliche Mutter. Diese Anna, die Schwägerin des Königs, war weiterhin die nächste Nachfolgeberechtigte, danach kam aber jetzt gleich Sophie, die an Leibniz schrieb, wenn sie jünger wäre, könnte sie sich nun Hoffnung auf eine Krone machen, aber in ihrem Alter würde sie sich, vor die Wahl gestellt, für einen Zuwachs eher an Jahren als an ‚grandeur' entscheiden. Dennoch war mit dem Tod des Prinzen eine neue Lage entstanden, auf die man sich auch in London einstellen musste. Der britische Herrscher Wilhelm III. benutzte mit Bedacht seinen Diplomaten George Stepney, einen geschätzten Korrespondenten von Leibniz, um bei Sophie inoffiziell vorfühlen zu lassen, wie sie zur Thronnachfolge stehe. Am Ende des Briefes erbot sich Stepney, der Kurfürstin überall zu Diensten zu sein, sie könne, wenn sie einen Wunsch habe, ihn gern durch Leibniz übermitteln lassen.

Die Kurfürstin-Witwe bekam diesen Brief, als sie gerade mit ihrer Tochter Sophie Charlotte, der Berliner Kurfürstin, in Aachen zur Kur weilte. Die beiden Fürstinnen hielten sich hier in politischer Mission auf, sie wollten in diesem Weltbad die anwesenden hohen Herrschaften einstimmen auf die Erhebung des Kurfürsten

von Brandenburg zum König in Preussen. Leibniz, den die Damen
gern auf diese Reise mitgenommen hätten, war weit fort, nämlich
in Wien. So verfasste die Kurfürstin ihre Antwort an den englischen König im Oktober 1700 ohne ihren Ratgeber. Es wurde
eine ganz eigene, ja eigentümliche Antwort, in der sich nochmals
ihr Gewissenskonflikt spiegelt. Den verjagten katholischen König
Jacob II., ihren Vetter – er starb im folgenden Jahr – hielt sie immer
noch für den legitimen König, der nur die falsche Konfession
hatte. Seinen Sohn Jacob sah sie als den nächsten rechtmässigen
Erben Englands an. Andererseits war sie Protestantin genug, um
sich England evangelisch zu wünschen.

Die Antwort, die in Aachen entstanden ist, gilt als „Jacobite Letter", also als ein Brief, in dem sie sich geradezu für die Thronfolge
des jüngeren Jacob einzusetzen scheint, den sie mit dem von ihm
beanspruchten – ihm aber sonst nicht zugestandenen – Titel
„Prince of Wales", also des englischen Kronprinzen, bezeichnet.
Ihre Stimmung in dem Brief schwankt allerdings. Der beherrschende Eindruck ist der einer grossen Unklarheit, ja Verwirrung.
Sie sah den Vorteil für ihr Haus, wenn es zu einer Thronfolge käme,
doch sie fürchtete sich zugleich davor, weil sie zu alt sei und ihre
Nachkommen in England als Ausländer gelten könnten.

Der britische König Wilhelm mag über den unklaren Brief verwundert, vielleicht auch verärgert gewesen sein. Hinzu kam, dass
er Sophie wohl nicht besonders gut leiden konnte, jedenfalls fühlte
er sich jetzt veranlasst, die Thronfolge unter Umgehung von
Sophie und ihrem Sohn so zu regeln, dass ihr sechzehnjähriger
Enkel Georg August der unmittelbare Erbe sein sollte.

Als dieser Plan in Hannover bekannt geworden war, fand am
18. Januar 1701 im Schloss zu Celle eine Konferenz darüber statt,
zu der Sophie diesmal vorsichtshalber ihren Berater Leibniz mitgebracht hatte. Anwesend waren ausserdem der Celler Herzog und
der englische Gesandte Cresset. Alle waren sich darin einig, dass
nur Sophie selbst die direkte Erbin der Krone sein könne. Das
sollte der Gesandte zu Hause vorbringen, und Leibniz wurde von
der Kurfürstin-Witwe beauftragt, ihm dazu eine Denkschrift anzufertigen. Das tat er und machte darin noch einmal die europäische
Bedeutung der Frage klar, woraus sich ergebe, wie sehr es höchste
Zeit sei, dass England die Kurfürstin und ihre Nachkommen in
aller Form in die Thronfolge berufe. Als guter Historiker wusste
Leibniz, dass die Gattin Heinrichs des Löwen, des legendären Wel-

fen, eine Engländerin gewesen war, Mathilde Plantagenet, und er schlug vor, in Grossbritannien, um die Stimmung anzufachen, darauf werbend hinzuweisen.

Sophie schrieb nun, wie es in Celle beschlossen worden war, erneut an König Wilhelm, aber immer noch konnte sie sich nicht ganz klar für den englischen Thron entscheiden. Leibniz hielt diesen Brief für so ungenügend, dass er von der Kurfürstin-Witwe die Erlaubnis erbat, seinerseits einen ergänzenden Brief an besagten Diplomaten George Stepney zu schreiben. Sophie willigte ein, behielt sich jedoch vor, den Brief noch anzusehen. Tatsächlich beanstandete sie die von Leibniz gewählte, blosse Bezeichnung ‚Prinz' für den katholischen Prätendenten Jacob, weil sie ihn als ‚Prince of Wales', also als den Erben, bezeichnet sehen wollte. In Leibnizens letzter Fassung stand dann als Kompromiss: „der Prinz von Wales, wie man ihn nennt". Immerhin war Kurfürstin Sophie jetzt mit Leibniz der Meinung, dass dieser Prinz von der grossen Mehrheit der Engländer nicht als Thronfolger gewünscht werde.

Und noch etwas musste Leibniz in seinem Brief an Stepney ändern. Er sollte die Nachschrift weglassen, in der er sich selbst ziemlich unverblümt als denjenigen empfohlen hatte, den man als inoffiziellen Werber nach England schicken könnte. Der Gedanke, so jemanden zu entsenden, war zwar auf der Celler Konferenz gutgeheissen worden, aber die Kurfürstin billigte nicht, dass Leibniz sich selbst für diese Aufgabe ins Spiel brachte. Eine indirekte Selbstempfehlung für diesen Auftrag hat Leibniz trotzdem gleich wieder niedergeschrieben, nämlich in einer Denkschrift, in der er für den Werber in England ein Anforderungsprofil zeichnete, das nur er selbst hätte erfüllen können: „Weil im Parlament und sonst in England sehr viele wahre Kapazitäten sind, die in Physik, Mathematik, Geschichtswissenschaft und sonst brillieren und bei denen eine Person von gleicher Geistesart und von einigem Ansehen sich besser einführen kann als ein anderer mit vielen Versprechungen und Ränken, so stünde dahin, ob nicht eine solche Person am besten dazu zu brauchen wäre."

Hier lässt sich nebenbei gut erkennen, wie Leibniz sich selbst sah, aber auch wie sprunghaft er in seinen Absichten und bei seinem Streben nach immer neuen Ämtern war – mit anderen Worten, was er sich alles zutraute und was er sich zumuten wollte. Allerdings hatte er seinen Wunsch, für längere Zeit nach England zu gehen, schon in Briefen an Thomas Burnett angedeutet.

Grosser Besuch Auch ohne Werbeagenten aus Hannover entschied sich das britische Parlament, vom König gedrängt, im März 1701 dafür, Sophie als künftige Erbin ausdrücklich zu benennen. Sie selbst hatte kurz zuvor fast alle Zweifel überwunden und stellte sich – im Interesse ihres Hauses – endlich zur Verfügung. Das englische Parlament allerdings schränkte bei dieser Gelegenheit auch gleich die Macht der Krone ein, weil man schlechte Erfahrungen mit dem allzu selbstherrlichen Niederländer Wilhelm gemacht hatte. Durch den ‚Act of settlement‘ sollte es künftig unmöglich sein, dass der Herrscher Günstlinge aus seinem alten Heimatland bevorzugte und dort auch allzu oft weilte. Das englische Parlament schränkte die Macht der englischen Monarchie auch sonst ein. In England drohe die Demokratie, so sahen es in Europa manche, oft etwas hämisch. Als der Botschafter Hannovers in Berlin, von Ilten, die Glückwünsche zur soeben selbstverliehenen preussischen Königswürde vortrug, stichelte Premierminister von Wartenberg, das englische Parlament knüpfe „an die hannoversche Sukzession Bedingungen, unter denen mancher Fürst wohl anstehen möchte, sich solcher Krone anzunehmen".

Alarmiert von diesen Bedingungen, taten sich die hannoverschen Geheimen Räte zusammen und verfassten eine Denkschrift, in der sie ihren Herrn bestürmten, die Anwartschaft auf die englische Krone dennoch nicht auszuschlagen. Tatsächlich hat sich Georg Ludwig mit dieser Beschneidung der Macht abgefunden, getan hat er jedoch für die Sukzession so gut wie nichts mehr. Manchem Engländer erschien er abweisend („the coldest man alive"). Für die Nichte seiner Mutter, Liselotte von der Pfalz, war er „ein störriger Herr, unleidig drucken und kalt wie Eis". Ganz offensichtlich war er kontaktarm und öffnete sich nur wenigen Menschen, denen er dann aber auch sein Vertrauen bewahrte. Daher bestätigte ihm der englische Diplomat Cresset: „a firm mind and a fine understanding, truth and justice". Im gleichen Sinne meinte ein Holländer, der Georg Ludwig gut kannte, unter allen Fürsten des Reiches sei er am wenigsten empfänglich für Intrigen.

Das Parlament hatte entschieden, und die grosse Staatsurkunde, die Sophie zur Erbin der Krone erklärte, sollte im August (1701) feierlich durch eine Sondergesandtschaft nach Hannover gebracht werden. Der Earl of Macclesfield kam mit einem Gefolge von über siebzig Personen. In Hannover hatte man alle vornehmen Quartiere frei gemacht, und jeder Bürger war verpflichtet, jedem Engländer jeden Wunsch nach Essen und Trinken zu erfüllen, ohne dafür etwas anzunehmen. Die englischen Diener bekamen vom kurfürstlichen Hof einen Tagessatz von einer halben Krone ausbezahlt, konnten das Geld aber gar nicht ausgeben, weil man ihnen aufdrängte, was immer sie sich wünschten. Selbst das Frühstück wurde den Herren in ihren Unterkünften nach englischer Weise ans Bett gebracht. Die kleine Residenzstadt wollte eben den besten Eindruck auf die Leute aus der grossen Welt machen. Sonst war vieles in Hannover noch rückständig, es wurde Vieh gehalten, viel Kot lag auf den Strassen, und nur zwei Dreckwagen fuhren den Abfall vor die Tore der Stadt. Man konnte zwar Sänften mit Trägern mieten, aber Fiaker, wie sie etwa in München eingeführt waren, gab es noch nicht. Nachts brannte nur an drei Stellen eine funzlige Strassenlaterne, und das erste Kaffeehaus sollte erst ein Jahr später eröffnet werden.

Zwei Mitglieder der britischen Delegation waren darauf aus, auch mit Leibniz Verbindung aufzunehmen. Das eine war kein Geringerer als der Leiter der Gesandtschaft, der Earl of Macclesfield, der, obwohl doch wirklich ein hochgestellter Herr, eigens ein Empfehlungsschreiben mitbrachte, das ihm ein Leibniz-Korrespondent, Bischof Gilbert von Salisbury, mitgegeben hatte, als müsste man, um sich Leibniz nähern zu dürfen, empfohlen sein. Wirklich nannte der Bischof den Gelehrten darin „the glory not only of the Court of Brunswick, but of the whole German Empire". Dieser Earl of Macclesfield, ein Generalmajor, hatte sich sehr um die Leitung der Delegation beworben und mit dem Hinweis empfohlen, sein Vater sei mit einem Bruder von Sophie befreundet gewesen. Er sah allerdings auf eine bewegte Vergangenheit zurück und galt als harter Trinker, doch hatte er sich geschworen, auf der Reise nach Hannover nüchtern zu bleiben. Dem Bischof von Salisbury, dem er die Empfehlung an Leibniz verdankte, soll er sogar versprochen haben, für jede Volltrunkenheit eine Konventionalstrafe von tausend Pfund zu zahlen.

Am 15. August (1701) wurde Macclesfield mit den Seinen in drei sechsspännigen Karossen aus seinem Quartier – es war der Adelssitz Redenhof in der Osterstrasse – ins Leineschloss gefahren. Im Audienzgemach der Kurfürstin-Mutter Sophie präsentierte Macclesfield mit Kniefall und Handkuss die Prunk-Urkunde, die, nachdem sie aus der Lederschatulle genommen war, von Sophie höchstpersönlich allen Kavalieren und Hofdamen vorgewiesen wurde, gewiss auch ihrem Berater Leibniz. Im Anschluss daran wurde Macclesfield vom Kurfürsten, dem Kurprinzen und seiner jungen Schwester Sophie Dorothea in Audienz empfangen. Festtafel und Ball im Rittersaal beendeten den historischen Tag.

Bald kam es zu einer Begegnung zwischen Leibniz und dem Earl. Man unterhielt sich dabei offenbar angeregt und hat die angeschnittenen Themen – es ging um die Politik Englands und Preussens angesichts der spanischen Erbfolge – in einer Korrespondenz später fortgesetzt. Leibniz war gewiss auch anwesend, als der Earl einige Tage nach dieser Unterredung in höchst feierlicher Form dem Kurfürsten den englischen Hosenbandorden anlegte. Das war eine Zeremonie, die an Umständlichkeit kaum zu überbieten war. Der Kurfürst hatte deshalb angeregt, man wolle sich bitte auf das Notwendigste beschränken, trotzdem dauerte der Festakt einen ganzen Tag. Der Geehrte bewegte sich dabei etwa eine Stunde lang in der Tracht des Ordens, dem er nun angehörte, und nahm Huldigungen und Glückwünsche seines Hofstaates entgegen.

Nach dem Besuch der Engländer schrieb Leibniz sehr zufrieden an den Bischof von Salisbury, der Earl of Macclesfield habe in Hannover einen hervorragenden Eindruck gemacht. Dabei erweist sich Leibniz auch als Kenner der Innenpolitik und der beiden in England um die Macht wetteifernden Parteien. Es werde gesagt, schreibt er, dass die Gesandtschaft ganz aus Whigs zusammengesetzt gewesen sei. Aber wenn die Whigs die Partei des Volkes, die Tories die des Hofes seien, so seien die Gäste doch immer auch entschieden für die Ehre des Königs eingetreten.

Die zweite bedeutende Bekanntschaft, die Leibniz machte, ist die des jungen Freidenkers John Toland, der die Gesandtschaft begleitete. Er hatte mit 26 Jahren das Buch „Christianity not mysterious" veröffentlicht, in dem das Christentum auf eine natürliche Moral reduziert wurde und das viel Aufsehen und Anstoss erregt hatte. Er erfreute sich jedoch des Patronats hochgestellter Gönner, so auch des Earls of Macclesfield. Soeben war sein Werk ‚Anglia libera' herausgekommen, das für die hannoversche Sukzession eintrat, aber wiederum durch freidenkerische Wendungen die Kritik der englischen Hochkirche und den Ärger der Konservativen hervorgerufen hatte. Darin wandte sich Toland gegen den Absolutismus und den Missbrauch der Macht in jeder Form. Das waren Töne, die man in den führenden Kreisen nicht nur in London, sondern auch in Hannover nicht gern vernahm.

Man war daher an der Leine einigermassen entsetzt, als noch im September dieses Jahres (1701) beim Verleger Hoffmann in Celle eine deutsche Ausgabe erschien. Herausgeber und Übersetzer war Friedrich August Hackmann, der Leibnizens Mitarbeiter bei der Welfengeschichte gewesen war. Das Buch wurde vom Geheimen Rat beschlagnahmt. Der Verleger rechtfertigte sich damit, Hackmann habe ihm versichert, die Frau Kurfürstin-Witwe habe ausdrücklich den Druck von ihm verlangt. Welche Überraschung! In der Tat hatte Toland in Sophie eine interessierte Helferin und Fürsprecherin gefunden, denn wie so oft in ihrem Leben war sie dem Reiz geistreicher Plaudereien erlegen. Auch aus England wurde Sophie bald vom dortigen Gesandten der Welfen vor einer Sympathie für Toland gewarnt, man gerate sonst in Gefahr, die konservativen und hochkirchlichen Kreise in England heftig zu verstimmen. So war es auch niemandem recht, dass Toland weiterhin lebhaft für die hannoversche Thronfolge eintrat.

Recht gut unterrichtet über die öffentliche Meinung in England war Leibniz vom nächsten Jahr an durch den Hugenotten Pierre de Falaiseau, der sich nach London gerettet hatte. Diese Korrespondenz kam dem hannoverschen Hof äusserst gelegen, sie durfte deshalb ganz amtlich über das renommierte jüdisch-portugiesische Bankhaus Mesquita in Amsterdam laufen. Auch andere Quellen wertete Leibniz aus und nur er allein, weil ausser der Kurfürstin und ihm so gut wie niemand am Hof englisch verstand. Doch räumte er ein: „Alles, was ich kann, ist Bücher in dieser Sprache einigermassen zu verstehen." Der Kurfürstin hingegen war durch ihre Mutter die englische Umgangssprache vollständig vertraut, nur fürchtete sie, sich in der Schriftsprache nicht gewandt genug ausdrücken zu können. Wegen der Unkenntnis des Englischen wurde am hannoverschen Hof der politische Meinungsstreit, der bald in britischen Zeitungen und Flugschriften über die Frage, ob die Welfen auf den Thron kommen sollten, geführt wurde, kaum wahrgenommen. Doch davon und wie Leibniz die Sukzession zu fördern gesucht hat, soll erst später, nämlich in Kapitel 14, weiter berichtet werden.

Ein Pfand für die Katholiken   Ratgeber ist Leibniz nicht nur für die Kurfürstin-Witwe, sondern auch in Wolfenbüttel, von wo aus er jetzt wieder das alte Projekt einer Union von Protestanten und Katholiken aufgreift. Hat er damals nicht eine schmerzliche Niederlage einstecken müssen? Ja, aber genau das ist der Grund, er will die Scharte auswetzen, er will, wenn er an den mächtigen, schroffen Bischof Bossuet denkt, endlich wissen, wer die besseren Argumente hat. Und noch etwas: Solche Verhandlungen dienten ihm auch als persönliches Sprungbrett, so hatte er vor Jahren damit in Frankreich seine Physik bekannt machen und Beziehungen zur Académie knüpfen können. Jetzt bewegt ihn wieder nebenbei ein ganz persönlicher Grund, nur dass seine Augen diesmal auf Wien gerichtet sind.

Der Anstoss lag schon etwas zurück und kam, wie so oft, von anderen. Aus Österreich hatte sich 1696 der neue Unterhändler des Kaisers in der Frage der Kirchen-Union gemeldet, es ist, wie erwähnt, Bischof Franz Anton Graf von Buchhaim, der Rojas y Spinola auch in dessen Bistum Wiener Neustadt gefolgt ist. Es antworten wie bisher Leibniz und Abt Molanus gemeinsam, wobei sie sich die Zustimmung des Geheimen Rates holen und den jungen Bischof auch in die bisherige Entwicklung der Verhandlungen einweisen. Hannover will sich freundlich, aber auch so zurückhaltend zeigen, dass niemand in England sagen kann, die Welfen seien auf halbem Wege, katholisch zu werden.

Fast scheint das Rinnsal dieser Verständigung schon zu versickern, als Leibniz im stillen einen grossen Plan ins Werk setzt, den man nur begreifen kann, wenn man annimmt, er habe dabei auch das Ziel vor Augen, in Wien Reichshofrat zu werden. Dazu soll ihm Bischof Graf Buchhaim verhelfen, also muss er ihn in einen Dialog locken. Und dazu bedarf es wiederum einer aufsehenerregenden Konzession der Protestanten als Köder. Was kann ein Mann wie Leibniz anbieten? Er persönlich war überzeugt, auch ein evangelischer Christ dürfe den Papst anerkennen. Nun will er melden können, selbst evangelische Kirchenleute seien bereit, den Vorrang des Papstes gelten zu lassen. Das wäre ungeheuerlich, die Nachricht müsste jeden Katholiken vor Freude und Erregung aufspringen lassen und dem Überbringer dieser Aussichten auch in Wien alle Türen öffnen.

Protestanten erkennen den Papst an! Ein solches Angebot durfte er natürlich wegen der Thronfolge nicht von Hannover aus machen. Im Gegenteil, die Stimmung ist jetzt so, dass Leibniz in einem Brief an den englischen Gesandten Cressett lieber über die Reunion mit den Katholiken mäkelt, aus lauter Rücksicht auf die Politik.

Also versteckt er sich hinter seinem anderen Herrn, dem Herzog Anton Ulrich, der freier operieren kann, der sowieso seinem

Herzog Anton Ulrich von Wolfenbüttel schmückte seinen Hof gern
mit dem Gelehrten Leibniz, der
wiederum mit ihm manchen politischen Plan ausgeheckt hat, von
denen sich jedoch kaum einer ausführen liess. Der Herzog sah sich als
Künstler und Mäzen, als geistreichen
Weltmann und mächtigen Herrscher, und so strahlend hat ihn der
Bildhauer Balthasar Permoser hier
auch dargestellt.

gelehrten Diener gern behilflich ist und der obendrein selbst Neigungen zum Katholizismus erkennen lässt. Da trifft es sich gut, dass
die Helmstedter Universität in diesem Jahr 1698 gerade unter Wolfenbütteler Leitung steht, denn darin wechselte man sich mit Hannover und Celle ab. Gut auch, dass Leibniz so etwas wie der halb-
offizielle Aufseher dieser Universität war, sowohl in Hannover wie
in Wolfenbüttel, und dass er seit Jahren bei Berufungen dafür
gesorgt hat, dass in der theologischen Fakultät versöhnliche Männer sitzen, Ireniker wie etwa die Professoren Schmidt und Fabricius. Als nicht ganz so fügsam würde sich, musste Leibniz fürchten,
der Dekan Calixt erweisen, der Sohn des berühmten Calixt, der
einst Vorkämpfer einer Versöhnung mit den Katholiken gewesen
war. Der Sohn, inzwischen auch schon betagt, galt als wenig nachgiebig. Dennoch wollte Leibniz die Fakultät dazu bringen, den
Vorrang des Papstes offiziell anzuerkennen, es war ja seine Fakultät
und damit das einzige Instrument, das einzige Forum, über das er
verfügen konnte.

Der Vorrang des Papstes, der sogenannte Primat, war in zwei
Abstufungen denkbar. Man konnte diese Ehrenstellung als bloss
historische Tatsache hinnehmen, dann war der Papst nur der Erste
unter allen Bischöfen und Christen nach menschlichem Recht
(,jure humano'). Es gab aber noch die gehobene Ausführung, dann
galt der Vorrang sogar als von Gott gewollt, als ,jure divino', und
somit absolut. Diese Aussage hätte Leibniz gern der Fakultät abge-

presst, aber ein solches Zugeständnis war eigentlich undenkbar zu einer Zeit, in der die Konfessionen einander noch verteufelten und es schon einer Unterwerfung gleichkam, als Protestant vom Primat auch nur zu reden.

Der Dressurakt beginnt, aber, um es mit einem Grundsatz des jungen Leibniz zu sagen: „Anfangs muß man, so viel möglich, gelind gehen, und nicht mit Knütteln unter die Vögel werfen." Zunächst sollen die Herren Theologen deshalb nur ganz von sich aus einen Entwurf darüber machen, wie sie als Lutheraner sich eine vorläufige Union mit den Katholiken vorstellen könnten. Offiziell muss der Auftraggeber dieser Studie natürlich Herzog Anton Ulrich sein, aber Leibniz führt ihm die Hand und macht den Professoren schon mal klar, dass Zugeständnisse erwartet werden.

Doch, kein Wunder, von dem, was aus Helmstedt zurückkommt, ist Leibniz enttäuscht. An den Einzelheiten, die nun folgen, kann man sehen, mit welchen Mitteln er notfalls zu arbeiten imstande ist. So macht er sich selbst an die Formulierung und spricht seinen Text − während der Handelsmesse in Braunschweig − mit seinem heimlichen Mitstreiter Fabricius und dem Dekan Calixt durch. Die beiden Professoren sollen den nun gemeinsam erarbeiteten Text alsbald mit ihren Kollegen beraten. Calixt hat anschliessend noch eine politische Verpflichtung, er muss an einer Ständeversammlung teilnehmen. Das trifft sich gut, er ist nämlich in der Primat-Frage reichlich renitent. So beschliesst Leibniz, nicht lange zu warten, sondern Fabricius zu beauftragen, allein mit den Helmstedter Kollegen den Entwurf abzustimmen und ihn gleich dem Herzog zuzusenden, der den Text dann persönlich mit dem Dekan Calixt, während der immer noch in Braunschweig seinen politischen Pflichten nachgeht, beraten soll.

Der Widersacher Calixt war also vorläufig ausgebootet. Aber nicht genug, Leibniz steigert seine Ränke jetzt dadurch, dass er sich noch einmal hinter den Herzog stellt und ihn schnell nach Helmstedt eine verschärfte Form der Zustimmung zum Primat schicken lässt − eine Formulierung, die mit der ganzen Autorität des Landesherrn auftritt. Und der Text hat es in sich! Denn darin soll dem Papst tatsächlich von dieser lutherischen Fakultät ein Vorrang „jure divino" eingeräumt werden, „aus göttlichem Recht". Der Wortlaut klingt allerdings − das hat Leibniz nicht ungeschickt gemacht − etwas verklausuliert. Eigentlich steht da nur, dass die gesamte Hierarchie der Christenheit von göttlichem Recht sei. Soweit diese

Macht, heisst es abschwächend, in Rom liege, sei das nur „jure humano" geschehen – also bloss historisch so gewachsen. Das Entscheidende war den Katholiken jedoch zugestanden, nämlich dass ihre Hierarchie von Gott sei.

Die Fakultät, heftig unter dem Druck landesherrlicher Wünsche, während ihr Dekan abwesend ist, und angeleitet von Leibnizens Vertrautem Fabricius, hat nun in grosser Eile zu beraten. Um die Zustimmung endgültig zu sichern, instruiert Leibniz den Gesinnungsgenossen Fabricius über alle Winkelzüge, und der setzt die Vorlage wirklich durch. Noch ist allerdings das Bollwerk Calixt zu brechen. Diesen krönenden Abschluss soll unter vier Augen Herzog Anton Ulrich selbst ins Werk setzen. Von Leibniz genau eingewiesen, verhandelt er in seinem Schloss mit Calixt, doch der Dekan sträubt sich. Sein Landesherr wird energisch, er schmeichelt, er droht, er lässt einen vergoldeten Becher überreichen, doch Dekan Calixt räumt allenfalls ein, dass auf einem künftigen gemeinsamen Konzil der Kirchen über den Anspruch „de jure divino" abgestimmt werden könne.

Dabei bleibt es. Verunsichert widerrufen nun auch zwei Professoren ihre Zustimmung. Die extreme Formulierung kann daher nur in einem Zusatzpapier des Helmstedter Gutachtens untergebracht werden, gleichsam als Minderheitenmeinung, was Leibniz jedoch als Vorteil ansieht, lässt sich doch das hier winkende riesige Zugeständnis an die Katholiken noch diplomatischer einsetzen – als verlockender Anreiz zu eigenen Zugeständnissen der katholischen Seite. So besass Leibniz nun ein Faustpfand für Verhandlungen, und das war – sein Drängen hatte sich gelohnt – gerade noch rechtzeitig fertig geworden.

Denn, wie lange verabredet, erschien Ende August (1698) Franz Anton Graf Buchhaim ganz verschwiegen unter dem Decknamen Baron von Lichtenwert im abgelegenen Loccum, um mit dem Hausherrn Molanus und mit Leibniz zu verhandeln. Stolz deutete Leibniz, der auch Molanus dafür gewonnen hatte, seine Konzession in der Frage der Autorität des Papstes an. Zwar konnte er noch nicht bestätigen, eine lutherische Fakultät habe diese Ansicht schon gebilligt, Bischof Buchhaim aber begriff trotzdem, welch vielversprechender Partner ihm da gegenübersass. Er war bereit, ihm den Weg zum Kaiser zu ebnen.

Jetzt musste Leibniz noch erreichen, dass auch sein Landesherr diesen Verhandlungen und damit der neuen Beziehung seines

Hofrates nach Wien zustimmte. Auch dahin gab es einen Weg. Leibniz brauchte jetzt in Loccum die Reunion nur mit der Anerkennung der Kurwürde zu verknüpfen: Man könne in Hannover, sagte er zu Bischof Buchhaim, leider nicht so viel für die Reunion tun, wie der Kaiser es wünsche, solange die Kursache nicht vollendet sei. Bischof Buchhaim verstand, und Leibniz meldete diese neue Hoffnung auf eine Anerkennung der Kurwürde dem hannoverschen Hof. Damit war der Kurfürst für die Verhandlungen gewonnen, fand sogar grossen ‚gusto‘ daran und stimmte auch dem Ergebnis ausdrücklich zu.

Die Reise nach Wien im Jahre 1700   Bei so viel Wohlwollen in Hannover schien dem Wunsch von Leibniz, in die Hauptstadt des Reiches zu fahren, kaum etwas im Wege zu stehen. Knapp zwei Jahre später hat er sich deshalb eine schöne Einladung Kaiser Leopolds zuschicken lassen, die er natürlich selbst entworfen hatte. Als er sie seinem Landesherrn vorlegte, leistete der sich jedoch eine Brüskierung des Kaisers und liess seinen Hofrat nicht reisen. Dieses schroffe Nein wird weniger daran gelegen haben, dass ihm die Reunion nun nicht mehr in die Politik passte, als daran, dass Leibniz in diesem Jahre 1700 schon viele Monate fort gewesen war, nämlich in Berlin, was dem Kurfürsten wenig gefallen hatte. So mit einem Reiseverbot belegt, sann der ambitionierte Geheime Justizrat auf Abhilfe und beschloss, eine Kur im böhmischen Teplitz anzutreten.

Ende September weilt er dort gerade mal eine Woche zur Badekur und strebt schon nach Wien, wo ihm Bischof Buchhaim, der von seiner Reise noch nichts ahnt, den Weg zum Reichshofrat ebnen soll. Von Teplitz aus schreibt er ihm zwei Briefe, einen nach Wiener Neustadt, einen nach Prag, und verwendet dabei Buchhaims Pseudonym Baron von Lichtenwert. Seine Antwort könne der Bischof an den Postmeister in Prag oder in Wien richten mit der Adresse ‚Herrn Hülsenberg, Rechtsgelehrter‘, damit sein Incognito gewahrt bleibe.

Mit eigenem Wagen samt Kutscher und Diener fährt Leibniz über Prag nach Süden. Schon bald wird er krank. „Am andern Morgen herrscht starker und kalter Nebel, der sich bei schöner Sonne am Nachmittag auflöst", notiert er später, „es wehen mässig starke Winde. Beim Verlassen des Wirtshauses habe ich einen heftigen fieberartigen Anfall, ohne die Begleiterscheinungen, die sonst mit Fieber verbunden sind. Ich besteige dennoch den Wagen, steige oft aus und gehe auf dem Wege auf meine Art hin und her, um das Übel zu bekämpfen. Ich fühlte, wie meine Kräfte schwächer wurden, der Appetit verging und, nach Überwindung des Anfalls, das Gesicht bleich wurde. Mittags verzehre ich zwei Eier, um einigermassen bei Kräften zu bleiben, denn anderes verweigerte der Magen ...". Es ist, wie so oft bei ihm, eine heftige Erkältung, die ihn mehrere Tage plagt.

Die beschwerliche Reise dauert über vier Wochen, dann trifft er am 29. Oktober 1700 in Wien ein. Die Herrschaft Göllersdorf, der alte Besitz der Grafen Buchhaim, lag nordwestlich von Wien, und dort hat Leibniz wahrscheinlich während der anderthalb Monate, die er blieb, beim Bischof oder in dessen Nähe logiert.

Beide Herren verhandeln über die Reunion der Kirchen und den Reichshofrat. Ausserdem führt Leibniz Gespräche mit dem Nuntius und durchforscht in Wien und Wiener Neustadt den Nachlass des verstorbenen Bischofs Christobal de Rojas y Spinola, macht sich zahllose Notizen und wählt Akten aus, die er für weitere Verhandlungen brauchen kann. Dass er auch seine künftige Anstellung als Reichshofrat in die Wege leitet, ist nicht mehr zu belegen, denn wegen der Geheimhaltung gibt es darüber kein Papier, aber die Ergebnisse zeigten sich im nächsten Jahr.

Gegen Ende entwirft Leibniz noch einmal einen Brief des Kaisers an seinen hannoverschen Landesherrn, den Majestät auch am 11. Dezember (1700) unterschreibt. Darin regt Kaiser Leopold an, der Kurfürst möge „auf mein Ansuchen dem Geheimen Justizrat Leibniz erlauben wollen, sich in dem bewussten negotio auch ferner gebrauchen zu lassen". Der Kurfürst soll also Wienreisen für Unionsverhandlungen künftig genehmigen. Bei der Gelegenheit lässt Leibniz den Kaiser auch noch etwas sehr Nettes über sich und sein Vorhaben schreiben: „Solches gereicht mir zu besonderem Wohlgefallen. Zumal mir derselbe durch seine vernünftigen Gedanken, seinen ohngesparten Fleiß und ohngemeine Wissenschaft ein sattsames Vergnügen gegeben." Den Brief hat Leibniz auch wirklich in Hannover vorgelegt, obwohl er damit zugeben musste, wegen der Reunion in Wien gewesen zu sein. Der Kurfürst liess sich aber nicht erweichen.

Mit Bischof Buchhaim korrespondiert Leibniz weiter über die Hofratsstelle, wobei er den Anwärter, also sich, lieber anonym und in dritter Person benennt und zwar als „Herrn von Hülsenberg", sein Deckname ist also inzwischen adlig geworden. Mit diesem Namen adressiert natürlich auch der Bischof seine Antworten, zu Händen des Postmeisters in Hannover. Leibniz will weiterhin dringend Reichshofrat werden, aber unter drei recht sonderbaren Bedingungen. Die Ernennung durch den Kaiser soll sofort, aber ganz geheim erfolgen, wohl mit Rücksicht auf Hannover. Die Besoldung soll höher liegen als der übliche Satz von zweitausend Talern, weil Leibniz sich mit besonderen Rechtsgutachten für den Kaiser verdient zu machen gedenkt, die er offenbar von Hannover aus liefern möchte. Und drittens soll die Gehaltszahlung sofort beginnen, also ohne dass der Bewerber sein Amt sichtbar antritt.

Erfüllt wird nur die erste Bedingung, und auch die auf merkwürdigem Wege. Bischof Anton Graf Buchhaim meldet am 10. Mai 1701, Reichsvizekanzler Kaunitz habe ihm mitgeteilt, dass der Kaiser einverstanden sei. Eine Urkunde kam nicht. Monate später, am 5. September, erhielt Leibniz noch eine Bestätigung, verfasst war sie aber nicht vom Kaiser, nicht von Kaunitz, auch nicht von Buchhaim, der manche seiner Briefe nicht gern unterzeichnete, sondern von dessen Hofmeister in der Herrschaft Göllersdorf bei Wien, einem Mann namens Florenville. Darin stand, Reichsvizekanzler Kaunitz habe das Einverständnis des Kaisers zu einer Reichshofratsstelle mitgeteilt. Das war alles.

Den Gegner in die Zange nehmen Wohl von niemandem war Leibniz so verletzt worden wie vom streitsüchtigen Bischof Bossuet, dem Wortführer des Katholizismus in Frankreich. Es muss den Gekränkten deshalb verlockt haben, die Korrespondenz unter glücklicheren Umständen wieder aufzunehmen und diesmal besser zu beenden. Tatsächlich hatte sich Leibniz schon drei Jahre zuvor, im November 1698, gut gerüstet gefühlt. Er besass neue Munition, hatte nämlich aus England aufregendes Material darüber bekommen, wie sehr das ‚Tridentinum‘ (das Konzil der Gegenreformation, um dessen Geltung er mit Bischof Bossuet debattiert hatte) schon immer umstritten gewesen war. Und er konnte einen verlockenden Köder auslegen: die Anerkennung des Primats. Drittens hatte er einen Schirmherrn gefunden, Herzog Anton Ulrich, der ihn vor neuer Demütigung bewahren konnte. Der Fürst sollte auch scheinbar die Initiative ergreifen und sich an keinen anderen als den französischen König wenden, mit dem er ohnehin genau in

Das Arbeitszimmer von Leibniz in der Schmiedestrasse, wie es im 19. Jahrhundert mit fremden Möbeln rekonstruiert und den Besuchern des Leibnizhauses bis zu dessen Zerstörung gezeigt worden ist.

diesen Wochen einen Schutzvertrag abgeschlossen hatte. So würde die Debatte gleich auf der richtigen Ebene beginnen.

Man bemerkt auch hier, wie sehr Leibniz sich verändert hat. Seine Projekte betreibt er nicht mehr mit der gutherzigen Erwartung, von der anderen Seite fair behandelt zu werden, sondern er wappnet sich. Es ist möglich, dass er die neuen Formen des Streitens von seinem Gönner Anton Ulrich gelernt hat, der mit allen Ränken und Schlichen vertraut war. Die Art, wie beide im Zusammenspiel die theologische Fakultät in Helmstedt genötigt haben, zeigt eine gewisse Einigkeit darüber, welche Methoden die wirksamsten sind. Also setzt Leibniz einen Brief auf, den der Herzog an seinen übermächtigen militärischen Verbündeten, den Sonnenkönig, schreiben soll. Darin wird Leibniz als Gesprächspartner für Bossuet warm empfohlen, gleichzeitig aber die Bedingung gestellt, der Gelehrte müsse künftig weit glimpflicher behandelt werden. Dem Brief liegt eine Notiz bei, die besonders raffiniert sein soll. Sie wird ausgegeben als eine Skizze, die Leibniz vertraulich und nur für den Herzog verfasst habe, der sie nun unter der

Hand weitergibt, damit erkennbar werde, wie ehrlich es dieser gute Mann meint.

Diesmal antwortet Bossuet recht bald (im Januar 1699), wendet sich auch direkt an Leibniz, wie er soll, und bleibt, weil er sich unter den Augen seines Königs schreiben sieht, recht gemässigt. Insoweit geht die Rechnung erst einmal auf. Leibniz antwortet mit sichtlichem Eifer und kann kaum verbergen, dass er seine Worte – wie schon so oft – eigentlich an den König richtet. Von dem schreibt er, dass er mit seiner Weisheit und Macht in zehn Jahren mehr ausrichten könne, als sonst in zehn Jahrhunderten zu erwarten wäre – auch bei der Versöhnung der Christen. Dem König allein stehe es frei, die Früchte der Zukunft schon Gegenwart sein zu lassen. Er, Leibniz, habe immer geglaubt, nur an Fundamenten zu arbeiten, aber jetzt wage er seine Hoffnungen höher zu tragen ...

Man schrieb sich weiter. Doch bald wird der Ton schärfer, der alte Streit um das Tridentinum beginnt erneut, und Verletzungen sind spürbar. Zwei Rechthaber beharrten auf ihren Positionen, auch wenn Leibniz dabei intellektuell glänzte und sich der Bischof hochfahrend bis zur Ignoranz zeigte. Interessant ist jedoch nur, dass Leibniz noch einmal seine Strategie änderte, indem er sozusagen zu einer grossen Zangenbewegung ausholte. Nachdem der erste Angriff, geführt über Herzog Anton Ulrich und den Sonnenkönig, den harten Bischof nicht hatte treffen können, versuchte es Leibniz jetzt über den Kaiser und den Papst. Man muss zugeben: Das war nicht eben klein gedacht.

Tatsächlich gewann Leibniz Kaiser Leopold dazu, sich an Papst Clemens XI. zu wenden, der soeben sein Amt angetreten hatte. Er tat es mit einem Schreiben vom 16. Februar 1701, das natürlich von Leibniz selbst verfasst worden war. Der Kaiser meint darin, noch nie sei ein Angebot der Protestanten erfolgt, das mehr die Substanz der Sache berührt und mit den katholischen Prinzipien übereingestimmt habe als das von Leibniz. Wenn je, sei sicher jetzt die Zeit der Reife für eine so grosse Sache gekommen. Mit diesem Brief, das war offenkundig, beschwerte sich Leibniz über Bossuets Verhalten bei dessen geistlichem Chef in Rom. Eine noch heute bewährte Methode.

Wie er sollte, wandte sich Clemens XI. an Bossuet und forderte Bericht. Eine Ausfertigung der Antwort Bossuets vom Dezember 1702 erreichte über den Papst zunächst den Kaiser, und der schickte sie schliesslich Leibniz, der sie gewiss nicht ohne das

Gefühl tiefer Genugtuung ablegte, obwohl Bossuet darin nur die katholischen Prinzipien entfaltet und über seine Verhandlungen mit Leibniz und Molanus kein Wort verloren hat. Wenigstens hatte Bossuet einmal zu spüren bekommen, wie weit der Arm seines Briefpartners, den er immer so abgekanzelt hatte, in Wahrheit reichte.

Enttäuschend war ebenfalls, dass Papst Clemens XI. diese nichtssagende Rechtfertigung des Bischofs offenbar gebilligt hatte und es bei ihr bewenden liess. Er war eben nicht Innozenz XI., der Papst, der sich einst hinter Rojas gestellt und die Vereinigung der Kirchen gewollt hatte. Dieser Papst setzte jetzt alle Hoffnungen darauf, dass alsbald ein protestantischer Fürst nach dem anderen zur Kirche zurückfinden werde, August der Starke von Sachsen schien ihm nur ein Anfang zu sein. Die Abtrünnigen würden Rom in den Schoss fallen.

Die Union der Evangelischen Es zog Leibniz nicht nur nach Wien, wo ihm das Thema Kirchenunion die Türen öffnen sollte, es zog ihn nach wie vor auch in die brandenburgische Hauptstadt Berlin. Und wieder schien eine Konfessionsfrage den Brückenschlag zu erlauben. Es wird kein Zufall gewesen sein, dass Leibniz im Sommer 1696 in einem Brief nach Berlin Ideen darüber entwickelte, wie man die evangelischen Konfessionen, also die Calvinisten (Reformierten) und die Lutheraner, zusammenführen könne. Man merkt die Absicht, mit der er dieses Thema anschlägt, schon daran, dass er anschliessend erklärt, seine Ausführungen seien ihm nur gerade unbeabsichtigt in die Feder geflossen, und da sie nun einmal geschrieben seien, sollten sie auch stehen bleiben.

Im Kurfürstentum Brandenburg musste man sich eine Verständigung der Protestanten besonders wünschen, weil das Herrscherhaus calvinistisch war, die Bevölkerung aber traditionell lutherisch, wenn auch neuerdings viele Hugenotten, also Calvinisten, ins Land gekommen waren. Die beiden Kirchen der Reformation hatten sich hier mehr als anderswo gestritten, und der Grosse Kurfürst war mehrfach genötigt gewesen anzuordnen, dass jede Art von Kanzelstreit bei Strafe zu unterlassen sei. Weil eine Politik der Verständigung immer noch höchst erwünscht war, hatte Leibniz schon bei seinen ersten Versuchen, in Berlin Fuss zu fassen, nämlich im Briefwechsel mit Spanheim über die Pufendorf-Nachfolge, das Thema angeschlagen, um sich zu empfehlen. Berufen wurde er bekanntlich nicht, doch der Briefwechsel von Leibniz und Spanheim über die Einigung der Konfessionen hatte damals am Berliner Hof immerhin so viel Neugier geweckt, dass er alsbald offiziell dem Minister Paul von Fuchs übergeben wurde.

Nun hatte sich Leibniz also wieder – scheinbar ganz unabsichtlich – mit Vorschlägen zum Konfessionsfrieden empfohlen. Gerichtet war sein Brief an einen aufstrebenden jungen Beamten, Johann Jacob Chuno, der drei Jahre zuvor auf einer Dienstreise nach Hannover gekommen und mit Leibniz bekannt geworden war. Beide hatten Verbindung gehalten, wohl auch weil Chuno stark der Mathematik und Astronomie zuneigte. Als Beamter stieg er bald auf und wurde zuständig für die staatlichen Geheimarchive. Er muss ein liebenswerter Mann gewesen sein, verlässlich und ausgeglichen, dabei von grosser Tatkraft und Beharrlichkeit, ausserdem unauffällig und verschwiegen, wie es sich für einen Geheimsekretär gehört. Für Leibniz wird er noch grosse Bedeutung bekommen. Das Thema Religionsfriede hat sich auch hier als wirksamer Anknüpfungspunkt erwiesen und den Vermittler Leibniz nach Berlin geführt.

Was ihm da in die Feder geflossen sein sollte, war nicht weniger als ein kühnes Einigungsprogramm, eine Vision. Es sei, schrieb Leibniz, nichts leichter als die Spaltung der Protestanten aufzuheben, wenn nur die Fürsten sich die Sache zu Herzen nähmen. Denn die Differenzen zwischen Reformierten (Calvinisten) und Lutheranern seien geringer als ihre Gemeinsamkeiten. Und schon entwirft er einen Kompromiss für den Hauptstreitpunkt, nämlich die Prädestination, auch Gnadenwahl genannt. Formeln zu finden, die einen Streit schlichten, das war allemal seine Stärke. In diesem Fall sah die Lösung so aus, dass er zeigte, wie sich beide Ansichten über die Prädestination ergänzten und keineswegs ausschlössen.

So genial die Lösung ist, sie lässt sich doch kurz darstellen. Die Frage war: Welchen Menschen erwählt Gott zum Heil? Die Lutheraner sagten, der Glaube des einzelnen ist der Grund dafür, dass er erwählt wird. Die Calvinisten sagten, nein, Gott wählt grundlos, ohne dass der Mensch etwas vorweisen kann, auch sein Glaube entsteht erst nach Gottes Gnadenwahl. Leibniz meinte, der lutherische Standpunkt, der bei der Erwählung den Glauben schon als gegeben voraussetzt, sei zwar richtig. Doch die Lutheraner müssten erkennen, dass der calvinistische Standpunkt eine logische Voraussetzung ihres Standpunktes sei, denn der Glaube sei ja bereits ent-

standen auf Grund einer Gnade Gottes. So hintereinander angeordnet, ergeben beide Standpunkte eine Art Kreis oder Spirale:
Gott erwählt zum Glauben – und wegen des Glaubens wird man
erwählt. Oder anders gesagt: Weil man erwählt ist, kann man glauben, und weil man glaubt, wird man erwählt.

Diese Lösung ist übrigens ein schönes Beispiel für die alte These
von Leibniz, dass die Parteien meist mehr recht haben in dem, was
sie behaupten, als in den Gründen, mit denen sie etwas verwerfen.
Oder anders gesagt, beide Seiten haben recht, ihre Standpunkte lassen sich auf einer höher gelegenen Mitte zusammenführen. Hier
gelang das durch die logische Anordnung als Bedingung-Folge-
Bedingung u. s. w.

Briefpartner Chuno zeigte sich höchst angetan. So spannte Leibniz die Theologen von Helmstedt ein, die als Lutheraner Konzes-
sionen anbieten mussten. Das war 1697, also ein Jahr vor dem Gutachten über den Primat. Der Berliner Hof fühlte sich durch die
Helmstedter Pläne derart angeregt, dass der Kurfürst seinen Hofprediger Jablonski im gleichen Jahr beauftragte, ebenfalls eine
Denkschrift zu verfassen. Sie wird schnell fertig und zur Jahres-
wende 1697 auf 1698 nach Hannover gebracht. Bald besucht Hofprediger Jablonski deswegen Leibniz und Molanus, und Leibniz
fährt kurz darauf nach Berlin. Für ein paar Jahre scheint das Vorhaben zu gedeihen, ohne dass es hier noch dargestellt werden müsste.

Das Entscheidende waren die Personen, denn Hofprediger
Jablonski und Geheimarchivar Chuno werden diejenigen sein, die
mit Leibniz zusammen alsbald die Gründung einer wissenschaftlichen Akademie betreiben. Man kann also wirklich sagen, dass –
wie in Wien – auch in Berlin ein konfessionelles Projekt der Eingang war zu einem ganz anderen, grösseren Betätigungsfeld, das
sich alsbald vor Leibniz auftun sollte.

Abschliessend soll hier noch die Rede sein von einem weiteren
Religionsgespräch. Im Juli 1704 fand im Leineschloss, also wohl
auf Einladung des Hofes, ein offener Diput statt, bei dem ein Jude,
der zum Christentum übergetreten war, seine früheren Glaubensgenossen herausforderte. Der einflussreiche Bankier und Hofjude
Lefmann Berens hatte zur Verteidigung des jüdischen Glaubens
den berühmten Rabbiner Joseph ben Simson aus Stadthagen,
auch genannt Joseph Stadthagen, bitten lassen. Die christliche
Seite vertrat wohl, ausser dem Übergetretenen, der Abt zu Loccum und oberste Geistliche des Landes, Gerhard Wolter Molanus.

Der entsann sich zu Beginn der Veranstaltung offenbar gern daran, dass er schon dreissig Jahre zuvor, als er selbst noch Mathematik-professor in Rinteln war, mit dem klugen Rabbiner diskutiert hatte.

Nicht überliefert ist, ob Leibniz an dem Gespräch teilnahm, er musste in diesen Wochen oft wegen eines kranken Fusses zu Hause bleiben. Aber es gab auch so eine prominente Zuhörerschaft. Dem Gespräch wohnte nicht nur der Kurfürst bei, sondern auch seine Mutter, sein Bruder Ernst August sowie Herzog Georg Wilhelm von Celle. Man lauschte der Debatte mehr als drei Stunden. Danach erklärte Kurfürstin-Mutter Sophie, der Übergetretene habe nichts gegen den Rabbiner aus Stadthagen bewiesen. Auch Georg Ludwig meinte, er sehe keinen zwingenden Grund für die Juden, sich taufen zu lassen. Rabbi Joseph nannte sich nur aus Bescheidenheit nicht einen Sieger. Vielleicht war es eine Folge des tiefen Eindrucks, den das Gespräch gemacht hatte, wenn der Kur-fürst zwei Jahre später, wie Leibniz in einem Brief berichtet, zusammen mit seiner Tochter Sophie Dorothea bei einem Geist-lichen aus der Gegend ein wenig Hebräischunterricht genommen hat.

Dyadik und I Ching   Auf verschlungenen Wegen fanden zwei For-schungsgebiete von Leibniz plötzlich zueinander – die Dyadik (das binäre System) und seine Deutung der Kultur Chinas. Anfang 1700 war er als auswärtiges Mitglied in die Académie des sciences zu Paris aufgenommen worden und wollte sich dort mit einem ganz ungewöhnlichen wissenschaftlichen Aufsatz einführen. Er schickte dem Sekretär der Académie, Fontenelle, zu Beginn des Jahres 1701 eine Darstellung seiner Dyadik. Es war eine schöne, dem hohen Anlass angemessene Arbeit, zu der er extra noch einen Helfer, einen Mathematiker aus Berlin namens Naudé, beschäftigt hatte, der ihm alle Zahlen bis 1023 in der neuen Form aufschreiben musste, dazu noch ausgewählte, weit höhere Zahlen, so dass die Nullen und Einsen nebeneinander bis zu 40 Stellen ausmachten und kaum mehr aufs Papier passten.

Dank dieser Fleissarbeit konnte sich Leibniz die Spalten ansehen und nach auftretenden Mustern suchen. Dargestellt hat er auch, wie aufschlussreich die Dyadik bei der Erforschung der Zahlen, der sogenannten Zahlentheorie, und für Erkenntnisse der höheren Mathematik sein könnte. Der Begleitbrief, den Leibniz der Arbeit mitgab, war aber merkwürdig unklar. Er klang so, als sollte der Aufsatz bloss eine Anregung für junge Mathematiker sein und nicht veröffentlicht werden.

Eine Antwort blieb aus. Nach Monaten fragte Leibniz bang nach, ob die Arbeit angekommen sei und man begonnen habe, andere Mathematiker damit zu beschäftigen. Die Antwort Fontenelles lautete, zur Veröffentlichung sei die Sache wohl erst dann geeignet, wenn Leibniz zeigen könne, dass sein neues Zahlensystem auch für die Praxis tauge. Also hatte man in Paris alles missverstanden! Eine Nützlichkeit hatte Leibniz ausdrücklich verneint, es ging ihm nur um Fortschritte bei der Zahlentheorie. Da Sekretär Fontenelle weiter auf ersichtlicher Anwendbarkeit bestand, wurde Leibniz in einem weiteren Brief vom 6. Januar 1703 schon geradezu ironisch, wenn er bestätigte: Man muss sich dem Publikumsgeschmack anpassen, der jede Abhandlung nach ihrem handgreiflichen Nutzen bewertet.

Gleichzeitig waren seine Kenntnisse über China vertieft worden. Kurz nach dem Erscheinen der ‚Novissima Sinica‘ hatte ihm aus Paris der Jesuit und Mathematiker Joachim Bouvet, der auf seine erneute Ausreise nach China wartete, dankbar und begeistert geschrieben. Mit dem Brief schickte Bouvet ein Exemplar seines gerade erschienenen ‚Portrait historique de l'Empereur de la Chine‘. Leibniz erkannte, dass diese Biographie des chinesischen Kaisers sich gut zur Ergänzung seiner ‚Novissima Sinica‘ eignen würde, daher bat er um die Genehmigung, sie bald einer neuen Auflage anzufügen.

Im Februar 1698, kurz vor seiner Ausreise nach China, schrieb ihm Bouvet auch über ‚I Ching‘, ein geheimnisvolles chinesisches Buch, von dem man damals annahm, es stamme aus den Anfängen der Menschheit. Der chinesische Kaiser liess es in jenen Jahren gerade neu herausgeben, und Bouvet war an der Neuausgabe beteiligt gewesen. Er berichtete Leibniz über seine Studien und deutete an, dass im I Ching vielleicht Spuren der „Prinzipien aller Wissenschaften" zu finden seien. Das Buch bietet 64 Zeichen (acht mal acht) und einige Erläuterungen. Die Zeichen bestehen jeweils aus sechs waagerechten Strichen, die teilweise unterbrochen sind. Dieses alte Buch, von dem Leibniz schon lange wusste, lud natürlich zu allerlei Spekulationen ein, und Leibniz war fasziniert von dem, was er nun von Bouvet darüber erfuhr. Aber dessen Deutungen erinnerten ihn nur an seine Characteristica universalis, die

Dyadik fiel ihm dazu nicht ein, obwohl doch alle 64 Zeichen, auch Hexagramme genannt, ebenfalls nur aus zwei Elementen zusammengesetzt sind – einer durchgängigen und einer unterbrochenen Linie.

Joachim Bouvet kam nach einer ruhigen Überfahrt von nur knapp acht Monaten am 2. November 1698 in Kanton an und erreichte Peking im Dezember. Sein erster Brief an Leibniz trug das Datum 19. September 1699 und traf nach einem Jahr in Hannover ein. Als Leibniz diesen Brief Bouvets am 15. Februar 1701 beantwortete, arbeitete er gerade an seinem Essay über die Dyadik für die Pariser Akademie, also an der ersten Fassung, die er nicht gedruckt sehen wollte. Verständlicherweise war seine Antwort an Bouvet daher voll von der Dyadik als einem Bild der Schöpfung („Imago creationis").

Zur gleichen Zeit kam im fernen China Bouvet mit seiner Deutung der Hexagramme des I Ching weiter. Er sah jetzt in diesem alten chinesischen System die wahre Zahlen-Wissenschaft und glaubte, der Lösung des Geheimnisses der Schöpfung handgreiflich nahe zu sein, allerdings noch ohne zu wissen, was dieses spekulative Zahlensystem besagen sollte. Diese Lücke liess sich nun plötzlich mit dem Material schliessen, das Leibniz übersandt hatte. Man kann sich denken, welch freudiger Schrecken den Missionar und I Ching-Verehrer Bouvet durchfuhr, als er den Brief las. Die Ähnlichkeit von I Ching und Dyadik muss ihm in die Augen gesprungen sein. Leibniz deutete 1 und 0 in seinem Brief als Perfectum und Imperfectum – als das Vollkommene und das Unvollkommene. Das kannte Joachim Bouvet gut, denn der Strich im Hexagramm war für ihn das Perfectum, der gebrochene Strich das Imperfectum. Nun glaubte er, das I Ching als Zahlensystem endlich auch deuten zu können.

Die Begeisterung über die Entdeckung kann man nur nachfühlen, wenn man weiss, dass sich hier scheinbar zwei Schlüssel zur Deutung der Welt miteinander verbanden. Alte Weisheit aus den Anfängen der Menschheit und neueste Mathematik berührten und bestätigten sich. Jede Kunst für sich war schon für erhellend gehalten worden. Bouvet hatte im I Ching eine heimliche Deutung aller Erkenntnisse gesehen, und Leibniz seine Dyadik ebenfalls sehr hoch eingeschätzt und ursprünglich gehofft: „Alles kann mit dieser Methode gelöst werden." Beide unerschöpflichen Erkenntnismethoden nun plötzlich zusammengebracht zu haben, das muss in

Bouvet das Gefühl ausgelöst haben, der Stein der Weisen sei gefunden. Seine Entdeckung legt er dem Briefpartner Leibniz am 4. November 1701 dar. Dabei ist er so erfüllt von den neuen Perspektiven, dass er unter anderem andeutet, aus dem I Ching, das älter sei als Moses, müsse sich die ganze Offenbarung der Bibel herleiten lassen.

Und wieder gibt es einen glücklichen Zufall, greift eins ins andere. Der Brief aus Peking erreicht Leibniz nach anderthalb Jahren am 1. April 1703 in Berlin. Ihn drückt noch immer die Pflicht, seinen Aufsatz für die Académie in Paris so umzuschreiben, dass die Nützlichkeit der Dyadik erkennbar wird. Und genau dieser Nachweis scheint ihm jetzt, wo er den Brief gelesen hat, möglich. Auch an Bouvet schreibt er gleich, und es zeigt sich, dass er die Entdeckung gut verstanden hat, er billigt sie auch, wertet sie nur etwas weniger enthusiastisch als Bouvet, nennt sie jedoch immerhin eine „bestaunenswerte Sache". Höchst angeregt verfasst Leibniz nun innerhalb weniger Tage einen Aufsatz für die Académie, den er bereits am 7. April 1703 zur Post gibt. Die neue Fassung ist zwar weniger anspruchsvoll, dafür etwas mehr anwendungsbezogen ausgefallen. Sekretär Fontenelle hat sie tatsächlich akzeptiert, gedruckt worden ist sie allerdings verspätet erst 1705. Es blieb die einzige Veröffentlichung von Leibniz über seine Dyadik.

Die Arbeit erregte einiges Aufsehen, und dabei wurde, wie man heute weiss, die Entdeckung der Ähnlichkeit zwischen der Dyadik und den Hexagrammen deutlich überschätzt. Teilweise glaubte man, dieses Verdienst von Leibniz wiege schwerer als das des Kolumbus (so urteilte der Jesuit Vota), andere meinten, diese Erkenntnis werde den Ruhm Bouvets für alle Zeiten sichern. So ist es nicht gekommen. Nur weil bis heute die Spekulationen über das I Ching blühen, hat die Deutung von Bouvet und Leibniz noch nicht ganz ausgedient, obwohl Sinologen und Mathematiker eine Verwandtschaft beider Systeme längst bestreiten.

Die begonnene Geschichte soll nun noch eine dreifache Fortsetzung finden zu den Stichwörtern Dyadik, Académie und China.

Die Dyadik hatte Leibniz wohl spontan in seiner Pariser Zeit entwickelt, doch war er nicht der Erst-Erfinder, als der gilt Thomas Hariot (1560-1612). Leibnizens eigene Rechnungen und Notizen zur Dyadik werden heute nicht sehr hoch bewertet, denn er beging einen Denkfehler, der ihn jahrelang an Versuche band, die erfolglos bleiben mussten.

Schon im März 1679 schrieb er sich jedoch – ohne Zeichnung – auf, dass man mit der Dyadik auch eine Rechenmaschine bauen könnte. Er dachte an Kugeln, die durch Löcher fallen. In der Reihe, die das Ergebnis zeigt, liegt in jedem Feld entweder eine Kugel (für die 1) oder keine (für die 0). Die Maschine ist in der Neuzeit gebaut worden, und sie funktioniert tatsächlich. Nur ist sie so umständlich und beschränkt, dass sie unnütz scheint. Doch liegt der Reiz der Idee darin, dass heute jeder Computer nach dem System der zwei Ziffern funktioniert, weil der elektrische Strom nur zwei Zustände kennt. Auch wenn man Leibniz damit nicht als den Vater des Computers bezeichnen darf, so hat er doch immerhin selbst schon die Dyadik für ein mechanisches Rechnen verwenden wollen.

Eine Fortsetzung hatte auch die etwas spröde Beziehung zu Fontenelle, dem Sekretär der Académie. Sie kühlte weiter ab, nicht zuletzt weil Leibniz nach einem Angriff auf seine ‚prästabilierte Harmonie‘ bei der Académie eine Art Gegendarstellung gedruckt sehen wollte und Fontenelle ihm 1704 schrieb, man drucke „keine Polemiken". Dieser Ausdruck hat Leibniz zu Recht gekränkt, er antwortete gereizt, und Fontenelle hat fortan geschwiegen. Als er 1705 endlich den Aufsatz zur Dyadik druckte, hat er an Leibniz, der noch Jahre darauf gewartet hat, kein Belegexemplar geschickt. Die Unfreundlichkeiten gingen leider weiter bis zuletzt.

Der Kaiser von China   Auch der Briefwechsel mit Bouvet hat noch eine Fortsetzung, dazu müssen wir allerdings zunächst noch einmal zurückgehen in die Zeit vor der Entdeckung Bouvets, genauer zu dem Brief von Leibniz, in dem er seine Dyadik nach China sandte. Formal war dieses Schreiben vom 15. Februar 1701 zwar an Joachim Bouvet gerichtet, eigentlich aber doch für den Kaiser bestimmt, so wie der Brief an Grimaldi vier Jahre zuvor. Leibniz denkt es sich wohl so, dass seine Worte dem Kaiser von Bouvet übersetzt werden und der Herrscher, wenn er den tiefen Sinn der Dyadik zu begreifen beginnt, bewegt und glücklich sein wird.

Ja, die Phantasie von Leibniz ging offenbar noch weiter. Der Kaiser werde, beeindruckt von dieser Erkenntnis, darauf brennen, noch mehr von diesem Gelehrten zu erfahren. Und deshalb werde der Kaiser anordnen – das schlägt Leibniz ihm mit deutlichen Worten vor –, dem Entdecker einige „schöne chinesische Erkenntnisse" zuzusenden, beispielsweise die „Zusammensetzung des wegen seiner Grösse und Feinheit aussergewöhnlichen Papiers", vielleicht auch „einige ungewöhnliche Erfahrungen der Physik" oder „spezielle Proben der Heilkunde". Unverhohlen erwartet Leibniz also eine Gegenleistung für die Dyadik, betont jedoch gleichzeitig die Uneigennützigkeit seiner Forschungen und bietet an, als Präsident der im Vorjahr gegründeten Sozietät in Berlin seinerseits zum allgemeinen Fortschritt der Wissenschaften mit Gegendiensten aufzuwarten.

Womit er sonst dienen könnte, deutet er auch noch an. Da er Beziehungen zum König in Preussen habe und zum russischen Zaren, in deren Ländern allein der Bernstein gefunden werde, der doch in China so begehrt sei, könne er da vielleicht etwas vermitteln ...

Nun hiess es erst einmal, lange auf eine Antwort warten. Schon früher hatte Leibniz in Briefen an Chinamissionare gezeigt, dass er die dortige Kultur hoch schätzte und es für richtig hielt, dass das Wissen auch von dort nach Europa fliesse, nicht nur durch die Missionare auf dem umgekehrten Weg. Ausgefragt hat er seine Briefpartner etwa nach der Seidenraupenzucht, nach Arzneien und dem Lebenselixir oder nach Erkenntnissen der chinesischen Mathematik und Astronomie. Leibniz bekam viel, er schickte noch mehr, manches zu Zahlenreihen und Kegelschnitten oder über Kometen und die Konstruktion eines Schiffes. Er berichtete vom Fallen des Barometerstandes auf dem Meere bei bevorstehendem Unwetter, von seiner Infinitesimalrechnung und ihrer praktischen Anwendung, auch über die Politik und die Kriege in Europa. So durfte er auf Gegenleistungen hoffen.

Endlich ist die so lange erwartete Antwort Bouvets da. Was wird der Kaiser gesagt haben zur Dyadik? Doch Leibniz überfliegt den Brief und muss feststellen, dass Bouvet nur gegen Ende und recht beiläufig auf die Dyadik und den Kaiser zu sprechen kommt. Er müsse erst noch, schreibt der Missionar, eine günstige Stunde abwarten, um Seiner Majestät diese Erfindung vorlegen zu können ... Leibniz ist wie vor den Kopf geschlagen. Traut Bouvet sich nicht, will er nicht? Diese Verweigerung ist eine schmerzliche Enttäuschung. Wollte dieser Bouvet denn nicht erkennen, was er da besass und dem Kaiser hätte schenken können? Ja, es melden sich Zweifel, Leibniz ist alarmiert. Seine lange gehegten Befürchtungen scheinen sich zu bewahrheiten: In China will man nichts von dem Reichtum, den man besitzt, preisgeben.

Einen kleinen Trost konnte er dem Brief dennoch entnehmen. Wenn schon seine Erfindung und sein Name dem Kaiser nicht genannt worden waren, wenigstens seine Nachrichten über Europa hatten das kaiserliche Ohr erreicht. Leibniz hatte nämlich etwas über die Niederlage des russischen Zaren gegen den schwedischen König in der Schlacht bei Narva mitgeteilt, worauf Bouvet ihm antwortet, der Kaiser sei erstaunt gewesen, dass die Schweden mit ihren deutlich schwächeren Kräften die Russen besiegt hätten.

Weil die Chinesen sich zu versagen schienen, sah Leibniz seine Hoffnung zerrinnen, das Wissen beider Kulturen werde zum Wohle der ganzen Menschheit zusammenwachsen. Doch diese Erwartung wurde allein schon dadurch zerstört, dass sich der Papst im Ritenstreit, an dem Leibniz schon in Rom so viel Anteil genommen hatte, gegen die Jesuiten entschied und ihrer Mission damit, ohne es zu wollen, den Boden entzog. In Europa hatte man zunächst die endgültige Stellungnahme des Papstes von 1704 nicht so recht wahrgenommen, so dass Leibniz nicht wissen konnte, dass seine Chinakorrespondenz kaum mehr ein Gegenüber hatte. Er schrieb weiterhin Briefe, aber seit dem Jahre 1705 kam keine Antwort mehr.

Der Kaiser von China blieb für ihn unerreichbar wie bislang auch der Sonnenkönig, an den er sich schon oft gewandt hatte. Und doch war er jetzt zum Ratgeber höchster Häupter aufgestiegen und sein Jugendtraum einigermassen erfüllt worden. Er beriet die mögliche englische Thronerbin Sophie und damit indirekt auch den englischen König, er hatte den Kaiser in Wien für sich gewonnen und über ihn sogar den Papst eingespannt, er war der Intimus des Wolfenbütteler Herzogs Anton Ulrich, dem er oft die Hand führte, und stand in besten Beziehungen zum Brandenburger Hof. Hier hatte er soeben eine Akademie gegründet, und davon soll nun endlich die Rede sein.

Zunächst ein Observatorium   In seinem Arbeitszimmer ist Leibniz über das Stehpult gebeugt, das nahe ans Fenster gerückt ist, und korrigiert den Entwurf zu einer Abhandlung, als Diener Johann an ihn herantritt und stumm stehen bleibt. Nach einer Weile blickt Leibniz auf und sieht einen Brief, der ihm hingehalten wird. Er ergreift ihn, sucht nach dem Poststempel, nach Routen- und Gebührenvermerk und erkennt endlich das brandenburgische Staatssiegel. Also ist es ein Brief des ihm vertrauten Geheimen Archivrates Chuno! Doch es geht diesmal, wie Leibniz beim Lesen gleich erkennt, nicht nur um die Einigung der Konfessionen. Nein, vom Hofprediger Jablonski ist die Rede, durch den Chuno erfahren hat, dass Kurfürstin Sophie Charlotte an die Errichtung einer Sternwarte in Berlin denke. Genau genommen lag, was er berichtet, schon ein halbes Jahr zurück. Im Mai 1697 hatte Jablonski im Schloss Gottesdienst gehalten und durfte anschliessend mit der Kurfürstin zu Tisch sitzen. Dabei geschah es, dass, wie es im Brief hiess, die Kurfürstliche Durchlaucht „über Taffel sich plaisier machten von allerhand Natürlichen Dingen, sonderlich die Ober-Welt betreffend, gespräche zu führen", und dabei meinte, „wie es wohl zu verwundern", dass in der Stadt Berlin „kein Observatorium befindlich".

Chuno berichtete, inzwischen seien die Pläne gediehen, auch ein Standort sei schon gefunden, denn man brauche nur bei dem gerade entstehenden kurfürstlichen Reitstall, dem Neuen Marstall, einen Pavillon etwas zu erhöhen und sein flaches Dach für Beobachtungen einzurichten. Die Ausstattung, also Instrumente und geeignete Observatoren, würden sich dann auch wohl finden. Zu den Kundigen, die gewonnen werden sollten, zählte offenbar auch Leibniz selbst, man hoffte jedenfalls auf seinen Rat, das war dem Brief anzumerken.

Diese Nachricht muss bei Leibniz starke Gefühle und viele Überlegungen ausgelöst haben. Warum erfuhr er erst jetzt davon? Warum hatte die Kurfürstin, als sie im Sommer in Hannover gewesen war, zu ihm kein Wort davon gesagt? Doch andererseits, welche Aussichten! Hatte er doch den Berlinern schon lange vorgeschlagen, eine wissenschaftliche Einrichtung zu gründen, am besten eine Akademie. Und die Kurfürstin wäre dafür gerade die richtige Patronin, hatte sie doch schon auf die Errichtung der Kunstakademie zu Berlin gedrungen, die gerade entstand. Man darf vermuten, dass Leibniz sich jetzt schon alles genau vorgenommen hat: diesen Wunsch der Fürstin nach einer Sternwarte zu verstärken, den Plan zu erweitern und vor allem eine sehr persönliche Beziehung zu ihr, der Berliner Kurfürstlichen Durchlaucht höchstselbst, anzubahnen.

Er antwortet Chuno umgehend, schon am 7. Oktober (1697): Er sei entzückt von dem Plan und rege an, in Berlin über die Astronomie, die ein Ruhmesstück sei für grosse Fürsten, noch hinauszugehen und weitere ‚curieuse‘ (forschende) Wissenschaften einzubeziehen. An seiner Bereitschaft soll es offenbar nicht fehlen. Da Frankreich augenblicklich in den Wissenschaften nur über meist recht mittelmässige Leute verfüge, wären die Deutschen, wenn man sie nur in Bewegung setzen könnte, imstande, sogar ganz Europa die Stirn zu bieten.

Einen Monat später wendet sich Leibniz auch an Sophie Charlotte selbst. Er lobt das Kurfürstenpaar und beginnt den Plan ins Grosse zu erweitern: Er sei sicher, sie, die Kurfürstin, werde ihre Wissbegier (curiosité) auch auf andere Materien ausweiten, die genau so wichtig und anregend seien wie die Astronomie. Sie alle könnten den Gegenstand einer Akademie ausmachen. Der Brief klang verlockend, doch zu einer Antwort kam es nicht, denn Berlin erlebte gerade wie einen Höllensturz die Entmachtung des scheinbar allmächtigen Premiers Danckelman. Dahinter steckte die Kurfürstin, die es ebenso wenig wie ihr verschwendungssüchtiger Mann hatte länger ertragen wollen, dass der Premier so knauserig war. Noch im Amt, aber schon wankend, hatte Danckelman zuletzt die Kurfürstin für sich zu gewinnen gehofft, indem er ihrem Wunsch nach einem Observatorium nachgab, doch vergeblich. In diesen Tagen des Triumphes zeigte die Fürstin deutlicher als sonst ihren scharfen Witz, ihren Zynismus und ihre Prunkfreude – Eigenschaften, die sonst zurücktraten hinter ihrem intellektuellen Charme, ihren sinnlichen Reizen und der fast unwiderstehlichen Faszination, die von dieser wahren Fürstin ausging.

Am 14. Dezember (1697) schickt Leibniz ihr seine Glückwünsche zum Abgang Danckelmans. Dabei schmeichelt er dem Ort Berlin als Sitz der Wissenschaften und der Künste und nennt das

Herrscherpaar – nach den berühmtesten Fürsten der Bibel – König Salomo und die Königin von Saba. Natürlich kommt er auch auf einige Projekte zu sprechen und denkt sogar an eine protestantische Chinamission. Dann lässt er seinen Gedanken noch freieren Lauf und zeigt, wie ungestüm er sich etwas ausmalen, aber auch wie anregend er plaudern kann (auch mit ihr immer auf französisch), um die Gunst einer Fürstin zu gewinnen:

„Wir werden quer durch die Tatarei nach China reisen in Schlitten, die mit Segeln versehen sind und von Hunden gezogen werden. Sobald die Segel nichts mehr leisten, machen die Hunde sich ans Ziehen, und wenn der Wind günstig ist, kehren sie in den Schlitten zurück und lassen sich nebst ihren Herren weiter fahren. Beiläufig gesagt, der Pater Verjus hat mir versichert, mir alle Nachrichten zukommen zu lassen, deren ich bedarf. Ich werde also an meiner Tür einen Zettel anheften lassen mit den Worten ‚Auskunfts-Büro für China‘, damit jeder weiss, dass er sich nur an mich zu wenden braucht, um Nachrichten von dort zu erhalten. Und wenn Eure Hoheit etwas über den grossen Philosophen Konfuzius zu erfahren wünschen oder über die alten Könige von China, die an die Sintflut hinanreichen, oder über das Unsterblichkeitsgebräu, das für jenes Land das ist, was der Stein der Weisen bei uns, so haben Sie nur zu befehlen. Wollte Gott, dieses Getränk gäbe es in Wirklichkeit, ich würde mich gleich auf einen Hundeschlitten setzen, um für Eure Hoheit diesen Trank zu holen, und ich würde einen Eid leisten, die Schale unterwegs nicht zu öffnen. Ich wäre darin treuer als Psyche, so wie auch Eure Hoheit der Unsterblichkeit weit würdiger ist als jenes Mädchen und als alle Götter des Altertums."

Von dieser Selbstironie und von diesen amüsanten Übertreibungen müsste die Kurfürstin eigentlich entzückt gewesen sein. Zwei Monate später, als ihr Vater, der hannoversche Kurfürst, gestorben und ihr Bruder Georg Ludwig an der Macht war, glaubte Leibniz, die Beziehungen zwischen beiden Ländern würden sich nachhaltig bessern, und er empfahl sich Sophie Charlotte und ihrer Mutter als nützlicher Kurier: „Die Übersendung von Briefen ist Zufällen ausgesetzt. Es würde deshalb gut sein, einen Menschen von Vertrauen und Intelligenz zu haben, der Anlass hat, von Zeit zu Zeit von einem Hof zum andern zu reisen. Das Ganze muss mit viel Geschick und Umsicht und in einer Weise geschehen, dass kein Verdacht oder Argwohn aufkommen kann. Zu diesem Zweck könnte ich keinen andern benennen als mich selbst. Die Frau Kurfürstin von Braunschweig ehrt mich durch ihr Vertrauen, und ich habe Grund zu hoffen, dasselbe auch bei der Frau Kurfürstin von Brandenburg zu finden." Solch eine Rolle musste natürlich auch mit einem Amt gestützt sein. Er schlug deshalb vor, als brandenburgischer „Direktor der Wissenschaften und der Künste" berufen zu werden, um für seine Reisetätigkeit einen Grund zu bekommen. Mit diesem Amt ist genau das bezeichnet, wovon Leibniz geträumt haben muss.

Die beiden Kurfürstinnen waren wohl klug genug, darauf nicht einzugehen. Sophie Charlotte veranlasste jedoch den Hofprediger Jablonski, sich wegen des Observatoriums an Leibniz zu wenden. Im März (1698) tut er das und bittet im Namen seiner Kurfürstin um Beratung, „nur es müste in einer Sprache sein, welche Selbte nicht hinderte, an diesem Brieffwechsel theil zu haben". Damit kommt Latein nicht in Frage. „Und weil in der Frantzösischen Sprache mir nicht gnugsam trauen kann, habe die Deutsche erwehlet." Er bittet Leibniz sehr höflich, auch „diese wissensgierige Fürstin mit ein paar Zeilen zu vergnügen".

Noch ist Leibniz nicht am Ziel, die junge Kurfürstin nicht gewonnen. Als sie in diesem Frühsommer (1698) zu Besuch in Hannover ist, muss er ihr wieder begegnet sein und dabei um ihre Gunst geworben haben. Doch wieweit die Kurfürstin den Denker, auf dessen Gesellschaft ihre Mutter schon immer erpicht war, in aller Ruhe gesprochen hat, weiss man nicht. Dann reiste Leibniz – das erlaubte sein Kurfürst gerade noch – im November (1698) für drei Tage zu Unionsverhandlungen nach Berlin. Auch da haben sich beide gesehen, und der Briefwechsel kommt nun auch in Gang. Damit ist eingetreten, was Leibniz sich vorgenommen hatte. Die Kurfürstin findet mehr und mehr ein Vergnügen daran, sich mit ihm auszutauschen, und wird ihn bald dringend und mehrfach nach Berlin einladen, ohne dass er das annehmen darf, denn sein Landesherr will es nicht. Dennoch haben ihre wenigen Begegnungen und die Briefe dazu gereicht, dass Kurfürstin Sophie Charlotte ihrem Gesprächspartner am 1. September 1699 gestand: „Was mich betrifft, so können Sie mich von jetzt ab zu Ihren Schülerinnen zählen und zu denen rechnen, die Sie ehren und die Ihre Verdienste zu würdigen wissen."

Gleichzeitig hat Leibniz viel darüber nachgedacht, wie aus einer Sternwarte eine wissenschaftliche Einrichtung werden könnte.

Eine Akademie gab es in Deutschland noch nicht, ausser der Leopoldina in Halle, gegründet bereits 1652, die aber fast nur in ihren Veröffentlichungen existierte. Vorbilder konnten also nur sein die Londoner Royal Society (von 1660) und die Pariser Académie des sciences (von 1666), deren Arbeit niemand in Deutschland besser kannte als Leibniz. Das waren Gemeinschaften von Gelehrten mit der Verpflichtung zu regelmässigen Sitzungen. Nur musste man leider feststellen, dass es in Berlin so gut wie keine Gelehrten gab, nicht einmal eine Universität. Diese Akademien in Paris und London waren zum anderen durch königliche oder private Stiftungen in ihrer Finanzierung gesichert, ausgestattet mit Sitzungsräumen, Bibliothek und Laboratorien. In Brandenburg aber hatte man kein Geld für so etwas. Weil demnach die beiden wichtigsten Voraussetzungen fehlten, würde die Akademie zu Berlin, soviel war klar, anders aussehen müssen als ihre Vorbilder.

Verabschieden aber musste sich Leibniz von noch ganz anderen Ideen, hatte ihm doch immer eine Gründung vorgeschwebt, die weit besser sein sollte als die Akademien in Paris und London, über die er sogar bisweilen gespottet hatte. Wenn es nach ihm gegangen wäre, hätte man die Forschungen der beteiligten Gelehrten straff organisiert und dadurch nach seiner Vorstellung unglaublich effektiv gemacht. In grossen Gruppen hätten sie an genau definierten praktischen Zielen zu arbeiten gehabt und damit den Fortschritt, aber alsbald auch die Wirtschaft des Staates stark beflügelt. So könne man, pflegte er zu sagen, in zehn Jahren mehr leisten als sonst in Jahrhunderten.

Aber das war nur die eine Seite seiner idealen Akademie. Zugleich sollte sie eine staatliche Zentralanstalt für Bildung, Wissenschaft und Technik sein, also eine Art Ministerium. Was ihm vorschwebte, kann man sich klarmachen, wenn man an die spätere Gründung in Russland denkt, denn dort war die Akademie der Wissenschaften immer zugleich Superbehörde und zentrale, dirigistische Forschungsorganisation. Es ist nicht nachweisbar, aber möglich, dass die Leibnizsche Idee indirekt Pate gestanden hat, als einige Zeit nach seinem Tod die russische Akademie mit dieser Konzeption gegründet wurde. Von diesem Wunschbild also musste sich Leibniz jetzt trennen.

Ein erster Blick auf Berlin Leibniz ging Mitte November 1698, das wurde schon zweimal erwähnt, für drei Tage in die Hauptstadt

Brandenburgs, vor allem um über den Frieden zwischen den Konfessionen zu reden. Auch die Kurfürstin Sophie Charlotte muss er dabei gesprochen haben, vielleicht war die Hoffnung, sie zu sehen, überhaupt der heimliche Grund der Reise. Wahrscheinlich hat sie ihm ihr Schloss Lietzenburg gezeigt, das schon bewohnbar war, aber noch ohne Prunkfassade (heute heisst es Charlottenburg). Leibniz hat jedenfalls, in Konkurrenz zum Baumeister, für die Gestaltung der Eingangsfront eine Ideenskizze angefertigt. Und sie scheint der Schlossherrin gefallen zu haben, die meinte, sie könne sich kaum entscheiden zwischen beiden Entwürfen.

Das Geld wurde in Berlin, das war jedem Reisenden klar, mit vollen Händen ausgegeben. Schon die Schlossbauten, unter denen jetzt das Berliner Stadtschloss an erster Stelle rangierte, verschlangen Unsummen. Ebenso verschwenderisch war die Hofhaltung, und jeder konnte ahnen, dass für ein so armes Land diese höfischen Festlichkeiten, die üppigen Präsente des Kurfürsten für seine Familie, für Günstlinge und Gäste nicht zu bezahlen sein würden. Die Finanznöte waren ein ständiges Thema.

Sicher hat Leibniz schon bei diesem ersten Besuch einiges von der Atmosphäre am Hofe wahrgenommen. Der Gegensatz zwischen der Kurfürstin und ihrem Gatten war allzu auffallend. Ein französischer Diplomat meldete nach Hause: der eitelste Fürst der Welt, von fürchterlicher Verschwendungssucht, ein mit Orden übersäter Kleiderprotz, aber missgestaltig und durch einen mächtigen Landsknechts-Schnurrbart entstellt. Als sich der hannoversche Gesandte von Ilten ein Jahr zuvor (1697) in Berlin vorgestellt hatte, war Kurfürst Friedrich in einem Gewand erschienen, das mit Diamanten im Werte von angeblich 400 000 Talern besetzt war. Der Gesandte meldete: „Der Kurfürst saget nicht ein Wort, so mit dem Herzen übereinstimmet, und ist ihm in keine Wege zu trauen."

Auf Prunk und Ansehen versessen, strebte der brandenburgische Kurfürst nach der Königswürde, auch um mit August dem Starken gleichzuziehen, der ein Jahr zuvor polnischer König geworden war. Den grössten Einfluss auf den Kurfürsten hatte Johann Kasimir Kolbe von Wartenberg, ein aus dem Bürgertum aufgestiegener Kammerherr von glattem und gewinnendem Wesen. Geheiratet hatte er – auf Geheiss seines Herrn – des Kurfürsten Mätresse, die Witwe Biedekop geb. Rickers, eine sexuell attraktive, aber ganz schlichte, ja grobe Frau. Ein wildes Ränkespiel am Berliner Hof führte dazu, dass Sophie Charlotte immer mehr an Einfluss verlor.

Lietzenburg, während es noch im Bau war. Das heutige Schloss Charlottenburg wurde zum Musenhof der Kurfürstin und späteren preussischen Königin Sophie Charlotte. Hier und im Park hat Leibniz im Gespräch mit der
verehrten Fürstin wohl die schönsten Tage seines Lebens verbracht.

Leibniz war von seinen Gastgebern Chuno und Jablonski aufs
höflichste aufgenommen worden. Sie verstanden sich auch untereinander sehr gut, waren beide an die vierzig Jahre alt und ebenso tüchtig wie bescheiden. Daniel Ernst Jablonski – im gleichen Jahr wie
Chuno nach Berlin gekommen, gleich als Hofprediger an der calvi-
nistischen Domgemeinde, zu der die Herrscherfamilie gehörte – war
in der Nähe von Danzig geboren und in Polen aufgewachsen,
stammte aber mütterlicherseits von tschechischen Hussiten ab, und
der bedeutende Johann Amos Comenius war sein Grossvater. Die
hussitische ‚Brüdergemeine' hatte ihn geprägt. Da er drei Jahre im
anglikanischen England studiert hatte und ein grosser Kenner des
Judentums war, galt er als milder Freund vieler Glaubensarten, eben,
wie man damals sagte, als Ireniker. Im Jahr zuvor (1697) hatte er auf
eigene Kosten auf dem Hof seines Hauses gegenüber dem Grauen
Kloster eine Druckerei eingerichtet. Dort stellte er mit Hilfe jüdi-
scher Setzer und Gelehrter eine hebräische Ausgabe des Alten Testaments her und brachte den Talmud heraus.

Beide Berliner hatten in aller Stille das Projekt einer Akademie
weiter vorbereitet. Chuno wirkte dabei noch bereitwilliger im

Hintergrund als Jablonski. Geräuschlos leitete er die Wünsche der Verbündeten innerhalb der Hofkreise weiter. Ohne solche selbstlosen, aber tüchtigen Menschen kann keine Einrichtung gedeihen, und Leibniz, der zu hochfliegenden Plänen, zur Unrast und Überschätzung seiner Kräfte neigte, wird gewusst haben, dass ein gutes Schicksal ihm diese Gefährten beschert hatte.

Steht die Finanzierung, fällt die Entscheidung In Hannover hat sich Leibniz viel mit der Suche nach Geldquellen für die Akademie befasst. Sollte man ein Bergwerk betreiben, vielleicht Sümpfe trocken legen oder eine Seidenraupenzucht beginnen? Denn soviel war klar, man musste sich mit einer Manufaktur die Kosten des Unternehmens selbst verdienen. Da kam Leibniz ein rettender Einfall, genauer, er übernahm ihn von einem seiner Lehrer.

Im Reich galten damals zwei Kalender. Die katholischen Gebiete hatten im Jahre 1583 die Kalenderreform Papst Gregors übernommen und waren durch diesen ‚Gregorianischen Kalender‘ seither mit dem Datum zehn Tage voraus. Die Protestanten waren beim alten (julianischen, auf Julius Caesar zurückgehenden) Kalender geblieben, der über die Jahrhunderte zehn Schalttage zuviel eingeschoben hatte. Allen Vernünftigen war klar, dass dieser julianische Kalender dem Stand der Sonne nicht mehr entsprach – zur Sonnenwende etwa schrieb man den 11. statt des 21. Juni –, doch hatte protestantischer Stolz seit mehr als hundert Jahren die Übernahme des richtigen Kalenders verhindert.

Niemand unter den Protestanten betrieb jetzt den Anschluss an die katholischen Länder so energisch wie der Jenaer Professor Erhard Weigel, bei dem Leibniz ein Semester studiert und der in ihm die Leidenschaft für Mathematik geweckt hatte. Er wollte die Reform erreichen, bevor ab März 1700 die Differenz zwischen den beiden Kalendern sogar 11 Tage betragen würde, weil am 29. Februar den Protestanten schon wieder, nach Caesars Vorschriften, ein überflüssiger Schalttag bevorstand.

Gleichzeitig mit der Reform wollte Weigel in Nürnberg ein ‚Collegium‘ gründen, das – ähnlich den Akademien von Paris und London – der Wissenschaft dienen sollte, darunter der Astronomie, die man für die Berechnung des Kalenders brauchte. Der alte Weigel hatte auch schon eine Idee zur Finanzierung entwickelt: Das Collegium sollte das Monopol haben, allen Kalender-Verlegern in Deutschland ihre Tabellen und Texte gegen Honorar zu liefern.

Zwar starb Erhard Weigel im Frühjahr 1699, doch seine Idee setzte sich durch, und die Protestanten im Reichstag beschlossen auch ohne ihren Reformer, die Tage zwischen dem 19. und dem 28. Februar des folgenden Jahres ausfallen zu lassen und damit Anschluss an den gregorianischen Kalender zu finden.

Vom Weigelschen ‚Collegium‘, das nicht mehr zustande kam, scheint Leibniz für sein Berliner Projekt die Idee übernommen zu haben, man könne eine solche wissenschaftliche Einrichtung mit dem Herstellen von Kalendern finanzieren. Denn Kalendermachen – das war damals wirklich eine eigene Industrie. Keine anderen Druckerzeugnisse waren im Volk so verbreitet wie Kalender. Viele Drucker im ganzen Reich stellten sie her, und zwar in verschiedenen Ausführungen, als blosse Listen, als Notiz-Kalender und als Bücher, die zahlreiche Termine (Markttage, Verkaufs-Messen, Feste) und nicht zuletzt auch einigen Lesestoff enthielten: Kalendergeschichten, Klatsch, Schnurren, Ratschläge, Lebensweisheiten, ebenso allerlei astrologischen Aberglauben und sogar Wahrsagerei. An diesen Beigaben nahmen Gebildete und Kirchenleute Anstoss, das seien „fingierte lügen und Schandbahre possen" meinten die Berliner Mitstreiter Jablonski und Chuno. Auch Erhard Weigel war es schon darum gegangen, diese Missstände abzustellen.

Kalender zu machen galt aber damals auch als eine Aufgabe für Gelehrte, weil man dazu einige astronomische Kenntnisse brauchte, etwa um die Mondphasen oder den Ostertermin zu berechnen. Also war das durchaus eine Aufgabe für eine Akademie! Doch diese Berechnungen sollten, meinte Leibniz, – anders als bei Weigels Modell – nicht anschliessend privaten Druckern verkauft werden, vielmehr strebte Leibniz für seine Akademie das Monopol auch auf Herstellung und Vertrieb aller Kalender in Brandenburg an. Als Leibniz diese Idee nach Berlin meldete, waren seine Verbündeten gleich überzeugt.

Tatsächlich hat der brandenburgische Kurfürst, von Jablonski über die Pläne unterrichtet, dem Observatorium und der Akademie schnell zugestimmt, wahrscheinlich schon am 1. März 1700, dem ersten Tag des neuen überkonfessionellen Kalenders in Deutschland.

Kleiner oder grosser Zuschnitt? Gleich hatte Leibniz Sorgen, denn so glücklich die Nachricht war, nun drohte alles zu klein angelegt zu werden. Er drängte deshalb Jablonski zu grösseren Taten: „Das vornehmste aber, so vor jetzo zu erinnern habe, ist dieses, daß man die Sache nicht hauptsächlich und allein auf das Observatorium richte." Das bringe dem Staat nicht genug Ansehen und praktischen Nutzen. Die Akademie solle verschiedene Wissenschaften fördern und mehrere Gelehrte fest besolden.

Doch als Chuno und Jablonski nun eine Denkschrift für den Hof ausarbeiteten, war, um den Plan ausführbar erscheinen zu lassen, von einem Laboratorium nicht die Rede, auch nicht von weiteren Fächern wie Botanik und Anatomie. Die beiden routinierten Hofbeamten schmeichelten statt dessen, der Kurfürst könne mit der neuen Einrichtung „ein glorieuses und in gantz Deutschland bishero von keinem Kayser, weniger Churfürsten unternommenes Werck" ins Leben rufen. Das verfehlte natürlich seine Wirkung nicht. Beibringen mussten sie ihrem Herrscher nur, dass es, anders als in Paris, in Berlin keine Unterscheidung zwischen bürgerlichen und adligen Mitgliedern geben sollte: „Allhier würde man vorerst dieser einrichtung nicht zu folgen haben", ausdrücklich also nur „vorerst", weil sie wussten, dass der Kurfürst ein passionierter Liebhaber höfischen Zeremoniells war.

Man brauche jedoch einen ehrenamtlichen ‚Protektor' nach Pariser Vorbild, und das sollte der damals zwölfjährige Prinz Friedrich Wilhelm sein. Zum Präses gewählt werden müsse „eine Person von grossem Savoir in Mathesi und bekanter Reputation in der Welt". Für diesen unbesoldeten Posten gebe es keinen „würdigeren" als Leibniz. Aber er müsse, da er in Hannover lebe, für seine Reisekosten eine jährliche Entschädigung erhalten. Ausserdem wurde noch die Beschäftigung von drei Angestellten vorgeschlagen: einem Astronomen, einem Sekretär und einem Finanzbeamten, der (allerdings nur nebenbei) der Akademie als Schatzmeister zu dienen hätte.

Dieser Beamte sollte mit einem Kollegen auch dafür sorgen, dass die Kalender hergestellt und verkauft würden, und er müsste – das war die heikelste Aufgabe – die Drucker verfolgen lassen, die das Monopol verletzten und eigene Kalender herstellen oder ausländische importieren wollten. Schliesslich werde noch, meinten die Verfasser der Denkschrift, „ein Diener und StubenHitzer nöhtig seyn, welchem etwas weniges gegeben werden müste". Und nebenbei: „Das Holtz würde man von Seiner Churfürstlichen Durchlaucht erbitten. Licht und andere kleinigkeit würden sich schon selbst finden."

Auch der Raumbedarf wurde von den beiden Beamten heruntergespielt. Alles sollte sich, meinten sie, durch Aufstockung auf dem Dach eines Pavillons der neuen kurfürstlichen Stallungen unterbringen lassen: Observatorium, Versammlungsraum, Arbeitsräume und Wohnung des Astronomen. Instrumente und Bücher wären dem Bestand des Hofes zu entnehmen: „Ein paar gute Perpendicul-Uhren könten aus der Uhrkammer, allwo ein überfluß ist, hergegeben werden."

Bald wurde bekannt, der Kurfürst habe endgültig zugestimmt, allerdings unter der Bedingung, „daß man auch auf die Cultur der Teutschen Sprache gedencken möchte". Das sollte heissen, der Kurfürst wollte Deutsch als Umgangssprache und als Thema in der Akademie eingeführt sehen.

Auf die Denkschrift aus Berlin hat Leibniz gleich geantwortet, und es zeigten sich erneut die Unterschiede zwischen den Beamten und dem Gelehrten. Zwei Pragmatiker standen gegen einen Visionär, dessen Kritik ins Grundsätzliche ging: Er sah die Gefahr, dass die Berliner Gründung bei der Himmelsbeobachtung und dem Kalenderverlegen stehen bleiben werde, und forderte, sie müsse von Anfang an auf grössere Ziele und einen breiteren Fundus aus sein. Er drang auf die Fächer Mechanik und Chemie sowie auf ein Laboratorium. Rückblickend kann man sagen: Beide Seiten hatten recht. Leibnizens Befürchtung, alles werde zu eng, hat sich ebenso bestätigt wie der Realitätssinn seiner Berliner Partner. Denn erst nach Jahrzehnten konnte man mit etwas mehr Geld das Minimalprogramm der Anfangsjahre erweitern.

Auch der Name der Einrichtung gefällt Leibniz noch nicht: „Denn in Teutschland Academie mehr von Lehr- und Lernenden verstanden zu werden pfleget." Statt dieses Wortes, mit dem man damals eine Universität bezeichnete, bevorzugte er den Begriff Sozietät, und Society hiess ja auch das Londoner Vorbild. Die Berliner Verbündeten haben offenbar ohne Murren nachgegeben, und in diesem Fall liess sich sogar ändern, was der Kurfürst bereits als Text genehmigt hatte. Die Einrichtung hiess seitdem Sozietät. Erst Friedrich der Grosse benannte in einem Statut vom Januar 1744 die Sozietät um in Königliche Akademie der Wissenschaften.

Nebenbei erinnert Leibniz daran, dass er im Dokument bloss als Mitglied der Pariser Akademie genannt worden war. „Nur füge bey, daß ich von ohngefehr 1673 oder 74 ein Mitglied sey der Englischen Königlichen Societät, und also darinne nun einer von den Ältesten. Scheinet, meinem hochgeehrten Herrn sey solches nicht bewust gewesen." Es folgen viele Einzelheiten, so schlägt Leibniz vor, den Mitgliedern, damit sie fleissig zu den Sitzungen erscheinen, Gedenkmünzen auszuhändigen, denn solche Münzen wurden in Paris als eine Art Tagungsgeld verteilt. Leibniz sorgt sich auch um das Flachdach des Vorbaus am geplanten Gebäude: „Der Altan des Observatorii müste gegen Durchdringung des Wassers mit Bley verwahret werden."

Als Quelle zusätzlicher Finanzierung schlägt er eine Bücherzensur vor: „dass keine Bücher von Staats- und geistlichen Sachen ohne Censur zu drucken und zu debitieren. Streitschriften oder Bücher, so Leute angreifen, hätten auch Censur nöthig, und andere dienliche Reglements." Dadurch lasse sich der Fundus der Sozietät verdoppeln. „Denn weil doch anjetzo unter 10 Büchern kaum eines wahrhaftig gedruckt zu werden würdig ..." Zum Glück fällt sich Leibniz dann selbst ins Wort: „Allein wie billig und thulich gleich die Sache wäre, so halte ich sie doch nicht für anständig."

Er verfasst auch gleich ein Papier zur Vorlage beim Kurfürsten. Die Sozietät solle sich, heisst es da, „auf den Nutzen richten", es wäre „demnach der Zweck, Theoriam cum praxi zu vereinigen". Schliesslich begrüsst er die Idee des Kurfürsten, unter die Ziele der Sozietät auch „die Cultur der Teutschen Sprache" aufzunehmen, die zu befördern war ja auch schon lange sein besonderer Wunsch. All dies hat Jablonski sofort dem Kurfürsten überreichen lassen, wodurch dieser „höchlich vergnüget worden", wie Leibniz zu hören bekommt.

Theoria cum praxi   Das Ziel des Berliner Projekts, so hatte Leibniz dem Kurfürsten geschrieben, sollte der „Nutzen" und daher „theoria cum praxi" (Theorie mit Anwendung) sein. Diese Worte wurden bald auch zum Motto der Sozietät. Die Formulierung klingt so, als hätte sich der Rationalist Leibniz geändert, indem er jetzt mehr auf die Erfahrung, also auf Experiment und Erprobung sehen wollte. Das wäre aber nicht ganz richtig. Noch immer denkt Leibniz es sich so, dass eine richtige Theorie auch gleich in der Praxis anwendbar ist.

Und doch hat sich sein Denken in diesem Punkt etwas gewandelt. Als junger Mann hatte er sich 1671 in einem Brief an Herzog Johann Friedrich, später sein erster Arbeitgeber, gerühmt, ein Schiff entwickelt zu haben, das unter Wasser fahren könne. Und er deutete auch an, wie er zu seiner Erfindung gekommen sei: „nicht durch experimenta, denn die tun's nicht". Das kommt uns heute geradezu verstiegen vor, aber der Glaube, Erfindungen liessen sich theoretisch herbeiführen, wurde damals noch von Erfolgen gestützt. So war es einem Huygens gelungen, unmittelbar aus der Physik der Schwingung die Penduluhr zu entwickeln. Ein paar Jahre später gelang ihm auf ähnliche Weise die Erfindung der Unruh für die Taschenuhr: Er hatte die Skizze dazu entworfen und brauchte nur noch den Uhrmacher zu rufen, um die Uhr bauen zu lassen. So etwas muss Leibniz als Ideal vorgeschwebt haben, auch wenn es bei seinen eigenen Bergwerksanlagen nicht so hatte gehen wollen.

Später lernte er Beobachtung, Erfahrung und Experiment doch mehr schätzen. Erkennbar wird das in einem Satz, den er zwanzig Jahre nach dem U-Boot ausgerechnet an Huygens schrieb: „Ich ziehe einen Leeuwenhoeck, der mir sagt, was er sieht, einem Cartesianer vor, der mir sagt, was er denkt." Dennoch blieb er auch in diesen Jahren noch dabei: Die Welt kann durch blosses Denken erfasst werden, denn sie ist logisch aufgebaut und daher auch mit Logik allein zu erschliessen. Aber die Einsicht trat nun hinzu, dass die Erfahrung gewisse Daten über die wirkliche Welt liefert, die durch Ratio und Logik nicht zu erhalten sind.

In dem Masse, in dem er sich der Erfahrung zuwandte, scheint er seine Idee einer ‚Characteristica universalis‘ zu vernachlässigen, ohne sie jedoch aufzugeben. Mit dieser Begriffssprache schien bekanntlich die Welt darstellbar zu werden, und alle Streitigkeiten sollten durch ein „Rechnen wir!" beendet werden können. Vielleicht war Leibnizens Hoffnung jetzt etwas gesunken, diese neue Sprache noch zustande zu bringen. Jedenfalls taucht sie als ein Thema der künftigen Sozietät nicht auf, ganz im Unterschied zu früheren Zeiten, als er eigens für die Entwicklung dieser Kunst eine Gemeinschaft von Gelehrten hatte gründen und mit dem Erlös aus der Windkraft finanzieren wollen. Das Projekt einer symbolischen Gedankensprache wird nach Jahren ein anderer Forscher der Berliner Sozietät erfolgreich anbieten.

Privat hielt Leibniz an seinem Riesenprojekt fest. Wenig später, im Jahre 1702, die Sozietät war etabliert, bewarb sich in Hannover ein bettelarmer Kandidat der Theologie, Johann Friedrich Hodann, bei ihm um Mitarbeit. Und Leibniz hatte Arbeit für ihn, er beauftragte den jungen Mann, der angab, ihn hungere mehr nach wissenschaftlicher Speise als nach leiblicher, damit, für die ‚Characteristica universalis' zu arbeiten. Also glaubte Leibniz auch jetzt noch an dieses Projekt. Hodann sollte für jene Begriffe, die Leibniz schon als Grundbausteine festgelegt hatte, Definitionen zusammenstellen. Da man damals keine Lexika und schon gar keine besseren Hilfsmittel hatte, musste Hodann die Definitionen mit Hilfe von lateinischen Wörterbüchern erarbeiten. Nach zwei Jahren, im Mai 1704, war der Kandidat Hodann mit der Fleissarbeit fertig. Sie wanderte jedoch nur in das Leibnizsche Archiv, ungenutzt.

Heute weiss man natürlich besser, warum eine solche Begriffs- oder Gedankenschrift unmöglich ist. Sie war der Versuch, Begriffe durch Zahlen auszudrücken. Damit sollte das Denken Eigenschaften der Mathematik bekommen, denn es waren deren Beweise und ihre leicht vollziehbaren Abläufe, die Leibniz dem Denken zuführen wollte. Um Mathematik und Denken einander anzunähern, musste Leibniz zugleich die Mathematik so erweitern, dass sie auch das Denken bestimmen konnte. Ihr Gebiet ist in den letzten dreihundert Jahren tatsächlich sehr vergrössert worden, sogar auf das Hundert- oder Tausendfache. Ja, die moderne Mathematik bietet, wie uns ihre Vertreter versichern, alle exakten Denkformen an, zu denen der Mensch fähig ist. Aber sie kann offenbar nicht das Denken selbst ersetzen.

Auch im Zeitalter der Grossrechenanlagen und der künstlichen Intelligenz sind die meisten Mathematiker weit von der Ansicht entfernt, dass alles vernünftige Denken irgendwie auch mathematisches Denken sei, geschweige denn sein sollte. Oder anders gesagt, der Irrtum von Leibniz und seiner Zeit lag darin anzunehmen, Logik und Mathematik seien ganz aufeinander bezogen. Dennoch hat es im 19. Jahrhundert grosse Fortschritte bei dem Versuch gegeben, Logik und Mathematik miteinander zu verknüpfen, etwa zur mathematischen Logik. Auf dem Höhepunkt dieser Entwicklung wurden nach und nach die Studien bekannt, die schon Leibniz betrieben hatte, und er wurde als genialer Pionier dieses neuen Gebiets gefeiert. Seine Arbeiten sind aber immer zu spät ans Tageslicht gekommen, um die Forschung noch anregen zu können. Dennoch hatte der Logiker Leibniz um das Jahr 1900, gerühmt von Wissenschaftlern wie Bertrand Russell, Louis Couturat oder Ernst Cassirer, eine späte Blütezeit, die allerdings verging, als man einsehen musste, dass sich das Projekt einer solchen Logik oder eines erneuerten Positivismus doch nicht verwirklichen liess.

Ein Gelehrter am Berliner Hof   Der Kutscher hält an, Leibniz sieht
aus dem Fenster. Ja das wird die Kirchenruine auf dem Harlunger-
berg sein! Es ist ein frühsommerlicher Maientag im Jahre 1700. Er
steigt umständlich aus, von zwei Dienern gestützt, die ihn noch die
paar Schritte zum verfallenen Turm geleiten. Von hier aus hat man
einen Blick weit ins Brandenburger Land. Das gefällt ihm. Die
Ruine könnte ein gutes astronomisches Observatorium abgeben,
wenn man sie verbände mit den Kirchtürmen von Magdeburg,
Halberstadt, Minden und Brandenburg, auch mit der Berliner
Sternwarte, und so ein ganzes Netz von Beobachtungspunkten
errichtete. Wenn die Sternwarte auf dem Marstall schon der
Hauptgegenstand dieser ganzen Gründung sein soll, zu der er jetzt
nach Berlin unterwegs ist, dann soll sie wenigstens eingebettet sein
in eine Reihe anderer Sternwarten. Das ergäbe gute Ergebnisse,
mit denen sich die Sozietät würde sehen lassen können.

Er kehrt zurück. Hinter seiner Kutsche steht ein Bagagefuhr-
werk, und jeder der beiden Wagen ist mit vier Pferden bespannt,
die ihm der Brandenburger Hof stellt. Er ist eben ein hochgeehrter Staatsgast. Auf dem Fuhrwerk führt er schwere Reisetruhen mit
sich, voller wissenschaftlicher Arbeitsunterlagen, dazu allerlei Korrespondenzen, die noch der Antwort harren, und die passende
Kleidung für einen Hofmann. Er winkt den Dienern, den Kut-
schern, man steigt wieder ein, und Leibniz macht sich in der rüt-
telnden, schaukelnden Karre weiter Notizen.

Den Entschluss zur Reise hat er schon vor Monaten gefasst und
Kurfürst Georg Ludwig einfach davon in Kenntnis gesetzt, dass er
jetzt nach Berlin fahren werde. Zweimal hatte ihn der Landesherr
im vergangenen Jahr (1699) nicht fortgelassen, sehr zur Brüskierung seiner eigenen Schwester, die diese Reisen so dringend
gewünscht hatte. Aber diesmal war ihm von Leibniz im März
(1700) geschrieben worden: Die Entscheidung des Kurfürsten von
Brandenburg, ihm die Leitung der Sozietät der Wissenschaften zu
übertragen, könne dem Hof von Hannover ebenso wenig missfallen wie die Ehre, die man ihm im Monat zuvor erwiesen habe, als
ihn die Akademie zu Paris zum Mitglied gewählt hatte.

Weil aber der Kurfüst zu Hannover so entsetzlich unzugänglich war, hatte Leibniz ihm noch ein Argument genannt: Er brauche schon seiner Gesundheit wegen kleinere Reisen, denn er
führe ein recht unbewegliches Leben, sitze und arbeite den ganzen Tag für den Kurfürsten und dessen Haus oder das Ansehen

des Hofes. Er müsse demnächst ein Heilbad aufsuchen, warum solle er also nicht auch nach Berlin fahren? Die Arbeit an der Geschichte der Welfen, setzte er hinzu, werde in seiner Abwesenheit nicht unterbrochen, da erst einmal die Helfer dran seien, Ordnung zu machen.

Sein Landesherr Georg Ludwig war trotzdem noch misstrauisch genug gewesen, erst mal bei seinem Berliner Gesandten von Ilten Erkundigungen einzuziehen, ob es mit den Angaben über die Gründung einer Sozietät der Wissenschaften denn wohl seine Richtigkeit habe. Dann erst hatte der Kurfürst gnädig geruht, endlich zuzustimmen.

Nachdem er diese Erlaubnis bekommen hatte, war es Leibniz mit der Abreise nicht mehr so eilig gewesen. Im April schrieb ihm Hofprediger Jablonski, man warte sehr auf seine Ankunft. Er und Chuno betrieben derweil das Observatoriumsprojekt, holten den bewährten Kalendermacher und Astronomen Kirch aus Guben nach Berlin, gaben Leibnizens Denkschriften an den Kurfürsten, und Chuno setzte Entwürfe für das Kalenderwerk auf. Diese Papiere hatte der Herr Geheimsekretär allerdings vom Kurfürsten mit der Rüge zurückbekommen, sie enthielten zu „viel Lateinische und Frantzösische Termini". Der hohe Herr wollte also seine Sprachreform von Anfang an durchsetzen. Darüber musste Leibniz wohl schmunzeln. Zu viele „Termini", das hätte man auch auf deutsch sagen können.

Am 10. Mai 1700 traf er in Berlin ein. An diesem Tag unterschrieb der Kurfürst gerade das Edikt, mit dem der Sozietät das Monopol auf die Produktion von Kalendern in Brandenburg zugesagt wurde. Die Stadt war besonders überfüllt, und dabei war auch sonst schon kaum ein Durchkommen, weil überall gebaut wurde, nicht nur Paläste und Ämter, auch Wohnhäuser, denn Berlin verdoppelte jetzt seine Einwohnerzahl innerhalb von zehn Jahren. Endlich fand er eine Bleibe und fuhr danach auf einer bequemen, mit Lampen bestandenen Strasse wieder nach Westen über die Linden und durch den Tiergarten bis Lietzenburg, wie gesagt, dem heutigen Charlottenburg, zu seiner verehrten Gönnerin. Nach Hannover meldete er an deren Mutter: „Ich machte eine Antrittsvisite am Hof in Lietzenburg, wo die Frau Kurfürstin mich gnädig empfing, mit allen Zeichen der grossmütigen Güte, die ihr eigen ist. Sie ging so weit, mir ein Zimmer in diesem schönen Lustschloss anweisen zu lassen."

Ausser ihm wohnten nur drei andere Gäste dort, aber Botschafter und Diplomaten kamen jeden Tag zu Besuch. Der Grund für die Überfüllung der Stadt war eine grosse Hochzeit, denn der Kurfürst verheiratete seine Tochter aus erster Ehe. Leibniz geriet zwei Wochen lang in einen Trubel höfischer Festlichkeiten, so dass er in Lietzenburg – oder ‚Lustenburg‘, so witzelten die hannoversche Kurfürstin-Mutter und er – „ein liederliches Leben" führte, wie er Sophie schrieb. „Da man in Lietzenburg normalerweise erst um ein oder zwei Uhr in der Nacht zu Bett geht, habe ich seit vier oder fünf Tagen nur jeweils vier Stunden geschlafen." Aber die Gelegenheit, die Kurfürstin zu sehen, meinte er, lohne jede Unbequemlichkeit.

Es gab Maskenbälle, eine Bärenjagd und Feuerwerk, Komödien, Kanonendonner und Illuminationen, dazu ein Fest mit einem Gondelkorso auf dem Kanal bei Lietzenburg. Bei den Ballett- und Opernaufführungen setzte sich Sophie Charlotte auch schon mal selbst zu den Musikern und schlug das Cembalo, wie zwei Jahre später der aus Leipzig angereiste Jurastudent Georg Philipp Telemann mit Andacht notiert hat.

Als die Festgesellschaft am 4. Juni (1700) nach Oranienburg gezogen war, erlebte Leibniz den ‚Tag des Porzellans‘ in erlauchter Gesellschaft, denn der Kurfürst zeigte ihm zusammen mit dem Landgrafen von Hessen, dem Vater seines neuen Schwiegersohns, seine Sammlung. Alle Stücke stammten damals noch allein aus China, und vielleicht hatte man deshalb den Verfasser der ‚Novissima Sinica‘ dazugebeten. An die Kurfürstin-Mutter berichtete er: „Allerdings hätte ich ohne einen fürsorglichen Kammerherrn, der mich darauf hinwies, dass beim Eintritt der Degen abzulegen sei, Strafe zahlen müssen, denn man läuft Gefahr, damit Porzellan zu zerschlagen."

Kurfürstin Sophie Charlotte fand mitten in aller Geschäftigkeit noch die Musse, mit ihrem Gast philosophische Themen zu diskutieren. Man erging sich im Garten, der, zwischen Schloss und Fluss gelegen, noch wenig bewachsen war, aber in seiner ersten Blüte schon versprach, einmal zu den schönsten in Deutschland zu zählen. Diese Gespräche mit einer Fürstin, die sich seine Schülerin genannt hatte, taten ihm wohl, die Feste aber machten ihn krank. Am Ende schrieb er an Sophie: „Die Feierlichkeiten sind endlich beendet, und ich habe bis zum Schluss daran teilgenommen. Das Leben, das ich seit einiger Zeit geführt habe, bekommt mir nicht allzu gut, und ich fühle mich völlig fiebrig; eine Last sind auch die Mahlzeiten, von denen ich mich nicht fernhalten konnte, so dass ich eine Trinkkur werde machen müssen."

Um beim Kurfürsten etwas für die Sozietät zu erreichen, entwickelte Leibniz nun ein Übermass an Projekten, unter anderem entstand eine Liste, in der er vorschlug, wie sich die Sozietät noch zusätzlich finanzieren könnte. Er dachte an die Gründung einer Bank, wohl weil man am Berliner Hof gerade über so etwas redete. Ein alter Plan für einen Schiffahrtskanal könne wiederbelebt werden, meinte er, um den Oberharz mit der Elbe zu verbinden. Zu den Themen, mit denen sich die Sozietät befassen könnte, zählte Leibniz wieder eine evangelische Mission in China oder die Erforschung der Magnetlinien der Erde. Adressbücher sollten die Anschriften aller Gelehrten und Künstler im Lande zusammentragen, und die schönen alten Fachausdrücke der deutschen Sprache wären zu sammeln.

Er fand mehrfach persönlich Zugang zum Kurfürsten, doch am wichtigsten war die Audienz am 19. Juni im Lustschloss Schönhausen, denn da sagte ihm der Kurfürst, dass er Befehl gegeben habe, das Gründungsdiplom für die Sozietät auszufertigen. Voll gnädigstem Wohlwollen war der Herrscher auch für die Vorschläge von Leibniz, wie die Sozietät zu weiteren Einnahmen kommen könne. Genehmigt wurde die Errichtung einer Lotterie, ebenso eine Manufaktur zur Herstellung von Feuerspritzen für die Brandbekämpfung, versehen mit allen Privilegien, und ebenso ein Statut, das es erlauben würde, Stiftungen für die Sozietät zu erbitten. Überglücklich ging Leibniz hinaus, gewiss auch voller Hoffnungen, weil ihm das gegebene Wort eines Herrschers immer auch das letzte Wort zu sein schien. Ein Befehl, ein Federstrich würde genügen ...! So pflegte er zu sagen, es war eine feste Vorstellung bei ihm. Dass es meist ganz anders kam, konnte der Gelehrte nie begreifen. Zwar wurde kein Wort des Kurfürsten und künftigen Königs zurückgenommen, ja es wurden sogar Diplome und weitere Zusagen gewährt. Aber erreicht war damit nichts, denn es gab keine Verwaltung, die geholfen hätte, die Einrichtungen zu gründen und die Geldquellen sprudeln zu lassen.

Nach dem vielen Feiern aber ist er voller Tatendrang. In diesem Sommer (1700) notiert er sich ganze Listen mit dem, was er jetzt gleich noch erledigen will. In 63 durchnummerierten Punkten geht es etwa um die Schwefelkugeln, mit denen Otto von Guericke

Elektrizität erzeugt hatte, oder um die Erforschung des Slawischen. Aufsuchen will er Lehrer, die bereits auf deutsch unterrichten, will einem Glasschneider bei der Arbeit zusehen und viele andere Menschen kennenlernen. Diese Wunschliste umfasst allein vierzig Namen.

Unterschriften am Geburtstag Der Hofstaat strömte ins Berliner Stadtschloss, das seit Jahren gewaltig vergrössert und vom Baumeister Andreas Schlüter persönlich mit Monumentalstatuen geschmückt wurde. In dieser Baustelle versammelte man sich, um einem feierlichen Akt beizuwohnen. Es war der 11. Juli (1700), der Geburtstag des Herrschers, und zu diesem Anlass pflegte er Hoheitsakte zu vollziehen, die der Kultur, dem Kirchenleben oder eben der Wissenschaft eine neue Richtung weisen würden. Diesmal sollten die Gründungsurkunden der Sozietät unterschrieben werden. Es war eine Auszeichnung für die neue Einrichtung, mit diesem Datum, dem Ehrentag des hohen Herrschers, für immer geschmückt zu sein.

Unter den Anwesenden sah man den Minister von Fuchs, den Adjutanten seiner Majestät, Moritz von. Wedel, natürlich auch Hofprediger Jablonski, den Geheimen Archivrat Chuno und den kurbraunschweigischen Geheimen Justizrat Leibniz, die sich alle wochenlang gemeinsam um den Wortlaut der Gründungsakten gemüht hatten. Kurfürstliche Durchlaucht unterzeichnete, übergab die Papiere dem Minister, und der wird sie dem künftigen Präsidenten ausgehändigt haben.

Spätestens jetzt, als Leibniz die Generalinstruktion, die von Schreiberhand wie gestochen ausgefertigt vor ihm lag, ansah, wird er erfahren haben, was aus seinem dringlichsten Vorschlag geworden war. Er hatte für sich eine Rangerhöhung erhofft, ja nicht weniger als den Ministerrang, und in seinem Entwurf daher formuliert, der Kurfürst wolle „dem jetzigen Praesidi die Qualitaet dero Geheimen Raths" beilegen. In seinem Begleitschreiben zu diesem Entwurf aber hatte er – mit leicht durchschaubarer Geschicklichkeit – darum gebeten, diese Stelle zu streichen, weil solch ein Vorschlag nicht von ihm ausgehen könne. Nun sah Leibniz: Der Titel fehlte. Adjutant von Wedel hatte die Formulierung also tatsächlich gestrichen.

Im Stiftungsdiplom ist von den Naturwissenschaften und deren Anwendung wenig die Rede, dafür um so mehr von Aufgaben, an

denen dem Kurfürsten gelegen war: die Pflege der deutschen Sprache („in ihrer anständigen Reinigkeit"), die Geschichte Brandenburgs sowie die evangelische Mission („die Fortpflanzung des wahren Glaubens und der christlichen Tugenden").

Der andere Text, die Generalinstruktion, stammte fast ganz
– schon erkennbar an den schweren barocken Satzgefügen – aus
der Feder von Leibniz. Es ist der Versuch, in Berlin, wo es keine
Gelehrtenzirkel gab, überhaupt erst die Voraussetzungen für eine
solche Vereinigung zu schaffen. Noch einmal kommt die deutsche
Sprache vor, aus der, heisst es da, dürfe kein „ungereimbtes misch-
masch" werden, vielmehr sollen in den Kanzleien und Gerichten
des Landes „gute teutsche Redarten erhalten, herfür gesucht und
vermehret werden". Hier war nun auch von der Finanzierung breit
die Rede. Die Sozietät wird dazu Erfindungen verwerten und
Manufakturen betreiben. Zugleich soll die Forschung einen grossen Zuschnitt haben und die Personalausstattung erheblich sein,
die Rede ist von „Adjunctis oder Eleven, Laboranten und anderen
Bedienten". Geplant ist ebenfalls eine ansehnliche Ausstattung mit
Instrumenten und mit Sammlungen von Raritäten. Leibnizens
Verfasserschaft zeigt sich auch, wenn es um den Vorsatz geht, Daten
zu sammeln. Alle Untertanen, die in kurfürstlichen Diensten stehen, sollen Nachrichten und Beschreibungen, die der Wissenschaft
dienen können, einsenden.

Am folgenden Tag, dem 12. Juli (1700), fand abends im Schloss-
theater von Lietzenburg eine Maskerade der Berliner Hofgesell-
schaft statt. Sie war ausgerichtet als Dorfkirmes mit einer bunten
Vielzahl von Ständen, an denen man Schinken, Räucherwurst und
Ochsenzunge feilbot, dazu Wein, Limonade, Tee, Kaffee, Kakao und
ähnliches. Leibniz hat es nach Hannover berichtet. Das unterhalt-
same Fest begann mit dem Einzug der Masken: Zuerst kam ein
Quacksalber auf einer Art Elefant, ihm folgte seine Frau, von
Sophie Charlotte dargestellt, in einer von Türken getragenen
Sänfte. Danach erschienen ein Clown, Tänzer und ein Bader. Es
gab allerhand Vorführungen, unter ihnen ein kleines Ballett und ein
komisches Zähneziehen; dann kam der echte Doktor und forderte
den falschen heraus. Den Schluss machte der Kurfürst, der, verkleidet als holländischer Matrose, allerlei an den Ständen einkaufte.
Leibniz hatte ebenfalls eine Rolle übernehmen sollen, er berichtet: „Man sah auch einen Astrologen erscheinen, das Fernglas oder
Telescop in der Hand. Das sollte meine Person sein, aber der Graf

von Witgenstein enthob mich liebenswürdigerweise der Verpflichtung aufzutreten." Dieser Astrologe las dem Kurfürsten eine günstige Zukunft aus den Sternen. Wer weiss, vielleicht hätte sich Leibniz mit der Rolle doch beliebt machen sollen, so sehr er die Astrologie auch bezweifelte. Den Abend hat er jedenfalls durchaus geniessen können. Eine solche Unterhaltung, die sich der Hof selbst bereite, so schrieb er Sophie, sei genauso vergnüglich wie eine kostspielige Oper.

Es geht um Titel, aber auch um Geld   Drei Tage nach diesem Fest war der Kurfürst bereit, Leibniz erneut im Lustschloss Oranienburg zu empfangen. Jetzt hiess es Figur machen und etwas erreichen, denn hier sollte es endgültig um seinen Titel gehen, vielleicht auch um Zuwendungen. Weitgehend hatten die Mitstreiter Chuno und Jablonski mit Leibniz die Sache schon geregelt: Kein künftiger Präses solle ein Gehalt bekommen, aber für Leibniz als einen Auswärtigen war eine Aufwandsentschädigung (die man schon damals Spesen nannte) vorgesehen. Das musste intern geregelt werden, weil alles ja allein aus den Einnahmen der Sozietät zu zahlen sein würde. Es war allerdings den drei Herren nicht leichtgefallen, sich zu verständigen, denn Leibniz wollte tausend Taler von der Sozietät haben und zwar als festes Gehalt. Die Kollegen hatten nur 500 Taler Spesen angeboten, und erst nach wochenlangem Hin und Her, bei dem die Hartnäckigkeit von Leibniz und das ruhige Geschick seiner Partner zutage getreten waren, konnte man sich auf 600 Taler Spesen einigen.

Um sich noch einen Lichtblick zu erhalten, hatte Leibniz allerdings darauf bestanden, im gemeinsamen Text für den Kurfürsten dessen Güte noch eine Tür offen zu lassen. Dort hiess es, der Herrscher erwäge, Leibniz, neben den Spesen aus der Kasse der Sozietät, „andere gnaden und emolumente (Einnahmen) nach gelegenheit der von Ihm verhoffentlich leistender nützlicher dienste wiederfahren zu laßen."

Nun war Privataudienz, und es kam darauf an, ob der Kurfürst nicht doch spontan ein Machtwort spräche. Gnaden und Emolumente – jetzt schon? War er dafür zu gewinnen? Er war es nicht. Auch der Rang bot keinen Trost. Es sollte der ‚Geheime Justizrat' sein, ein Titel, den Leibniz auch in Hannover schon trug. Mehr nicht. Und auch nicht etwa verbunden mit einem Gehalt. Kein Ehrensold. Nichts. Eine Genugtuung ist Leibniz dennoch geblieben. In den Entwurf der Bestallungsurkunde hatte er selbst vor seinen Namen ein ganz kleines ‚von' eingefügt, und das ist anstandslos übernommen worden. So schritt er doch seit drei Tagen scheinbar geadelt einher. Es muss den Präsidenten verdrossen haben, dass es für ihn so wenig Geld geben sollte. Er legte seinen Kollegen gleich einen eigenhändigen Text vor, mit dem er sich weitere Zuweisungen des Herrschers oder der Sozietät offen halten wollte, und hat erneut wochenlang mit Jablonski und Chuno gerungen, bis sie am 11. August dies unterschrieben: Wenn die Einnahmen der Sozietät es erlaubten, sollten die Auszahlungen an ihn erhöht werden können. Auch mit der anderen Regelung mochte sich Leibniz nicht abfinden, nämlich dass es kein Gehalt, sondern Spesen sein sollten. Er hat diese Entscheidung ignoriert und seine Empfangsquittungen immer auf ein Gehalt ausgestellt oder das Quittierte als Besoldung, Bestallung oder Pension bezeichnet, wohl um ein Gewohnheitsrecht entstehen zu lassen. Die Kollegen haben es stillschweigend geduldet.

Obgleich er – gewiss aus Existenzangst – so sehr aufs Geld sah, hat er es gern so gesehen, als ginge es ihm nur um das allgemeine Beste und als zahle er sogar drauf. Gerade erst hatte er in einer Denkschrift zur Sozietät noch von sich gesagt, er habe „auf eigene Kosten viel Reisen, Experimenta und Untersuchungen gethan". So wird er auch künftig gern versichern, dass er für die Akademiearbeit kein Geld bekomme – und offiziell waren es ja auch nur Spesen.

Zu reden ist aber auch noch von dem Adel, den Leibniz sich selbst in das Bestallungsdiplom geschrieben hatte, das ihn auch prompt als „von Leibnitz" (immer mit tz geschrieben) bezeichnet. Es gibt jedoch keine Urkunde, die ausweist, dass er in den Adelsstand erhoben worden wäre, was auch so schnell nicht hätte geschehen können. Ein eigenes Recht, jemanden in den Adelsstand zu erheben, hatten die deutschen Fürstenhöfe damals nicht, alles musste als Antrag über die Reichshofrats-Kanzlei in Wien laufen. Die aber hat Jahre später von einer Nobilitierung des Hofrats Leibniz nichts gewusst. Man muss deswegen wohl annehmen, er habe sich den Adel selbst zugelegt und dabei gehofft, die Höfe in Hannover und Berlin würden glauben, der jeweils andere werde die Erhöhung geprüft haben. Andererseits waren damals alle Höfe in Rang- und Protokollfragen hoch sensibel und liessen sich schwer täuschen. Wenn also die Beteiligten, die in Berlin die

Urkunden ausstellten, es durchgehen liessen, dass Leibniz eigenhändig ein ‚von' eingefügt hatte, so mag das Gründe gehabt haben, die man heute nicht mehr kennt. Nicht ganz undenkbar wäre, dass jemand Leibniz in Aussicht gestellt haben könnte, der Kurfürst werde später, wenn er erst König in Preussen sei, aus eigenem, neuem Recht eine Nobilitierung gewähren. Erfolgt ist sie aber nicht.

Angeredet oder angeschrieben worden war Leibniz – wie viele andere Hofbeamte auch – schon oft als Adliger. So hatte Kurfürstin Sophie 1694 einmal, vielleicht ironisierend, eigenhändig die Adresse „A Monsieur de Leibnitz" auf einem Brief vermerkt. Schon seit fünf Jahren schrieb auch Chuno an „von Leibniz", ebenso seit einem Jahr Leibnizens Mitarbeiter Eckhart, der eigentlich Bescheid wissen musste. Daraus kann man aber wohl nur schliessen, dass Leibniz sich diese Ehrung gern gefallen liess oder sie jedenfalls nicht unterband. Erst seit diesen Tagen in Berlin aber begann er auch so zu unterschreiben, ganz allmählich, indem er sich angewöhnte, beim Unterschreiben so geschickt die Anfangsbuchstaben seiner Vornamen mit dem Nachnamen zu verbinden, dass der Übergangshaken zuerst nur möglicherweise ein ‚v' sein konnte, später aber eindeutig so gelesen werden musste.

Wenn sich Leibniz den Titel selbst zugeschrieben haben sollte, wäre das schwer begreiflich, weil jedem Hofmann der legale Weg offenstand. Der Adel war in Wien käuflich, und es ist keineswegs so, wie es oft erscheint, als seien damals Familien geadelt „worden", gar noch wegen besonderer Verdienste. Am hannoverschen Hof haben ein halbes Dutzend seiner Kollegen diesen Titel in Wien erworben. Eine gesellschaftliche Anerkennung war damit freilich erst verbunden, wenn es daheim der Landesherr und der alte Adel so wollten. Leibniz ist also in Hannover oder Berlin nicht etwa übergangen worden, denn auch kein anderer wurde dazu aufgefordert oder gar erwählt und ohne sein Zutun erhoben.

Dass Leibniz den Weg nach Wien nicht gegangen ist, bleibt auffallend, weil er zum Adel – wie damals üblich – aufblickte und es ihn offenbar reizte dazuzugehören. Das zeigt sich nicht zuletzt daran, dass er Jahre später, kurz vor seinem Tod, als er aus Wien nach Hannover heimkehrte, vorgab, jetzt Reichsfreiherr zu heissen.

Wie ist das zu verstehen? Für sein Verhalten sind zwei Gründe denkbar, die beide ineinanderspielen. Zum üblichen Weg, sich den Titel zu kaufen, war er zu stolz, denn sein Selbstwertgefühl duldete den Gedanken nicht, dass er sich irgendwo um irgend etwas beworben hätte. So klein konnte er sich nicht machen, den Titel zu kaufen. Er wollte immer gebeten worden sein, sogar erwählt. So oft er sich auch selbst vorgeschlagen hat, er stellte es immer umgekehrt dar. Das würde heissen, den Adelstitel, den er in alter Reichsschwärmerei wohl heimlich verehrte, den konnte er nur wie einen Ritterschlag – als Auszeichnung und Erhöhung, die ihm zustand – entgegennehmen.

Der andere Grund, der ihn gehindert haben könnte, den Weg seiner Standeskollegen zu gehen, mag schlicht der gewesen sein, dass dieser Titel teuer war, für ihn zu teuer, denn so wie er auf Einnahmen aus war, so sehr fürchtete er, sein Geld wieder loszuwerden. Es war ihm wohl unmöglich, so viel Geld auszugeben, und dann noch für einen Titel, der gerade durch seine Käuflichkeit entwertet gewesen wäre. Mit alledem ist freilich höchstens erklärt, warum ihm der Weg nach Wien versperrt war. Wenn er sich, wie es scheint, den Titel angemasst hat, so wäre die Tat damit nicht verständlicher geworden, ging er doch das Risiko ein, entdeckt und blossgestellt zu werden. In Berlin hat die Kanzlei seinen Angaben offenbar geglaubt, in Wien wird das dreizehn Jahre später nicht mehr so sein.

Seine Briefe an Gelehrte hat er auch weiterhin ohne den neuen Adelstitel unterschrieben.

Schmerzlicher Abschied   Am 20. August (1700) verabschiedet sich Leibniz vom Kurfürsten in Berlin und abends von der Kurfürstin in Lietzenburg, und die Unterhaltung im Lustschloss ist anregend, ja ausgelassen. Das liegt nicht zuletzt an der Pöllnitz, die schon seit der gemeinsamen Jugend in Hannover die wohl beste Freundin der Schlossherrin ist, zugleich eines ihrer Kammerfräulein, fast ebenso schön und geistvoll wie ihre Herrin, dazu so übermütig, dass ihre blosse Anwesenheit Lietzenburg für die Kurfürstin zum Vergnügen macht, und für Leibniz auch. Von bösen Zungen wird sie beschuldigt, allzu freie Sitten zu zeigen und sogar das Spiel und den Wein zu lieben. Aber Leibniz geniesst nur ihre deutliche Aufmerksamkeit für alles, was er sagt, und ihren Schalk. Es ist spät geworden, deshalb wird er von der Gastgeberin zum Übernachten aufgefordert. Man verabschiedet sich schon am Abend, und beide Damen beschwören ihn, die Zeit der Trennung dürfe nicht zu lange dauern.

Am anderen Morgen will Leibniz früh aufbrechen, da stellt sich auch schon die Pöllnitz ein, sie kichert wohl wieder ein wenig und hält ihm zwei Medaillen hin, die lasse ihm Hoheit huldvoll überreichen. Es sollte ein launiger zweiter Abschied sein, eine kleine Aufmerksamkeit oder eine Neckerei, aber der Gast ist verstimmt. Medaillen – und nicht aus ihrer eigenen Hand! Dass sie sich einfach vertreten lässt ... Jetzt ist er nur stumm und will sich nichts anmerken lassen, aber bald darauf wird er sich gegenüber der anderen verehrten Fürstin dazu äussern, der Mutter Sophie: „Ich kann wirklich nur sagen, es hat mich etwas bekümmert; das wirkt ja so, als ob mich die Kurfürstin wie einen Fremden behandelt."

Er fährt aus dem Schloss ab, muss aber erst noch einmal zurück nach Berlin, wo ihn eine letzte Pflicht erwartet. Von dort schreibt er der Kurfürstin Sophie Charlotte, er habe wegen der Hitze Kopfschmerzen und müsse seine Abreise verschieben. So aber hat er sich, denkt er dabei, nicht verabschieden lassen wollen! Und er fügt an: Bei der Fahrt nach Hannover, die an Lietzenburg vorbeiführt, „würde ich mir die Freiheit nehmen, kurz vor mittag noch einen Augenblick bei Euer Kurfürstlichen Hoheit vorzusprechen. Ich würde es wenigstens versuchen. Denn ich weiss nicht, wann ein solches Glück sich wiederholen könnte." Man möchte es ihm wünschen, dass dieser zweite Abschied glücklicher verlief. Es ist sonderbar, dass dieser Mann, dem Frauen wohl nie reizvoll erschienen sind, vor dieser edlen Fürstin zum leicht kränkbaren Verehrer wurde. Ihrem Zauber scheint er verfallen zu sein, und seine Gefühle sind ebenso stark wie verletzbar.

Als er endlich wieder im heimischen Hannover war, fand er dort einen Brief vor, der als passender Abschluss der Berliner Gründungswochen gelten kann. Es war die Urkunde, die seine Aufnahme in die Pariser Académie nun auch besiegelte. Dass sie kommen würde, wusste er schon, aber jetzt hielt er sie in Händen. Ausgefertigt vom Sekretär Fontenelle, versehen mit einem ehrenvollen Anschreiben des Präsidenten der Akademie, Bignon.

Die Kärrnerarbeit bleibt　Der Sozietät ist ihr Präses erst einmal entschwunden, aber er kommt immer wieder, wenigstens einmal im Jahr, und steht auch sonst in Verbindung mit den Gefährten. Es ist aber alles mühsamer als gedacht. Für die Sozietät entscheidend war es jetzt, das Kalenderwerk in Gang zu bringen. Der Astronom

Gottfried Kirch war schon angestellt, denn Chuno hatte ihn für den geeigneten Mann gehalten und nach Berlin berufen, noch ehe die Sozietät gegründet war. Leibniz hatte zwar darüber gemurrt und sich statt dessen einen international renommierten Astronomen gewünscht, aber den gab es in Deutschland nicht, schon gar keinen, der auch Erfahrungen mit dem Kalendermachen gehabt hätte. Kirch war hoch geachtet, aber bereits 61 Jahre alt, als er in Berlin anfing, schon gebrechlich und schwerfällig. Um so mehr war er erfreut, nach Jahrzehnten brotloser Kunst und ständiger Wanderschaft endlich eine respektable Anstellung gefunden zu haben, und voll guten Willens. Er hatte sofort kommen können, das war ausschlaggebend gewesen, die Zeit drängte sehr, denn es sollten schliesslich bis zum Spätherbst die neuen Kalender der Sozietät auf dem Markt sein.

Schon im Sommer 1700 wurde das kurfürstliche Edikt, das Monopol betreffend, im ganzen Land durch Kanzelverlesung und Maueranschlag verbreitet. Um das verliehene Privileg wahrzumachen, mussten jedoch auf einen Schlag auch alle Buchdrucker und Buchhändler aus dem Geschäft gedrängt werden. Chuno traf daher einen richtigen Entschluss, als er mit der Herstellung gerade jene Kalenderdrucker beauftragte, die soeben ihrer Arbeit beraubt worden waren. Schwieriger war es, ein eigenes Vertriebsnetz mit sogenannten Faktoren aufzubauen, aber auch das gelang dem tüchtigen Beamten Chuno rasch.

Eine andere kluge Entscheidung war es, die gängigen Kalenderformen im wesentlichen zu belassen, und so gab es statt Aufklärung weiterhin die beliebten astrologischen Voraussagen und die ganze schlichte Unterhaltungsware. Denn die Sozietät glaubte trotz Monopols, „dem grossen Hauffen der Leichtgläubigen gefallen" zu müssen, auch wenn man selbst die Prophezeiungen von Wetter und Krankheiten für „nichts anders als blosse und starcke Einbildungen der Sterndeuter" hielt. Auf dem Titel stand dennoch „Herausgegeben unter Approbation der Churfürstlich Brandenburgischen Societät der Wissenschafften".

Die Umstellung verlief glimpflich, die Kalender waren kaum verspätet auf dem Markt, die Erlöse flossen zurück, wobei der Absatz allerdings geringer war, als erwartet. Leibniz regte deswegen an, man könne zusätzlich einen königlichen Hof- und Staatskalender herausbringen. Der Vorschlag wurde von den Berliner Mitstreitern gleich aufgegriffen, und dieser ‚Berliner Adresskalender',

der Personalien und andere Angaben über den Hof brachte, ist über Jahrzehnte ein schöner Erfolg gewesen.

Jede wissenschaftliche Akademie oder Sozietät braucht einen Sekretär. Dem erfahrenen Leibniz standen die Männer vor Augen, die er aus Paris (Du Hamel, Fontenelle) oder London (Oldenburg, Sloane) kannte. Er hätte gern einen ebenso prägenden, energischen, wissenschaftlich gebildeten Mann eingestellt und dachte an den jungen Christian Maximilian Spener, doch der hätte nicht zu den bescheidenen Bedingungen und anspruchslosen Arbeiten gepasst, die diesen Sekretär erwarteten. Chuno und Hofprediger Jablonski hatten einen anderen Vorschlag, nämlich den sechs Jahre älteren Bruder des Hofpredigers, Johann Theodor Jablonski, zu wählen. Er war nach Studienjahren viel gereist, dann Hofbeamter und Prinzenerzieher gewesen. Ein redlicher Mann, keine eigenständige, anregende Gelehrtennatur, doch gebildet, von ausgeprägtem Pflichtgefühl und konzilianten Umgangsformen.

Im Herbst 1700 hat er sein Amt angetreten als Sekretär und zugleich als Schreiber, als Protokollant, Registrator und Leiter der Kasse. Zusätzlich führte er die Aufsicht über die wirtschaftlichen Unternehmungen der Sozietät, also vor allem über das Kalenderwerk, wobei Johann Jacob Chuno die letzten Entscheidungen traf. Integer und geschäftserfahren, wenn auch etwas umständlich, war er eine Stütze der noch wackligen Sozietät. Dem abwesenden Präses Leibniz hat er etwa einmal im Monat Bericht erstattet, selbst als die Beziehungen nicht mehr unbelastet waren. Zu seinem jüngeren Bruder, dem Hofprediger, hat er aufgeblickt, ihn erkannte er ohne Murren als Autorität an, war auch schon deshalb von ihm abhängig, weil er in dessen überfülltem Pfarrhaus als Junggeselle untergekommen war und mit am Tische sass.

Der Sekretär und sein Gehilfe, der ‚Faktor‘ Papen, waren ständig mit dem Kalendermachen befasst, nicht zuletzt damit, Übertretungen zu ahnden, denn alle Händler, die fremde Kalender verkauften, sollten hundert Taler Strafe zahlen, was allerdings kaum durchzusetzen war. Auch das Konzil musste sich regelmässig mit diesen Geschäften befassen, die ein eigenes Protokollbuch erforderten, und kam schon deswegen wenig dazu, auch die wissenschaftliche Arbeit voranzutreiben. Leibniz hat sich kaum um die Kalender kümmern können, aber wenn er anwesend war, hat er sich die Rechnungen vorlegen lassen, die Summen ausgeschrieben und dabei geprüft, welche Vergütungen ihm wohl bald ausgezahlt werden könnten. Ausserdem hat er allerlei Belehrungen für das Konzil notiert, die mit grossem Gleichmut hingenommen wurden. Über hundert Jahre lang, bis 1812, ist das Kalenderwerk praktisch die einzige Einnahmequelle der Sozietät und der späteren Akademie geblieben.

Die Eröffnungsfeier aber wurde verschleppt. Der brandenburgische Kurfürst war Mitte Dezember 1700 nach Preussen aufgebrochen – einem abgetrennten östlichen Landesteil – und kehrte nach der Krönung zum König, die in Königsberg am 18. Januar 1701 stattfand, Anfang Mai nach Berlin zurück, wo zwei Wochen lang die neue Würde gefeiert wurde. Leibniz und das Konzil hatten gehofft, der Monarch werde dabei die Sozietät feierlich eröffnen, doch das Festprogramm war schon zu reich gefüllt. Danach war die Staatskasse leer, und wenn schon mal gezahlt wurde, gingen die Prunkbauten vor. Um an Geld zu kommen und ein wenig Druck auszuüben, hatte das Konzil beschlossen, die Sozietät solle erst eröffnet werden, wenn die nötigen Bauten – das Observatorium, eine Konferenzstube und die Dienstwohnung des Astronomen – verfügbar seien. Dieses Verlangen wurde jedoch zur selbst angelegten Fessel, denn der Hof wollte die Gelder nicht bereitstellen, und die Sozietät musste, da sie immer noch nicht eröffnet war, allmählich an Ansehen verlieren, so dass sie wiederum weniger Druck ausüben konnte.

Gerade das Observatorium fehlte schmerzlich. Gottfried Kirch musste mit eigenen unzulänglichen Fernrohren von den Fenstern seiner wechselnden Mietwohnungen aus nachts den Himmel absuchen. Das Provisorium dauerte acht Jahre. Mit wissenschaftlichen Ergebnissen aus diesen Beobachtungen konnte er da nicht aufwarten. Andererseits lag ihm aber auch das Theoretische nicht, so dass Leibniz ihn später vergebens gedrängt hat, mit den Grossen seiner Zunft zu korrespondieren und gelehrte Aufsätze zu veröffentlichen. Der Sozietät gelang es auch sonst nicht, sich mit ihrer Arbeit einen Namen zu machen, doch trat man wenigstens mit zwei werbenden Flugblättern auch in anderen Ländern an die gelehrte Öffentlichkeit.

Es wurden auch schon, ein knappes Jahr nach der Gründung, die ersten 23 Mitglieder aufgenommen, die aus Preussen und dem Ausland stammten. Die Stadt Berlin war durchaus nicht ohne Männer von Geist und Bildung, doch der Wissenschaft, gar der Forschung konnte sich kaum einer von ihnen zuwenden, das liess die Arbeitslast des Berufes nicht zu. So gab es keine Zusammenkünfte, und die Sozietät war nach aussen kaum wahrnehmbar, schien nur mit dem Geldverdienen und anderen Sorgen beschäftigt.

Nicht einmal ein Sitzungszimmer stand dem Konzil zur Verfügung, so traf man sich in den Wohnungen der Mitglieder, bis Leibniz, Chuno und Jablonski Anfang Dezember 1701 einen Raum im Kollegienhaus, einem staatlichen Gebäude am Schlossplatz, fanden. Den hatte noch die Marinekommission belegt, die längst bedeutungslos geworden war, aber erst auf allerhöchsten Befehl weichen wollte, und auch das nur, nachdem man ihr zugesichert hatte, ihre Briefschaften – in einem grossen Spind und in etlichen Kisten verwahrt – würden geduldet und blieben weiter zugänglich. Mehr als neun Jahre lang war dieses Provisorium die einzige Adresse der Sozietät.

Es gab auch Ansätze zu einem wissenschaftlichen Programm. Seit zwanzig Jahren erhob Leibniz die Forderung, die Medizin müsse statt auf Tradition künftig auf Erfahrung fussen. Bestärkt fühlte er sich durch Arbeiten des Arztes Bernardino Ramazzini über Seuchen im Herzogtum Modena. Dessen Vermutung war, Krankheiten beruhten auf dem Klima und den Ausdünstungen des Erdreichs. Auch der angesehene Mediziner Friedrich Hoffmann in Halle hatte schon statistische Daten gesammelt. Leibniz schlug dem Berliner Minister von Fuchs im Frühjahr 1701 vor, Hoffmanns Programm bei den Medizinern der vier Landesuniversitäten durchzusetzen. Notiert werden sollten das Wetter, die magnetische Deklination, der Wuchs von Nahrungspflanzen, auch Viehkrankheiten sowie Todesursachen, und überhaupt sollte eine Geburts- und Sterbestatistik geführt werden. Doch wollte sich kaum ein Mediziner dazu nötigen lassen.

Es fehlte wahrlich nicht an Plänen. Leibniz hat bis zum Jahre 1705 noch zweimal grössere Listen mit Vorschlägen zusammengestellt und schüttete bei jedem seiner Berlin-Aufenthalte eine Fülle von Ideen aus, insgesamt über drei Dutzend. Er erwies sich damit als ein Kind seiner projektfreudigen Zeit, und hat fast nichts bewirken können, schon weil die Zeiten dem Unternehmen nicht günstig waren. Die Sozietät verdankte ihre Gründung besonderen Umständen, die bald vergangen waren: Der Kurfürst hatte eine Reputation gesucht, die zur künftigen Königswürde passte; und der Kurfürstin war an einer Sternwarte gelegen gewesen, ausserdem fühlte sie sich als Schülerin von Leibniz. Die Gunst der

Stunde lag auch darin, dass in den Jahren 1698 bis 1700 gerade Frieden in Europa herrschte und Mittel noch vorhanden schienen. Nachdem dieser Rahmen aber zerbrochen war, zeigte sich, wie widrig die Umstände wurden.

Überlebt hätte die Sozietät nicht, wenn sich nicht die drei Männer an der Spitze wunderbar ergänzt und im ganzen vertragen hätten. Von Johann Jacob Chuno und seiner stillen Tüchtigkeit, die sogar das Kalenderwerk in wenigen Wochen entstehen liess, war schon die Rede. Ein Segen war auch Daniel Ernst Jablonski. Bei allen Menschen am Berliner Hof stand er in hohem Ansehen. Freundlich und hilfsbereit, gesprächsoffen und vertrauenerweckend, verfügte er über unzählige Verbindungen, auch zu den einflussreichen Ministern. Seiner Kraft und Beständigkeit ist es nicht zuletzt zu danken, dass die Sozietät alle Stürme überlebt hat.

Dennoch fehlte es dem Konzil offenbar an Einfluss in Berlin, so dass Leibniz oft selbst versuchen musste, beim König oder bei Premier Wartenberg etwas zu erreichen. In den ersten zwölf Jahren war er zehnmal dort, für insgesamt 36 Monate, was einem Viertel dieser Zeitspanne entspricht. Dann hatte er zwar auch anderes zu tun, suchte aber sein Ansehen und seinen Einfluss für die Sozietät einzusetzen. Dabei hat er es wohl oft mit seiner Art den anderen im Konzil nicht leicht gemacht, so dass sie Gelegenheit hatten, ihren Gleichmut und ihre Grosszügigkeit zu bewähren. Doch sie haben ihre Galionsfigur gewiss verehrt und ihr schon deshalb manches nachgesehen. Ohne einen Präsidenten mit seinem Prestige in ganz Europa, das wussten sie, wäre die Sozietät nie zustande gekommen. Nicht zuletzt werden sie es ihm gedankt haben, dass er die Idee mit den Kalendern gehabt hatte, auch wenn sie ursprünglich von Erhard Weigel stammte. Es ist sonderbar, ausgerechnet dieser weltfremde Gelehrte Gottfried Wilhelm Leibniz war es, der den Einfall – den ganz profanen, aber entscheidenden Einfall – dazu hatte, wie man das nötige Geld verdienen könnte. Auch so hat er sein Motto für die Sozietät wahrgemacht: Theoria cum praxi.

Berliner Gold   „Mein verehrter Monsieur von Leibniz, endlich sind Sie wieder da. Haben Sie es gehört? Unser Goldbursche, ganz Berlin ist erfüllt von der Geschichte. Was ich von Ihnen zu gern hören möchte, ist, halten Sie es für denkbar, dass Böttger tingiert hat?" Die junge Königin hatte, so darf man vermuten, nach einer strahlenden Begrüssung im Audienzgemach ihres Lustschlosses den Gast nur schnell gebeten, Platz zu nehmen, und losgelegt, weil sie kaum mehr an sich halten konnte.

Sie musste ihren Leibniz, den sie seit dem Vorfall mit den Medaillons mehr als ein Jahr lang nicht bei sich gesehen hatte, gleich fragen, was er von dem Apothekergehilfen Böttger hielt, der in der Zornschen Apotheke am Molkenmarkt tatsächlich Gold hergestellt haben sollte. Jedermann sprach davon. Zwei Pfarrer, Freunde des Apothekers, sollten Augenzeugen gewesen sein, als der Lehrling mit Hilfe einer roten Flüssigkeit 13 Zweigroschenstücke zu Gold ‚tingiert' (gefärbt, verwandelt) habe. Das Gold, dessen Wert auf 32 Reichstaler geschätzt wurde, habe der Lehrling der Frau des Apothekers geschenkt, bevor er, aus Furcht verhaftet zu werden, geflohen war.

Davon hatte Leibniz auch gehört, denn er war schon ein paar Tage, seit Anfang Oktober 1701, in Berlin. Möglich, sagte er bedächtig, sei es, der Elemente Herr zu werden, aber die Berliner schienen ihm doch allzu leichtgläubig. Die preussische Königin verriet ihm, dass sie einen Bericht darüber, wie es in der Apotheke zugegangen, von verlässlichen Leuten erhalten werde, und Leibniz solle das alles dann bitte prüfen. Das versprach er gern. Beide verband ein brennendes Interesse an diesen Fragen, aber es gab noch viele andere Themen, über die sie sich in diesen Tagen unbedingt austauschen wollten.

Noch im gleichen Monat sucht Leibniz in höchstem Auftrag den Apotheker Friedrich Zorn auf und lässt sich eine detaillierte Schilderung von diesem Augenzeugen geben. Dabei lernt er auch einen weiteren Zeugen, einen Pastor aus Malchau (Malchow), kennen. Von beiden erfährt er zwar viele Einzelheiten des alchemistischen

Prozesses beim sogenannten Goldmachen. Aber die Sache bleibt dunkel, und er zeigt sich skeptisch. Der Kurfürstin-Witwe Sophie schreibt er, dass er ein ungläubiger Thomas bleibe und macht sich dennoch Sorgen für den Fall, dass es gelänge, Gold zu machen. Das wäre schädlich, weil es das Währungssystem zerrütten würde, das bekanntlich allein darauf beruhe, dass Gold ganz selten ist.

Der junge Goldmacher war ins sächsische Wittenberg geflohen, und der dortige Landesherr, August der Starke, der davon sofort gehört hatte, hoffte, von Geldsorgen geplagt, sein neuer Untertan werde die Staatsfinanzen sanieren. Das gleiche ersehnte der preussische König für sich, weswegen er den Flüchtigen mit Hilfe von Soldaten über die Grenze zurückholen wollte, vergeblich. Damit war der Zauberlehrling zum Zankapfel geworden, was der hannoverschen Kurfürstin-Witwe Sophie den Spott entlockte, wenn jetzt Krieg ausbreche zwischen Preussen und Sachsen, so sei er immerhin besser begründet als einst der Trojanische Krieg um die schöne Helena.

Anfang Dezember besuchte Leibniz den Apotheker zu einem zweiten ausführlichen Gespräch. Dann befragte er in Berlin zusammen mit dem Adjutanten des Königs, Requetenmeister von Wedel, den Laboranten Sievert, bei dem Johann Friedrich Böttger ebenfalls Versuche angestellt hatte. Bald bestätigten sich viele Zweifel, und Leibniz sagte von dem Bericht, der der Königin vorgelegt worden war: „Dies macht mich glauben, der Autor sey kein testis ocularis (Augenzeuge), sondern einer von denen, die es von andern gehöret."

Diesmal hielt sich Leibniz ganz ohne die Erlaubnis seines Brotherrn in Berlin auf. Nachdem ihm Reisen schon mehrfach verboten worden waren, hatte er lieber erst gar nicht mehr gefragt. Das wäre auch zwecklos gewesen, denn gerade einen Monat, bevor er dennoch zu reisen beschloss, hatte ihn die Hauskonferenz von Hannover und Celle, die in Engensen tagte, noch gedrängt, das Geschichtswerk endlich zu vollenden, und man hatte Bedenken geäussert gegen seine Verpflichtung „bey so verschiedenen Herren". Er sollte sogar einen Assistenten („Amanuensis') an die Seite gestellt bekommen, der über die Fortschritte der Arbeit offiziell Bericht zu erstatten hatte. Im September wollte Leibniz trotzdem nach Berlin und hatte von Wolfenbüttel aus an die Kurfürstin-Witwe geschrieben, die auch diesmal seine Fürsprecherin sein sollte, Königin Sophie Charlotte habe ihn so eindringlich aufgefordert, nach Lietzenburg zu kommen, und habe gleich einen ‚Fuhr-Zeddel' mitgeschickt, dass er nun doch losfahre. Dann hatte er versichert: „Ich werde mich dort keineswegs lange aufhalten. Ich beabsichtige nämlich, mich während des Winters in meinem Schneckenhaus einzuschliessen, um die übernommenen Arbeiten zu beschleunigen."

Am 19. Oktober antwortete ihm die Kurfürstin-Witwe: „Ich habe Ihren Brief meinem Sohn, dem Kurfürsten, gezeigt, der dazu meinte: Wenigstens müsste er mir wohl sagen, wohin er geht, wenn er verreist. Ich weiss niemals, wo er zu finden ist." Das war nur ein erstaunlich schwacher Protest, Leibniz konnte einigermassen beruhigt sein. Der Kurfürst war mit ihm sonst strenger. Briefen an seine Mutter kann man entnehmen, wie er gegen ihren Liebling stichelte und damit zugleich sie traf. Genau ein Jahr zuvor, am Vorabend des Spanischen Erbfolgekrieges, hatte alle Welt auf das Ableben des spanischen Königs Karl II. gewartet, dem die Ärzte viele Mittel verordneten, wohl auch zum Abführen eine Wasserspritze, ein Klistier. Man wusste, dass es, solange er lebte, keinen Krieg um die Erbfolge geben würde. Georg Ludwig hatte damals an seine Mutter geschrieben: „Ein Klistier bei Karl II. kann dieselbe Wirkung haben, die sich Leibniz zuschreibt, nämlich die Welt zu bewegen." Am 23. August 1703 wird er ähnlich spöttisch aus Herrenhausen an seine Mutter, die in Berlin weilt, melden, „Leibniz führt seinen schönen Geist auf der Braunschweiger Handelsmesse spazieren", und wenig später, am 27. Oktober (1703), schreibt er: „Fragt man ihn, woher es kommt, dass man ihn nicht sieht, so hat er stets zur Entschuldigung, dass er an seinem unsichtbaren Buche arbeitet."

Dagegen scheint der Tadel des Kurfürsten Georg Ludwig diesmal milde, und er wandte sich sogar bald mit der Frage an Leibniz, was wohl von dem alchemistischen Rezept Böttgers zu halten sei, das ihm zugespielt worden war. Leibniz, vielleicht froh, etwas für seinen Herrn tun zu können, riet von einer experimentellen Nachprüfung ab, da sie mehr Jahre in Anspruch nehmen würde, als er, Leibniz, noch zu leben habe. Doch seiner Berliner Gönnerin Sophie Charlotte, die schliesslich jünger war, riet er, im Schloss Lietzenburg ein Laboratorium einzurichten und einen tüchtigen Chemiker anzustellen. Er selbst sei bereit, ihn häufig aufzusuchen.

Weder Leibniz noch Sophie Charlotte waren – so wenig sie sich auch vom allgemeinen Goldfieber anstecken lassen wollten – skeptisch genug, um die Sache ganz vergessen zu können. Vielmehr wandte sich Leibniz im Januar 1702 an einen Vertrauten im Kurfürstentum Sachsen mit der Bitte, für Sophie Charlotte ein Stückchen künstlichen Goldes vom Hof Augusts des Starken zu besorgen, falls Böttger erneut eine Transmutation gelungen sein sollte. Auch liess Leibniz seinen Neffen Friedrich Löffler, Pfarrer in Probstheida, ein wenig spionieren, der aber nur bestätigen konnte, dass Böttger auf Burg Königstein, einem berüchtigten Verliess, festgehalten werde, ohne dass sich über sein Tun etwas in Erfahrung bringen lasse.

Was der Apothekerlehrling Böttger derweil in Sachsen zustande brachte, darüber glaubte man in Berlin bald Bescheid zu wissen: nämlich nichts. Das schloss man daraus, dass die Geldnöte Augusts des Starken weiter unübersehbar blieben. So verlor man in Berlin das Interesse an der Angelegenheit, bis Johann Friedrich Böttger acht Jahre später, 1709, als Erfinder des europäischen Hartporzellans berühmt wurde. Seine Versuche mit dem Gold in sächsischem Gewahrsam und schliesslich seine keramischen Experimente hatte er übrigens unter der Aufsicht eines der begabtesten Naturwissenschaftler und Mathematiker jener Zeit gemacht, des Barons Ehrenfried Walter von Tschirnhaus, des Weggefährten und Freundes von Leibniz. Heute gilt es als wahrscheinlich, dass der wahre Erfinder des Porzellans sogar Tschirnhaus selbst war, der aber darüber verstarb, so dass sein Gehilfe den Ruhm davontrug.

Und was hat Leibniz bewogen, sich so ausführlich mit der Tingier-Kunst Böttgers zu beschäftigen? Zunächst wohl seine skeptische Neugier, die sich seit seiner Jugend aufs Goldmachen gerichtet hatte, doch ebenso der Auftrag Sophie Charlottes. Und schliesslich wird er gehofft haben, er könne sein Ansehen – und damit das der Sozietät – bei den Hofleuten Berlins erhöhen, wenn er sich für etwas einsetzte, was in dieser Zeit des drohenden Staatsbankrotts auch in Brandenburg-Preussen als lebenswichtig angesehen wurde, die Geldvermehrung.

Argumente, frisch aus Rotterdam　　Auch ein ganz anderes Thema hätte am Anfang unseres Berichts über den Besuch von Leibniz in Lietzenburg stehen können: „Ich muss Ihnen von Pierre Bayle erzählen, der mir mehr Eindruck gemacht hat, als ich Ihnen zu gestehen wage!" So könnte die Königin ihren Gast gleich beim

Sophie Charlotte, seit 1701 Königin in Preussen, wurde von Leibniz wegen ihres scharfen Verstandes und ihrer Schönheit verehrt. Sie forderte ihn dazu heraus, zu philosophischen Fragen Stellung zu beziehen. – Pierre Bayle, ein skeptischer Denker, dessen Kritik Leibniz sehr ernst nahm, bot Anlass zu Gesprächen, die Sophie Charlotte mit ihrem Gast aus Hannover führte.

ersten Gang durch den herbstlichen Park ins Gespräch gezogen haben, denn sie wollte unbedingt erzählen, was sie ein Jahr zuvor, im September 1700, als sie mit ihrer Mutter zur Badekur in Aachen war, bei einem Abstecher in die Niederlande erlebt hatte. „Denken Sie nur, der bedeutende Mann hat mich empfangen und liess sich herbei, mir alles auf das genaueste zu begründen!"

Auch Leibniz mochte diesen Bayle, hatte keinen intelligenteren und schärferen Kritiker als ihn und wusste, wie sehr die Königin dem Hugenotten in ihrer Skepsis verwandt war. Man ging also durch den herbstlich bunten Park, Bäume und Sträucher waren noch jung, aber Rasen und Rabatten exakt gezirkelt, die Wege fest. Die Königin neckte ihn: „Sie hätten doch mitkommen sollen, mein guter Leibniz, als die Kurfürstin und ich Sie aufforderten, uns im September zu begleiten, Sie aber zogen vor einem Jahr die Kur in Nordböhmen – in Teplitz – vor!"

Jetzt entspann sich ein neues Streitgespräch, bei dem die Königin allein schon deshalb die Partei des Franzosen ergriff, weil sie Leibniz zwingen wollte, gründlich zu antworten und sie nicht immer nur, wie sie schon manchmal geklagt hatte, mit einer oberflächlichen Erklärung abzuspeisen, als traue er ihr mehr nicht zu. Das Gespräch könnte so verlaufen sein:

Sophie Charlotte: Wie soll denn, mein grosser Lehrer, frage ich Sie im Sinne Pierre Bayles, die Seele eines Hundes, wenn man ihn schlägt, plötzlich Schmerz empfinden, wo doch auf eine Seele nichts einzuwirken vermag? In dieser Annahme, dass keine Materie auf eine Seele einwirken kann, sind Sie sich doch sogar mit Ihrem ärgsten Gegenüber, dem seligen Descartes, einig.

Leibniz: Auf die Seele wirkt nichts ein, wie Majestät schon sagten. Und doch ist sie – wie jede Substanz, jede Monade – so geschaffen, dass sie alles andere gleichsam widerspiegelt. Das tut auch die Seele eines Hundes. Wird ein Hund mit dem Stock geschlagen, um bei diesem Beispiel zu bleiben, so wirkt zwar nicht der Stock auf die Seele ein, aber die Seele ist so geschaffen, dass sie alles, was im Körper geschieht, darstellt – wiedergibt. Denn Gott hat es so vorhergesehen.

Sophie Charlotte: Bei Euch klingt die Lösung dieses quälenden Problems, wie Körper und Seele in Wechselwirkung gedacht werden können, auch nicht gerade einfach! Nicht einfacher jedenfalls als die Lösung bei Descartes, die Ihr immer so arg heftig verworfen habt. Auch bei Euch wird ein ständiges Wunder vorausgesetzt, nämlich Gottes Eingreifen.

Leibniz: Mit Verlaub, nicht ständig und schon gar kein Wunder. Gott hat die Seelen und die Körper ein einziges Mal geschaffen, aber so vollkommen, dass sie sich bis heute im Gleichklang bewegen – so dass es scheint, sie wirkten aufeinander ein, etwa der Stock zunächst auf den Körper und damit auf die Seele des Hundes. Nein, beide, Seele und Körper, sind nur absolut vollkommen erschaffen! So vollkommnen, wie ... ein guter Uhrmacher zwei Uhren erschaffen könnte, die bis auf den heutigen Tag in völligem Gleichtakt gehen. Es wäre kein Wunder dabei. Und also schon gar kein Eingreifen!

Sophie Charlotte: Als ich dem Hugenotten zu verstehen gab, dass ich die Ehre habe, von Euch zu lernen und mich Eure Schülerin nenne, da zeigte er keine geringe Sympathie für Eure Ansicht, die man die „mitgeschaffene ewige Harmonie" nennt und die dafür sorgt, dass Seele und Körper sich bewegen wie zwei Tänzer oder meinetwegen zwei Uhren. Monsieur Bayle arbeitet an einer neuen Auflage seines ‚Dictionnaire Critique', und er verriet mir, dass er in Euren Ansichten durchaus die Erhabenheit des Schöpfers ausgedrückt findet. Er würde Euch von Herzen gern zustimmen, nur kann er der Begründung noch nicht folgen.

Leibniz: Und was hindert ihn?

Sophie Charlotte: Eure Vorstellung vom Körper – das wäre doch, als wollte man sich ein Schiff denken, das ohne Steuermann in einen Hafen einlaufen könnte, weil sein Kurs vor Jahrtausenden festgelegt wurde.

Leibniz: Und ich wiederum bin überrascht zu hören, dass Monsieur Bayle Gott diese Fähigkeit des Steuerns nicht zutrauen möchte.

Die beiden spazierten mit kleinem Gefolge noch lange disputierend durch den Park, hielten nur manchmal inne und bewunderten die Schönheit der Gartenanlage. Die Königin hatte die Gabe, durch ihre Wissbegier und ihre scharfen Einwürfe eine einladende, aber auch herausfordernde Atmosphäre des Gesprächs zu erzeugen. Dabei entstand erneut ein Bild davon, wie sich Leibniz den Aufbau der Welt dachte – mit anderen Worten, ein Umriss seiner Metaphysik. Sie ist hier schon skizziert worden anlässlich des ‚Discours de métaphysique‘ (S. 199 ff.) und des ‚Système nouveau‘ (S. 321 ff.). Will man sich noch einen anderen Eindruck von dieser Lehre verschaffen, dann kann man auch fragen, was von seinen Ansichten heute geblieben ist. So wie die Königin Leibniz in der Konkurrenz jener Zeit sah – wetteifernd mit Descartes, Spinoza oder Bayle –, so könnte man ihn heute in unsere Zeit stellen. Würde er da bestehen? Ja, durchaus.

Die Aufteilung der Welt in Materie und Geist (oder Seele), die Descartes vorgegeben hatte, setzte auch Leibniz voraus, wollte sie aber irgendwie aufheben. Für ihn bestand die Welt aus Monaden, und die waren geistige Grössen, brachten aber zugleich – Näheres blieb unklar – die materielle Welt hervor. Aus dem Geist entsteht die Materie! So hob Leibniz die Zweiteilung auf. Das war verdienstvoll, doch stellt sich gleich die Frage: Monaden – gibt es die denn? Haben nicht seine Gegner, die fast alle von Atomen sprachen, also von jenen harten Kügelchen, aus denen die Materie bestehen sollte, Recht behalten? Das scheint zunächst so, denn auch die heutige Physik spricht von Atomen. Erstaunlich ist nur, dass die modernen Atome – seit dem Beginn des 20. Jahrhunderts, genauer seit Niels Bohr und den Anfängen der Quantenmechanik – fast nichts mehr mit den harten Kügelchen der alten Atomlehre zu tun haben, sehr viel eher schon mit den nicht-materiellen Monaden eines Leibniz. Elektronen und Quarks gelten heute kaum als Materie. Wollte man sie hingegen als geistige Individuen bezeichnen, wäre das nicht ganz abwegig. Somit ist die Ansicht von Leibniz, Materie könne nicht ihrerseits aus Materie bestehen, heutzutage zumindest diskutabel, die alte Atomlehre erscheint hingegen beinahe grotesk.

Nicht Bestand gehabt hat jedoch die Art, wie Leibniz vom Begriff Gott Gebrauch machte. Man kann zwar auch heute noch den einzelnen Menschen eine Seele nennen, einen Geist und auch eine Monade. Aber Gott muss diesen Menschen nicht unmittelbar geschaffen haben, sondern es ist die geistvolle Materie, die jeden einzelnen menschlichen Geist hervorbringt. Demnach wäre Gott heute nur der Schöpfer dieser Geist-Materie, die auch jeden Menschen und seinen Geist erschafft. Dann hätte Gott ausgedient als derjenige, der die Harmonie von Körper und Seele in jedem Einzelfall im voraus geregelt hat. Der ganze ungeheure Aufwand der ‚prästabilierten Harmonie‘ wäre überflüssig, wenn diese Harmonie bereits im Begriff einer ‚geistreichen Materie‘ mitgedacht ist.

Ganz modern – und gleichsam als Sieger – erscheint Leibniz wiederum, wenn er die Einheit und Verbundenheit alles Geschaffenen behauptet. Er scheint der erste Denker gewesen zu sein, der den Kosmos als einen sich entwickelnden Prozess gesehen hat. Alles ist System und Wandel, so sah er es und so war seine Metaphysik angelegt. Als Logiker hat er den Satz aufgestellt, dass nichts ohne Grund geschehe, als Mathematiker den Begriff der Funktion eingeführt. Und er hat recht behalten. Die heutige Physik weiss, dass sie alles aus einem einzigen Punkt, dem Urknall, zu erklären hat, wenn ihr das auch noch nicht gelingt, so wenig wie es eine einheitliche Physik gibt. Aber das Ziel ist da, wie bei Leibniz. Bei ihm findet sich auch schon jene Entwicklung des Kosmos und der Menschheit angelegt, die man heute Evolution nennt. Um sie zu denken, hielt Leibniz, gegen fast alle Zeitgenossen, an der Idee fest, dass es nicht nur eine Kausalität gibt, sondern auch sogenannte ‚Finalursachen‘, also Ursachen, die auf ein Ziel hin wirken.

Leibniz, der Systemdenker – in den Lehrbüchern der Philosophie klingt es manchmal anders, da wird Leibniz mit seinen Monaden dargestellt als Vertreter eines extremen Individualismus: Jede Monade bestehe für sich, isoliert und fensterlos. Doch das ist nur die eine Seite. Gewiss, jede Monade ist eine Welt für sich, aber jede repräsentiert („spiegelt") auch die ganze Welt. Beide Beschreibungen der Monade scheinen sich zwar zu widersprechen, können sich aber ergänzen. Jedenfalls sollte man diese auffallende Verbundenheit der Monade mit der ganzen Welt nicht übersehen, wie das oft geschieht.

Es ist manchmal gesagt worden, Leibniz habe die Monade nach dem Vorbild der menschlichen Seele beschrieben. Eine solche psychologische Deutung verkleinert einen Denker, und doch – vielleicht darf man sogar noch einen Schritt weitergehen. Die Monade erinnert speziell an das Individuum Leibniz, genauer an sein Selbstbild. Er war eine typische Monade, denn nichts sollte auf ihn einwirken, deswegen hat er immer bestritten, von anderen Denkern abhängig zu sein, das Entscheidende kam aus ihm selbst. Auch seine persönliche Einsamkeit mag sich hier zeigen, seine Verschlossenheit, denn es ist wahr, viel über sich preisgegeben hat er nie.

Andererseits stand er mit der gesamten Welt in Briefwechsel, spiegelte also, wie er das von der Monade sagte, den Kosmos. Das tat er auch, indem er ein leidenschaftlicher Sammler von Informationen war, der kein Archiv, keinen Nachlass, kein Wissen ungenutzt lassen wollte. Er musste über alles, selbst in der Politik, informiert sein und glaubte wirklich, das Ganze überblicken zu können.

Die Monade ist drittens Teil einer grossen Ordnung und Harmonie. Da spricht der Mann, der selbst eine tiefe Sehnsucht nach Harmonie in sich verspürte. Dass er alles ordnen wollte – den Staat, das Wissen, den Glauben –, ist ebenso deutlich erkennbar wie sein Streben, Gegensätze in Einklang zu verwandeln.

Prinzenerziehung Die preussische Königin hatte Kummer mit ihrem einzigen Sohn, Kronprinz Friedrich Wilhelm, dem späteren Soldatenkönig. Sie war besorgt über das ungebärdige Wesen des Dreizehnjährigen, der kaum mehr zu beeinflussen war, und das scheint sie Leibniz anvertraut zu haben. Wie alle Themen, so waren ihm auch die Fragen der Pädagogik durchaus geläufig, er hatte sich fünf Jahre zuvor sogar speziell damit beschäftigt, wie ein Prinz recht erzogen werden sollte, hatte seine Gedanken auch ausgearbeitet und sie bei Freunden verbreitet.

An diesem Berliner Prinzen war ihm immer eine schreckliche Kälte aufgefallen, was er der Mutter jedoch nicht zu sagen wagte. Aber er schrieb ihr etwas auf. Als erstes, heisst es da, müsse dem Prinzen beigebracht werden, „grosse Güte" zu zeigen. Im besonderen gehe es darum, dass er nicht mehr „Freude an grausamen Schauspielen empfinde". Friedrich Wilhelm hatte nämlich schon mit neun Jahren begonnen, auf Lerchen und Hasen zu schiessen. Die Jagd könne, schreibt Leibniz, einen jungen Menschen wild und herzlos machen, und man wisse, dass diejenigen, die Tiere leiden liessen, wie Jäger und Metzger, wenig geneigt seien, Mitgefühl mit den Leiden der Menschen zu haben.

Als Gegenmittel wurde von ihm der Tanz empfohlen, obwohl der Kronprinz diese Kunst nicht erlernen mochte. Das Tanzen diene, meinte Leibniz, dem späteren Eheglück, fördere es doch Anmut und feinen Anstand, was dem schönen Geschlecht angenehm sei. In diesem Sinne diskutiert die Niederschrift noch manche Massnahme. Die Mittel, die Leibniz empfahl, waren wohl weniger sinnvoll, als es die Ziele waren, die er dem Prinzen vor Augen gestellt sehen wollte, darunter seine Lieblingsidee, die Beförderung des ‚allgemeinen Besten'. Nun wird es immer schwer sein, den Charakter eines jungen Menschen zu beeinflussen, gar zu verändern. In diesem Fall war es sogar nicht einmal mehr leicht, die Mutter mit gutem Rat zu erreichen, weshalb ihr Leibniz seine Ausarbeitung wohl gar nicht erst vorgelegt hat. Sie fühlte sich einsam, war vom Berliner Hof isoliert, von ihrem Mann so gut wie getrennt, und nun drohte ihr auch der Kronprinz zu entgleiten.

Ja, der Gemahl war ihr entfremdet. Einfluss auf ihn hatte schon eher seine Mätresse, die Gattin Wartenbergs, die am Berliner Hofe Regen und Sonnenschein machte. Sophie Charlotte hatte ein gutes Jahr zuvor ihren Stolz geopfert und die Gräfin nach langem Widerstreben bei sich empfangen, sich damit tröstend, dass sie „wohl auch schon andere Huren bei sich gesehen" habe. Sie hatte sich im übrigen auf ihren Musenhof zurückgezogen, und als Gegenleistung stellte ihr Graf Wartenberg alle Mittel für eine verschwenderische Prachtentfaltung zur Verfügung. Wie einst ihre Mutter Sophie hatte sie sich damit abgefunden, „den Stein, der nicht zu heben ist, liegen zu lassen". Auch die Mutter hatte es ja zu ertragen gehabt, dass der Gemahl eine offizielle Mätresse hatte, und wie jetzt bei der Tochter war die Geliebte ihres Ehemannes ebenfalls die Frau des Premierministers gewesen.

Incognito unterwegs Wenige Wochen später, Anfang Dezember (1701), war Leibniz von Berlin aus mit einem hochpolitischen Auftrag nach Hannover aufgebrochen, hatte jedoch zur Tarnung Leipzig als Reiseziel angegeben. Diese Vorsichtsmassnahme war nötig, weil er etwas gegen Wolfenbüttel im Schilde führte, gegen

Anton Ulrich, seinen vertrautesten Fürsten. Kaum in der Heimat angekommen, suchte er an diesem unfreundlichen Wintertag nicht etwa seine Wohnung auf, sondern hielt sich, von der früh einbrechenden Dunkelheit geschützt, wie ein Geheimagent in der Berliner Kutsche verborgen. Endlich hatte er am Holzmarkt halten lassen, war dem Wagen entstiegen und, nur von einem Diener begleitet, in die Leinstrasse, an der Schlosswache vorbei in den westlichen Schlosshof und geradeaus auf die Leine zu in den Kammerflügel gelangt, wo die Räume der Regierung lagen, hatte beim Kammersekretär Reiche angeklopft und sich den hannoverschen Ministern melden lassen. Jetzt wartete er schon eine Weile auf Audienz beim Kammerpräsidenten von Görtz.

Vortragen wollte er einen Plan, den er zusammen mit der preussischen Königin entwickelt hatte. Leibniz, der von Amts wegen nichts von der grossen auswärtigen Politik Hannovers wusste, hatte nur wie jeder Zeitgenosse bemerkt, dass die Reichsfeinde, die Franzosen, seit langem das Herzogtum Wolfenbüttel als Verbündeten gewonnen hatten und das kleine Land gegen das deutsche Reich, speziell gegen die Vettern in Hannover und Celle militärisch aufbauten. Es war natürlich der jüngere Mitregent Anton Ulrich, der in seinem Kampf gegen die neue Kurwürde drei Jahre zuvor (1698) das Bündnis mit Frankreich geschmiedet hatte, ohne seinen gutmütigen älteren Bruder Rudolf August voll einzuweihen. Dänemark stand ebenso im Bunde mit Frankreich. Das Wolfenbüttler Heer war seit einem halben Jahr auf 10 000 Mann hochgerüstet worden.

Schon lange hatte Leibniz gemeint, nur durch ein vereintes Vorgehen von Preussen, Hannover und Celle könne man Wolfenbüttel wieder zur ‚guten Partei‘ des Reiches ziehen. Darum wollte er das Einvernehmen zwischen Hannover und Berlin stärken und sah sich selbst in der Rolle des Vermittlers. Mit der Berliner Königin hatte er sich darüber in Lietzenburg verständigt und ihr eine Vollmacht entworfen, mit der sie ihn ermächtigte, ihrem Bruder in Hannover die Mitwirkung eines preussischen Korps von 5 000 Mann vorzuschlagen, das gegen Wolfenbüttel eingesetzt werden könne. Die Königin durfte so etwas gar nicht anbieten, aber Leibniz fühlte sich auch vom Leitenden Minister Graf Kolbe von Wartenberg ein wenig in seinem Plan bestärkt.

Er bekam Audienz und betrat den Sitzungsraum. Eingefunden hatte sich ausser dem Kammerpräsidenten und dessen Berater noch ein weiterer Geheimer Rat. Leibniz begann wohl etwas aufgeregt, seinen Plan, der unter der allerhöchsten Protektion der preussischen Königin stand, vorzutragen – doch gleich schlug ihm Entsetzen entgegen. Man hatte in Hannover natürlich längst eigene, höchst geheime Pläne in dieser Sache, doch war man von vornherein entschlossen gewesen, den Berliner Hof unter allen Umständen von dem geplanten Unternehmen gegen Wolfenbüttel fernzuhalten. Man misstraute Berlin, weil man wusste, dass Anton Ulrich auch ein geheimes Schutzbündnis mit dem preussischen König abgeschlossen hatte. Konnte man daher von dem Berliner Herrscher eine rückhaltlose Teilnahme an der geplanten Aktion gegen Wolfenbüttel erwarten? Bestand nicht die Gefahr, dass er, einmal eingeweiht, nur eine Demütigung seines Schützlings verhindern würde? Kurz, der König in Preussen werde „das ganze Werk nach seiner Convenienz dirigiren, wenn man ihn heranlasse", so fürchtete das Ministerium in Hannover.

Und nun diese Einmischung! Es lässt sich leicht denken, wie peinlich betroffen die Wirklichen Geheimen Räte über die preussischen Vorschläge waren. Ihre Entrüstung traf Leibniz wie ein kalter Wasserstrahl. War das der Dank? Er hatte gemeint, einen erlösenden Einfall vorzutragen und die entscheidenden Hilfstruppen gleich mitzubringen. Jetzt sah er Sophie Charlotte kompromittiert und sich selbst lächerlich gemacht. Doch die Minister blieben abweisend und erklärten dem enttäuschten Leibniz nichts – ihnen sass schliesslich ein Vertrauter des Herzogs Anton Ulrich gegenüber. Sie hatten auch sonst allen Grund zur Vorsicht, die Lage war bedrohlich. Der Spanische Erbfolgekrieg hatte begonnen, und die Wolfenbütteler Truppen sollten – das wusste man durch einen hannoverschen Spion – demnächst mit einem Angriff auf Hannover eine zweite französische Front in Deutschland eröffnen, während vom Niederrhein ein französisches Korps heranrücken würde. Hannover hatte daher längst beschlossen, Wolfenbüttel vorher handstreichartig zu entwaffnen.

Genau das wollte auch Leibniz, aber seine Vorgesetzten fühlten sich gestört. Vielleicht spielten bei ihnen auch Konkurrenzgefühle eine Rolle, so dass sie dem Aussenseiter das Eindringen übelnahmen. Er hatte sich ja sein Leben lang an den zuständigen Ministern vorbei unmittelbar an die Herrschenden gewandt und sich diesmal mit der preussischen Königin eigenmächtig verbündet. Trotzdem mussten die Herren Leibniz jetzt in ihre Diplomatie einbinden, um in Brandenburg niemanden zu verprellen, zugleich wollten sie jedoch dem selbsternannten Helfer eine deutliche Lektion erteilen. Dazu entwarfen sie eine Weisung, mit der er nach Berlin zurückkehren sollte. Leibniz kämpfte um manche Formulierung, und in der Tat erreichte er eine gewisse Abschwächung. So fuhr er am 22. Dezember (1701) ab. Doch an den Befehl, das weitere Verhandeln in Berlin zu unterlassen, scheint er sich nicht gehalten zu haben, sondern konferierte am 8. Januar (1702) mit Graf Wartenberg. Neun Tage später wurde er heimgerufen und musste eine scharfe Rüge hinnehmen.

Eine Komödie Glücklicherweise konnte Leibniz seine etwas schmähliche Heimreise als galante Begleitung der Königin erscheinen lassen, die mit kleinem Hofstaat gerade in ihre Heimat zum Karneval aufbrach. Den hatte Georg Ludwig nach dem Tod seines Vaters beibehalten, aber er fiel sehr gegen früher ab, schon weil der neue Kurfürst die Oper ganz aufgegeben hatte. Statt dessen wurden Schaustellungen geboten. Diesmal plante man für die zweite Hälfte des Februar eine Aufführung des ‚Trimalcion Moderne'. Wer diese antike Farce des Petronius zur Inszenierung ausgewählt hatte, ist nicht bekannt. Man hat jedenfalls den heimgekehrten Gelehrten Leibniz aufgefordert, den französischen Text einzurichten und die Laien-Schauspieler einzustimmen. Leibniz muss gewusst haben, dass er dieses Ansinnen kaum ablehnen konnte, denn seine Stellung war im Augenblick nicht sehr stark. Gern kann er die Sache kaum übernommen haben, hatte er doch anderthalb Jahre zuvor in Berlin gebeten, ihm die Rolle eines Astrologen zu ersparen.

Die Komödie wurde von der Hofgesellschaft in römischen Kostümen gegeben. Dem Spiel, das schon in der klassischen Urform recht derb ist, waren in dieser barocken Umdichtung noch allerlei gewagte Spässe hinzugefügt worden. Hantiert wurde etwa mit einem riesengrossen Nachtgefäss, und das Ehepaar Trimalcion und Fortunata warf sich nicht nur wüste Schimpfwörter an den Kopf, sondern auch Gläser. Der Denker Leibniz wird an dieser Burleske wohl nur mit saurem Lächeln als Regisseur und Darsteller mitgewirkt haben. Die spitzzüngige Hofdame der Königin, Henriette Charlotte von Pöllnitz, gab die Fortunata. Gäste Trimalcions waren der Kurfürst, seine Schwester, die Königin von Preussen, und beider jüngerer Bruder, Ernst August. Zuschauer blieben: Sophie, Georg Wilhelm von Celle und die übrigen Fürstlichkeiten.

Leibniz selbst führte in dem Stück ein Zwiegespräch mit dem hannoverschen Hofdichter Hortensio Mauro, der einen Dichter mimte.

Derweil lief unbemerkt die Vorbereitung des geheimen Unternehmens „Überziehung Wolfenbüttels" weiter. Leibniz, der nur ahnen konnte, was bevorstand, war um diese Zeit in Braunschweig, wo er Zeuge wurde, wie sich die Herzöge gegenüber dem preussischen Gesandten weigerten, ihre Allianz mit Frankreich zu lösen. Es muss für Leibniz ein merkwürdiges Gefühl gewesen sein, mit Anton Ulrich, der ihn sehr zuvorkommend behandelte und gegen den er doch einen militärischen Überfall hatte inszenieren wollen, unbefangen zu reden und ihm das, was er ahnte, zu verschweigen. Dass Leibniz den Angriff auf Wolfenbüttel überhaupt gewollt hatte, zeigt nur, wie sehr sein Wunsch, Frankreich zurückgedrängt zu sehen, alle Loyalität überragte.

Der Handstreich hannoverscher und cellischer Truppen begann ohne Kriegserklärung und vollkommen unbemerkt in den ersten Stunden des 20. März 1702, als alles schlief. Man hatte eine Vollmondnacht gewählt, um etwas sehen zu können. Die einrückenden Einheiten verfügten über gute Landkarten und wussten, wo die wolfenbüttelschen Reiter im Quartier lagen. Sie nahmen als erstes die Offiziere fest und besetzten die Kirchtürme, um das Sturmläuten zu verhindern. Viele der Überrumpelten wurden „schnarchend und wie die Dachse schlafend aus ihren Betten genommen", wie ein Chronist überliefert hat. Andere waren rechtzeitig entkommen. Es floss kaum Blut.

Anton Ulrich wollte die Niederlage und Entwaffnung nicht hinnehmen, so dass er darüber mit seinem Bruder Streit hatte und für einige Zeit abgesetzt war. Wolfenbüttel blieb von nun an reichsfreundlich, doch Anton Ulrich war bald wieder an der Macht, trat sehr keck auf und verlangte schon im nächsten Jahr die Kurwürde für sich selbst – als den würdigsten Welfen. Sein Bruder Rudolf August, den er wieder völlig beherrschte, starb ein Jahr später (1704), und ein weiteres Jahr danach starb der letzte Heideherzog, Georg Wilhelm. Nun wurde Anton Ulrich, inzwischen wirklich der Senior des Gesamthauses, ruhiger. Im Jahre 1706 beendeten Hannover und Wolfenbüttel die zwanzigjährige Feindschaft und pflegten von nun an einen freundschaftlichen Verkehr. Seitdem sass auch Leibniz, der Diener zweier Herren, nicht mehr zwischen den Stühlen.

Gott nimmt sich einen Anwalt In den ersten Junitagen dieses Jahres 1702 war der hannoversche Justizrat mal wieder in seiner holpernden Kutsche unterwegs zum Lustschloss Lietzenburg vor den Toren Berlins. Gegen die Stösse des Wagens hatte er sich mit einer Erfindung gewappnet, die er ein Jahr zuvor auch vielen Berliner hohen Herren empfohlen hatte: Es war sein ‚Post-Stuhl‘, ein gefederter Sitz, der sich leicht in jeden Wagen mitnehmen liess. Er genoss seine Erfindung, auch wenn sie niemand sonst übernommen zu haben schien.

Verabschiedet aus Berlin hatte er sich zuletzt im Januar des gleichen Jahres, als er von seinen Vorgesetzten zurückgerufen worden war. Nun aber fuhr er als hoher Staatsgast der preussischen Königin wieder vierspännig. Weitere vier Pferde zogen den Bagagewagen mit dem Gepäck – den vielen Papieren, Akten und Büchern, dazu der höfischen Kleidung in schweren Truhen. In Brandenburg-Preussen schätzte man ihn eben mehr als in Hannover, ehrte ihn jedenfalls wie einen Präsidenten und als einen Herrn von Stande, der er für die Preussen – als von Leibniz – auch war.

Er hatte vom Berliner Hof wieder einen „Fuhr-Zeddel“ bekommen, in dem die preussischen Untertanen auf den Stationen an seinem Weg angewiesen wurden, „dem von Leibnitz Vorspann-Pferde unentgeltlich abfolgen zu lassen“. Königin Sophie Charlotte wünschte den Universalgelehrten bei sich zu haben, und hatte dazu sehr charmant scherzend die Interessen ihrer Hofdame und Freundin vorgeschoben: „Was Sie zu kommen zwingt, ist ein Werk der Nächstenliebe. Die Pöllnitz hat sich ein Lehrbuch der Mathematik gekauft. Die Begriffe und ihre Bedeutung sind aber so schwierig, dass ihr noch ganz schwindelig werden wird, wenn Sie ihr nicht zu Hilfe kommen.“

Am 11. Juni 1702 kam Leibniz an, die Kutsche fuhr am Hauptportal des Schlosses vor, das immer noch im Bau war. Drei Diener halfen dem lang ersehnten Gast heraus, die eigene Dienerschaft hatte dabei zu warten. Er wurde hineinkomplimentiert, hatte sich jedoch eine halbe Stunde zu gedulden, bis die Königliche Majestät in den Salon geschritten kam und Leibniz bei ihrem Anblick errötete – so jedenfalls könnte es gewesen sein. Nach Kratzfüssen, Verbeugungen und devot angedeuteten Handküssen erklärte er ihr seine übermässige Freude, und bald sagte sie: „Wir müssen unsere Gespräche darüber, wie Geist und Körper miteinander in Verbindung stehen können, fortsetzen, auch über die Seelenwanderung, aber vor allem müssen wir von neuem darüber reden, was Monsieur Bayle über Sie und Ihre Philosophie angemerkt hat." Es wurde türkischer Kaffee gereicht. Und alsbald fuhr sie fort: „Die zweite Auflage seines Lexikons ist hier in Berlin in aller Munde. Nichts aber wird darin aufmerksamer gelesen als die Worte, mit denen Bayle Sie zu widerlegen sucht. Und denken Sie, aus England kommt in ein paar Wochen der junge John Toland hierher, der wohl ein noch ärgerer Rebell gegen die Religion ist als Pierre Bayle. Ich hoffe, Sie, mein lieber Leibniz, werden mir beistehen gegen den Umstürzler, wenn wir debattieren."

Nun richtete sich die zupackende Neugier Ihrer Majestät auf eine andere, eine eher religiöse Frage. Pierre Bayle hatte an seinem reformatorischen Glauben auch während der grausamen Verfolgung der Hugenotten, bei der sein Bruder ermordet worden war, festgehalten. Obwohl er sich als einen Christen sah, behauptete er, dass sich kein Gottesglaube mit der Vernunft vereinen lasse. Damit war er einer der ersten Europäer, die vom Widerspruch zwischen Religion und Vernunft ebenso überzeugt wie zerrissen waren. Und er war einer der letzten, die dennoch bereit waren, sich der Bibel, gegen alle Vernunftgründe, blind zu ergeben.

Natürlich wusste auch Leibniz schon, was dieser ihm fast gleichaltrige Widerpart soeben gegen die Güte Gottes eingewandt hatte. Pierre Bayle lebte in der damals verbreiteten Vorstellung, Gott sei wie ein allmächtiger, absoluter Herrscher, der alles persönlich regelt nach seiner Willkür. Die Welt aber ist nicht gut. So machte er Gott, dessen Allmacht voraussetzend, zum bösen Herrscher, denn er könnte ja, wenn er nur wollte, durch bessere Gesetze oder ständige Eingriffe in den Lauf der Welt dafür sorgen, dass jedes Leid vermieden würde.

Leibniz war in seiner Frömmigkeit von ganz anderer Art. Für ihn war Gott vor allem der ferne Schöpfer, der sich die Welt einmal ausgedacht und alles vorhergesehen hat. Daher glaubte er nicht an spontane Eingriffe Gottes in den Lauf der Welt. Geprägt von der Wissenschaft, sah er Gott als den Begründer der Naturgesetze, während es ihm eine Aufgabe der Menschen zu sein schien, die Moral aufrechtzuerhalten. Das hatte Konsequenzen für seine Betrachtung der Übel und des Bösen in der Welt. Naturkatastrophen und Krankheiten gehen zwar auf das Konto des Schöpfers, sind zugleich aber unvermeidbar. Moralische Katastrophen, also das

Böse, gehen, meinte Leibniz, fast allein auf das Konto der Menschen. Wer so denkt und fühlt, erhebt keinen Vorwurf gegen den angeblich schlechten Schöpfergott.

Die preussische Königin, an religiösen Fragen brennend interessiert und dabei voller Zweifel, musste ihren Lieblingsphilosophen Leibniz gleich wieder herausfordern. Der hat sich daraufhin bemüht, der Königin zu erklären, dass Bayles Argumente gegen den Glauben nicht so stark seien, wie es scheine, überzeugte damit jedoch die sehr energisch und selbständig denkende Frau kaum. Wie die Diskussion mit der Königin verlief, hat Leibniz alsbald einem Briefpartner berichtet. Die Herrscherin „hat sich in meiner Gegenwart Passagen aus den Werken Bayles vorlesen lassen, die tausend wissenswerte und gefällige Dinge enthalten, in denen Bayle aber auch Einwände gegen die Vorsehung und gegen andere Artikel der natürlichen Theologie erhebt, und ich habe versucht, darauf zu antworten".

Als später auch die alte hannoversche Kurfürstin bei ihrer Tochter weilte, wurde der Dialog zu einem Gespräch zu dritt. Auf vielen Zetteln und in mancher Skizze ist die Art dieser Diskussion der Nachwelt erhalten geblieben. Sie wurde in einem sehr klassischen, edlen Französisch geführt, das allen drei Beteiligten in jeder Nuance zur Verfügung stand und ihnen offenbar viel Vergnügen machte. Das hat ihrem Gedankenaustausch bei aller eindringenden Schärfe einen Zug von Leichtigkeit gegeben, auch von Humor. Sophie Charlotte und ihre Mutter besassen – bei allen ihren spöttischen Angriffen – dennoch soviel Takt, aus Leibniz keinen gelehrten Narren zu machen, sondern lauschten ihm mit einem fast zärtlichen Respekt, so verwunderlich der Philosoph ihnen auch manchmal zu argumentieren schien.

Als in den ersten Tagen die Königin und ihr Gast noch allein bei sehr warmem Sommerwetter im Park von Lietzenburg spazieren gingen, umgeben von ein paar Hofdamen, darunter war auch die Pöllnitz, mag die Unterhaltung vielleicht so verlaufen sein:

Königin: Pierre Bayle bleibt dabei, die menschliche Vernunft gegen die Religion wüten zu lassen, um sich sodann dem christlichen Glauben demütig zu unterwerfen und mit dem Herzen zu billigen, was der Verstand verhöhnt hat. Er kniet sogar vor dem gnädigen Weltherrscher, von dessen Güte er doch zuvor nichts mehr hat übrig lassen wollen. Dieser Zwiespalt, mein lieber

Monsieur de Leibniz, zwischen Kopf und Herz, den Monsieur
Bayle auftut, droht auch mich zu spalten.

Leibniz: So zerrissen, wie Eure Majestät ihn schildern, sehe ich den
Hugenotten auch. Mir selbst sind, wie Sie wissen, alle Gegensätze, die man aufstellt, zuwider. Ich denke, wenn Gott sowohl
unsere Vernunft geschaffen hat wie auch unsere Religion, so
wird er dafür gesorgt haben, dass sie, begreift man sie beide nur
recht wohl, in Harmonie stehen.

Königin: So komme ich gleich auf die grösste Herausforderung zu
sprechen: die Leiden und Schmerzen in der Welt, die den
Schöpfer anklagen. Also kann Er nicht der gütige Vater sein, den
wir gern in ihm sehen möchten. Er ist ein grausamer Tyrann.
Nun sagen Sie bitte nicht, was die Pfaffen zu seiner Rechtfertigung schwatzen, dass Gott uns leiden lässt, um sich in unserem
Schmerz zu verherrlichen, oder um uns gefügig zu machen.

Leibniz: Nein, das wäre schrecklich. Majestät kennen meine Antwort. Er ist ein gütiger Schöpfer, und wir leben in der besten
aller denkbaren Welten. Das heisst nicht, in einer guten. Die
beste muss nicht gut sein! Für diese Annahme, die Welt sei ein
Optimum, habe ich einen dreifachen Grund, einen physikalischen, einen theologischen und einen moralischen. Welchen
möchten Majestät zuerst hören?

Königin: Den theologischen, weil ich ihn wohl am wenigsten
überzeugend finden werde.

Leibniz: Gut, er ist auch mehr eine logische Gewissheit als ein
Grund. Es gibt unendlich viele mögliche Welten, von denen
Gott die beste gewählt haben muss, da er nichts tut, ohne der
höchsten Vernunft zu folgen. Das besagt meine Theodicée. Es
liegt nämlich schon im Begriff Gottes, dass er immer das Beste
will. Somit ist es die Logik des Begriffs, die uns diesen Glauben
vorschreibt.

Königin: Musste Gott so wählen?

Leibniz: Das musste er wohl.

Königin: Sehen Sie, dann war Gott bei der Erschaffung der Welt
nicht frei, denn er hatte keine Wahl, er musste diese eine wählen.

Leibniz: Gott war frei.

Königin: Schon Pierre Bayle hat Ihnen nachgewiesen, dass Ihrem
Gott bei der Schöpfung keine Freiheit blieb.

Leibniz: Das Gute zu tun ist immer höchste Freiheit. Ist es denn
Knechtschaft, wenn der Wille der Weisheit folgt? Und kann man

wohl weniger Sklave sein, als wenn man aus eigener Wahl der vollkommensten Vernunft gemäss handelt?

Königin: Mag man das frei nennen – was schlimmer ist: Er wäre dann auch nicht allmächtig, denn die Welt, die ihm möglich war, ist offenbar nur die relativ beste, aber keine gute Welt.

Leibniz: Das habe ich auch niemals anders sagen wollen.

Königin: Und wen tröstet das? Gesetzt, man könnte einsehen, dass eine bessere Welt als die unsere nicht möglich ist ... Was hilft es der gepeinigten Kreatur zu wissen, dass es keine Welt geben kann, in der sie nicht leiden müsste?

Leibniz: Dass es diese Welt überhaupt gibt, müsste selbst der Leidende noch richtig, noch gerechtfertigt finden. Denn er muss immerhin einsehen, die Gesamtmenge des Guten in der Welt überwiegt die Gesamtmenge des Übels, und so ist es besser, die Welt existiert, als dass es sie nicht gäbe.

Königin: Ihr seid mir doch ein unverbesserlicher Mathematicus! Jedes Problem muss bei Euch aufgehen wie ein Rechenexempel, erst dann seid Ihr zufrieden.

Leibniz: Die Mathematik bleibt die Basis alles wahren Verstehens. Damit geben Majestät mir das Stichwort zum physikalischen Argument. Die neueste Wissenschaft von der Natur lehrt uns, dass alles mit Notwendigkeit abläuft. Nehmen wir den Blitz. Fährt er hernieder, so muss es geschehen. Gott hat die Welt nach ewigen Gesetzen geschaffen, wir dürfen nicht erwarten, dass Er sie durchbricht.

Königin: Gottes Allmacht ist also durch seine eignen Gesetze eingeschränkt? In der Bibel steht es anders, mein lieber gelehrter Freund, das wisst Ihr so gut wie ich.

Leibniz: Auch Gott vermag nicht das Unmögliche. Man könnte sonst ebenso gut behaupten, Gott könne zwischen zwei Punkten eine Linie ziehen, die kürzer wäre als die Gerade!

Königin: Meintwegen, verzichten wir auf einen mächtigen, väterlichen Helfer im Himmel, der eingreift. Aber dürften wir vom Schöpfer nicht verlangen, dass er alles von Anfang an besser hätte einrichten können? Es muss eine bessere Welt denkbar sein.

Leibniz: Wir sollten zuerst ein Kriterium aufstellen, was wir denn als physikalisch optimal ansehen wollen. Ich schlage vor: Optimal wäre – unter allen denkbaren – jene Welt zu nennen, die mit möglichst wenigen Gesetzen eine möglichst grosse Vielfalt der Geschöpfe und der Geschehnisse eröffnet.

Königin: Wie im optimalen Staat also. So wenig Ordnung wie nötig, so viel Entfaltung wie möglich. Aber wie wollt Ihr zeigen, dass in dieser Welt die Dinge tatsächlich vom Schöpfer so geregelt worden sind?

Leibniz: Man erkennt eine solche Absicht leicht. Es gibt ganz wenige, einfache Gesetze und eine unendliche Fülle des Geschehens. Alles scheint auf sinnvolle Minima und Maxima angelegt. Als Beispiel können wir den Lichtstrahl wählen. Er geht immer den schnellsten Weg – doch das ist nicht in jedem Fall der kürzeste.

Die Königin war stehengeblieben und sah Leibniz fragend an. Der Philosoph zeigte quer durch den Park auf einen weit entfernten Baum, der am anderen Ufer des Kanals stand. „Wenn Majestät einem Diener befehlen wollten, möglichst schnell zu jenem Baum zu gelangen", sagte er, „so würde er nicht die Luftlinie wählen, weil er dann eine viel zu lange Strecke im Wasser zu schwimmen hätte, was Zeit kostet. Er würde hier am Ufer entlang laufen und erst ziemlich spät ins Wasser springen, freilich auch nicht erst dann, wenn er dem Baum genau gegenüber steht, damit würde er ebenfalls Zeit verschenken." Die Königin nickte langsam, sie hatte noch nicht verstanden, was dieses Beispiel bedeuten sollte.

Leibniz: Genau so macht es der Lichtstrahl, der, schräg einfallend, auf den Boden einer Wasserschale gelangen will. Er läuft recht lange in der Luft, weil er sich dort schneller bewegen kann, und dringt erst spät ins hemmende Wasser ein, wo er langsamer ist und darum auf kurzem Weg ziemlich steil herabfährt. Und nun wissen Majestät auch, warum jeder Lichtstrahl, der ins Wasser eintritt, gebrochen wird. Weil er so am schnellsten sein Ziel erreicht. Diese Art und Weise, das Licht zu verstehen, habe ich, mit Verlaub, selbst vor Jahren erst entdeckt.

Königin: Die Wunder der Natur – ich verstehe – die sinnvolle Absicht des Schöpfers ... Aber soll sich der leidende Mensch damit trösten, dass der Lichtstrahl sich so schnell wie möglich bewegen darf?

Leibniz: Ist die Natur sinnvoll eingerichtet, so dürfen wir vermuten, dass auch alles andere sinnreich ist. Vor allem, dass diese Welt für eine gute Moral wie gemacht ist.

Königin: Bleibt aber noch die Frage, warum es das Böse in der Welt gibt. Warum lässt Gott ein Volk über das andere herfallen, warum lässt er einen Ehemann sein Weib schlagen? Nun antworte bitte nicht, das wolle Gott zwar nicht, aber leider hätten wir nun einmal alle in Adam gesündigt und seien verderbt von Jugend auf. Dann hat Gott uns nämlich falsch erschaffen.

Leibniz: Er hat uns nicht falsch erschaffen. Majestät selbst sind, wenn ich mir diese Bemerkung erlauben darf, das erhabenste Beispiel dafür, denn Sie dulden es nicht, dass noch der niedrigsten Magd an Ihrem Hof ein böses Wort gesagt oder einem Burschen ein Haar gekrümmt wird. Wenn leider nicht alle Menschen so sind, wir also nicht in einer vollkommenen Welt leben, so hat das freilich seinen Sinn. Und damit bin ich bei meinem dritten, meinem moralischen Argument: Sinn unseres Lebens ist es, dass wir uns vervollkommnen. Wie aber hätten wir Gelegenheit dazu, wenn die Welt schon so geschaffen wäre, dass jeder nur moralisch vollkommen handeln könnte?

Königin: Oh, ich begreife, Sie wollen mir zu verstehen geben, dass auch ich mich noch moralisch bessern kann. Oder, wenn das nicht mehr geht, drohen Sie damit, dass mir der Sinn meines Daseins fehlt. Aber im Ernst, mein väterlicher Freund, Sie machen mich für den Augenblick wohl staunen ... Doch drei halbe Gründe zusammen sind immer noch schlechter, als es ein einziger guter Grund wäre.

Leibniz: Majestät haben, mit Verlaub, drei gute Gründe gehört.

Königin: Worüber ich keinesfalls hinwegkomme sind Krankheit und Siechtum der Menschen. Wenn ich die Elenden sehe, weiss ich, Gott ist grausam.

Leibniz: Nun – erwägt man die Gebrechlichkeit des menschlichen Körpers, so bewundert man die Weisheit und Güte des Schöpfers, der ihn so dauerhaft und seinen Zustand durchaus erträglich gemacht hat. Das hat mich schon oft zu der Bemerkung bewogen, ich wunderte mich gar nicht, dass die Menschen zuweilen krank sind, sondern ich wunderte mich, dass sie es so wenig sind.

Königin: Sie wollen partout alles, was Gott je getan, zu seinem Besten wenden. Und reden, als hätte Gott sich in Ihnen einen Anwalt genommen.

Leibniz: Ein durchaus ehrenvolles Mandat.

Königin: Wenn Gott einen so guten Anwalt braucht, muss es schlecht um ihn stehen.

In solchen Gesprächen schien die Königin unermüdlich. Dem Vernehmen nach sagte Leibniz einmal zu ihr: „Es ist nicht möglich, Sie zufrieden zu stellen: Sie wollen das Warum des Warum wissen!" Aber er antwortete natürlich immer erneut. Als Jahre später aus diesen Gesprächen ein Buch entstanden war, erinnerte er sich: „Ihre Majestät befahl mir ziemlich oft, meine Antworten, um sie mit mehr Aufmerksamkeit in Betracht ziehen zu können, schriftlich aufzusetzen; und zwar in französischer Sprache, damit sie von ihr, so wie im Ausland von denen, die des Lateins unkundig sind, gelesen werden könnten."

Manchmal war die Königin aber auch unzufrieden mit ihrem Lehrer und Widerpart. Während dieses Sommers, dem Höhepunkt ihrer Debatten, schrieb sie am 7. August (1702) an ihre Vertraute Pöllnitz: „Ich mag diesen Mann, obgleich ich mich eigentlich über die Art, mit der er alles so oberflächlich mit mir erörtert, ärgern müsste. Ich zweifle an meinem Talent, denn selten geht er genau auf die Themen ein, die ich anschlage." Und doch erreichten beide zusammen eine tiefe Gründlichkeit, die in besagtem Buch, der ‚Theodicée‘, noch heute beim Lesen zu spüren ist.

Wie kam Leibniz auf die Idee, unsere Welt mit all ihrem Elend und Schmerz sei die beste unter allen denkbaren? Lag diese Einstellung in seinem Charakter? War er einfach eine glückliche Natur? Eher schon war er ein Moralist, der am Zustand der Welt litt und Trost aus der Idee schöpfte, dass es schon alles sein Gutes haben werde und eben bei der Schöpfung nicht besser habe gehen wollen, sich aber bestimmt bessern könne, wenn die Menschen nur mitmachten.

Ja, ein wenig zwang er sich zur Zufriedenheit, er wollte einverstanden sein mit der Welt und seinem kleinen Glück. Dieser Standpunkt schien ihm von hoher Moral zu sein, und solche zufriedenen Leute verdienten auch, meinte er, eine höhere Achtung als andere. Man solle schon im Staat nicht leicht unzufrieden sein, „gar nicht aber darf man dies im Staat Gottes, wo man nur zu Unrecht unzufrieden sein kann". In diesen Worten wird etwas von seiner Lebenseinstellung erkennbar.

Die Weltanschauung, die man später in ganz Europa aus der ‚Theodicée‘ herauslas, ist Jahre nach seinem Tod mit einer neuen Wortschöpfung ‚Optimismus‘ genannt worden, und auch das Wort Optimist wurde auf Leibniz geprägt. Er fand mit seiner Sichtweise zunächst viele Anhänger, später haben ihn ebenso viele deswegen abgelehnt, und bis heute ist die Frage, ob man die Welt mit Pessimismus oder mit Optimismus zu betrachten habe, nicht objektiv zu entscheiden. Aber schon die Fragestellung ist falsch, denn in Wirklichkeit ging es Leibniz nur darum, dass diese Welt die „beste aller denkbaren" ist – auch wenn man sie nicht „gut" nennen kann. Und dieser Gedanke war revolutionär, fruchtbar bis hin zur neuesten Physik, in der die Idee noch gesteigert wurde zu der Vermutung, dass diese Welt die einzige ist, die sich überhaupt nach dem Urknall entwickeln konnte. Es lassen sich heute sogar Berechnungen darüber anstellen, wie viele denkbare Weltmodelle es geben könnte, die der Schöpfergeist nicht hätte wählen dürfen, wenn sich alles weiter entfalten sollte. Es sind mehr, als es Elementarteilchen im Weltall gibt. Also darf man sagen, diese eine scheint auch die einzig mögliche Welt zu sein. Dann ist sie nach den Regeln der Logik auch die beste mögliche.

Feuerkopf John Toland Das Wohlleben in einem Lustschloss konnte Leibniz nicht gut vertragen. Schon drei Wochen nach seiner Ankunft in Lietzenburg plagte ihn das schlechte Gewissen wegen des Müssiggangs. Gerade weil er die Welt überall verbesserungsfähig fand, gönnte er sich keine Ruhe. Er schrieb in einem Brief: „Es scheinet, die allzu grosse Bequemlichkeit sei nicht gut; indem sie machet, dass die Menschen ihr Leben mit ihrer Zeit gleichsam ohnvermerkt verlieren und es nicht genugsam brauchen noch empfinden."

Auch bei diesem Aufenthalt hatte Leibniz in der Stadt Berlin noch manches andere zu tun und suchte auf vielen Wegen die Sozietät der Wissenschaften zu befördern. Schliesslich wird er diesmal über zwölf Monate bleiben, bis Anfang Juni 1703. Der Rastlose fand auch Zeit, dem Gegenspieler Pierre Bayle auf den Artikel in dessen Lexikon schriftlich zu antworten. Dabei erwähnte er, offenbar doch recht gern, in seinem Brief auch seine privilegierte Lage: „Mein Aufenthalt in Lietzenburg, einem Lustschloss der Königin von Preussen, wo ich mich augenblicklich befinde, macht mir eine Freude, wie ich sie anderswo nicht finden würde."

Aber er bekam Konkurrenz. Am 26. Juli (1702), nur sechs Wochen nach ihm, war jener John Toland im Lustschloss eingetroffen, den Leibniz schon vom Besuch der englischen Delegation in Hannover gut kannte und ebenso schätzte wie ablehnte. Der damals erst Dreissigjährige war zeitlich der erste unter den offenen Kritikern des traditionellen Glaubens in England gewesen, auf die man die Bezeichnungen ‚Freidenker' oder ‚Deïsten' geprägt hat. Er wollte weg vom kirchlichen Kult, von Priestertum und Dogma, und liess nur die ursprünglichen schlichten Wahrheiten des Jesus aus Nazareth gelten.

In Lietzenburg wurde er von der preussischen Königin und ihrer Mutter mit grösster Aufmerksamkeit empfangen. Das schien dem hannoverschen Hofrat etwas heikel, denn man war auf diplomatischem Wege davor gewarnt worden, mit dem jungen Mann, der zu Hause umstritten war, ganz offiziell zusammenzukommen, weil das die Beliebtheit der Welfen in England gefährden könne. Schon einmal hatte die Kurfürstin-Mutter Sophie den irischen Freidenker in Hannover empfangen, wenn auch immer nur in Gegenwart Dritter und ohne dass ein Wort über Politik fallen durfte. Sie mochte eben diese Art von anregendem Geist einfach zu sehr, und auch jetzt in Lietzenburg verteidigte sie sich gegenüber den Warnern damit, dass sie wie Pilatus nichts Schlimmes an diesem Menschen sehe, dass sie seine Konversation höchst angenehm, seine Ansichten gemässigt und keinen Grund finde, weshalb er so verhasst sei. Wer freilich den Klerus angreife, werde weder in dieser noch in jener Welt Gnade finden! Das Äusserste, was Sophie zugeben mochte, war, dass Toland mehr Geist als Urteil habe und dazu neige, alles recht einseitig darzustellen, auch lasse er gelegentlich die nötige Distanz vermissen.

Das konnte das Entzücken der alten Sophie nicht beeinträchtigen. Auf diesen Sommer zurückblickend, nannte sie gegenüber Leibniz das Schloss Lietzenburg einen Ort, „wo mein Herz ist und wo ich wohl die schönsten Tage meines Lebens verbracht habe". Leibniz jedoch hatte zu leiden. Bald nach Sophies Abreise las Toland der Königin einen eigenen Diskurs über den „Geist" vor, in dem er sich eng an die materialistische Lehre des antiken Philosophen Lukrez hielt. Leibniz bemerkte in einem Brief an Sophie nach Hannover mit ungewöhnlicher Schärfe, es stünde Toland besser an, sich mit der Untersuchung von Tatsachen abzugeben, statt mit der Philosophie herumzuspielen, von der er nichts verstehe.

Die Königin aber war geschmeichelt, denn Toland erwies sich als einer ihrer grössten Verehrer. In seiner nächsten Veröffentlichung wird er Sophie Charlotte die „allerschönste Fürstin ihrer Zeit" nennen, deren Verstand von niemandem übertroffen werde. Ihr

Äusseres beschreibt er dabei so: sie sei „etwas stark von Leibe", doch der Körperbau sei ebenmässig, ihre Haut „sehr weiss und lebhaft". Sie habe „blaue Augen und kohlschwarze Haare" und sie sehe „sehr gerne schöne Damen um sich", was wohl heissen sollte, dass sie von denen keine Konkurrenz zu fürchten brauchte.

Auf diesen jungen Mann, der gut sein Sohn hätte sein können, wollte sich Gottfried Wilhelm Leibniz nicht einlassen. Der Brite war für ihn die Stimme einer neuen, in religiösen Fragen rebellischen Generation. Dennoch musste sich Leibniz diese Gesellschaft gefallen lassen. Die Königin, die vielleicht Depressionen fürchtete, brauchte Menschen und Leben um sich. Sie klagte am 30. September (1702), als andere Logiergäste abgereist waren, in einem Brief nach Hannover: „Monsieur Leibniz ist die einzige Gesellschaft, die ich jetzt hier habe. Ich ermuntere ihn, ein wenig mit Toland zu disputieren."

Diskutiert werden sollten mit dem jungen Briten, wenngleich sein Französisch holperig war, vor allem die Thesen zur Erkenntnistheorie, die sein Landsmann John Locke jüngst veröffentlicht hatte, jener wohlhabende, geistvolle, fast heitere Engländer, der als Laie Philosophie betrieb und nichts lieber wollte als verständlich schreiben. Mit dieser leserfreundlichen Art, ganz an den gesunden Menschenverstand appellierend, war er zum meistdiskutierten Denker geworden, an den sich auch Leibniz, wie erwähnt, schon gewandt hatte. Eigentlich war er Publizist, er schrieb über viele Themen, auch gerne über Wirtschaftsfragen. Aber besonders lag ihm daran, die Art, wie es zur Erkenntnis kommt, zu erörtern. Was er dabei bekämpfte, war die alte Ansicht, der menschliche Verstand werde von angeborenen Ideen geleitet. Die Lehre von den Ideen, die man angeblich immer schon mitbekam, wollte er wie alten Plunder abwerfen.

Diese Ansichten Lockes hatten natürlich auch schon die Königin und Leibniz beschäftigt. Nun war Toland da und sollte einbezogen werden. Es begann mit einem etwas intriganten Spiel. Die Königin gab einen Text, den Leibniz kurz zuvor für sie hatte verfassen müssen, nun – ohne den Autor zu nennen – ihrem Gast Toland zu lesen, um die Diskussion zwischen ihren beiden Philosophen anzufachen. In dieser Skizze hatte sich Leibniz von Lockes Lehre abgegrenzt, der Mensch komme als Säugling mit einem ganz leeren, gleichsam unbeschriebenen Gehirn – hier Intellekt oder Verstand genannt – zur Welt und es seien erst die Eindrücke, die der Mensch mit seinen Augen und Ohren oder mit den anderen Sinnen aufnimmt, die dieses leere Gehirn, den Intellekt, allmählich mit Inhalten und mit einer Denkstruktur füllten. Diese Vorstellung hatte Leibniz immer schon entschieden bestritten. Er glaubte – durchaus im Einklang mit der platonischen und christlichen Philosophie – an die „angeborenen Ideen".

Von diesen Dingen handelte also das Papier, das Leibniz für die Königin verfasst hatte und das nun heimlich ein anderer zu lesen bekam. Darin stand auch schon der Satz, mit dem Leibniz viel später seine Stellungnahme zu John Locke zusammenfassen wird. Der erste Teil dieses berühmten Satzes bestätigt Lockes These, mit dem zweiten Teil widerspricht er ihm ebenso verblüffend wie zutreffend: „Im Verstand gibt es tatsächlich nichts, was nicht von den Sinnen herrührt – ausser den Verstand selbst!" Mit anderen Worten, den Verstand und einige logische Wahrheiten brauchen wir bereits, um Sinneseindrücke verarbeiten zu können.

Diese Ansichten, so konservativ sie schienen, hätten den jungen Toland, als er mit dem Lesen fertig war, eigentlich nicht veranlassen müssen, ironisch zu werden. In gespielter Bescheidenheit schrieb er für seine Gastgeberin nieder, zwar sei er es – wie es Johannes der Täufer von sich und von Jesus gesagt habe – nicht wert, die Schuhriemen dieses Denkers zu öffnen, doch lehne er dessen Ansichten ab. Seine Widerlegung fiel kurz und schroff aus.

Diese Worte legte die Königin, natürlich ebenfalls ohne Namensnennung, ihrem Lehrer Leibniz vor und forderte ihn auf, seinerseits diese Kritik zu bewerten. Leibniz las sie und schrieb auf: Seinen ungenannten Kritiker weise er scharf zurück, da der sich nicht einmal die Mühe gemacht habe, die Position zu verstehen, die er abgelehnt habe. Der Kritiker wolle etwas gegen ihn beweisen, was er selbst ja gar nicht bestritten habe, nämlich dass wir Sinnesorgane brauchen, um denken zu können. Das sei sowieso selbstverständlich.

Nachdem sich die Herren auf diese Weise ordentlich verletzt hatten, wurde das Geheimnis ihrer Autorschaft gelüftet, und beide mussten gegeneinander antreten – was vielleicht doch eine gewisse Ähnlichkeit mit jenen damals beliebten Tierhatzen zeigte, mit denen man bei Hofe Festgesellschaften unterhielt, indem man zusah, wie sich wilde Tiere zerfleischten. Doch muss man zugeben, dass Leibniz, von der Königin auf diese Weise angefeuert, alsbald immer neue – und bessere – Fassungen seines Textes angefertigt hat.

Die Königin ist von ihrem Feuerkopf Toland durchaus beeindruckt, aber sie hängt auch an Leibniz und will ihren Vertrauten, auch als Toland längst abgereist ist, zur weiteren Unterhaltung dabehalten, selbst noch ein halbes Jahr später, als Leibniz im Mai 1703 immer noch bei ihr in Lietzenburg ist. Da schreibt sie an Hans Caspar von Bothmer nach Hannover, sie wolle Leibniz nicht gehen lassen, doch er sei arg bedrückt von Gerüchten, die in Hannover kursierten: „Monsieur Leibniz ist noch hier in Berlin. Ich könnte mich nie dazu entschliessen, ihn abreisen zu lassen. Er ist sehr ärgerlich, dass man in Hannover glaubt, dass er seinen Dienst dort quittieren wolle, um hier zu leben. Er sagt dazu, er liebe allzu sehr die Freiheit, als dass er sich in Sklaverei begeben würde."

Sklaverei – ein schönes, selbstironisches Wort dieses freien Geistes. Das Berliner Hofleben wäre also auch nichts für ihn gewesen. Und er wird getröstet. Die Königin schickt ihm einmal ein Briefchen, in dem es heisst: „Ich schreibe Ihnen wie einem Freund, ohne jede Zurückhaltung." Wie gross auch umgekehrt das Vertrauen von Leibniz zu ihr war, zeigt sich daran, dass er ihr offen andeutete, er habe die Gicht. Ihr Hofarzt Dr. Weise, der Leibniz am Fuss untersucht hatte, war von seinem Patienten noch beschworen worden, die Diagnose für sich zu behalten. Mit dieser Krankheit war man nämlich gebrandmarkt, galt sie doch als Folge eines ausschweifenden Lebens, und das hiess nicht nur Völlerei und Trinken, sondern einige Mediziner lehrten auch, die Mutter des Kranken müsse „unrein" gewesen sein oder er selbst sich durch „Huren und Buben" schuldig gemacht haben. Leibniz wäre als Junggeselle von der üblen Nachrede besonders hart zu treffen gewesen. Die Gichtattacken wurden von Jahr zu Jahr schmerzhafter, er verschwieg das Leiden jedoch, so gut er konnte. Eingeweiht waren ausser seinen Ärzten nur die beiden Frauen, denen er sich zu öffnen wagte, die Königin und ihre Mutter Sophie.

Nach fast einem Jahr reiste er Ende Mai aus Berlin ab und kam am 3. Juni 1703 in Hannover an.

Ein Buch über John Locke   Ein halbes Jahr später, am 4. Dezember (1703), schrieb Sophie Charlotte an Leibniz: „Ich lese gerade das Buch von Mr. Locke, von dem Sie in Ihrem Brief sprachen, und ich bin inzwischen bei den angeborenen Ideen angelangt, die mir so gut widerlegt scheinen, dass ich auf Ihre Erwiderung um so neugieriger bin." Diese Neugier kann wohl auch Leibniz nur gewundert haben, weil doch die Grundfragen alle schon in Lietzenburg am Kamin und im Park erörtert worden waren. Er antwortete dennoch ebenso gern wie ausführlich. Die Königin war jedoch, ihrem Wesen nach, eingenommen für all diejenigen, die Hergebrachtes bestritten. Da hatte es ein Bewahrer des Alten nicht leicht.

Leibniz hatte sich, wie erwähnt, früh über Thomas Burnett an Locke mit Einwänden gewandt. Die beiden Denker hatten auch weiterhin in einer mittelbaren und losen Verbindung gestanden, so hatte Locke im Jahre 1701 um die ‚Novissima Sinica‘ gebeten. Jetzt, ein Jahr nach den Gesprächen in Lietzenburg, im Frühjahr 1704, hatte Leibniz doch noch eine ausführliche Entgegnung auf Locke niedergeschrieben. Der Königin teilt er mit, es sei ein Werk, das er in „verlorenen Stunden" aufgesetzt habe, als er „auf der Reise oder in Herrenhausen war, wo mir keine Musse zu anderen Untersuchungen blieb, die grössere Sorgfalt erfordert hätten".

Entstanden war damit das Manuskript zu den ‚Nouveaux essais ...‘, auf deutsch auch ‚Neue Abhandlungen‘ genannt, die Leibniz leider selbst nie veröffentlicht hat. Sie haben die Form eines Dialogs zwischen Philalethes, einem Anhänger Lockes, und Theophilus, aus dem Leibniz selbst spricht. Einmal benennen beide Seiten ihre Standpunkte besonders klar. Dabei fällt auch das Stichwort ‚Tabula rasa‘, womit ursprünglich bei den alten Römern der Zustand der wächsernen Schreibtafel gemeint war, bevor sie zum ersten Mal benutzt wurde. Also ein unbeschriebenes Blatt.

Philalethes: Unsere Anhänger setzen voraus, dass die Seele zu Anfang eine Tabula rasa, leer von allen Zeichen und ohne irgendeine Idee sei, und sie fragen, wie sie dazu komme, Ideen zu empfangen und wodurch sie diese in so verschwenderischer Menge erwerbe? Darauf antworten sie mit einem Worte: durch die Erfahrung.

Theophilus: Diese Tabula rasa, von der man so viel spricht, ist meines Erachtens nur eine Fiktion, die die Natur nicht zulässt und die nur auf unzulänglichen philosophischen Begriffen beruht. Man wird mir das anerkannte Axiom entgegenhalten, dass nichts in der Seele ist, was nicht von den Sinnen stammt. Aber man muss die Seele selbst und ihre Affektionen davon ausnehmen. Nihil est in intellectu, quod non fuerit in sensu, excipe: nisi intellectus ipse. Die Seele schliesst in sich das vernünftige Denken und viele andere Begriffe, die die Sinne nicht geben könnten, ein.

Der lateinische Satz bietet die meistzitierte Stelle aus diesen Abhandlungen, sicherlich auch, wie erwähnt, eine besonders einleuchtende: „Nichts ist im Verstand, was nicht zuvor in den Sinnen gewesen ist, ausser dem Verstand selbst." Mit anderen Worten: Der Verstand (Intellekt) muss schon so eingerichtet sein, dass er Sinneseindrücke verarbeiten kann. Diesen Satz hat freilich Leibniz nicht selbst geprägt, er kannte ihn bereits aus seinem Studium, und ausserdem täte man Locke Unrecht, wenn man glaubte, er habe nicht auch gewusst, dass alles Begreifen den Intellekt schon voraussetzt. So naiv, das zu bestreiten, war er nicht. Allerdings meinte er, unveränderlich angeboren sei nichts, der Verstand bilde sich bei jedem Individuum erst im Laufe des Verstehens aus. Doch auch in dieser Version ist Lockes These wohl nicht ganz richtig, weil im Lauf der Evolution schon vieles erworben und gespeichert worden ist, auch die Fähigkeit zum Denken. Insofern hatte Leibniz doch mehr recht als Locke.

Die eher psychologische Beschreibung, wie das Erkennen im einzelnen vor sich geht, hatte schon Locke geliefert, und Leibniz folgt ihm darin meist bereitwillig. Auffallend aber ist, dass Leibniz auch zu dieser Seite des Vorgangs noch eine eigene Einsicht beizutragen hat. Er sieht hier nämlich etwas vorgegeben, was Locke kaum erkannt hat, das Unbewusste. Und er hat damit als einer der ersten behauptet, dass es Denkvorgänge gebe, deren wir uns nicht bewusst sind.

Eine Anekdote kann seine These verdeutlichen. Als er wegen seiner Windmühlen 1683 in Zellerfeld war, hat er einen jungen Mann, Schwalenberg mit Namen, ausgefragt, der von einer hölzernen Winde am Kopf getroffen worden und bewusstlos liegengeblieben war. „Ich fragte ihn, ob ihm nicht etwas gleichsam getraumet, antwort nein", notierte sich Leibniz. Auch jedes Empfinden während der Bewusstlosigkeit bestritt der junge Schwalenberg. Doch Leibniz fährt fort, fast triumphierend: „Allein, ich habe ihm gleichwohl erwiesen, daß er die Zeit über nicht gar ohne Gedanken gewesen seyn müßte", denn sonst hätte er ja nicht gespürt, „daß einige Zeit oder intervallum verfloßen gewesen, wie er mir gleichwohl hat gestehen müßen. Und sonst hatte er sich ja nothwendig müßen einbilden (in dem moment da er aufgewachet), er stünde noch vor der Winde, und fände die sachen in dem stande, da er sie gelassen, würde sich auch nach der Winde und den dabei gestandenen Leuten umbgesehen haben." Ein wunderbarer Beleg für Leibnizens geradezu empirische Forschung.

In den ‚Neuen Abhandlungen' schreibt er nun: „Ein Zustand der Seele ohne Denken und eine absolute Ruhe des Körpers scheinen mir gleichermassen naturwidrig und beispiellos in der Welt. Sicher schlafen und schlummern wir. Aber daraus folgt nicht, dass wir im Schlummer ohne irgendwelche Perzeption (Vorstellung) sind. Vielmehr findet sich genau das Gegenteil, wenn man wohl darauf achtet." Wie modern er als Psychologe, man möchte fast sagen Tiefenpsychologe war, kann eine andere Stelle aus den ‚Neuen Abhandlungen' zeigen: „Wir können uns einreden, was wir wollen, indem wir unsere Aufmerksamkeit von einem unangenehmen Thema abwenden und uns einem widmen, das uns mehr zusagt. Finden wir zum Beispiel eine Partei im Meinungsstreit sympathisch, so werden wir am Ende auch ihre Argumente für die überzeugendsten halten." Das ist bemerkenswert gut beobachtet.

Noch bevor Leibniz die Abhandlungen hatte drucken lassen, starb John Locke. Die Veröffentlichung unterblieb, und Leibniz hat es später so empfunden, als habe Pietät ihn davon abgehalten, den Verstorbenen zu kritisieren. Jedenfalls kam das Werk erst sechzig Jahre später, 1765, heraus. Die Wirkung war gross. Alle Welt betrieb gerade Erkenntnistheorie und hielt deshalb diese Arbeit für Leibnizens Hauptwerk. Auch machte die flüssige Darstellung den Zugang zu seinem Denken besonders leicht. Kein Geringerer als Lessing wollte das Werk ins Deutsche übertragen.

Prinzessin Caroline Die hannoversche Kurfürstin-Mutter Sophie kam Anfang Oktober 1704 zu Besuch nach Lietzenburg. Nachmittags traf sie ein, und obwohl sie als Mittagessen nur eine Tasse Schokolade zu sich genommen hatte, ging sie doch zwei Stunden im Park mit der Königin, Leibniz und den Prinzessinnen von Hessen-Kassel und von Ansbach spazieren. Besonders Prinzessin Wilhelmine Caroline von Ansbach, genannt Caroline, war eine grosse Freude für die Königin. Sie war einundzwanzig Jahre alt, auffallend hübsch und intelligent, dabei von der freundlichsten Art. Auch Leibniz, der schon länger wieder hier war und jetzt mit gleich vier Damen des Hochadels zusammen sein durfte, mochte sie besonders gern.

Ihren Vertrauten Leibniz wird die Kurfürstin im Park aus den Augenwinkeln beobachtet haben, um zu sehen, wie gut er ging und stand. Er war ja schon fünf Wochen hier in Lietzenburg, und sie wusste nicht, ob das Bein wieder ganz in Ordnung war. Den Juli über hatte er in Hannover lange zu Bett gelegen mit einem offenen Geschwür am Unterschenkel, knapp über dem Knöchel, denn es hatte nicht heilen wollen und war sehr schmerzhaft. Zwar konnte Leibniz jetzt Gutes berichten, aber dies würde, das wusste er wohl, zu einem bleibenden Übel werden. Dann sagte Sophie, ihr Sohn, der Kurfürst, sei immer noch verstimmt, weil sein Geheimer Rat schon wieder ohne Genehmigung verreist sei und „von dem Geschichtswerk, das Sie schreiben wollten, rein gar nichts zu erblicken ist". Das hatte sie ihm zwei Wochen zuvor schon ausrichten müssen, trotzdem freute sie sich, ihren Leibniz hier wiederzusehen.

Und während sie zur Ansbacher Prinzessin Caroline hinüberblickte, kam ihr der Gedanke, dies könne die richtige Frau für ihren Enkel, den Kurprinzen Georg August sein, und sie war bald überzeugt: „Besser werden wir zu Hannover nichts bekommen." Caroline war Vollwaise und lebte deshalb am Hofe ihres Verwandten, des preussischen Königs, der ihr Vormund war. Mit ihren hellblonden Haaren, den blauen Augen und dem weissen Teint war sie eine Schönheit, deren Ruf sich gerade weithin verbreitete. In Wien suchte man für Karl, den spanischen König und späteren Kaiser, der zwei Jahre jünger war als sie, eine geeignete Gattin, und die Wahl der Hofburg war sogleich und ausschliesslich auf sie gefallen. Man hatte es einzurichten gewusst, dass Karl sie scheinbar zufällig sah. Wenige Stunden genügten, um in dem jungen Habsburger eine solche Liebe zu entfachen, dass er keine andere als sie zur Frau begehrte.

Eine Ehe erforderte selbstverständlich ihren Übertritt zum Katholizismus, und zwar noch vor der offiziellen Werbung. Doch wider Erwarten war es bislang nicht gelungen, die junge Prinzessin von ihrem lutherischen Bekenntnis abzubringen. Selbst der vielgewandte Beichtvater und Jesuitenpater Ferdinand Orban erzielte bei ihr nur ein vorübergehendes Schwanken. Als Leibniz sie jetzt kennenlernte, stand sie mitten in dieser schweren Entscheidungskrise. Kurfürstin-Mutter Sophie schrieb: Dieser Orban „hat unendlich viel Geist, denn er ist ein grosser Mathematiker und wird deshalb von Leibniz sehr geschätzt". Der hielt den Jesu-

itenpater tatsächlich für „einen der Gelehrtesten und Glimpflich-
sten seines Ordens, so ich je in Teutschland gesehen".

In ihrer Not muss Prinzessin Caroline den Philosophen um Rat
gefragt haben, dabei wuchsen Verständnis und Vertrauen zwischen
beiden. Als sie sich endlich klar geworden war, dass sie die Konversion doch nicht vollziehen konnte und die ehrenvolle Werbung
ausschlagen musste, half ihr Leibniz am 7. November (1704), die
offiziellen Ablehnungsbriefe aufzusetzen. Jahre später wird sie der
etwa gleichaltrige englische Dichter John Gay, Verfasser der ‚Beg-
gar's Opera', dafür mit den Worten besingen: „She scorned an
Empire for religion's sake" (Sie verschmähte ein Reich um des
Glaubens willen).

Nachdem sie im Dezember abgereist war, schrieb sie Leibniz in
einem ihrer ersten Briefe: „Ich bitte Sie, Monsieur, mir Ihre
Freundschaft zu bewahren, einem Menschen, der den Preis dafür
kennt und der nichts mehr leidenschaftlich wünscht, als sich für
alle die Freundlichkeiten erkenntlich zu zeigen, die Sie mir
während meines Aufenthaltes in Lietzenburg erwiesen haben."
Diese zu Herzen gehenden Worte bewährte sie mit anhänglicher
Treue. In ihren Briefen findet sich zwar nicht der helle Witz
Sophies oder Sophie Charlottes, aber die gleiche Offenheit und
Zuwendung, sowie ein starker Wunsch zu verstehen, was Leibniz
dachte.

Der Eigensinn, mit dem sie eine Krone ausgeschlagen hatte,
wurde in ihrem Verwandtenkreis kaum gebilligt. Familienober-
haupt Friedrich, seine Gattin Sophie Charlotte und selbst die Kurfürstin-Mutter in Hannover konnten es nicht begreifen, dass diese
Prinzessin aus kleinem, wenig begütertem Hause auf die spanisch-
habsburgische Partie verzichten wollte. Einer aber lobte sie dafür
um so nachdrücklicher, der hannoversche Kurfürst Georg Ludwig.
Über ihre Verweigerung schrieb er an seine Mutter, „dafür sollten
wir sie zur Heiligen machen". Oder zur Schwiegertochter.

Sein Sohn, der hannoversche Kurprinz Georg August, trat,
nachdem sich andere Ehepläne zerschlagen hatten, ein halbes Jahr
später, Anfang Juni 1705, eine Brautfahrt an, scheinbar „ins Blaue",
die ihn merkwürdig zielstrebig an den kleinen Ansbacher Hof
führte. Er wurde nur begleitet von seinem früheren Erzieher, dem
Geheimen Rat Philipp Adam von Eltz. Im Ansbacher Lustschlöss-
chen Triesdorf kehrten beide ein und gaben sich als reisende Kavaliere aus, Georg August unter dem Namen von dem Bussche. Es

erging dem hannoverschen Prinzen wie zuvor dem Habsburger, er war gleich unerhört verliebt, der Entschluss zur Ehe stand fest. Die beiden Kavaliere brachen deshalb unter einem Vorwand alsbald wieder nach Hause auf, und der Kurfürst bereitete alles vor. Es war wieder der Geheime Rat von Eltz, der zwei Wochen später erneut incognito bei der Prinzessin vorzusprechen hatte, um sie unauffällig zu fragen, ob sie von anderen Verpflichtungen frei und bereit sei, eine Bewerbung Georg Augusts anzunehmen, dessen Tarnung Eltz jetzt aufdecken sollte.

Die Prinzessin versicherte, dass ihr Engagement mit Karl, dem König von Spanien, endgültig aus sei – eine nochmalige, in diesen Tagen eingegangene Werbung werde sie abschlägig bescheiden. Sie schätze sich überglücklich, den Kurprinzen Georg August, der ihr vom ersten Augenblick an gefallen habe, zum Gemahl zu bekommen. Dann berichtete sie noch von dem letzten Versuch, sie zur Konversion zu bringen, den der Bischof von Raab, Herzog Christian August von Sachsen-Zeitz, unternommen hatte. Er habe der scheinbar noch Schwankenden geschrieben, wenn sie freilich zuvor ihren lutherischen Prediger frage, ob sie katholisch werden sollte, das sei ja so, als wenn er, der Bischof, vor dem Beten den Teufel um Erlaubnis dazu fragen wollte. Schon im Juli (1705) konnte der Ehevertrag unterzeichnet werden. Diese bezaubernde junge Frau, die sich um die Freundschaft von Leibniz beworben hatte, wurde damit zur Kurprinzessin, also zu einer künftigen Herrscherin in dem Hause, dem Leibniz diente. Es konnte ihm nur recht sein.

Die Einzigartige geht Im September 1704 war der hannoversche Vizekanzler Ludolf Hugo gestorben, der einzige Bürgerliche unter den Exzellenzen und ein unbestrittener Meister auf dem Gebiet des Staatsrechts. Leibniz erfuhr es in Lietzenburg und bat die Königin, ihn doch ihrem Bruder für das nun freigewordene Amt des Vizekanzlers zu empfehlen, da er nach Dienstrang und Dienstalter an erster Stelle für die Nachfolge stehe. Sie willigte ein, denn sie sei, meinte sie, eine gute Freundin, darum wolle sie seine Interessen über ihre eigenen stellen und seiner Bitte entsprechen. Doch wenn er das Amt bekomme, werde sie nicht mehr die Freude haben, ihn in Lietzenburg zu sehen. Er bekam es natürlich nicht, vielmehr schaffte man den Posten des Vizekanzlers ab, und das war, auch für Leibniz, besser so.

Im Januar des Jahres 1705 – Leibniz war noch immer in Berlin – liess er die Königin zum Karneval nach Hannover vorausfahren und wartete selbst noch, bis ihm der König eine besondere Vergütung von immerhin tausend Talern auszahlen würde, dann wollte er nachkommen. Die Reise der Königin durch die kalte Winterwelt muss zugig und anstrengend gewesen sein. Schon unterwegs von einer heftigen Erkältung befallen, legte sie sich in ihrem Vaterhaus gleich zu Bett. Sie litt an einer Lungenentzündung, die aber nicht richtig erkannt wurde. Schon bald nach ihrer Ankunft, frühmorgens am 1. Februar 1705, starb sie. Leibniz erfährt die Nachricht schnell, am späten Abend des nächsten Tages, durch Minister von Bülow, der als offizieller Bote Hannovers zunächst den König vom schrecklichen Verlust zu unterrichten hatte.

In der Nacht noch, unter dem ersten Eindruck der Todesbotschaft, schreibt er aufgewühlt und doch ruhig an Henriette Charlotte von Pöllnitz nach Hannover: „Ich weine nicht, ich beklage mich nicht, aber ich weiss nicht, woran ich bin. Der Verlust der Königin erscheint mir wie ein Traum, aber wenn ich aus meiner Betäubung erwache, finde ich ihn nur zu wahr." Sein Brief, so fügt er hinzu, sei philosophischer als sein Herz. Er bittet sie, der Kurfürstin-Mutter Sophie seine Anteilnahme zu übermitteln; ihr selbst zu schreiben habe er nicht gewagt, da er nicht wisse, in welcher Verfassung sie sei. Sie hat – jetzt 75 Jahre alt – ihr viertes Kind verloren, ihre einzige Tochter, sicherlich das Kind, an dem sie am meisten gehangen hatte.

Am gleichen Tag schrieb Leibniz auch an den hannoverschen Kammerpräsidenten und Geheimen Rat von Görtz, und dabei fällt der Satz: „Jedermann wird zugeben, dass ich zu denjenigen gehöre, die am meisten verlieren. Der Tod einer so vollkommenen Königin trifft mich, weil es keine grössere Erfüllung für mich gab, als sie zu sehen." Er fürchtete, wie er später schrieb, über seinem Schmerz krank zu werden.

Die Königin war, wie er bald erfuhr, bis zum letzten Augenblick bei klarem Verstand gewesen. Sie starb ohne Schmerzen und Erstickungsanfälle, bewundernswert gefasst und ruhig. Man hatte einen reformierten Geistlichen gerufen, weil die Königin das Bekenntnis ihres Gatten angenommen hatte. Sie antwortete ihm nur einsilbig, so dass vielleicht daraus die Legende entstand, sie sei als spottender Freigeist dahingeschieden. Ihr Enkel Friedrich der Grosse wollte es jedenfalls so sehen. Ganz andere Worte von ihr hat die Kurfürstin-Mutter dem Witwer überliefert: „Meine Seele ist schon bey Gott, ich sterbe einen gemächlichen Tod, denn ich fühle nichts." Nach anderen Berichten soll die Königin eine ihrer Hofdamen, die in Tränen ausbrach, als es zu Ende ging, so getröstet haben: „Beklagen Sie mich nicht, denn meine Begierde, den Ursprung der Dinge zu kennen, den Leibniz mir nie zu erklären vermochte, den Raum und das Unendliche, das Sein und das Nichts zu begreifen, wird ja nun bald gestillt werden."

In den ersten Tagen des Schmerzes verfasste Leibniz auf deutsch eine getragene Ode. Die Verse waren nicht zur Veröffentlichung bestimmt, gehören aber zu den schönsten Dichtungen ihrer Zeit.

> Der Preußen Königin verläßt den Kreis der Erden,
> Und diese Sonne wird nicht mehr gesehen werden;
> Des hohen Sinnes Licht, der wahren Tugend Schein,
> Der Schönheit heller Glanz soll nun erloschen sein ...

Dann folgt – nach vielen Strophen einer eher verhaltenen Klage – ein Ausdruck von tiefer Trauer:

> Wie? Lebt Sie gar nicht mehr? Ist alles dann verschwunden,
> Gleich wie der Rauch dahin, wie die verflossenen Stunden?
> Ist Gottes Ebenbild, das Kunststück seiner Kraft,
> So wenig als ein Traum im Schlafe dauerhaft?

Leibniz, von diesem Tod getroffen wie wohl niemals sonst in seinem Leben, sucht Trost, und der scheint errungen mit der Gewissheit, dass die Königin auf ewig Mitglied in Gottes Reich der Gnade sein wird:

> Die Seelen, die mit Gott in Innung können treten,
> Die fähig ihr Verstand gemacht, Ihn anzubeten,
> Die kleine Götter sein und ordnen was wie Er,
> Die bleiben seines Staats Mitglieder immermehr.

An Johann Matthias von der Schulenburg schrieb er einen Monat später, mit den „unvergleichlichen Vollkommenheiten" der Königin habe er „eine der grössten Glückseligkeiten von der Welt, welche ich mir vernünftigerweise für mein ganzes Leben versprechen konnte, verloren". Erschüttert war auch König Friedrich, der gewiss unter dem Selbstbewusstsein seiner Frau gelitten und sie dafür oft gedemütigt hatte und der sich nun vorwarf, zu ihren Lebzeiten nicht genügend „égard" (Rücksicht, Achtung) für sie gehabt zu haben.

Der Leichnam muss gleich einbalsamiert worden sein und wurde vier Wochen nach dem Tode im hannoverschen Schloss, wie es in einem Bericht heisst, „auf einem Parade-Bette exponirt und öffentlich gezeiget". Leibniz war nicht in Hannover und hätte den Anblick gewiss auch nicht ertragen. Die tote Königin wurde daraufhin von einer Commission abgeholt und auf der Fahrt, die 13 Tage lang meist durch brandenburg-preussisches Gebiet führte, vom Volk am Wegesrand geehrt. In Berlin hatte bis zur Beerdigung der ganze Hof schwarz zu tragen, obwohl sie erst am 28. Juni (1705) stattfand, vier Monate nach dem Tod. Die Beisetzungsfeierlichkeiten sollten nach dem Willen des Königs zur grössten Selbstdarstellung seines Staates werden und alles übertreffen, was Paris, Wien und Rom bisher gesehen hätten. Und so kam es auch. Leibniz war nicht zugegen.

Ein Denkmal aus Worten, die Theodicée   Obwohl ihn der grosse Verlust schmerzte, hat Leibniz an seinem Glauben festgehalten, dass dies die beste denkbare Welt und Gottes Handeln gerechtfertigt sei. Allmählich entstand aus den Gesprächen und Niederschriften, zu denen die Königin den Philosophen einst ermuntert hatte, die ‚Theodicée'. Einem Freund schrieb er: „Da ich seit meiner Jugend über dieses Thema nachgedacht habe, meine ich, es gründlich erörtert zu haben." Es ist das einzige umfangreiche Buch, das er verfasst und nicht nur herausgegeben hat und das er erscheinen sah. Fünf Jahre nach dem Tod der Königin, 1710, kam es beim Buchhändler Isaac Troyel in Amsterdam heraus. Der hatte zuvor nicht nur die Schreibweise des Französischen geändert, sondern auch die Gliederung des etwas unordentlichen Werkes und sogar den Titel, indem er aus dem Text das Wort „Theodicée" darin aufnahm, das Leibniz geschaffen hatte und das „Rechtfertigung Gottes" bedeuten soll, zusammengesetzt aus zwei griechischen Worten, die französisch geformt sind. Leibniz selbst hatte mehr akademisch bleiben wollen mit dem (französischen) Titel ‚Grundlagen der allgemeinen Philosophie und der natürlichen Theologie'.

Weil er seine Philosophie nicht ausgerechnet in einem frommen Buch vor der Fachwelt ausbreiten wollte, liess Leibniz das Werk

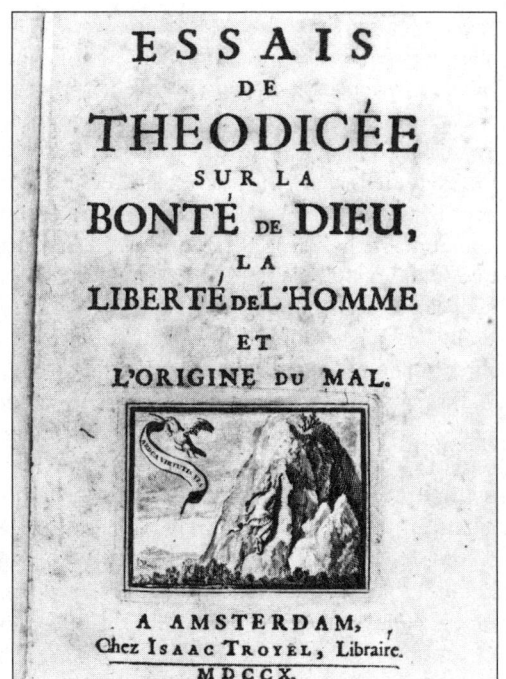

Die ‚Theodicée‘, ein umfangreiches Buch zur Verteidigung des Schöpfers gegen den Vorwurf, er sei ungerecht und grausam, entstand aus den Debatten mit Königin Sophie Charlotte und kam 1710 in Amsterdam heraus. Es wurde zur Lieblingslektüre vieler aufgeklärter Christen. Die erste Auflage nannte keinen Autor.

anonym erscheinen. Prompt wurde das ungewohnte Wort ‚Theodicée‘ von einigen als Name des Autors angesehen, was im französischen Titel auch geht: ‚Essais de Theodicée sur la Bonté de Dieu ...‘ Seine Autorschaft hat Leibniz aber nicht bestritten, er hat das Werk gern verschenkt, und zwei Jahre später nannte die zweite Auflage auch den Namen des Verfassers.

Das Werk enthält nicht nur eine Rechtfertigung der Schöpfung und der Güte Gottes, wie es der Titel ankündigt, sondern auch eine ganz neue Sicht des christlichen Glaubens – als Antwort auf die Auseinandersetzungen der Zeit. Denn damals wurden im Namen der modernen Wissenschaft oft Religion und Offenbarung ganz in Zweifel gezogen. Leibniz wollte den Glauben gerade diesen Erneuerern des Denkens so vorstellen, dass die Bibel und das moderne Weltbild als vereinbar erscheinen konnten. Das ist ihm gelungen, aber er musste dazu die alte Rechtgläubigkeit stark umdeuten.

Er persönlich glaubte – das muss man wohl so hart sagen – nicht alles, was er vortrug, sondern hatte den Glauben eines Deïsten, das heisst, für sich brauchte er nur die natürliche, die Vernunftreligion, also den Schöpfergott. Den allerdings verehrte, ja liebte er. Ihn allein erwartete er auch in der Zukunft, als den Herrn des kommenden Gnadenreichs. Was er für sich selbst nicht brauchte, waren Vergebung und Errettung, denn das christliche Sündenbewusstsein hat er nicht gekannt. Die geheime Revolution, die er vollzog, kann man auch so beschreiben: Leibniz hat die Erlösung durch Jesus Christus fast ganz zurücktreten lassen. An deren Stelle steht nun die allmähliche moralische Vervollkommnung der Menschheit in der Geschichte – bis zu ihrer Vollendung in einem künftigen Gottesreich.

Eine jenseitige Strafe oder Belohnung hingegen lehnte er in seinem privaten Glauben ab. Das hat er einmal fast unbewusst in einem Brief enthüllt, als er eigentlich nur den Jesuiten und Dichter Friedrich Spee rühmen wollte, von dem er sagte, er habe sich allein an Gottes „Schönheit oder Vollkomenheit" erfreut, habe weder Hoffnung noch Furcht gekannt, also keinen Himmel und keine Hölle, sondern nur eine „ganz un-interessierte Liebe zu Gott" gezeigt. Das war genau der Glaube, den Leibniz selbst hatte, ein Glaube, der keine Vorteile will, aber auch keine Angst kennt. Dem Tugendhaften winkt als Lohn, wenn man da noch von Lohn sprechen will, nur seine Vollendung.

Moralische Vollendung statt jenseitiger Belohnung – Leibniz hat mit diesem Gedanken Schule gemacht, denn die folgenden Generationen in Deutschland bis hin zu Goethe und Hegel haben diesen Leitgedanken des allmählichen moralischen Aufstiegs der Menschheit zu einem Reich der Geister von Leibniz übernommen. Das ist das eine. Zum anderen hat seine Entscheidung fortgewirkt, keinerlei Offenbarungswahrheit anzugreifen. Es wird typisch für die deutsche Geistesgeschichte, dass die Bibel nicht bekämpft wird. Man lässt den Frommen ihren Glauben und legt sich selbst die Überlieferung nur stillschweigend anders zurecht. Diese bewusst gewählte Toleranz, die dem Leibnizschen Harmoniebedürfnis, aber auch seiner Autoritätsgläubigkeit entsprach, ist ihm später manchmal als Unaufrichtigkeit ausgelegt worden, wohl nicht ganz zu Recht. Er suchte eben zu verstehen, nicht zu bestreiten.

Während etwa in England schon der erste Deïst John Toland die Bibel einschränken wollte auf das, was die Vernunft auch von sich aus für richtig gehalten hätte, will Leibniz die Vernunft nur als das Mass, nicht aber als den Inhalt des Glaubens einführen. So wird die natürliche Theologie nur zur Norm, mit der die Schriftauslegung in keinen Widerspruch treten darf, nicht jedoch zum Gegenstand des Glaubens. Auch dieses Erbe aus der ‚Theodicée' ist in Deutschland Tradition geworden.

Geändert hat Leibniz damit viel. Die Heilsgeschichte sah nun ganz anders aus. Nicht Sündenfall und Strafe, Erlösungstat und Gnade und all diese anderen schroffen Kehrtwendungen in der Geschichte Gottes mit der Menschheit – nein, bei Leibniz erscheint das ganz anders. Die göttliche Gnade muss den Menschen nicht erst aus der Sünde herausreissen, sondern will dem einzelnen, der eigentlich gut ist, nur eine Stütze auf seinem Weg sein. Denn der Mensch ist zwar noch unvollkommen, entwickelt sich aber, von himmlischen Mächten gefördert, stetig zum Guten. Kein Hin und Her, keine göttliche Wut und Besänftigung, sondern alles verläuft nach langerdachter, planvoller Ordnung. So führt der Schöpfer die Seinen am Ende in das Reich der Gnade, das Reich der Geister.

„Nicht Erlösung, sondern Vollendung", das ist das Paradigma, mit dem der christliche Glaube sich tatsächlich in die Moderne hat retten können. Und Leibniz ist derjenige, der es entworfen hat. Er mag auf vielen Gebieten gross und prägend gewesen sein, auf die Theologie hat er geradezu überwältigend stark gewirkt, jedenfalls auf den liberalen Protestantismus.

Das literarische Europa hat sich an der ‚Theodicée' erwärmt, weil dieses Buch einen Weg zeigte, wie man modern sein und sich doch weiter an die Tradition halten konnte. Bald wurde das Werk die Bibel der Aufgeklärten. Allerdings ist der Philosoph Leibniz auch zum Gespött gemacht worden, nämlich zwei Generationen später von Voltaire, der für kurze Zeit am Hof des Grossen Friedrich, also beim Enkel dieser preussischen Königin Sophie Charlotte, ein häufiger und hochgeehrter Gast war und der seinen Romanhelden Candide dadurch wunderlich erscheinen lässt, dass dieser Träumer überall eine gute Welt erwartet und ihm das sehr schlecht bekommt. „Wenn dies die beste aller Welten ist, möchte ich nicht wissen, wie die anderen sind", ist einer der wirkungsvoll komischen Aussprüche des Unglücklichen. Nur wenige Leser wussten, dass damit der wahre Leibniz nicht verstanden und vielleicht nicht einmal gemeint war. Ein ganz anderer, ein Konkurrent von Voltaire am Berliner Hof, sollte hier verhöhnt werden, der Akademiepräsident Pierre Moreau de Maupertuis, der die Zweckmässigkeit der Schöpfung stärker als Leibniz – und daher physikalisch falsch – hervorgehoben hatte. Seit dem ‚Candide‘ gilt jedoch der angebliche Optimismus von Leibniz als sonderbar.

Wie es schon die ‚Nouveaux essais‘ waren, so ist auch die ‚Theodicée‘ ein Denkmal aus Worten, gesetzt der preussischen Königin, der skeptischen, provozierenden Denkerin, die in dieser besten aller möglichen Welten doch so früh hat sterben müssen.

In Hannover an der Kette   Die Sache war empörend. Leibniz fand
das alles erniedrigend. Sein gnädiger Herr, der Kurfürst, hatte ihm
das Reisen verboten. Jetzt, kein halbes Jahr nach dem Tod seiner
Gönnerin, der Königin, sollte er gar nicht mehr nach Berlin fahren dürfen. Er, der Präsident der königlichen Sozietät, war von seinem Landesherrn mit Arrest belegt worden, durch das Reskript
vom 6. Juni 1705. Nur noch zu seinen Arbeitsstätten innerhalb der
welfischen Lande durfte er reisen, also nach Wolfenbüttel, Braunschweig, Celle, wohl auch zur Landesuniversität Helmstedt. Nicht
weiter. Das war eine Schmach, und sollte wohl eine Strafe sein.
Aber wofür?

Gut, er war vor ein paar Wochen, im April, incognito in Berlin
gewesen, denn jemand wollte ihn gewinnen, ihn in brandenburg-
preussische Dienste ziehen: sein alter Freund, der Geheime Rat
Johann Friedrich von Alvensleben, der Gesandte, dem er immer bei
Anton Ulrich begegnet war. Als das Werben begann, hatte die verehrte Königin noch gelebt, geboten hatte man ihm Bedingungen,
die weit über seiner bisherigen Vergütung in Hannover lagen. Darum war er in aller Verschwiegenheit noch einmal dort gewesen.
Eingeweiht waren nur Freund Alvensleben, natürlich die Pöllnitz
und Fähnrich Charles Hugony, der für ihn den Briefträger gemacht
hatte. Alles war gut bedacht gewesen, seine Briefe hatte er, obwohl
er in Berlin war, mit ,Hannover' datiert, wo sie auch zur Post gegeben wurden. Eigentlich waren die Spuren gut verwischt worden.

Seine Reisen, soweit er sie unerlaubt oder heimlich antrat,
begann und beendete er meist in Wolfenbüttel, weil man dann in
Hannover denken konnte, er werde dort wohl still an der Welfengeschichte arbeiten. So hatte er es auch diesmal gemacht. Als der
Abstecher nach Berlin dennoch in Hannover ruchbar geworden
war, hatte er angegeben, es sei um die Trauerfeier, genauer um die
Personalien für die verstorbene Königin gegangen. Es sei ihm auch
darum zu tun gewesen, hatte er gesagt, den Briefwechsel der toten
Königin zu sichern, den er schon zu ihren Lebzeiten geordnet
habe. Er wollte ihn mit nach Hannover nehmen, doch seine

Majestät, der Witwer, habe die Briefe, um jede Verschwiegenheit zu wahren, bereits ungelesen verbrennen lassen. Durfte man ihm, dem Geheimen Rat Leibniz, eine so gut begründete Reise verübeln, nur weil sie nicht angemeldet gewesen war?

Oder hatte er den Hof mit etwas anderem verärgert? Gerade erst im Mai hatte er seinem Kurfürsten eine Denkschrift vorgelegt, die doch hoffentlich nicht als Parteinahme für das verhasste Berlin verstanden worden war. Darin hatte er geschrieben, die Spannungen zwischen Preussen und Hannover richteten Schaden an, liessen sich aber vermeiden. Der König sei nur allzu empfindlich – „doch er hasst und verachtet uns nicht!" Dann hatte er sein Lieblingsthema angeschlagen: Preussen und Hannover sollten zusammenstehen gegen Frankreich. Geholfen hatte es nichts. Die Missstimmung zwischen den beiden Höfen war unverändert geblieben, und Leibniz hatte sich in Hannover nicht gerade beliebt gemacht.

Als offizielle Begründung für das Reiseverbot war natürlich die Angst um die Welfengeschichte genannt worden, von der es wieder geheissen hatte, „daran aber dem Vernehmen nach gar wenig annoch geschehen". Das war ungerecht, ebenso das folgende: „Durch seine vielfältigen Reisen, langwierigen Abwesenheiten und weitläufigen Korrespondenzen" würde er zu sehr abgelenkt. Besonders ärgerlich war, dass man dazu auch noch auf sein Alter – er wurde bald 59 Jahre alt – angespielt hatte, ja auf seinen Tod. Stürbe er jetzt, so wären, hatte er lesen müssen, „nicht allein alle auf dieses Opus verwandte grosse Kosten, Mühe und geschehene viele Reisen vergeblich und verloren", sondern der Kurfürst müsse alle Hoffnung fahren lassen, „dass jemalen ein tüchtiges und rechtschaffenes Opus Historicum von unserem Hause an das Tageslicht werde gebracht werden können", da seine Vorarbeiten schwerlich postum von einem anderen zu Ende geführt werden könnten.

Er war tatsächlich abgelenkt. Bekannt in Hannover war inzwischen auch, dass er sogar im Kurfürstentum Sachsen eine Akademiegründung betrieben hatte. Die Brücke dorthin bildete seine gute Bekanntschaft mit dem Beichtvater des Kurfürsten und polnischen Königs, Carlo Mauritio Vota. Von Berlin aus reisend, hatte er im vergangenen Dezember (1704) drei Wochen in Dresden zugebracht. Seine dortigen Freunde und Gönner – Graf Fleming, General von der Schulenburg und Ehrenfried Walther von Tschirnhaus – hatten ihm auch wirklich eine Audienz beim sächsischen Kurfürsten und polnischen König August dem Starken verschafft. Leibniz war, dem Plan zufolge, als Präsident vorgesehen und hatte vorgeschlagen, Tschirnhaus solle mit ihm zusammenarbeiten. Der Kurfürst war darauf eingegangen, sogar mit Begeisterung. Aber das hatte sich zerschlagen, alles stand ungünstig, es herrschte Krieg, und der Schwedenkönig stand wie Hannibal ante portas.

Nun also sass Leibniz in Hannover fest wie einer, der zuviel auf dem Kerbholz hat, und konnte sich auf absehbare Zeit nicht einmal um sein Berliner Sorgenkind kümmern. Mit dem Verbot zu reisen musste er sich abfinden, gegen die Festlegung nur auf die Welfengeschichte aber, als sei er zur Strafe ins Arbeitshaus gesteckt worden, rebellierte er, weil er sich der ganzen Wissenschaft verpflichtet fühlte, und schrieb in einem Bericht an die Geheimen Räte zu Hannover, „dass die Republica literaria auch verschiedene andere Entdeckungen von einiger Wichtigkeit von mir erwartet, welche ich nicht gern verloren gehen sehen wollte, und die der Gnädigsten Herrschaft um so weniger zuwider sein können, als die Beförderung der Wissenschaften einigermassen zu dero Glori mitgereichet".

Zwar beteuert er auch, er werde „mit Hintansetzung anderer Arbeit und meiner Gesundheit selbst mich äusserst angreifen (anstrengen), um das historische Werk zustande zu bringen". Aber er wagt es, eine Bedingung für seinen Einsatz zu stellen. Er will nur dann alles andere liegenlassen und jetzt bald zum Abschluss kommen, „wenn ich die Gnädigste Versicherung erhalten könnte, dass ich hernach in Ruhe und Freiheit" die Musse haben werde, ganz nach eigener Wahl das Nachdenken und das Erfinden „fortzusetzen". Er will also nach dem Abschluss ein freier Mann sein mit Pension – und nicht etwa, beispielsweise, fürchten müssen, in die Justizkanzlei versetzt zu werden. Heute wäre ein solches Verlangen nach Frühpensionierung denkbar. Doch fast schon ungebührlich, auch nach heutigen Normen, war es, eine solche Zusage zur Bedingung für den gegenwärtigen Arbeitseifer („selbst mich äusserst angreifen") zu machen. Die Minister nahmen das Angebot einfach zu den Akten.

Es ist, als hätte Leibniz uns damit erkennen lassen, warum er die Welfengeschichte bislang nicht sehr weit vorangetrieben hatte. Er musste fürchten, wäre sie erst abgeschlossen, die schönen Freiheiten zu verlieren, die er – hinter der Fassade dieses Auftrags – sich zu nehmen längst gewohnt war.

Ein falscher Ratschlag – und doch wieder in Berlin   Wenn er auch nur einen Augenblick an die Sozietät dachte, musste Leibniz ein schlechtes Gewissen haben. Sekretär Jablonski berichtete, selbst der Bau des Observatoriums sei ins Stocken geraten, weil die „Werkleute" wegen der Vorbereitungen für die königliche Trauerfeier abgezogen worden seien, mit der Arbeit gehe es allenfalls „gar schläfrig" und „allgemach" voran. Im September (1705) hatte der wohlhabende Berliner Amateur-Astronom von Krosigk die Beobachtungen in seiner Privatsternwarte aufgenommen, wodurch das Elend der Sozietät nur um so fühlbarer geworden war. Allerdings durfte Kirch mit seiner Ehefrau und Gehilfin beim Herrn von Krosigk auch eigene Beobachtungen anstellen, denn die Sozietät hatte als Gegengabe für diese Erlaubnis dem Privatmann das Riesenrohr (sechs Meter Länge), das sie selbst aus den Beständen des Königs empfangen hatte, ausgeliehen. Doch nun musste, das war Leibniz bei diesen elenden Zuständen bedrückend klar, unbedingt etwas getan werden.

Nach fast einem Jahr braven Bleibens in Hannover und Umgebung versuchte es Leibniz deshalb mit einem Reiseantrag. Und tatsächlich, die Genehmigung kam von Georg Ludwig prompt am 22. April 1706. Die Abreise verzögerte sich jedoch, weil sich der preussische König von Juni bis September in seinen rheinischen Ländern aufhielt, Leibniz ohne ihn aber in Berlin nichts ausrichten konnte.

Als es dann losgehen sollte, wäre Leibniz fast noch von einem folgenreichen Fehler eingeholt worden. Allzu klug hatte er Rat gegeben in einer konfessionellen Frage. Leider den falschen! Es ging mal wieder um eine fürstliche Eheschliessung. Der preussische Kronprinz – jener schwierige Knabe, der auf Vögel schoss – hatte schon als halbes Kind Neigungen zu seiner hannoverschen Cousine Sophie Dorothea gezeigt, der Tochter von Georg Ludwig und seiner verstossenen Ehefrau, die ebenfalls Sophie Dorothea hiess. Nun wollte Grossmutter Sophie ihre beiden Enkelkinder vermählt sehen. Während die jungen Leute miteinander keine Schwierigkeiten hatten, empfand der preussische König starken Ärger über den Plan, wie er ja die Welfen, seine alte Schwiegerfamilie, oft genug mit Hass betrachtet hatte. Seinem Sohn, dem Kronprinzen, gelang es aber, den Grafen Wartenberg, der auf seinen Vater einen geradezu magischen Einfluss ausübte, für seinen Herzenswunsch zu gewinnen.

Noch mächtiger aber war bei Hofe die Gräfin Wartenberg, die Mätresse des Königs, und Kurfürst Georg Ludwig, der seine Tochter nur allzu gern nach Berlin verheiratet sehen wollte, liess sich tatsächlich herbei, an die Gräfin einen Brief zu schreiben mit der Bitte, den König umzustimmen. Die Mätresse war geschmeichelt genug, um ein gutes Wort einzulegen. Nun wollte der König sogar auf der Reise an den Rhein in Hannover Station machen und höchstselbst den Brautwerber spielen. Das ging Georg Ludwig schon wieder zu weit, und er versuchte das persönliche Kommen des Königs zu verhindern, weil er sich die teuren Geschenke für den Gast ersparen wollte, was überaus bezeichnend war für seine eckige Art und seinen Geiz. Der König aber liess sich nicht abhalten, sondern traf im Juni 1706 mit grossem Gefolge in Hannover ein, und die Hochzeit wurde beschlossen.

Leibniz hat alsbald um Gunst bei der Prinzessin geworben, da erkennbar war, dass sie in Berlin Einfluss haben werde. Als sie im Juli nach Pyrmont abgereist war, um ihren Vater ein letztes Mal bei der Kur zu begleiten, hat er ihr einen Vers zugesandt, der ihre Abwesenheit recht galant bedauert:

Prinzessin! Ist's nicht hart, uns auch *die* Wochen rauben,
Die selbst der Kronprinz will zu unserem Trost erlauben?
Doch kann's auch Gnade sein, damit Sie uns verbind't:
Dass man allmählich sich in diese Schmerzen find!

Er kümmerte sich auch um ihre Hochzeit. Es gab nämlich ein konfessionelles Problem, denn die brandenburg-preussische Herrscherfamilie war reformiert, das Welfenhaus lutherisch, und der Unterschied galt damals noch als erheblich. So musste man ein Modell für die gemeinsame Trauung finden. Leibniz, in diesen Dingen kundig, hatte schon früh dem Berliner Hofprediger Jablonski vorgeschlagen: Die beiden Brautleute könnten nach dem Ritus der sozusagen dritten (und in diesem Fall neutralen) Konfession getraut werden, der anglikanischen, denn die künftigen Eheleute hätten beide – als Nachkommen der Kurfürstin Sophie – soeben die englische Staatsangehörigkeit erlangt. Und ausserdem habe König Friedrich ohnehin schon vorgehabt, in Berlin die anglikanische Liturgie einzuführen. Leibniz erläuterte dann, gelehrt wie er war, welche der 39 Artikel der englischen Kirche ihm ohne weiteres auch für Lutheraner und Calvinisten annehmbar erschienen; und meinte, über die wenigen, die das nicht seien, würde man sich verständigen können.

Jablonski war angetan, die Sache stiess aber auf den geharnischten Widerspruch des brandenburgischen reformierten Bischofs Benjamin Ursinus von Bär, eines Konkurrenten von Jablonski. König Friedrich liess sich von dessen Empörung anstecken und verbot dem Hofprediger Jablonski, die „ohne Unser Vorwissen begonnene, Uns ganz unanständige Correspondenz" mit Leibniz fortzuführen. In seinem Ärger liess der König sogar Hannover wissen, er wünsche, dass Leibniz gar nicht erst wieder nach Berlin komme.

Trotzdem musste der Präsident jetzt dorthin, um endlich etwas für seine Sozietät zu tun. Da er die Erlaubnis seines Kurfürsten zur Reise längst hatte, fuhr er einfach ab. Als er aber in Berlin eingetroffen war, erreichte ihn ein Donnerwetter von zu Hause. Kurfürst Georg Ludwig untersagte nun seinerseits dem unglücklichen Vermittler, weiter an einer Vereinigung der Lutheraner und Calvinisten mitzuwirken. Am liebsten hätte er seinem Hofrat noch weit mehr Dinge verboten und hat sich wohl nur unter dem beschwichtigenden Einfluss seiner Mutter Sophie auf dieses eine Thema beschränkt.

Man sieht, wie leicht Leibniz es gleich mit beiden Seiten verderben konnte. Eine anglikanische Trauung, das war theoretisch ein durchaus gescheiter Einfall, doch Leibniz besass offenbar nicht Urteil genug, um zu sehen, dass er damit Zorn auf sich ziehen oder zumindest Verlegenheit auslösen musste. Denn die Berliner, als Reformierte eine Minderheit und daher empfindlich, wollten sich nicht bevormunden lassen. Das Haus Hannover aber musste als englischer Thronanwärter auf der Hut sein und durfte sich nicht – gleichsam mit der künftigen Würde prahlend – bereits anglikanisch geben. Gelegentlich wirkte, da Leibniz nun aufs Greisenalter zuging, eine seiner Ideen auch jetzt noch wie der Einfall eines hochbegabten Knaben, dem die Erfahrung in der Welt fehlt.

Die Sozietät befand sich – das war, als Leibniz in Berlin ankam, gleich zu merken – in schlechter Verfassung, sie existierte kaum noch. Es gab keine gemeinsame wissenschaftliche Arbeit, keine Räume, kein Ansehen und nicht einmal Geld. Die wenigen auswärtigen Mitglieder drohten das Interesse, ja die Achtung zu verlieren. Nun war auch er noch, der Präsident, vom König laut gerüffelt worden. Aber schon am ersten Tag nach seiner Ankunft, schneller ging es nicht, am 16. November (1706), erhielt er am Morgen Audienz beim König, dessen Zorn verraucht schien und der – so kurz vor den Hochzeitsfeierlichkeiten allen Hannoveranern ohnehin wohlgesinnt – gerade ungeduldig die Ankunft seiner Schwiegertochter erwartete. Die neue Kronprinzessin war mit ihrem Gefolge in Spandau vor den Toren der Stadt angelangt und damit beschäftigt, ihren feierlichen Einzug vorzubereiten. Ihre Aussteuer und ihre Festkleidung hatte ihr Vater in Paris bestellt, wo alles monatelang hergestellt worden war; an solchen standesgemässen Bräuchen hielt man trotz des erbittert geführten ‚Reichskrieges‘ mit Frankreich fest.

Im Berlin dieser Tage muss Leibniz manches bekannt erschienen sein, denn als er im Jahre 1700 zum ersten Mal der Sozietät wegen hierher gekommen war, hatte man, wie berichtet, im Herrscherhaus auch gerade eine aufwendige Hochzeit gefeiert. Dem überaus prächtigen Einzug des jungen Paares am 27. November folgte tags darauf die feierliche Trauung in der Schlosskapelle, wobei der König der Kronprinzessin höchstselbst die Krone aufsetzte, die sie, wie er einmal gesagt hatte, „nach Gott von keinem als von mich" empfangen konnte. Dem Fachmann Leibniz musste dabei auffallen, dass dies, anders als die hannoversche Bedingung gelautet hatte, eine völlig calvinistische Trauung war. Übrigens waren die Verwandten der Braut damals bei fürstlichen Hochzeiten meist nicht eingeladen, weil man protokollarische Schwierigkeiten vermeiden wollte.

Am andern Tag nahm Leibniz abends am glänzenden Souper des Königs zu Ehren der Neuvermählten teil. Darüber berichtete er der Kurfürstin-Mutter Sophie: „Als mich der König am Ende des Mahles sah, rief er mich zu sich und sagte mir, wie schmerzlich er inmitten dieser Festesfreude berührt sei von dem Gedanken, dass die Königin dieses Fest nicht mehr miterlebe. Die Erinnerung an den Verlust werde ihn bis an sein Lebensende bedrücken." Eine Szene, an der auffällt, wie dem Witwer beim Anblick des Philosophen gleich seine verstorbene Frau in den Sinn gekommen war – als ganz eng verbunden hatte offenbar auch er die beiden vor Augen. Und der Mann, der aus Schwäche so wenig offen und sicher auftrat, war mit Leibniz anscheinend vertraut genug, ihm Gefühle einzugestehen, und auch noch solche bewegenden. Gewiss ein grosser Augenblick im Leben von Leibniz, der sich kaum etwas so sehr wünschte wie das Vertrauen der Mächtigen.

Der Kurfürstin in Hannover hat er auch noch berichtet, was er geantwortet hatte: „Ich nahm mir die Freiheit, Seine Majestät darauf hinzuweisen, dass er nun jemanden bei sich habe, der ihm die Königin gewissermassen wiederschenke." Diese Formulierung ist heikel, wie es eigentlich jeder Trost ist, und ‚wiederzuschenken‘ war die Verstorbene gewiss nicht. Aber Leibniz wollte wohl die neue Welfin am preussischen Hof auf charmante Weise ein wenig herausstreichen, indem er sie an die Verstorbene heranrückte, deren Nichte sie war.

Die prächtigen Feste setzten sich fort in einem Reigen, der von Opern, Komödien, Galatafeln und Hofbällen über Feuerwerke und Festbeleuchtungen bis hinab zum grausigen Schauspiel grosser Tierhatzen führte. Es war ein wochenlanger Taumel von Pracht und Herrlichkeit, der der Prunksucht des Königs weit besser entsprach als dem schlichten Sinn des Kronprinzen, des späteren Soldatenkönigs. Sophie Dorothea dagegen zeigte eine fast kindliche Freude an diesem Treiben, das ihr bisher fremd war, und nahm entzückt die Huldigungen und üppigen Geschenke ihres Schwiegervaters entgegen. Man sagte, sie hätten einen Wert von über 100 000 Talern. Es wurde übrigens eine recht solide Ehe, was nicht zuletzt an der Ruhe und Lebensklugheit der Gattin lag. Sie gebar 14 Kinder, von denen zehn aufwuchsen, darunter war Friedrich, den man später den Grossen genannt hat.

Um Einfluss zu gewinnen, warb Leibniz weiterhin um die Kronprinzessin und steckte sich hinter ihre hannoversche Grossmutter, die ihr auch tatsächlich empfahl, „diesen guten Mann" in Zukunft oft nach Berlin einzuladen. Sophie überbrachte ihrer Enkelin noch einen weiteren Wunsch, den ihr Leibniz wohl sehr ans Herz gelegt hatte: „Dazu müsste der König ihm eine regelmässige Rente aussetzen, wie er sie in Wolfenbüttel bezieht, wo er auch seine Besuche macht. Anscheinend findet er, dass diese Reisen seiner Gesundheit zuträglich sind." Eine Rente für Leibniz, das war natürlich nicht zu erreichen, doch in den nächsten beiden Jahren hat die Kronprinzessin seine Kosten, die in Berlin für Quartier, Pferde und Diener anfielen, übernommen.

Man feierte die Hochzeit vier Wochen lang, und Leibniz musste mithalten wie schon bei seinem ersten Besuch in Berlin, sechseinhalb Jahre zuvor. Diesmal scheint er sich noch mehr den Kleidervorschriften des prunkenden Hofes angepasst zu haben. Als er ein halbes Jahr später nach Hannover zurückkehrte, wunderte sich die Kurfürstin-Witwe jedenfalls über seinen Aufzug. Sie schrieb an ihre Enkelin nach Berlin: „Er erschien hier ganz in Stickereien; wie er sagt, darf man sich an Eurem Hof nicht mehr anders zeigen, obwohl ihm der Plunder nicht recht auf den Leib passt."

Gelehrte Herren in der Marine-Stube   Die Hochzeitsfeierlichkeiten waren am 23. Dezember (1706) zu Ende gegangen. Schon vier Tage später konnte Leibniz endlich eine Serie von Konferenzen beginnen, mit denen er energisch versuchen wollte, die Sozietät „zu einiger Aktivität" zu bringen. Es ging ihm dabei vor allem um eine wissenschaftliche Veröffentlichung, die späteren ‚Miscellanea Berolinensia' (Berliner Vermischte Themen), mit denen sich die Akademie-Mitglieder in der Öffentlichkeit vorstellen sollten. Den Titel ‚Miscellanea' trugen auch schon die Veröffentlichungen der Leopoldina zu Halle.

Es war überhaupt das erste Mal, dass sich die in Berlin ansässigen Sozietätsmitglieder zusammenfanden. Sie taten es, gleichsam im Vorgriff auf die späteren Klassen, getrennt nach Interessengebieten, weil der Versammlungsraum zu klein für alle gewesen wäre, oder, wie Leibniz sagte, „weil general Versammlungen aller Glieder anzustellen, die gelegenheit nicht leidet". Er hatte vor, zu Beginn jeder Sitzung die Aufgaben der Sozietät zu erläutern und die Anwesenden um Themenvorschläge für die geplante Sammelschrift zu bitten.

Man traf sich am 27. Dezember im Kollegienhaus am Schlossplatz. Dieser Raum der Marinekommission stand der Sozietät jetzt seit genau fünf Jahren zur Verfügung, und ebenso lange hatte man ihn nicht wirklich genutzt. Eingeladen waren zu dieser ersten Sitzung „diejenigen Herren, welche sich rei mathematicae annehmen". Die Geladenen trafen ein, zu unterschiedlicher Zeit, denn jede Uhr ging damals noch anders. Die Diener blieben im Treppenhaus zurück und spielten Karten, die Kutscher froren draussen in der Dunkelheit. Erst als die Mehrzahl der Gelehrten versammelt war, konnte man beginnen. Das sorgfältige Protokoll wurde von Sekretär Jablonski angefertigt, und man nimmt heute die Einblicke, die es bietet, teils amüsiert, teils erschrocken zur Kenntnis.

Der Präses, gewiss am Kopfende sitzend und ganz Autorität, begrüsst die Anwesenden und stellt fest, dass man Mitglieder in die Sozietät berufen habe, „von denen man sich Hoffnung zur Aufnahme der Wissenschaften hat machen können". Da muss sich jeder fragen, ob er dem Kriterium nun auch genügen will. Sodann fordert Leibniz, dass die Sozietät „auch würcklich etwas leiste", wodurch Majestät zur „Ertheilung neuer Gnaden-Bezeigungen bewogen werde". Darüber wolle man nun miteinander reden, wobei es „einem jeden der Herren frey stehet, dasjenige anzubringen, was zum Besten der Societät gereichet". Am meisten erwünscht sind technische Erfindungen, sodann Dinge, die der Sozietät Geld einbringen, aber auch Beiträge sollen angekündigt werden für die geplante erste Ausgabe der Zeitschrift.

Das Wort hat nun das Mitglied des Konzils, Erster Archivar Johann Jacob Chuno, der Mitbegründer, der in diesem Jahr neben dem Kabinettsarchiv auch das Geheime Staatsarchiv übernommen hat und seit einem Jahr (1705) auch derjenige Beamte ist, dem die Vorzensur der Berliner Gazetten auferlegt wurde. Er trägt eine grosse Arbeitslast, aber hat sich heute abend die Zeit genommen zu erscheinen, denn die Sozietät geht bei ihm immer vor. Als Liebhaber der Mathematik hat er sich diese Runde der Mathematiker ausgewählt, obwohl er als Archivar auch die Historie hätte wählen können. Jetzt kann er aber nur allgemein vermelden, „dass er bereit sei, so viel an ihm, zu dem vorhabenden Zweck beizutragen". Der dilettierende Astronom und Mathematicus Chuno, der für die schliesslich herausgekommenen ‚Miscellanea Berolinensia' einen Artikel über Potenzrechnung beisteuern wird, ist also nicht ganz präpariert. Aber man kennt seinen grossen Eifer.

Als nächster ist der Hausastronom und Kalendermacher Gottfried Kirch an der Reihe. Auch heute abend wirkt er still wie immer, ist wohl noch leidend, er war im zu Ende gehenden Jahr fast zwölf Monate lang krank. Auch er sei zu allem bereit, sagt er, und nehme, wie es seine Pflicht sei, „insonderheit die Observationes Astronomicas über sich". Gottfried Kirch mag froh sein, dass der Präses ihn diesmal nicht zu drängen scheint, mehr zu leisten, als er vermag, am Ende gar von ihm erwartet, dass er sich in eine Reihe mit dem grossen Dänen Olaus Römer oder mit dem Briten Edmond Haley zu stellen suche. Für diesmal erspart ihm das der Präses und erteilt gleich dem nächsten das Wort.

Ferdinand Helffreich Lichtscheid, 47 Jahre, ein Österreicher, aus der Nähe von Wien gebürtig, Propst an der Petrikirche zu Berlin, ist nebenbei auch Mathematiker und Musiker. Aber er benennt hier nichts ausser dem Wunsch, wenn in der kommenden Veröffentlichung auch Buchbesprechungen vorgesehen seien, wie der

Herr Präses angedeutet habe, dann sollten sie, bitte, kurz gehalten sein und nur das wirklich Neue mitteilen. Das wird beifällig zur Kenntnis genommen.

Die Ausbeute ist bislang nicht vielversprechend. Der Präses ermuntert zu weiteren Vorschlägen. Nun kommt ein alter Bekannter von ihm zu Wort, Alphonse Des Vignoles, Prediger der Hugenotten-Gemeinde in Berlin, daneben Mathematiker und Historiker. Auch Leibniz mag daran gedacht haben, wie sie sich einmal beinahe überworfen hatten. Denn er war es, den Leibniz elf Jahre zuvor als Helfer bei einer Edition empfohlen bekommen hatte, wobei es, wie berichtet, zum Streit um den Namen des Herausgebers auf dem Titelblatt gekommen war. Der Prediger, vom Präses aufgefordert, spricht bescheidener als alle: Er schätze es als Ehre, dass er in diese Gesellschaft aufgenommen worden sei, werde aber mehr zu lernen haben, als er beizutragen vermöge. Anbieten könne er eine Arbeit über die Umlaufbahnen der Kometen. Im übrigen habe er sich vorgenommen, „die Historiam der Bischoffe von Brandeburg zu schreiben", da auch Landesgeschichte als Thema der Sozietät genannt worden sei. Der Präses nimmt das freundlich auf und ermuntert seinen ehemaligen Partner dazu, dann auch speziell etwas auszuführen zur Erhellung der Gebietsgrenzen im Mittelalter.

Aufgerufen ist nun Philippe Naudé, ebenfalls Hugenotte, Professor der Mathematik am Joachimsthalschen Gymnasium, daneben auch Mathematiklehrer des Pagenkorps sowie an der Kunst- und der Ritterakademie. Er ist 52 Jahre alt und hört schlecht. Leibniz war ihm dankbar, hatte sich Naudé doch vier Jahre zuvor die Mühe gemacht, die Zahlen im binären System auszurechnen, was mühsam gewesen war wie eine Strafarbeit. Im Protokoll heisst es: „Entschuldiget seinen Mangel am Gehör, habe sich eingestellet allein seine Geflißenheit gegen die Societaet zu beweisen, wenn aber etwaß wäre, darinn er dienen könte, wolle er es daran nicht ermangeln laßen."

Man hat wohl zustimmend genickt, doch die Hoffnungen auf eine reiche Ernte für die geplante Veröffentlichung schwinden mit jeder Äusserung mehr, und alles blickt nun auf Oberingenieur Johann Heinrich Beer, einen Mann von bald sechzig Jahren. Er war zunächst Ingenieur der Armee, hatte sich auf mehreren Feldzügen bewährt, und ist seit fünfzehn Jahren Mitplaner und Oberbauleiter der Berliner Friedrichstadt. Ihm war damit eine Riesenaufgabe im bauwütigen Berlin übertragen, die ihn wohl dazu befähigen sollte, von neuen Techniken zu berichten. Und an Technik, das hatte der Präses betont, bestand brennendes Interesse. Oder wird er etwas aus der Altphilologie vorschlagen? Von ihm sagte man, er sei auch ein Kenner und Liebhaber des Griechischen. „Ich weiss mich nicht fähig, etwas zum Dienst der Sozietät zu contribuieren, weil es mir an Zeit mangelt, die ganz zu anderen Verrichtungen eingeteilt ist", beginnt der Oberingenieur, und jeder kann den Vielbeschäftigten verstehen. Aber nach einer Pause fährt er fort: „Doch will ich an eine Sache erinnern, der sich die ganze Christenheit schämen sollte, nämlich an die grosse Unordnung des Kalenders". Die anwesenden Herren erfahren nun, Jesus Christus sei nicht zu Weihnachten geboren, sondern zum Laubhüttenfest. Das müsse man verbessern ...

Bald war deutlich zu vernehmen, dass das Ende der Weltgeschichte gekommen sei, „wozu nur drei Jahre noch ermangeln". Den neuen, besseren Kalender, der offenbar eine letzte Rettung bringen könnte, habe er übrigens ausgearbeitet, sagte Oberingenieur Beer noch, und er wolle ihn auf Begehren in Umlauf geben. Die Mitglieder der Sozietät waren vielleicht nicht ganz überrascht, weil sich in letzter Zeit allerlei pietistische Zirkel in Berlin gebildet hatten, man wusste auch, dass Johann Georg Gichtel, Visionär und Anhänger Jacob Böhmes, gerade in der Friedrichstadt Anhänger gefunden hatte. Und doch war man etwas peinlich berührt, ersuchte aber den Herrn Oberingenieur höflich, „seine Gedanken wegen der Verbeßrung des Jahres zu communiciren", und fuhr ohne Aussprache fort.

Der Hofarzt Friedrich Jägwitz war der nächste. Er bot etwas über Brennspiegel an, die allgemein zum Schmelzen von Metallen verwendet wurden, weil sich hohe Temperaturen damals am leichtesten mit dem Sonnenlicht und solchen Spiegeln herstellen liessen. Jägwitz war 42 Jahre, seit einem Jahr Hofarzt und nebenbei auch Hausarzt, etwa von Hofprediger Jablonski, zugleich Stadtphysicus (Amtsarzt) von Berlin und Cölln, Armenarzt im Waisenhaus und im Pesthaus (der späteren Charité). Ausserdem war er Professor für Anatomie an der Akademie der Künste. Nebenbei betätigte er sich als Chemiker und stellte auch die Brenngläser, mit denen er arbeitete, selbst her. Man war erfreut von der Ankündigung des Herrn Hofarztes und Stadtphysicus, doch die meisten wussten, dass es gerade in den letzten Jahren überall viele Experimente mit

Brennspiegeln gegeben hatte. Jägwitz wurde dennoch freundlich ermuntert, seine Versuche fortzusetzen.

Das Protokoll, das für diesen Abend mehr Wortmeldungen nicht verzeichnet, schliesst mit der Feststellung des Präses Leibniz, dass offenbar alle Anwesenden die geplante Veröffentlichung billigten und dass, wie sich gezeigt habe, „ein jeder, soviel es seine Zeit und Umstände leiden, dazu das seine beizutragen erbötig sei". Dieses Schlusswort liess vieles offen. Von einer straffen Führung war hier nicht viel zu spüren, aber der Präses mochte Grund haben, so sanft zu verfahren, denn er durfte niemanden verprellen.

Eine Woche später tagte der nächste Kreis von Mitgliedern, diesmal waren es Männer, die „in der Medicin und Physic ihren fleiß üben". Als erster hatte das Wort Herr Bergrat Theodor Christoph Krug, vor drei Jahren geadelt mit dem Zusatz ‚von Nidda', seit langer Zeit Leibarzt des Königs und Dekan einer Ausbildungsstätte für Mediziner. Zugleich fast ebenso lange schon Bergwerksdirektor, bis ins vorige Jahr ‚Bergrat' – und mit diesem Titel wird er im Protokoll auch noch genannt –, seit einem Jahr Berghauptmann im Oberbergamt in Berlin. Er gratuliert der Sozietät zunächst höflich zu diesem guten Anfang und wünscht sich nur, dass sie bald ihre Räume beziehen kann. Das Stichwort nimmt Leibniz gern auf, denn die Anträge dazu liegen beim Hofbeamten von Hamrath, „und weil Herr von Krug tägliche gelegenheit habe, den Herrn von Hamrath zu sehen, würde er der Societaet einen Dienst tuhn, desfalls zu erinnern, damit es nicht wieder in vergeßen gerahte", heisst es im Protokoll. Der Herr Bergrat gehört als Leibmedicus zum engeren Zirkel des Königs und soll seine Beziehungen spielen lassen. Niemand erwartet offenbar von ihm einen eigenen wissenschaftlichen Beitrag. Doch soll er auch etwas zu tun bekommen, denn bei dieser Gelegenheit schlägt der Präses wieder einmal vor, dass alle besoldeten Mediziner im Land „durch königlichen Befehl angewiesen werden möchten", ihre Beobachtungen einzusenden, und zwar an den obersten Leibmedicus von Krug. Der scheint damit einverstanden, vielleicht weil er weiss, dass es doch nicht zu einer solchen königlichen Order kommen wird und er also keine zusätzliche Arbeit befürchten muss.

Das Wort hat nun Pierre d'Angicour, Rat am Obergericht der französischen Kolonie und nebenbei Mathematiker. Weswegen er in diesen Kreis der Mediziner und Physiker geladen war, mag nicht allen deutlich gewesen sein. Doch Präses Leibniz erinnert ihn daran, dass er früher vielversprechende Beobachtungen an Spektralfarben unternommen habe, über die er doch bitte später einmal berichten möge. Tatsächlich hat er sich für den Sammelband der Sozietät dann mit Newtons „Opticks", die zwei Jahre zuvor erschienen waren, beschäftigt.

Als nächster ist Etienne Chauvin an der Reihe, auch er Hugenotte, schon 66 Jahre. Leibniz kannte ihn gut, denn vor Jahren hatte Chauvin in Berlin das ‚Nouveau journal des sçavans' herausgegeben, nun war er Direktor und Professor der Philosophie am Collège français, nebenbei aber auch Physiker aus Neigung. Er äussert sich mit vielen Höflichkeiten, gesteht jedoch, er habe ebenfalls nichts Fertiges vorzuschlagen, doch er „erbietet sich zu allem, waß ihm wird auferlegt werden zum Dienst der Societaet; so weit sein Vermögen zulange, werde er es gerne anwenden". Ein Thema, mit dem er sich sowieso befasse, sei die vielversprechende These, dass Meteoriten, diese sonderbaren Brocken, von denen einige glauben, dass es sie gar nicht geben könne, in Wirklichkeit aus Dampf oder Gasen, die von der Erde aufstiegen, entstanden seien. Darüber gebe es Veröffentlichungen aus Rotterdam. Doch weil diese bisherigen Berichte „das rechte Pflöcklein nicht getroffen, so habe er sich vorgenommen, die Sache reifer zu überlegen und herauszugeben".

Die Wortmeldungen waren auch während dieser zweiten Sitzung nicht zahlreich. Doch ein bemerkenswerter Mann hat noch nicht gesprochen: Christian Maximilian Spener. Er war der Jüngste in dieser Runde, erst 28 Jahre alt, und doch schon seit fünf Jahren Hofarzt. Dieser Sohn des berühmten pietistischen Theologen Philipp Jakob Spener hatte vielseitige Interessen, was sich schon an seinem Naturalienkabinett, einer grossen Schausammlung, zeigte. Seit einem Jahr lehrte er an der Ritterakademie auch Physik, und soeben hatte man ihn bei Hofe zusätzlich noch zum Fachmann für Wappen und für die Familiengeschichte der regierenden Häuser ernannt. Leibniz war es, der ihn, trotz seiner Jugend, zum Mitglied der Sozietät vorgeschlagen hatte. Und wahrscheinlich hatte der Präses sich diesen Begabten auch vor Jahren schon als Idealbesetzung des Sekretär-Postens gewünscht, ohne damit bei seinen Mitstreitern durchgedrungen zu sein. Als er, der Jüngste, nun an der Reihe ist, wagt er es, dem Präses zu widersprechen, der doch vorgeschlagen habe, medizinische Daten sammeln zu lassen. Er hingegen glaube nicht, dass durch königliche Erlasse, also durch Zwang, von den staatlich besoldeten Medizinern im Lande „etwas zu erhalten sein werde". Erfolgreicher hingegen als der Versuch, „dieselben zu einsendung ihrer observationes anzuhalten", scheine es ihm, wenn die Sozietät selbst Einladungen verschicke und alle zum Mitmachen ermuntere. Dann „würde mancher, durch die ehre gereizet, eher etwas beitragen". Mit dieser klugen Einsicht fand der junge Hofarzt Beifall, auch der Präses widersprach nicht, die Liste der Wortmeldungen war erschöpft, die Sitzung wurde geschlossen.

Während sich die Herren voneinander verabschieden, sich von den Dienern in den Mantel helfen lassen, die Hüte auf die Perücken setzen, die Stöcke ergreifen und die Treppe hinunterstapfen, um sich heimfahren oder heimleuchten zu lassen, und während das Faktotum den Ofen verschliesst und die Kerzen löscht, haben wir Gelegenheit, uns zu fragen, was denn aus diesem Kreis von Praktikern, die als Forscher allenfalls dilettieren, sonst hätte hervorgehen sollen als eben bestenfalls ein paar Beiträge zu einer Jahresschrift, wie Leibniz sie plante. An so etwas Anspruchsvolles wie in London oder Paris üblich, also an Referate, Debatten oder experimentelle Vorführungen – gar an Forschungsprojekte – war nicht zu denken. Der Präses fand sich eher in der Rolle des Bittstellers, der keine Ansprüche stellen und keinem Mitglied Vorschriften machen durfte, damit ja niemand abgehalten würde, etwas zu Papier zu bringen, was gedruckt werden konnte. Es schlossen sich weitere Konferenzen, etwa mit Historikern und Philologen, an.

Man könnte meinen, Leibniz sei hier nicht gerade als grosser Anreger aufgetreten; er habe nur Vorschläge gesammelt und kommentiert, so als verfüge er nicht über die wünschenswerte Führungskraft. Doch ist auch zu bedenken: Er war so erdrückend überlegen, wusste mehr als alle Anwesenden zusammen und war die einzige Berühmtheit, dass er sich stark zurückhalten musste. Seine Bescheidenheit und Bescheidung war hier Klugheit. Aus dem weichen Holz, das hier versammelt war, liess sich Besseres nicht schnitzen.

Das Seidenwerk und eigene Räume Für einen der ersten Tage des neuen Jahres 1707 hat der Präsident einen Termin beim König. Sicherlich wird er in aller Form die Glück- und Segenswünsche zu Neujahr aussprechen, aber er ist auch entschlossen, für seine Sozietät eine zweite Geldquelle neben dem Kalenderwerk aufzutun. Die Idee dazu hat er schon lange, es soll Seide hergestellt werden, ja

Seide, dieser Modestoff der Zeit, der überall Verwendung findet, vom Atlaskleid bis zur Tapete. Dazu müssten zunächst ganze Wälder von Maulbeerbäumen gepflanzt werden, mit deren Blättern die Seidenraupen zu füttern sind. Die Seide müsste sodann in Manufakturen zu Fäden gespult und zu Stoffen gewebt werden. Solche Betriebe gab es in Deutschland kaum, vielmehr stammte das fertige Produkt zumeist aus Frankreich oder Italien. Doch Leibniz glaubte, über alle Kenntnisse zu verfügen, um eine eigene Seidenproduktion aufzuziehen. Gespräche mit hohen Berliner Beamten hatte es seit langem gegeben, auch die verstorbene Königin hatte ihm einmal eigenhändig ein Seiden-Privileg ausgestellt, das natürlich wirkungslos blieb, weil sie nichts anordnen durfte, das aber seinen Unternehmungsgeist durchaus bestärkt hatte.

Nun steht er vor der Majestät, die Höflichkeiten sind vorgebracht. Noch einmal holt Leibniz aus: Das Kalenderwerk bringe nicht genug für die Wissenschaft. Aber wenn man Rohseide im eigenen Land herstellen könnte! Die Kenntnisse besitze er. Warum müssten die Franzosen – gerade jetzt, im Reichskrieg – an den Käufen der Deutschen verdienen? Majestät finden das höchst einleuchtend. Und mehr als das! Auf Anhieb erreicht Leibniz die Zusage für ein Maulbeerprivileg: Die Sozietät solle die Erlaubnis erhalten, diese Bäume an die Strassen des Landes in Form von Alleen und Hecken zu setzen, selbst die Bepflanzung von Festungsanlagen sollte gefördert werden, denn dort sei ein Baumbestand durchaus erwünscht. Der König stellte sogar, damit recht bald die ersten Seidenraupen gefüttert werden könnten, die eigenen Maulbeerbäume, die zur Zierde in seinen Schlossgärten standen, zur Verfügung, etwa in Köpenick, Potsdam und Glienicke. Leibniz, von so vielen Zusagen überwältigt, ging mit Glücksgefühlen vondannen und skizzierte gleich am 10. Januar (1707) in einem Promemoria die Grundzüge des künftigen Seidenwerks. Das Edikt des Königs wurde im März erlassen und gewährte der Sozietät im ganzen Land das Monopol auf Maulbeerbäume sowie auf die Herstellung von Rohseide.

In Deutschland glaubten viele, diese Bäume würden im nördlichen Klima nicht gedeihen. Leibniz aber wusste, „daß wo Wein wächset, auch Maulbeerbäume wohl anschlagen", und Wein wuchs sogar in der Umgebung von Berlin, etwa in Buckow. Erfahrungen hatte Leibniz auch schon selbst gemacht, weil er vor den Toren Hannovers einen Garten besass, in dem er Maulbeerbäume hatte pflanzen und aufziehen lassen. An die Verarbeitung der Rohseide jedoch, das stellte sich bald heraus, trauten sich die Sozietätsmitglieder vorläufig nicht heran, weil es selbst in Berlin schon erfolgreiche Seidenstoff-Manufakturen gab, gegen die man kaum würde bestehen können. Eigentlich konnte auch die Rohware kein wirtschaftlicher Erfolg werden, weil das entscheidende Privileg nicht gegeben worden war und nicht durchsetzbar gewesen wäre, ein Importverbot. Würde man die bewährte Qualität des Auslands je erreichen und gar in ihrem Preis unterbieten können?

Gleich nahm sich ein recht ungewöhnliches Mitglied der Sozietät des Projektes an, Johann Leonhard Frisch, damals 41 Jahre und eigentlich Lehrer am Gymnasium zum Grauen Kloster. Er war ein überaus tüchtiger Mann, der nebenbei etwa als Chemiker das ‚Berliner Blau' herstellte, das er nicht selbst erfunden, aber verbessert hatte. Er verfasste das bedeutendste Wörterbuch der deutschen Sprache seiner Zeit, und er sollte später auch noch die ersten Standardwerke zur Insekten- und zur Vogelkunde in Deutschland herausbringen. Zur Insektenkunde fand er übrigens durch seine Beschäftigung mit den Seidenraupen.

Er ging mit solcher Entschlossenheit ans Werk, dass er schon ein halbes Jahr nach Erteilung des Privilegs seinem Präsidenten Leibniz berichten konnte: „Zu Cöpenik haben wir bey 5 Pfund guter Seiden bekommen, das übrige, was das schönste von den Cocons ware, haben wir auskriechen lassen, so dass ich wohl zu 100 Pfund Seiden, und darüber, Wurmsaamen gesamlet. Es waren die Cöpenikschen Cocons von solcher größe und Härte, daß die Italiener und Franzosen dabey schlechten Unterschied von den besten in ihren Landen finden können." Frisch hat mit grosser Energie und Klugheit versucht, zum Erfolg zu kommen, doch waren die Schwierigkeiten des Gewerbes und die Widerstände der Behörden leider ebenso gross.

An einem klaren Wintertag, Anfang Februar (1707), stehen einige Herren, darunter Präsident Leibniz, vor den Anlagen des königlichen Reitstalls. Sie recken die Hälse und sehen hinauf zur obersten Plattform eines Turms, eines sogenannten Pavillons zwischen den Stallgebäuden, der weit die übrige Dorotheenvorstadt überragt. Seit fast zwei Jahren steht dieser Rohbau, ein imposanter fünfgeschossiger Klotz, auf dessen flachem Dach die astronomische Station errichtet werden soll. Auch die Stockwerke darunter, die vor einem Jahr Fenster bekommen haben, werden der Sozietät

Der Berliner Hofprediger Daniel Ernst Jablonski betrieb mit seinem Freund Johann Jacob Chuno und mit Leibniz die Gründung der Sozietät der Wissenschaften. – Das geplante Observatorium war die Keimzelle der Sozietät und sollte auf einem Turm des Marstalls errichtet werden.

gehören, während das Erdgeschoss der Verwaltung des Stalles dienen soll.

Die Herren bilden eine Art Baukommission, die Leibniz vom König hat einsetzen lassen. Die Leitung hat Kammerherr von Tettau, doch am wichtigsten ist es, dass Stallmeister von Bauer, Herr über den ganzen Gebäudekomplex, dabei ist. Er hat bislang mit allen Mitteln verhindert, dass die Sozietät, wie es seit sieben Jahren vorgesehen ist, in sein Reich einzieht, denn es war für ihn schon schlimm genug, als man einst die Kunstakademie im Marstall einquartiert hatte. Der Kommission gehören noch Bauschreiber Heese an sowie die Mitglieder des Konzils.

Allgemein zufrieden ist man damit, wie der Turm – es ist der nördliche Mittelpavillon – an Fundament und Mauerwerk verstärkt und ordentlich erhöht worden ist. Doch stockt der Bau, weil das Geld fehlt. Heute geht es aber um etwas anderes. Man sucht Platz für die Wohnung des Astronomen. Dafür ist einer der anderen, nicht so hohen Pavillons vorgesehen, links oder rechts daneben, die aber beide der Stallmeister bislang nicht hat freigeben wollen. Er hat den einen für seine Bediensteten vorgesehen, den anderen als Atelier, in dem berühmten Malern Gelegenheit zu geben sein werde, die besten Pferde des königlichen Reitstalls für die Nachwelt festzuhalten. Der Stallmeister hat sich mit diesen Regelungen immer hinter der Autorität des fast allmächtigen Grafen von Wartenberg zu verstecken gewusst.

Während man umhergeht, sich der Herr Stallmeister von Bauer weiterhin verweigert, und angespannte Ratlosigkeit bei den Herren der Kommission aufkommt, macht Astronom Gottfried Kirch ganz leise den Vorschlag, man könne darauf verzichten, einen der Pavillons für ihn zu verwenden, wenn man statt dessen das Haus kaufte, das unmittelbar daneben steht und in dem er früher zur Miete gewohnt habe. Dabei zeigt er zu den Fenstern, aus denen er einst das Fernrohr in den Nachthimmel zu richten pflegte. Der Einfall wirkt unter den Ratlosen geradezu befreiend, und er wird auch bald angenommen.

Der König stimmte dieser Idee in einem Reskript vom April (1707) zu, mit dem er, Formulierungen von Leibniz aufnehmend, zugleich die Amtskammer anwies, das Grundstück zu kaufen und das Anwesen umzubauen, so dass ein Gebäude entstünde, „in welchem nicht allein die Leute der Societät bequem seyn, und eine Druckerei, auch wohl ein unterirdisches Laboratorium und dergleichen den nöthigen Gelaß finden, sondern auch einige Zimmer überbleiben mögen, in welchen Fremde und andere Standes-Personen bey der Besichtigung geführet oder mit Experimentis unterhalten werden können."

So gut ausgestattet stellte sich Leibniz also seine Societät vor. Aber es zeigte sich bald, wie wenig weit der Arm des Monarchen reichte: Die Amtskammer erklärte offen, sie könne nicht zahlen, die Staatsverschuldung sei schon zu hoch und die Schlossbauten gingen vor. Man darf Leibniz daher glauben, wenn er klagt, der Umgang mit den Ämtern sei zum Verzweifeln: „Ich bin dabei auf fast ebenso grosse Schwierigkeiten gestossen, als wenn ich für den Papst verhandeln würde. Und selbst in den Dingen, die schon entschieden waren, gab es Verzögerungen, die jeden anderen entmutigt hätten."

In Debatten, die Leibniz bald von Hannover aus und Hofprediger Jablonski sowie Archivar Chuno in Berlin mit den obersten Leuten des Hofes führen werden, hat sich schliesslich eine Lösung für die Finanzierung finden lassen. Die Societät schoss die 2 100 Taler für den Kauf des Gebäudes vor, und die Amtskammer sollte die Summe später erstatten. Geldgeber waren die Societät selbst mit 900 Talern, daneben Chuno mit einem privaten Darlehen von 700

Talern und die Witwe eines Freundes von Hofprediger Jablonski
mit 500 Talern. Die Darlehensgeber zeigten damit ihre Bereitschaft,
persönliche Risiken einzugehen, vielleicht sogar ein Opfer zu bringen, auch wenn alles verliehen war zu sechs Prozent Zinsen.

Erst ein Jahr später, im April 1708, war endlich der Kaufvertrag
abgeschlossen, und Astronom Kirch konnte mit seiner Frau in das
Haus, nun „Sozietätshof" genannt, einziehen. Im grossen Garten
hinter den Gebäuden wurde eine Maulbeerplantage angelegt,
während das lange versprochene Chemische Laboratorium der
Akademie erst 45 Jahre später errichtet werden konnte. Auf dem
geräumigen Grundstück standen zwei Wohnhäuser und zu beiden
Seiten Nebengebäude, von denen eins für den Präses aus Hannover reserviert war. Es fand sich darin „ein sauber stübgen" mit
einem Himmelbett, das extra für ihn angeschafft worden war, dazu
eine Kammer für seine zwei Diener. Es gab einen Stall für vier
Pferde mit einer Schlafstelle für den Kutscher, ausserdem einen
Schuppen für drei Wagen. Doch scheint Leibniz diese Wohnung
nie benutzt zu haben. Er stieg weiterhin in den besten Gasthäusern
der Stadt ab, gewöhnlich beim Hugenotten Vincent in der Brü-
derstrasse.

Das Observatorium ist ein Jahr später (1709) auf dem Dach des
Pavillons errichtet worden, und damit war die Zeit des Notbehelfs
endlich vorbei, die Beobachtungen begannen. Astronom Kirch
wurde bei der Arbeit von seiner ungewöhnlich begabten jungen
Ehefrau unterstützt. Leibniz hat ‚die Kirchin', wie sie genannt
wurde, einmal erlebt, als sie das Observatorium vorführte, und er
hat darüber wohlwollend seiner hannoverschen Kurfürstin geschrieben, weil Sophie gern von klugen Frauen berichten hörte:
„Es gibt hier eine sehr gelehrte Frau, die eine Seltenheit darstellt, so
dass man sie zu den aussergewöhnlichsten Persönlichkeiten Berlins
zählen kann. Ich glaube nicht, dass man so leicht in der Wissenschaft, in der sie hervorsticht, noch jemanden wie sie findet. Sie ist
für das kopernikanische System, das heisst für das Ruhen der Sonne,
wie alle gebildeten Astronomen heutzutage; und es macht Freude,
sie dieses System verteidigen zu hören, selbst mit Hilfe der Heiligen
Schrift." Die Sozietät wird der Kirchin aber, wenn sie bald darauf
Witwe sein wird, sogar diese Führungen in der Sternwarte untersa-
gen. Nachfolgerin ihres Mannes darf sie, obwohl dazu mehr als
begabt, schon gar nicht werden. Das Konzil fürchtet, man verlöre
mit einer solchen Besetzung an Ansehen, machte sich gar lächerlich.

Drei Kronen Ein wenig mit sich und dem Erreichten zufrieden durfte Leibniz sein, als er Ende Mai 1707 heimreiste. Er nahm einen Umweg, denn historische Neugier trieb ihn in den Flecken Altranstädt, nicht weit von seiner Heimatstadt Leipzig entfernt, weil dort das Hauptquartier der schwedischen Besatzungsmacht in Sachsen lag, wo er Augenzeuge einer sonderbaren Konstellation zu werden hoffte. Zu sehen waren dort manchmal drei Könige, Karl XII. von Schweden, ein ungewöhnlich kaltblütiger junger Krieger und Eroberer, August der Starke, der ehemalige, vom schwedischen Karl soeben abgesetzte König von Polen, der aber noch Kurfürst von Sachsen war, und Stanislaus Lesczynski, der neue polnische König, ein Herrscher von Karls Gnaden.

Die Eroberung seiner sächsischen Heimat im vergangenen Herbst hatte Leibniz unbedingt verhindert sehen wollen, weshalb er an seinen guten Bekannten, den General Graf von der Schulenburg geschrieben hatte, dass man den Feind an den hintereinander gelegenen Flüssen Oder, Bober, Neisse und Elbe durch entschlossene Verteidigung unbedingt aufhalten müsse. Hierfür seien neben den noch vorhandenen wenigen Truppen alle Zivilisten heranzuziehen, die die Waffen führen können: Förster, Jäger, Fuhrleute, Hirten, ja alle ,gens des metiers grossiers' wie Schlachter, Schmiede, Maurer und Bergleute. Man müsse nach dem Vorbild der Hussiten überall Wagenburgen, sogenannte Tabors, errichten und keinen Hohlweg oder Flussübergang unverteidigt lassen. Schulenburg hatte geantwortet, seine schwachen Truppen seien mit wenigen Ausnahmen geflohen – zum Teil bis in den Thüringer Wald – oder hätten sich kompanieweise den Schweden ergeben. So hatte August der Starke vor einem dreiviertel Jahr kapitulieren müssen. Offenbar wollte Leibniz jetzt den Bezwinger seiner Heimat sehen und ihn auch sprechen.

König Karl XII., dieses verstandesklare Raubtier, pflegte soldatisch, wortkarg und unnahbar zu residieren, das wusste Leibniz. Delegationen anderer Höfe empfing er kaum, liess sich jedenfalls in kein Gespräch über seine Pläne und Forderungen verwickeln. Als Leibniz eintraf, war der König nicht im Lager, und Tage vergingen, bis er zurückkehrte. Doch ist Leibniz, so hat er angedeutet, in dieser Zeit den beiden Polenkönigen August und Stanislaus begegnet. Am Ende konnte er, dem es dazu irgendwie gelungen sein muss, sich im Heerlager frei zu bewegen, den Kriegsmann Karl wenigstens aus der Nähe beobachten: „Ich sah ihn zu Mittag speisen. Das dauerte wohl eine halbe Stunde, aber Seine Majestät sprach kein Wort während der Mahlzeit und hob missbilligend die Augen, als ein junger Prinz von Württemberg über Tisch zu seinem Hunde sprach. Man kann sagen, dass der König sehr gute Gesichtszüge hat; aber seine Haltung und seine Kleidung sind nach Art der Landsknechte. Da ich auf seine Rückkehr über eine Woche gewartet hatte, konnte ich mich nicht mehr länger aufhalten, obgleich man mir Hoffnung auf eine Audienz bei Seiner Majestät machte. Doch was hätte ich ihm sagen können? Lob hört er nicht gern, selbst wenn es wahr ist, und von Politik spricht er nicht, sehr gut jedoch über militärische Fragen, wie mir Herr von der Schulenburg versichert hat."

So jedenfalls hat es Leibniz einen Monat später in seinem Brief an Lord Raby geschildert. Man darf annehmen, dass er dem schwedischen König, der damals wie der künftige Weltherrscher gefeiert wurde, seine Aufwartung hatte machen und mit ihm wohl über die Förderung der Wissenschaften in Schweden, vielleicht über eine Akademie, sprechen wollen. Er war nicht vorgelassen worden und musste einsehen, dass mit diesem Herrscher nicht zu reden war, jedenfalls nicht über solche Dinge. Denkbar ist jedoch, dass Leibniz mit der Schilderung des Königs an der Tafel keinen eigenen Eindruck wiedergegeben hat, denn er war so kurzsichtig, dass er das Heben des Blicks – selbst aus geringer Entfernung – nicht hätte erkennen können, wenn man überhaupt glauben will, dass er im Heerlager bis in die Nähe des Königs vorgelassen worden war. Möglicherweise hat er sich in dem Brief des Berichts eines Augenzeugen bedient, um nicht als jemand zu gelten, der ganz unverrichteter Dinge hat weiterreisen müssen.

König Karl, dieser kühl entschlossene Eroberer auf dem schwedischen Thron, stand zu dieser Zeit auf der Höhe seiner Macht. Er wandte sich schon zwei Monate später gegen Russland, wo er erst eine Schlacht gewann, dann im Sommer 1709 vernichtend in der Ukraine bei Poltawa geschlagen wurde und auf türkisches Gebiet fliehen musste. Durch diesen überraschenden Sieg wurde über Nacht Zar Peter – statt König Karl – zum Feldherrn, den ganz Europa bewunderte.

Die Miscellanea   In den nächsten drei Jahren haben die Berliner den Alltag der Sozietät verwaltet und das Kalenderwerk betrieben. Leibniz wirkte von Hannover aus mit guten Ratschlägen und

diplomatisch fordernden Briefen an den Hof. Aber er war nicht
mehr die Antriebskraft, beteiligte sich nur noch gelegentlich an
den Aufgaben, etwa wenn es galt, Gutachten zu eingereichten Vorschlägen zu verfassen. Ein gewisser Rödicke etwa wollte eine Universalsprache (‚Characteristica universalis') entwickeln, die jedes
Volk in seine Sprache fliessend übersetzen und somit lesen können
sollte. Der König fand das spannend, das Konzil stimmte in einem
Gutachten zu, beteiligte sich auch an der Drucklegung, doch Leibniz reagierte etwas unwillig auf diese Förderung, vielleicht weil er
seine eigenen Pläne für eine solche Sprache noch nicht aufgegeben hatte oder diesen Entwurf für unzureichend hielt.

Eigene Arbeiten und Interessen beanspruchten ihn stark. Im
Jahre 1710 erschienen der zweite Band seiner ‚Scriptores rerum
Brunsvicensium' und, wie erwähnt, anonym in Amsterdam die
‚Essais de Theodicée', im folgenden Jahr, 1711, der dritte Band der
‚Scriptores'. Doch was Leibniz immer noch energisch vorantrieb
war die erste Veröffentlichung der Sozietät, die er mit den Aktivi-
tätskonferenzen hatte in Gang bringen wollen, die ‚Miscellanea'.
Ursprünglich sollte es eine Zeitschrift werden, wie sie die grossen
Schwestern in Paris und London herausgaben, doch inzwischen
hatte er einsehen müssen, dass es schon viel war, wenn alle paar
Jahre ein Sammelband erscheinen konnte. Es dauerte auch nicht
Monate, wie gedacht, sondern Jahre, bis es soweit war.

Um seine Miscellanea hat er sich bis ins Detail gekümmert, hat
selbst ein Fünftel der Beiträge verfasst (nämlich zwölf, vom Astronomen Kirch stammten acht Beiträge) und bestimmte allein Inhalt,
Anordnung und Ausstattung des Bandes, redigierte auch fast alle
Beiträge selbst, am intensivsten die mathematischen, und las gewis-
senhaft Korrektur. Dennoch lag auf Chuno und Sekretär Jablonski
in Berlin noch die Pflicht, den Druck zu besorgen, und Leibniz
stellte sie beide auf manche Geduldsprobe, weil er oft wochenlang
mit dem, was er übernommen hatte, nicht fertig wurde.

Im Frühjahr 1710 überreichte Premierminister Graf Wartenberg
– im Namen der Sozietät – dem König ein Exemplar, zusammen
mit einem Brief von Leibniz. Man hatte diesen Rahmen gewählt,
weil die Veröffentlichung schliesslich auch darauf berechnet war,
bei Hofe Eindruck zu machen. Der Band wurde eröffnet von einer
opulenten Widmung an die preussische Majestät. Der König wird
jedoch schon deshalb nicht viel von dem Band gehabt haben, weil
alle Beiträge, um Internationalität zu erreichen, lateinisch abgefasst

waren. Aber das Werk war schön ausgestattet, enthielt 31 Kupfer-stichtafeln und eine Abbildung neben dem Titelblatt, auf der alle-gorisch der Akademiegedanke dargestellt war: Eine Göttin der Weisheit inmitten eines unaufgeräumten Naturalienkabinetts. Während zur Eröffnung der französischen Akademie, vierzig Jahre zuvor, noch der König im Mittelpunkt der dortigen Allegorie gestanden hatte, konnte sich König Friedrich, wenn er das Buch aufschlug, am Bildrand oben rechts als kleine Büste dargestellt fin-den, die den Blick nach links hinaus ins Weite tut, offenbar wenig Anteil am Geschehen nehmend.

Der Inhalt war gemäss den künftigen drei Klassen der Sozietät gegliedert in Sprachen und Geschichte, Medizin und Physik, sowie Mathematik und Mechanik. Jeden Teil hatte Leibniz selbst mit einer Arbeit eröffnet. Dabei ging es um die Entstehung der euro-päischen Sprachfamilien, um die Priorität bei der Entdeckung des Phosphors, die Leibniz dem Hamburger Heinrich Brand zuer-kannte, und um Spiele wie Schach und das japanische Go. Die Bei-träge der Mathematiker zu diesem Sammelband, darunter einer von Johann Bernoulli, gelten heute als diejenigen, die am ehesten dem Forschungsstand in Europa entsprachen.

Verfasst hatte Leibniz auch einen Artikel über seine Rechenma-schine, in dem ihre Mechanik aber nicht erklärt wurde. Die Leistung beschrieb er an Hand der Jahreszahl 1709, die mit den Tagen des Jahres, also 365, multipliziert wurde. Eine auf den ersten Blick verlockende Abbildung zeigte die Rechenmaschine aller-dings recht irreführend, denn der Schlitten war perspektivisch ver-zeichnet. Das wird Absicht gewesen sein, weil man zu dieser Zeit seine eigenen Erfindungen nicht zu verraten pflegte. Beschreibung und Zeichnung erregten dennoch einige Neugier und wurden mehrfach nachgedruckt. Auch Majestät mag bei der kleinen Feier sich das Bild der Maschine angesehen haben.

Auch einen Beitrag ‚De Elevatione Vaporum' (Über das Aufstei-gen der Dämpfe) hat Leibniz beigesteuert, den zwei Generationen später noch der geistreiche Physiker Georg Christoph Lichtenberg für das Beste zum Thema Barometer hielt. Darin prüft Leibniz unter anderem den Vorschlag des Jesuiten Francesco Lana, sich mit nahezu luftleeren Eisenkugeln von der Erde zu erheben, und rech-net vor, dass die Kugeln übermässig gross sein müssten.

Die ‚Miscellanea' waren ein Lebenszeichen der Sozietät, doch einer der Beteiligten war gekränkt, ja verletzt. Denn ein Jahr zuvor

(1709) hatte sich Leibniz nach langer Diskussion mit dem Konzil auf die endgültige Formulierung des Titels geeinigt. Dort sollte es heissen, die Beiträge stammten „ex transmissis ad Secretarium Societatis", also „aus dem, was dem Sekretär eingesandt wurde". Diese Worte folgten dem, was in London und Paris üblich war, und man wollte sich ja gern in diese Reihe stellen. Die Formulierung entsprach aber gewiss nicht der Bedeutung und dem Anteil des Berliner Sekretärs an dem Werk und konnte Leibniz nicht gefallen, der schliesslich der Initiator, Redakteur, Herausgeber und Hauptautor war. Eigenmächtig und wider die Absprache hat er daher die Erwähnung des Sekretärs im letzten Augenblick vom Titelblatt gestrichen. Der Überrumpelte richtete zwar am 8. April 1710 noch eine eilige Anfrage an Leibniz, aber nichts war mehr rückgängig zu machen. Sekretär Jablonski, dem Präses sonst loyal ergeben, muss sich düpiert gefühlt haben. Ja, es ist anzunehmen, dass er tiefen Groll empfand.

Die Vertrauenskrise Ein halbes Jahr später, Anfang Dezember (1710), hielt Leibniz den Bericht eines Mitglieds der Sozietät in Händen, der ihn, den Präsidenten, darüber informierte, dass am 4. Dezember eine Generalversammlung stattgefunden hatte, auf der die Aufteilung in Klassen vorgenommen und die Feierlichkeiten zur „Inauguration" (Eröffnung) der Sozietät vorbereitet worden waren. Alles ohne ihn. Ohne dass er überhaupt davon gewusst hatte! Der Bericht des Augenzeugen, der gar nicht ahnte, dass er als erster darüber schrieb, traf den Präsidenten wie ein Knüppelschlag, denn dem Brief entnahm er ebenfalls, die Berliner hätten ihn als Präses abgelöst und Minister von Printzen zu seinem Nachfolger gewählt.

Musste er das so zufällig erfahren? Sekretär Jablonski hatte in den letzten Monaten weniger Briefe als sonst an den abwesenden Präses geschrieben. Hie und da waren zwar Schilderungen über irgendwelche Vorgänge eingetroffen, aber Leibniz wurde nur spät und unvollständig über einiges wirklich Wichtige unterrichtet. Diesmal hatte der Sekretär den Präsidenten völlig übergangen. Hier mag sich die tiefe Verstimmung Johann Theodor Jablonskis ausgewirkt haben.

Sofort schrieb Leibniz zwei Briefe nach Berlin, den einen voll offener Empörung an seine neue Berliner Schutzpatronin, die preussische Kronprinzessin Sophie Dorothea. Den anderen Brief richtete er an Minister von Printzen, und in diesem Fall wählte er seine Worte fast schon diplomatisch. Er fühlte sich zwar hintergangen und wies darauf hin, dass die Sozietät die erreichten Erfolge nur ihm zu danken habe. Dann aber erkannte er – ganz Weltmann – Printzen als einen würdigen Nachfolger an und bat nur darum, auf keinen Fall die wirklichen Ereignisse an die Öffentlichkeit dringen zu lassen. Printzen erwiderte umgehend und mit unwiderstehlicher Eleganz, wenn auch mit der spitzen Einschränkung, er wolle Leibnizens weisen Rat „von Zeit zu Zeit" gern einholen.

Immerhin hatte Sekretär Jablonski ein Druckexemplar des ‚Reglements', also der künftigen Geschäftsordnung, inzwischen auch an Leibniz verschickt. Und wenn der noch unbefangen genug gewesen sein sollte, das Dokument zu lesen, hätte er gemerkt, dass manche seiner Ängste sich nicht bestätigten. Und doch war offenkundig, wie man ohne ihn gehandelt und ihn nicht einmal unterrichtet hatte – war doch das Reglement, das er jetzt, Mitte Dezember, in Händen hielt, immerhin schon am 3. Juni erlassen worden. Wenigstens konnte er erleichtert erkennen, dass er selbst noch im Amt und Minister von Printzen nur zum Honorarpräses ernannt worden war. Wenig später erfuhr er durch den ihm vertrauten Frisch zu seinem Trost noch, dass der Generalkonvent, der ihm nicht angezeigt worden war, ihn doch immerhin geehrt hatte: Bei der Feier habe es der Hofprediger Jablonski als Vizepräsident nicht unterlassen, des Präsidenten hoch ehrenvoll zu gedenken und seine Gegenwart herbeizuwünschen, „worinnen ihm alle beyzufallen Ursach hatten", berichtete Frisch. Also war die Stimmung nicht allgemein gegen ihn.

Über eine Formulierung des Reglements musste er sich dennoch besonders ärgern. Da stand nämlich etwas vom „erfolgenden Abgang des ietzigen Praesidis der Societät". Somit schien sein Sturz schon ins Auge gefasst zu sein. Das war jedoch nur ein unglückliches Wort, denn es ging um eine Regelung nach seinem Tod. In der ersten Fassung hatte Chuno noch „Absterben" geschrieben, was auch gemeint war, dann aber aus Takt von Sekretär Jablonski geändert wurde. Das Wort Abgang, gut gemeint, war deutlich schlimmer.

Durch die Lektüre des Reglements wenig beruhigt, antwortet Leibniz dem Minister Printzen am 30. Dezember (1710) auf dessen elegantes Schreiben. Er ist noch immer sehr aufgebracht und schweigt sich aus über Art und Ausmass seiner weiteren Mitwirkung. Offenbar hat er auch keine Lust, sich an den zu wenden, der bei allen Vorwürfen gemeint ist, nämlich Sekretär Jablonski, und er schreibt an Printzen: „Auch möchte ich mir die Bitte erlauben, dass Euer Excellenz Herrn Jablonski, Sekretär der Societät, anweisen, mich nicht nur von Grund auf über alles Geschehene zu informieren, sondern es auch derart zu tun, dass ich künftig vorher darüber unterrichtet werde."

Mit diesem Brief gab Leibniz dem Minister in einem Anhang sieben ganz knappe Ratschläge, die in ihrer Kürze wie Befehle klingen. Punkt 4 etwa lautet: „Seine Majestät hat der Societät gewisse Privilegien erteilt. Es ist nötig, dass sie eingehalten werden." Viel Diplomatie und Einfühlung in den Umgang mit einem Minister spricht nicht daraus. Dem Brief beigelegt war noch ein (auf deutsch verfasstes) Memorandum für den König, auf Heiligabend datiert. Es ist wenig brauchbar und recht ungenau. Zum ersten Mal beschleicht einen heutigen Leser das Gefühl, Leibniz sei alt, fast hilflos geworden. Er spürte aber wohl noch, wie sehr in Berlin sein Ansehen geschwunden war und dass er etwas tun musste, es wieder aufzurichten.

Die Inauguration lockt Die feierliche Eröffnung der Sozietät wurde mit grossem Nachdruck vorbereitet. Sie war auf den 19. Januar 1711 (den zehnten Jahrestag der Krönung) festgelegt, und die Mitglieder übten den Ablauf der Zeremonie in allen Schritten ein. Leibniz hat vom Sekretär nur knapp den Termin mitgeteilt bekommen, was kaum nach einer Einladung aussah. Immerhin wahrte Leibniz die Form und schrieb eine Absage, wegen Unpässlichkeit.

Das zurückliegende Jahr 1710 war für die Sozietät erfolgreich gewesen, sie hatte sich, wenn auch ohne Leibniz, endlich zu Taten aufgerafft. Für den preussischen Staat war es eines der schlimmsten Jahre gewesen – verlorene Schlachten, Pest und Hungersnot in Ostpreussen, dazu der drohende Staatsbankrott, der gerade jetzt zum Jahreswechsel den Finanzminister und den Premier Wartenberg das Amt gekostet hatte. Sie waren Opfer einer stillen Palastrevolte im Geiste des Kronprinzen geworden, der die Verschwendung nicht mehr hatte dulden wollen.

Die Eröffnungsfeier wurde bescheiden geplant, schon weil sie in der kleinen Konferenzstube beim Observatorium stattfinden sollte. Mehr war mitten in der Staatskrise auch nicht zu erreichen gewesen. Es waren keine Gäste eingeladen worden. Die beiden wichtigsten Persönlichkeiten, nämlich der König und der Präsident, nahmen nicht teil. Auch der Kronprinz hatte wohl zeitig abgewinkt. So wurde der neue Honorarpräses, Minister von Printzen, zum Mittelpunkt des Ereignisses. Diese angeblich festliche Eröffnung war kaum mehr als eine Familienfeier, doch war man zu Recht auch ein wenig stolz. Noch im selben Monat veröffentlichte das Konzil einen Bericht über den Festakt, und Leibniz bekam ein Exemplar gleich durch den Sekretär Jablonski zugeschickt. Darin konnte er zu Beginn schon seinen Namen erwähnt finden und später die Bemerkung, dass Excellenz Printzen nur deshalb dem Vizepräsidenten Jablonski die Schlüssel überreicht habe, „weil der Präses, vorgedachter Herr von Leibnitz, wegen seiner anderweitigen Geschäffte nicht hat zugegen seyn können".

Immerhin war Leibniz also unterrichtet, der Hofprediger schrieb ihm am 6. Februar 1711, der Sekretär erneut am 7. Februar. Offenbar fühlte sich der Präsident in die Pflicht genommen oder angezogen vom neuen Aufbruch in Berlin. Er wollte dabei sein, reiste zunächst wie üblich ganz unverfänglich nach Wolfenbüttel und brach von dort, mal wieder ohne sich beim Kurfürsten abzumelden, nach Berlin auf, wo er am 4. März eintraf.

Er musste seine Reise jetzt zu Hause mit Ausflüchten rechtfertigen, doch Schwierigkeiten hatte Leibniz auch mit dem Berliner Hof, denn erneut geriet er als Diener zweier Herren zwischen die Linien. Weil es politische Spannungen zwischen Hannover und Berlin gab (man stritt sich gerade um Vorrechte in Hildesheim), hielten ihn in Berlin einige für einen Spion. So machte es Leibniz seinerseits misstrauisch, als ein Berliner Hofarzt Auftrag hatte, sich seine Wunde anzusehen, nur weil er hatte verlauten lassen, er habe sich am Fuss verletzt und könne nicht gut gehen. Dem Hofarzt mochte er das Bein nicht zeigen, weil der gewiss vorhabe, „Bericht davon zu geben". Offiziell liess Leibniz nur verlauten, er sei gestürzt. Vielleicht hatte er sich dabei auch wieder ein Geschwür zugezogen, es könnte auch ein Gichtanfall gewesen sein, der ihn ans Haus fesselte. Jedenfalls wollte er seine chronischen Krankheiten um keinen Preis bekannt werden lassen.

Vor dem König versuchte er sich schriftlich gegen den Verdacht des Spionierens zu rechtfertigen und hoffte, dass Majestät „die böse Opinion" fallen lasse. Bei dieser Gelegenheit hat Leibniz auch auf seine Bedeutung als Präsident und auf den Ruhm der Wissenschaft hingewiesen. Es waren prophetische Worte, als er den König fragte, ob er, Leibniz, etwa „hinter einigen Ministern zurückzustehen habe, da dasjenige, was unter meiner Präsidentschaft geschieht, durch die Verbesserung der Wissenschaften auf unvergänglichen Ruhm zielt, was der Nachwelt noch von Nutzen sein wird, wenn alle politischen Vorteile einst vergangen sein dürften".

Er liess sämtliche Berliner Sozietätsmitglieder zu einem ausserordentlichen Generalkonvent am 26. März 1711 zusammenrufen, nicht nach Klassen getrennt. Hier wollte er wohl nachvollziehen, was auf der feierlichen Eröffnung im Januar zu kurz gekommen war, und die gegenwärtigen und künftigen Aufgaben der Sozietät aufzeigen. Es sollte der einzige Generalkonvent sein, den er erlebt, die einzige grosse Sitzung, die er je geleitet hat. Er spannte zunächst einen weiten Bogen. Dann kündigte er den nächsten Band der Miscellanea an. In einem halben Jahr sollten die Beiträge vorliegen, ein Jahr später das Buch auf dem Markt sein. Alle waren offensichtlich von dem erhebenden Gefühl der Sozietätseröffnung und dieses Tages getragen: Fast jeder sagte einen Beitrag zu.

Die Sitzung geht dem Ende zu, da zieht der Präses einen Brief hervor. Er stammt von Wilhelm Homberg, Mitglied der Akademie der Wissenschaften zu Paris, datiert vom 26. Februar des Jahres. Der Brief, aus dem Leibniz vorliest (und dessen Besitz ihn, den einzigen unter den Anwesenden, der dieser Akademie angehört, spürbar ehrt), enthält auch noch ein Döschen mit Pulver, von dem es heisst, dass es sich an der Luft von selbst entzünde. Es ist wohlverschlossen, zum Glück. Einige Herren recken sich vor, andere scheinen sich zu ducken, die Sache ist kaum einem Anwesenden ganz geheuer. Der Präsident überreicht die Gabe vorsichtig seinem besonders verehrten Kollegen, Herrn Professor Friedrich Hoffmann, dem grossen Hallenser Arzt und königlichen Leibmedicus. Er bittet ihn, bei Gelegenheit die Probe davon zu machen. Damit endet die Sitzung. An eine Vorführung des Pulvers ist nicht gedacht. Über das Ergebnis eines Experiments, wenn es eins gab, wurde nie berichtet. So weit war man in Berlin noch nicht.

Die letzten Jahre als Präsident Nie wieder ist Leibniz nach Berlin gekommen, er war mit anderem beschäftigt. Das Konzil konnte nur versuchen, den Bestand zu sichern. Die ansässigen Mitglieder traten in ihren Klassen regelmässig zusammen; Chuno betrieb die

Vorbereitung eines zweiten Bandes der ‚Miscellanea Berolinensia‘; einige Mitglieder unternahmen chemische Versuche, das Konzil verbesserte die Ausstattung, kaufte etwa eine Luftpumpe aus Holland und 1713 vom durchreisenden Danziger Physiker Daniel Gabriel Fahrenheit mehrere Thermometer. Man nahm einen Optiker in seine Dienste und zog den Leipziger Jacob Leupold heran, den besten Kenner aller Maschinen. Die Benutzung der königlichen Bibliothek konnte gesichert werden (alle Mitglieder der Sozietät durften seit 1711 für einen Monat Bücher ausleihen). Die Zahl der Briefe aus der Gelehrtenwelt des In- und Auslandes nahm zu, ebenso die der Bewerbungen um Mitgliedschaft. Die Einnahmen wuchsen. Doch die Beziehungen des Präses zum Konzil blieben gespannt. Leibniz fühlte sich weiterhin gelegentlich hintergangen.

Die grösste Veränderung gab es durch den Wechsel des Herrschers, denn Ende Februar 1713 trat Friedrich Wilhelm I., der künftige Soldatenkönig, mit fünfundzwanzig Jahren die Regierung an. Sorgfältig auf den Herrscherberuf vorbereitet, kannte er den Verfall der Staatsfinanzen und der Wirtschaftskraft des Landes. Innerhalb weniger Wochen hat er einen grundlegenden Wandel der Herrschaftsweise durchgesetzt, fast den gesamten Hofstaat entlassen und die Reorganisation der Armee eingeleitet. Für die Gelehrten der Berliner Sozietät zeigte er nur bissigen Hohn. Die Achtung, die er ihrem Berliner Repräsentanten, dem Hofprediger Jablonski, bewahrt hatte, mag ihn von weiteren Schritten abgehalten haben.

Der Sekretär der Sozietät meldete Leibniz am 22. April 1713, dass auf Befehl des neuen Königs das Observatorium öffentlich zur Miete ausgeschrieben worden sei, es habe sich aber noch kein Interessent gemeldet. Wahrscheinlich müsse aber die Sozietät, ähnlich wie das ‚Kunstwerk‘ (die Akademie der Künste), für ihre Räumlichkeiten künftig Miete zahlen. Leibniz fiel dazu eine Grobheit des englischen Revolutionärs Cromwell gegen das Parlament ein, und er schrieb am Fuss dieser Seite den ironischen Vierzeiler:

Am Saal des Parlements, so England kund gebieten,
Schrieb Cromwel endtlich an: Der orth ist zu Vermiethen.
Dem Kunstwerck zu Berlin geschicht noch größre Ehr,
Ein König schreibt an(s) Hauß: Weicht oder Thaler hehr.

Mehreren Mitgliedern der Sozietät wurde das Gehalt gekürzt, anderen ihre Stelle ganz gestrichen. Das Konzil bangte zunächst um das Weiterbestehen der Sozietät, die Klassen arbeiteten jedoch weiter, und die Kalendereinnahmen wuchsen. Auch Leibniz reagierte auf den neuen Wind, der in Berlin wehte, und schrieb dem Sekretär Jablonski am 6. Dezember 1713, es sei nötig, nicht nur Spekulation und reine Wissenschaft zu betreiben, sondern auch auf das Praktische und Nützliche zu sehen.

Das Konzil hatte im Sommer 1713, so das Protokoll, „verschiedene gerüchte von dem Zustand des H. von Leibniz zu Wien" gehört. Dort betrieb er inzwischen die Gründung einer weiteren Sozietät, deren Präsident er werden wollte. Als sich die Berliner unter der Hand selbst in Wien über Leibniz informiert hatten, kamen sie zu dem Schluss, er habe den Anspruch auf das Präsidium oder mindestens auf seine Spesen aufgegeben. Diese Gelder könnten daher eingespart und für den Ankauf eines Naturalienkabinetts verwendet werden, hiess es. Leibniz erhielt von jetzt an kein Geld mehr. Fast alle Berliner Mitglieder liessen den Briefwechsel mit ihm einschlafen. Schrieb einer, so vermied er es peinlich, die Sozietät zu erwähnen.

Und doch hatte der Präsident, wie jeder ahnte, im Verein mit zwei aussergewöhnlich tüchtigen Mitstreitern etwas Bleibendes in Berlin gegründet. Gerade auch auf Leibniz selbst trifft jedoch seine Einsicht zu: „Man baut oft Häuser, die man noch nicht bewohnen, und pflanzt Bäume, deren Früchte man noch nicht verzehren kann."

Wir sind damit ans Ende seiner Geschichte als Präsident der Sozietät gekommen und haben zugleich einen ersten Blick auf seine letzten Jahre geworfen. Nun aber heisst es, in seinem Leben wieder zurückzugehen und mit anderen Berichten neu anzusetzen. Denn meist wurde der Vielseitige von mehreren Herausforderungen zugleich gefesselt, so auch in seinen letzten Jahren zwischen 1700 und 1716. Neben Berlin richtete sich zu dieser Zeit seine Hoffnung auf drei andere Ziele: auf England, auf Russland und auf Wien. Ganz wie wir es von ihm kennen, liegen dabei wieder Sehnsucht und Bangen, aber auch Erfüllung und Enttäuschung nahe beieinander. Davon muss nun ausführlich die Rede sein.

Keine Einladung für die Welfen   Indem wir zurückkehren in das Jahr 1705, sehen wir Leibniz, wie er an einem Nachmittag im Oktober unterwegs ist zur Kurfürstin-Witwe, sich also in seiner Kutsche an der Marktkirche vorbei in die Leinstrasse fahren lässt, und wie der Wagen dort gleich rechts in den westlichen Schlosshof einbiegt. Die kurfürstliche Wache salutiert dabei, denn alle kennen sein Gefährt, das schon uralt, aber dafür innen mit Samt ausgeschlagen ist, den ein Künstler in Brauntönen mit Rosenblüten bemalt hat. Geheimrat Leibniz hätte sich die paar Minuten zum Schloss auch in der Sänfte tragen lassen können, aber das liegt ihm nicht, es ist eher etwas für Damen, für Gebrechliche oder für Ortsfremde.

Vom westlichen Innenhof gelangte man links in eine Durchfahrt und war damit im mittleren Schlosshof. Vor dem Trakt, der zur Leine hin lag, hielt sein alter Kutscher Henrich wie gewohnt an. Leibniz liess sich hinaushelfen und ging, von zwei Dienern geleitet, zum Portal. Er entsann sich, wie es vor vielen Jahren hier nur eine Pforte und dahinter eine Wendeltreppe gegeben hatte. Aber längst waren die vielen Stufen hinauf zu den Gemächern der Kurfürstin so breit und bequem, dass man schon einmal einen jungen Elefanten hinaufgeführt hatte, gleich ins Vorzimmer Ihrer Durchlaucht, die sich nicht wenig verwundert und dann mit dem Tier gescherzt hatte.

Nun wartet er selbst hier im Vorgemach, seine Diener sind zurückgeschritten zur Kutsche, und eine Zofe ist gegangen, seine Ankunft zu melden. Unzählige Male hat er in den letzten zwanzig Jahren die Kurfürstin aufgesucht, aber diesmal geht es um etwas besonders Wichtiges. In einer Schatulle trägt er eine erneut veränderte Fassung des grossen Briefes bei sich, den die Fürstin nach England schicken soll. Es ist früher Nachmittag, sie wird sich noch nicht erhoben haben, er kennt das. Einen grossen Teil des Vormittags, den sie mit Vorliebe im Bett verbringt, widmet die Kurfürstin dem Schreiben von Briefen – an die Berliner Verwandten, an befreundete Fürstlichkeiten und Hofleute, an ihre Nichten, die

Raugräfinnen, an Minister und Diplomaten, vor allem aber an ihre Lieblingsnichte Liselotte in Versailles. Noch wartet der Ratgeber Leibniz und liest in den Papieren, da tritt Ihrer Durchlaucht Privatsekretär Nicolas Gargan in die Tür und erklärt lächelnd, er habe der gnädigen Herrschaft gerade wieder, wohl zum dritten Male, die letzte Post ihrer Nichte Liselotte von Orléans vorlesen sollen. Von diesen Briefen verwahrte sie Hunderte in zwei reich verzierten Porzellangefässen aus China, die in ihrem Schlafgemach standen. Die Tür wird geöffnet, die Kurfürstin erscheint mit ihren Damen und ist so herzerfrischend und so kurz angebunden wie immer. Man geht in das Kabinett.

Der Besucher legt die mitgebrachten Blätter auf das Tischchen zwischen sich und der Kurfürstin-Mutter. Er soll die neue Fassung vorlesen, doch sie unterbricht ihn bald, denn sie ist nicht mit allem einverstanden. Er argumentiert, er beharrt – und ist dann doch wieder ihr ganz ergebener Sekretär und schreibt mit. Im Grunde ist er sehr zufrieden mit ihr, denn sie hat ihre Zweifel überwunden und fühlt sich inzwischen als die künftige Erbin Englands. Recht ist es ihm auch, dass sie ordentlich etabliert sein will – ausgestattet mit einer reichen Apanage und mit englischem Hofstaat hier im Schloss. Er hat ihr vor Tagen schon empfohlen, sie solle ihren Anspruch in England öffentlich bekannt machen, und hat auch einen Weg dazu ersonnen: Sie könne dem Erzbischof von Canterbury Thomas Tenison, dem Primas der Staatskirche, ihrem eifrigen Parteigänger, einen Brief schreiben, den der Erzbischof dann nur noch in England zu verbreiten brauchte. Den Entwurf dazu diskutieren beide gerade wieder.

In England hatte sich manches geändert. Mehr als drei Jahre zuvor war Wilhelm III. den Folgen eines Reitunfalls erlegen. Auf den Thron gefolgt war ihm seine 38-jährige Schwägerin, die Stuart-Prinzessin Anna, deren Kinder alle gestorben waren. Aus England hatte sich Leibniz berichten lassen, dass die Königin trinke (jetzt eher Portweine als Liköre oder Branntwein); sie habe immer geschwollene Beine, könne nur mit grosser Mühe gehen und scheue daher das Auftreten in der Öffentlichkeit; ihr Prinzgemahl habe die Rolle eines Domestiken, auch er liebe die Flasche. Königin Anna galt nicht unbedingt als eine Freundin des Hauses Hannover und hatte oft entschieden erklärt, dass sie – obwohl einige Untertanen gern die Welfen nach England einladen wollten – hannoverschen Besuch, gar den der Kurfürstin-Mutter selbst, nicht wünsche.

Im Briefentwurf von Leibniz ging es genau um eine solche Reise nach London, denn sich in dieser Frage zu erklären bestand Grund. Gerade erst im Sommer (1705) hatte ausgerechnet die Partei der Tories, die dem Hof nahestand, aber in der Opposition war, den Vorschlag gemacht, Kurfürstin Sophie offiziell einzuladen. Das wollte die andere Partei, die Whigs, sonst die Freunde der Welfen und einer Einladung, nun plötzlich ablehnen. Von dieser Treulosigkeit der Whigs waren viele in Hannover enttäuscht. Leibniz war sogar empört. Und deshalb wollte er die Kurfürstin-Witwe dazu bringen, in besagtem Brief jetzt erst recht ihre Bereitschaft, nach England zu kommen, eindeutig zu erklären.

Leider kannte man sich in Hannover mit parlamentarischen Intrigen nicht aus, war einer Irreführung erlegen und hatte daher alles falsch verstanden. Niemand hatte sich offenbar in Hannover gesagt: Eine Einladung der Tories für die Welfen? Das kann nicht im Sinne von Königin Anna sein. Wie war dieser Antrag der Königstreuen dann zu erklären? Die Tories eröffneten in der Tat damit nur eine Zwickmühle: Die regierenden Whigs, eine Volkspartei und, wie gesagt, den Welfen zugeneigt, sollten vor die Alternative gestellt werden, entweder den Antrag der Opposition, die Welfen einzuladen, anzunehmen (und darüber zu stürzen), oder den Antrag gegen ihre Überzeugung ablehnen zu müssen.

In Hannover war man über eine Englandreise ebenfalls verschiedener Meinung. Der Kurfürst lehnte sie als eine Anbiederung ab. Seine Mutter war da nicht so eindeutig, sie hätte sich schon gern etwas abgeholt aus London, etwa ein ,Jahrgeld' und einen Hofstaat für Hannover. Statt dessen ehrte man sie nur mit Worten, so war ihr Name ins englische Fürbittengebet aufgenommen worden. Davon hielt die Kurfürstin nicht viel, und ihre Nichte Liselotte hatte ihr sarkastisch beigepflichtet: „Zu dem kurzen Gebet gehören lange Bratwürst."

Zugleich war Sophie aber diplomatisch darauf bedacht, ihre Loyalität oder sogar Bewunderung für Königin Anna zu zeigen. Sie hatte allerdings schon vor Jahren die Königin mit einer spitzen Bemerkung offenbar tief getroffen. Denn in einem Brief hatte sie sich ihrer eigenen täglichen Spaziergänge gerühmt und dann bedauert, „dass sich Eure Majestät dieser Übung nicht unterzieht. Denn es ist nicht gut, sich das abzugewöhnen und ein wenig schwerfällig zu sein." Solche Belehrungen flossen bei ihr leider gelegentlich mit ein. Sonst war sie aber höflich und hatte gerade

In Herrenhausen war neben dem bescheidenen Schloss ein Galeriegebäude errichtet worden, das ursprünglich im Winter die Kübelpflanzen des Parks aufnehmen sollte, dann aber vor allem für Feste genutzt wurde. Die Kurfürstin-Witwe machte hier, wenn das Wetter schlecht war, ihre eisern durchgehaltenen Spaziergänge.

noch dem neuen Botschafter Englands in Hannover, dem gichtigen alten General Howe, gesagt, niemand könne ihr Freund sein, der dieser besten Monarchin, die England je gehabt habe, nicht den geziemenden Eifer und Gehorsam erweise. Ohne die besondere Zustimmung der Queen werde sie daher niemals eine Reise nach England antreten.

Damit hatte Sophie sich ihren Plan selbst verbaut: Sie wollte nach England, aber nur mit Queen Annas Einverständnis, das es nun einmal nicht geben konnte. Genau um diese Zustimmung der Königin ging es, als Leibniz ihr jetzt gegenübersass und meinte, es reiche, dem Erzbischof zu schreiben, die Reise solle der Königin „nicht unangenehm" sein, während Sophie formuliert sehen wollte, fahren könne sie nur „mit der gütigsten Erlaubnis der Königin". Auch andere Wendungen seines Entwurfs, mit denen Leibniz die Hindernisse der Reise möglichst niedrig halten wollte, fanden bei der Kurfürstin keine Gnade.

Der Brief ging – natürlich in der Fassung Sophies – am 3. November 1705 nach England ab. Doch hat Leibniz eine Abschrift seiner eigenen letzten Fassung aufbewahrt und wird von ihr, wie wir gleich sehen werden, noch Gebrauch machen. Schon Sophies Brief war brisant genug, denn sie befand sich damit in klarem Gegensatz zur Politik ihres Sohnes, der in England mehrfach und offiziell jede Einladung eines Mitglieds seiner Familie hatte ablehnen lassen. Mit dieser offiziellen Linie hätte die Königin Anna zufrieden sein können, aber sie machte, ehe Sophies Brief an den Erzbischof seine Wirkung hätte tun können, Ende November (1705) noch einen etwas schrillen Versuch, das englische Parlament zu beeinflussen. Sie forderte nämlich die Hannoveraner auf, endlich „Ruhe zu geben", sie sähe sich andernfalls „vielen Kränkungen" ausgesetzt.

Ein Sprengsatz auf englisch Leibniz spürte eine tiefe Unzufriedenheit. Mit diesem Brief an das englische Kirchenoberhaupt Thomas Tenison werde man gar nichts erreichen, nicht in dieser schwachen Fassung! Und wer wusste denn schon, ob Tenison den Wortlaut überhaupt unter die Leute bringen würde? Nein, da musste man schon mit anderen Mitteln arbeiten und die Brandfackel mitten ins gegnerische Lager schleudern, damit endlich einmal alles in die richtige Beleuchtung käme. Nur geschickt hatte man vorzugehen! Am besten mit einem anonymen englischen Flugblatt. Nein, besser noch mit einem Flugblatt, das auch einen Namen trug, einen echten. Und da musste Leibniz einfallen, dass in Hannover ein verdienter englischer Politiker und Parteigänger der Welfen lebte, den er für den Plan gewinnen konnte, Sir Rowland Gwynne. Ja, das Ganze müsste die Form eines offenen Briefes von Gwynne an den Earl of Stamford haben, einen derjenigen Freunde Hannovers, die nun abtrünnig geworden waren und gegen die Einladung der Kurfürstin gestimmt hatten.

Bereits im nächsten Monat, im Dezember 1705, entwickelte Leibniz diese Idee und gewann Gwynne, der der Kurfürstin sehr ergeben war, tatsächlich dafür, den Brief, den natürlich Leibniz verfasst hatte, zu übersetzen und mit seinem Namen zu unterschreiben. Nicht ganz klar ist, ob Gwynne wirklich ahnte, dass sein Brief zum Flugblatt werden sollte. Auch die Kurfürstin, die wenigstens einmal einen Entwurf gesehen hat, mag geglaubt haben, es solle nur wieder so ein halb privater Brief sein wie der an den Erzbischof. Aber Leibniz hatte nichts anderes vor, als den Brief gleich in der Öffentlichkeit detonieren zu lassen.

Schon im ersten Entwurf stand ein Satz, der über die bisherige Linie Sophies – erst recht ihres Sohnes – hinausging: Der Charakter der Kurfürstin biete jede Gewähr dafür, dass ihre Anwesenheit in England der Königin niemals lästig oder gar zum Nachteil werden könnte. Anschliessend bekräftigte Leibniz im Gewande Gwynnes noch seinen Lieblingsgedanken: Der Thronanwärter müsse, wenn es so weit sei, bereits im Lande sein, um das Königreich wirksam gegen die Ansprüche des Pretenders, also des katholischen Anwärters Jacob, verteidigen zu können.

Der Geheimhaltung wegen hat Leibniz keine fremde Hand an das Werk gelassen. Auch als es darum ging, die englische Fassung, die von Gwynne stammte, nochmals zu überarbeiten, hat er alles selbst in der Hand behalten. Es ist das einzige eigenhändige Konzept, das er je auf englisch verfasst hat, versehen mit den für ihn typischen unzähligen Änderungen. Daraus kann man schliessen, dass diese nachgeschärfte Fassung nicht einmal dem Namensgeber Gwynne bekannt werden sollte. Darin vertrat Leibniz den Standpunkt, Königin Anna könne der Kurfürstin gar nicht verbieten, nach England zu kommen, die Erbin dürfe – und müsse sogar – die Überfahrt selber veranlassen, zum Besten des Landes. Das war eine ungeheure Behauptung.

Auch das Titelblatt der Flugschrift hat Leibniz selbst entworfen, sowie den Druck in Holland mit allen Korrekturen überwacht, denn es durfte wohl in Hannover niemand ahnen, wie der Brief alsbald publiziert werden sollte. Verständlich ist, dass Leibniz weder jetzt noch später als der eigentliche Verfasser erkennbar werden wollte. Doch eine Konsequenz hat er vielleicht gar nicht richtig vor Augen gehabt: Mit Rowland Gwynne wurde ein Verfasser angegeben, von dem bekannt war, dass er der Kurfürstin nahe stand. Also musste in England der Verdacht aufkommen, dass hinter dem Flugblatt niemand als sie selbst stehe, und diesen Rückschluss konnte gerade Leibniz eigentlich nicht wollen.

Nun erlaubte er sich sogar ganz heimlich noch eine weitere Eigenmächtigkeit. Dem flammenden Schreiben gab er noch ein Dokument bei, nämlich den Brief der Kurfürstin an den Erzbischof von Canterbury, den dieser bislang, zum Ärger von Leibniz, nicht so recht an die Öffentlichkeit gebracht hatte. Den ursprünglich französisch abgefassten Brief hat Leibniz dazu ins Englische übersetzen lassen, wohl von Gwynne, doch hat er dabei nicht Sophies letzte Fassung zugrunde gelegt, sondern seine eigene, mehr zugespitzte.

Diese Briefe von Gwynne und Sophie, beide von Leibniz verschärft, wurden nun in Holland als Flugschrift gedruckt, wozu sie von ihren Verfassern nicht gedacht gewesen waren, und in grosser Zahl unter englischen Politikern verteilt. Sie erregten im März 1706, als viele Parlamentarier sie in der Hand hielten, starkes Aufsehen, ja sie entfachten einen Sturm. Die Whigs fühlten sich missverstanden, sogar verleumdet und liessen Gwynnes Brief im Unterhaus als „eine ruchlose, falsche und bösartige Schrift" verurteilen. Dem Schicksal, von Henkers Hand zerrissen und verbrannt zu werden, wie es mit verurteilten Schriften sonst geschah, entging das Sendschreiben nur dadurch, dass es mit Sophies Brief zusammen gedruckt und somit geschützt war.

Natürlich wurde in England nicht nur Sophie, sondern gleich der ganze hannoversche Hof verdächtigt, heimlich hinter dem Schreiben gestanden zu haben. Der Schaden war ungewöhnlich gross. Statt die englische Öffentlichkeit zu neuen Einsichten zu führen, hatte das Flugblatt fast alle vereint in dem Ruf: Keine Einladung an die Welfen! Das war das Gegenteil dessen, was Leibniz hatte erreichen wollen.

Die einzige Genugtuung, die ihm blieb, war, dass niemand auf ihn als den Täter kam. Denn der nun viel geschmähte Gwynne schwieg eisern und blieb treu bei seinem Eifer für das Haus Hannover. Doch er büsste schwer. Alle seine Aussichten, demnächst als Diplomat in englische Dienste zu treten, zerrannen, und auch das Haus Hannover liess ihn fallen, um sich von seinen Thesen zu distanzieren. Sogar der Aufenthalt im Kurfürstentum wurde ihm verboten, er lebte fortan als verarmter Flüchtling. Auch Leibniz, der seinen Namen so eigenmächtig verwendet hatte, scheint ihn in der Verfolgungszeit weder in Schutz genommen noch mit Geld unterstützt zu haben, durfte es wohl auch nicht, um nicht selbst in Verdacht zu geraten. Wenn er doch etwas für Gwynne getan haben sollte, dann so geheim, dass darüber nichts bekannt ist. Erst acht Jahre später, als der Kurfürst zum König von England geworden war, bekam Sir Rowland Gwynne einen Ehrensold, sogar in stattlicher Höhe.

Das Bildnis des Pretenders Trotz des unnötigen Streits um die Einladung und das Flugblatt haben die Engländer den Welfen weiter den Weg zur Thronfolge geebnet und sie dabei auch, ganz feierlich und durch Gesetz, zu geborenen Engländern ernannt. Die Kurfürstin-Witwe, jetzt manchmal etwas gereizt, wehrte sich zunächst gegen die gut gemeinte Verleihung der Staatsbürgerschaft, weil sie als Enkelin eines englischen Königs doch Engländerin von Geblüt sei. Auch hätten ihre Brüder Moritz und Ruprecht unter den Stuarts hohe Kommandos gehabt und im Oberhaus gesessen. Doch schliesslich gab sie nach.

Als Ende Mai 1706 Lord Halifax in Hannover erschien und Kurfürstin Sophie die Originalausfertigungen der Ernennung überreichte, wollte sie keinen Zweifel an ihrer politischen Zuverlässigkeit aufkommen lassen. Während sie den Gesandten Halifax in ihrem ‚petit cabinet' empfing, soll sie sich daher mit voller Absicht so hingestellt haben, dass sie ein Bild, das dort an der Wand hing, verdeckte. Es war ein Porträt des Pretenders, des katholischen Anwärters, ihres Neffen Jacob, der von Frankreich energisch unterstützt wurde. Dem offiziellen Vertreter der englischen Königin suchte sie also den Besitz dieses Bildes zu verhehlen, doch wie zwiespältig ihre Gefühle waren, zeigte sich, als sie ein Jahr später das Bild vor einem katholischen Gast nicht verbergen mochte. Im Juni 1707 soll Sophie den Jesuiten Vota, Beichtvater Augusts des Starken, an der Hand in ihr Kabinett geführt, mit dem Finger auf das Porträt gezeigt und gesagt haben: „Hier, Pater, der legitime Erbe Englands, was immer andere auch sagen mögen!"

Sie war in ihrer Sympathie für diesen Konkurrenten um den Thron auch nicht zu erschüttern, als sie ein knappes Jahr später erfuhr, dass der Pretender Jacob mit einem französischen Geschwader von Dünkirchen aus aufbrechen wollte, um katholische Kreise im Königreich Schottland, das soeben mit England vereinigt worden war, für sich einzunehmen. Sophie schrieb an eine Verwandte, die Raugräfin Amalie, am 22. März 1708 voller Mitgefühl: „Der Prins von Wallis ist zu Dunkirchen; wer weis, ob Gott ihn nicht erheben wirdt, der so unschuldig leidt." Der Landungsversuch scheiterte, und damit für immer der Anspruch des Pretenders, durch Bürgerkrieg doch noch den Thron zu erlangen.

Wenig später, am 11. Juli (1708), tobte die Schlacht bei Oudenaarde, die Alliierten kämpften unter dem bewunderten englischen Heerführer Marlborough gegen die Franzosen. Kurprinz Georg August, der Enkel Sophies (der einmal König von England werden wird) diente als ‚Volontär' im Gefolge Marlboroughs und bewährte sich in der Schlacht mit grosser Tapferkeit. Der Feldherr selbst lobte seine Bravour, und Lord Halifax schrieb der Grossmutter, der Kurprinz habe durch seinen Mut die französischen Prinzen beschämt, die, genauso wie der Pretender Jacob, sich die

Schlacht nur aus sicherer Entfernung angesehen hätten. In England stärkte das tapfere Draufgehen Georg Augusts die Sympathien für Hannover erheblich.

Als einige Politiker nun den Kurprinzen nach England holen wollten, sagte Königin Anna zu einem Vertrauten erneut, sie werde jeden als ihren Feind betrachten, der im Parlament einen Antrag auf eine Einladung einbringe. Sie hatte wahrscheinlich gar nicht viel gegen die Hannoveraner, nur packte sie panische Angst bei dem Gedanken, mit Menschen konfrontiert zu werden, von denen sie sich einbildete, sie warteten nur auf ihren Tod. Vier Jahre später wird es ein Londoner Advokat in einem Brief an Leibniz drastisch so formulieren, die Königin verhalte sich, als wäre ein solcher Besucher „like her coffin before her eyes" (wie ihr Sarg vor ihren Augen). Dieses Motiv einer sehr persönlichen Angst wurde in Hannover nie erkannt, und das hatte fatale Folgen, denn man konnte sich Annas scheinbare Schroffheit gar nicht anders erklären als damit, dass die Herrscherin auf diese Weise wohl ihrem Halbbruder, dem katholischen Pretender, den Weg auf den Thron freihalten wollte.

Drei Feldherren Im Spanischen Erbfolgekrieg waren England und Hannover Verbündete, allerdings sonderbare. Denn obwohl Hannover mit dem Herzen dabei war und zugleich mitfocht, um seine Aussichten auf den englischen Thron zu verbessern, nahm es am Krieg nur als bezahlter Vasall teil, denn das Land bezog riesige Subsidien von den ‚Seemächten' England und Holland. Die Erträge waren ein geradezu ausschlaggebender Posten im Staatshaushalt von Kurhannover, dem dadurch in den Jahren 1701 bis 1713 nicht weniger als 22 Millionen Taler zugeflossen sind – der Grundstock der legendären Reichtümer Georg Ludwigs. Aber er betrachtete sich keineswegs als Soldatenlieferanten, sondern sah sich als vollwertigen Bundesgenossen der Seemächte, des Kaisers und der anderen Mitglieder der Grossen Allianz.

Leibniz ist auch wieder mit dem Herzen dabei, geht es doch gegen Frankreichs Übermacht und um die Rettung des Protestantismus. Mit Denkschriften und Entwürfen zu Flugblättern tritt er für die Rechte Österreichs auf Spanien ein. Bei ihm finden sich geradezu nationale Töne, so in einem Gedicht aus dem Jahre 1702, das am Schluss den Tod für das Vaterland zu verklären scheint:

Es kommt auf Freiheit nun und aufs Gewissen an,
Da wagt das Leben selbst ein rechter Biedermann.
Es ist nach Gottes Rat, will er sich bei uns stellen,
So kann ein Strahl von ihm die grosse Rüstung fällen,
Und soll's verloren sein, so bleibt das höchste Gut
Dem, der fürs Vaterland und Gott vergiesst das Blut.

Kurfürst Georg Ludwig hatte sich in diesem Krieg mehrfach um ein ,Grosses Kommando' bemüht, wollte also als Heerführer dabei sein, hatte aber kaum Glück gehabt. Die Helden waren der Engländer Marlborough und der kaiserliche Feldherr Prinz Eugen von Savoyen. Marlborough wurde, nachdem er schon in England vom Bürgertum in den Adel aufgestiegen war, auch vom Kaiser erhoben und zum Reichsfürsten gemacht mit Mindelheim als Fürstentum, das man kurzerhand den reichsfeindlichen Bayern wegnahm. Auf dem Rückweg von Berlin, wo er den König zu mehr Beteiligung hatte ermuntern wollen, kam Marlborough nach Hannover, was der Kurfürst gern verhindert hätte. Georg Ludwig sah in dem grossen, von vielen Nationen vergötterten Feldmarschall in erster Linie den Mann, der sich ihm immer wieder bei seinem Bemühen um das ,Grosse Kommando' in den Weg gestellt hatte.

Marlborough erschien dennoch in den ersten Dezembertagen 1704 in Hannover und entzückte die alte Kurfürstin durch seine blendende Erscheinung und die Eleganz seiner höfischen Formen. An Leibniz schrieb sie, er sei ebenso ein vollendeter Kavalier wie ein tapferer Heerführer. Was blieb dem Kurfürsten übrig, als dem berühmten Gast − so schwer es ihm auch fiel − ein Geschenk zu machen, das seiner Bedeutung und weltbekannten Habgier angemessen war? Der Brite durfte wählen und nahm ein goldenes Geschirr, das der Hof in Holland für 12 000 Taler anfertigen und mit Georg Ludwigs Wappen schmücken liess.

Am 2. April 1708 machte der andere Held der vereinigten Streitkräfte, Prinz Eugen, auf der Reise nach Den Haag in Hannover Besuch. Kurfürstin Sophie schätzte seine Unterhaltung, fand den berühmten Schlachtenlenker angenehm in seinem Wesen, auch bescheiden und „wohl von Verstandt und Maniren", nahm aber Anstoss an seinem „hesslichen Schnuptoback". Prinz Eugen meinte nachher, dass ihm der Kurfürst „ganz kaltsinnig begegnet" sei. Auch der englische Gesandte Howe schrieb nach Hause, gerade Eugen komme nicht zurecht mit „coldness and phlegme of these people". An der kurfürstlichen Tafel liess man Eugen weitab Platz nehmen, weil alle Welfenprinzen den Vorrang vor ihm beanspruchten, galt er doch nur als ein Prinz aus nichtregierendem Hause. Auch Leibniz ist ihm wohl begegnet und er wird den Kriegshelden vier Jahre später in Wien noch weit besser kennenlernen.

Auch im nächsten Kriegsjahr (1709) hatte sich Georg Ludwig nochmal drängen lassen, klagte aber heftig bei der regierenden Kaiserin Amalia über die ‚Allgewalt' und Rücksichtslosigkeit, mit der Prinz Eugen, der sich noch in Wien aufhielt, auch jetzt wieder alle Truppen und Gelder für sich beanspruchte. Der hannoversche Gesandte Huldenberg sollte vorstellig werden, bekam den Prinzen jedoch kaum zu Gesicht, weil der vormittags „überlaufen" und nachmittags wegen Spiel und Konversation nicht ansprechbar sei. Nur einmal konnte er ihn stellen, da lag er noch im Bett und erklärte dem Gesandten, er brauche alle Kräfte für sich und seine Aufgaben in Flandern.

Der Diener zweier Herren in der Klemme   Die Welfenhäuser Wolfenbüttel und Hannover versöhnten sich im Jahre 1706, davon war schon die Rede, und Leibniz konnte aufatmen. Doch er musste um so mehr darauf bedacht sein, nicht neuen Unmut entstehen zu lassen. So war er auf vollständige Diskretion bedacht, als er sich dafür einsetzte, dass eine Enkeltochter von Herzog Anton Ulrich den Bruder des Kaisers – es war Karl, und noch nannte man ihn König von Spanien – heiraten könnte. Die Sache war diskret zu behandeln, weil Elisabeth Christine dazu natürlich konvertieren musste. Ihr Verwandter, der Kurfürst von Hannover, wollte aber in den Welfenfamilien jeden Glaubenswechsel vermieden sehen, um die Thronfolge in England nicht zu gefährden.

Ohne dass es in Hannover also jemand wissen sollte, betrieb Leibniz in Wolfenbüttel die Konversion der Prinzessin und redete dabei sich und anderen ein, eigentlich habe Elisabeth Christine schon seit „der Jugend zartesten Jahren" zum Katholizismus eine „vorgefasste Neigung" gehabt, die „nicht auszutilgen stehet". Zufrieden kann ihr Grossvater im November 1706 feststellen, mit dem Unterricht durch einen Pater gehe es „ganz gut, und ist die destinierte Königin nunmehr ganz ruhig". Leibniz achtete darauf, dass sie einen modernen, weitherzigen Katholizismus kennenlernte. Am Ende wollte sie dem Papst daher nur „den billigen

Gehorsam" versprechen, was man ihr aber nicht durchliess, sie musste dann doch den üblichen „wahren Gehorsam" schwören.

Eine Konversion bei den entfernten Verwandten in Wolfenbüttel hätte Hannover, wäre sie bekannt geworden, noch hinnehmen können. Leibniz ging aber einen entscheidenden Schritt weiter. Der Übertritt zum Katholizismus sollte begleitet werden von einem wohlwollenden Kommentar, ausgesprochen von den lutherischen Theologen der Landesuniversität Helmstedt. Sie sollten erklären, dass man „mit gutem Gewissen katholisch werden und damit zur ewigen Seligkeit gelangen" könne. Diese tolerante, moderne Ansicht entsprach der tiefsten Überzeugung von Leibniz. Wie acht Jahre zuvor beim Primat des Papstes war es Professor Fabricius, der, jetzt als Dekan, innerhalb der Fakultät diesen brisanten Satz durchsetzen musste. Dabei drängte Leibniz auf noch grössere Geheimhaltung, schliesslich war Helmstedt auch die Universität Hannovers.

Da wurde einigen Jesuiten das Votum vom erlaubten Übertritt bekannt, und sie mussten es natürlich triumphierend verbreiten. Nun flackerte in England Wut über Hannover auf, und die Thronfolge stand in Gefahr. Verzweifelt über das, was er angerichtet hatte, schrieb Leibniz den Helmstedtern im September 1708, die Sache müsse sofort zurückgezogen und geleugnet werden: „All unser Recht auf England beruht darauf, dass wir die römische Religion ablehnen und hassen, deshalb darf der Übertritt nicht anders entschuldigt werden als mit irrigem Gewissen."

So flexibel jedoch, dass sie nun gleich alles hätte widerrufen können, war die Fakultät nicht, nicht einmal Dekan Fabricius. Um den Brand noch zu löschen, entschloss sich Leibniz daher im Namen des Herzogs, dem Widerspenstigen einfach zu kündigen. Am 3. November 1708 wurde Fabricius entlassen, zugleich aber, mit demselben Gehalt, zum Aufseher des wolfenbüttelschen Schulwesens ernannt. Nur indem er seinen Intimus opferte, glaubte Leibniz, Hannover noch aus der Verlegenheit ziehen zu können, in die er selbst sein Herrscherhaus gebracht hatte. Dennoch war längst so manche evangelische Fakultät erregt und halb Europa empört. Sogar der recht liberale Erzbischof von Canterbury protestierte gegen das Helmstedter Wort, weil es die Unterschiede zwischen Lutheranern und Katholiken in bedenklicher Weise verharmlose. Die Fronten der Konfessionen waren verhärtet, jede Toleranz weiter als je in die Ferne gerückt. Leibniz hatte, leider auch hier wieder, das Gegenteil erreicht von dem, was er wollte.

Im gleichen Monat November (1708) gerät Leibniz als Diener zweier Herren, des Hannoveraners und des Wolfenbüttlers, erneut in grosse Verlegenheit. Er reist nämlich im Auftrag des Herzogs Anton Ulrich geheim nach Wien. Alle Ausarbeitungen, die er mit hat, sind von ihm ausgefertigt worden, möglicherweise stammte auch die kühne Idee selbst, die er in Wien vortragen will, von ihm. Herzog Anton Ulrich soll sein Herrschaftsgebiet verdoppeln, indem er zugleich der weltliche Herrscher im Bistum Hildesheim wird! Auf diesen unglaublichen Plan konnten Leibniz und der Herzog nur verfallen, weil die Zeitläufte ihn denkbar erscheinen liessen. Der Bischof von Hildesheim war nämlich gerade – als Verbündeter Frankreichs – vom Reich geächtet worden, und seine weltliche Herrschaft war damit an den Kaiser zurückgefallen. Dieses Gebiet könnte Anton Ulrich zugeschlagen werden, und Leibniz soll dafür dem Kaiser als Gegenleistung Wolfenbütteler Truppen anbieten. Den Bischofsstuhl selbst kann der Kaiser nicht vergeben, doch soll Leibniz vortragen, der Herzog wolle konvertieren, damit das Land katholisch bleibe.

Höchste Geheimhaltung ist selbstverständlich, denn weder der hannoversche Kurfürst noch der Kurfürst von Brandenburg und König in Preussen könnten einverstanden sein mit einer solchen Machterweiterung des Wolfenbüttelers. Um die Spuren zu verwischen, schreibt Leibniz Ende November (1708) von unterwegs der Kurfürstin-Witwe Sophie aus Regensburg, er befinde sich zu einer längeren Kur in Karlsbad. In Wien angekommen, sucht er zuerst den kaiserlichen Leibarzt Garelli auf, der ihm, damit Leibniz auch in Wien sein Incognito wahren kann, freundlich Quartier gewährt. Über ihn erhält er Zutritt bei der Kaiserin Amalia, die er als Tochter seines ersten Herzogs Johann Friedrich gut kennt und für deren Aufstieg ins Kaiserhaus er einst eifrig argumentiert hat (etwa zu den Stichworten Schnürbrust und Lucrezia Borgia).

Nie zuvor ist Leibniz zu Verhandlungen an einen fremden Hof geschickt worden, und auch jetzt ist er nicht diplomatisch legitimiert, sondern lediglich mit einem Empfehlungsschreiben des Herzogs versehen. Er konferiert mit Obersthofmeister Fürst Salm, der den Hofkanzler Seilern zu Rate zieht. Man kommt nicht weiter, wendet sich an den Kaiser selbst, und der ist schon deshalb gegen die Vorschläge, weil er im Bistum Hildesheim zur Zeit die

Steuern einzieht und sie in der Kriegskasse dringend brauchen kann.

Die Sache wird in Wien leider ruchbar, und Leibniz drängt auf einen Abschluss, hat aber keinerlei Zusagen, als er Ende des Jahres abreist. Es ist nicht einmal ein Misserfolg, sondern es war von Anfang an eine ganz unsinnige Idee gewesen, geboren wohl aus dem schmerzhaft empfundenen Wunsch des Herzogs, sein Land zu erweitern und so mit den schrecklichen Vettern in Hannover gleichzuziehen, die soeben auch noch das Herzogtum Celle übernehmen konnten. Der Kaiser hätte niemals zustimmen dürfen, kein Fürst im Reich würde ihm das erlaubt haben. Und was das Schlimmste ist, Herzog Anton Ulrich hatte dem Kaiser auch so gut wie nichts zu bieten. Die Zusage von einigen Truppen aus dem kleinen Lande wurde dadurch weiter entwertet, dass niemand diesem Herzog, der jahrelang ein bedenkenloser Parteigänger Frankreichs gewesen war, trauen konnte. So muss man sich wundern, dass Leibniz sich wohl solch einen aussichtslosen Handel selbst ausgedacht, jedenfalls dafür eine Reise nach Wien unternommen hatte. Er tat es aus Liebe zu seinem Gönner und aus Freude über die Gelegenheit, grosse Politik zu machen.

Von Wien geht es nach Berlin, und Mitte Januar (1709) meldet er sich von dort beim hannoverschen Minister von Bernstorff mit der Auskunft, er habe im Anschluss an eine dreiwöchige Kur in Karlsbad „eine Reise zu den sächsischen Universitäten" gemacht, um einen geeigneten Mitarbeiter für seine historischen Arbeiten zu finden. Die Kurfürstin-Mutter Sophie schreibt ihm, ihr Sohn habe gesagt, er wolle in den Zeitungen demjenigen, der Leibniz wiederfinde, eine Belohnung aussetzen lassen. Erst seit einigen Tagen wisse man in Hannover überhaupt, wo er sei.

Zur gleichen Zeit, am 26. Januar (1709), berichtet der hannoversche Gesandte beim Kaiser, von Huldenberg, an Georg Ludwig, Leibniz sei in Wien gewesen und habe „auffs sorgfältigste seine Herkunft vor mich zu verhelen getrachtet, aber bey Ihrer Mayestät der regierenden Kayserin gantz geheime audienz gehabt". Im Palais des russischen Gesandten Baron von Urbich habe er „nebst jemand gespeiset, durch welchem dieses geheimnüs außgekommen ist". Erst im März (1709) kehrt Leibniz nach Hannover zurück und erfährt mit Schrecken, dass seine Lüge aufgeflogen ist. Der Kurfürst, der ihn im Zimmer seiner Mutter antrifft, ist sehr ungehal-

ten, beherrscht sich aber, wohl weil er die Vollendung der Welfengeschichte nicht gefährden will.

Anton Ulrichs Verwandlung Das Thema Hildesheim setzte sich ein
gutes Jahr später noch fort. Es gab ein Gerücht, und alle Welt
sprach davon: Herzog Anton Ulrich werde ‚ändern‘. Der aber
leugnete jede Absicht zu konvertieren, schon gar, er spekuliere
damit auf den Bischofssitz in Hildesheim. Bald hiess es jedoch, er
wolle zum Übertritt nach Bamberg fahren! Nur dem höchst milden Theologen Fabricius, seinem Schulaufseher, hatte der Herzog
im Vertrauen zugesteckt, der Vatikan habe vor, ihn zum Bischof
von Hildesheim zu machen. Gegenüber Leibniz leugnete er noch
am 31. März 1710 alle Pläne und meinte, die Reise nach Bamberg
sei nur ein Besuch. Dabei spottete er: „Als wenn man mich zum
Papst wollte erwehlen!" Doch am 11. April (1710) schwor er in
Bamberg in die Hände des Weihbischofs und Generalvikars
Johann Werner dem lutherischen Glauben ab. Und trat alsbald
auch noch in den geistlichen Stand ein, indem er sich vom Weih-
bischof von Hildesheim die Tonsur erteilen, das heisst, symbolisch
das Haar am Hinterkopf scheren liess.

Also verfolge er doch politische Ziele, wolle Fürstbischof von
Köln und zugleich von Hildesheim werden, munkelte man weiter,
obwohl das alle aus seiner Umgebung, auch Leibniz, pflichtschuldigst dementieren mussten. Herzogin Liselotte in Versailles spöt-
telte, somit habe Anton Ulrich doch „wahr gesagt, daß er aus keinem weltlichen interesse geendert hat. Denn diese gütter seind ja
alle geistlich." Hätte der Herzog tatsächlich Kurfürst von Köln
werden können, wäre er gleichzeitig Bischof von Hildesheim
geworden und hätte so – mit Kurfürstentitel und Gebietserweite-
rung – den Neffen in Hannover endlich eingeholt. Daher darf man
vermuten, dass er genau das erreichen wollte.

Als Anton Ulrich von seiner Reise nach Bamberg zurückgekehrt war, schrieb ihm Leibniz, wie er die katholische Kirche sah
– skeptisch. Und er machte deutlich, wie wenig ihm diese Konversion einleuchtete. Eine Herzenssache scheint sie auch für den
Herzog nicht gewesen zu sein. Er witzelte fortan viel über seine
neue Religion, besonders über den Heiligenkult, und wird auf
dem Sterbebett einen lutherischen Geistlichen mit der Begründung verlangen, er traue dem katholischen Aberglauben nicht, um
sich dann doch vom Priester die Sakramente reichen zu lassen.

Isaac Newton, wohl der bedeutendste Wissenschaftler aller Zeiten, bekämpfte den fast gleichaltrigen Leibniz, dem er vorwarf, seine grösste Entdeckung bei ihm abgeschrieben zu haben. Das Bild zeigt, wie unglücklich
und böse Newton im Alter wirken konnte. - Herzog Anton Ulrich von
Wolfenbüttel hingegen, ein begabter Romanautor und geübter Intrigant,
wurde im Alter für Leibniz zum fast freundschaftlich vertrauten Gönner.

Bald baute Anton Ulrich in Braunschweig mit Unterstützung
des Kaisers und der Wiener Jesuiten eine katholische Kirche. Den
Gottesdienst besuchten auch viele Lutheraner, obwohl sie davon
abgehalten wurden, so erfuhr Leibniz vom Herzog. Der erzählte
ihm auch, einmal hätten Knaben während des Gottesdienstes eintreten wollen und hätten, als die Wache sie nicht einliess, gefragt,
„warumb sollen wir nicht hinein, singen sie doch eben die
Gesänge, die wir Christen singen". Der Herzog setzte hinzu: „Woraus erhellet, dass die Katholischen keine Christen sein." Leibniz
unterhielt den alten Herrn durch eine passende Gegenerzählung.
Als er sich einst auf seiner Italienreise in Trient befand, habe sein
Wirt ihm einige alte Statuen gezeigt und gemeint, sie seien gemacht
worden, „als die römischen Kaiser noch Lutheraner waren".

Englands höchster Adel Der Feldherr Marlborough wurde im
Januar 1712 von der Königin entlassen, denn die Briten waren
kriegsmüde, sie verliessen die Grosse Allianz, die seit 1701 bestan-
den hatte, und zogen ihre Truppen ab. England verhandelte in
Utrecht mit Frankreich und schloss ein Jahr später, im April 1713,
Frieden. Sophie schrieb, sie fürchte die Folgen eines solchen Frie-

dens. Ganz ähnliche Sorgen hatte Leibniz und bezeichnete den Abschluss in einer seiner zahlreichen Flugschriften als „paix inexcusable" (unentschuldbaren Frieden). Ähnlich stark hatte er schon am Frieden von Nimwegen (1679) und Rijswick (1697) gelitten. Wieder schien ihm Frankreich alle Vorteile zu erlangen.

Georg Ludwigs Regimenter fochten zunächst noch weiter, denn die hannoversche Politik erwartete – wie Leibniz auch – von Frankreich nur Unheil, obwohl der Sonnenkönig im Frieden von Utrecht den Pretender fallengelassen hatte. Man glaubte ihm nicht und hatte sogar Angst, England werde sich jetzt mit Frankreich und Schweden verbünden und doch noch die katholische Linie der Stuarts auf den Thron rufen – blosse Verdächtigungen, geboren aus Misstrauen.

Die Hannoveraner wurden von England weiterhin mehr als korrekt behandelt. Nun verabschiedete man im Februar 1712 auch noch ein Gesetz, das festlegte, die Welfen stünden in der Hierarchie Englands am höchsten, gleich nach der Königin. Leibniz hat gemeint, er sei es gewesen, der die englische Regierung erst darauf hingewiesen habe, dass eine solche Regelung nötig sei. Leider wurde auch diese Absicherung der Thronfolge in Hannover recht nörgelnd aufgenommen. Sophie fand alles unnötig und erregte sich, ihrer Familie habe noch niemand in England den Rang streitig gemacht. Selbst der ruhige, bedächtige Kurfürst bezeichnete das Gesetz als „lauter Betrug und Spiegelfechterei".

Wettstreit mit Newton Mit England hatte Leibniz längst seine ganz eigenen Sorgen. Er sah sich mehr und mehr zum Opfer werden einer ganzen Gelehrtenzunft, die im Namen des grössten Naturwissenschaftlers dieses Zeitalters handelte, Isaac Newton. Auch hier also Spannungen zwischen Hannover und London, nur war es in diesem Fall umgekehrt, das Misstrauen hegten die Engländer, während sich Leibniz lange durchaus korrekt verhielt. Eine Atmosphäre des Verdachts hatte es in England gleich gegeben, als einige der dortigen Mathematiker mit dem jungen Leibniz in Paris korrespondierten. Davon war schon die Rede.

Danach gab es eine gute Phase. Elf Jahre später (1687) brachte Newton sein grösstes Werk, die ‚Principia' heraus und erkannte in einer Fussnote an, dass Leibniz unabhängig von ihm zu einer ähnlichen Integral- und Differentialrechnung gekommen sei. Er schrieb: „In Briefen, die ich vor etwa zehn Jahren mit dem sehr gelehrten Mathematiker G. W. Leibniz wechselte, zeigte ich demselben an, dass ich mich im Besitze einer Methode befände ..." und so weiter. Diese Methode habe er aber nur verschlüsselt, in einem Anagramm (Umstellung der Buchstaben) mitgeteilt, doch habe Leibniz sie verstanden, weil er eine ähnliche besass: „Indem ich die Buchstaben der Worte, welche meine Meinung aussprachen, umstellte, verbarg ich sie. Der berühmte Mann antwortete mir darauf, er sei auf eine Methode derselben Art verfallen, die er mir mitteilte und die von meiner nur in der Form der Worte und Zeichen abwich." In Erinnerung behalten hatte Newton also nur den versöhnlichen Abschluss der frühen Jahre, nämlich seinen letzten Brief, den Leibniz erst in Hannover erhalten hatte, und dessen Antwort, durch die bei Newton damals aller Argwohn verflogen sein muss.

Der erste Keim eines erneuten Zweifels entstand in der Umgebung von Christiaan Huygens. Der galt immer noch als der führende Mathematiker seiner Zeit, empfand jedoch ein tiefes Unbehagen an der Leibnizschen Methode, die er für sich selbst nicht brauchte. Er wurde nun zum Lehrer des Schweizers Nicolas Fatio de Duillier, der bald einen eigenen konkurrierenden Weg entwickelt zu haben glaubte. Huygens liess sich von ihm eine vergleichende Darstellung aller damals geübten Verfahren aufschreiben. Vielleicht trug Fatio einen Groll mit sich herum noch aus der Zeit, als er Leibniz einst bei Huygens kennengelernt hatte, denn da mag Leibniz ihn herabsetzend behandelt haben. Sehr viel später hatte es ihn verletzt, als er meinte, Leibniz habe ihm bei einer seiner Preisaufgaben die Lösung nicht zugetraut. Fatio ging nach England und wurde dort ein ergebener Schüler seines Idols Newton, der ihm die Briefe, die einst an Leibniz nach Paris gegangen waren, bereitwillig zeigte.

Entschlossen, Newton zu verteidigen, war auch der bedeutende Mathematiker John Wallis, eine Generation älter als Newton, dem schon lange daran lag, möglichst viele Entdeckungen als englische nachzuweisen. Zur gleichen Zeit, im November 1691, zeigte Newton einem weiteren Mathematiker, D. Gregory, dem unbedeutenden Neffen des grossen James Gregory, was zwischen Leibniz und ihm einst hin- und hergegangen war. Seitdem gab es drei – Wallis, Fatio und Gregory –, die sich einig waren, dass Newton die Priorität besitze, also der Entdecker und Leibniz von ihm abhängig sei.

Deutlich wird das in jenem Brief von Nicolas Fatio de Duillier an Huygens vom 28. Dezember 1691, den wir schon einmal zitiert haben: „Nach allem, was ich bisher habe sehen können (soweit ich die seit einigen Jahren vorliegenden Schriften verstehe), scheint es mir, dass Herr Newton unwidersprochen der erste Schöpfer des Calculus differentialis ist und dass er ihn bereits kannte, bevor (Leibniz) daran auch nur einen Gedanken verschwendet hat. Ein solcher Einfall ist ihm erst gekommen, wie es scheint, als Newton ihm davon etwas mitgeteilt hatte. Ich kann nicht genug staunen, dass Leibniz darüber in den Leipziger ‚Acta‘ nicht ein Wort sagt." Von dieser Anschuldigung hat Huygens jedoch, immer vornehm, an Leibniz nur eine abgeschwächte Version weitergegeben, nämlich Fatio meine, die Ergebnisse von Newton gingen tiefer.

Mit steigendem Unbehagen sahen Newtons Freunde in England, wie die Leibnizschen Methoden unter rühmender Erwähnung des Autors immer stärker bekannt wurden. Vergeblich drängten sie Newton, die eigenen Arbeiten ebenfalls drucken zu lassen. Wenigstens erschienen jetzt, von John Wallis herausgegeben, zum ersten Mal die Newtonschen ‚Fluxionssymbole‘. Zugleich nahm Wallis in das Vorwort zu einem eigenen Buch (1695) eine Passage auf, die den Plagiatvorwurf erstmals öffentlich aussprach. Dort heisst es, beider Methoden seien „völlig ähnlich". Das könne er, John Wallis, feststellen „auf Grund von zwei Newtonschen Briefen, die an Oldenburg gegeben und Leibniz fast wörtlich mitgeteilt worden sind. In diesen Briefen hat Newton Leibniz die Methode dargelegt, die von ihm – vor damals zehn oder mehr Jahren – erdacht worden war. An diese Tatsache erinnere ich hier, damit sich nachher niemand beschwert, über diesen ‚Calculus differentialis‘ sei von uns nichts gesagt worden." Damit war wirklich etwas Deutliches über den Leibnizschen Calculus gesagt: Er basiere allein auf den Mitteilungen von Newton.

Das Buch des achtzigjährigen Wallis mit diesem Vorwurf ging nach Leipzig an die ‚Acta eruditorum‘ und wurde anonym von Leibniz im Juni 1696 rezensiert. Es folgte ein Briefwechsel zwischen Autor und Rezensent, auch noch eine Erwiderung von Leibniz in den ‚Acta‘, aber auf den Vorwurf des Plagiats ging er überhaupt nicht ein. Die Engländer waren nicht zufrieden.

John Wallis drängte Newton daher, endlich seine alten Briefe an Leibniz drucken zu lassen. Der willigte ein und stellte sie im September 1697 zur Verfügung, ebenso die Briefe, die er von Leibniz bekommen hatte. Sogleich wandte sich Wallis ganz korrekt an Leibniz mit der Bitte, den Briefwechsel veröffentlichen zu dürfen.

Leibniz willigte ein, obwohl er die Absicht erahnte, denn die Neigung von John Wallis, die Engländer herauszustreichen, war bekannt, und er hatte sein Urteil schon abgegeben. Die Briefe druckte Wallis im dritten Band seiner eigenen Gesammelten Schriften. Im Sommer 1699 las Guillaume F. A. de L'Hôpital, der Franzose, dessen Lehrbuch den Leibnizschen Ruhm verbreitete, diese Briefsammlung und schrieb an Leibniz: „Mir will scheinen, dass die Engländer auf jede Weise versuchen, das ganze Verdienst an dieser Erfindung ihrer Nation zuzuschreiben." Leibniz bekam von Wallis selbst ein Exemplar zugeschickt und dankte höflich, wobei er nur eine kleine Unzufriedenheit andeutete. Auch seinem Mitstreiter Johann Bernoulli gegenüber, der sich über die Engländer aufgeregt hatte, schrieb er darüber ganz entspannt. Dabei sollte die Veröffentlichung erkennbar dem Nachweis dienen, Leibniz sei unwissend und ohne eigene Einsichten gewesen, bis ihn Newton ins Bild gesetzt habe.

Eine Kommission als Tribunal   Nun trat noch einmal Nicolas Fatio de Duillier auf. Seine Schrift ‚Investigatio' erschien 1699 fast gleichzeitig mit der Briefsammlung. Darin wurde Leibniz unverblümt des Plagiats beschuldigt. Fatio schloss pathetisch: „Niemand, der studiert, was ich selber an Dokumenten geprüft habe, wird sich durch das Schweigen des allzu bescheidenen Newton oder durch Leibnizens vordergründige Geschäftigkeit täuschen lassen." Auf dem Kontinent schüttelte man den Kopf. Johann Bernoulli rezensierte das Werk scharf, Leibniz hingegen, der diese heftig tadelnde Besprechung Bernoullis heimlich gefördert hatte, liess selbst nur eine massvolle Entgegnung drucken. Wenn Fatios Angriff verpuffte, dann wohl auch deshalb, weil er sich mit Newton überwarf und einer religiösen Sekte anschloss.

Nun gab Newton, immer noch ruhigen Blutes wie Leibniz auch, 1704 zwei seiner frühen mathematischen Arbeiten heraus. Leibniz rezensierte die Sammlung – wie damals üblich anonym – im Januar 1705 in den ‚Acta eruditorum'. Über diese Besprechung war Newton ausserordentlich aufgebracht, schluckte den Ärger aber hinunter. Später wird er sagen, diese Rezension bilde überhaupt erst den Beginn des Prioritätenstreites. Der anonyme Rezensent Leibniz hatte zunächst sich (in der dritten Person) als den Erfinder des Calculus bezeichnet. Dann erst beschrieb er die Fluxionen von Newton, an zweiter Stelle also, was wie eine chronologische Reihenfolge wirkte, zumal im weiteren Text das Wort

„substituit" fiel, als habe jemand den Leibnizschen Calculus nur durch neue Bezeichnungen „ersetzt". Über dieses Wort hat sich Newton stark erregt. Die Rezension wirkt so, als wollte Leibniz den ständigen Vorwurf, er habe einst die Newtonschen Symbole nur verändert, einmal herumdrehen. Zumindest hat sich Leibniz, der sonst so vornehme, vorsichtige Gelehrte, hinter dem Schutz der Anonymität eine wenig passende Wortwahl erlaubt.

Doch zunächst geschah nichts, Newton schwieg, da er öffentlichen Kontroversen abgeneigt war. Übrigens, wenn sieben Jahre später der Öffentlichkeit klar werden wird, welch verheerende Wirkung die Rezension auf Newton und die Engländer gehabt haben musste, wird Leibniz den Fehler erkennen, aber leider seine Verfasserschaft ausdrücklich leugnen, selbst gegenüber seinem Vertrauten Johann Bernoulli.

Nach drei Jahren trügerischer Ruhe führte 1708 ein Jünger Newtons, der gerade Mitglied der Royal Society geworden war, John Keill, den nächsten Stich und zieh Leibniz direkt der Fälschung. Er gab dabei den Vorwurf aus der Rezension genau zurück und erklärte, dass Leibniz für seinen Calculus „nur den Namen und die Art und Weise der Bezeichnung wechselte", um sich die Fluxionen anzuzeigen. Seinen Vorwurf hat Keill alsbald in der Zeitschrift der Royal Society wiederholt, und dieser Aufsatz wurde im September 1710 vom Sekretär Sir Hans Sloane an Leibniz gesandt, so dass er sich genötigt sah, am 4. März 1711 Sloane zu antworten. Dabei haben ihn Ruhe und Geschick verlassen, und er machte auch noch den schweren Fehler zu glauben, gegen die bösartige Anschuldigung ausgerechnet bei Sir Hans und der Royal Society Schutz suchen zu können. Offenbar nahm er an, dass Newton und die anderen Mitglieder es nicht wagen würden, die Grobheiten John Keills zu decken. Doch er hatte mit dieser Anrufung ausgerechnet seine Feinde um seine Verteidigung gebeten.

Die Royal Society ernannte einen Ausschuss, scheinbar um Leibnizens Beschwerde zu prüfen, in Wirklichkeit aber, um ihm den Prozess zu machen. Wieder war Newton nicht der Scharfmacher, er war zunächst sogar ungehalten über John Keills Streitsucht und musste zum Jagen erst getragen werden. Doch schon lange litt er daran, dass Leibniz in der Öffentlichkeit als Sieger dastand und auch die fähigeren Mitstreiter und Schüler hatte. Als ihn nun Keill an Leibnizens Rezension aus dem Jahre 1705 erinnerte, da flammte auch bei ihm der Ärger wieder auf, und er willigte ein.

Nun erhielt John Keill von Newton Material für eine Antwort, die im Mai 1711 über Sloane an Leibniz ging. Der protestierte ein halbes Jahr später noch einmal bei Hans Sloane, woraufhin in London eine Kommission gebildet wurde, die – scheinbar neutral – den Streit zwischen zwei Mitgliedern der Society, Keill und Leibniz, klären sollte. Newton wählte die Briefe aus, die als Belege dienen sollten, darunter einen, den Leibniz nie bekommen hatte, die sogenannte „Historiola", aus der Leibniz freilich damals am ehesten etwas hätte lernen können. Überhaupt hat Newton nicht nur die Kommission geleitet, sondern selbst auch alle Berichte geschrieben oder wenigstens redigiert.

Herausgekommen ist eine kommentierte Briefsammlung, genannt ‚Commercium epistolicum' (Briefverkehr). Sie war formell nur eine Anklageschrift, enthielt jedoch schon das Urteil in einem Prozess, der ohne Anhörung des Beschuldigten geführt worden und daher unrechtmässig war. Aber Newton scheint von der Verlogenheit seines Gegners inzwischen so überzeugt gewesen zu sein, dass die Anmerkungen im Commercium klingen, als sei der Beweis für Leibnizens geistigen Diebstahl schon erbracht und als müsse man den Übeltäter, der alles leugnet, nur noch stellen. Das Werk wurde bekannten Gelehrten kostenlos zugestellt und später auch im Buchhandel verkauft. Es trägt die Jahreszahl 1712, doch auf dem europäischen Kontinent schrieb man bei seinem Erscheinen schon Januar 1713.

Dass der Streit zwischen den alten Männern so heftig, am Ende unerträglich wurde, lag gewiss auch an dem wissenschaftlichen Wettkampf jener Zeit zwischen den Nationen. Newton, der sonst allem offen ausgetragenen Streit, bei dem er oft verletzt worden war, aus dem Wege ging, musste zwar von seinen Helfern erst angestachelt werden, zeigte sich dann aber um so grausamer. Er war kein angenehmer Mensch. Berüchtigt wegen seiner gestörten Beziehungen zu anderen Wissenschaftlern, brachte er sein Alter in erbittertem Kampf zu, bei dem ihm fast jedes Mittel recht war.

Sein Streit mit Leibniz schlug hohe Wellen, und sie drangen, als im Jahre 1714 der Landesvater von Leibniz, Georg Ludwig, auch zum Landesherrn aller Engländer geworden war, bis zum Königshaus. Ein Jahr darauf versuchte der Oratorianer-Abbé und Mathematiker Antonio Conti in London zwischen Leibniz und Newton zu vermitteln; er war es auch, der den König über den Streit informierte. Eine Anfrage Georg Ludwigs veranlasste Newton im

Mai 1716 tatsächlich zu grösserer Vorsicht: „Ich bestreite nicht", antwortete er, „dass Herr Leibniz es auch allein hätte finden können, aber seine Erfindung lag zeitlich nach der meinen, und man weiss, dass Zweiterfinder kein Recht an der Erfindung haben." Etwas anderes als der zweite selbständige Erfinder zu sein hatte Leibniz aber auch gar nicht bestätigt haben wollen.

Der Streit beider Genies erweiterte sich dennoch zu einer Auseinandersetzung zwischen zwei Nationen und dauerte mehr als zwei Jahrhunderte. Erst 1948 erschien ein Werk des Mathematikhistorikers Joseph Ehrenfried Hofmann, das auch von englischer Seite gebilligt wurde und das zu dem Schluss kommt, Leibniz habe nichts Entscheidendes von Newton gelernt – allenfalls etwas von Pascal und Huygens.

Mit Widukind bei Premier Bernstorff Als Verfasser der Welfengeschichte hat Leibniz im Jahre 1709 eine Audienz beim mächtigsten Mann der Regierung, dem Grafen Andreas Gottlieb von Bernstorff, der so lange die Macht in Celle inne gehabt hatte und nun, da Celle an Hannover gefallen und Platen gestorben war, seit Januar als Premierminister im Kammerflügel des Schlosses zu Hannover herrschte. Dass dieser Mann ihm jetzt so nahe gerückt war und über ihn entscheiden konnte, eröffnete Leibniz keine guten Aussichten, denn niemand hatte ihn bisher schon – und das von Celle aus – so energisch zur Pflicht angehalten wie Bernstorff.

Doch Leibniz hat jetzt – zur Beruhigung des hohen Herrn – etwas vorzulegen, ja er hat endlich angefangen, die Welfengeschichte niederzuschreiben. Zwei Jahre zuvor war er bis ins Jahr 842 vorgedrungen, jetzt will er Bernstorff als Probe die Ausarbeitung über die Jahre 768 bis 785 präsentieren. Das soll ein Sieg werden. Und tatsächlich, gleich als Leibniz das Empfangsgemach betritt, ist der Premierminister das Wohlwollen selbst und nimmt das Konvolut wie ein Geschenk entgegen. Leibniz bittet ihn darum, doch gütigst über das Werk beim Kurfürsten zu referieren, auch wage er es, den Wunsch zu äussern, das Werk nicht „in mehrere Hände" gelangen zu lassen. Noch ist Leibniz nämlich mit dieser Fassung unzufrieden und besorgt, andere Gelehrte könnten ihm Fehler nachweisen. Graf Bernstorff – so darf man sich das vorstellen – wird gleich, der Höflichkeit gemäss, ein wenig in dem Werk zu blättern begonnen haben und vertieft sich in den Anfang, soweit es ihm seine Lateinkenntnisse erlauben. Der Autor sieht ihm tief befriedigt zu.

Nach all den Misshelligkeiten und Vorwürfen, denkt Leibniz
derweil, sehe man jetzt doch, dass wirklich etwas fertig und sogar
lesbar ist. Ja, er war im Rückstand, aber die Arbeit an der inzwischen gedruckten Sammlung alter Geschichtswerke über die Welfen, den ,Scriptores Rerum Brunsvicensium', deren erster Band
zwei Jahre zuvor (1707) erschienen war, hatte ihn Zeit gekostet. Bei
Gelegenheit dieser Audienz will er nicht vergessen, erneut die Auszahlung seines Honorars für dieses Werk zu verlangen. Auch könnte
er darauf hinweisen, dass der zweite Band im folgenden Jahr
erscheinen werde. Gewiss, diese Arbeit hat den Fortgang der Welfengeschichte wieder verzögert, und er weiss, der Hof unterstützt
die Edition allenfalls halbherzig, denn diese Bände verlocken den
Kurfürsten und die Geheimen Räte kaum. Man wartet auf das
Hauptwerk − und hier ist es! In diesem Triumph wird ihm zugleich
schmerzlich ein Wandel der Zeiten bewusst. Denn dass er seine
Probe jetzt nur dem Premier und nicht mehr Seiner kurfürstlichen
Durchlaucht selbst − wie es ihm früher selbstverständlich war −
vorlegen kann, zeigt, wie wenig er inzwischen geachtet wird.

Bernstorff las noch, da sagte Leibniz, der vorgelegte Ausschnitt
höre mit dem Jahr auf, in dem der Widerstand Widukinds gegen
Karl den Grossen zu Ende ging. Sofort flammte die Neugier des
Lesenden auf und er versuchte, das Ende der vielen Seiten aufzu-
schlagen. „Widukind", sagte der Graf, „wir wollen doch hoffen, Ihr
habt es endlich bewiesen, dass er der erste Welfe war!" Aber das war
Ironie. Jede Adelsfamilie wünschte sich, dieser legendäre Held
zähle zu ihren Ahnen, doch solche Hoffnungen hatte Leibniz enttäuscht, nicht einmal die Welfen konnten sich auf ihn zurückführen. Dieser sagenumwobene Stammesherzog war in den Jahren von
777 bis 785 die Seele des Widerstandes in dem Kampf gewesen, den
Karl der Grosse mit den Sachsen − sie siedelten im heutigen
Niedersachsen − führte, um dieses stolze Volk seinem Frankenreich
einzugliedern und es zu Christen zu machen. Was Leibniz über
diese Gestalt vorgefunden hatte, waren viele Legenden und
Geschichten, doch wenig gesicherte Überlieferung. Daraus hatte er
ein verlässliches Bild Widukinds entstehen lassen, gereinigt, gesichert und doch durchaus individuell ausgeprägt.

Die Annalen, die er Bernstorff hiermit vorlegte, brachten im
Abschnitt zum Jahre 782 auch den berüchtigten Tag von Verden
mit der Massenhinrichtung der Sachsen − ein Ereignis, das damals
schon die Historiker erregte. Auch für Leibniz, der im übrigen Karl

oft rühmt, ist dieses sogenannte ‚Blutbad' der Schandfleck auf dem Purpur seiner Herrschaft. Diese Tat sei „aeterno Caroli dedecore" (zu Karls ewiger Schande) geschehen. Leibniz hat damit so scharf wie kein Historiker vor ihm die Hinrichtung von angeblich 4 500 Sachsen gebrandmarkt. Zwar hätten sich auch die Sachsen, schreibt er, schuldig gemacht, doch Karl habe den Besiegten gegenüber, die doch ihre Freiheit nicht so einfach hätten aufgeben können, die Milde, wie sie einem grossen Geist wohl anstehe, nicht walten lassen. Damit habe Karl gegen das Bild des guten Herrschers verstossen. Leibniz wirft ihm, weil der Glauben frei gewählt sein müsse, auch den Zwang vor, mit dem er die Sachsen christianisiert hat.

Hingegen wird Widukind gerühmt und mit Arminius dem Cherusker, dem Helden der Schlacht am Teutoburger Wald, auf eine Stufe gestellt und damit als deutscher Freiheitskämpfer gedeutet. Er gleiche ihm zwar nicht im Feldherrnglück, sicher aber in seiner Tapferkeit. Mit dem Blick auf Verden schreibt Leibniz – offenbar durchaus zufrieden – , König Karl habe nicht einmal die Früchte „seines Verbrechens" ernten können, weil es ihm nicht gelang, Widukind festzusetzen. Von seinem Helden war Leibniz, der unter der Übermacht Ludwigs XIV. litt, wohl auch deshalb so begeistert, weil er ihn als erfolgreichen Kämpfer gegen das Frankenreich sah. Jedenfalls betont Leibniz mehrfach, dass Widukind bis zum Schluss unbesiegt blieb und schliesslich den Frieden mit Karl als ein Ebenbürtiger, von gleich zu gleich, schloss. Denn am Ende stellte Widukind sich mit seinen Getreuen den Franken, war aber klug genug gewesen, sich dafür freies Geleit zusagen und Geiseln übergeben zu lassen. In der Pfalz Attigny liessen sich die Aufständischen taufen, Karl der Grosse selbst übernahm bei Widukind das christliche Patenamt.

In diesem Sinne mag Leibniz, während Graf Bernstorff in dem aufgeschlagenen Kapitel las, ein wenig Referat gehalten haben. Anschliessend erinnerte er Bernstorff an das ausstehende Honorar für die historischen Sammelbände und betonte nochmals nachdrücklich seine doppelte Verpflichtung. Er arbeite nicht nur für die Herrschaft, sondern auch für das allgemeine Wohl, besonders für die Wissenschaft. Dabei entstünden Arbeiten, die auch dem Ansehen des Welfenhauses dienten. Sein ärgster Kritiker, der Premier, musste sich Auge in Auge noch einmal sagen lassen, was Leibniz schon schriftlich festgestellt hatte: „So wird man auch nicht in abrede seyn, daß die gnädigste Herrschafft einig theil daran nimmt, wenn Dero diener auch in denen dingen, so sonderlich die scienzen angehen, einige approbation und allgemeinen applausum bey denen verständigen und gelehrten findet."

Haushistoriker und Bibliothekar Viel haben diese Worte nicht genutzt. Zwei Jahre später, zu Anfang des Jahres 1711, legte Leibniz einen ganzen Stapel mit Briefen den Ministern vor, die er in den vergangenen Jahren bekommen hatte. Indem er sie unterbreitete und aus ihnen zitierte, konnte er den Beifall und die Anerkennung belegen, die seine wissenschaftlichen Leistungen in der Philosophie und Mathematik, in der Historie und auf anderen Gebieten bei bedeutenden Gelehrten Europas gefunden hatten. Aber eigentlich bestritt das ja niemand, man wollte eben nur, dass er genau den Auftrag erfüllte, für den man ihn bezahlte. Und selbst für seine Nebenarbeiten honorierte man ihn nicht schlecht. Für alle drei Bände der ‚Scriptores Rerum Brunsvicensium' bekam er – allerdings nach langem Drängen – immerhin 1 660 Taler, gleichsam ein ganzes zusätzliches Jahresgehalt.

Besonders von Bernstorff suchte nach neuen Methoden, auf Leibniz Druck auszuüben. Dazu sollte ein Aufpasser her. Der Historiker Johann Georg Eckhart hatte schon lange das Vertrauen des Premiers. Nachdem Eckhart zunächst Assistent von Leibniz gewesen war, hatte Bernstorff ihn 1706 schon einmal an die Seite von Leibniz gerufen, nun bemühte Hannover sich im September 1711 erneut, den Helmstedter Professor ganz für die Welfengeschichte freizustellen. Leibniz nimmt ihn gern, denn der junge Gelehrte ist dem älteren ergeben, doch dem Grafen Bernstorff noch weit mehr verpflichtet, wie sich bald zeigen wird, denn er sieht auf die Karriere.

Manches war in dieser Werkstatt, in der die Welfengeschichte entstehen sollte, wohl in Unordnung geraten. Einen Eindruck von Leibniz und seinen Büchern, von der ganzen Art, wie er in seiner häuslichen Umgebung auftrat, gibt uns die Schilderung eines Reisenden aus dem Jahr davor, es ist Zacharias Conrad von Uffenbach, ein wahrer Büchernarr, der mit seinem Bruder durch Deutschland reiste und darüber ein Buch geschrieben hat. Am 10. Januar 1710 kamen die beiden nach Hannover.

„Nachmittags liessen wir billig unser erstes sein, bei dem weltberühmten und grundgelehrten Herrn geheimden Rath von Leibnitz uns zu melden, der uns auch sogleich erlaubte, zu ihm zu kommen. Ob er wohl über sechzig Jahr alt ist, und mit seinen Pelz-Strümpfen und Nachtrock mit Pelz gefüttert, wie auch mit seinen grossen Socken von grauem Filze, anstatt der Pantoffeln, und einer sonderbaren langen Perücke ein wunderliches Aussehen hat, so ist er dannoch ein sehr leutseliger Mann, wie er uns dann mit der größten Höflichkeit empfieng, und von allerhand politischen und andern gelehrten Dingen uns unterhielt."

Es waren wohl Monologe, und es könnte sein, dass Leibniz so viel sprach, weil er ablenken wollte von dem, was die Besucher eigentlich vor hatten. Uffenbach fährt fort: „Ich suchte mit Fleiß, dergleichen Discurse abzubrechen und ihn zu bitten, uns sowohl seine eigene, als die churfürstliche Bibliothek zu zeigen, wonach ich die gröste Begierde hatte. Allein es geschah, wie uns war vorhergesagt worden, daß er beides bei jedermann abzulehnen gewohnt sei." Zur Begründung gab Leibniz an, die kurfürstliche Bibliothek „sei auch noch in solcher Unordnung, daß er keinen Menschen hinein führen könnte". Von seiner eigenen Bibliothek sagte er dasselbe, bot aber an, etliche Handschriften zu holen und zu zeigen. „Er schlich auch würklich hinüber und langte uns folgende ...", heisst es bei Uffenbach.

Als es dunkel wird, brechen die Gäste unter Danksagungen auf und werden von Leibniz ermuntert, wiederzukommen. Er wird ihnen zwei Tage später tatsächlich einen langen Gegenbesuch in deren Gasthaus machen. Abends gingen die Reisenden auf ein Maskenfest im Rathaus, wie es in der Karnevalszeit jeden zweiten Tag gefeiert wurde und für jeden zugänglich war. Die Masken konnte man an Ort und Stelle leihen. Es wurde getanzt, aber auch um Geld gespielt. Beim Tanzen hatte man „alle Freiheit, ohne sich zu demaskieren. Der Churfürst selbst, wie auch die übrigen Herrschaften, so zugegen waren, hielten sich nicht besonders und waren fast nicht zu erkennen; sie wurden auch öfters unter dem Haufen von Fremden gedrückt und gestossen." Alle Gäste waren allerdings am Eingang von einer Schildwache überprüft worden, ob sie „kein Gewehr hätten".

Viel bedeutender als die häusliche war Leibnizens andere Bibliothek, die Augusta zu Wolfenbüttel. Auch deren Leitung, die ihm 1690 übertragen worden war, hatte er jedoch allmählich schleifen lassen. Es gab Vorwürfe wegen seiner Amtsführung, und deshalb wurde ihm 1704, unbeschadet seiner eigenen Bezüge, Lorenz Hertel als Stellvertreter mit ebenfalls 400 Talern Gehalt beigegeben.

Rotunde, so hiess der Neubau der Wolfenbütteler Bibliothek, der errichtet wurde, als Leibniz nicht mehr die Leitung hatte. Und doch ist es denkbar, dass dieser ebenso sinnvolle wie reizvolle Bau auf seine Ideen zurückgeht. Das gilt besonders von dem Globus auf dem Dach der sogenannten Laterne.

Dabei zeigte Anton Ulrich Sympathie für seinen Freund und einigen Humor, wenn er Leibniz schrieb: „Weiln Er als General selten seine Untergebenen besuchen kann, werde ich ihm einen Generalleutnant zuordnen müssen, der mit Acht auf die Bibliothek gebe."

Genau ein Jahr später begannen neue Zeiten. Die Wolfenbütteler Bibliothek war seit 1649 im Obergeschoss des Marstalls untergebracht, wo zwei grosse rechteckige Gemächer zur Aufnahme des Bücherbestandes dienten. Im Jahre 1705 wurde mit dem Bau eines ganz neuen Gebäudes begonnen, einer lichten Rotunde. Acht Jahre dauerte es, dann war, unter der Aufsicht von Landbaumeister Hermann Korb, ein wunderschöner Bibliotheks- und Leseraum entstanden. Es ist der erste Bau der Neuzeit, der ausschliesslich als Bibliothek errichtet wurde, und zugleich eines der originellsten Gebäude überhaupt. Sollte sich Leibniz diese ungewöhnliche Form ausgedacht haben? Schon im Januar 1697 hatte er zu bedenken gegeben, ob man nicht „ein Neu gebeude an das vorige möchte laßen setzen wollen". Insofern mag er der Initiator des Bauprojekts gewesen sein.

Denkbar ist es überdies, dass ebenso die revolutionäre und bezaubernde Idee zur neuen Baugestalt von ihm stammt, denn man möchte meinen, etwas so Sinnvolles könnte sich nur ein wahrer Kenner ausgedacht haben. Auch hatte Leibniz oft genug seine Vorstellungen von einer idealen Bibliothek skizziert und dabei vor allem darauf gesehen, durch hohe Fenster mehr Licht in die Räume hereinzulassen, wobei die Bücher in den Regalen ohne

Leiter – also über eine Galerie – zu erreichen sein sollten. Beides verwirklichte der Entwurf. Zudem war der Bau, um viel Licht einfallen zu lassen, mit einer sogenannten Laterne im vierten Stock gekrönt, einem Oberlicht, das es so noch nie gegeben hatte. Gut denkbar ist ebenfalls, dass der Himmelsglobus, der über dem Dach der Laterne schwebte, auf eine Idee von Leibniz zurückgeht.

Die Rechenmaschine   Noch ist die neue Maschine, an der seit Jahren gearbeitet wird, nicht weit gediehen. Mit Sorge und mit einigen Hoffnungen lässt Leibniz das kostbare Stück jetzt im Sommer des Jahres 1700 einpacken, damit es auf die Reise nach Helmstedt gehen kann. Es ist das jüngere Exemplar, auf dem noch immer seine Hoffnungen ruhen. Angelegt ist sie als eine grössere Maschine mit 16 Stellen im Ergebnis, und in ihr stecken einige neue Ideen. Sie ist zweieinhalb Ellen (78 cm) lang, aus Messing und Eisen und hat ein bewegliches Teil, den Schlitten. Nun soll alles weggegeben werden. Der Mechanicus Adam, der mit dem Neubau angefangen hatte, besass kein Talent dafür und war auch nicht unter der Aufsicht des Sekretärs Balthasar Reimers zu Besserem anzuleiten gewesen. Mit seinem Tod war alles zum Erliegen gekommen.

Doch schon vor zwei Jahren (1698) hatte sich eine neue Hoffnung gezeigt, als sich ein wirklich kluger Kopf, Leibnizens Assistent Rudolf Christian Wagner, der Sache anzunehmen begann. Aber wie es mit guten Leuten ist, schon nach einem Jahr war Wagner nach Helmstedt gegangen und sollte dort Professor der Mathematik werden. Jetzt aber, wie gesagt, wird diese ewige Ruine unter des Erfinders Augen eingepackt, denn Wagner will sich ihr in Helmstedt auf Dauer widmen. Ja, er hat dort einen tüchtigen Mechaniker, einen Opifex, wie er sagt, aufgetan, Levin mit Namen. So trennt Leibniz sich von dem Sorgenkind. In Gottes Namen, möge der Rechenmaschine in der Fremde eine bessere Zukunft beschieden sein!

Die Werkstatt ist damit – unter neuer Leitung – nach Helmstedt verlegt. Und viele Jahre lang wird hier an dieser Maschine gearbeitet werden. Es ist die, die heute in Hannover aufbewahrt wird, die einzig erhaltene. Weil Wagner so tüchtig ist und das Vertrauen von Leibniz hat, bekommt er auch noch die ältere nach Helmstedt geliefert, die eigentlich fertig sein sollte, und überprüft sie. Im Juli 1701 kann er nach Anweisung von Leibniz auf dieser älteren zu rechnen beginnen. Und er stellt immer wieder fest, sie ist weit besser gearbeitet, das neuere Modell aber ist besser erdacht, nur schrecklich angefertigt.

Auch der Opifex Levin hat sich inzwischen die neue Maschine genau angesehen, er hat sie gut verstanden, aber er ist entsetzt und will die Kurbel, ein wichtiges Teil, das höchste Anforderungen zu erfüllen hat, lieber neu bauen. Leibniz lehnt das ab. Der Aufseher Professor Wagner stellt sich hinter seinen Techniker und klagt am 7. April 1701, diese jüngere Maschine sei so liederlich hergestellt, dass er „gewiss mit allen in diesen Dingen Kundigen beschwören möchte, dass diese Maschine bei einfacher Benutzung nicht einen Monat hätte überdauern können". Nichts an ihr ist im Lot und rechten Winkel, eine windigere Pfuscharbeit kaum denkbar. Der geplagte Levin, der an seinem oft betrunkenen Bruder auch keine grosse Hilfe hatte, war genötigt, durch gesetzte Hammerschläge die Winkel zu richten, die Bohrungen mit Sorgfalt passend zu machen und ältere wieder zu ‚verbunzen'.

Nach drei Jahren konnte man mit ihr multiplizieren. Doch wenn man zum Dividieren die Kurbel rückwärts drehen wollte, hat es noch „durchaus nicht gehen wollen, sondern bald an diesem, bald an einem anderen gehangen und gefehlet", meldet Wagner. Meister Levin will immer noch lieber mit einem ganz neuen Modell von vorn anfangen und hätte mit seiner offenkundigen Geschicklichkeit und Sorgfalt gewiss etwas Besseres zustande gebracht. Im April 1704 klappt jedoch selbst bei diesem gestümperten Werk das Dividieren, nur die Zehnerübertragung will bei beiden Rechenarten nicht gut gehen. Das war schon immer die Schwachstelle, sogar beim Addieren wird allzu leicht aus 999 + 1 eine 910. Wagner meldet, das sei so, „weilen die einhorne in die fünfhorne gar zu knapp faßen". Gemeint sind Hebel mit einem Horn oder fünf Hörnern, die diese Zehnerübertragung bewerkstelligen sollten.

Der Mechaniker Levin hat nicht immer Zeit, denn er muss sich andere Aufgaben suchen, weil er durch die Arbeit an der Maschine nicht genug verdient. Er kann sich auch nicht mit der Hoffnung auf einen späteren Gewinn trösten lassen, denn er glaubt nicht daran, dass die Maschine, wie ihm in Aussicht gestellt wird, einmal als Serie gebaut wird. Seine verzweifelte Plackerei wird nicht genug gewürdigt. Leibniz zahlt aus seiner Privatschatulle nur zögernd, fast widerwillig, weil er nicht die aufgewendeten Stunden sieht, sondern nur, wie von Monat zu Monat das Ergebnis aus-

Die jüngere Rechenmaschine, die einzige, die erhalten ist. Wegen eines winzigen Fehlers hat sie niemals richtig funktionieren können, aber ein Nachbau aus neuerer Zeit hat bewiesen, dass sie fehlerfrei erdacht war und um ein Haar den Ruhm des Erfinders Leibniz in ganz Europa hätte verbreiten können.

bleibt. Er vermutet, Meister Levin sei untüchtig, allzu träge oder dauernd abgelenkt, daher will er eigentlich nur so etwas wie eine Erfolgsprämie zahlen.

Im April 1705 kommt er selbst nach Helmstedt und sieht nach den Mängeln, im Herbst gibt er Anweisungen zu den ‚Einhornern‘ und den Fünfhörnern. Die greifen nun endlich, nur die Zweihörner nicht, so dass die Maschine nur eine einzige der nötigen Zehnerschaltungen pro Umdrehung ausführen kann. Das Zweihorn geht nämlich wirkungslos am Fünfhorn vorbei. Vor Beginn der nächsten Kurbeldrehung muss angehalten und das Zahnrad von Hand nachgedreht werden, Stelle für Stelle von rechts nach links. Als ihm das gemeldet wird, ist Leibniz Anfang 1706 recht unzufrieden, er nennt das Nachstellen „unrecht“. Wagner antwortet: „Anders können wir es nicht herausbringen, und wenn es uns das leben kosten solte.“ Ausserdem wagt er den Einwand, Leibniz habe früher dieses Nachstellen selbst vorgeschrieben.

Von Helmstedt nach Zeitz Levin ist jetzt viel krank, er muss zudem woanders Geld verdienen, er repariert Turmuhren, einmal auch in einem Kloster, es geht nicht recht voran. Seit März 1708 kann er offenbar gar nicht mehr arbeiten, vielleicht hatte er einen Herzanfall. Leibniz will einen Neuanfang einleiten, Wagner soll einen anderen „opifex automatarius“ (Automaten-Mechaniker) finden, eine neue schwere Last für den vielgeprüften Professor, der schon allzu lange geduldig den Statthalter gemacht und dafür nicht einmal Dank bekommen hat. Er kann keinen neuen Fachmann finden, die Arbeit ruht.

Was eigentlich mit der älteren Maschine geschehen ist, weiss man nicht. Sie hatte auch ihre Schwächen, aber es könnte sein, dass Leibniz sie 1711 mit nach Torgau genommen hat, als er dort an einer Fürstenhochzeit, von der noch die Rede sein wird, teilnahm. Auf der Rückreise von Torgau ist Leibniz jedenfalls Anfang November 1711 in Zeitz zu Gast bei Moritz Wilhelm, dem Herzog des winzigen Sachsen-Zeitz. Dieser Fürst ist mehr Gelehrter als Regent, ein Bücherfreund, der den grossen Leibniz für den genialsten Menschen seiner Zeit hält und früh darauf gehofft hatte, dass er „das Glück haben könte, der so lange gewünschten Ehre deßen Persönlicher Bekanntschaft theilhafftig zu werden". Jetzt kam Leibniz bereits zum zweiten Mal, ein halbes Jahr zuvor war er schon einmal im Residenzschloss Moritzburg an der Elster eingetroffen und fast zwei Wochen geblieben, verwöhnt und verehrt. Dabei hatte er auch den Hofprediger Diakon Gottfried Teuber kennengelernt, einen Liebhaber der Mechanik. Nun, auf dem Rückweg von Torgau, hat Leibniz sich weiter mit ihm über die Rechenmaschine unterhalten können, und dabei hat man wohl auch schon gemeinsame Pläne geschmiedet.

Alsbald hat Teuber es jedenfalls übernommen, für die weitere Verbesserung der verwaisten neuen Rechenmaschine zu sorgen, die nun wieder auf die Reise geht. Ihre Vervollkommnung ist jedoch auch in Zeitz mühsam. Teuber hatte dabei die Aufsicht, und der dortige Hofrat Buchta, der sich ebenfalls lebhaft für dieses Werk interessierte, zahlte demjenigen, der gerade daran arbeitete, im Auftrage von Leibniz wöchentlich den Lohn. Wer es am Anfang war, ist unbekannt, Buchta liess auch zeitweise seinen wohl technisch geschickten jungen Diener Friedrich Saal mitarbeiten. Zwei Jahre später, im Sommer 1713, scheint jedenfalls der Uhrmacher Gottfried Salomon Has gewonnen worden zu sein, mit dessen Bruder, einem Mathematiker in Augsburg, Leibniz schon ein paar Jahre korrespondiert hatte. Der Mechaniker und Uhrmacher Has nannte sich nach der Gewohnheit der Zeit und in seiner schwäbischen Mundart 'Künschtler', heute würde man sagen, er war ein Techniker. Mit der Arbeit begann er im Januar 1714.

Leibniz ist in seinen letzten Lebensjahren, so oft er konnte, in Zeitz gewesen, wo er jedesmal fürstlich empfangen wurde, im „Thorhauß" des herzoglichen Schlosses untergebracht war und als eine Art Ehrengast an der Tafel des Herzogs Moritz Wilhelm speiste, zuletzt im Juli 1716. Es wurde sogar damit begonnen, eine dritte Maschine zu bauen. Da Has aber ungeduldig wurde, weil er nicht den gewünschten Erfolg sehen konnte, und endlich der Arbeit überdrüssig geworden war, legte er alles nieder und zog, nach zweieinhalb Jahren, im Sommer 1716 wieder fort.

Für Leibniz war dieser Verlust schmerzlich, nicht nur, weil er bedeutende Summen für dieses Werk ausgegeben hatte, sondern ganz besonders, weil er genau in diesen Wochen im Sommer 1716 die Maschine gern dem Zaren Peter I. und dem hannoverschen Kurfürsten, nun König von Grossbritannien, vorgeführt hätte, um beide hohen Herrscher erneut für sich zu gewinnen, „nachdem sie sich", wie er in einem Brief beklagte, „von mir des längeren zurückgezogen haben".

Hofprediger Teuber hat bald nach Leibnizens Tod bedauert, „daß eine so schöne Invention ins Stecken gerathen und wohl gäntzlich liegen bleiben muß". Zehn Jahre später (1727) ist auch der bedeutende Mechaniker Jacob Leupold betrübt, dass „der Herr von Leibnitz so vielmals mit denen Mechanicis unglücklich gewesen, daß solche Maschine, ob er schon keine Kosten gespahret, niemahls nach seinen Angaben und Propos gerathen".

So wurde die Maschine aufgegeben, sogar vergessen und erst zwei Generationen später dem Göttinger Mathematiker Abraham Gotthelf Kästner (1719-1800), einem verdienten Herausgeber von einigen Leibnizschriften, übergeben. Der hat sie aber nur als Reliquie verehrt und nie geglaubt, dass man sie gebrauchen könne. Anschliessend kam sie in die Modellkammer der Universität Göttingen und wurde erneut vergessen, bis sie 1880 der Königlichen Bibliothek zu Hannover übergeben wurde, von deren Nachfolgerin sie heute noch gehütet wird. Da man alsbald gute Rechenmaschinen bauen konnte, waren Öffentlichkeit und Wissenschaft gespannt zu erfahren, woran Leibniz denn wohl gescheitert war. Die Beantwortung dieser Frage verlief in drei Etappen – mit erstaunlichem Ergebnis.

Zuerst wurde der Ingenieur Arthur Burkhardt um eine Untersuchung gebeten, der selbst Rechenmaschinen baute und wohl auch versucht hat, diese Maschine nach seinen Ideen nachzubessern. Er kam 1897 zu dem Schluss, das Werk enthalte bleibende Erfindungen, doch die Zehnerübertragung klappe nicht, weil die an sich geniale Staffelwalze leider falsch eingeteilt sei. Zu einem ähnlichen Ergebnis kam eine Studie aus dem Jahre 1968 (Mackensen). Die nächste Untersuchung stammt aus dem Jahre 1977 (Wil-

berg) und sie zog den Schluss, die Maschine zeige zwar vier bleibende Erfindungen – die Staffelwalze sei nicht einmal die wichtigste –, doch habe sie einen Mangel, eben die unzureichende
Zehnerübertragung. Diese Technik sei damals jedoch nicht vollkommen zu erreichen gewesen.

Endlich begann ein Dresdner Forscher (Lehmann) die Rechenmaschine im Jahre 1988 nachzubauen, genauer gesagt, er baute eine
Kopie aus dem Jahre 1924 nach. Zunächst klappte natürlich auch
hier die Zehnerübertragung nicht. Nun wurde eine einzige Einstellung verändert, indem man bei nur einem der acht Zweihörner
die Spreizung um einen Winkel von drei Grad vergrösserte. Die
übrigen Zweihörner blieben unverändert. Ergebnis: „Mit dieser
Einstellung arbeitet der Dresdner Nachbau der Leibniz-Rechen-
maschine einwandfrei." Einschliesslich einer vollautomatischen
Zehnerübertragung bei allen acht Dezimalstellen.

Man muss es wohl tragisch nennen, dass dieser ebenso winzige
wie entscheidende Fehler – drei Grad Winkelabweichung bei nur
einem einzigen Bauteil – unter den Augen von Leibniz bis zum
Ende unentdeckt blieb. Welch einen Triumph hätte er beinahe
feiern können! Doch gehört ihm für immer der Ruhm, auch als
Maschinenbauer bahnbrechende Erfindungen gemacht und eine
offenbar makellose Konzeption entwickelt zu haben.

Mit den Gedanken in Russland   Im Sommer 1697 hatte Leibniz den Zaren nicht sprechen können, aber das Bild des mächtigen Reformers will ihm nicht aus dem Kopf, er ist der historischen Gestalt Peters geradezu verfallen. Jeden Schritt seiner Reise in Europa hat er verfolgt, hat sich regelrecht in die Rolle Peters selber eingelebt und will an der Umgestaltung des Landes mitwirken, wenigstens dadurch, dass er die richtigen Helfer vermittelt. Aber wen könnte er nennen?

Jetzt, ein Vierteljahr nach dem Durchzug der Russen, im Herbst 1697, schreibt Leibniz gerade an einen Briefpartner, und währenddessen kommt ihm der Gedanke wieder und er lässt ihn einfliessen: Der Zar braucht einen Mann, der zugleich die Wissenschaften und ihre praktische Anwendung in der Technik und im Handwerk versteht. Frans van Helmont fällt ihm nun ein. Der ist 80 Jahre alt, und trotzdem reist er noch unentwegt umher ... Doch dann ist die Idee geboren: Sollte er, Leibniz, nicht selbst der Mann sein, den der Zar braucht? Sollte nicht hier die Erfüllung seines Lebens liegen? Gibt es denn überhaupt einen anderen, der die Aussichten wenigstens ahnt, die sich vor seinen Augen schon lange auftun? Wäre ein anderer als er in der Lage, dieses entstehende Weltreich am Reissbrett (,aus einem einzigen Riss') zu entwerfen?

Ihm ist, als wenn der Herrscher nach Deutschland gekommen wäre, um sich einen Vordenker zu suchen, und so lebt er, seit der Zar seine Phantasie beflügelt, in Projekten, macht sich Gedanken über die Erforschung und kartographische Erfassung der Tatarei, über die Erkundung des Eismeeres und der Grenzen zwischen Amerika und Sibirien, über die Schiffbarmachung der russischen Ströme, die Trockenlegung der Sumpfgebiete, die Bodenschätze, über landwirtschaftliche Versuche, die Errichtung von Schulen, Museen, Tiergärten, Glas- und Eisenhütten, über den Ausbau des Strassennetzes bis nach China und Persien, über die Gründung einer Akademie der Wissenschaften und einiger astronomischer Beobachtungsstationen, über die Geschichte der zahlreichen Völker des asiatischen Russland, selbst der alten Goten an der Wolga und auf der Krim... All das stürmt auf ihn ein, zugleich erfüllt ihn die Sorge, es könnte zu spät sein und er werde sterben, bevor er sein Werk verrichtet habe. Doch die Erfüllung scheint zum Greifen nahe und macht den alternden Leibniz zum Jüngling.

Ihn erfasst ein heiliger Zorn, wenn er sieht, wie die Höfe Europas diesen Mann auf seiner Reise mit westlichem Luxus zu beeindrucken suchen, statt ihn auf das Gute zu lenken: „Den Geist eines einzigen solchen Mannes, wie der Zar ist oder der Monarch von China, zu gewinnen und ihn auf das wahre Gut zu richten, ihm einen Eifer für den Ruhm Gottes und die Vervollkommnung der Menschen einzuflössen, ist mehr wert als hundert gewonnene Schlachten, denn von dem Willen solcher Leute hängen viele Millionen anderer ab. Ich kann den Engländern und Holländern ihre Gleichgültigkeit nicht verzeihen, aber sie werden es teuer bezahlen."

Man hörte von einem Aufstand in Russland, und Leibniz befürchtete, das könne den Gang der Reformen hemmen. Die Aufständischen wurden bestraft, auch darüber bekam Leibniz Nachricht. Er schrieb am 24. März 1699 an den Holländer und Russlandkenner Nicolas Witsen, nun Direktor der Ostindischen Kompagnie, in dessen Haus Peter sogar gewohnt hatte: „Zar Peter ist ohne Zweifel ein grosser Fürst, und es ist ein Unglück, dass die heimischen Unruhen ihn zu so vielen schrecklichen Hinrichtungen bewegen. Man schreibt, dass die angesehensten Grossen des Reiches, sowohl geistliche als weltliche, gezwungen waren, bei der Hinrichtung einiger Verbrecher Hand anzulegen. Das ist eine Sitte, die noch an die Scythen erinnert, und ich wundere mich, dass dabei die Geistlichen des Landes nicht verrohen. Doch das könnte noch hingehen; ich fürchte aber, dass so viele Hinrichtungen, anstatt den widerspenstigen Geist zu bändigen, ihn gleichsam durch Ansteckung noch verbittern werden. Denn die Kinder, die Verwandten und die Freunde der Hingerichteten müssen tief verletzt sein." Witsen suchte jedoch Leibniz über die Folgen der Grausamkeit zu beruhigen: Von den Familien der Hingerichteten sei nichts zu fürchten, denn es herrsche dort die Sitte, deren Frauen und Kinder, und selbst noch alle Verwandten nach Sibirien zu schicken.

Um künftig Verbindung mit Russen aufnehmen zu können, die nun nach Deutschland kommen, wollte er den Dolmetscher in Dienst nehmen, den ein Bojar (Adliger) zurückgelassen hatte, und er berichtet der preussischen Königin: „Dieser Bojar schien ein

Mann von Verstand zu sein, aber am Ende schlug der National-
charakter durch, dem Spruch gemäss, dass die Klauen des bösen
Geistes sich bei dessen Abfahrt sehen lassen. Der Bojar hatte seinem
Dolmetscher eine Perücke gekauft, aber vor seiner Abreise brach er
dessen Koffer auf, nahm ihm die Perücke weg und sagte, er habe sie
ihm nur geliehen. Vielleicht erinnerte er sich daran, wie die Zaren
früher ihren Gesandten Kleider liehen und ihnen dann so viel
Hiebe mit der Peitsche geben liessen, als Flecken darauf waren. Der
Moskowiter erklärte, dass er es aus Geldnot getan habe und die
Perücke verkaufen werde, um einige Tage vom Erlös zu leben."

Ein Korrespondent von Leibniz, einer seiner jungen Verehrer,
der deutsche Diplomat Baron Heinrich von Huyssen, war in russische Dienste getreten und nun Beauftragter für die Anwerbung
von Fachleuten − von Offizieren, Büchsenmachern, Schmieden
oder Gelehrten im Deutschen Reich, die man in Russland
brauchte. Bald wurde von Huyssen befördert zum Erzieher des
Kronprinzen, des Zarewitsch. Im Herbst des Jahres 1703 wandte
sich Leibniz an ihn, um endlich Zugang zum Zarenhof zu bekommen. Huyssen antwortete erfreut, Leibniz sei ein Vielbewunderter,
dessen man sich rühmen könne, gerade auch vor den Engländern
in Russland, General James Bruce etwa oder dem Mathematiker
John James Ferguson. Huyssen lobte seinen Schüler, den Zarewitsch über die Massen und wollte ihn wohl schon für eine Vermählung mit einer ausländischen Prinzessin empfehlen. Aber dem
verehrten Leibniz eine Verbindung zum Zarenhof eröffnen − das
könne er leider nicht.

Vier Jahre später, im Sommer 1707, trat ein anderer alter
Bekannter von Leibniz in russische Dienste, es war der Diplomat
Johann Christoph Freiherr von Urbich, der vor Jahren in Hanno-
ver Kammersekretär gewesen war, dann dänischer Gesandter in
Wien und nun ebendort der russische Gesandte. Leibniz schrieb
ihm am 3. Januar 1708 und erbot sich recht unverblümt, selbst mit
Hand anzulegen und in Russland die Reformen voranzutreiben.
Dabei war Leibniz bald 62 Jahre alt, für die damalige Zeit schon ein
Greis, doch voll neuem Schwung: „Ich habe oft gewünscht, in
direkter oder indirekter Verbindung mit denjenigen zu stehen,
durch die der Zar sein grosses Vorhaben ins Werk setzt; denn ich
könnte unendlich vieles zu diesem Zwecke angeben und ausfindig
machen. Vielleicht hat der Zar seit dem Tode des Generals Lefort
niemanden, der ihm in dieser Hinsicht als Beauftragter für das

Ganze („instrument en chef") dient, und vielleicht haben die dringenden Sorgen des Krieges Seine Majestät ein wenig abgehalten."
Daraus wird deutlich, dass Leibniz tatsächlich der höchste Berater
des Zaren werden wollte, Nachfolger von dessen engstem Vertrauten Lefort.

Urbich ging auf den Vorschlag gern ein, nahm ihn aber zu
leicht. „Ich habe einen Auszug aus Ihrem letzten Brief gemacht
und ihn an unseren Hof geschickt. Glauben Sie nicht, dass der
Krieg die löbliche Absicht Seiner Majestät, die Wissenschaften zu
fördern, gehemmt hat, im Gegenteil, schicken Sie mir nur brauch-
bare Leute zu, und senden Sie Ihr Projekt; und wenn Sie sich entschliessen sollten, selbst nach Russland zu gehen, so bürge ich
Ihnen, dass Sie sehr willkommen sein würden, ganz gleich ob Sie
die Absicht hätten, dort zu bleiben oder nur einige Anleitungen zu
geben." Eigentlich hatte Leibniz viel mehr angeboten. Auch wenn
Urbich wirklich etwas weitergereicht haben sollte, der Zar antwortete nicht. Er stand im Nordischen Krieg gegen Schweden.

Mehr als nur Briefträger Während Urbich für den Reformer Leibniz nicht viel tun konnte, hatte er für ihn seinerseits eine Verwendung – als Hilfsdiplomat oder Agent. Eingefädelt wurde das Ende
1708, als Leibniz zusammen mit ihm, dem russischen Gesandten, in
der Kutsche von Wien nach Leipzig fuhr. Es war Urbich hauptsächlich darum zu tun, den hannoverschen Hof von Schweden,
dem Hauptfeind des Zaren, abzuziehen und Russland zu nähern.
Diesen Wandel der hannoverschen Bündnispolitik sollte Leibniz
einleiten. Doch er musste warten, noch war Schweden zu stark,
noch konnte Hannover seine Aussenpolitik nicht neu orientieren.

Doch ein gutes halbes Jahr später sah die Welt schon anders aus.
Der grosse Sieg des Zaren über den Schweden in der Ukraine bei
Poltawa im Juli 1709 veränderte die Lage vollständig. Sofort sah
auch Leibniz, das gewaltige Reich des Zaren werde bald als Grossmacht die Rolle Schwedens in der Weltpolitik einnehmen, und für
ein Land wie Hannover sei es nun von entscheidender Bedeutung,
mit Russland in ein gutes Verhältnis zu kommen. Daher traute er
sich jetzt, seiner Regierung das Ansinnen des Zaren vorzutragen,
Hannover möge mehr auf seine Neutralität im Nordischen Krieg
achten, dann sei der Zar bereit, Truppen gegen Frankreich zur Verfügung zu stellen. Premierminister Bernstorff nahm die Anregungen, als Leibniz sie ihm vortrug, nicht ohne Überraschung, aber

freundlich auf. Amtlich könne er sich in Abwesenheit des (im Felde stehenden) Kurfürsten nicht dazu äussern, privat aber glaube er, dass man die Hand des Zaren gern ergreifen werde. Hannover sei nicht, wie vielfach geglaubt werde, mit den Schweden immer durch dick und dünn gegangen, sondern habe ihnen, auch auf der Höhe ihrer Erfolge, oft und kräftig ‚zugesprochen‘, also die Meinung gesagt.

Es war sein dritter Ausflug in die Diplomatie gewesen nach dem Versuch, im Namen der preussischen Königin Hannover Truppen anzubieten (1701), und der Reise nach Wien, die Anton Ulrich das Gebiet Hildesheim hatte einbringen sollen (1708). Während diese beiden Missionen von Leibniz wohl selbst ersonnen worden waren und hatten scheitern müssen, hat er diesmal im Auftrag gehandelt und durchaus etwas erreichen können.

Der Zarenhof erfuhr von dieser Unterredung mit Bernstorff und wusste nun, dass Hannover geneigt sei, sich Russland zu nähern. Am 22. November (1709) erschien als hoher russischer Gesandter Fürst Kurakin im Leineschloss, der aus lauter Eifer und Respekt schon viel zu früh anhalten liess und aus dem Wagen stieg, nämlich vor dem Küchentor nahe der Durchfahrt vom westlichen zum inneren Schlosshof, wo sonst nur die Vertreter nichtfürstlicher Häuser zu halten hatten. Er war ein Gardeoberst und Kammerherr, ein liebenswürdiger Mann mit westlicher Bildung, der gut italienisch sprach und einen Sohn bei Jesuiten erziehen liess. Kurfürstin Sophie und Leibniz waren alsbald aufs höchste von ihm angetan. Und natürlich setzte Leibniz seine Hoffnung nun auf diesen ersten geborenen Russen, den er kennenlernte.

Hannover hat sich alsbald um den russischen Zaren vielfältig bemüht, und im Juli 1710 gab es einen Freundschaftsvertrag, der zum Bündnis erweitert werden sollte. Als Kurakin abgereist war, machte Urbich am 15. Oktober (1710) Leibniz das Kompliment, die erfolgreiche Mission des Fürsten sei ganz sein Verdienst. Doch Leibniz antwortete etwas pikiert: „Ich hoffe, dass Sie mich nicht als gewöhnlichen Briefträger einzusetzen wünschen, da Sie doch von der Sorgfalt überzeugt sind, mit der ich alles mir Anvertraute geheim zu halten weiss. Ein solches Verfahren würde mich bei denen in Misskredit bringen, bei welchen Sie mich verwenden wollen." Also wünschte Leibniz mehr hervorzutreten. Zu diesem Zweck liess er Urbich fühlen, wie weitverzweigt seine Verbindungen seien und wieviel Vertrauen man ihm schenke: „Ich habe ansehnliche Freunde sowohl bei den Torys wie bei den Whigs, die mir von Zeit zu Zeit wichtige Mitteilungen machen, weil man in England weiss, in wie nahen Beziehungen ich zu der Herrschaft stehe."

Urbich hatte den Hinweis verstanden und schrieb seiner Regierung, es müsse jetzt in Hannover einen russischen Gesandten geben, und das könne nur Leibniz sein. Der Empfohlene war durchaus zu dem Amt bereit, wie er am 15. Februar 1711 Urbich mitteilte, doch stellte er die Bedingung, den gleichen Rang und das gleiche Gehalt wie der russische Gesandte in Berlin zu bekommen. Der Zarenhof wählte dann doch einen anderen Diplomaten aus, den Freiherrn von Schleiniz, der sich soeben dadurch um Russland verdient gemacht hatte, dass es ihm gelungen war, die Heirat zwischen der wolfenbüttelschen Prinzessin Charlotte und dem Zarensohn anzubahnen.

Die Hochzeit in Torgau   Durch den Sieg bei Poltawa am 8. Juli 1709 waren auch diese Heiratspläne begünstigt worden. Zuvor hatte es Warnungen gegeben vor der Heftigkeit und Launenhaftigkeit des Zaren und den ungehobelten Freunden, mit denen dessen Sohn, der Zarewitsch, sich umgab. Die Prinzessin Charlotte Christine Sophie war auch erst 13 und sehr protestantisch. Doch gleich nachdem die Kunde vom Siege bei Poltawa sich verbreitet hatte, war ihr Grossvater, Herzog Anton Ulrich, zu der ehrenvollen Verbindung entschlossen, und Leibniz schrieb aus Braunschweig: „Die Prinzessin ist so streng ins Gebet genommen worden (a esté si bien catéchisée), dass sie die Ehe, die ihr bestimmt ist, angenommen hat."

Der Sieg von Poltawa wurde in Russland mit einer Gedenkmünze gefeiert, die halb stolz, halb ironisch die Worte einer schwedischen Medaille jetzt auf Peter bezog: „Rascher als Perseus, stärker als Herkules und glücklicher als Augustus". Sie wurde Leibniz zugeschickt. Der bedankte sich mit dem Entwurf zu einer anderen Siegesmedaille, die statt dessen mehr die Grossmut des Zaren verherrlichen sollte. Den Anlass dazu entnahm er einer Erzählung, die er an der Tafel des wolfenbüttelschen Hofes von Prinzessin Charlotte gehört hatte. Ein Leutnant in russischen Diensten war desertiert und wurde wieder eingefangen. Er wollte nicht um Gnade bitten; der Hauptmann der russischen Truppen aber schenkte ihm das Leben und sagte, der Zar werde die Verzeihung nicht rückgängig machen. Als nun der Leutnant vor den Zaren geführt wurde, erzählte der Hauptmann, wie er, sich auf die Gnade des Zaren verlassend, dem Deserteur das Leben versprochen hatte, und der Zar lobte ihn dafür.

Auf der Münze, die Leibniz vorschlug, sollten die Worte stehen: „Confessos animo quoque subjugat hostes" (Er besiegt die Feinde, wie sie selbst bekennen müssen, auch durch seine Grossmut). So stellte sich Leibniz einen Herrscher vor, so hatte er sich auch Karl den Grossen gewünscht. Nun glaubte er diese Tugend in Peter zu erkennen, und wurde doch nur das Opfer einer gut plazierten Anekdote, die offenbar erzählt worden war, um der Braut ein freundliches Bild der an sich grausamen Herrscherfamilie vorzugaukeln.

Leibniz machte zwei Jahre später, im Sommer 1711, zum ersten Mal die Bekanntschaft des Zarewitsch Alexei, als der einige Wochen in Braunschweig zubrachte, um, dem Ehevertrag gemäss, seinen zukünftigen Verwandten Gelegenheit zu geben, ihn näher kennenzulernen. Leibniz schlug dem Herzog vor, anlässlich der Hochzeit die Macht und die Siege des Zaren augenfällig zu feiern: Auf dem Boden eines geräumigen Saales im Palast Salzdahlum könne eine Art Reliefkarte des russischen Reiches aufgebaut werden, auf der die Höhen und Tiefen des Landes sowie der Lauf der Ströme dargestellt sein würden. Die Ströme und die fünf das russische Reich umgebenden Meere sollten aus Wasser bestehen, das durch verborgene Röhren in den Saal fliessen müsste. Auch an Allegorien, an Darstellungen der Schlachten von Poltawa und am Pruth mittels Triumphpforten war gedacht. Auf der Reliefkarte sollten die Völker mit ihren Trachten, die typischen Tiere jeder Gegend, die Wälder und besonders die wichtigsten Städte mit den Grenzen und Namen der Provinzen dargestellt sein. Das Werk war darauf berechnet, die Wissbegierde des Zaren zu erregen, auf dessen Besuch anlässlich der Hochzeit man hoffte, und ihn den Vorschlägen geneigter zu machen, sein Reich erforschen zu lassen. Doch der Zar blieb aus, und das Modell wurde nicht gebaut.

Leibniz setzte von nun an nicht mehr auf Urbich, der ihn nicht zum Zaren hatte führen können, auch nicht auf Fürst Kurakin, sondern allein auf Herzog Anton Ulrich, von dem er meinte, er werde als Grossvater der Braut Einfluss auf den Zaren erlangen. Deswegen entwarf er jetzt einen Plan für Russland, der dem Herzog eine bedeutende Aufgabe zudachte, eine Rolle, mit der Leibniz ihn wohl für seine Idee zu gewinnen hoffte.

Der Zar sollte in seinem Reich ein zentrales Collegium bilden, dem Wissenschaft, Technik und Schulen unterstellt sein müssten. Als Ehrenpräsident war der Herzog vorgesehen, die eigentliche Leitung des Ganzen wünschte Leibniz selbst zu übernehmen. Anton Ulrich hat seinem phantasiereichen Freund diese Idee wohl gleich ausgeredet. Es wäre auch unvorstellbar gewesen, dass ein deutscher Fürst woanders Regierungsgewalt übernähme. Um seinem Gönner wenigstens seine eigenen Ambitionen in Russland schmackhaft zu machen, versicherte Leibniz ihm, er wolle zugleich stärker in Wolfenbüttels Dienste treten, ohne dabei die Pflichten in Hannover aufzugeben.

Allerdings verfügte der Herzog über wenig Geld für sich und seine Hofhaltung, auch stand die teure Hochzeit bevor, so dass er sich die Besoldung eines Hofrats Leibniz kaum würde leisten können. Doch der wusste einen Ausweg und bot dem Herzog eigene Ersparnisse, „einige tausend Taler, gegen eine billige Verzinsung" an, „da vielleicht jetzo die wichtigen gegenwärtigen Vorhaben mehrere Ausgaben erfordern". Bald werde er sogar ohne Gehalt für den Herzog arbeiten können, wenn der ihm erst die hohe Position in Russland verschafft habe. Das zu erreichen traute Leibniz dem Herzog zu, denn dessen „kräftige Vorschrift", durch Urbich beim Zaren vorgetragen, „werde zu Wege bringen, daß mir von diesem Monarchen aufgetragen würde, vortreffliche Leute, Erfindungen, Bücher, Cabinette der Natur und Kunst anhandzuschaffen", sowie eben das russische Obercollegium zu übernehmen. Unbekannt ist, was Anton Ulrich von diesen Plänen hielt, wahrscheinlich nichts. Aber er war bereit, Leibniz wenigstens zu einer Audienz beim Zaren zu verhelfen, wenn es die Hochzeitsfeierlichkeiten erlaubten.

Nach vielem Hin und Her wurde die Stadt Torgau zum Ort der Vermählung bestimmt, weil hier die mütterliche Freundin der Prinzessin Charlotte lebte. Torgau liegt nicht sehr weit von Wolfenbüttel entfernt, und der alte Herzog, dem das Reisen beschwerlich war, entschloss sich deshalb, der Vermählungsfeier seiner Enkelin persönlich beizuwohnen. Wahrscheinlich hatte Leibniz ziemlich gedrängt, mitkommen zu dürfen, er hatte sich auf die Audienz auch schon vorbereitet. In einem Brief an die Kurfürstin-Mutter schilderte er es allerdings nach seiner Gewohnheit so, als sei er gebeten worden, der Herzog habe „mit aller Macht gewünscht", dass er mitkomme, „und ich habe mich keineswegs lange bitten lassen, da meine Neugier, einen Monarchen wie den Zaren aus der

Nähe zu sehen, schon immer ziemlich gross gewesen ist. Auch handelt es sich nur um eine Sache von wenigen Tagen; und das Wetter ist wunderbar."

Am 25. Oktober erlebte Leibniz im grossen Saal auf Schloss Hartenfels die Trauung nach orthodoxem Ritus. Die Ehe zwischen Charlotte Christine Sophie und dem grässlichen Zarewitsch wurde sehr unglücklich, die arme Prinzessin, eine Zarewna wider Willen, floh bald nach Hause, weil es in Moskau nicht auszuhalten war, und starb früh. Am Rande der Feierlichkeiten wurde Leibniz dem Zaren durch Anton Ulrich vorgestellt. Peter habe, wie Leibniz in einem Brief berichtete, „mehrere Male und immer sehr verbindlich" mit ihm gesprochen. Vielleicht wirkte der Gelehrte jedoch in diesem Kreis etwas sonderbar mit seiner bestickten Weste und der tiefschwarzen, zu grossen Perücke, die keineswegs der Mode entsprach. Jedenfalls spottete der jüngste Bruder des hannoverschen Kurfürsten, Ernst August: „Ich zweifle nicht, dass der Zar ihn für den Hofnarren des Herzogs von Wolfenbüttel hält, denn er sieht genauso aus."

Nachdem der alte Herzog Anton Ulrich schon hat abreisen müssen, bekommt Leibniz am 30. Oktober noch seine ersehnte Audienz beim Zaren und darf anschliessend an seiner Tafel speisen. Einzelheiten weiss man nicht, es gab gewiss kein längeres Gespräch, doch zeigte sich Leibniz gegenüber anderen beeindruckt: Der Zar habe „ungewöhnliche Eigenschaften", sei ein grosser Fürst und wolle, wie ihm Leibniz vorgeschlagen hatte, dafür sorgen, „dass in seinem riesigen Reich Beobachtungen über die magnetische Deklination angestellt werden". Bei seinen Vorbereitungen auf die Audienz hatte sich Leibniz notiert, er wolle dem Zaren eine Rechenmaschine anbieten, die er wiederum dem Kaiser von China zum Geschenk machen könne. Das mag er auch vorgebracht haben.

Die Audienz war so kurz, dass Leibniz am Ende nur noch bitten konnte, der Zar möge den Freiherrn von Schleiniz und den jüngeren Golofkin beauftragen, mit ihm weiterzuverhandeln über die Einführung der Wissenschaften in Russland. Zu diesem Zweck, seiner Berufung an die Spitze des Bildungswesens, hatte Leibniz schon einen Vertragsentwurf mitgebracht. Und tatsächlich soll ihm in Torgau ein Rang im russischen Staatsdienst versprochen worden sein, so entsann er sich später, nur habe das Diplom nicht mehr ausgefertigt werden können.

Grosses Welttheater und ein Spielzeug Die Verbindung zum Zarenhof wollte Leibniz irgendwie halten, er korrespondierte mit einigen Russen, kannte die Politik bis in Feinheiten und machte Vorschläge. Doch kein Plan wurde beachtet, denn es war Krieg, Zar Peter abwesend und die Kasse leer. In diesen Monaten nach Torgau war wohl James Bruce, der berühmte Feldzeugmeister Peters des Grossen, derjenige, auf den Leibniz noch am ehesten hoffte. Er hatte ihn, der selbst ein guter Kenner der Mathematik und Astronomie war, erst in Torgau kennengelernt. Um ihn zu gewinnen, schrieb ihm Leibniz, dass er einen „Globum magneticum" bestellt habe, eine Erdkugel, auf der die Deklinationslinien der Magnetnadel bezeichnet sein sollten. Ausserdem empfahl er, der Zar möge Befehl geben zu erkunden, ob es ein Meer gebe zwischen Asien und Amerika: „Diesen Zweifel kann niemand besser als der Zar der Welt benehmen, und wird solches rühmlicher, auch an sich selbst wichtiger sein, als was die ägyptischen Könige getan, um den Ursprung des Nilus zu erfahren."

Auf seine Briefe an Bruce hat Leibniz ebenfalls keine Antwort erhalten. So schreibt er seinen ersten Brief direkt an den Zaren, ein Vierteljahr nach Torgau, am 16. Januar (1712), und er verfasst ihn auf deutsch. Es ist eine Art Bekennerbrief. Zuerst versichert Leibniz, es sei ihm „die größte Ehre", dem Zaren bei einem „gottgefälligen Werke dienen zu können", und dann stellt er sich und seine Gesinnung mit grossen Worten vor: „denn ich nicht von denen bin, so auff ihr Vaterland oder sonst auff eine gewisse Nation erpicht seyn, sondern ich gehe auff den Nutzen des gantzen menschlichen Geschlechts; denn ich halte den Himmel für das Vaterland und alle wohlgesinnte Menschen für dessen Mitbürger, und ist mir lieber bey den Russen viel Guthes auszurichten, als bei den Teutschen oder andern Europäern wenig, wenn ich gleich bey diesen in noch so großer Ehre, Reichthum und Ruhe sitze, aber dabey andern nicht viel nutzen sollte, denn meine Neigung und Lust geht aufs gemeine Beste."

Im Pathos der Selbstdarstellung geht es fort mit der Aufzählung von Ehrungen und Verdiensten, dann aber folgt eine Vision. Nicht er stellt sich in den Dienst des Zaren, er muss den Zaren in den Dienst der Menschheit nehmen. Die Bühne für ein Welttheater scheint eröffnet: „Es hat mir auch nichts anderes gefehlet als ein großer Herr, der sich eben der Sach genugsam annehmen wollen. Und diesen verhoffe ich nun bei Eurer Czarischen Majestät gefunden zu haben." Der Zar könne in seinem „großen Reich gar leicht fast ohne Mühe und Kosten die vortrefflichsten Anstalten dazu machen". Das soll zum Nutzen der ganzen Menschheit geschehen, und sogar von Gott gewollt sein, der die Kultur nun in diese Weltgegend bringen will, die zwischen den Hochkulturen China und Europa liegt: „Es scheinet, es sey die Schickung Gottes, daß die Wissenschaft den Kreis der Erden umbwandern und nunmehr auch zu Skythien kommen solle und daß Eure Majestät dießfalls zum Werkzeug versehen, da sie auf der einen Seite aus Europa, auff der andern aus China das Beste nehmen und was beyde gethan durch gute Anstalt verbessern können."

Es ist, als hätte Leibniz daran gelitten, dass er bislang nur einen kleinen Wirkungskreis hatte. Nun bietet sich ihm, meint er, eine ungeformte Welt unbegrenzter Möglichkeiten zur Formung an. Er erkennt darin die kaum mehr geglaubte und doch so oft herbeigewünschte Erfüllung seines Lebens.

Natürlich kann man nicht einfach an den Zaren schreiben. Leibniz verfasst auf Französisch einen Begleitbrief an den Kanzler Golofkin mit der Bitte, den Brief dem Zaren zu übergeben (der dazu wiederum einen Dolmetscher brauchte). Doch hat Leibniz auch auf diesen Brief keine Antwort bekommen. Ebenfalls nicht auf die Bitte, die er in den Briefen an Bruce und an Golofkin nicht zu äussern vergass, man möge doch seine, Leibnizens Beziehungen zum Zarenhof mit einem Erlass regeln. Es ging also um die Anstellung und um das versprochene Jahresgehalt.

Der nächste Verbindungsmann zum Zaren, auf den Leibniz nun – nach all diesen Enttäuschungen – setzte, war Baron von Schleiniz, der russische Gesandte in Hannover. Als der Zar im Sommer (1712) in Greifswald war und Schleiniz hinbeordert wurde, gab ihm Leibniz einige Denkschriften mit, die dort jedoch erst noch ins Russische übersetzt werden mussten. Das geschah sogar. Um Aufmerksamkeit zu erregen, liess Leibniz dem Zaren ausserdem ein Geschenk überreichen, ein sehr verlockendes, nämlich ein mechanisches Instrument, mit dessen Hilfe „Festungen geschwinde entworfen werden können", wie er schrieb. Diese Erfindung habe ein Freund von ihm gemacht.

Diesen Denkschriften und dem Geschenk legte Leibniz noch einen langen Brief an Schleiniz bei, in dem es wieder um seine Anstellung samt Pension ging, die ihm in Torgau versprochen worden sei. Leibniz erhöhte jetzt den Druck. Die Kunde von dieser

Pension habe sich, schreibt er, ohne dass von ihm ein Wort davon erwähnt worden sei, so weit verbreitet, dass nicht bloss Herzog Anton Ulrich mit allen darüber gesprochen, sondern auch die Kurfürstin-Witwe es erfahren und an die Herzogin von Orléans davon geschrieben habe, so dass man ihn von Frankreich aus beglückwünscht habe. Wenn sich das alles nun als falsch erweisen würde, schrieb Leibniz weiter, „so wäre die Schande für mich nicht gering, und die Sache würde den zarischen Ministern keine Ehre machen". Er forderte daher nicht allein die Auszahlung von tausend Talern für das verflossene Jahr, sondern legte gleich den Entwurf zu einem Erlass des Zaren bei, damit ihm das Jahrgeld in Zukunft pünktlich ausgezahlt werde. Ohne amtlichen Titel und ohne Gehalt könne er leider kein Projekt für Russland mehr ausarbeiten.

Das war gewiss eine ohnmächtige Drohung, denn niemand erwartete offenbar von ihm solche Pläne. Es scheint, als sei er zu der Zeit in keiner guten Verfassung gewesen. Verletzt zeigte er sich auch, weil er von Huyssen und Urbich nichts mehr gehört hatte. Er schrieb an beide: „Ich weiss nicht, ob die Herren, die auf meinen letzten Brief nicht geantwortet haben, jetzt gegen mich anders gestimmt sind. Was mich betrifft, so pflege ich beständig zu sein und meine Überzeugung nicht zu ändern." Harte Worte gegen seine beiden Bewunderer. Und wie er sich selbst als Vorbild anführte, warb schlecht für ihn und war sonst nicht seine Art.

In dieser verzweifelten Stimmung, in der man vielleicht schon Anzeichen einer Altersschwermut sehen muss, war es ihm gewiss Lichtblick und Balsam zugleich, was Schleiniz am 22. September (1712) aus Greifswald schrieb: Das mechanische Gerät zum Entwerfen von Festungen habe grosse Wirkung getan. Der Zar sei darüber so vergnügt gewesen, dass er das Instrument über eine halbe Stunde betrachtet und geprüft und sogar mit dessen Hilfe in Gegenwart des Gesandten Schleiniz einige Pläne mit Bleistift entworfen habe. Auch von General Bruce war Gutes zu berichten, er habe in Greifswald geschworen, jetzt werde etwas für die magnetische Beobachtung getan.

Und es kam noch besser. Zwei Tage später erreichte Leibniz ein weiterer Brief, in dem Schleiniz mitteilte, der Zar habe den Wunsch geäussert, ihn in Karlsbad, wohin er bald reisen wolle, zu empfangen. Plötzlich wünschte der Zar ihn zu sehen. Weshalb? Er wollte wohl den Mann sprechen, der ihn mit diesem Instrument erfreut hatte.

Karlsbader Papier Als Leibniz am 23. Oktober (1712) Anton Ulrich gemeldet hatte, dass er zum Zaren reise, entwickelten beide den Plan, Leibniz solle im Auftrag des Herzogs in Karlsbad und danach auch in Wien für ein Bündnis zwischen Russland und Österreich werben. Solch ein Vertrag mit Russland werde dem Kaiser die Mittel geben, den Krieg gegen Frankreich, der immer noch herrschte, obwohl England ausgeschert war, siegreich zu Ende zu führen. Es ist nicht klar, wer sich den Plan ausgedacht hatte, jedenfalls entsprach er einem Herzenswunsch von Leibniz. Denn Frankreich vom Rhein fernzuhalten war sein politisches Credo. In den letzten Jahren hatte er schon oft gewünscht, dass Russland dem Reich zu Hilfe käme, auch wenn sich der Nordische Krieg auf diese Weise mit dem Spanischen Erbfolgekrieg vereinen konnte zum grossen europäischen Krieg. Für andere Zeitgenossen war dieser Flächenbrand – eingedenk des Dreissigjährigen Krieges – ein Alptraum.

Leibniz kam Anfang November (1712) in Karlsbad an und überreichte bald dem Zaren ein Beglaubigungsschreiben von Herzog Anton Ulrich und eine Denkschrift über Wege der Verständigung zwischen ihm und dem Kaiser. Der Zar nahm die Gedanken freundlich entgegen, doch Erfolg hatte Leibniz nicht. Zar Peter hatte zwei Diplomaten in Wien und wollte einen Fremden nicht gern in seine Absichten einweihen. Auch kam es für den russischen Hof damals hauptsächlich darauf an zu wissen, wieweit der Kaiser seinerseits bereit war, dem Zaren entgegenzukommen.

Es ist unklar, ob Leibniz Gelegenheit bekam, auf die Idee von Kollegien, speziell auf eine Akademie zu sprechen zu kommen, denn man kennt die Themen der Audienz nicht. Möglicherweise redeten beide ein wenig über die Justiz, denn ernannt wurde Leibniz anschliessend zum Justizrat. Die Ausfertigung des Patents blieb dem Kabinetts-Sekretär für auswärtige Angelegenheiten, dem später in Russland berühmten Ostermann, überlassen, der sich Leibniz gefällig erzeigen wollte und ihn bat, das Patent selbst zu entwerfen, damit „selbiges zu seinem contentement eingerichtet sein möchte".

Es ist sehr aufschlussreich, den Entwurf von Leibniz mit dem zu vergleichen, was daraus wurde. In seinem Konzept sah sich Leibniz als jemanden, der dem Zaren zur Hand gehen sollte mit Vorschlägen zur „Verbesserung des Justiz-Wesens und einrichtung guther geseze". Diese Worte fehlen in der amtlichen Ausfertigung. Leibniz hatte sich ursprünglich auch eher als Berater für Wirtschaft und Bildung, Wissenschaft und Technik, kurz für die Entwicklung des Landes gesehen. Darum schrieb er in seinen Entwurf, er sei hiermit beauftragt, „die Studien, Künste und Wissenschaften in unserem Reich mehr und mehr floriren zu machen". Mit ‚Künsten' sind, wohlgemerkt, die sogenannten niederen Künste gemeint, also Handwerk und Technik. Diese Worte blieben stehen, freilich ohne den Zusatz, der Zar verpflichte sich, Leibnizens Vorschläge besonders zu beachten.

Die Höhe der Besoldung hatte Leibniz, wie zwölf Jahre zuvor in Berlin, offen gelassen und nur einige Pünktchen gesetzt. Durch die preussischen Erfahrungen gewitzt, hatte er diesmal aber keine Spesen, sondern eine richtige Besoldung vorgesehen. Und damit alles auch klappen würde, hatte er formuliert, es solle „diese jahrbestallung aniezo würcklich außgezahlet werden, kunfftig auch jedesmahl vor ende des jahres erfolgen, deswegen wir behörige ordre stellen wollen". Die Forderung wurde nicht übernommen, ebensowenig andere sorgsam eingefügte Klauseln, die die Zahlung sicherer machen sollten. Der Zar hat aber grosszügig eine Besoldung von tausend Talern einsetzen lassen.

Ausserdem hat Ostermann eine wichtige Selbstverpflichtung des Zaren gestrichen, die sich Leibniz gewünscht hatte: „wollen ihn auß unsern Landen mit dienlichen Nachrichtungen versehen lassen". Natürlich wäre Leibniz auf solche Informationen angewiesen gewesen, der Beamte Ostermann aber wusste, dass sie nicht geliefert werden könnten, weil es sie kaum gab und schon gar niemanden, der irgend etwas an Leibniz hätte übermitteln können.

Die amtliche Ernennung erwähnt also keine Mitwirkung an Justiz, Recht oder Gesetzgebung. Stehen geblieben sind als Themenbereiche nur „die Studien, Künste und Wissenschaften". Leibniz meinte aber, der Zar habe ihn anschliessend noch durch seinen Kanzler Golofkin beauftragt, eine Reform der Gerichte und Gesetze für Russland auszuarbeiten. Zum Justizrat ist er hingegen nicht deshalb ernannt worden, sondern weil es an den Höfen keinen anderen Titel gab und er diesen Rang auch in Hannover und Berlin innehatte. Am 12. November (1712) wurde das Patent sowohl in russischer als auch in deutscher Sprache ausgefertigt und vom Zaren unterschrieben. Dabei ist Leibniz zugleich die Summe von 500 Dukaten ausgezahlt worden.

Im Anschluss an die Audienz in Karlsbad fuhr Leibniz im November (1712) mit dem russischen Hofstaat nach Dresden, um sich dort von Peter dem Grossen zu verabschieden, und dann zurück nach Wien, an den Hof des Kaisers.

Weil er glaubte, durch mündlichen Auftrag auch als Gesetzgeber Russlands berufen zu sein, hat Leibniz sich in einem Brief an Kurfürstin-Witwe Sophie auf das grosse griechische Vorbild berufen und sich, halb im Scherz, als „Solon von Russland" bezeichnet. Seine Aufgabe umreisst er ebenso spielerisch, wenn er fortfährt: „Da ich der Meinung bin, dass die kürzesten Gesetze, wie die zehn Gebote Gottes und die zwölf Tafeln des alten Rom die besten seien, und da dieser Gegenstand mein Nachdenken von Jugend auf beschäftigt hat, so wird mich das nicht lange aufhalten, auch brauche ich mich nicht sehr damit zu beeilen."

Wie kaum ein anderer Gelehrter seiner Zeit hat Leibniz weiterhin versucht, durch Lesen Russland kennenzulernen. Dazu hat er manche Quelle genutzt, und trotzdem war sein Wissen von Land und Leuten zu klein, verglichen mit der Grösse jener Kulturprojekte, die er für Russland entwarf. Er hatte die Vorstellung, man könne auf dieser „Tabula rasa" alles machen, und die Gestalt Peters bekräftigte in ihm die Illusion, es genüge ein herrscherlicher Befehl, um bestimmte Pläne ‚nach einem Riss' Wirklichkeit werden zu lassen. Während Leibniz die Staatsmacht überschätzte, hatte er keinen Begriff von der Weiträumigkeit des Landes, von den für einen Europäer unbegreiflichen Schwierigkeiten, die sich jedem Verkehr entgegenstellten, von den ungebändigten Flüssen, der Unbill der Witterung, dem Mangel an Verwaltung oder der Trägheit und Bestechlichkeit der wenigen Beamten.

Wenn er an hochgestellte Russen geschrieben hatte, wunderte sich Leibniz, dass er kein Echo bekam. Sprachproben hat er aus dem ganzen Riesenreich erbeten, zwanzig Jahre lang, aber das Ergebnis war überaus dürftig. Er wusste nicht, wieviel innerer Widerstand gegen Peter das Land bestimmte, er kannte auch die alte kirchliche Tradition nicht. Sonst hätte er zum Beispiel nie an den Metropoliten Javorskij von Kasan geschrieben, ihm die Erforschung der Kloster-Bibliotheken vorgeschlagen und erwartet, der hohe Geistliche werde freudig auf seine Anregungen eingehen. Natürlich war Stefan Javorskij heimlich ein erbitterter Feind des Zaren und schrieb vermutlich gerade solchen Leuten wie Leibniz die Schuld an den teuflischen Reformplänen zu, mit denen der Zar das heilige Russland auf den Kopf stellte, die alten Sitten abschaffte, den Patriarchen beseitigt hatte, den Russen ihre christlichen Bärte abschnitt und ihnen ein verhasstes, gottloses Volk von Handwerkern, Kaufleuten, Gelehrten und Offizieren ins Land schleppte.

Leibniz kannte kaum wirkliche Russen, oft waren es Ausländer in russischen Diensten, sonst eben Hofleute, die alle derselben Anschauung wie der Zar zu sein schienen und dessen Eifer lobten. Leibniz glaubte daher, dass hier ein Monarch, unterstützt von den Besten seines Landes, sein Volk erheben wolle und dass dieses Volk nur darauf warte, sich führen zu lassen. Das Bild vom weisen Herrscher trug Leibniz längst in sich, ebenso das Bild vom glücklichen Volk, und er glaubte, hier werde es wahr.

Um irgendwie Verbindung zu halten, schrieb Leibniz dem Zaren aus Wien, er habe von einem General gehört, wie man sich in einer Schlacht gegen die Türken besser schützen könne, und schilderte ausführlich eine Wagenburg. Ein knappes Jahr nach Karlsbad, am 6. Oktober 1713, rührte sich Leibniz – er hatte bislang keinerlei Briefe oder Nachrichten aus Russland erhalten – ein zweites Mal und bot an, er könne dem Zaren nützlich sein, da ihn der Kaiser zu ausserordentlichen Audienzen schon „offt vor sich gelassen, auch mit Vergnügen dasjenige angehöret, was ich mit dankbarkeit und Wahrheit von Eurer Majestät gemeldet". Leibniz will auch schon die Gesetze Russlands angesehen haben, um sich einzuarbeiten, freilich ist heute unbekannt, wer sie ihm hätte geben, sie übersetzen und erläutern können. Und wieder keine Antwort.

Ein weiteres dreiviertel Jahr später, im Sommer 1714, als er immer noch in Wien war, entwarf Leibniz den nächsten Brief an den Zaren, trug seinen Protest dann jedoch lieber dem Vizekanzler des Reiches vor: Der russische Gesandte beim Kaiser habe, als er dienstlich verreisen musste, nicht ihn, sondern einen anderen zu seinem Vertreter bestellt. Leibniz fühlte sich übergangen, weil er als russischer Justizrat das erste Recht zu haben glaubte, den Gesandten in Wien zu vertreten.

Er blieb weiterhin ohne ein Echo aus dem Reich des Zaren. Zwei Jahre nachdem er in russische Dienste getreten war, hatte er weder die ihm ausgesetzte Besoldung noch irgendwelche Aufträge oder Nachrichten erhalten; das sollte sich auch nicht mehr ändern. Es scheint, als hätte der Zar nur einer Laune nachgegeben, als er an diesen berühmten Gelehrten, der so sehr darauf erpicht gewesen war, einen beliebigen Titel verschenkte.

Zar Peter der Grosse (links) faszinierte Leibniz, weil er ihn als tatkräftigen Reformer sah. Alle seine Hoffnungen aber, Berater des Zaren zu werden, zerrannen. – Der noch sehr junge Kaiser Karl empfing den Gelehrten Leibniz, der sein Grossvater hätte sein können, mehrfach in Privataudienzen und sagte bald, sie beide seien schon „gar gute Freunde geworden".

Die Nähe des Kaisers   Kaum hatte sich Leibniz vom Zaren verabschiedet, reiste er im November 1712, wie erwähnt, nach Wien zum Kaiser. Das ist auffallend, von einem der grossen Herrscher der Welt ging es gleich zum nächsten. Doch das war kein Zufall. Protegiert worden ist Leibniz in beiden Fällen durch seinen fürstlichen Gönner Herzog Anton Ulrich, der zum Schwiegergrossvater des Zarensohns und des neuen Kaisers geworden war. Der Herzog hatte seinem lieben Leibniz also auch den Weg nach Wien geebnet, in diesem Fall über seine andere Enkelin, die neue Kaiserin.

Das war Elisabeth Christine, die, man entsinnt sich, im Jahre 1706 unter den Augen von Leibniz in den katholischen Glauben eingeführt worden war, damit sie Karl heiraten konnte, damals König von Spanien. Als sein Bruder, Kaiser Joseph, früh gestorben war, wurde Karl statt seiner am 22. Dezember 1711 in Frankfurt zum Kaiser gekrönt. So war Elisabeth Christine Kaiserin geworden, kurz nachdem ihre unglückliche Schwester mit dem Zarewitsch verheiratet worden war.

Herzog Anton Ulrich hatte es sich nicht nehmen lassen, gleich nach der Hochzeit zu Torgau als guter Grossvater auch zur Kaiserkrönung nach Frankfurt zu reisen, diesmal allerdings ohne Leibniz. Doch der hatte ihm immerhin seinen grössten Wunsch mit auf den

Weg geben dürfen: Der Herzog möge ihn dem Kaiser für die Reichshofratswürde empfehlen.

Fast misslang diese Empfehlung im Trubel der Krönung, aber Herzog Anton Ulrich sprach an dem Tag, an dem der Hofstaat aus Frankfurt abreiste, noch einen wichtigen Beamten, den neuen Bevollmächtigten bei den Utrechter Friedensverhandlungen, Graf von Sinzendorf. Daher konnte der Herzog seinem Protegé Leibniz schreiben, er habe es beim Kaiser „erlanget, daß er den titel eines Reichshofrahts sol bekommen, wie mir dan solches der Hofcantzler graff von Sinzendorf versichern laßen, der insonderheit eine große estime für Ihn erwiesen". Tatsächlich, Sinzendorf zollte dem Gelehrten hohe Achtung. Beide kannten sich, denn im Jahre 1708, als Leibniz in Wien den Hildesheim-Plan vorgetragen hatte, war Sinzendorf als Obersthofmeister einer seiner Gesprächspartner gewesen.

Leibniz hat sich bei ihm schriftlich erkundigt, wie er die angebotene Würde erlangen könne, und Sinzendorf, erfreut über die Ehre eines Briefes des berühmten Mannes, antwortete aus Utrecht, er erbiete sich, den Kaiser an die Sache zu erinnern. Er schlage aber Leibniz vor, auch selbst nach Wien zu schreiben, wo das Kollegium des Reichshofrats es sicherlich sehr begrüssen werde, dass ein Mann wie er sein Mitglied sein wolle. Hier offenbarte sich also ein echter Bewunderer, und das war in der Folgezeit für Leibniz nicht unwichtig. Denn nach seiner Rückkehr aus Utrecht wurde Sinzendorf der oberste Minister des Landes Österreich, und er blieb dem hannoverschen Gelehrten für immer wohlgesinnt.

Gegen den Rat hatte Leibniz sich entschlossen, nicht nach Wien zu schreiben, sondern hinzufahren. Und jetzt, fast ein Jahr später, ist es so weit! Eben erst vom Zaren in Karlsbad in Amt und Würden gesetzt, erfüllt ihn bei der Fahrt zur Kaiserstadt eine grosse Erwartung, denn die Bedingungen haben sich gegenüber früheren Aufenthalten gebessert. Er ist zum weltbekannten Denker und Forscher geworden, hat sich durch die eben (1707-1711) erschienene Sammlung ‚Scriptores rerum Brunsvicensium' sowohl um die braunschweigische wie die Reichsgeschichte verdient gemacht, und er besitzt nicht nur in der neuen Kaiserin, sondern auch in der verwitweten Kaiserin Amalia (der Tochter seines ersten Herrn Johann Friedrich) bei Hofe eine einflussreiche und vertraute Persönlichkeit, die ihn unterstützen kann. Bei der Kaiserin hat er bereits vorfühlen lassen, da einer seiner Bekannten für sie arbeitet,

und hört, sie habe bei ihrem Gatten ein gutes Wort für ihn eingelegt.

Nach all diesen Vorbereitungen nähert er sich also Mitte
Dezember (1712) Wien, der Hauptstadt des Reiches. Auch diese
Reise hat der hannoversche Geheimrat wieder eigenmächtig und
heimlich angetreten, zu Hause weiss niemand davon. In Wien auch
nicht. Als erstes meldet er sich, noch von Prag aus, beim Bischof
von Wiener Neustadt, Graf Buchhaim, an und bittet, ihn beim
Reichsvizekanzler Friedrich Carl Schönborn einzuführen, ohne
dabei sein Incognito aufzuheben. Zuerst also wird noch einmal –
alles so geheim wie gehabt, nur ohne die Namen Hülsenberg und
Lichtenwert – der gute Helfer Buchhaim gebraucht. Als Leibniz in
Wien ankommt (wo er gewohnt hat, weiss man nicht), ist er erst
einmal krank. Sein Hals brennt, und es ist ihm nicht möglich,
gleich bei Kaiser Karl VI. um Audienz zu bitten.

An sein Zimmer gebunden, um Luft ringend, hustend, leidend,
verfasst er eine Denkschrift an Seine Majestät (18. Dezember), mit
der er für sich werben will. Darin ist von den früheren Aussichten
die Rede, die man ihm schon gemacht habe; es fallen die Namen
Königsegg, Strattmann, Kaunitz und Salm. Nun möchte er in den
Genuss des in Frankfurt bei der Krönung Bewilligten kommen.
Vom Zaren ist die Rede und von dessen gnädiger Antwort auf die
Pläne von Herzog Anton Ulrich, Moskau und Wien zu verbinden.
Auch spricht er in der Art des Barock recht ausführlich von seinen
bisherigen Leistungen und Verdiensten – um endlich, endlich
darum zu bitten, dass ihm die Reichshofratswürde verliehen
werde. Es ist heraus!

Nur zwei Projekte nennt er, die er selbst ausführen will – und
er wird erstaunlicherweise bei dieser Beschränkung bleiben –,
nämlich alle Urkunden über die aussenpolitischen Rechte des
Reiches zu sammeln und eine Sozietät der Wissenschaften zu
gründen. Die Denkschrift wird vom hilfsbereiten Leibarzt Garelli
übergeben, doch auf ihre Wirkung allein mag Leibniz nicht setzen
und lässt einige seiner gedruckten Schriften nachreichen.

Dann wendet er sich am 21. Dezember schriftlich an die Kaiserin-Witwe Amalia, bittet aber zugleich, seine Anwesenheit noch zu
verschweigen, da er nicht als jemand gelten möchte, der sich um
ein Amt bewirbt. Empfangen wird er auch von Kaiserin Elisabeth
Christine, so dass er deren Grossvater Herzog Anton Ulrich Anfang
Januar (1713) melden kann, sie nehme sich seiner an. Der Kaiser

mache sich bereits günstige Vorstellungen von ihm, „und hat bloß bisher mein rauher Hals verhindert, der mir das reden schwehr gemacht, daß ich noch nicht audienz gehabt". Dem Herzog kann er auch melden, er habe mit dem Beichtvater des Kaisers, Pater Vitus Georg Tönnemann S J, gesprochen und über die Gelder verhandelt, die längst für den Bau der katholischen Kirche in Braunschweig hätten fliessen müssen.

Die beiden alten Herren, Leibniz und Herzog Anton Ulrich, verstehen sich jetzt besser als je, ihr Briefwechsel schlägt einen lebhaften, munteren Ton an. Sie schreiben sich sowieso auf deutsch, und Leibniz gerät daher nicht in die Gefahr, sich so steif und gewählt auszudrücken wie in vielen seiner französischen Briefe. Der Herzog zeigt ungeheuchelte Gutmütigkeit, ist unbefangen und unterhält sich mit ihm über alles wie mit einem alten Freund. Er gibt ihm kleine Aufträge und berichtet sogar über seine Enkelin Charlotte, über den Zaren, über seine guten Vorsätze, den Katholizismus zu verbreiten, oder über seinen Schlüsselroman ‚Octavia‘, in dem seine Widersacher vorgeführt werden und an dem er ohne Ende weiterschreibt.

Auch gegenüber dem Kaiser, der ihm noch unbekannt ist, formuliert Leibniz recht offen: „Es hat der Zustand meines halses, der mir fast das reden verbothen, nicht zugelassen, daß ich umb die allergnädigste Audienz ansuchen dürffen, die ich doch so lange gewünschet habe, und umb deren willen ich bey dieser jahreszeit eine grosse reise übernommen. Und erfreue mich von herzen, dass ich noch endtlich das glück erlebe, einem hohen potentaten auffzuwarten, dessen dienste ich alle arbeit, die ich zeit meines lebens gethan, zu widmen verlange."

Dies war nun schon der dritte Kaiser, dem er dienen wollte. Als er hier zum ersten Mal Audienz hatte, 1688, und ihn die grössten Hoffnungen erfüllten, hatte er vor Kaiser Leopold gestanden, der auch im Jahre 1700 noch herrschte bei Leibnizens sonderbar heimlichem Versuch, über Bischof Buchhaim eine Zusage für den Reichshofrat zu erlangen. Als Reisender, der für Herzog Anton Ulrich im Jahre 1708 in grösster Verschwiegenheit das Bistum Hildesheim erwerben wollte, hatte es Leibniz mit Leopolds Sohn Kaiser Joseph zu tun gehabt. Nun ist dessen jüngerer Bruder Karl seit mehr als einem Jahr auf dem Thron.

Mit ihm hat Leibniz noch in diesem Monat, Januar 1713, seine erste Unterredung. Dabei zeigt Karl, der fast noch aussieht wie ein

Kind und auch erst 27 Jahre alt ist, viel Wohlwollen. Man spricht über die russischen Offerten und über die Reichsgeschichte, in die Leibniz seine Welfengeschichte einbetten will. Für weitere Studien stellt der Kaiser sogar die Benutzung seiner sonst eifrig gehüteten Bibliothek in Aussicht, eine Vertraulichkeit, auf die Leibniz nur wegen der kalten Jahreszeit nicht gleich eingehen kann. Schon bei dieser ersten Audienz scheint er den Kaiser ziemlich für sich eingenommen zu haben, vielleicht weil er mit seinen bald 67 Jahren auf den jungen Herrscher wie ein freundlicher Grossvater wirkt. Herzog Anton Ulrich kann in seiner blumigen, leutseligen Art bald gratulieren: Leibniz habe nun alle drei Adler aus den Landeswappen auf seiner Seite, den wienerischen, den moskowitischen und den preussischen. Die beiden erstgenannten Adler, das wird Leibniz dankbar empfunden haben, verdankte er der Fürsprache des Herzogs.

Im Februar (1713), nachdem er schon mehrfach beim Kaiser vorgelassen worden war, konnte Leibniz es wagen, ihn um eine besondere Gunst zu bitten, nämlich um das Recht auf ständigen Zutritt zur Majestät, ohne Anmeldung durch einen Minister. Der Wunsch wurde ihm erfüllt. Nachdem er dem Kaiser derart vertraut war, setzte eine Flut von Vorschlägen und Denkschriften ein. Und Leibniz konnte im Anschluss an eine solche Unterredung nach Hause berichten, der Kaiser habe ihm nicht nur aufmerksam zugehört, sondern ihm auch „mit Überlegung scharf durchdachte, seines Geistes und seiner Sorge für das öffentliche Wohl würdige" Antworten gegeben. Majestät habe ihn sogar ermutigt, von Zeit zu Zeit wiederzukommen.

Das tat er gern. Bei einer Audienz im Juni (1713) hat Leibniz sogar vorgeschlagen, man solle ein neues Gewehr, das mehrere Schüsse abfeuern könne, beim Heer einführen. Er sei selbst nicht der Erfinder, habe alles nur von erfahrenen Leuten billig gekauft, stehe aber bereit, das Gerät praktisch vorzuführen. Die Vorstellung, Leibniz eine Schnellfeuerwaffe handhaben zu sehen, auch noch unter den Augen des Kaisers, das wirkt sehr sonderbar. Es ist wohl auch nicht dazu gekommen.

Mit diesen Audienzen steht Leibniz kurz vor seinem Ziel, denn er wünscht sich die Stellung eines wissenschaftlichen und politischen Beraters des Kaisers und der Regierung. Die erstrebte Würde eines Reichshofrates soll ihm nur ein Forum dazu sein und ihm ein Amt verschaffen, von dem aus er den Staat beeinflussen

kann. Ein Philosoph in der Politik! Ihn deswegen für einen Für-
stenknecht zu halten, wäre, wie erwähnt, ein starkes Missverständ-
nis. Im Gegenteil, er träumte von der Rolle eines Lenkers der Fürsten. Schon 1688 hatte er Kaiser Leopold gesagt, er habe immer
gewünscht, zum Nutzen der Allgemeinheit ein „hohes Haupt zu
protegierung guther gedanken inflammiren" zu können. Er selbst
möchte nachdenken, und der Kaiser lässt das von ihm Erdachte
ausführen. Das war seine Vision.

Diesmal hatte er auf Anhieb viel erreicht. Privataudienzen und
das Recht auf unmittelbaren Zugang brachten ein hohes Ansehen,
denn die Position, die ein Mensch bei Hofe einnahm, wurde durch
zwei Faktoren beeinflusst: die offizielle Rangordnung und die
Gnade, in der man beim Fürsten stand. Die Herrscher, auch der
Kaiser, setzten sich oft bewusst über die bestehende Rangfolge hinweg, um dadurch aller Leute Eifer anzustacheln. Sie erhoben oder
zogen bewusst Menschen zu sich, die ihre Stellung, ihr Ansehen, ja
ihr ganzes Glück nur ihnen verdankten. Karl VI. schuf sich einige
Jahre später solch eine Figur in Rocco Stella, dem Sohn eines italienischen Barbiers, der amüsante Geschichten und Witze zu erzählen wusste und grössten Einfluss in der hohen Politik gewann.

Mit Leibniz stand es natürlich anders, er war Gelehrter, war Ratgeber, aber manche Hofleute werden ihn mit Argwohn gesehen
haben, weil man sich einen Aussenseiter, der zum Einflüsterer zu
werden drohte, nicht wünschen konnte. Doch auch sie mussten ihn
ernst nehmen. Andere werden ihn verehrt, vielleicht auch gefördert
haben, jedenfalls gehört diese Zeit in Wien – was das gesellschaftliche Ansehen betrifft – zu den Höhepunkten seines Lebens.

Hannover besänftigen   Seinen Chef, den hannoverschen Minister
Bernstorff, liess er erst nach Wochen wissen, dass er sich in Wien
aufhalte. Schon zum Zaren nach Karlsbad war er ohne ausdrückliche Genehmigung gereist. Nun stellte er die Sache so dar, als habe
er aus dem Bad gleich nach Hannover zurückkehren wollen, habe
aber eine fast kostenlose Reise nach Wien machen können, so dass
er das Angebot angenommen habe. Eine Ausrede wie von einem
Schüler. Zufällig am gleichen Tag, die Briefe kreuzten sich, musste
sein Sekretär Johann Friedrich Hodann im Auftrage Bernstorffs
nach Wien melden: „Seine Kurfürstliche Durchlaucht empfände es
gar übel, daß Eure Exzellenz so lange von hier wären und hätten
nichts rechtes davon gesagt."

Wieder ein paar Tage später fühlt Leibniz sich veranlasst, seinen unerlaubten Abstecher nach Wien dem Kurfürsten etwas besser zu begründen. Er schreibt an Bernstorff, der Wiener Aufenthalt sei weit davon entfernt, seine Arbeit an der Welfengeschichte zu behindern, da sie durch die Krankheit seines Gehilfen Eckhart ohnehin gerade unterbrochen gewesen sei. Auch persönliche gesundheitliche Gründe lässt Leibniz dabei nicht ausser acht. Er rühmt das Wasser von Karlsbad, das seinem kranken Bein, als sei er deswegen dort gewesen, vollkommene Heilung gebracht habe.

Gleich gab sich Graf Bernstorff entsetzt über Leibnizens Kühnheit und behauptete, er wage nicht, dem Kurfürsten, der Leibniz schon auf der Rückreise nach Hannover begriffen glaube, etwas von dem Brief zu sagen. Nachdrücklich forderte er Leibniz auf, möglichst bald nach Hannover zurückzukommen. Aber der schützte nun vor, er arbeite in den Archiven und Bibliotheken des Kaisers an der Welfengeschichte. Das war in Hannover schwer zu glauben, denn diese Archive wollte er schon 1688, also ein Vierteljahrhundert vorher, durchforscht haben.

Zudem hatte man in Hannover läuten hören, Leibniz bemühe sich um eine kaiserliche Anstellung (,Bedienung') und um ein Gehalt als Reichshofrat. Das sah man als Gefahr und wollte verhindern, dass der eigene Chronist so kurz vor dem Ziel dem Welfenhause verlorenging. Daher wurde der Gesandte von Huldenberg eingespannt, jener Mann, der fünf Jahre zuvor gemeldet hatte, Leibniz sei heimlich in Wien gewesen und erkannt worden. Man wies ihn Mitte Februar (1713) an, die Kaiserin-Witwe Amalia zu bitten, ihren ganzen Einfluss beim Kaiser geltend zu machen, damit er Leibniz zurückschicke. Die Witwe galt als Vorposten Hannovers in Wien, hatte man sie doch einst mit sehr viel Geld und Geduld – auch unter Mitwirkung von Leibniz – am Habsburger Hof als Ehekandidatin durchgesetzt. Sie tat auch, wie sie sollte, und mahnte Leibniz zur Abreise. Der suchte sie aber zu beruhigen und erklärte, er habe schon vieles für die Welfengeschichte geleistet. Dennoch wandte sie sich an ihren Schwager, den Kaiser, mit dem Vorschlag, Leibniz einfach zu sagen, für eine Anstellung in Wien sei vorläufig kein Geld da.

Amalia wurde jedoch vom Kaiser eines Besseren belehrt und trat seitdem ebenfalls für Leibniz und seine Sicht der Dinge ein. Wie umgewandelt berichtete sie dem hannoverschen Gesandten

Huldenberg, der Kaiser sei entschlossen, Leibniz in seine Dienste zu nehmen, und habe gesagt: „Wir beide sind schon ganz bekannt miteinander und gar gute Freunde geworden." Nicht genug damit, die Witwe erklärte dem Gesandten auch noch, aus der Historie des Welfenhauses werde sowieso nichts, hingegen könne Leibniz im Amt eines Reichshofrats auch dem Kurfürsten bald gute Dienste leisten.

Der Gesandte blieb einen Augenblick sprachlos, denn er war fürs erste auf der ganzen Linie gescheitert. Um noch etwas zu bewirken, sah er keinen anderen Ausweg, als Leibniz jetzt schlechtzumachen: Er tauge gar nicht für das Richteramt eines Reichshofrats! Huldenberg protokollierte später, er habe der Kaiserin-Witwe vorgetragen, „dass, so gelahrt auch der Leibniz sonst in andern Sachen wäre, er sich gleichwohl zu nichts weniger schicke als Reichshofrat zu sein. Was dazu gehöre, das sei niemals sein Studium gewesen. Er habe sein Tage nicht ein Urtheil gemacht. Ihre Majestät möchten den Kaiser warnen, sonst werde es ihm ebenso gehen wie dem Kurfürsten, weil er (Leibniz) von dem Genie wäre, dass er Alles leisten wolle und deswegen immer in unendlichen Correspondenzen und Hin- und Wiederreisen seine Lust finde, aber entweder kein Talent oder keine Lust hätte, etwas zusammenzubringen und zu endigen."

Das war eine Wertung, die der Gesandte spontan erfunden hatte, um noch etwas für sein Haus zu retten – nicht etwa die Meinung des Hofes in Hannover. Improvisierend war der Gesandte allerdings von zwei falschen Annahmen ausgegangen. Er glaubte, Leibniz werde eine richterliche Tätigkeit ausüben, aber das wollte er nicht, und dazu wäre er in der Tat nicht geeignet gewesen. Auch wollte Huldenberg verhindern, dass Leibniz aus Hannover wegginge, doch diese Gefahr bestand ebenfalls nicht, was zu dieser Zeit jedoch noch nicht zu erkennen war.

Hatte der Geheime Justizrat Leibniz über seine wahren Absichten Hannover bislang im unklaren gelassen, so musste er jetzt doch damit herausrücken. Am 1. März (1713) suchte er bei Bernstorff um die Erlaubnis nach, das Amt eines Reichshofrats übernehmen zu dürfen, konnte aber zugleich die Wogen glätten: Er habe nicht vor, deshalb aus den kurfürstlichen Diensten zu scheiden. Dabei hob er hervor, dass es für einen grossen Fürsten immer ehrenhaft sei, Leute zu haben, mit denen man auch anderswo Staat machen könne. Der Kurfürst reagierte zugleich grosszügig und mürrisch, denn er war einverstanden, liess jedoch durch Bernstorff ausrichten, er hätte gewünscht, dass Leibniz sich mit seinem Dienst begnügte. Worin der Kurfürst und Graf Bernstorff damit eingewilligt hatten, war die Entgegennahme der Würde, wohlgemerkt der Würde eines Reichshofrats, als Ehrentitel, und unter der Bedingung, dass Leibniz Amt und Aufgaben in Hannover nicht verlasse.

Zugleich hat der Kurfürst einen Auftrag für Leibniz. Noch war die Besitznahme des Herzogtums Lauenburg, um die sich Leibniz anfangs grosse Verdienste erworben hatte, nicht vom Reich besiegelt, weswegen er diese Sache jetzt fördern oder gar durchsetzen sollte. Das hat er von nun an auch gelegentlich versucht, hat diesen Auftrag aber vor allem weidlich dazu genutzt, immer wieder nach Hannover zu schreiben, er könne leider noch nicht heimreisen, es gebe für Lauenburg noch etwas zu tun. Während es in diesem Frühjahr gerade noch das schlechte Wetter oder die Pest war, die ihn am Reisen hinderten, wird es künftig meist dieser Auftrag sein. So wird Leibniz Monat um Monat bleiben, bis mehr als anderthalb Jahre verflossen sein werden.

Von Graf Bernstorff war Leibniz richtig verstanden worden, er wollte sich nur einen Titel verschaffen und das Reich fortan von Hannover aus beraten. An den Kaiser schrieb Leibniz deswegen, er wolle als Reichshofrat eher die Rechte des Reiches und des kaiserlichen Hauses erforschen und sichern, als an den Sitzungen des Reichshofrats-Collegiums teilnehmen. Mit dieser Idee hatte Leibniz jedoch die Rechnung ohne den Kaiser gemacht, und er wird es wohl seit März (1713) geahnt haben, dass der Wiener Hof nicht gesonnen war, ihm eine Besoldung ohne wirkliche, an Ort und Stelle geleistete Dienste zu gewähren. So blieb er notgedrungen erst einmal in Wien.

Warum hat Leibniz überhaupt so bald nach Hannover zurückkehren wollen? Nicht weil ihn sein Landesherr dazu hätte zwingen können, eher schon aus Pflichtgefühl. Wichtiger aber war ein anderes Motiv, er sammelte seit eh und je Ämter und Einkünfte. Daher hatte er sich schon in Wolfenbüttel, Celle oder Berlin zusätzlich verpflichtet und den Titel eines russischen Justizrates angenommen. Das letzte, was er sich gewünscht hätte, wäre gewesen, sich jetzt vor die Alternative Wien oder Hannover gestellt zu sehen. Leibniz hoffte, man werde ihn in Wien nehmen und in Hannover behalten. Er vergab sein Jawort sozusagen mehrfach. Sein Verhalten erinnert an die alte These dieses eingefleischten

Junggesellen, gegen die Vielweiberei sei moralisch nichts einzuwenden. Auch er ging gern mehrere Bindungen ein, hatte dann aber ebenfalls alle Hände voll zu tun, die verschiedenen Engagements zu sortieren und jeden seiner Partner zu beruhigen. Es ist manchmal gesagt worden, Leibniz habe von Hannover weggestrebt. Das wäre demnach nicht ganz richtig. Hannover bot ihm durchaus etwas, zum Beispiel ein erhebliches Einkommen, am Ende sogar Aussicht auf weitere Ehre in England. Das alles konnte er gar nicht fahren lassen; daher riskierte er zu Hause allenfalls einigen Ärger, niemals aber den Bruch.

Reichshofrat mit dem falschen Gehalt Leibniz wollte also in den Reichshofrat, ein Gremium, das den Kaiser in Reichsangelegenheiten beraten und Streitigkeiten schlichten sollte, allerdings in keinem hohen Ansehen stand, denn die Arbeitsmoral der Herren war schlecht und ihr Einfluss gering. Daher fanden sich nicht einmal immer Bewerber für einen freien Posten. Vorgeschrieben war – da es sich um eine Institution des Reiches handelte – ein konfessioneller Proporz, und nur deshalb drängte Leibniz auf ein Amt in diesem Kollegium, denn so konnte er in Wien arbeiten und evangelisch bleiben. Etwa Mitte April (1713) wurde das Dekret ausgestellt, das ihn zum Reichshofrat ernannte. Man hatte es, seinem Wunsch folgend, zurückdatiert auf „Frankfurt, den 2. Januar 1712", weil der Kaiser, vermittelt durch Sinzendorf, dem Wolfenbüttler Herzog Anton Ulrich damals die Ernennung zugesagt hatte.

Für den Text der Urkunde hatte Leibniz, wie es üblich war, einen Entwurf geliefert. Als er das Dokument von der Reichskanzlei ausgehändigt bekam, war das „von" vor seinem Namen weggelassen worden – mit höchster Autorität, denn die Reichskanzlei war zugleich die Behörde, die alle Standeserhöhungen beurkundete, und sie wusste daher, dass Leibniz keinen Adel erworben hatte. Diese Korrektur musste Leibniz hinnehmen, gelernt hat er daraus wenig. Denn im folgenden Jahr (1714) wird er in einem noch höheren Stande, als angeblicher „Reichsfreiherr", aus Wien heimkehren, wobei man zu seiner Entschuldigung sagen kann, dass dieser Schmuck bei Reichshofräten fast die Regel war. Deswegen wurde der Titel in Hannover auch für plausibel gehalten.

Zu zahlen waren an die Reichskanzlei 450 Gulden für die Ausstellung des Dekrets. Merkwürdigerweise musste man vor der ersten Auszahlung des Gehalts dann noch ein zweites Mal bezahlen – für die „Bewilligung der Besoldung". Dafür waren volle 525 Gulden zu entrichten. Leibniz sah es zunächst nicht ein, dass diese Gebühr sogar noch vor der ersten Gehaltszahlung fällig sein sollte. Ausserdem wollte er, nachdem alles fertig ausgestellt war, den Text geändert haben. Es sollte darin stehen, dass ihn schon der Vater dieses Kaisers, also Leopold, als Reichshofrat gewünscht hatte. Wie aber war das zu beweisen? Vorgelegt werden könnte von ihm allenfalls jenes halb anonyme Schreiben aus dem September 1701, unterzeichnet vom Hofmeister Florenville des Bischofs Buchhaim in der Herrschaft Göllersdorf.

Selbst das wäre nicht ohne Schwierigkeit gewesen, denn in dieser Zusage hatte zwar der Name dessen gestanden, der damals zum Reichshofrat vorgesehen war. Nur hatte Leibniz ihn herausgeschnitten, weil es ein Deckname war, wahrscheinlich ‚von Hülsenberg'. Ein Dokument, aus dem der Name des zu Befördernden entfernt worden ist, sollte wohl besser nicht vorgelegt werden. Da fiel Leibniz ein: Wenigstens gab es noch den Herrn Florenville in Göllersdorf, und (welch ein Zufall) diesen Besitz hatte Bischof Buchhaim inzwischen ausgerechnet dem Mann verkauft, der für die Formalitäten zuständig war, Reichsvizekanzler Friedrich Carl Graf von Schönborn, Leiter der Reichskanzlei. Anfang April (1713) schrieb Leibniz an Florenville und bat, er möge seinen neuen Herrn doch mündlich über alles unterrichten. So geschah es auch, und Schönborn teilte Leibniz am 26. Mai mit, das Dekret sei nun mit dem gewünschten Hinweis auf Kaiser Leopold neu ausgefertigt.

Aber Leibniz kann immer noch nicht zufrieden sein, weil die Art des Gehalts nicht seinen Wünschen entspricht. Damit beginnt der Kampf um die volle, regelmässige und richtige Bezahlung. Als ein Reichshofrat, der sein Amt nicht auszuüben gedenkt und nicht ‚eingeführt' zu werden wünscht, soll er, wie üblich, nur eine Art Gehalt zweiter Klasse erhalten, also keine ‚Besoldung', sondern eine ‚Pension'. Um ihm entgegenzukommen, hat man in die Ernennungsurkunde bereits einen Kompromiss geschrieben: „Besoldung in Form einer Pension". Diese Mischform will Leibniz nicht hinnehmen, und da auch die Behörde nicht nachgeben kann, spielt fortan in fast jeder Audienz beim Kaiser der Streit um die Bezahlung eine Rolle, so dass Leibniz zum Lobbyisten in eigener Sache zu werden droht. Er dringt bis zu dreimal innerhalb weniger Tage auf eine ordentliche ‚Besoldung‘, versucht es mit Eingaben, mit Erinnerungen und auf dem Weg über die Kaiserin-Witwe Amalia. Es ist, als gehe es für ihn ums Überleben oder um seine Ehre.

Dabei spielte ihm wieder einmal seine feste Überzeugung einen Streich, Herrscher seien so mächtig, dass ein Federstrich von ihnen genüge. Doch die Bürokratie war zäh, es kam sogar vor, dass eine Anordnung des Kaisers, etwa die, für das ganze Jahr 1712 sei das Gehalt nachzuzahlen, von der zuständigen Hofkammer zurückkam mit dem Hinweis, das Geld reiche nicht einmal für die laufenden Gehälter. Leibniz fühlte sich schlecht behandelt und glaubte kämpfen zu müssen, auch über Beziehungen, auch ausserhalb des Dienstweges. Es war oft die Erste Hofdame der Kaiserin-Witwe Amalia, Fräulein Maria Charlotta von Klenck, die er noch aus Hannover kannte und die ihm jetzt helfen musste, indem sie wiederum die Kaiserin-Witwe zu einem Gespräch mit Graf Schönborn drängte.

Da Leibniz auch vor hatte, eine Sozietät der Wissenschaften zu gründen, und der Kaiser im Prinzip zugestimmt hatte, ging es zugleich auch immer um das Gehalt für den künftigen Präsidenten. Sollte die stattliche Summe von viertausend Gulden Gehalt schon jetzt, weit vor der Gründung gezahlt werden? Nach langem Streit – wieder sind einige staatlichen Stellen beteiligt und werden von Leibniz viele Fürsprecher aufgeboten – einigt man sich dahin, dass er später, wenn er sich endgültig in Wien niederlässt, volle sechstausend Gulden erhalten soll, dann aber rückwirkend vom Frühjahr 1713 an. Über allem hat jedoch ein tiefes Geheimnis zu walten, weil aus Hannover noch keine Zustimmung, auch diese Aufgabe anzunehmen, vorliegt.

Schwächen und Stärken Der Reichsvizekanzler Friedrich Carl von Schönborn, bei dem ihn Buchhaim eingeführt hatte und an den – als Chef der Reichskanzlei – sich Leibniz mit all seinen drängenden Wünschen meist zu wenden hatte, war anfangs wohl recht wohlwollend und mehr als höflich, auf die Dauer jedoch reserviert. Er schrieb Ende 1713 einem Verwandten, dem Kurfürsten von Mainz, er finde an Leibniz „bei weitem den mann nit, als wie er zu anfange angerühmt ware".

Wahrscheinlich gehörte Leibniz zu den Menschen, die entzückend sind in der freien, geistreichen Unterhaltung, und die unecht und ungeschickt werden, sobald sie – ganz gegen ihr Talent

– etwas erreichen wollen. Dann wirken sie bedrängend oder schmeichlerisch, machen sich unbeliebt oder fallen lästig. Leibniz konnte gewiss schlecht für sich werben und sich kaum auf eine souveräne Weise durchsetzen. Manchmal muss sein Auftreten sogar bedrückend gewirkt haben wegen der Angst, die ihn in Geldfragen trieb, fürchtete er doch, im hohen Alter zu verarmen.

So sehen wir ihn jetzt in Wien auf eine doppelte Weise. Er war wie noch nie von der Fama und Aura des berühmten Gelehrten umgeben, andererseits spürbar ein alter Mann geworden und schwieriger als früher. Er muss für manchen am Hofe etwas vom Querulanten und Unglückswurm gehabt haben. Hinzu kam, dass er überall ungebetenen Rat geben wollte. Unter anderem verteilte er Denkschriften und lag jedem in den Ohren, um zu erreichen, dass der Kampf gegen Frankreich fortgesetzt werde. Damit wirkte er auf manchen nur wie eine der vielen Figuren im Dunstkreis des Kaiserhofes, die sich den Anschein einer einflussreichen Persönlichkeit geben wollten.

Vielleicht wurde dieses Verhalten von der Gicht verstärkt, die ihn seit mehr als zehn Jahren plagte. Auch in der Wiener Zeit erlitt er wieder Attacken, die mehrere Wochen dauern konnten. Man wusste damals schon von dieser Krankheit, dass sie die Seele verändern kann, weshalb der Gichtanfall in Österreich auch ‚Gall-Fluss‘ hiess, wurde die Galle doch für die Melancholie verantwortlich gemacht. Ein englischer Arzt hatte schon lange zuvor genau beschrieben, wie manch ein Gichtpatient das seelische Gleichgewicht verliert und erregbar wird. Den Kranken überfällt Angst, und er macht sich ständig Sorgen, „er ist sich und anderen zuviel", wie es damals hiess. So wurde Leibniz vielleicht einfach von diesen Stimmungen heimgesucht, wenn er anderen als schwierig galt.

Ging es ihm besser, so muss er liebenswert, reizend, ja vielleicht sogar sprühend gewesen sein wie in seinen besten Tagen. Das machte ihn nach wie vor beliebt bei den hochadligen Damen und besonders bei seinem neuesten Jünger, dem Grafen Jean Joseph Jörger. Der ist für ihn schnell zu einer reinen Freude geworden, und auch Jörger, er war zu der Zeit Statthalter von Niederösterreich, schwärmt von dem Gelehrten. Leibniz rühmt an ihm, dass er auf Logik und Mathematik schwöre und über die ‚Theodicée‘ noch hinausgehen wolle, weil Graf Jörger „sich nicht mit meinem Beweis zufrieden gibt, dass der Glaube nicht im Gegensatz zur Vernunft stehe. Er will sogar noch weiter gehen und die Mysterien durch die Vernunft beweisen." An die Kurfürstin-Witwe nach Hannover schreibt Leibniz, sie beide hätten einfach Freunde werden müssen. Natürlich hat er den Grafen schon notiert als adliges Ehrenmitglied der künftigen Akademie. Und der ist von seinem Lehrmeister so begeistert, dass er schwört, ihn sein Leben lang nicht mehr entbehren zu können, scheine ihm doch die Welt nun in neuem Licht. Leibniz muss Jörger deswegen mehrmals die Freude machen, auf Schloss Zacking sein Gast zu sein.

Da er ein Schwager des mächtigen Präsidenten der Hofkammer Graf Starhemberg ist, dessen Behörde die Auszahlung von Leibnizens Gehalt zu regeln hat, muss Graf Jörger gelegentlich zu seiner Schwester gehen – in der Hoffnung, dort den Finanzmann anzutreffen und um die Auszahlung bitten zu können. So etwas tut er gern, denn er kennt ja vor allem die höchst faszinierenden Seiten von Leibniz. Seinen bewunderten väterlichen Freund hält der Graf sogar selbst für einflussreich.

Das zeigte sich, als Jörger ihn bat, für einen alten Bekannten bei der Kaiserin-Witwe Amalia ein gutes Wort einzulegen. Es ging um die freie Stelle eines Präsidenten des Reichshofrats. Ein Bewerber, den Graf Jörger empfohlen sehen wollte, war Fürst Lobkowitz, der selbst acht Jahre bei der Kaiserin als Obersthofmeister Dienst getan hatte. Und dennoch muss sich Jörger etwas davon versprochen haben, wenn Leibniz sich für den Fürsten verwendete, denn Leibniz war ein häufiger Gast auf dem Landsitz der Kaiserin-Witwe Amalia in Ebersdorf und konnte zugleich die Arbeit des Reichshofrats beurteilen. Natürlich verwendete sich Leibniz gern, tat es sogar mehrfach, allerdings war die Stelle schon vergeben. Neuer Präsident des Reichshofrates wurde Graf Ernst Friedrich von Windischgrätz. Auch den kennt Graf Jörger natürlich gut und kann berichten, der künftige Präsident habe mit grosser Hochachtung von Leibniz gesprochen und „sogar Eile gezeigt, ihn kennenzulernen".

Kanzler von Siebenbürgen oder Archivdirektor?   Im August 1713 lebte Leibniz seit einem Dreivierteljahr in Wien. Die Besoldung als Reichshofrat war ihm bewilligt worden, doch er hatte bisher keinen Kreuzer davon erhalten, sondern im Gegenteil seinerseits fast tausend Gulden an die Kanzleien zahlen müssen. Vielleicht ist diese Lage der Grund für eine sonst fast unverständliche Bewerbung. Er versucht, Kanzler von Siebenbürgen zu werden. Ausgeschrieben hat man zwar die Stelle eines Vizekanzlers, und auf die haben sich auch schon Männer aus Siebenbürgen selbst, einem deutschsprachigen Siedlungsgebiet im heutigen Rumänien, das damals zu Österreich gehörte, beworben. Die Stelle des Kanzlers selbst ist jedoch seit Jahren vakant, und auf die hat es Leibniz abgesehen, denn er hat sich sagen lassen, so ein Kanzler solle sowieso in Wien residieren. Mit diesem Posten versehen, könne er, meint Leibniz, dann in Ruhe seine Akademie der Wissenschaften vorbereiten. Die Hebel, die er für seine Wahl in Bewegung setzt, sind die üblichen, er verfasst zunächst einmal Denkschriften, die alle Einwände gegen seine Bewerbung ausräumen sollen. Er sei der Geeignete, auch wenn er weder Österreicher noch Ungar oder Siebenbürger, und obwohl dort die Mehrheit calvinistisch, der Hof katholisch und er selbst leider lutherisch ist. Auch dass er bislang nicht als Staatsmann Erfahrungen gesammelt hat, spielt er herunter. Dafür kann er sich als Jurist empfehlen, als Schlichter bei religiösen Streitigkeiten, auch als Fachmann für Bergwerksfragen und manches andere ... Man glaubt, einen Realitätsverlust zu spüren.

Der andere Hebel sind seine Beziehungen. Er bittet die Kaiserin-Witwe Amalia sowie deren geistvolle Hofdame Maria Charlotta von Klenck um Fürsprache, auch sein alter Bekannter Leopold von Schlick, jetzt Kanzler von Böhmen, soll helfen. Und zweimal wendet er sich an den Kaiser selbst. Doch alles hilft nichts, der Kaiser kann sich nicht für ihn entscheiden, die „Nationalität" spiele die ausschlaggebende Rolle, muss Leibniz hören, vermutet aber, es sei die Konfession. Auch hier will er sich mit dem, was entschieden ist, nicht gleich abfinden, hakt nach, möchte Gründe hören, will Rechenschaft haben, bittet seine Fürsprecher, nochmals tätig zu werden, und mag nicht aufgeben.

Im Oktober (1713) erfuhr Leibniz durch seinen hannoverschen Mitarbeiter Hodann, dass ihm das fällige Halbjahresgehalt nicht ausgezahlt worden sei. Er war seit mehr als einem Jahr von Hannover abwesend – ohne ausdrückliche Erlaubnis. Nun war die Strafe erfolgt. Wenigstens wurde ihm fast zur gleichen Zeit zum ersten Mal das Reichshofratsgehalt angewiesen, wenn auch nur als Pension, was er doch unbedingt hatte vermeiden wollen. Weitere Klagen, Einsprüche und Bittgänge waren die Folge. In einem Brief an den Kaiser vom 11. Dezember entringt sich ihm der Seufzer, er wisse schon gar nicht mehr, wie er es anstellen solle, um zu der ihm versprochenen Besoldung zu gelangen. Ein Nachgeben in dieser Frage scheint ihm nie in den Sinn gekommen zu sein.

Seit langem betrieb er, neben der Akademiegründung, noch ein zweites Projekt, um dessentwillen er sogar eigentlich Titel und Gehalt eines Reichshofrats bekommen wollte. Es müsse, meinte Leibniz, ein Reichsarchiv geben, in dem all jene alten Dokumente gesammelt und gesichtet sind, die zeigen können, welche Rechtsansprüche das Reich auf welche Territorien hat. Mit ähnlichen Urkunden hatte er ja einst den Lauenburger Erbfall vorbereitet. Es gab natürlich bereits ein Archiv, und bei Hofe wollte niemand etwas von dem neuen Amt wissen, selbst der Kaiser nicht. Doch Leibniz hatte sich schon Einzelheiten seiner Bestallung ausgemalt. Das Amt würde ihn zu einer weiteren Nebeneinnahme, einer ‚Additional-Pension' berechtigen, wie sie auch anderen Reichshofräten gewährt wurde. Er blieb dabei, dass diese zusätzliche Pension 4 000 Gulden betragen und vom Anfang seines Wiener Aufenthaltes im Januar 1713 an gezahlt werden müsse. Das Geld wollte er zwar nur für den Fall seiner endgültigen Niederlassung in Wien verlangen, dann aber rückwirkend. Er kämpfte um einen Vertrag, ging wieder zu allen einflussreichen Personen, die er kannte, bat und drängte, doch mehr als eine vage mündliche Zusage erreichte er selbst beim Kaiser nicht.

In seiner Not greift er nun zu einem schlimmen Mittel, denn er meint, so werde er es allen beweisen, auch dem Kaiser, wie recht er mit dem Vorschlag hat und dass er der einzige ist, der dieses Amt auch ausfüllen würde. Schon lange weiss er nämlich, dass das Herzogtum Toscana demnächst frei wird, weil das Herrschergeschlecht – jedenfalls in der männlichen Linie – ausstirbt. Gut, das wissen andere auch. Aber nur er kennt die Urkunden, zwei Bullen aus dem Jahre 1537, in denen festgelegt ist, dass niemand anders als der Kaiser die Toscana als Lehen vergibt. Da das, was einmal gegolten hat, nach damaliger Auffassung immer gilt, wird es bald wieder so weit sein: Nur der Kaiser darf den neuen Herrscher dort einsetzen.

Tatsächlich verfügt Leibniz damit über ein Wissen, das Macht bedeutet. Und von den alten Urkunden weiss er nicht nur, er besitzt davon sogar Abschriften und hat sie vorsorglich mit nach Wien genommen. Noch ist er etwas unsicher, ob er alles mit hat, und schreibt seinem hannoverschen Sekretär Hodann, er möge die versiegelten Arbeitsräume erbrechen und nach den toscanischen Papieren suchen. Der muss am 7. Dezember (1713) melden, er habe leider nichts Weiteres gefunden.

Trotzdem fühlt sich Leibniz gerüstet – nicht etwa, um einfach zum Kaiser zu gehen mit seinem Wissen. Nein, zuvor will er die Zuständigen vom Archiv blossstellen und hinwegfegen, sich selbst aber als den rechten, den unentbehrlichen Mann erweisen, der den neuen Posten bekommen muss.

So schreibt er am 12. Dezember 1713 dem Kaiser einen Brief, in dem er zunächst auf den eigenen ‚Codex juris gentium diplomaticus‘ zurückkommt, den er dem Kaiser hat überreichen lassen. Doch jetzt zeigt Leibniz, dass er nicht alles veröffentlicht, sondern manches zurückbehalten hat, darunter auch Dokumente, die Florenz und die Toscana betreffen und die tatsächlich von grosser Bedeutung sind. Der Kaiser muss es allerdings in diesem Brief hinnehmen, dass sein Reichsarchiv nicht gut wegkommt. Es ist so unvollkommen, dass sich nicht einmal die entscheidende Urkunde Karls V. aus dem Jahre 1537 darin findet.

Ein paar Tage später, am 18. Dezember (1713), legt Leibniz in einer Denkschrift für den Kaiser noch einmal nach. Sein Amt als Reichshofrat verpflichte ihn zu der Anfrage, ob nicht doch in den kaiserlichen Archiven die beiden Goldbullen von 1537 vorhanden seien. Nachdem er diese peinliche Frage gestellt hat, scheut er sich nicht, dem Kaiser nochmals vorzuschlagen, ihn mit der Inspektion aller Archive zu beauftragen. Und mit kaum verhohlenem Triumph setzt er hinzu, dass er besitze, „was sogar Eurer Majestät Minister in dem Reichs Archivo nicht zu finden wussten". Der Kaiser, auf diese Weise blossgestellt, muss daraufhin wohl die Zuständigen herbeizitiert und ihnen eingeschärft haben, die Urkunden müssten nun endlich gefunden werden. Die Ermahnten waren Hofkanzler Graf von Seilern und Graf von Schlick.

Während diese Beamten mit höchstem Eifer suchen lassen, muss es Leibniz eingefallen sein, dass er sich einmal – nicht im hiesigen Archiv, aber in der Bibliothek! – eine Signatur notiert hatte, unter der die gesuchten Bullen geführt sein könnten. Da wäre es doch schön, denkt er, wenn er als einziger auch noch in den Unterlagen Bescheid wüsste und das beweisen könnte. Nun macht er allerdings eine Dummheit, er begibt sich nämlich nicht selbst in die Bibliothek, sondern beauftragt einen Bibliothekar, ihm das Schriftstück herauszusuchen und zu schicken. Dieser Mann aber hatte erfahren, was die Kollegen vom Archiv verzweifelt suchten, und merkte daher schnell, welchen Fund er in Händen hielt, auch wenn es nur Abschriften der Bullen waren. Ohne seinen Auftraggeber Leibniz zu verständigen, händigte er den Schatz seinen Kollegen vom Archiv aus. So kam es, dass sich der arg gerüffelte Graf Seilern überlegen lächelnd an Leibniz wenden konnte, den er natürlich als Quelle der Anschuldigungen kannte, um ihm zu sagen, dass er mit seinem Vorwurf sehr im Unrecht sei, denn – bitte, nun sei es am Tage – die Bibliothek, wenn auch nicht das Archiv, wo man gesucht habe, verwahre, wovon Leibniz behauptet habe, allein zu wissen. Alles sei eben doch in Wien durchaus geordnet.

Leibniz, seinerseits pikiert, will dem Glücklichen den Erfolg nicht ganz lassen und antwortet: „Dasjenige, davon Eure Excellenz mir Nachricht geben lassen, daß es sich gefunden, wird dasselbige seyn, so ich selbst vor etlichen Tagen habe aufsuchen lassen und das Indicium (den Hinweis) dazu gegeben, um es gegen das meinige zu halten. Ehe solches geschehen, hat niemand davon gewußt." Die Sache ist dennoch für Leibniz eine Niederlage, weil es für viele so aussehen musste, als habe er die zuständigen Beamten wider besseres Wissen suchen lassen und mit Absicht in die grösste Verlegenheit getrieben. So bemüht er sich, die Sache dem Kaiser auf seine Weise darzustellen, indem er versichert, er erzähle ihm die ganze Geschichte nur, um ihn ein wenig lachen zu machen.

Für Leibniz selbst wird es ein bitteres Lachen gewesen sein, da er für sich und seine Pläne nichts erreicht, sich aber bleibende Feindschaften zugezogen hatte. Nur gut, dass er sonst nie in den Konkurrenzkampf der Verwaltungsleute und Beamten eingetreten ist, in seinem ganzen Leben nicht. Denn hier hat sich gezeigt, dass er zur Intrige fähig war. So zu handeln blieb ihm als einem Gelehrten und Denker zum Glück erspart. Wenigstens in der Sache hatte er natürlich recht, und der Kaiser musste ihm dankbar sein, hatte Leibniz ihn doch als erster auf alte Rechte in der Toscana aufmerksam gemacht, die das Haus Habsburg später zu nutzen verstand.

Prinz Eugen Schon ziemlich früh in seiner Wiener Zeit, am 16. Februar 1713, war Leibniz zum ersten Mal mit dem bewunderten Feldherrn Prinz Eugen zusammengetroffen, nämlich bei einem Mittagessen im Hause des späteren Kanzlers von Böhmen, Leopold von Schlick. Für den Gelehrten war das ein grosser Augenblick, auch wenn er dem Prinzen vielleicht schon in Hannover im April 1708 einmal begegnet war. Eugen stammte aus einer Nebenlinie des Hauses Savoyen (Norditalien), war in Paris aufgewachsen, von seiner Mutter zum Geistlichen bestimmt worden und hatte es auch schon zu den niederen Weihen gebracht. Dann wollte er Soldat werden und durfte seinen Wunsch Ludwig XIV. persönlich vortragen. Der aber mochte keine so unscheinbaren Offiziere in seinem Heer wie den Prinzen, der recht klein war und dem der Mund meist etwas ungeschickt offen stand, wobei die zu kurze Oberlippe wie bei einem Nagetier die Schneidezähne sehen liess. Auch sein Auftreten galt als wenig eindrucksvoll, und seine Manieren waren nicht gerade elegant. Enttäuscht von der Ablehnung ging Prinz Eugen mit zwanzig Jahren nach Österreich und half als Freiwilliger, Wien von den Türken zu befreien.

Nach dem glorreichen Abschluss des Krieges kehrte der kluge Planer und begabte Stratege 1698 nach Wien zurück. Dort zog ihn bald der Kaiser an den Hof als Präsidenten des Reichskriegsrates. Im Spanischen Erbfolgekrieg war er der grösste Feldherr der Kaiserlichen. Auch jetzt unter dem neuen Kaiser galt Eugen als der einflussreichste Mann in Wien, als ein souveräner Politiker, der sich in Ämter nie gedrängt hatte und überhaupt der Intrige fern stand. Genug Geld und Geschenke vom Kaiser bekommen hatte er sowieso, um sich ein fürstliches Stadtpalais in der Himmelpfortgasse zu errichten und sich Schlösser zu erbauen.

Über sein Gespräch bei Tisch mit dem berühmten Feldherrn berichtete Leibniz gleich Herzog Anton Ulrich. Eines der Themen war die Jesuitenmission in China und der Ritenstreit, wobei Leibniz wie immer die anpassungswilligen Jesuiten verteidigte. „Der Prinz disputirte gegen die Jesuiter wegen des Cultus Confutii (der Verehrung des Konfuzius), und ich für sie. Der Prinz kan ungleich beßer sprechen von der Theologi als ich vom Kriegswesen, weil er sie in der jugend studiret und ich nicht im Kriege gewesen." Er habe mit dem Prinzen, berichtet er, sogar ein wenig gestritten, der sich über die Verteidigung der Jesuiten durch einen Protestanten verwundert habe. Über die Kultur Chinas zu sprechen, war damals Mode, auch Eugen hatte chinesische Kunst um sich versammelt, hat sogar später chinesische Vögel, Fische und Pflanzen in seinen Gärten gehalten. Er besass auch den berühmten China-Atlas des Jesuitenpaters Martini, einen mit kolorierten Karten ausgestatteten Folianten, in dem China zum ersten Mal ausführlich beschrieben worden war. Aber ob Prinz Eugen sich die Zeit genommen hat, dem Herausgeber der ‚Novissima Sinica‘ das kostbare Werk zu zeigen, ist unbekannt. Er stand in jenen Tagen unter grossem Termindruck, ging es doch um die Frage, ob das Reich den Spanischen Erbfolgekrieg fortsetzen sollte oder nicht.

Als Anfeuerung zum Kampf überreichte Leibniz drei Wochen später, am 9. März (1713), dem Grafen Schlick eine moralische Fabel in lateinischen Versen, die als Aufruf an England und Holland gemeint war, die Allianz gegen Frankreich fortzuführen. Er bat, die Fabel auch Eugen zu zeigen, worauf er schon am nächsten Tage die Antwort erhielt, dass dies geschehen sei und beide Herren „den Gedanken hübsch und das Ganze angenehm" gefunden hätten. Worte höflicher Anerkennung, doch wohl eine freundliche Übertreibung, da das Gedicht recht einfallslos und betulich wirkt. Die Entscheidung gegen einen Frieden fiel, und im Mai 1713 zog der Feldherr an den Oberrhein zu neuem Kampf.

Prinz Eugen war dem Kaiser weiterhin unentbehrlich. Er galt schon lange als Volksheld, doch lag seine grösste Tat noch vor ihm, die legendäre Eroberung Belgrads im Jahre 1717. Als Leibniz ihm begegnete, hatte er sich schon als Mäzen und gründlicher Sammler von Kupferstichen und Büchern einen Namen gemacht. Alsbald umgab er sich auch mit Geistesgrössen, darunter waren übrigens weniger Deutsche als Franzosen und Italiener. Er unterhielt sich gewöhnlich auf französisch, kein schriftlicher deutscher Satz aus seiner Hand ist überliefert, er sprach aber gut deutsch. Wie es unter Berufssoldaten nicht selten vorkam, fühlte er sich offen zu Männern hingezogen und war unverheiratet, man nannte ihn „einen Mars ohne Venus".

Bei dem Gespräch zugegen gewesen war gewiss auch des Prinzen Freund und Favorit, der geistreiche General Graf Bonneval, mit dem Leibniz bereits 1710 vertraulich-scherzhaft korrespondiert hatte. Als Franzose war er zunächst Soldat Ludwigs XIV. gewesen, floh verärgert, weil man ihn nicht befördert hatte, nach Deutschland, gewann die Freundschaft des zwölf Jahre älteren Eugen, wurde Soldat des Kaisers und kämpfte sogar, wie auch Prinz Eugen selbst, gegen seine alte Heimat Frankreich. Sehr viel später wurde er übrigens aus Wien in die habsburgischen Niederlande abgeschoben, zu Festungshaft verurteilt und ging 1729 empört nach Konstantinopel, wurde Moslem, hiess nun Achmed Pascha, erneuerte die türkische Artillerie, kämpfte gegen Russland und starb als entschiedener Feind der Habsburger.

Den General hat Leibniz ebenso wie den Prinzen von Anfang an für seine Akademiepläne zu gewinnen gesucht, die er bei jeder

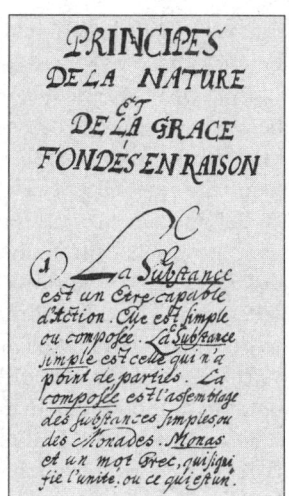

Der kaiserliche Heerführer Prinz Eugen war in Wien die einflussreichste Persönlichkeit. Leibniz hat sich mit Erfolg bemüht, bei ihm eingeladen zu werden. – Die ‚Principes de la nature ...‘ verfasste Leibniz für Prinz Eugen und überreichte sie ihm in einer Prachthandschrift. Der Prinz verwahrte sie wie eine Reliquie.

Gelegenheit vortrug. Die Idee einer Sozietät oder Akademie ist das einzige Projekt, für das Leibniz in Wien allgemeines Wohlwollen fand. Eugens Mäzenatentum und wissenschaftliche Neugier schienen ihn tatsächlich zum geborenen Förderer des Plans zu machen, obwohl solch ein Projekt nicht einmal annähernd in seinen offiziellen Aufgabenbereich gehörte. Bald zog er in den Krieg, dann verhandelte er über den Frieden und kehrte mit General Bonneval erst ein Jahr später nach Wien zurück.

Zu Ostern 1714 begrüsste Leibniz den glücklich heimkehrenden Friedensstifter Eugen mit einem lateinischen Gedicht und pries ihn als „ebenso gross im Frieden wie im Kriege" sowie als „überlegenen Geist". Diesmal gingen seine Erwartungen, dem Helden näherzukommen, in Erfüllung. Zwischen März und August 1714 war er gelegentlich Gast an seiner Tafel im Stadtpalais, wo der Prinz noch residierte, denn das Schloss Belvedere liess er gerade erst erbauen. Bei den Tischgesprächen muss man auf Themen der Metaphysik gekommen sein, sei es, dass der Prinz und sein Freund

Fragen gestellt haben, sei es, dass Leibniz erzählt hat, womit er sich beschäftigte.

Ein Brief über die Monaden geriet ihm nämlich gerade besonders lang, die Antwort auf eine Anfrage. Manche Leser der vier Jahre zuvor (1710) erschienenen ‚Theodicée‘ hatten den Wunsch, eine knappe Einführung in die Leibnizsche Metaphysik zu bekommen. So war es auch einem Freundeskreis in Paris ergangen, in dessen Mittelpunkt Nicolas Remond stand, der erste Rat des Herzogs von Orléans. Er hatte Leibniz um nähere Auskunft über seine Monadenlehre gebeten, und der Entwurf zu einer Antwort wuchs sich gerade aus zu einem eigenen Werk.

Davon hat Leibniz offenbar seinem wissbegierigen Gastgeber berichtet, und als der Prinz mehr wissen, vielleicht sogar den Text sehen wollte, muss Leibniz gefürchtet haben, die Darstellung im Brief könne immer noch zu schwierig sein, jedenfalls beschloss er, für den Prinzen eine noch leichter lesbare Zusammenfassung seiner Ideen zu entwerfen. Den Vorsatz hat er auch gleich wahrgemacht, wobei er viele Formulierungen wörtlich aus der anderen gerade entstehenden brieflichen Darstellung übernahm. Die prinzliche Sonderausgabe nannte er ‚Principes de la nature et de la grâce, fondés en raison‘ (Prinzipien der Natur und der Gnade, gegründet in der Vernunft). Wenn er auffallend schnell damit fertig wurde, lag es gewiss auch daran, dass es einen Termin gab, denn Prinz Eugen und General Bonneval mussten bald zu erneuten Friedensverhandlungen abreisen. Und nichts lässt einen Autor so schnell ans Ende kommen wie eine absolute Frist. Schliesslich blieb sogar noch etwas Zeit, und Leibniz wollte sie nutzen.

Um dem verehrten Prinzen Eugen noch mehr Lesestoff überreichen zu können, legte er den taufrischen ‚Principes ...‘ noch ältere Arbeiten bei, darunter drei metaphysische Abhandlungen. Alle hier versammelten Texte, die natürlich Kopien von Schreiberhand waren, weisen auch eigenhändige Überschriften, Ergänzungen und Verbesserungen auf. Das letzte Stück, eine Erwiderung auf Pierre Bayle, hat Leibniz sogar zum Teil selbst abgeschrieben. Ganz kurz bevor Prinz Eugen Ende August (1714) zu den Friedensverhandlungen im schweizerischen Baden (Aargau) abreisen musste, hat Leibniz ihm die Gabe überreicht. Der Beschenkte hielt sie hoch in Ehren und hat das Konvolut später, wie seine anderen Bücher und Handschriften auch, in leuchtend

rotes Maroquinleder binden lassen, geschmückt mit dem goldenen Wappen Savoyens.

Wenigstens ein Gedanke aus den ‚Principes ...‘ soll hier zitiert
werden. Er findet sich, wo Leibniz von dem Satz, dass alles seinen
Grund hat, zu Gott übergehen will, dem letzten Grund aller
Dinge. Da fragt er: „Warum gibt es überhaupt etwas, und nicht
nichts?" Damit ist das letzte Problem der Metaphysik benannt, die
grösste Frage ohne Antwort, und ein wahrer Abgrund für die Vernunft aufgetan. Ja, warum gibt es das Weltall, und nicht einfach –
das Nichts? Leibniz hat diese Frage, die manchem Denker heute
sinnleer und damit unzulässig scheint, wohl als erster gestellt. Und
man kommt von ihr so leicht nicht wieder los.

Der überlange Brief an Nicolas Remond, die ursprüngliche
Ausarbeitung des Systems, blieb liegen. Weil Leibniz damit nicht
weiterkam, hat er kurzerhand auch an Remond die ‚Principes ...‘
geschickt, genau in den Tagen Ende August, als auch Eugen sie
bekam. In Paris zeigte man sich mit dieser Schrift mehr als zufrieden, weshalb Leibniz davon abgesehen hat, noch die eigentliche
Fassung zu übersenden, als er sie endlich fertiggestellt hatte. Entstanden war die später so berühmt gewordene ‚Monadologie‘. Ihr
Titel stammt nicht von Leibniz, sondern aus der ersten gedruckten
Ausgabe, die 1720, vier Jahre nach seinem Tod, erschien. Es war
eine deutsche Übersetzung aus dem Französischen, angefertigt von
Heinrich Köhler, inzwischen Professor in Jena, der in Wien einst
Hauslehrer gewesen und Leibniz bei der Abfassung zur Hand ge-
gangen war.

Ein Spiegel ohne Fenster   Der Text der Monadologie ist streng
gegliedert und gibt sich als eine logische Herleitung. Er beginnt
mit den Worten: „Die Monade, von der wir hier sprechen werden,
ist nichts anderes als eine einfache Substanz ..." Heute nimmt man
den kurzen Text oft als Einführung in das System von Leibniz, aber
das sollte die Monadologie nicht sein, sie war vielmehr gemeint als
eine Art Zusammenfassung für diejenigen, die sich schon hinein-
gedacht hatten in die verzweigten Wege, oft tastenden Umschrei-
bungen und vorläufigen Annahmen dieses selbstkritischen, suchen-
den Philosophen. Weil die Monadologie auch als eine nachträglich
systematisierende Zusammenfassung der ‚Theodicée‘ gelesen werden kann, verweist jeder Artikel am Schluss auf entsprechende Stellen dort.

Manchem Leser scheint es heute, als stellte der Text nur Behauptungen auf, jedenfalls hat er wenig vom Charme des Argumentierens, wie es Leibniz sonst liebte, etwa in den Briefen, die solche Themen behandeln. Am bekanntesten ist der Satz, den die Monadologie neu einführt: „Monaden haben keine Fenster". Seine Berühmtheit verdankt er gewiss nur der Tatsache, dass seine Bildsprache so anschaulich ist. Man sieht ein fensterloses Haus vor sich, glaubt sofort zu verstehen und sollte sich doch fragen, ob man nicht zu schnell und damit falsch verstanden hat.

Der Satz ist tatsächlich irreführend, weil man dabei an Isolation denkt. Wer heute einen Mitmenschen als Monade bezeichnet, meint meist, er sei fast autistisch. Verehrer findet der Satz am ehesten bei denen, die sowieso der Meinung sind, jeder Mensch lebe eben für sich und sei unerreichbar. Meist aber erntet die Formulierung nur ein Kopfschütteln, weil niemand glauben kann, dass es zwischen Individuen keine Verständigung geben sollte. Hegel etwa nannte die Monaden spottend „Bläschen in der Tasse Kaffee". Auch Naturwissenschaftler lehnen die Fensterlosigkeit ab, wenn sie sie so verstehen, dass es in der Natur keine Wechselwirkungen geben soll.

Mit der These von der Fensterlosigkeit wollte Leibniz jedoch nur pointiert verteidigen, was damals noch Konsens war: Seele (Geist) und Körper (Materie) können sich nicht beeinflussen. Das war ein Grundsatz von Descartes gewesen. Nun hatten aber soeben einige Autoren die These aufgestellt, etwas Körperliches sei doch in der Lage, auf die Seele einzuwirken. Diese Leute sprachen von einem „influxus physicus" (einem physischen Einfluss auf die Seele). Dazu sagte Leibniz nein und setzte das kräftige Bild von der Fensterlosigkeit dagegen. Er konnte nicht wissen, wie er mit diesem Versuch, ein paar Zeitgenossen, die den Konsens verlassen hatten, zurechtzuweisen, die Nachgeborenen dazu verleiten würde, seine Ansichten recht extrem zu deuten.

Die ‚Monadologie' und ihre Schwesterschrift fassen zusammen, was über Jahrzehnte in Leibniz als seine Metaphysik gereift war. Neue Aspekte sind nicht mehr hinzugekommen, das Alte wurde nur systematisiert. Die Leibnizsche Metaphysik ist in dieser Biographie bislang dreimal umrissen worden, und wir müssen hier auf diese Darstellungen verweisen (sie finden sich auf den Seiten 199 ff., 321 ff. und 431 ff.).

Zugleich neu und auffallend ist nur das provozierende Bild von der Fensterlosigkeit. Leibniz hat allerdings schon immer die direkte

Verbindung einer Monade mit jeder anderen ausgeschlossen. Das bedeutet, die Individuen beeinflussen sich untereinander nicht unmittelbar. So kommt er eben zu dem Schluss, dass allein Gott, der sie alle schuf, die Seelen (Monaden) für immer bestimmt und damit die Harmonie des Ganzen gestiftet hat. In diesem Sinne hat Leibniz zeigen wollen, wie alle Dinge im Universum – durch ihren gemeinsamen Ursprung – zugleich aufeinander bezogen sind.

Neben der so stark betonten Selbstbestimmung und Individualität der Monaden gibt es also auch ein System, dem sie gemeinsam angehören. In diesem Sinne sagt Leibniz, sie „spiegelten" alle – und zwar jede für sich – das ganze Universum. Man müsste daher, wenn schon von einer Fensterlosigkeit gesprochen wird, mit einem paradoxen Bild formulieren: Monaden sind „Spiegel ohne Fenster". Oder man hebt das Wort von der Fensterlosigkeit so auf, dass man sagt: Monaden haben keine Fenster, weil sie schon das Fenster zu allen anderen Monaden selbst sind. Widersprüchlich werden seine Aussagen immer sein, weil Leibniz in wechselnden Perspektiven dachte und die Dinge von verschiedenen Seiten sah, auch die Gegenstände der Metaphysik. Darin zeigen sich Weite und Tiefe seines Denkens: Scheinbar Unvereinbares hat darin Platz – wie in der Wirklichkeit, der mehrdimensionalen, auch.

Damit kehren wir zur äusseren Geschichte dieser Schriften zurück. Prinz Eugen verhandelte in Baden, damit war die Verbindung zwischen ihm und Leibniz erst einmal unterbrochen. Man wird sie auch nicht überschätzen dürfen. Der Prinz hat den Philosophen zwar als eine Berühmtheit anerkannt, aber wohl weniger verstanden als verwendet, um sich mit ihm zu schmücken. Dem alten Gelehrten ist er im Grunde mit kühler Distanz begegnet. Jedenfalls hat Leibniz nicht in gleicher Weise Zugang zu ihm und seinem Kreis gefunden wie so mancher jener amüsanten Franzosen und einfallsreichen Italiener, mit denen er sich fortan umgab.

Dennoch gibt es eine sehr reizende, scherzhaft übertreibende Behauptung Bonnevals, in der die Wertschätzung, die der Prinz für die Leibnizsche Philosophie empfand, veranschaulicht wird. Der wohlgelaunte Bonneval schrieb an Leibniz, er habe sich wegen dessen ‚Principes' mit dem Prinzen geradezu überworfen, da dieser das kostbare Konvolut ihm nicht zur Abschrift überlassen wolle, sondern es in einer Kassette verschlossen halte und das Werk – wie es die Priester in Neapel mit dem Blut des heiligen Januarius machen – nur zum Küssen vorzeige und dann wieder wegschliesse.

Leidenschaftliche Gefühle? In Wien hat Leibniz den schottischen Ritter John Ker of Kersland, der mit einem politischen Plan zum Kaiserhof gekommen war, des öfteren gesehen und ihm zu helfen gesucht. Man weiss wenig über beider Beziehung, aber es könnte sein, dass Leibniz für diesen Mann heftig geschwärmt hat. Das mag ein Anlass sein, hier die Frage zu stellen, ob es eigentlich so etwas wie ein Liebesleben für ihn gegeben hat. Überliefert ist fast nichts, die Frage wird auch in der Leibnizforschung nicht erörtert. Sicher ist nur, dass Leibniz die Nähe einiger Fürstinnen gesucht und besonders die preussische Königin in tiefer Liebe verehrt und bewundert hat. Sonst weiss man wenig von einer Neigung zu Frauen. Andererseits ist gewiss, dass er es sich in seiner Stellung bei Hofe nicht hätte erlauben können, offen homosexuell zu sein. Allein schon weil er Junggeselle war, sah er sich zu Erklärungen genötigt und hat, wie es andere auch machten, im Alter oft gesagt, er habe wohl den richtigen Zeitpunkt zum Heiraten verpasst. Auch deutete er an, ihm sei einmal eine mögliche Partie in Aussicht gestellt worden, nur habe er aus Sorge vor einer Abfuhr sich nicht getraut, der ihm unbekannten jungen Frau einen Antrag zu machen.

Denkbar wäre es auch, dass Leibniz weder hetero- noch homosexuell war, sondern einfach kein erotisches Empfinden kannte und ganz auf die Verstandestätigkeit konzentriert war. Immerhin sind auffallend viele der grössten Wissenschaftler seiner Zeit Junggesellen gewesen, etwa Pascal und Huygens, Boyle und Newton, Descartes und Spinoza. Er könnte sich also eine Abstinenz auferlegt haben, doch muss der siebzehnjährige Leibniz noch für sexuelle Regungen empfänglich gewesen sein, das scheint sich jedenfalls aus einer Notiz des Studenten zu ergeben. Er zählt darin die fünf Sinne des Menschen auf, vergisst oder übergeht aber den Tastsinn und notiert statt dessen „tactus venereus", was sich mit ,Geschlechtsempfinden' übersetzen lässt. Vielleicht ist diese Abweichung vom üblichen Schema der fünf Sinne eine Fehlleistung, die uns einen Einblick in seine Gefühle erlaubt.

In Wien, wo er das Liebespaar Prinz Eugen und Bonneval erlebte, hat er wohl, wie gesagt, eine heftige Sympathie für John Ker of Kersland gefühlt, der vierzig Jahre alt, also 27 Jahre jünger als Leibniz war. Als beide Männer voneinander Abschied nahmen, so formulierte es der schottische Edelmann später diskret in seinen Memoiren, habe er bei Leibniz deutliche Zeichen der Zuneigung und der Wertschätzung gespürt und später habe er festgestellt, dass Leibniz heimlich seine Schulden beglichen hatte. Es handelte sich um die enorme Summe von 230 Pfund Sterling, nach heutigem Geld über hunderttausend Mark. Bei einem Mann wie Leibniz, der sein Geld sorgsam zusammenhielt, war das ganz ungewöhnlich und zumindest ein Zeichen tiefer Sympathie – oder wohl eher Ausdruck verschwiegener, glühender Verehrung.

Auffällig ist, dass Leibniz in seinem Leben keinen nahen Freund gehabt hat. Denkbar wäre daher nur, dass ihm einzelne aus seinem Personal nahestanden. Zur damaligen Zeit wurde das Gesinde fast noch wie leibeigen gehalten, und es war daher nicht ungewöhnlich, dass Mägde dem Hausherrn – mehr oder weniger willig – auch sexuell zu Diensten standen. Ebenso suchten sich Homosexuelle ihre Dienerschaft oft nach ihren besonderen Erwartungen aus. Es ist nicht bekannt, dass Leibniz es so gehalten hätte. Nur einen Hinweis könnte es in seiner Korrespondenz geben. In Wolfenbüttel bot ihm sein Bibliothekssekretär Reinerding, der ihn seit langem sehr gut kannte, im Jahre 1695 an, er könne in dessen Hause zur Miete wohnen, eines der zwei Zimmer sei ein „zweyschläfriches" für Diener und Kutscher. Leibniz will das Angebot annehmen, wünscht aber Änderungen. Er hält es für unzumutbar, dass Kammerdiener und Kutscher in einem Bett schlafen sollen, „zumahlen ich offt noch einen laqveyen dabey mitzubringen pflege". Also wünscht er noch ein „feldbette vor den kammerdiener, so in meine kammer kommen köndte, umb iemand bey mir zu haben". Dass er seinen Kammerdiener nicht beim Kutscher schlafen lassen, sondern bei sich haben wollte, kann den einfachen Grund haben, dass er sich vor der Einsamkeit fürchtete, denn im 17. Jahrhundert waren es die Menschen nicht gewohnt, allein im Zimmer zu schlafen. Andererseits fällt auf, dass sein Untergebener Reinerding, der ihn so gut kannte, nicht wusste, dass Leibniz manchmal mit einem weiteren Lakaien reiste. Doch Spekulationen darüber sind nicht möglich und auch nicht angebracht.

In den Jahren zuvor hat Leibniz zu einem Kammerdiener ein inniges Verhältnis gehabt, zu Balthasar Ernst Reimers. Ihn hatte er bei seinem Schneider, dem Vater des jungen Reimers, kennengelernt, wo der aufgeweckte, offenbar sehr einnehmende Fünfzehnjährige ihm aufgefallen war. Es muss eine starke Zuneigung gewesen sein, denn bald beschäftigte Leibniz seinen Kammerdiener, um

ihn zu fördern, auch als Schreiber, obwohl er nur die Elementar-
schule besucht hatte, recht unleserlich schrieb und schon gar nicht
Französisch oder Latein konnte. Noch ganz jung, stieg er weiter
zum Aufseher beim Bau der Windkraftwerke im Harz auf, wo er
technisches Verständnis zeigte und mit Eifer die Anweisungen seines Herrn ausführte. Selbst den Bau der Rechenmaschine durfte er
überwachen. Er verstarb früh, und Leibniz hat ihm lange nachge-
trauert.

Das ist alles, was man heute weiss. Es gibt also keinen Anlass zu
vermuten, dass Leibniz je eine erotische Neigung verspürt oder ihr
gar nachgegeben hätte. Erfahren hat er jedoch, wie es ist, überwältigt zu werden vom grossen Gefühl schwärmerischer Liebe und
Verehrung. So erging es ihm angesichts der Königin Sophie Charlotte und wohl noch einmal bei der Begegnung mit John Ker of
Kersland.

Hannover im Blick   Die Heimreise stand eigentlich jeden Monat
erneut auf der Tagesordnung. Auch jetzt, im Februar 1714, ist Leibniz in Aufbruchsstimmung und bietet dem Kurfürsten an, am Ende
seines Aufenthalts könne er vielleicht noch einen politischen Auftrag für Hannover erledigen. Der Kurfürst lässt ihm antworten, er
habe keinen besonderen Befehl für ihn, doch wäre es gut, wenn er
noch etwas tun könnte, damit das Herzogtum Lauenburg endlich
auch offiziell an Hannover fällt. Bislang war Leibniz in dieser Frage
nicht weitergekommen. Zu entscheiden hat sie der Reichshofrat,
und deshalb muss Leibniz nun den Präsidenten von Windischgrätz
zu gewinnen suchen. Das ist nicht einfach, denn Hannover hatte in
den letzten Jahren durch seinen Gesandten Huldenberg schon
einige hunderttausend Taler vergeblich als Bestechungsgeld fliessen
lassen.

Weil Präsident Windischgrätz sich weiterhin taub zeigt, steckt
sich Leibniz doch wieder hinter seine einzige Hoffnung, die kaiserliche Hofdame Fräulein von Klenck. Bald kann er nach Hannover melden, sie habe durch Freunde, die viel über den Präsidenten vermögen, bewirkt, dass die Sache so gut wie entschieden sei.
Bernstorff antwortet nur recht knapp, vielleicht weil er die Hoffnung noch nicht teilen mag, nur ein Dank an das Fräulein Maria
Charlotta von Klenck wird erkennbar. Es dauerte tatsächlich noch
weitere zwei Jahre, bis der Gesandte Huldenberg die Urkunde über
die Belehnung in Empfang nehmen konnte.

Doch gerade als Leibniz in Wien Hoffnung auf Erfolg hat, unterrichtet ihn ein Brief seines Gehilfen Eckhart (vom 24. Juni 1714), dass der Kurfürst und Bernstorff die Geduld mit ihm verlieren: „Wohlgebohrener Gnädiger Herr Geheimbder Rath. Indem ich eben auß der Kirche komme, haben mich Herrn von Bernstorfs Excellenz hohlen lassen und befohlen von ihrentwegen Ewre Excellenz zu grüßen und zu bitten, daß Sie ihnen doch positive mit nächste schreiben mögten, ob Sie wiederkommen wolten oder nicht. Denn Churfürstliche Durchlaucht wolten sich nicht länger aufhalten laßen, da Sie so offt ihre wiederkunft ins werk zu stellen verheißen. Mir wäre auch gar viel dran gelegen, wenn in geheim vor mich eine kleine nachricht empfänge ..."

Leibniz sendet ein langes Rechtfertigungsschreiben an Bernstorff, in dem er auf seine während einer vierzigjährigen Dienstzeit für das Haus Hannover geleisteten wissenschaftlichen Arbeiten und Entdeckungen hinweist, und Bernstorff antwortet durchaus milder gestimmt.

Das andere hannoversche Genie Man hatte in Hannover ähnlichen Kummer mit einem weiteren genialen Menschen in kurfürstlichen Diensten. Georg Ludwig war ein Liebhaber der Orchester- und Kammermusik, das Opernhaus stand dagegen leer. Dennoch hatte sich der Kurfürst zur kostspieligen Anstellung Georg Friedrich Händels, eines in Europa damals schon weithin berühmten jungen Musikers, entschlossen. Er war Organist in Halle gewesen, Geiger in Hamburg, wo auch seine erste Oper herausgekommen war, hatte in Italien als Organist und Cembalist geglänzt und übernahm im Juni 1710 mit fünfundzwanzig Jahren die Hofkapelle zu Hannover. Sein Auftreten und sein wunderbares Cembalospiel machten grossen Eindruck. Die Kurfürstin-Mutter Sophie schrieb an ihre Enkelin nach Berlin, dass der Neue, den sie versehentlich als „Henling" bezeichnete (sonst schrieb man ihn meist Hendel), derart herrlich spiele und so „savant en musique" sei, dass die hochmusikalische Kurprinzessin Wilhelmine Caroline ganz hingerissen sei. Sie selbst, Sophie, werde durch Musik allerdings immer an ihre Tochter Sophie Charlotte erinnert und deshalb melancholisch gestimmt. Wahrscheinlich hat auch Leibniz, der in jenen Monaten in Hannover war und der von Musik tief berührt sein konnte, dem Spiel gelauscht.

Händel ist in Hannover mit den besten Bedingungen ausgestattet worden. Eine Übereinkunft mit dem Fürsten erlaubte es ihm, seine weiten Reisen nie zu unterbrechen und dennoch in Hannover die vorgesehene Entlohnung zu erhalten. Das zeigt deutlich, wie gewitzt er seine Interessen zu wahren verstand. Solch einen Vertrag hatte Leibniz nicht, ähnlich unabhängig verhalten hat er sich trotzdem.

Der Herr Hofkapellmeister bekam tausend Taler im Jahr und zwar als Vorschuss aus der kurfürstlichen Privatschatulle. Er verdiente damit so viel wie Hofrat Leibniz (der freilich ebenfalls weitere Einnahmen hatte). Glücklich konnte er in Hannover dennoch nicht werden, da er Opern komponieren und aufführen wollte. Schon nach ein paar Monaten bat er daher um Urlaub, der ihm trotz des vorausgezahlten Gehalts gewährt wurde. Nachdem er schon oft in London gewesen war, kehrte er 1712 von einem Urlaub nicht mehr zurück, sehr zum Verdruss des Kurfürsten. Seit 1713 erhielt er auch von der englischen Königin eine regelmässige Besoldung, ebenfalls ohne dass er seine Tätigkeit dort ständig auszuüben hatte. Der Hof in England bat zwar den Kurfürsten 1713 noch um Urlaubsverlängerung, die aber nicht gewährt wurde, so dass dem Hofkomponisten nach langem Abwarten die Bezüge gesperrt wurden, wie es zur gleichen Zeit auch mit Leibniz geschah. Nicht zuletzt mag den Kurfürsten geärgert haben, dass Händel im Auftrag von Königin Anna den Frieden von Utrecht musikalisch bejubelte, den der hannoversche Kurfürst entschieden ablehnte.

Es gibt also Parallelen zwischen dem selbstherrlichen Musiker, der mit gekrönten Häuptern wie mit seinesgleichen sprach, und dem vierzig Jahre älteren Geheimen Hofrat Leibniz, der immer kämpfen und sich ständig rechtfertigen musste. Kurfürst Georg Ludwig zeigte mit beiden Genies, mit denen er nicht viel Glück gehabt hat, recht viel Geduld.

Ein tödlicher Konflikt Auch von Wien aus hatte Leibniz, dieser passionierte Briefschreiber, mit Hannover Verbindung gehalten. Schon gar über sein altes Lieblingsthema, die Sukzession, war er meist gut unterrichtet, teils durch die Kurfürstin-Mutter, teils durch den Diplomaten von Bothmer und General von der Schulenburg, die ihm beide gern schrieben. Jetzt im Sommer 1714 haben offenbar in Hannover alle das Gefühl, es stünden dramatische Entwicklungen bevor. Begonnen hat es damit, dass ein Jahr zuvor ein allzu junger Gesandter nach London geschickt worden war, Schütz mit Namen, der dort auch für die Kurfürstin-Mutter akkreditiert ist und von ihr den Auftrag hat, weiterhin eine ‚Dotierung‘, also eine Pension für sie zu fordern. Am 12. Dezember 1713 berichtete Schütz über seine Antrittsaudienz bei der Königin: Sie habe dabei so gut wie nichts geäussert und sich in ihrem Sessel unter einem schweren Samtkleid kaum bewegt, so dass nicht zu beurteilen gewesen sei, wie es um ihre Gesundheit stehe. Vorher war dem Gesandten zugetragen worden, dass die Königin schwer krank sei und sich jeden Tag, um die Schmerzen zu lindern, betrinke.

Wer ihr einmal auf dem Thron folgen sollte, schien wieder unklar, denn es gab, mehr als je, viel heimliche Unterstützung für den katholischen ‚Pretender‘ Jacob. Sogar die führenden Politiker standen, jeder für sich und in aller Verschwiegenheit, mit Jacob in Verbindung und drängten ihn, zum anglikanischen Glauben zurückzukehren. Hätte er es getan, wäre er gewiss von fast allen Engländern gerufen worden, so aber waren die Ansichten geteilt. Daher gab es, obwohl es offiziell verboten war, die Partei der Jacobiten zu ergreifen, einen wahren Meinungskrieg der Flugschriften und der Zeitungen. Der später so berühmte Publizist Daniel Defoe (1660-1731) stand mit seiner Zeitung ‚Review‘ fest zur offiziellen Linie, also der hannoverschen Sukzession. Im Frühjahr 1713 brachte er jedoch drei anonyme Pamphlete heraus, die für die Sache des Pretenders einzutreten schienen, in Wirklichkeit aber satirisch gemeint waren. Der Verfasser wurde enttarnt und kam ins Gefängnis. Doch im folgenden Monat erschien schon die nächste ironische Schrift von ihm (‚Reasons against the succession of the House of Hanover‘), er wurde erneut verurteilt und musste seine Zeitung einstellen. Sechs Jahre später, mit sechzig Jahren, veröffentlichte er seinen ersten Roman, den ‚Robinson Crusoe‘, der ihn schlagartig so berühmt machte, dass eine deutsche Übersetzung schon ein Jahr später herauskam.

Der Theologe Jonathan Swift (1667-1745) war sieben Jahre jünger als Defoe und der einflussreichste Publizist jener Jahre. Auch er kämpfte für die hannoversche Thronfolge. Durch höchste Protektion wurde er im Februar 1714 anglikanischer Dekan im katholischen Dublin, seiner Heimatstadt. Dort setzte er sich mutig für die Iren gegen ihre englischen Unterdrücker ein. Zwölf Jahre später erschien ‚Gullivers Reisen', ein satirischer Roman, der die Dummheit und Korruption der britischen Beamten verspottete und der sehr viel später, entschärft und vereinfacht, zu einem der beliebtesten Kinderbücher geworden ist.

Von seinen englischen Briefpartnern hörte Leibniz, es sei dringend nötig, dass ein Welfe ins Land komme, am besten der Kurprinz. Die Sorge, der Pretender könnte der Welfenfamilie zuvorkommen, war gross. So ähnlich sah es auch Prinz Eugen in Wien, der kopfschüttelnd die Passivität von Kurfürst Georg Ludwig bedauerte und ihm das auch auf diplomatischem Weg ausrichten liess: Sei der Kurprinz beim Ableben der Königin nicht auf der Insel, dann werde daran unter Umständen die hannoversche Thronfolge scheitern. Der Kurfürst blieb dennoch standhaft bei seiner Zurückhaltung, und die sollte sich als klug erweisen.

Seine Mutter aber, die alte Kurfürstin, geriet in eine Torschlusspanik. Leibniz erfährt im Februar (1714) durch seinen vertrauten Briefpartner, den in Hannover weilenden Johann Matthias von der Schulenburg, dort habe das Gerücht, Königin Anna liege im Sterben, einen grossen Wirbel erzeugt; viele machten sich schon fertig für die Reise nach England. Auch der General bedauert, dass man sich in Hannover scheue, für die englische Krone das Äusserste zu wagen, denn England werde dem zufallen, der als erster dort Fuss fasse. Die Kurfürstin-Witwe schreibt an Leibniz Ende Februar, sie würde leichter sterben, wenn sie in Westminster bestattet würde, überlasse aber alles der göttlichen Vorsehung.

Das tut sie nicht ganz, denn sechs Wochen später, am 12. April 1714, schickt sie dem noch unerfahrenen Gesandten Schütz eine Anweisung nach London, die sie nicht mit ihrem Sohn abgesprochen hat. Sie will offenbar ihrem Enkel Georg August, nach dem die englischen Anhänger Hannovers rufen, den Weg ebnen. Er ist als Herzog von Cambridge Mitglied des Oberhauses, und deshalb schreibt die Kurfürstin an den Gesandten, bisher sei der Kurprinz nicht vom Lordkanzler Harcourt zum Oberhaus einberufen worden, habe also nicht das „writ of summons" erhalten. Nach dieser Einladung soll Schütz den Lord jetzt bitte fragen. Der junge Gesandte erschrak, als er das las, doch auch viele Engländer rieten ihm, als er sich umhörte, den Auftrag auszuführen. Nach zwei Tagen, am 23. April 1714, ging er zum Lordkanzler Harcourt, der allerdings bei diesem Ansinnen erbleichte und stammelte, er müsse zuerst die Königin fragen.

Die Anforderung des Writ war schon am nächsten Tag das heisseste Diskussionsthema in Londons Schenken und Salons. Schütz erfuhr durch Lordkanzler Harcourt, die Königin habe sich beleidigt gefühlt, doch habe sie Anweisung gegeben, das Writ, dem Gesetz gemäss, auszuhändigen. Das geschah auch nach weiteren fünf Tagen, so dass der Gesandte glaubte, nun könne der Kurprinz bald kommen, und nach Hause meldete, die Stadt sei erfüllt von Vorfreude auf sein Erscheinen.

Am anderen Tage bekam Schütz allerdings hohen Besuch. Erschienen war der Oberzeremonienmeister Sir Charles Cotterel, um ihm auszurichten, der Diplomat habe den Respekt gegenüber der Königin verletzt, und daher sei ihm der Zugang zum englischen Hof ab sofort verboten. Die Königin habe in Hannover seine Abberufung beantragt. Der Gesandte reiste, kopflos, schon nach zwei Tagen ab.

In Hannover spielte sich, als man noch nichts von dem Zwischenfall in London wusste, eine merkwürdige Parallele ab. Dort war am 25. April, nur zwei Tage nach dem Tag, an dem der junge Schütz in London zum Lordkanzler ging, der neue Vertreter Englands, Thomas Harley, eingetroffen, der huldreiche Botschaft von der Queen mitbrachte: Endlich sollte die Kurfürstin doch eine Pension bekommen, auch fragte die Königin, ob es sonst noch irgendwelche Wünsche in Hannover gebe, deren Erfüllung zur Befestigung der Sukzession dienen könnte. Derart ermuntert, stellte das offizielle Hannover erstmals fest: Es sei an der Zeit, dass ein Mitglied der hannoverschen Familie Aufenthalt in England nehme. Kaum hatte der englische Diplomat diesen Wunsch überreicht bekommen, traf bei ihm, nur Stunden später, aus London die amtliche Unterrichtung über den Writ-Zwischenfall ein.

Auch der Hof des Kurfürsten erfuhr jetzt, was in London vorgefallen war, erkannte aber noch nicht, wie sehr die Königin von der Sache getroffen war, sondern glaubte, Schütz habe bloss einen Formfehler begangen. Aus einem Brief der Kurfürstin vom 20. Mai erfuhr es auch Leibniz in Wien: Bei der Abschiedsaudienz habe sie dem Gesandten Thomas Harley noch gesagt, sie bedaure, dass er keine Einladung mitgebracht habe, wie es allgemein erwartet worden sei. Dann reiste Harley heim, natürlich mit dem hannoverschen Papier, das die Einladung erbat.

Kaum hatte die Königin diesen Wunsch gelesen, war sie erneut höchst erregt. Und sie hatte Anlass dazu, glaubte sie doch, sie habe ihre Weigerung schon lange und schroff genug ausgedrückt. Gleich diktierte sie dem Überbringer, Regierungschef Oxford, äusserst aufgebracht je einen Brief an die Kurfürstin-Mutter, an den Kurfürsten und ebenso an den Kurprinzen, dessen Ankunft ihr bevorzustehen schien. Am schärfsten ist der Brief an den Kurprinzen, am ehesten diplomatisch formuliert der an die Kurfürstin-Mutter, in dem aber auch noch etwas von „Umtrieben böswilliger Leute" steht und dass die Königin eine „Schwächung ihrer Autorität" nicht zulassen werde.

Oxford, der fürchtete, er werde durch diese Briefe in Hannover unmöglich gemacht und nie von den Welfen nach deren Thronbesteigung übernommen werden, wollte wenigstens für sich selbst in Hannover gut Wetter machen und wählte dazu den sonderbaren Umweg, seine Gedanken dem Residenten der Kurpfalz in London anzuvertrauen, der sie sowohl an Leibniz nach Wien weitergeben sollte wie an General von der Schulenburg. Beide tauschten sich über das Erhaltene aus, und jeder unterrichtete alsbald den Hof in Hannover.

Die drei bösen Briefe Annas gelangten, mit Express befördert, an ihre Adressaten auf dem üblichen Weg königlicher Handschreiben, nämlich über die Gesandtschaft in Hannover. Am 6. Juni 1714 um die Mittagszeit überreichte der englische Resident die Schreiben in Herrenhausen jedem Empfänger persönlich. Die Kurfürstin soll den Brief der Queen nach dem Lesen in höchster Entrüstung auf den Tisch geworfen und sich gegenüber ihrem Sohn, der anwesend war, bitter beklagt haben. Sie hatte offenbar einen Schock erlitten und sagte: „Diese Sache macht mich krank, ich werde sie nicht überleben." Ihre Angst war jetzt noch grösser, Königin Anna habe nur vor, den Pretender nach England kommen zu lassen.

Ihr Enkel, der Kurprinz, war ähnlich niedergeschlagen und sah jede Aussicht zerstört, dass er jemals seinen Sitz im Oberhaus werde einnehmen können. Seine Frau Caroline schrieb gleich am folgenden Tag (7. Juni) an den ihr väterlich vertrauten Leibniz, ihr Mann sei so getroffen, dass sie um sein Leben fürchte. An diesem Tag blieb die Kurfürstin-Witwe, von Unwohlsein und Kopfschmerzen geplagt, in ihren Gemächern, hatte sich aber tags darauf soweit erholt, dass sie den gewohnten Spaziergang durch den Grossen Garten antreten konnte. Sie ging dabei zwischen der Kurprinzessin Caroline und einer Hofdame, in kurzem Abstand folgten dieser Gruppe der Kurprinz und andere. Sophie kam auf die Briefe der Königin Anna zurück und regte sich erneut darüber auf. Da setzte leichter Regen ein, und die Spaziergänger beschleunigten ihre Schritte. Die Hofdame an ihrer Seite bemerkte zu Sophie: „Wir müssen eilen, dass wir in das kleine Haus kommen." Die Kurfürstin erwiderte: „Was, was?" und sank lautlos danieder. Man versuchte sie aufzurichten und schnitt ihr die Kleidung auf, aber sie war entweder schon tot oder starb im selben Augenblick in den Armen der Hofdame. Eilends wurde ihr Sohn, der Kurfürst, herbeigeholt, aber er kam ebenso zu spät wie ein Arzt, der sie dennoch zur Ader liess. So starb Hannovers grosse Kurfürstin mit 84 Jahren unter freiem Himmel und in ihrem geliebten Garten, den sie oft ihr ‚Leben' genannt hatte. Sie war gegangen, wie sie es sich gewünscht hatte, ohne Krankheit, ohne Arzt und ohne Pfarrer.

In England wurden bald zwei der bösen Briefe der Königin in der Presse gedruckt. Diese Indiskretion hatte als kleine Rache noch die Kurfürstin selbst veranlasst – eine letzte Eigenmächtigkeit der grossen, eigenwilligen Sophie. Der neue hannoversche Gesandte in London, Bothmer, wies jeden Verdacht, er habe die Briefe der Presse zugespielt, zurück und schrieb auch an Leibniz (am 17. Juli 1714) nach Wien, man habe in Hannover gar keinen Anlass, sich dieser Briefe zu rühmen oder sie veröffentlicht zu sehen. Doch der Unwillen am englischen Hof war verständlicherweise gross.

Die Gesundheit der Königin verfiel nun rasch. Am 11. August 1714 verlor sie das Bewusstsein, am nächsten Tag starb sie, nur gut zwei Monate nach der alten Kurfürstin. Zuvor hatte man schon einen Boten an den Kurfürsten nach Hannover abgesandt, der neue Herrscher möge sich auf den Weg machen, es sei so weit.

16   Dem Ende entgegen

Heimkehren, um überzusetzen   In seinem Wiener Arbeitszimmer hört sich Leibniz eine Meldung an, die vom Privatsekretär des Hofkanzlers von Sinzendorf vorgebracht wird: Ihre Majestät, die Königin von England, täten, mit Verlaub zu sagen, ihre letzten Züge, das habe soeben in der Hofburg ein reitender Bote aus Hannover gemeldet. Und seine Hoheit der Hofkanzler liessen das gnädigst ausrichten und auch fragen, ob er seine Exzellenz, den wohlgeborenen Herrn Leibniz, noch am selbigen Abend abholen dürfe zu einer Fahrt nach Schloss Schönbrunn zu Ihrer Majestät, der Kaiserin-Witwe Amalia.

Man schrieb den 20. August 1714. Leibniz, der von der Nachricht wohl auf diese Weise erfuhr, stand wie benommen. Das war ein historischer Tag. Nun lief ab, was er sich hundertmal vorgestellt hatte. Der Thronwechsel. Er liess dem Grafen Sinzendorf ausrichten, er werde ihn gern zur Majestät begleiten. Beide Herren fuhren am Abend in der Karosse des Hofkanzlers hinaus nach Schönbrunn. Die Kaiserin-Witwe ging alsbald mit ihren Besuchern trotz der gewittrigen Schwüle durch den Park, und alle waren sich einig, dass im Buch der europäischen Geschichte eine neue Seite aufgeschlagen werde.

Am anderen Tag kam schon wieder ein Kurier aus Hannover nach Wien und meldete, die Königin sei am 12. August entschlafen. Das war jetzt schon neun Tage her. Und wieder suchte der Hofkanzler die Nähe von Leibniz, so verbrachten sie auch diesen Abend miteinander im tiefen Gespräch. Sinzendorf hat dem Gast zum Aufstieg seines Herrscherhauses gratuliert, aber beide sind sich auch einig, dass die Welfen diesen Thron nur besteigen werden, wenn der neue König vor dem Pretender im Lande ist. Nun – Georg Ludwig wird gewiss schon auf dem Wege nach London sein. Leibniz, der seinen Abschied vor Augen hat, denkt daran, wie Hofkanzler Sinzendorf ihm seine Wiener Zeit eröffnete, indem er mit Herzog Anton Ulrich bei der Kaiserkrönung in Frankfurt sprach und bald für Leibniz den Titel eines Reichshofrats zusagen konnte. Nun steht derselbe gute Geist auch über dem Abschied von Wien.

Mit der Abreise liess Leibniz sich Zeit, weil er sicher war, den künftigen König ohnehin nicht mehr in Hannover anzutreffen. Natürlich hätte Leibniz gern gleich im ersten Schiff mit nach England übergesetzt, und er malte sich aus, wie es wäre, wenn er künftig der vertraute Verbindungsmann zwischen dem Kaiser und dem neuen König sein würde. Er schrieb auch gleich – man weiss nicht, für wen – nieder, wie sich künftig die englische Politik ändern müsse. In Spanien könnten britische Kriegsschiffe im Sinne der Habsburger eingreifen. Bessere Kredite aus dem wohlhabenden England für Kaiser und Reich wären denkbar. Ihm fällt manches ein, und dabei laufen seine Gedanken flink wie immer, er schreibt und schreibt, er will anregen, Rat geben, Bescheid wissen, sich als klüger erweisen. Dann entschuldigt er zum Schluss die Freiheit, die er sich genommen hat, diese Dinge so offen auszubreiten, mit dem Hinweis, dass er eben recht gut informiert sei und ein schlechtes Gewissen haben müsste, wenn er seine Einsichten einfach für sich behielte.

Am 3. September 1714 fuhr er aus Wien ab und gönnte sich unterwegs „wie ein alter Mann" einige Ruhepausen. Am 14. September kam er in Hannover an und war verwundert zu hören, der Kurfürst und König sei gerade erst vor drei Tagen abgereist.

Nach 18 Monaten war Geheimrat Leibniz also wieder da, doch gern kann er eigentlich nicht gekommen sein, denn in Hannover fehlte ihm fast alles, was er in Wien zu schätzen gewusst hatte, auch der Glanz der grossen Namen. Seine beiden hiesigen Gönner waren gestorben, Anton Ulrich am 27. März und Kurfürstin Sophie am 9. Juni – ein Verlust, der ihn sehr geschmerzt hatte. Doch eine besondere Vertraute ist noch da! Einen Tag nach seiner Ankunft schon weilt Leibniz zu Besuch bei der Kurprinzessin Caroline und ihrem Gemahl Georg August in Herrenhausen und kann die Glückwünsche der Kaiserin-Witwe zum Thronwechsel überbringen. Das hohe Paar erinnert sich an die bösen Briefe der Königin, an die Verzweiflung des Prinzen, an den Tod der Grossmutter. Und dann bitten die jungen Leute den alten Mann, ein paar Tage bei ihnen zu wohnen. Der Gast will es, wie er in einem Brief schreibt, auskosten und „noch soviel wie möglich die Gunst einer so vollendeten und geistvollen Fürstin geniessen", die zusammen mit ihm „sogar noch die Theodicée, die sie bereits mehrfach gelesen hat, durchgehen will".

Hannover schwirrte nur so von Gerüchten, wer von den Hofleuten noch nach England ziehen dürfe. Hier wie schon in Wien nahmen alle an, auch Leibniz werde bald übersetzen, und er selbst sah es ebenso, deshalb schrieb er dem Reichshofratspräsidenten von Windischgrätz mit Bedauern, seine Rückreise nach Wien werde sich nun wohl verzögern, denn er sei „bereit, mit der Kronprinzessin nach England zu reisen". Bereitwillig fragte er gleich an, ob er „dort für den Dienst des Kaisers nützlich sein könnte". Das war immer noch sein Traum, als Bindeglied zu fungieren zwischen den Höfen Europas. Deshalb war es für ihn kein Widerspruch, wenn er jetzt in Briefen sowohl nach London wie auch nach Wien seine Übersiedlung ankündigte.

Noch in Wien hatte er vorsorglich seinen Verbündeten, den Hofkanzler Graf Sinzendorf, gebeten, an die hannoverschen Minister zu schreiben, um ihm einen guten Anfang zu eröffnen. Als Leibniz diese Briefe im September erhielt, war er sehr enttäuscht. Da stand nur, der Kaiser habe Leibniz ungern ziehen lassen und wünsche seine Rückkehr sehr. Aber nichts von einem Auftrag des Kaiserhofes an ihn, Vermittler zwischen Wien und London zu sein! Das war bitter, damit entschwand für ihn die grosse Politik. Nun war er auf Hannover beschränkt.

Er fühlte sich durchaus eingesperrt in der Enge der kleinen Stadt, wohin längst auch die Nachricht vom offiziellen Plagiatsvorwurf der Royal Society gedrungen war und wo sich die kurfürstliche Ungnade, verhängt wegen seines Ausbleibens, überall herumgesprochen hatte. Hier sollte er endgültig an die Kette der Welfengeschichte gelegt werden. Er würde sie weiterschreiben dürfen und sonst nichts. Das wollte er dann wenigstens schnell hinter sich bringen, noch in diesem Winter! Und danach frei sein. Zuerst aber musste er schon wieder kämpfen, auch hier ums Geld, und schrieb daher gleich eine Woche nach seiner Rückkehr an Minister Graf Bernstorff, der natürlich in London residierte, dass er sich beschweren müsse, weil ihm sein Gehalt nicht ausbezahlt werde, obwohl er nun zurückgekehrt sei und am Geschichtswerk arbeiten wolle.

Dass er mehr könne als bloss das zu verfassen, wollte er wohl gleich zeigen und gab nach alter Gewohnheit politische Ratschläge, etwa den, in London solle man den savoyischen Gesandten besser nicht empfangen. Bald darauf wollte er sich ungefragt nützlich machen mit einer gutachterlichen Darstellung der Unterschiede zwischen der lutherischen und der anglikanischen Konfession. Auch das Kernproblem der sich nun anbahnenden Personalunion hatte er gleich erkannt und warnte davor, England in die

Andreas Gottlieb Graf von Bernstorff, schon in Hannover die stärkste Figur unter den Ministern, war mit nach London gegangen und zwang von dort Leibniz zur Arbeit an der Welfengeschichte. – Kurfürst Georg Ludwig, nun auch ‚King George‘ von Grossbritannien, zeigte sich zuletzt versöhnlich gegen seinen säumigen Geschichtsschreiber Leibniz.

Querelen hineinzuziehen, in die Hannover als Kontinentalstaat notwendigerweise verstrickt werde. Aber er wurde kaum mehr angehört. Weniger denn je.

Auch wusste man in London besser über ihn Bescheid, als er sich wünschen konnte. Minister Bernstorff hatte einen wissenden Zuträger, das war niemand anderes als Leibnizens wichtigster Mitarbeiter Eckhart. Der hatte an Bernstorff am 8. Oktober geschrieben, er könne nicht klug daraus werden, ob Leibniz überhaupt in Hannover bleiben wolle: „Mir deucht, er meinet, in kurtzem die gantze Historie hervor zu stürtzen, einen braven recompens (tüchtiges Honorar) deswegen nebst der ehre davon zu ziehen und alsdann nach Wien zu gehen.“ Und der Minister liess dieses Denunziantentum zu, obwohl schon der Schluss der Mitteilung übel klingt: „... welches im Vertrauen melden muß“.

Bernstorff antwortete dem zurückgekehrten Leibniz spät und knapp am 1. November. Es wird erkennbar, dass man in England gar schon befürchtet hatte, Leibniz werde eigenmächtig ein Schiff besteigen, und ist offenbar froh, dass er das nicht gewagt hat. „Sie tun gut daran, in Hannover zu bleiben und dort Ihre Arbeiten wieder aufzunehmen. Sie könnten dem Könige auf keine bessere Art aufwarten und Ihre vergangenen Reisen wiedergutmachen, als wenn Sie Ihrer Majestät bei deren Rückkehr nach Hannover einen guten Teil des längst erwarteten Werkes überreichen." Das war hart, und dazu erwartete der Minister auch noch eine Stellungnahme. Der Brief erreichte Leibniz nicht, denn er war schon wieder verreist.

Genaueres davon berichtete der Zuträger Eckhart dem Grafen Bernstorff am 19. November: „Er gab vor, er wolle zum Herrn General von Schulenburg reisen. Ich habe aber nachricht, daß er zu Zeitz gewesen. Hier sagte er expres, er wolle erst resolution auf seine forderung haben, eher wolle er nicht arbeiten." Leibniz will also erst, soll das heissen, sein Gehalt angewiesen bekommen, ehe er weiterarbeitet. Der Denunziant meint, Leibniz werde auch in einem Jahr nicht fertig sein, er selbst, Eckhart, aber sei aufs beste vorbereitet. Und dann schmeichelt er sich ein: „Wolte Gott, ich könte etwas vor mich allein machen, so solte man doch sehen, daß ein wenig etwas auf gute arth außführen könne, aber diese ehre scheint mir noch ein wenig vorenthalten zu werden. Ich habe auch durch lange practicam die Gedult zu haben gelernet und laße mir alles gefallen, was mein Zustand leiden will. Aber die Bestallung in ordentlicher form und das bißlein mir gehörende ehre vom titel mögte endlich gerne haben ..." Er will also nicht auf den Tod von Leibniz warten müssen, um in Amt und Würden zu kommen.

Diesen Helfer hatte Leibniz fünfzehn Jahre zuvor eingestellt, ihn dann auf eine Professur in Helmstedt empfohlen, von wo ihn Bernstorff, wie erwähnt, an die Seite von Leibniz zurückbeordert hatte, als Aufpasser. So schrecklich diese heimlichen Botschaften sind, man wird die Lage des unglücklichen Menschen auch verstehen müssen. Die Arbeit ging nicht voran, und es lag wirklich nicht an ihm, denn der Vorgesetzte war anderthalb Jahre ausgeblieben. Aber dem Helfer wurde eine Mitschuld an der Misere gegeben, so wollte er sich abgrenzen, zumindest nicht mit dem Meister untergehen müssen. Hinzu kam, dass Eckhart sich an dem nicht immer einfachen alten Mann gestossen und gerieben hat – wie es auch mancher Sohn tut, der mit seinem Vater zusammenarbeiten muss.

Auf Reisen, beim sprechenden Hund   Leibniz war tatsächlich am 12. Oktober (1714) auf Reisen gegangen, hatte erst General Johann Matthias von der Schulenburg beehrt und kam am 22. Oktober wieder in Zeitz an, der Residenz des winzigen Herzogtums Sachsen-Zeitz, dessen Herrscher ihn so überaus verehrte und wo er an seiner Rechenmaschine arbeiten liess. Er wurde wie gewohnt vom Herzog geradezu mit Ehrfurcht empfangen und wieder im vertrauten Torhaus einquartiert, einem stattlichen Gebäude, das heute noch steht. Einen Monat blieb er. Schon diese Dauer spricht dafür, dass Leibniz sich hier so wohlfühlte wie sonst nirgends. Er war der Ehrengast, wurde fürstlich bedient und stand meist im Mittelpunkt des Gesprächs, bei dem man sich über vieles, auch über Politik, besonders über England, unterhielt. Er schätzte es auch, in der erlesenen Bibliothek zu stöbern, und ging stundenlang zum ‚Künschtler' Gottfried Salomon Has in die Werkstatt, in der die Rechenmaschine verbessert wurde. Alles in allem war das Schloss eine Zuflucht, die ihn das frostige Hannover vergessen machte.

Am dritten Tag wurde im Anschluss an die herzogliche Mittagstafel ihm zu Ehren ein sogenannter sprechender Hund vorgeführt. Der Herzog hatte angekündigt, das wundersame Tier könne seinem Lehrer antworten. Das gelang ihm jedoch nicht ganz, denn es sprach (oder knurrte, jaulte, schmatzte) nur Vorgesagtes nach, und zwar widerwillig. Immerhin etwa dreissig Wörter wie Tee, Kaffee, Schokolade oder Assemblée konnte der Hund hervorbringen und das Alphabet mit Ausnahme von M, N und X hersagen. Das bestätigte Leibniz in einem Schreiben dem französischen Sprachlehrer Grimarest und er berichtete darüber auch der französischen Akademie der Wissenschaften.

Es gab noch eine andere Sehenswürdigkeit, ein ‚perpetuum mobile', also eine Maschine, die sich scheinbar ohne Zufuhr von Energie ständig bewegt und die schon Generationen von Tüftlern hatten bauen wollen. Der Erfinder war in diesem Fall ein Mediziner namens Beßler, der sich Orffyreus nannte. Schon ein halbes Jahr zuvor hatte Leibniz sich beim Zeitzer Hofrat Buchta erkundigt, ob die Maschine wohl 24 Stunden ohne fremde Kraft laufe. Jetzt bekam er sie im nahen Draschwitz zu sehen. Auf dem Rittergut hatte Beßler sie gebaut, und dort besichtigten und bewunderten sie viele Interessierte; auch der hallesche Professor Christian Wolff, ein Anhänger von Leibniz, war gerade dagewesen. Was die Besucher zu sehen bekamen, war erstaunlich. Schon oft hatte Leibniz es theoretisch begründet und vertreten, dass es eine solche Maschine nicht geben könne, aber hier schien sie zu arbeiten! Zwei Stunden ging er herum, bückte sich, sinnierte, fragte Umstehende, diskutierte, doch niemand wusste, wie es zuging. Gern wäre Leibniz noch länger geblieben, aber die kleine Hofgesellschaft wollte wieder aufbrechen. Er konnte sich auch später die Wirkung nicht erklären, wollte an Betrug nicht glauben, verteidigte sogar den Erfinder Beßler-Orffyreus gegen Angriffe und riet einigen Fürsten, den Fall untersuchen zu lassen.

Die glücklichen Ferientage waren vorüber, Leibniz schon eine Woche zurück, da erreichte ihn, den nun 68-jährigen Geheimen Justizrat, eine spezielle Verordnung. König Georg hatte am 30. November (1714) an die Regierung schreiben lassen: „Räthe und liebe Getreue. Vernehmen wir mit sonderbahrlicher mißfälliger Befremdung, daß Unser Geheimbter justiz Rath Leibniz, nach seiner sehr langen abwesenheit nach Wien abermahl, ohn daß Wir wißen, wohin, ausgereiset sey." Er solle „des Reisens undt anderer abhaltungen sich entschlagen". Der Kurfürst und König erwartete eine Erklärung.

Leibniz ist verletzt und empört, er verfasst, offenbar spontan, unter dem ersten Eindruck, Anfang Dezember (1714) einen Brief an Minister Graf Bernstorff – denn niemand anderes steckte hinter der Attacke. Der Text ist seltsamerweise nicht französisch, sondern deutsch abgefasst, durchaus zitternd erregt, aber stolz und würdig. Leicht gekürzt und mit einigen Eindeutschungen von Fremdwörtern lautet er: „Ich kann nicht sagen, wie sehr mich die Mitteilung nicht nur in Verwunderung, sondern auch in Bestürzung gesetzt hat, weil ich daraus ersehe, dass durch dunkle Informationen alle meine, von so vielen Jahren her getane unsägliche Arbeit – gegen das allgemeine Urteil der Gelehrten – für nichts geachtet werden will. Da ich doch der erste war, der die wahren Ursprünge des hohen Hauses entdeckt, wovon gelehrte und erfahrene Leute nicht wenig Staat machen. Auch hatte ich nicht gemeint, dass ich solches zu Hannover zu sagen nötig haben würde, es scheinet aber, dass man es nirgends weniger als in Hannover sehen will. Und kann man mit Bestand versichern, dass, wenn ich diesen Augenblick versterben sollte, dennoch solche Dinge vorhanden, so mir ein unsterbliches Verdienst allhier machen sollten, und was noch zu tun übrig bleibt, mehr zur Ausschmückung als zum Wesen gehört. Daher ich gar wohl in dieser Materie als ein Emeritus (entpflichteter Beamter) behandelt zu werden verlangen könnte, wenn ich nicht gottlob verspürte, dass mir noch Kräfte vorhanden, verhoffentlich, was am meisten nötig, bald auszuführen."

Leibniz erklärt, dass er eher Ermutigung brauchen könnte, und dazu „würde die erste Spur sein", wenn das Reskript aufgehoben

und aus den Akten entfernt würde, „weil solches mir allzu verklei-
nerlich" erscheint, und er seine Ehre „nicht gern in beständigen
Akten verletzt wissen wollte. Daher ich mich auch in keine
begehrte schriftliche Erklärung darüber einlassen kann." Diese
Verteidigung ist imponierend, Leibniz unbeugsam. Am Ende seines
Lebens kommt gegenüber seinem Vorgesetzten deutlicher als je
sein eigenes Ich zum Vorschein: Er spricht sich „ein unsterbliches
Verdienst" zu, das ihn berechtigt, an sich zu denken und etwas zu
fordern. Er wünscht die Tilgung aus den Akten, und er verweigert
die verlangte Unterwerfung.

Im Namen des Königs reagierte Bernstorff unbeeindruckt,
räumte aber etwas ein, wenn er – wiederum nicht direkt an Leibniz, sondern an seine Räte in Hannover – am 1. Januar 1715
schrieb: „Ihr werdet ihm nun darauf zu erkennen geben laßen,
seine Geschicklichkeit und meriten wären Uns nicht unbekand.
Wir sageten auch nicht, daß er nicht verschiedene nützliche Arbeit
für Unser Hauß gethan." Der König hoffe auf das Geschichtswerk.
„Uns wäre aber gar lieb zu vernehmen, daß er sich nunmehr dabey
gemacht", und für diesen Fall sei Leibniz „Unserer beständigen
Gnade zu versichern".

Ein Vierteljahr später (März 1715) hat man dem Säumigen einen
Teil seiner Zuständigkeiten genommen, indem Eckhart – nun als
„Unser Historiograph" bezeichnet – mit der Verwaltung der hannoverschen Bibliothek beauftragt wurde. Er sollte „unter Anfüh-
rung" von Leibniz die „disposition" haben. Doch wurde Leibniz
wenigstens bei der Formulierung der Begründung geschont, denn
es heisst, das geschehe, weil er „nötigere Sachen zu thun hat". Zufällig am gleichen Tag, an dem diese Anweisung in London ausgefertigt wurde, schlug Leibniz in einem Brief an Minister Bernstorff vor,
ihn zum Historiographen von England zu machen – so als hätte er
keine anderen Pflichten oder als wüsste er, dass nun jemand anders,
nämlich Eckhart, der hannoversche Historiograph sein sollte.

Von seiner Vertrauten, der Kronprinzessin Caroline, hörte Leibniz im September (1715) aus London, was der König, ihr Schwiegervater, über ihn gesagt hatte: „Er muss mir erst beweisen, dass er
historien schreiben kann; ich höre, er ist fleissig."

Vollendete Geschichtsschreibung   Abfällig hatte Eckhart im Oktober
1714 behauptet, Leibniz versuche, „in kurtzem die gantze Historie
hervor zu stürzen", und tatsächlich machte er rasche Fortschritte.

Vieles sei jetzt fertig, konnte er den Ministern bald zu Recht versichern, ein Band des Werkes könne schon gedruckt werden, nur sei das ungeschickt, weil dann nichts mehr nachzubessern sei. „Daher ziehe ich es vor, die beiden Bände zusammen nach ihrer Fertigstellung herauszugeben, was im kommenden Jahr ohne Zweifel geschehen wird, wenn Gott mir genügend Gesundheit dafür lässt." Bis zuletzt alles nachbessern zu können, darauf bestand er auch noch mehr als ein Jahr später, im Januar 1716: „Ich könnte zwar die Öffentlichkeit und den grössten Teil der Leser leicht täuschen, aber ich täusche keineswegs mein Gewissen. Wenigstens würde ich der Kritik der Nachkommen ausgesetzt sein."

Der Zuchtmeister Bernstorff hat so viel gedroht, zur Abwechslung winkt man Leibniz im gleichen Monat aus London nun mit einer Belohnung. Wenn der König im Sommer (1716) seine deutschen Lande besuche, werde Majestät „wegen Vergeltung seiner Mühe und seines Fleisses ihm so begegnen, daß er damit wolvergnüget zu seyn Uhrsache haben solte". Schon einen Monat nach dieser Ermunterung zieht im Februar (1716) aber eine recht dunkle Wolke auf. In Modena arbeitet im Auftrag auch der Welfen der Historiker Lodovico Antonio Muratori an der Geschichte der Este. Nachdem er Leibniz nicht dazu hatte bewegen können, ihm eine Handschrift zurückzugeben, hat sich Muratori über den Gesandten Modenas an die Regierung in London gewandt, die sich den Vorwurf der Unterschlagung zu eigen macht und ihn bedrohlich ernst an Leibniz weitergibt. Da der schon einen erdrückenden Streit mit der Royal Society erleiden muss, ist die Verdächtigung nun fast unerträglich. Wenigstens tut in diesem Fall sogar Rat Eckhart das Nötige, um seinen Chef zu entlasten, doch zieht sich der Streit hin, bis Leibniz darüber stirbt.

Gleichsam als Vorgeschmack auf die in Aussicht gestellte Belohnung werden Ende Mai (1716) die Gehaltszahlungen, die drei Jahre unterbrochen waren, wieder aufgenommen. Das teilt in einem höflichen Schreiben der Diplomat Bothmer aus London mit, der damit zeigt, dass man an Leibniz auch anders schreiben kann, als es Bernstorff tut, und er bedauert dabei einfühlsam den Streit mit Newton: „Es ist traurig, dass zwei Menschen von so vortrefflicher Gelehrsamkeit sich wegen nichts zanken müssen."

Bei der Welfengeschichte ging es jetzt um Alles oder Nichts, das wusste Leibniz und schrieb am 17. September 1715 an einen italienischen Briefpartner: „Ich bemühe mich, sie zu vollenden, solange meine Kräfte reichen, damit die Arbeit nicht verloren ist." Tatsächlich, dreissig Jahre Arbeit würden vergeblich gewesen sein, wenn er jetzt den Wettlauf gegen seine schwindende Arbeitskraft verlöre. Doch genauso kam es, er verlor ihn. Das grosse Werk blieb unvollendet, auch wenn Leibniz am Ende seines Lebens tatsächlich kurz vor dem Ziel stand. Und er hätte sogar wirklich alles zu Ende bringen können, wenn nicht im Sommer 1716 die Arbeit wieder unterbrochen worden wäre, weil er stark abgelenkt war durch eine neue Kontroverse mit Newton. Die Welfengeschichte war trotzdem weitgehend fertig, als er sich zum Sterben legte, es fehlte nur manches am wissenschaftlichen Apparat. Erstaunlich, wie knapp er auch dieses Lebensziel verfehlte, es ist fast wie bei der Rechenmaschine. Alle Arbeit war damit vergeblich.

So hat es zu seinen Lebzeiten keiner erfahren – und nach seinem Tode für mehr als hundert Jahre auch nicht – , dass er mit einem Aufwand gearbeitet hat wie noch kein Historiker vor ihm. Gewiss, er hatte leider mehr geforscht als dargestellt, aber das Ergebnis, wenn es nur noch zu lesen gewesen wäre, hätte Staunen erregt, denn so scharfsinnig, kritisch und tief war noch kein Historiker in eine Materie eingedrungen. Insofern war es doch, in jenem anderen Sinne, eine vollendete Geschichtsschreibung. Auch das Königshaus hätte noch triumphiert, wäre ihm das Lesen vergönnt gewesen, denn die Welfen werden hier als das vermutlich älteste Geschlecht der europäischen Adelswelt vorgestellt – zu Recht übrigens. Willkommener Ruhm zur neuen Krone! Doch es kam nicht dazu.

Wem es vergönnt gewesen wäre, das frischgedruckte Werk – das es nicht gab – zu lesen, hätte sein Vergnügen gehabt. Die Sprache ist knapp, der Stil leicht und klar, vor allem aber lebendig, denn Leibniz diskutiert offen die Quellen und die Ansichten der älteren Historiker, fast wie im Gespräch. So vermeidet er die einfache Erzählung, die den Leser nicht am Findungsprozess beteiligt, kommt aber sehr wohl zu einer abschliessenden Meinung. Und wie geistreich fällt er seine Urteile! Er prüft, weise wie ein Richter, die Fakten und wägt die Wahrscheinlichkeiten nach den Regeln der Logik. Es ist auch eine ausserordentlich konzentrierte, gedrängte Arbeit, in der die damals noch übliche Weitschweifigkeit fehlt. Jeder Satz ist überlegt niedergeschrieben, fast in der Art, wie Leibniz, zur Überraschung der Zeitgenossen, seine Metaphysik thesenhaft und argumentierend vorzutragen pflegte.

Das alles blieb den Auftraggebern verschlossen, ebenso den Kollegen, ja selbst der Nachwelt noch lange, obwohl es nach seinem Tode viel guten Willen gab, den vor allem Eckhart zeigte, das Werk fertigzustellen und zu drucken. Erst im Jahre 1843 kam es heraus als ‚Annales imperii occidentis Brunsvicenses' (Braunschweiger Annalen des westlichen Reiches). Diese Veröffentlichung war nicht mehr betrieben worden wegen der Welfen, auch nicht, weil die Zunft der Historiker daraus noch etwas über den Lauf der Geschichte hätte lernen können, nein, die Herausgeber waren einfach an Leibniz interessiert, an allem, was er geschrieben hatte.

Dabei stellte sich heraus, dass Leibniz, hätte er die Veröffentlichung noch geschafft, zu einem Vater der modernen kritischen Geschichtsforschung geworden wäre. So aber hatten die von Leibniz entwickelten Methoden, sehr zum Schaden der Wissenschaft, im Laufe der Zeit noch einmal erarbeitet werden müssen. Es erging damit dem Historiker Leibniz ziemlich genauso wie dem Logiker: Als sein Werk ans Tageslicht des 19. Jahrhunderts kam, konnte die Fachwelt daraus nichts mehr lernen, es nur noch bewundern.

Noch einmal den Zaren sehen Leider war Leibniz immer noch ohne Verbindung zu Russland. Anfang 1715 erfuhr er nun, dass sich der hannoversche Legationssekretär Christian Weber in St. Petersburg aufhielt. Der sollte ihm noch einmal die Tür öffnen. Weber war bereit, dem Zaren einen Brief zu überreichen, in dem Leibniz erneut seine Dienste für Russland anbot und auch auf die ausgebliebene Besoldung anspielte. Übergeben sollte er auch ein Geschenk. Dabei handelte es sich um die Abschrift eines historischen Textes, der das Leben am Hof des Hunnen-Herrschers Attila schilderte. Im Brief erklärte Leibniz dem Zaren das Präsent damit, „dass der grosse Attila auch von dem Caspischen Meer bis an das Baltische, wie jetzo Eure Majestät, geherrschet und ein vernünftiger und mässiger Herr gewesen, er auch denen, so ihn durch Meuchelmord umbringen wollen, das Leben geschenket". Grosszügigkeit im Vergeben, das war für Leibniz eben höchste Herrschertugend.

Weber dürfe, schärfte ihm Leibniz ein, Brief und Geschenk nur überreichen, wenn Majestät bei guter Laune sei. Dann sollte er auch auf die Besoldung zu sprechen kommen, wobei Leibniz hoffte, der Zar werde sich bereit finden, sofort dem zuständigen Finanzverwalter Anweisungen zu geben. Weil Leibniz aber Gegner am Zarenhof vermutete, bat er Weber, nur „die Sache anzubringen, wenn eben niemand sonderlich umb den Zaren".

Ende Februar 1715 fand Weber eine Gelegenheit. Der Zar reichte die Schriftstücke seinem Übersetzer weiter und fragte, wo Leibniz sich jetzt aufhalte, was er mache, wo er bisher gewesen sei und ob er in Hannover bleiben werde. Während Weber noch antwortete, „wurd solches durch die Ankunft einiger Generals unterbrochen und kunt (ich) also den vorgefassten Endzweck nicht erreichen". Dabei blieb es.

So wandte sich denn Leibniz, ein halbes Jahr später, im September (1715) an seinen alten Vertrauten, den Diplomaten Schleinitz, dem er bei der Gelegenheit für den Zaren eine vorzügliche Bibliothek anbot, die zum Verkauf stehe. Damit war Leibniz in seinen Vorschlägen für Russland sehr bescheiden geworden. Auch für den Fall, dass der Zar alle Jahre neue Bücher erwerben wolle, bot er seine Hilfe an: „Ich glaube, dass ich in dieser Sache Seiner Majestät nützlich sein könnte."

Als er erfuhr, dass der Zar im Sommer (1716) nach Deutschland zu einer Bäderkur kommen wolle, hatte er offenbar sofort die Idee, ihm die Rechenmaschine vorzuführen oder gar zu schenken. Er wusste wohl allzu gut, dass damals die kleine Maschine zur Konstruktion von Festungsanlagen den Zaren mehr als alle Worte von seinen Künsten überzeugt hatte und sich dieselbe Wirkung nur mit einer weiteren Maschine einstellen würde. Jedenfalls schrieb er dem Aufseher der Arbeiten an der Rechenmaschine in Zeitz, Teuber, er brauche die Maschine gleich, denn im Sommer erwarte er die Ankunft sowohl des Königs von England wie auch des Zaren, und es sei ihm darum zu tun, „etwas Vollendetes aufzuweisen". Damit will er, wie erwähnt, die beiden Herrscher, „nachdem sie sich von mir des längeren zurückgezogen haben", erneut für sich gewinnen. Die Maschine wurde nicht fertig.

Im Juni 1716 reiste Leibniz trotzdem nach Bad Pyrmont zum Zaren. Als Grund nannte er, er sei gekommen, um ein Leiden zu kurieren, eine Einladung wird er nicht gehabt haben, und den Zaren gesprochen hat er wohl nur im grösseren Kreis. Allerlei Gelehrte, Techniker und andere Fachleute hatten sich, wie es der Zar liebte, eingefunden. Man stand – Brunnen trinkend – zusammen, die Dolmetscher hatten zu tun, und auch Leibniz, dem das Gehen und Stehen schwer fiel, hörte zu oder wartete auf die Gelegenheit, etwas einzuwerfen. Was er sah, fasste er in einem Brief zusammen: „Ich kann nicht genug die Lebhaftigkeit und das Urteilsvermögen dieses grossen Fürsten bewundern. Er lässt geschickte Leute von überall her kommen, und wenn er sich mit ihnen unterhält, sind sie überrascht, so präzise angesprochen zu werden. Er informiert sich über alle mechanischen Künste, aber sein besonderes Interesse gilt allem, was zur Schiffahrt gehört, deshalb liebt er auch die Astronomie und die Geographie. Ich hoffe, dass wir durch seine Vermittlung erfahren werden, ob Asien mit Amerika zusammenhängt."

Einmal ergab sich sogar ein Gespräch: „Gestern habe ich mit dem russischen Zaren geredet und ihm die Rechenmaschine versprochen." Was er zu den Themen Justiz und Bildungswesen schriftlich vorbringen wollte, überreichte er lieber nicht dem Zaren, der Papiere nicht mochte, sondern wandte sich damit an Vizekanzler Schafirow, mit dem er sich sogar ohne Dolmetscher verständigen konnte. Ihm übergab er wohl auch Denkschriften zur Magnetnadel-Beobachtung und über die beste Art, Ministerien, ‚Collegien‘ genannt, zu organisieren. Darin heisst es: „Denn wie in einer Uhr ein rad von den andern sich muß treiben laßen, so muß in der großen Staats-Uhr ein Collegium das andere treiben."

Eine Szene aus diesen Tagen hat Leibniz anschaulich beschrieben: „Als der Zar anfing, den Sauerbrunnen zu trinken, liess er sich zur Ader; dasselbe taten die Leute seines Gefolges, welche die Kur brauchen wollten, darunter auch ein russischer Geistlicher. Das Blut dieses Geistlichen war am schlechtesten – blass und dick. Als die Kur zu Ende war, wollte der Zar, der sehr wissbegierig ist, den Einfluss des Wassers prüfen und befahl, den Geistlichen zum zweiten Male zur Ader zu lassen. Das Blut war ganz rein, von guter Farbe und so, wie es bei dem gesündesten Menschen ist. Ich war selbst dabei, als man es brachte. Der Zar war entzückt darüber – und er hatte recht, denn es ist unmöglich, eine so grosse Veränderung in einer so kurzen Zeit allein der Diät zuzuschreiben."

Damit enden seine Beziehungen zu Peter und dem russischen Reich. Die Bilanz ist ernüchternd. Irgendwie eingewirkt auf die Grossmacht im Osten hat er nicht, nur vorgeschlagen wurde von ihm so manches, ohne dass man weiss, was davon gelesen worden ist. Drei Projekte hat er oft genannt, die später – Zufall oder nicht – auch wahr wurden:

1. Die Grenzen zwischen Asien und Amerika waren zwar schon von Pelzhändlern 1648 erkundet worden, doch der Zar gab im

Jahre 1725 dem Jütländer Bering den Auftrag, mit Booten nochmals die Ufer zu befahren. Nach ihm ist die Meeresstrasse benannt,
die Leibniz so gern hat erforscht sehen wollen.

2. Die Akademie der Wissenschaften wurde als Zentralanstalt
gegründet, die die Leitung des ganzen Bildungswesens in die Hand
nehmen und die Forschung organisieren sollte. Dabei mögen Ideen
von Leibniz mit eingeflossen sein, ohne dass es zu belegen ist.

3. Dem Zweck, die Abweichung der Magnetnadel zu erforschen, dienten drei russische Expeditionen unter Krusenstern, Kotzebue und Lütke. Dann schlug 1829 Alexander v. Humboldt der
russischen Akademie vor, Beobachtungsstationen einzurichten. Er
zumindest wusste, wer das – 120 Jahre zuvor – schon einmal angeregt hatte.

Auf die Justiz Russlands oder die Erforschung der Sprachen des
Landes hat Leibniz leider nicht einmal indirekt einen Einfluss
gehabt.

Merkwürdige Helfer in Wien Sosehr Leibniz sich auch von Hannover aus in Gedanken nach London, Paris oder St. Petersburg begab,
auch Wien war bei ihm unvergessen. Vielleicht stand diese Stadt
sogar im Mittelpunkt seiner Wünsche. Hierher wollte er zurückkehren und musste schon deshalb Verbindung halten. Noch vor
seiner Abreise hatte er verschiedene Leute beauftragt, seine persönlichen Angelegenheiten bei Hofe, bei Ministern und Behörden
zu regeln. Dafür, dass er weiterhin sein Einkommen als Reichshofrat bezog, sorgte der untere Hofbeamte Theobaldt Schöttel, der
den durchaus üblichen Titel ,Türsteher' trug. Er war nebenbei
begeisterter Mathematiker und offenbar, wie sich noch zeigen
wird, ein treuer, ehrlicher und bescheidener Mensch.

Dann gab es da noch einen Mann ohne Stellung und Einkommen, Johann Philipp Schmid. Man weiss nicht, wie Leibniz an ihn
geraten war, vielleicht über alte Handschriften, mit denen auch
Schmid sich auskannte. Er war Mitarbeiter eines Grafen von Lei-
ningen-Westerburg gewesen, der als General in kaiserlichen Diensten gefallen war, nannte sich seitdem Hofrat, führte gelegentlich
auch den Adelstitel „Schmid Heppen auf Dreyenfels" und war
immer auf der Suche nach einer ihm angemessenen Stellung, weil
er niedere Arbeiten ablehnte. Leibniz bediente sich gern dieses wil-
ligen, wohl auch verehrungsvollen Helfers, wahrscheinlich ohne zu
merken, dass Schmid dringend auf Geld angewiesen war und die

kollegiale Bitte von Leibniz – von Hofrat zu Hofrat –, ihm während seiner Abwesenheit durch Behördengänge zu helfen, als eine Aussicht auf Unterhalt betrachten musste.

Schmid hatte den Auftrag bekommen, sich speziell um die Zulage zu kümmern, die Leibniz vom Kaiser erhoffte, weil er doch die Archive ordnen und Präsident der Akademie werden wollte, wenn er nach Wien zurückkehrte. Gleich nach Leibnizens Abreise hatte Schmid sich Mitte September 1714 in die Hofkammer, die auszahlende Behörde, begeben und versucht, Beziehungen anzuknüpfen, um besser über den Geschäftsgang unterrichtet zu sein. Und siehe da, Hofkammerrat Peyer und Rechnungsrat Wimmer wissen von einem neuen Schreiben in dieser Sache, das der Hofkammerpräsident dem Kaiser zugestellt haben soll. Mit dieser Aussicht wird Schmid bis Mitte Oktober hingehalten. Dann steigt die Hoffnung, denn die Kanzleien begleiten den Kaiser zur Krönung der Kaiserin nach Pressburg, wo viel unterschrieben werden soll. Nach der Rückkehr des Hofes erfährt Schmid von Wimmer, dass in Pressburg tatsächlich viele Angelegenheiten entschieden worden seien. Wimmer rät ihm, sich beim Sekretär des Kaisers, Imbsen, oder einem Konzipisten der Hofkammer namens Gaun danach zu erkundigen. Gaun glaubt sich zu erinnern, dass er die ‚Expedition‘ (Ausfertigung) des Dekrets auf dem Tisch des Präsidenten habe liegen sehen. Er lädt Schmid in seine Wohnung ein, da könne er ihm in Ruhe über alles Auskunft geben. Schmid macht täglich Gebrauch von dieser hoch willkommenen Einladung, muss aber schliesslich von seinem Gastgeber erfahren, er habe vergeblich im Auftrag des Präsidenten unter dessen Papieren nach dem Schreiben gesucht.

Eine schöne Geschichte aus den Niederungen der Ämter. Wahrscheinlich hat es der naive Schmid gar nicht gemerkt, dass Gaun natürlich nur Geld sehen wollte, daher die Einladung in die Wohnung; und „im Auftrag des Präsidenten" wird er auch nicht auf dessen Schreibtisch nach etwas gesucht haben, allenfalls auf eigene Faust. Da Schmid aber die Gepflogenheiten nicht kannte und schon gar nicht die üblichen „Gratifikationen" (Bestechungsgelder) zur Hand gehabt hätte, sondern sich bewirten lassen wollte, war alles vergeblich.

Schmid blieb in der Hofkammer mit allen Versuchen erfolglos. Leibniz verfasste daher im Januar 1715 selbst einige neue Erinnerungsschreiben, deren Weg Schmid dann zu verfolgen und zu beschleunigen suchte. Am Ende musste sich doch wieder die unermüdliche Hofdame Maria Charlotta von Klenck für ihn verwenden, die sich ihrerseits an die Kaiserin-Witwe wandte, die den Kaiser zu einem Kompromiss überredete, der bei den Behörden wiederum nicht durchzusetzen war. Der gewohnte Kreislauf.

Schmid ging tatsächlich unentwegt, mitunter Tag für Tag, zu den Behörden, um an die Forderungen zu erinnern. Er übergab den Ministern die Eingaben und Briefe von Leibniz, er brachte es sogar im April 1716 zu einer Audienz beim Kaiser – man hat den Eindruck, er lief als Gehaltsjäger in seiner monotonen Hartnäckigkeit herum wie eine Karikatur seines Herrn. Über alles schrieb er Leibniz wöchentlich lange und umständliche Berichte. Sie wirken durch viele Wiederholungen recht ermüdend. In den zwei Jahren, die das dauerte, füllte er sechshundert Blätter. Verständlicherweise erwartete er eine Entlohnung dafür, ja, er hat wohl anfangs auf eine Gehaltszahlung gehofft. Das wollte aber Leibniz nicht erkennen, der auch nur an eine gelegentliche Nachfrage oder Erinnerung bei den Behörden wegen seiner Angelegenheiten gedacht hatte. Er mahnte ihn, die Sachen fürs erste auf sich beruhen zu lassen, da er durch Schmids Übereifer um seinen Ruf fürchten musste.

Zu spät, denn inzwischen hatte Schmid in höchsten Kreisen Zutritt, genoss das auch, wurde aber immer nur kurz vorgelassen. Maria Charlotta von Klenck sagte über ihn, er habe die Gabe, sie zu langweilen. Das alles war dem Ruf des Gelehrten nicht förderlich. Als Leibniz Schmid dann jedes weitere Vorgehen ernsthaft untersagte, schickte er nach Hannover statt dessen laufend Berichte vom Kriegsschauplatz in Ungarn und Lokalnachrichten aus Wien. Weil Leibniz immer noch nicht begriff und ihm von sich aus kein Geld für diese unerbetenen Mühen anwies, bat ihn Schmid, ihm hundert Gulden zu leihen, die er bestimmt zurückzahlen werde, sobald wiederum ihn seine Schuldner befriedigt hätten. Für den Fall, dass er das Geld nicht sollte zurückerstatten können, glaube er, Leibniz werde ihn sicher gern als seinen ‚Bedienten ehrenhalber‘ ansehen, der eine Gratifikation erhalten habe. Eine Beziehung von gleich zu gleich wollte Schmid eben trotz allem gewahrt wissen, sah er sich doch als Gebildeten, ja als Adligen, auch wenn er es mitunter nötig hatte, an das leidige Geld zu denken. Leibniz, der wusste, dass Schmid verschuldet war, machte ihm einige Male ein Geschenk von zwölf oder 18 Talern – nach heutigem Geld etwa tausend Mark.

Noch ein anderer ungebetener Helfer korrespondierte von dort eifrig mit Leibniz, das war der flämische Graf Joseph von Corswarem, der schon in den gemeinsamen Wiener Zeiten Leibniz nahegekommen war. Ihn hatte es anlässlich eines Prozesses vor dem Reichshofrat von seiner Heimat Lüttich aus nach Wien verschlagen, wo er sich inzwischen ohne Einkünfte über Wasser zu halten suchte. Auch er, den Schmid als hoch verschuldet bezeichnete, versorgte Leibniz mit neuesten Nachrichten vom Hof und vom Kriege. Er muss ebenso wie Schmid gehofft haben, Leibniz werde ihn einmal entlohnen.

Nur das Akademie-Projekt hatte, so sehr es Leibniz am Herzen lag, niemanden in Wien, der es betrieb. Hofkanzler Sinzendorf war sowieso der Meinung, aus der Ferne lasse sich das nicht voranbringen, Leibniz möge nach Wien zurückkehren, dann könne er am besten sehen, in welchem Stand sich die Dinge befänden. Es haben sich auch zwei Briefe erhalten, die vom Prinzen Eugen unterschrieben worden waren und amtsdeutsch formulierte Zusicherungen boten wie, „dass ich meines Ortes zur Vorstellung Ihres Vorhabens umso mehrers alles, was nur von mir dependiert, anwenden werde". Zuvor hatte Eugen allerdings geschrieben, dass erst die „behörigen Mittel" einzurichten wären, also war kein Geld da.

Ein Kranker will reisen Diese letzte Zeitspanne im Leben von Leibniz, zwischen der Rückkehr nach Hannover im September 1714 und seinem Tod im November 1716, umfasst nur etwas mehr als zwei Jahre. Sie zeigen ihn rastlos, mit immer neuen Plänen, in vielen Hauptstädten will er sein, mit grossen Häuptern verbunden, überall beratend tätig. Aber er ist nun öfter krank als früher, fühlt seine Kräfte schwinden, ist besorgt, ob er seine Arbeiten noch zu Ende bringen kann, und hat wahrscheinlich auch Angst vor dem Tod, der aller Rastlosigkeit ein Ende setzen wird.

Seine alten Leiden machen ihm wieder zu schaffen. Am 11. Februar 1715 gesteht er seinem Pariser Anhänger Nicolas Remond, für den die Monadologie gedacht gewesen war, ihn habe wieder „die Gicht ergriffen. Sie ist nicht sehr schmerzhaft, aber sie hindert mich, anderswo als im Arbeitszimmer tätig zu sein, wo mir immer die Zeit zu kurz erscheint und ich mich folglich nicht langweile. Das ist Glück im Unglück." Der gelassene philosophische Ton verdeckt, dass ihn die schmerzhafte Krankheit mehr als je plagt und seine Bewegungen einschränkt. Ausser seinen Füssen sind jetzt noch Knie und Schultern betroffen.

Die Gicht galt seit jeher als das Schicksal der Fürsten und Denker, da gab es eine Reihe grosser Namen, aber auch, wie erwähnt, als Folge eines sündigen Lebens. Die Medizin der Zeit führte sie auf eine „Schärfe im Blut" zurück und verordnete meist ‚Dekokte', gallebittere Aufgüsse von besonderen Hölzern. Die Kur war barbarisch, weil man Unmengen über mehrere Tage trinken, dazu noch schwitzen musste, bis einem schlecht wurde. Noch schlimmer war die Speichel-Kur, bei der die Sekretion im Mund verstärkt werden sollte, damit böse Säfte abfliessen könnten. Erreicht hat man das durch Quecksilberpräparate, von denen jedem Patienten sehr elend geworden sein muss. Leibniz, der alles versucht hatte, wählte oft die gelindeste Kur, nämlich das Brunnenwasser der grossen Bäder.

Wenig später, im April (1715), gesteht Leibniz einem Arzt, dass die Gicht auch die Hände befallen hat: „Ich leide von Zeit zu Zeit an den Füssen, bisweilen befällt das Übel auch die Hände; doch Kopf und Magen tun gottlob noch ihre Pflicht." Den Kopf zu erwähnen war nicht nur ein Scherz, denn Gichtpatienten litten eben im späten Stadium der Krankheit oft auch unter einer Verdüsterung des Gemüts.

In seinem hohen Alter hat es sich Leibniz nun bei Gichtanfällen angewöhnt, auf recht eigenwillige Weise gegen die Schmerzen vorzugehen: Er erzeugte einen Gegenschmerz, um das Leiden unfühlbar zu machen. Dazu liess er sich, wie sein letzter Mitarbeiter Eckhart überliefert hat, hölzerne Schraubstöcke machen „und dieselben überall, wo er Schmerzen fühlte, aufschrauben". Für diese Methode ist kein Vorbild bekannt. So bestückt, legte er sich aufs Bett und versuchte konzentriert weiterzuarbeiten. Die Schmerzattacken verschwanden nach einiger Zeit so oder so. Doch das Leiden breitete sich allmählich aus, und ein Jahr später, Anfang Mai 1716, ist seine rechte Hand schon ziemlich steif, und er kann zeitweilig kaum mehr leserlich schreiben.

Auch sein anderes chronisches Leiden, die Geschwüre an den Unterschenkeln, tritt jetzt länger und heftiger auf. Im Jahre 1715 waren die Wunden an beiden Beinen acht Monate offen, weil sie bei der damals schlechten Hygiene nicht heilen wollten. Wie die offenen Stellen behandelt werden sollten, war umstritten. Die meisten Ärzte rieten dringend, die Wundheilung so lange wie möglich zu verzögern, weil hier böse Säfte abfliessen wollten und man das nicht hindern dürfe. Auch die Herzogin Liselotte hatte 1712 aus Versailles ihre Tante Sophie wissen lassen: „So lang des Herrn Leibenitz Bein offen bleibt, wird er gesund leben, geht es aber zu, ist er dahin."

Dennoch war Leibniz entschieden fürs Schliessen der Wunde, und das versuchte man damals entweder durch Ätzen mit Höllenstein oder durch ein Austrocknen, wozu man Weihrauch, Galläpfel, Zinkpulver oder Kreide auf die Wunde streute. Es gab zu dem Zweck auch besondere Pflaster, das waren weiche, klebrige Massen, zusammengeknetet aus Ölen, Fetten, Knochenmark, Pulver, Wachs, Pech oder allerlei Harzen. Der Patient Leibniz, der ungern Ärzte kommen liess, nahm ebenfalls eine besondere heilende Erde aus Karlsbad und brachte sie auf die Geschwüre. Im Alter wurde er auch bei diesem Leiden ziemlich radikal und betrieb die Austrocknung mit einem ebenfalls selbsterdachten Mittel, nämlich aufgelegtem Löschpapier. Die Heilung ging dann oft schneller, es konnte aber auch zu starken Schmerzen kommen.

Das Frühjahr 1716 brachte ihm noch einmal eine Zeit ohne Beschwerden. Gelassenheit und Tatendrang kehrten zurück. Am 27. März schrieb Leibniz an Nicolas Remond: „Meine kleinen Übel sind zu ertragen und, wenn ich mich ruhig verhalte, verursachen sie nicht einmal Schmerzen. Sie haben mich nicht gehindert, nach Braunschweig zu reisen. Wenn sie sich nicht verschlimmern, werden sie mich nicht abhalten, in Zukunft grössere Reisen zu unternehmen." Er klammerte sich an die Hoffnung, dass ihm neue Anerkennung bevorstünde.

Offenbar hat Leibniz im Jahre 1715, obwohl er über Monate krank und ans Haus gebunden war, seine Übersiedlung nach Paris vorbereitet. Die Herzogin von Orléans hatte in Versailles davon gehört und schrieb im März 1715 an einen hannoverschen Vertrauten: „Bitte, mir zu wißen zu thun, ob es wahr ist, daß der herr von Leibenitz nach Paris kommen wirdt." Als man das in Hannover verneint hatte, antwortete sie: „Viel gelehrte haben den herrn Leibenitz mit verlangen hir erwartt, werden betrübt sein, wenn sie erfahren werden, daß er nicht kommen wirdt."

Nach Leibnizens Tod wird einer seiner Pariser Briefpartner, der Pater René Joseph de Tournemine, verbreiten, ihm habe Leibniz „sein Vorhaben, nach Frankreich überzusiedeln, eröffnet. Es war im Jahre 1715, als er mir davon schrieb. Der selige König Ludwig der Grosse las diesen Brief und beauftragte mich, darauf zu antworten, dass ihm Herrn Leibnizens Verdienste bekannt seien, er ihn mit Vergnügen an seinem Hof sehen und ihm den Aufenthalt ebenso angenehm machen wolle, wie er für Frankreich vorteilhaft sein werde." Nun, Leibniz fuhr nicht, wollte es vielleicht auch gar nicht tun, konnte aber – nach dieser Antwort auf seine Anfrage – das Gefühl geniessen, auch von Paris gerufen zu werden.

Im selben Jahr (1715) starb Ludwig XIV., und Liselottes Sohn wurde Regent. Mit ihm hatte Leibniz schon indirekt, vermittelt durch die Mutter, über philosophische Fragen korrespondiert, nun scheint sich der Traum des alten Gelehrten zu erfüllen, endlich doch noch Berater Frankreichs zu werden. Dazu wendet er sich im September 1715 an die Mutter des Regenten und schwärmt erst einmal von ihrem Sohn: Der habe mehr leuchtenden Verstand als irgend einer der Könige des Altertums und sei im Stande, der ganzen Christenheit Gutes zu tun. Wenn es ihm, Leibniz, vergönnt sei, zwischen dem Regenten und dem Kaiser, sowie dem König von England zu vermitteln, so werde er glücklich sein. Allein – die Herzogin will sich in politische Angelegenheiten nicht einmischen, weil Frankreich schon genug Weiberwirtschaft gehabt habe. Leibniz entwickelt ihr dennoch Pläne, die sie ihrem Sohn nahebringen soll und deren Ausführung den Regenten grösser machen werde als Caesar. Da deutet ihm die resolute Mutter an, dass ihr Sohn „die Nachtröcke der Damen lieber sehe als der Gelehrten Mäntel".

Immerhin verbesserte Leibniz in diesem Jahr sein Verhältnis zu seinem Kurfürsten, dem englischen König. Am 26. Juli 1716 kehrte er aus Zeitz zurück, wo er nach der Rechenmaschine gesehen und die Verehrung des kleinen Hofes genossen hatte, und war gerade noch rechtzeitig in Hannover eingetroffen, um bei der Ankunft des Königs, der im Leineschloss Wohnung nahm, dem Protokoll Genüge zu tun. Am nächsten Tag durfte er im Schloss an der herrschaftlichen Tafel dinieren und konnte danach der Prinzessin von Wales schreiben, Majestät scheine mit ihm zufrieden gewesen zu sein, nur dass der König ihm vorgehalten habe, er wirke nicht mehr so fröhlich wie früher. Von der angekündigten Belohnung war nicht die Rede gewesen, denn Leibniz hatte nichts Neues aus der Welfengeschichte vorzulegen gehabt.

Der König und Kurfürst reiste weiter nach Bad Pyrmont, und Leibniz folgte ihm, wohl aus eigenem Entschluss, und hielt sich zehn Tage dort als Kurgast auf. Es ist schon ein sonderbares Zusammentreffen, zwei Monate zuvor war Leibniz hierher gekommen, um dem Zaren nahe zu sein, jetzt reihte er sich ein in den Hofstaat seines Fürsten, trank, wenn alle tranken, und lustwandelte, soweit es ihm seine Beine erlaubten. Er begegnete hier wieder dem Pyrmonter Modearzt Johann Philipp Seip, in dessen Haus vor Wochen der Zar abgestiegen war und den Leibniz als Sterbender wiedersehen und konsultieren wird. Im Weltbad der Fürsten lernte er einige hohe Herren aus England kennen, und es muss ihm schwer gefallen sein, ihnen allen die schmerzhafte Gichthand zu reichen. Man behandelte einander mit ausgesuchter Hochachtung, nur scheint niemand auf die Sehnsucht des Gelehrten eingegangen zu sein, man möge ihn zum Hofgeschichtsschreiber Englands ernennen. Dennoch, nachdem sich Leibniz und sein Landesherr so oft gegenseitig enttäuscht und übereinander beklagt hatten, ist es fast ein Wunder, dass diese letzte Begegnung vom Ton einer versöhnlichen Stimmung begleitet war.

Streit um den Weltuhrmacher   Dass die Begegnung mit dem Herrscher für Leibniz so glimpflich verlief, war nicht zuletzt seinem guten Geist in London zu verdanken, der Kronprinzessin Caroline. Sie war zudem seit längerem bemüht, für ihr Lieblingsbuch, die Theodicée, einen guten englischen Übersetzer zu finden und dachte an Samuel Clarke. Der war als Pfarrer von St. James, Westminster, der persönliche Geistliche der verstorbenen Königin Anna gewesen und wurde jetzt mehr und mehr zu einem Vertrauten der Prinzessin Caroline, mit dem sie wöchentlich philosophische Unterhaltungen führte. Am 6. Dezember 1715 schrieb sie an Leibniz: „Wir denken jetzt sehr ernsthaft an die Übersetzung Ihrer Theodicée, und wir werden einen guten Übersetzer suchen. Doktor Clarkes Auffassungen sind den Ihren zu sehr entgegengesetzt, als dass er die Aufgabe ohne Widerspruch lösen würde. Er wäre allerdings von allen der geeignetste." Einen Monat später konnte sie melden: Der neue Erzbischof von Canterbury „hat mir heute von Ihrer wundervollen Theodicée erzählt. Wir denken daran, sobald seine Einführung erfolgt ist, sie übersetzen zu lassen. Bisher mussten Sie zufrieden sein, von einer grossen Ignorantin, wie ich eine bin, bewundert zu werden, denn die Wahrheit beeindruckt die Unwissenden ebenso wie die gelehrtesten Menschen."

Sie hätte Leibniz auch gern im bitteren Streit mit Newton geholfen, ja sie hatte sich in den Kopf gesetzt, die beiden Herren zu versöhnen. Da begann Leibniz im November 1715 eine neue

Kronprinzessin Caroline gehörte auch in London zu den Verehrerinnen der ‚Theodicée' und versuchte, Leibniz zu helfen. Sie vermittelte den Briefwechsel mit Samuel Clarke, ihrem Berater. – Samuel Clarke, ein Geistlicher, der mit Isaac Newton befreundet war, stritt in dessen Namen mit Leibniz über den Schöpfergott und die Relativität von Raum und Zeit.

Auseinandersetzung. Er äusserte nämlich in einem Brief an die Prinzessin den Verdacht, Sir Isaac Newton und seine Anhänger verträten recht vulgäre und unwürdige Ansichten über die Macht und Weisheit Gottes. Dieser Vorwurf, der, einmal hingeschrieben, kaum geheim bleiben konnte, wurde von Leibniz doppelt begründet. Zum einen kreidete er dem Konkurrenten Newton an, dass er den Weltraum als ein „Sinnesorgan Gottes" bezeichnet habe, wodurch Gott zu einem Teil der Schöpfung werde. Diese Vorstellung verkleinere Gott und lasse den Raum als etwas erscheinen, was ebenso absolut wäre wie Gott.

Zum anderen spiesste Leibniz eine Eigentümlichkeit der Newtonschen Himmelsmechanik und Lehre von der Schwerkraft auf. Newton hatte für seine Theorie annehmen müssen, Gott greife gelegentlich in seine Schöpfung ein, um ihr neue Kräfte zuzuführen. Leibniz anklagend: Herr Newton und seine Anhänger haben eine sehr seltsame Meinung von den Werken Gottes, denn ihrer Lehre nach muss Gott seine Uhr von Zeit zu Zeit aufziehen, ganz wie ein gewöhnlicher Uhrmacher.

Mit diesen Vorwürfen verunglimpfte er Newton, als untergrabe dieser bedeutende Mann den Glauben. Dabei war Newton ein durchaus religiöser Mensch, glaubte allerdings nur an den Schöpfer, nicht an die Dreifaltigkeit. Doch ihn zu verdächtigen, ein Verächter Gottes zu sein, war ungerecht. Im Gegenteil, englische Theologen riefen zur gleichen Zeit den frommen Sir Isaac als ‚defensor fidei‘, als Beschützer des Glaubens gegen einen naturwissenschaftlich motivierten Atheismus, aus. Die Anschuldigungen, so scharfsinnig Leibniz sie vorgebracht hatte, waren gewiss auch aus einem verständlichen Groll gegen den Mann erwachsen, der sein Ansehen hatte vernichten wollen.

Prinzessin Caroline zeigte diesen ganz kurzen Brief mit den starken Angriffen natürlich ihrem Ratgeber Samuel Clarke, denn eine solche Beschuldigung gegenüber einer Standesperson durfte nicht unwidersprochen bleiben. Die Antwort übernahm niemand anderes als Reverend Clarke selbst. Er war – als treuer Schüler und Freund Newtons, der dessen ‚Optik‘ ins Lateinische übersetzt hatte – dazu auch der geeignete Mann, zumal Newton gern andere vorangehen liess. Doch alle fünf Briefe, die Clarke nun nach und nach formulierte, waren mit dem Meister abgesprochen, vielleicht sogar von ihm entworfen.

In seiner ersten Antwort, die die Prinzessin an Leibniz weiterreichte, verteidigte Clarke die Ansicht Newtons, Gott kümmere sich ständig um seine Schöpfung, und gab den Vorwurf zurück, indem er wiederum Leibniz und seiner Gottesvorstellung den Prozess machte. Leibniz vertreibe Gott aus der Welt, die bei ihm Gottes nicht mehr bedürfe. Das führe zu Materialismus und leiste den Zweiflern Vorschub, die behaupteten, es gebe keine Schöpfung, sondern nur eine allweise und ewige Natur. Das ist ein Vorwurf, der Leibniz treffen musste, einen Mann, der sich zwar als Verteidiger Gottes sah, aber tatsächlich für sein eigenes Weltmodell Gottes Einwirken nicht mehr brauchte.

Clarke wählte seinerseits ein Gleichnis, und es war noch treffender als das vom Uhrmacher, das Leibniz gewählt hatte: „Wenn ein König ein Königreich hätte, in dem alles ohne seine Veranstaltung und Regierung geschähe, so würde das nur dem Namen nach ein Königreich sein; und er würde in der Tat den Titel eines Königs oder Herrschers keineswegs verdienen." Clarke spielte dann auf die Gegner einer Monarchie an, und Leibniz wusste, wie gefährlich der Vorwurf war, er sei sozusagen ein Antimonarchist, brauche auch Gott nicht und sei froh, dass er auf ihn verzichten könne. Das geschickt gewählte Bild Clarkes vom Königreich ohne König parierte Leibniz mit folgendem Gedanken: Auch ein Fürst, der seine Untertanen so gut erzogen hat, dass sie niemals gegen seine Gesetze verstossen, ist nicht nur dem Namen nach ein Fürst. Genau so sah Leibniz tatsächlich Gott. Er ist für ihn der ruhende Gott des Sabbats, der sein Werk beendet hat und es für gut halten darf – oder doch wenigstens für die beste aller möglichen Welten.

Clarke verteidigte ausserdem Newtons Gottesauffassung damit, dass dem Schöpfer eine Willensfreiheit zugeschrieben werden müsse, die bei Leibniz zu fehlen scheine, weil bei ihm Gott alles aus zwingendem Grund tue. Damit unterstellte Samuel Clarke scharfsinnig, dass Leibniz seinen Gott aller Freiheit beraube. Auch dieser Vorwurf war gefährlich.

So spannend dieser Aspekt des Streites war, heute scheint ein anderes Thema noch fesselnder, nämlich die Kontroverse darüber, wie Raum und Zeit aufzufassen seien. Fünf Jahre zuvor war Newton in dieser Sache schon einmal kritisiert worden, nämlich von Bischof Berkeley, einem der geistreichsten Köpfe der Philosophiegeschichte. Der hatte hinter Newtons Fiktion des absoluten Raumes die theologische Gefahr des Pantheismus vermutet, weil dadurch Gott mit der Natur gleichgesetzt werde. Nach Berkeley darf man den Raum nur als relativ fassen, „oder es gäbe sonst etwas, was ebenfalls ewig, ungeschaffen, unendlich, unteilbar und unveränderlich ist" – wie Gott auch.

Diesen Vorwurf wiederholte Leibniz nun. Für Newton scheine der Raum nicht erschaffen, sondern sei schon immer da – unabhängig von der Materie. Leibniz hingegen meinte, der Raum entstehe erst jeweils durch die erschaffene Materie, ohne sie gebe es ihn nicht. Mit anderen Worten: Newton hielt Raum und Zeit für absolut gegeben und unendlich, Leibniz sah in einer solch absoluten Grösse eine Konkurrenz zu Gottes Absolutheit und meinte, der Raum sei etwas Relatives.

Wegen dieser Auffassung hat so mancher moderne Deuter des Streits in Leibniz einen Vorläufer Einsteins sehen wollen. Andererseits verkleinerte Leibniz Raum und Zeit zu einer fast irrealen Erscheinung, was wiederum Einstein wohl nicht hätte billigen können. So geht nach heutigen Kriterien der Streit, wie ein englischer Forscher nüchtern festgestellt hat, unentschieden aus.

Allmählich wurde die Auseinandersetzung zwischen Leibniz und dem Sprecher Newtons im Ton schärfer und seit dem dritten Austausch von Briefen (Februar und Mai 1716) auch etwas unbeweglich, denn Leibniz fehlte jetzt im hohen Alter die überlegene

Gewandtheit, mit der er früher jeden Einwand souverän aufzunehmen verstand. Leider gewannen auch bei seiner Fürsprecherin die Argumente der Newtonianer allmählich an Überzeugungskraft. Obwohl sich die Prinzessin weiterhin bemühte, beide Seiten unbefangen zu hören, verloren ihre Briefe nach Hannover etwas von ihrer früheren Unbefangenheit und Wärme.

Der fünfte und letzte Brief von Leibniz an Clarke, datiert am 18. August (1716), wuchs an zu einer kleinen Abhandlung. Zwei Monate später, am 29. Oktober, sandte Samuel Clarke seine fünfte Entgegnung. Leibniz hat sie nicht mehr gesehen, denn sie traf erst nach seinem Tod ein. Der Briefwechsel wirkt dennoch nicht abgebrochen, sondern war – nachdem er sich zu einem philosophischen Disput über entscheidende Fragen der Naturphilosophie entwickelt hatte – an sein Ende gekommen. Zu Recht wurde er bald in England gedruckt. So hat auch die Freundschaft, die Leibniz mit Prinzessin Caroline, der Vermittlerin in diesem Wettstreit, verband, ihr philosophisches Denkmal gefunden. Sie hatte sich also, wie von Leibniz einmal gehofft, doch noch als eine bedeutende Nachfolgerin der preussischen Königin erwiesen.

Schon für die ersten Leser des Werkes schien Newton der Sieger zu sein, seine Physik gewann sowieso immer mehr an Boden. Der Newtonsche Gott regierte alsbald erhaben in der unendlichen Leere des absoluten Raums. Doch jeder Fortschritt der Newtonschen Wissenschaft stützte zugleich die Behauptung von Leibniz, die Weltenuhr müsse weder aufgezogen noch repariert werden. Die fortschreitende Mechanisierung des Weltbildes bot für alles eine natürliche Erklärung und führte mit unwiderstehlicher Konsequenz zur Auffassung von Gott als einem Ingenieur im Ruhestand. Von da war es zu seiner völligen Ausschaltung nur noch ein Schritt – obwohl diese Konsequenz weder Leibniz noch Newton gewollt haben oder gebilligt hätten.

Schreckensmeldungen aus Wien Von den beiden Helfern, die ungebeten Leibniz am Kaiserhof vertraten, hörte er am 9. September 1716 Schlimmes, denn beide Herren, Schmid und Corswarem, hatten erfahren, den Titular-Reichshofräten seien die Einkünfte gestrichen worden. Corswarem macht jedoch gleich eine Reihe von Vorschlägen, was Leibniz dem Kaiser entgegnen könne. Schmid, in dessen Zimmer Corswarem seinen Brief geschrieben hat, tröstet Leibniz am gleichen Tag ebenfalls mit der Vorstellung, der Kaiser werde hundert andere Wege wissen, ihn zu bezahlen. Die beiden machen sich daher Hoffnungen, mit weiteren Botengängen beauftragt zu werden.

Natürlich ist Leibniz, von Krankheiten ohnehin geschwächt, sehr bestürzt und schreibt am 20. September gleich an die Kaiserin-Witwe Amalia, weil er das Gefühl hat, ihm sei ein Strich durch alle seine Pläne gemacht worden. Dem Siebzigjährigen setzt die Aufregung sichtbar zu, und er gibt seinem Kummer auch heftigen Ausdruck, indem er schildert, wie mühsam es war, die Würde eines Reichshofrates überhaupt zu erlangen. Hätte er sich doch nie darum beworben! Beträfe die Einsparung wegen des Krieges alle Reichshofräte, würde er sich damit abfinden, so aber minderte sie seine Reputation und komme einer Degradierung gleich, die imstande sei, sein Ansehen zu zerstören. Seine Reputation aber brauche er, wenn er demnächst fähige Leute für die Akademie zu werben suche. Den Brief adressiert er dann doch lieber zuerst an die Hofdame Maria Charlotta von Klenck mit der Bitte, ihn der Kaiserin-Witwe zu überreichen.

Auch an den verlässlichen, treuen Schöttel schreibt er und bittet zugleich, die Sache nicht bekannt werden zu lassen, da er sich herabgesetzt fühle. Schöttel tut das einzig richtige, er verständigt sich gleich mit der Klenck, und beide sind sich einig: Sie halten das Gerücht für falsch, und sie haben damit recht. Fräulein von Klenck beruhigt Leibniz und ist sich so sicher, hier liege eine Falschmeldung vor, dass sie mit Theobald Schöttel beschliesst, Leibnizens Brief einfach noch nicht der Kaiserin-Witwe zu übergeben. Dabei hat die Hofdame heftige Worte für Corswarem und Schmid, die nach ihrer Meinung kein Vertrauen verdient haben.

Dem widerspricht Leibniz am 11. Oktober. Er dankt der Hofdame für die freundliche Warnung, nimmt aber die Angegriffenen in Schutz. Zwar mische er sich nicht in ihrer beider Angelegenheiten, doch da sie sich ihm in Wien genähert hätten und bemüht gewesen seien, ihm ihren guten Willen zu zeigen, wolle er sie nicht zurückweisen, auch wenn ihre Dienste nur von geringem Nutzen seien. Ebenso verteidigt er seine Wiener Helfer vor Schöttel, da er sie für unglücklich, aber ehrlich hält. Auch er wisse allerdings, dass ihm diese Bekanntschaften vor der Welt keine Ehre machten, weil man die Unglücklichen mehr als die Boshaften meide. Noch immer bangt er um seine Besoldung und bittet Schöttel, ihm „dießfalls aus dem traume zu helffen", so dass offenbleiben muss, ob er den beruhigenden Versicherungen ganz geglaubt hat. Tatsächlich wurde das Gehalt alsbald bezahlt, die Regierung hatte nie andere Pläne, doch traf das Geld erst nach dem Tode von Leibniz ein.

Inzwischen hatten sich in Wien grosse Summen für Leibniz angesammelt, die Schöttel, wie er sollte, auf ein Bankkonto einzahlte, auch einen Betrag von tausend Talern, den Leibniz angewiesen hatte, um seine Rückkehr nach Wien vorzubereiten. Ein halbes Jahr nach dem Tode des grossen Mannes konnte der Alleinerbe, sein Neffe Löffler, eine Legitimation vorweisen und bekam vom freundlichen Mathematiker und Beamten Schöttel die Schlussabrechnung vorgelegt. Für sich und seine Unkosten hat er nichts behalten, der Erbe hat ihm wohl auch nichts angeboten. Damit ist alle seine Mühe endgültig zum Freundschaftsdienst für Leibniz geworden. Erstritten, verwahrt und verwaltet hatte er 5 210 Gulden, heute etwa 300 000 Mark, viel Geld in den Augen eines armselig bezahlten Beamten. Schöttel bezog nur ein Jahresgehalt von 120 Gulden, in den letzten Jahren etwas mehr. Seinen drei unversorgten Töchtern konnte er nach vierzigjähriger Dienstzeit nur so wenig hinterlassen, dass sie um die Gnade des Kaisers bitten mussten. Daran zeigen sich auch die damaligen Einkommensunterschiede. Allein die Nebeneinnahmen eines hohen Beamten wie Leibniz betrugen in zwei oder drei Jahren mehr als das Grundgehalt des kleinen Beamten während seines ganzen vierzigjährigen Berufslebens zusammen. Man möchte wünschen, dass Leibniz, wenn der Tod nicht dazwischengekommen wäre, diesem selbstlosen Mann etwas abgegeben hätte.

Besuch eines alten Berliners   Die Beziehungen nach Berlin waren in diesen Jahren – ohne allen Streit – ganz zum Erliegen gekommen, davon ist schon die Rede gewesen. Leibniz schien die Sozietät vergessen zu haben, und die Berliner hatten ihren Präsidenten aufgegeben. Nur einmal war am 3. September 1715 noch sein alter Mitstreiter Hofprediger Daniel Ernst Jablonski an ihn herangetreten, aber nur um zu melden, dass die Zahlung von Spesen vorläufig eingestellt werde. Leibniz hatte beim Minister von Printzen protestiert, doch der beharrte, die Spesen würden zu Recht nicht mehr gezahlt, weil Leibniz innerhalb von drei bis vier Jahren keinen Brief mehr an die Sozietät geschrieben und keine Reise nach Berlin unternommen habe.

Statt dessen griff Leibniz nun das andere Thema auf, das ihn mit Berlin einst verbunden hatte. In einem Brief vom April 1716 an Hofprediger Jablonski bedauerte er, dass die Unionsverhandlungen der protestantischen Kirchen eingeschlafen seien. Diese Anregung nahm Jablonski gern auf, und auch der junge König Friedrich Wilhelm wurde für einen Neubeginn gewonnen. Im Sommer schon legte der Hofprediger seinem Herrn eine eigene Denkschrift zur „Union" vor und schickte sie auch Leibniz. Der bat – da war es schon Oktober und seine Krankheit weit fortgeschritten – den Hofprediger, nach Hannover zu kommen, denn auch Abt Molanus könne jetzt nicht mehr reisen. Jablonski nahm die Einladung gern an und hoffte zugleich auf eine Audienz bei König Georg von England, wozu er ein Beglaubigungsschreiben des Königs von Preussen mitführte. Sein rascher Entschluss zu reisen brachte Molanus und Leibniz in Schwierigkeiten, da der Kurfürst und König in der Göhrde jagte und vorläufig nicht nach Hannover zurückzukommen gedachte.

Also schrieb Leibniz eilig dem schon anreisenden Jablonski nach Wolfenbüttel und riet ihm, nach Berlin zurückzufahren. Er selbst sei „ietzo mit den Füßen nicht zum besten versehen", sonst wäre er nach Braunschweig oder Wolfenbüttel gekommen. Jablonski war über die späte Ausladung zuerst verstimmt, fuhr dann aber doch nach Hannover und beriet sich in alter Vertrautheit mit Leibniz und Molanus, die sich allerdings beide schwach fühlten und für alles weitere auf die Tatkraft Preussens hoffen mussten. Leibniz konnte wenigstens anbieten, das Projekt an die englische Kronprinzessin Caroline und den Erzbischof von Canterbury weiterzuleiten. Mit diesen Unterredungen fand auch die alte Beziehung zu Berlin ihren versöhnlichen Abschluss. Der letzte Brief, den Leibniz in seinem Leben geschrieben hat, war sein Bericht darüber an den preussischen Minister von Printzen.

Die letzten Tage   In diesem Herbst war er oft krank gewesen, verschämt verschwieg er jedoch seine Schwäche, denn niemand am Hof, soweit er noch in Hannover war, brauchte zu wissen, dass ihm sogar das Lesen schwerfiel. Er litt an Nierenkoliken, an der Pein der offenen Beine, an der Gicht – der Schmerz hatte von ihm Besitz ergriffen. Er konnte nicht mehr ausgehen und verschmähte auch die Sänfte, so dass die Einsamkeit vollständig geworden war. Anfang November wurde er bettlägerig. Seine Gelenkerkrankung machte ihn nahezu bewegungsunfähig, sogar die Schulter war jetzt steif.

Das ‚Dekokt' gegen die Gicht, dieser bittere Holztrank, dessen Rezept ihm zwei oder drei Jahre zuvor ein Jesuit in Wien genannt hatte, zeitigte diesmal nicht den gewünschten Erfolg. Schon am zweiten Tag der Kur mit dem Getränk, dessen Geschmack allein schon ausreichte, um Übelkeit zu erregen, widerstand der Magen der grossen Menge. Die Nierensteine verhinderten überdies, dass die starke Flüssigkeitsmenge noch abfloss, es schwoll ihm der Leib. Er gab die Kur auf, und statt dessen musste der gute Helfer Vogler seinem Herrn einen spanischen Weisswein reichen.

Es ist Freitag, der 13. November, das wird der vorletzte Tag in seinem Leben sein. Seit einer Woche liegt er zu Bett. Sein Helfer und Assistent Johann Hermann Vogler, der junge Theologe mit dem kindlichen Gesicht, wacht am Krankenbett und wechselt sich mit dem altgedienten Kutscher Henrich ab. Er notierte: „Seith dem hörten Sie auch gar auf zu lesen." Wenn Vogler seinen Herrn meint, verwendet er das „Sie", gemeint ist „Ihre Exzellence", was heutzutage wie eine Anrede klingt.

Zufällig meldet sich an diesem Freitag jener Arzt beim Geheimrat an, den Leibniz aus Bad Pyrmont kennt, Doktor Johann Philipp Seip. Er ist gerade in Hannover und lässt ausrichten, er wünsche ihm irgendwann seine Aufwartung zu machen. Dadurch kommt der Kranke auf die Idee, er könne diese Koryphäe rufen lassen, obwohl er eigentlich keinen Arzt hat an sich heranlassen wollen, weil niemand in der Stadt etwas von seinem Zustand erfahren soll. Doch sind die Schmerzen jetzt so unerträglich, dass er Hilfe braucht. Vogler erinnert sich später: „Ich hatte noch immer gute Hoffnung biß an den Freytag gegen Abend, da Sie mich rieffen, und sagten, ich sollte zu Dr Seip gehen, und demselben sagen, wie Sie einige Tage her von Steinschmertzen große Ungelegenheit gehabt; weswegen Sie gern seines Raths pflegen wollten, und bäten ihn gleich zu Sie zu kommen." Die Koliken müssen unerträglich gewesen sein. Der Patient konnte die Blase nicht mehr entleeren, so dass, wie es im Bericht heisst: „das viele Wasser nicht fort wollte". Der Schweiss trat ihm aus, er hatte Fieber.

Abends um neun traf Vogler den Doktor Seip in seinem Gasthaus an und berichtet, dass „er noch her kam, und gleich ein Recept aufschrieb, womit ich noch nach der Apothec lieff, und es machen liess; und nahmen Sie noch ein Pulver, auch Tropffen davon ein. Ich wollte dieselbe Nacht nicht zu Bette gehen, und blieb gantz allein bei Ihnen, da Sie noch ziemlich ruheten." Mit dieser Schilderung endet der Tag in Voglers Bericht.

Dieser Arzt Seip, früh eine Berühmtheit, Hofrat und Leibmedicus, sehr auf seinen Ruf bedacht, hat sich später lieber etwas anders erinnert. Zwar war es für ihn eine Ehre, dass er der Arzt gewesen war, den zu konsultieren der bedeutende und sonst gegenüber Ärzten misstrauische Leibniz für würdig befunden hatte. Andererseits konnten die Medikamente, die Seip zusammengestellt hatte, den Kranken nicht retten. Daher meinte er später, er sei erst am Sterbetag gerufen worden, viel zu spät also, und der Kranke habe seine Arznei gar nicht mehr nehmen können. Der lateinisch geschriebene Bericht, den Seip über seinen Krankenbesuch gab, ist dennoch erhellend.

„Als ich zu ihm gekommen war, fand ich ihn im Bette sitzend vor. Mit einem grossen Wortschwall setzte er mir seine Krankheit auseinander; er fügte hinzu, dass er seit vielen Jahren an Gelenkentzündung und Podagra leide, er habe aber dennoch niemals einen Arzt um Rat gefragt, er habe ein Holzdekokt im Gebrauch. Er zeigte mir sodann das Rezept und bot mir das Dekokt selbst zum Schmecken an. Er sagte, dass er mit diesem Mittel auch bei den schwersten Anfällen seine Schmerzen gelindert, ja sogar ganz besiegt habe. Ich fand seinen Puls sehr schwach, er hatte kalten Schweiss an den Händen, der Atem war ängstlich, schwer und schnell. Aber nichtsdestoweniger fuhr er unter den grössten Anstrengungen fort, mich mit den verschiedensten Gesprächen zu unterhalten und zu ergötzen. Unter anderem erzählte er, dass er in Florenz eine Münze gefunden habe, die zur Hälfte in Gold verwandelt gewesen sei. Auch habe er gesehen, wie ein eiserner Schlüssel durch ‚alchemica tinctura Jurtenbachii' zur Hälfte in Gold zurückgeführt gewesen sei." Was der Patient zu erzählen hat, scheint eine Fieberphantasie zu sein über das Goldmachen. Er spricht jetzt ungehemmt darüber und bildet sich ein, gesehen und gewusst zu haben, wie es gelingen kann.

Obwohl der Schwerkranke ängstlich wirkte und ihn das Reden anstrengte, bemühte er sich, möglichst unbesorgt zu erscheinen. Um den Arzt zu beruhigen, behauptet er, bei Anfällen von Gicht habe er schon immer nur schwer atmen können, er brauche nur ein Mittel zur Stärkung des Herzens. Leibniz wollte offenbar selbst dem Arzt seine Elendigkeit verschweigen, weil er Angst hatte, sein Zustand könnte bekannt werden. Deshalb hat er auch Seip angewiesen, niemandem etwas über seine Krankheit zu sagen. Das führte zur letzten Anstrengung in seinem Leben, zu dem Versuch, frischer und kräftiger zu erscheinen, als ihm zumute war.

An diesem Tag, der nun zu Ende ging, war der engste Mitarbeiter Johann Georg Eckhart wenig hilfreich gewesen. Er hatte morgens zwar kurz nach dem Kranken gesehen, meldete sich dann aber mit einer eigenen „Maladie" krank, um das Bett zu hüten. Die Kräfte reichten aber noch zu einem Bericht an Premierminister Bernstorff über die vergangenen zwei Wochen: „Hr Leibnitz lieget an händen und füßen contract und ist ihm die Gicht in die schultern gezogen, so biß dato noch nicht geschehen. Er kann itzt von arbeit nicht einmahl hören u. wenn ich ihn in dubiis frage, antwortet er, ich möge die sachen machen, wie ich wolle; ich werde es schon gut machen; er könne sich umb nichts mehr in seiner maladie kümmern." Nichts sei in der Lage, meint der Rat und Mitarbeiter, Herrn Leibniz wieder auf die Beine zu bringen, „als der Czar oder sonst ein dutzend großer herren, so ihme hofnung zu pensionen machen". Die Welfengeschichte werde er nie vollenden, denn „indem er alles thun u. in alles sich mischen will, kann er nichts zum ende bringen, wenn er auch Engel zu adjutanten hätte".

Das Sterben Vom letzten Tag seines Lebens, dem 14. November, berichtet sein Adlatus Vogler: „Des andern Morgens musten wir einen gewissen Stein warm machen, auf den Leib zu legen; und wie solcher zu schwer, nahmen wir heiß Saltz. Wie Sie aber sahen, daß alles nichts halff, musten wir es weg lassen. Gegen Mittag kam H. Dr Seip wieder, da er denn gerathen, Sie sollten ein Clistir machen lassen, welches Ihnen um 5 Uhr Abends beygebracht wurde. So bald solches nur geschehen, ging die rechte Angst an, und stunden Sie gleich auf, und gingen zu Stule; sagten darauf, weil Sie auf wären, sollte ich ihnen weiß Zeug anziehen, so ich auch that. Mir war aber recht bange, weil ich gantz alleine bey Ihnen war. Unterdessen kam Henrich, der das Bette machte. Das Hemde, so Sie an hatten, war gantz naß vom Schweiß und hielten Sie ihre Hände stets an meine vor Schwacheit. Wir machten darauf nur, daß Sie wieder zu Bette kamen, und seith dem trieben Sie immer, dass Sie essen wollten.

Es war 9. Uhr, wie wir Ihnen das essen gaben; Sie nahmen von klein gehacktem Fleisch etwa 2 Messer Spitzen voll, so Sie aber wieder von sich gaben, und verlangten mehr; allein so wie ichs brachte, muste ichs wieder weg bringen, biß auf die Aepffel, wovon Sie einige nahmen, biß Sie sagten: nehmet sie ein bißgen weg, und gebt sie mir wieder. Ich sagte aber zu Henrichen, nehmet nur alles weg; ich sehe wol, daß es alles nichts mehr ist. Machet nur, daß jemand zu uns komme, damit wir nicht allein seyn. Er ging also zu H. Hennings (einem Advocaten, der mit im Hause wohnete) der seinen Diener schickte, und fragen liess, ob es Seiner Excellentz gelegen wäre, daß er käme. Wie wir Ihnen solches sagten, antworteten Sie, es wäre nicht nöthig, es hätte biß morgen Zeit genug. Eben so sagten Sie auch, wie wir vom Prediger sagten."

Also wollte Leibniz weder ein Testament machen noch das letzte Abendmahl nehmen. Als ihm sein Diener Henrich einen Pfarrer holen wollte, habe er – nach einer anderen Überlieferung – entgegnet: „Narre, du hast mich ja lange gekennet, was soll ich beichten? ich habe niemand was gestohlen, oder genommen." Und erst auf weiteres Drängen: „Morgen soll's geschehen."

Vogler erinnert sich weiter: „Wir gingen also forne in die Stube, biß ich hörete, daß Sie nach Papier griffen, welches Sie zerrissen, und gegen das Licht hielten; da ich zulieff, und es Ihnen weg nahm, weil mir bange, Sie hättens wollen anzünden. Ich sagte also zu Henrichen wieder, er sollte machen, dass Herr Hennings herauf käme. Wie Henrich hinunter ging, war mir recht angst, weil Sie mir gleichsahm untern Händen nieder sancken. Ich redete Ihnen also vom Verdienst Christi vor und fing an zu beten; da Sie denn groß die Augen aufschlugen, und mich ansahen. Wie Sie aber nichts sagten, fragte ich: kennen mich denn Ew. Gnaden nicht mehr? Sie schlugen die Augen wieder gross auf, und antworteten: ich kenne dich noch gantz wol. Sie forderten darauf ein Nacht-Geschirr, welches Henrich brachte; unterdessen ich zurücke ging. Nun ging ein grosser Unflath von Ihnen, welches einen solchen bösen Geruch von sich gab, dass mir der Kopff gantz wehe davon that; und ehe wir es uns versahen, schlieffen Sie gantz sanfft ein."

Gottfried Wilhelm Leibniz war abends gegen zehn oder elf Uhr mit einem letzten ruhigen Atemzug von seinen Schmerzen erlöst. Der geängstigte Adlatus Vogler lief, obwohl es spät war, mit der Nachricht gleich in die Wohnung des Rates Eckhart, der schon zu Bett lag und wieder aufstand. Der schickte Vogler weiter zu einem

Geheimen Rat, der dafür sorgen sollte, dass Bibliothek und Arbeitsräume versiegelt würden. Diese Massnahme war wohl im voraus so festgelegt worden, damit nichts vielleicht Geheimes aus den Zehntausenden von Zetteln des Geheimen Hofrats nach aussen dringen und keine Interna des Hofes bekannt werden konnten. Der Vorschrift Genüge getan haben noch in der Nacht Eckhart und der Advokat Hennings, am anderen Morgen kam ein hoher Beamter und versiegelte im Auftrag der Regierung nochmals jede Tür. Offen blieb nur die unterste Stube, in der sich Vogler und Henrich aufhielten.

Leibniz ist, wie es der gute Vogler so einfühlend aufgeschrieben hat, leidend und elend gestorben. Dennoch wurde alsbald erklärt, wie es damals erwartet wurde, er sei lächelnd entschlafen, bis zuletzt schreibend, eben heiter wie ein Philosoph. Und noch etwas anderes erwartete die Nachwelt: ein frommes Sterben. Dazu gehörte, dass man einen Geistlichen kommen liess oder wenigstens zuletzt noch in der Bibel gelesen hatte. Doch vom Arzt Seip und vom Rat Eckhart wurde Leibniz in den Verdacht gebracht, an seinem Lebensende eine wenig erbaulich-christliche Lektüre gewählt zu haben. Sie hätten den Todkranken „umgeben von vielen Büchern, Schriften und Briefen" vorgefunden, die verstreut waren „auf seiner Decke und auf den Stühlen um das Lager", aber es seien nur die ‚Argenis' des britischen Satirikers Barclai, sowie Bücher über Kanada oder über eine künstliche Sprache gewesen. Wegen dieser Mitteilung ist Leibniz später von so manchem Zeitgenossen hart beurteilt worden. Vogler meinte aber, wohl um einer Legendenbildung entgegenzutreten, Leibniz habe die ‚Argenis' zwar oft in die Hand genommen, wenn ihm die Gicht das Schreiben verbot, aber nicht mehr während der letzten Krankheit, da sei ihm das Lesen bald vergangen.

Seine Weigerung, einen Geistlichen kommen zu lassen, ist von Liselotte von der Pfalz, der Herzogin von Orléans, freundlich gedeutet worden; sie meinte, die Pfarrer hätten ihn eben nichts mehr lehren können.

Zweimal beigesetzt Am Sonntag, der auf die Nacht folgte, in der Leibniz starb, kam also der hohe Beamte und versiegelte nochmals die Türen und nahm die Schlüssel mit, auch die Briefe, die noch verschickt werden mussten. Selbst im Garten vor den Toren der Stadt erschien unter Zeugen ein Notar und nahm alles in eine

Liste auf. Schon an diesem Sonntag Mittag musste Rat Eckhart aufs Amt kommen, wo er Befehl erhielt, den Verstorbenen in einen provisorischen Tannensarg legen zu lassen, damit er noch am Abend von Amts wegen in die Neustädter Kirche gebracht werden könne. Dass es gleich am Abend geschehen sollte, war keine unangemessene Eile, denn es galt durchaus als ein Vorrecht der Vornehmen, in der Abendruhe überführt oder bestattet zu werden.

Wie angeordnet, kamen abends vier königliche Stallknechte mit dem üblichen offenen Pferdefuhrwerk. Sie trugen den Sarg aus dem Haus und hoben ihn auf den Wagen. Dann ging es feierlich-bedächtigen Schrittes vom Haus in der Schmiedestrasse über die Leine in die Neustadt zu jener Kirche, die immer noch Hofkirche war und in der viele Begräbnisstätten für den Hofadel und die Beamtenschaft vorgesehen waren. Dem Sarg folgte der Kutschwagen von Eckhart, in dem er mit einem früheren Mitarbeiter des Verstorbenen, Johann Wilhelm Göbel, sass. Vor dem Leichenwagen gingen mit Laternen der Diener des Hofpredigers und der des Nachbarn Hennings. Die Bedienten des Verstorbenen, also Vogler und Henrich, gingen rechts und links neben dem Wagen, dahinter der Diener des Rats Eckhart und der des Herrn Göbel. An der Kirche wurde der Sarg durch die Stallknechte vom Wagen gehoben und im Inneren des Gotteshauses in jene Kammer unter dem Fussboden gesenkt, die dazu vorgesehen war, die Särge bis zur Bestattung zu bergen.

Rat Eckhart machte sich gleich am anderen Morgen, also am Montag, ins Jagdschloss Göhrde auf, um sich vom königlichen Hof als Nachfolger des Verstorbenen bestätigen zu lassen, denn er hatte wohl Angst, ein Konkurrent aus Hamburg könnte ihm vorgezogen werden. Vielleicht bekam er gleich den Brief mit, den die Minister, soweit sie in Hannover waren, an ihre Kollegen, die beim König weilten, geschrieben hatten. In diesem Brief wird das Ableben des Geheimen Justizrats gemeldet und dass der Sarg „ins Gewölbe der Neustädter Kirche" gebracht worden sei. Es folgen Erwägungen, ob dem Rat Eckhart die Bibliothek anvertraut und ob er vereidigt werden könne. In jedem Fall sollte er die hinterlassenen Schriften „aufs sorgfältigste verwahren und nichts davon abhanden bringen, auch nichts ohne speciale Erlaubnis drucken lassen". Man war also sehr besorgt, dass etwas verloren ginge, und diese Vorsicht hatte zur Folge, dass der gesamte Nachlass geschlossen beisammen geblieben ist und noch heute von der Forschung Blatt für Blatt ausgewertet werden kann.

Durch Zufall kam der schottische Ritter John Ker of Kersland am Sonntag in Hannover an. Er kannte Leibniz, wie erwähnt, aus Wien, war ihm dankbar und wollte ihn aufsuchen, als er erfuhr, dass man ihn in aller Stille zu Grabe getragen habe. Da England die Grossen des Landes anders zu beerdigen pflegte, war er über dieses Begräbnis entsetzt – schienen die Hannoveraner den Toten doch „wie einen Wegelagerer" bestattet zu haben und nicht wie einen Mann, der „die Zierde seines Vaterlandes" gewesen war. Ker of Kersland meinte wohl auch, die nächtliche Stunde gelte bei Beerdigungen als schändlich, und er wusste offenbar nicht, dass die Begräbnisfeier erst noch bevorstand. Sein empörter Bericht wurde veröffentlicht und hat zweihundert Jahre lang das Bild davon bestimmt, wie Leibniz angeblich unter die Erde gekommen ist.

Eine königliche Kommission begann nach dem Eintreffen des Erben, Friedrich Simon Löffler, Pastor zu Probstheida, mit der Sichtung des nachgelassenen Besitzes. Leibniz hinterliess ausser seiner umfangreichen Bibliothek, die dem Staat zufiel, einen schwarzen Koffer in seinem Wohnzimmer, der Bargeld, Medaillen, Münzen und Wertpapiere im Wert von 12 000 Talern enthielt. Bald kam noch die Summe hinzu, die Schöttel in Wien verwaltete. Nach heutigem Wert waren es zusammen etwa eine Million Mark – oder auch das Doppelte, da solche Umrechnungen sehr unsicher sind.

Erzählt wurde bald dies: Als Pastor Löffler mit dem Schatz zu Hause in Probstheida vor den Toren Leipzigs eintraf, trug sich die Merkwürdigkeit zu, dass seine Ehefrau im freudigen Schreck über den Anblick der geöffneten Truhe leblos zu Boden sank. Löffler selbst wusste von dem ererbten Vermögen keinen Gebrauch zu machen und verlor darüber seine Ruhe.

Von der Regierung, die im Jagdschloss Göhrde weilte, ist offenbar gleich entschieden worden, dass Rat Eckhart der Nachfolger werde. Durch den Tod des Übervaters und durch seine Bestallung versöhnlicher gestimmt, scheint er es willig übernommen zu haben, die Beerdigung vorzubereiten. Ein Staatsbegräbnis war nicht gewährt worden. Woher Eckhart das Geld für die Feier genommen hat, weiss man nicht, der Erbe nahm am Leichenbegängnis jedenfalls nicht teil; ob er etwas gegeben hat, ist unbekannt. Mit den Vorbereitungen liess sich Eckhart Zeit, aber das war üblich, denn nicht nur hohe Herrschaften wurden oft erst Monate

nach ihrem Ableben beerdigt, sondern auch auf dem Lande wartete man, während der Sarg in der Diele stand, meist ebenso lange.
Ja, die Dauer der Vorbereitungszeit scheint damals die Bedeutung
der Feier gesteigert zu haben. Gewartet hat Eckhart wohl auch, um
die Beerdigung würdig vorzubereiten und um die genaue Grabstelle in der Kirche zu bestimmen. Das könnte am längsten gedauert haben, weil die Entscheidung, welcher Platz vergeben wurde,
mit vielen Fragen des Prestiges und der Eitelkeiten, wohl auch mit
Geldzahlungen verbunden war. Dann hätten auch Fürsprecher
oder Geber gefunden werden müssen.

Das Recht auf Bestattung in einer Kirche war schon immer ein
Privileg gewesen. Das gilt auch von der Neustädter Kirche, die, wie
erwähnt, als Begräbniskirche – für Adel und Hofbeamte – angelegt
worden war. Der Fussboden bestand nur aus grossen Sandsteinplatten, die jeweils eine Gruft bedeckten. Die Gemeinde musste
beim Gottesdienst praktisch über ihren Toten sitzen und sollte –
beim modrigen Geruch – die eigene Vergänglichkeit spüren. In der
Neustädter Kirche wurden die Särge nicht einmal mit Erde (oder
‚Sand‘, wie man hier sagte) zugeschüttet, sondern lediglich mit
einer Steinplatte bedeckt, die locker aufgelegt wurde. Nur bei einigen Gräbern wurde zuvor unter der Platte ein Gewölbe aus Backsteinen gemauert.

Auf den 14. Dezember, genau einen Monat nach seinem Sterben, war die Bestattung angesetzt. Der König und sein Hofstaat
waren längst wieder in London. Vogler erinnerte sich, dass zu der
Feier „alle Hof-Bediente geladen waren, aber niemand erschiene“.
Rat Eckhart erklärte sich das so: „Dass die Höflinge nicht bey seinem Leichenconducte erschienen, rühret wohl daher, weil er in
seinem Leben sie wenigs Umgangs gewürdiget hat.“ Damals war
es aber auch weit weniger persönliche Pflicht als heute, einem Mitmenschen, den man gekannt hatte, das letzte Geleit zu geben. Es
sei denn, es handelte sich um ein gesellschaftliches Ereignis, aber
davon konnte in diesem Fall natürlich nicht die Rede sein. Würdig war der Rahmen dennoch.

Vogler entsann sich: „Der Ober-Hof-Prediger H. Erythropel
sang die Collecte, wozwischen die Schüler musicirten. Der Sarg
war gantz mit schwartzen Sammit bezogen, worüber allerhand
Zierathen von Zinn gemacht waren.“ Dafür hatte Eckhart gesorgt:
„Seinen Sarg habe ihme lassen schön verfertigen. Zum Kopfe war
sein Wappen, zum Füssen seine Titels, und Sterbezeit angeheftet.

Auf jeder Seite war in der Mitten ein grosses Feld und zwey kleine zu beyden Seiten. Zur Rechten in der Mitten stund sein Symbolum, so da war: Pars vitae, quoties perditur hora, perit." (Ein Stück des Lebens ist verloren, sobald eine Stunde vergeudet wird.)

Die Worte und Symbole, die, aus Metall gearbeitet, silberfarbig auf dem schwarzen Samt glänzten, waren alle nicht christlich, aber sie zeugten von der Lebensleistung des Verstorbenen und vom Einfallsreichtum seines Nachfolgers Eckhart. Ausser dem persönlichen Sinnspruch von Leibniz über die verlorenen Stunden hatte Eckhart noch die Eins und die Null der Dyadik darstellen lassen, dazu auf lateinisch die Worte: „Alles bezieht sich auf das Eine." Es stieg auch ein Adler zur Sonne empor, ebenso wand sich eine Spirallinie in die Höhe und bot ein Sinnbild, das Johann Bernoulli sehr liebte, weil dazu die lateinischen Worte gehörten: „Die Gebeugte wird sich erheben." Diese Symbole des Aufstiegs und der Ewigkeit wurden ergänzt durch einen Phönix, der sich zu den Worten erhob: „Die Asche wird die Ehre wahren."

Am Ende dieser bescheidenen, aber würdigen Feier wurde der geschmückte Sarg in seine Gruft gesenkt. Später ist diese Grabstelle wohl noch mit einem Backsteingewölbe ausgemauert worden, bevor die grosse Sandsteinplatte aufgelegt wurde. Eine Inschrift bekam sie nicht, das entsprach dem Brauch, und dazu wäre die Platte auch zu dünn gewesen. Nur hochadlige Verstorbene oder Pastoren dieser Kirche hatten Anspruch auf gestaltete Grabplatten.

Die weitaus meisten Gräber waren also nicht bezeichnet. Niemand scheint notiert zu haben, welches Grab im Laufe der Generationen schon besetzt war – und mit wessen Gebeinen. Offenbar gab jeder Küster nur seine Erinnerung an seinen Nachfolger weiter, und wenn es Aufzeichnungen gegeben hat, so gingen sie verloren. Daher wird man wohl nicht mehr ganz sicher gewusst haben, wo Leibniz lag, als mehr als ein halbes Jahrhundert nach seinem Tod Verehrer des unvergessenen Denkers an sein Grab zu pilgern begannen und wissen wollten, unter welcher Steinplatte der grosse Mann liege. Endlich, es mag im Jahre 1790 gewesen sein, hat man eine der Platten bezeichnet mit den bronzenen Buchstaben OSSA LEIBNITII, die Gebeine von Leibniz.

Ein Nachruf

Sein Sterben war quälend, aber er muss ohne Angst hinübergegangen sein. Er wusste, ihn erwartete die grosse Verwandlung. Von dieser Vorstellung hatte er verlässlichen Briefpartnern manchmal etwas angedeutet, immer sich scheu fragend, ob man ihm dabei noch folgen werde. Der Tod ist ein neuer Anfang, wenn auch zugleich der schmerzliche Abschied eines Darstellers von der Bühne, von den liebgewonnenen Mitspielern und den Zuschauern. Sterbend nämlich zieht sich jedes Lebewesen in seine Lichtsphäre zurück, in jenen Himmel, der die Erde ständig durchdringt, und legt dabei seine irdischen Hüllen wie Kleider ab, verliert aber, gleich Harlekin in der Komödie, nie seine letzte Haut.

Gottfried Wilhelm Leibniz ist als ein gewöhnlicher Sterblicher beigesetzt worden. Nicht wie sein Zeitgenosse Isaac Newton, dessen Sarg, von Herzögen geleitet und von einer vieltausendköpfigen Menge verehrt, in das Allerheiligste der Nation überführt werden wird. Leibniz starb halb vergessen. So unauffällig wie seine Beerdigung war, ist auch der äussere Rahmen seines Lebens gewesen. Sein Stern leuchtete unter den Gelehrten, nicht in der hannoverschen Regierung, wo er es bloss zum Referenten und Gutachter gebracht hatte. Und nicht bei Hofe, wo er ein Aussenseiter geblieben war, einer mit falschem Adelstitel, isoliert und mit beunruhigendem Tatendrang, beargwöhnt von seinen Fürsten, beschützt nur von der alten Kurfürstin Sophie, am Ende allein.

Für die meisten Menschen war er ein fast weltfremder Gelehrter, den man an seiner dunklen Perücke erkannte und an der bestickten Kleidung, die ihm nicht stand. In diesem Aufzug wirkte er mit seinem grossen Kopf geradezu wunderlich. Stark kurzsichtig, dazu etwas linkisch, mit den Händen ungeschickt, hielt er sich auch noch krumm, als hätte er einen Buckel, so dass einer der Prinzen gespottet hat, er sehe aus wie ein Hofnarr. Ja, es hat ihm am standesgemässen Auftreten gefehlt. Meist sprach er auch noch undeutlich, wenig respektgebietend, dazu mit einer leisen, recht hohen Stimme. Weder zum Plauderton noch zum Pathos begabt, wirkte er wenig selbstsicher, es sei denn, er fand ein wohlwollendes Gegenüber. Denn sobald man ihm wirklich zuhörte, machte er Eindruck, grossen Eindruck sogar. Und konnte, wenn er sich wohlfühlte, auch witzig und vergnügt sein, vor allem in der Gesellschaft hochfürstlicher Damen.

Er liebte die Menschen und hatte doch keinen Freund. Dabei war er ein grosszügiger Mensch, wollte andere anerkennen, tolerant sein und bereit, von ihnen zu lernen. Als Kritiker milde, ein Ireniker in Konfessionsfragen und voller Nachsicht selbst mit den ganz Frommen. „Er sprach von jedermann Gutes, kehrte alles zum Besten", erinnerte sich sein Mitarbeiter Eckhart. Geduldig war er auch mit seinen Hausangestellten, brauste wohl einmal jähzornig auf, war aber gleich wieder gut und nicht nachtragend.

In der brieflichen Diskussion mit anderen Gelehrten zeigte er sich entgegenkommend und glich sich bis in die Wortwahl dem Gesprächspartner an, so dass es scheinen konnte, er rede anderen nach dem Munde. Doch suchte er nur eine gemeinsame Sprache, weil er sein Gegenüber nicht besiegen, sondern gewinnen wollte.

Aber brauchte er andere Menschen? Wohl kaum, er hielt Abstand und mied grosse Gefühle. Einmal hat er sich aufgeschrieben: „Im übrigen ist gewiß, daß alle starcke sinnliche empfindungen schädlich seyn, und mit einer allzustarken flamm einer Lampe zu vergleichen, die das Oel zu früh verzehret." Wirklich treffen lassen hat er sich wohl nur vom Tod der preussischen Königin, an der er gehangen hatte, und vom Tod seiner vertrauten Gönnerin Kurfürstin Sophie.

Im Alltag war er wenig gesellig und nahm sogar die Mahlzeiten einsam ein, die er sich aus dem Gasthaus bringen liess, wenn die Arbeit es erlaubte. Manchmal blieb er einfach am Schreibtisch sitzen, nachdem er in tiefer Nacht eingenickt war, um morgens um sechs Uhr weiterzuarbeiten. „Hart gegen sich selbst, nachgiebig gegen andere", das hat er sich früh als Regel notiert. Und er war eisern. Im hohen Alter liess er sich sogar Schraubstöcke an die Fussgelenke legen, bis dieser selbstzugefügte Schmerz die Gicht übertönte und er weiterarbeiten konnte. Die offenen Stellen an den Waden trocknete er rigoros mit Löschpapier. Es sei nicht nötig zu leben, aber zu arbeiten, dazu hat er sich bekannt. Mit vielen Mitteln trieb er sich an und schien doch selbst ein Getriebener zu sein.

Ja, er war süchtig nach Arbeit, voller Unrast, wollte gestalten und Einfluss nehmen. Jede ungenutzte Stunde ist eine verlorene Stunde im Leben, so seine Maxime. Er konnte sich aber schlecht selbst organisieren, litt an der Überfülle von Projekten und blieb innerlich unbefriedigt. Es ist, als habe er sich in jeder Stunde neu entwerfen müssen durch Arbeit, als gebe es ihn als Person ohne seine Arbeit nicht. So steht er vor uns als ein ewig strebender Mensch, der zur schöpferischen Musse nicht finden kann. Das stille Glück gar, die behagliche Zufriedenheit – so etwas kannte er nicht. Im Gegenteil, er glaubte fast bis zuletzt, das Eigentliche im Leben komme erst noch – neue Wirkungskreise eröffneten sich ihm, und er werde die wahre Erfüllung finden.

Als Einzelgänger tat er sich schwer, mit anderen zusammenzuarbeiten. Was er strikt vermied, war, sich im Wettstreit behaupten zu müssen, denn er fürchtete den Widerspruch, erst recht Niederlagen. Im Irrtum gewesen zu sein, das konnte er nur schwer zugeben. „Sein größter Fehler", schreibt Eckhart, sei es gewesen, „daß er sich nicht konnte contradicieren lassen, wenn er auch gleich sähe, daß er unrecht hatte." Aus Furcht, andere Gelehrte würden ihm etwas ankreiden, wollte er von seiner Welfengeschichte das nicht drucken lassen, was eigentlich schon fertig war. Diese Angst vor einer Blamage scheint ihn beherrscht zu haben, besonders seit er in England vom Mathematiker John Pell blossgestellt worden war.

Eben weil er selten mit sich zufrieden und seiner Sache sicher war, wollte er nicht viel zu Lebzeiten preisgeben, sondern machte sich meist nur Notizen. Im ganzen hat er 80 000 Blatt hinterlassen, dazu 15 000 Briefe. Viele seiner Gedanken sind daher erst wirksam geworden, als es für ihn zu spät war, postum. Das hat zu einer sehr merkwürdigen Karriere geführt, die an Tod und Auferstehung erinnert. Sein Ansehen war am Lebensende auf dem Tiefpunkt. Wer überhaupt von ihm wusste, rühmte ihn wohl als einen Universalgelehrten, als eine Art Doktor Allwissend, doch ahnte man zugleich: Er stand bei Hofe in Ungnade, weil er mit der Welfengeschichte nicht fertig wurde; seine Rechenmaschine hatte er nicht vollständig in Gang gebracht; und seine grösste Erfindung, die Infinitesimal-Rechnung, war ihm streitig gemacht worden. Geachtet und sogar verehrt wurde er andererseits als Verfasser der ‚Theodicée', die zum Lesebuch der Gebildeten unter den Frommen geworden war. Gehört hatten viele wohl auch von seiner prästabilierten Harmonie. Das war alles. Doch nach seinem Tod geht es aufwärts. Bald wird die nachgelassene ‚Monadologie' erscheinen, und der Philosoph Christian Wolff baut die Leibnizschen Gedanken zu einem Lehrgebäude aus. Seine Erkenntnistheorie wird veröffentlicht, und von ihr wird Gotthold Ephraim Lessing und dessen ganze Generation schwärmen. Immer mehr gelangt im 19. Jahrhundert das Genie dieses Gelehrten ans Tageslicht, wenn der Logiker, der Historiker oder der Sprachforscher bekannt wird. Bis heute werden seine vollgekritzelten Blätter entziffert und herausgegeben. Die Zeitgenossen aber ahnten nicht, wo überall er ihnen voraus war.

Wahrscheinlich ist er der intelligenteste Mensch seiner Epoche gewesen, jedenfalls ungeheuer dazu begabt, für abstrakte Probleme eine theoretische Lösung zu finden. Mit dieser Fähigkeit musste er zum herausragenden Kopf eines Zeitalters werden, das an die Ratio glaubte. Diese Begabung hat ihn allerdings auch dazu verführt, Widersprüche grundsätzlich aufzulösen und auf viele Fragen eine Antwort zu haben. Die meisten Menschen glaubten damals, nichts sei der Ratio unmöglich, und auch Leibniz hat ihr kaum eine Grenze gezogen und sich daher selbst vieles zugetraut und allzu viel zugemutet. Mit der Selbstüberschätzung des Theoretikers wollte er sich zudem ungezählte Ämter und Pflichten aufladen: Nachfolger Pufendorfs, russischer Minister, Kanzler von Siebenbürgen oder britischer Hofgeschichtsschreiber, um nur diese zu nennen.

Weil er an die Ratio glaubte, hat er die Tücken der Praxis selten vorausgesehen und konnte meinen, der Bau der Windmühlen sei eine Sache von Monaten, und die Welfengeschichte zu verfassen dauere drei Jahre und nicht dreissig. Darin war er durchaus ein Kind seiner Zeit.

Leibniz lebte nicht nur im Zeitalter der Ratio, sondern auch in einer Epoche, in der man die Fürstenmacht für absolut hielt. Er teilte diese Vorstellung, und daher war es die Sehnsucht seines Lebens, Berater von höchsten Herrschaften zu sein. Diesen Wunsch kann man vielleicht biographisch verstehen. Dann erscheint Leibniz als ein Kind, das einen mächtigen Vater suchte, der wahrmachen sollte, was der hochbegabte Knabe sich ausgedacht hat. Vielleicht klingen da die Jahre nach, als der kleine Gottfried Wilhelm von seinem Vater bewundert wurde, den er so früh verloren hat.

Die Fürsten zu lenken, das war allerdings das Ideal vieler theoretischer Köpfe. Denn in der Figur des Beraters verbindet sich beides, der Rationalismus der Zeit mit den Vorstellungen von der absoluten Macht des Herrschers. Diese Kombination führte zu der Idee, die Ratio solle an die Macht kommen. Man könnte von einem Absolutismus der Ratio sprechen – verkörpert im klugen Berater. Leibniz glaubte, aus intellektueller Einsicht Rat geben zu können, und es war seine Tragik, dass die Fürsten ihm nicht folgen wollten und dass seine Vorschläge wohl auch nicht immer so nützlich und ausführbar waren, wie er glaubte. Diesem theoretischen Kopf fehlte es eben manchmal an Lebensklugheit oder an Augenmass. Seine politischen Ideen und Vorschläge – etwa der Überfall auf Wolfenbüttel, das englische Flugblatt, der Erwerb Hildesheims für Anton Ulrich, die Fortsetzung des Krieges mit Frankreich – waren im Grunde verfehlt. Aber in solchen Plänen sah er für sich die wahre Erfüllung, und am Ende konnte er gar nicht genug Einfluss suchen und Hilfe anbieten: in Brandenburg-Preussen, in Russland, zugleich beim deutschen Kaiser sowie an den Höfen Frankreichs und Englands.

Wenn er dabei erklärte, es gehe ihm nur um das öffentliche Wohl und das allgemeine Beste, so meint man es heute besser zu wissen und diese Selbstlosigkeit als Illusion zu durchschauen, erstrebte er doch auch immer einen eigenen Wirkungskreis, dazu Gehälter und Titel. Doch das ist kein Widerspruch, und man muss auch erwägen: Er brauchte, um wirken zu können, eine Position beim Hof und Zugang zu den Mächtigen, was wiederum nicht ohne Ämter und Einkünfte gelingen konnte. Nur entsprach, leider, die Rolle des Ratgebers nicht wirklich seiner Begabung.

Als Theoretiker aber wurde er zu einem Lehrer der Menschheit, zu einem Visionär, der sah, worum es ging und was auf dem Spiel stand. Die aufkommende Wissenschaft zerstörte mit ihrer Vorstellung, alles laufe mechanisch ab, die Freiheit und damit den Sinn im Leben. Leibniz wollte dem eine Bewegung entgegensetzen, die Sinn stiften oder ihn doch wenigstens erkennbar machen kann. So rettete er den Sinn des Lebens im Zeitalter der Berechenbarkeit. Das gelang ihm, indem er beides anerkannte, den Determinismus der Natur und die Freiheit des Menschen, obwohl sich beide Annahmen auszuschliessen scheinen. Die Natur, meinte er, solle ruhig mechanisch erklärt werden, wenn nur daneben auch die Würde des Menschen, die in seiner Freiheit besteht, erhalten bleibt.

Seine grösste Begabung zeigte sich wohl dort, wo es um das geht, was man früher das Weltbild nannte. Er deutete die Wirklichkeit – eben alles, was ist – mit Begriffen wie System, Funktion, Bewegung, Kontinuum, das Unendliche und das unendlich Kleine.

So interpretierte er die Welt zugleich als moderner Mathematiker und als altmodischer Metaphysiker – und das erlaubte ihm ungeheure Einblicke.

Einige noch heute ungelöste Probleme der Naturwissenschaft hat er nicht nur erkannt, sondern auch auf seine Weise gelöst. Den kleinsten Baustein der Wirklichkeit, das wahre Atom, sah er als Verbindung von Geist und Materie, eben als Monade. Denn woraus besteht die Materie? Ihre kleinsten Teile können nicht ihrerseits Materie sein. Die heutigen Elementarteilchen stehen der Leibnizschen Monade jedenfalls näher als den Vorstellungen seiner Konkurrenten, der damaligen Atomisten.

Den Kosmos sah er schon als ein sich entwickelndes, erdachtes System, in dem alles von allem abhängig ist und nichts anders sein dürfte, als es geschaffen wurde. Die heutige Theorie vom Urknall kommt dem nahe. Und recht behalten mag er auch mit seiner Behauptung, unsere Welt sei erkennbar die beste aller möglichen Welten.

In diesem sich entwickelnden System steigt alles auf zur Vollkommenheit. Weil Leibniz das glaubte, musste er auch den christlichen Glauben in diesem Sinne deuten. Die religiöse Botschaft lautete daher für ihn, die Menschheit strebe – von Gott gefördert – zu ihrer moralischen Vollendung. Eine Erlösung hingegen brauchte der eigenwillige Christ Gottfried Wilhelm Leibniz nicht, so wenig wie einen Pfarrer am Sterbebett.

Indem wir seinen Glauben ehren, sagen wir: Er ist als ein Vollendeter hinübergegangen in die Welt des göttlichen Lichtes, aus der alle Monaden stammen. Er zog ein in das Reich des Geistes und der Gnade, dessen Bürger er schon lange war. Und von dort, so scheint es uns, wirkt er bis heute als der, der er immer hatte sein wollen, als ein Lehrer der Menschheit.

Danksagung

Es gibt viele tausend Arbeiten über Leibniz, etwa vierhundert habe ich ausgewertet. Einigen dieser Arbeiten verdanke ich besonders viel, aus ihnen habe ich manche gelungene Formulierung, sogar manchen Satz wörtlich übernommen. Leider konnte ich diese Anleihen nicht kennzeichnen, denn der populäre Schreibstil meines Buches liess ein Zitieren mit Fundort nicht zu. Daher nenne ich hier mit besonderem Dank wenigstens nachträglich die Autorinnen und Autoren, von denen ich am meisten profitiert habe, und gebe einen Hinweis auf ihr Arbeitsgebiet:

Paul Wiedeburg (Mainz und Paris) – Joseph Ehrenfried Hofmann (Mathematik) – Georg Schnath (Geschichte Hannovers) – Kurt Müller und Gisela Krönert (Chronik seines Lebens) – Erich Hochstetter (Leben und Person) – Günter Scheel (erste Reise nach Wien) – Hubertus Busche (Metaphysik) – Hans-Stephan Brather (Sozietät der Wissenschaften) – Nora Gädeke (Welfengeschichte) – Woldemar Guerrier, Ernst Benz (Russland) – Franz Xaver Kiefl (Kirchenunion) – Gerda Utermöhlen (Kurfürstin Sophie) – Margot Faak (letzter Aufenthalt in Wien) – Ekkehard Görlich (Krankheiten) – sowie die Editoren der Leibnizschen Briefe und Werke (Akademie-Ausgabe) mit ihren detailreichen Einleitungen.

Auch aus Gesprächen mit Fachleuten habe ich viel gelernt und danke besonders denen, die meine Arbeit – ganz oder Teile davon – kritisch durchgelesen und mich beraten haben. Es sind: Herbert Breger (Hannover), Nora Gädeke (Hannover), Jürgen Gottschalk (Hamburg), Eberhard Knobloch (Berlin), Hartmut Rudolph (Potsdam), Günter Scheel (Wolfenbüttel), Sabine Sellschopp (Potsdam) und Wilhelm Totok (Hannover). Sie alle haben ihre Zeit geopfert, mich weitergebracht und mir manchen Fehler erspart. Nur für die Schwächen des Textes ist niemand von ihnen mitverantwortlich.

Dass allmählich alles besser lesbar und verständlicher wurde, dafür hat meine Familie und haben Freunde gesorgt, die das Manuskript – einige auch mehrfach – gelesen und seinen Stil verbessert haben. Es sind: Gudrun, Luise, Christoph und Michael

Hirsch, Ralph Ludwig und Kirsten Lindenau. Ihnen allen bin ich für immer dankbar.

Der Grafiker Broder Brodersen hat den Farbtafeln Brillanz gegeben, von Martin Ishak stammt die historische Karte, und Isolde Hein hat die Abbildungen zusammengetragen. Ihrer aller Verdienste um das Buch sind gross.

Ohne Günter Schmidt und Klaus Dill von der Landschaftlichen Brandkasse Hannover wäre dieses Buch nicht entstanden. Sie haben mich warmherzig begleitet, ermutigt und gefördert. Friedrich Oehler hatte schon 1991 die Idee, es müsse eine neue Leibniz-Biographie geben, und er hat mich dafür gewonnen. Ihnen allen gilt mein ganz besonderer Dank.

Bildnachweis

Der Abdruck der Abbildungen erfolgte mit freundlicher Genehmigung folgender Museen und Bibliotheken:

Historisches Museum Hannover
Seite 107 Herzoglicher Palast – Seite 153 Ernst August – Seite 250 Der grosse Garten – Seite 274 Leinstrasse – Seite 304 Sophie – Seite 339 Liselotte – Seite 362 Leibniz-Haus – Seite 383 Arbeitszimmer – Seite 500 Herrenhausen – Seite 547 Peter der Grosse – Seite 586 Bernstorff – Seite 604 Caroline – Seite 604 Samuel Clarke

Niedersächsische Landesbibliothek, Hannover
Seite 24 Paris mit Bastille – Seite 31 Heinrich Oldenburg – Seite 37 Malebranche – Seite 81 Tschirnhaus – Seite 87 Integralzeichen LH XXXV, 8,18, Bl. 2 – Seite 119 Molanus – Seite 160 Clausthal – Seite 184 Nova methodus, Acta, Tab. XII und S. 467 – Seite 222 Leopold – Seite 242 Kloster Vangadizza – Seite 254 Bossuet – Seite 328 Tagebuch LH XLI, 4 – Seite 335 Dyadik – Seite 401 Lietzenburg – Seite 461 Theodicée – Seite 512 Newton – Seite 527 Rechenmaschine

Herzog August Bibliothek Wolfenbüttel
Angegeben ist jeweils die Nummer der Porträt-Sammlung
Seite 31 Huygens, II, 2663 – Seite 37 Arnauld, III, 20 – Seite 119 Johann Friedrich, II, 642.1 – Seite 254 Pellisson, III, 1134 – Seite 268 Jacob Bernoulli, I, 1010 – Seite 268 Johann Bernoulli, I, 795 – Seite 304 Ernst August, I, 1654 – Seite 339 Helmont, I, 5889 – Seite 429 Sophie Charlotte, I, 1540 – Seite 429 Pierre Bayle, I, 782 – Seite 482 Jablonski, I, 6592 – Seite 512 Anton Ulrich, I, 1577 – Seite 547 Karl VI., I, 3107 – Seite 567 Prinz Eugen, I, 11.693 – Seite 586 Georg Ludwig, I, 3759 – Ausserdem: Seite 81 Spinoza, Ölgemälde – Seite 524 Rotunde, Top. 1 a: 8

Herzog Anton Ulrich-Museum, Braunschweig
Seite 377 Anton Ulrich, Büste von B. Permoser, Foto B. P. Keiser

Tafelteile

Gottfried Wilhelm Leibniz, unbekannter Maler, Öl auf Leinwand, das Bild ist 1945 verschollen. Früher Märkisches Museum, Stadtmuseum Berlin, Inventarsigel: XI 1083

Historische Landkarte, gezeichnet von Martin Ishak

Gottfried Wilhelm Leibniz, gemalt von Christoph Bernhard Francke, Herzog Anton Ulrich-Museum Braunschweig, Museumsfoto B. P. Keiser

Gottfried Wilhelm Leibniz, gemalt von Andreas Scheits, 1703, Herzog August Bibliothek Wolfenbüttel, Signatur B 81

Gottfried Wilhelm Leibniz, gemalt von Andreas Scheits, Galleria degli Uffizi, Florenz, mit Genehmigung des „Ministro per i Beni e le Attivita Culturali"

Königin Sophie Charlotte, Gemälde von Friedrich Wilhelm Weidemann, Schloss Charlottenburg, Stiftung Preussische Schlösser und Gärten Berlin Brandenburg, GK I 30002

Gottfried Wilhelm Leibniz, zugeschrieben dem Maler Johann Friedrich Wentzel d. Ä., um 1710, Berlin-Brandenburgische Akademie der Wissenschaften, Berlin

Kurfürstin Sophie, gemalt von Andreas Scheits, um 1710, Historisches Museum Hannover

Register

Biographien bei C. H. Beck

Gerhard Schulz
Kleist

Eine Biographie
2007. 608 Seiten mit 57 Abbildungen. Leinen

Günther Schiwy
Eichendorff

Eine Biographie
2., durchgesehene Auflage. 2007. 734 Seiten mit
54 Abbildungen. Bedrucker Pappband

Peter-André Alt
Schiller

Leben – Werk – Zeit
Eine Biographie
2., durchgesehene Auflage. 2004. 2 Bände. 1423 Seiten.
Gebunden

Peter-André Alt
Franz Kafka

Der ewige Sohn. Eine Biographie
2005. 764 Seiten mit 43 Abbildungen. Leinen

Hermann Kurzke
Thomas Mann

Das Leben als Kunstwerk
Sonderausgabe 2006. 672 Seiten mit 40 Abildungen.
Gebunden

Helmut Koopmann
Thomas Mann – Heinrich Mann

Die ungleichen Brüder
2005. 532 Seiten mit 10 Abildungen. Leinen

Verlag C. H. Beck München

Biographien bei C. H. Beck

Manfred Kühn
Kant

Eine Biographie
5. Auflage. 2004. 639 Seiten mit 27 Abbildungen.
Leinen

Leonie Berger/Joachim Berger
Anna Amalia von Weimar

Eine Biographie
2006. 298 Seiten mit 17 Abbildungen. Gebunden

Johannes Kunisch
Friedrich der Große

Der König und seine Zeit
5. Auflage. 2005. 624 Seiten mit 29 Abildungen
und 16 Karten. Leinen

Edmund S. Morgan
Benjamin Franklin

Eine Biographie
Aus dem Amerikanischen von Thorsten Schmidt
2006. 304 Seiten mit 24 Abbildungen. Leinen

Reinhard Lauer
Aleksandr Puškin

Eine Biographie
2006. 352 Seiten mit 35 Abbildungen. Leinen

Hubert Goenner
Einstein in Berlin

1914-1933
2005. 368 Seiten mit 14 Abbildungen. Gebunden

Verlag C. H. Beck München